中国乡村

19世纪的帝国控制

萧公权

著

张皓 张升 译

九州出版社

JIUZHOUPRESS

图书在版编目（CIP）数据

中国乡村：19世纪的帝国控制 / 萧公权著；张皓，
张升译. -- 北京：九州出版社，2020.3（2024.1重印）
ISBN 978-7-5108-8868-7

Ⅰ. ①中… Ⅱ. ①萧… ②张… ③张… Ⅲ. ①农村—
行政管理—研究—中国—清后期 Ⅳ. ①D691.22

中国版本图书馆CIP数据核字（2020）第058230号

版权合同登记号：图字01-2017-8027

中国乡村：19世纪的帝国控制

作　　者	萧公权　著　张皓　张升　译	
责任编辑	王文湛	
出版发行	九州出版社	
地　　址	北京市西城区阜外大街甲 35 号（100037）	
发行电话	（010）68992190/3/5/6	
网　　址	www.jiuzhoupress.com	
印　　刷	北京捷迅佳彩印刷有限公司	
开　　本	710 毫米 ×1000 毫米　16 开	
印　　张	45	
字　　数	660 千字	
版　　次	2021 年 1 月第 1 版	
印　　次	2024 年 1 月第 2 次印刷	
书　　号	ISBN 978-7-5108-8868-7	
定　　价	128.00 元	

《台湾国学丛书》总序

在我看来，不管多变的时局到底怎么演变，以及两岸历史的舞台场景如何转换，都不会妨碍海峡对岸的国学研究，总要构成中国的"传统学术文化"的有机组成部分。

事实上，无论是就其时间上的起源而言，还是就其空间上的分布而言，这个幅员如此辽阔的文明，都既曾呈现出"满天星斗"似的散落，也曾表现出"多元一体"式的聚集，这既表征着发展步调与观念传播上的落差，也表征着从地理到政治、从风俗到方言上的区隔。也正因为这样，越是到了晚近这段时间，无论从国际还是国内学界来看，也都越发重视起儒学乃至国学的地域性问题。

可无论如何，既然"国学"正如我给出的定义那样，乃属于中国"传统学术文化"的总称，那么在这样的总称之下，任何地域性的儒学流派乃至国学分支，毕竟都并非只属于某种"地方性文化"。也就是说，一旦换从另一方面来看，尤其是，换从全球性的宏观对比来看，那么，无论是何种地域的国学流派，都显然在共享着同一批来自先秦的典籍，乃至负载着这些典籍的同一书写系统，以及隐含在这些典籍中的同一价值系统。

更不要说，受这种价值系统的点化与浸润，无论你来到哪个特殊的地域，都不难从更深层的意义上发现，那里在共享着同一个"生活世界"。甚至可以这么说，这些林林总总、五光十色的地域文化，反而提供了非常难得的生活实验室，来落实那种价值的各种可能性。正因为这样，无论来到中华世界的哪一方水土，也无论是从它的田间还是市井，你都可能发出"似曾相识"的感慨。——这种感慨，当然也能概括我对台北街市的感受，正因为那表现形态是独具特色的，它对我本人才显得有点"出乎意料"，可说到底它毕竟还是中国式的，于是在细思之下又仍不出"情理之中"。

在这个意义上，当然所有的"多样性"都是可贵的。而进一步说，至少在我这个嗜书如命的人看来，台湾那边的国学研究就尤其可贵，尤其是从 1949 年到 1978 年间，由那些桴海迁移的前辈们所做出的研究。无可讳言，那正是大陆越来越走向紧张与禁闭，终至去全方位地"破除四旧"的岁月，所以在那种命悬一线的危殆情况下，若不是中国总还保留了那么个角落，仍然活跃着对于文化传统的学术研究，那么，我们曾经长期引以为自豪的、据说在历史中从未中断过的学脉，可能就要面对另一番难以想象的场景了。

正是因此，我才更加感佩那些前辈的薪火相传。虽说余生也晚，无缘向其中的大多数人当面请益，然而我从他们留下的那些书页中，还是不仅能读出他们潜在的情思，更油然感受到自己肩上的责任，正如自己曾就此动情而写的："这些前辈终究会表现为'最后的玫瑰'么？他们当年的学术努力，终究会被斩断为无本之木么？——读着这些几乎是'一生磨一剑'的学术成果，虽然余生也晚，而跟这些前辈学人缘悭一面，仍然情不自禁地怀想到，他们当年这般花果飘零，虽然这般奋笔疾书，以图思绪能有所寄托，但在其内心世界里，还是有说不出的凄苦犹疑。"

终于，趁着大陆这边的国学振兴，我们可以更成规模地引进那些老先生的相关著作了。由此便不在话下，这种更加系统的、按部就班的引进，首先就出于一种亲切的"传承意识"。实际上，即使我们现在所获得的进展，乃至由此而催生出的国学高涨，也并非没有台湾国学的影响在。早在改革开放、边门乍开的初期，那些从海峡对岸得到的繁体著作，就跟从大洋彼岸得到的英文著作一样，都使得我们从中获得过兴奋的"解放感"。正因此，如果任何一种学术史的内在线索，都必然表现为承前启后的"接着讲"，那么也完全可以说，我们也正是在接着台湾国学的线索来讲的。

与此同时，现在借着这种集成式的编辑，而对于台湾国学的总体回顾，当然也包含了另一种活跃的"对话意识"。学术研究，作为一种有机增长的话语，其生命力从来都在于不断的创新，而如此不断创新的内生动力，又从来都来自"后生"向着"前贤"的反复切磋。也是惟其如此，这些如今静躺在台湾图书馆中的著作——它们眼下基本上已不再被对岸再版了——才不会只表现为某种历史的遗迹，而得以加入到整个国学复兴的"大合唱"中；此外，同样不在话下的是，我们还希望这次集中的重印，又不失为一种相应的和及时的提醒，那就是在这种"多元一体"的"大合唱"中，仍需仔细聆听来自宝岛的那个特殊声部。

最后要说的是，在一方面，我们既已不再相信任何形式的"历史目的论"，那么自然也就可以理解，今后的进程也总会开放向任何"偶然性"，无法再去想象黑格尔式的、必然的螺旋上升；可在另一方面，又正如我在新近完成的著作中所讲的："尽管我们的确属于'有限的、会死亡的、偶然存在的'人类，他们也的确属于'有限的、会死亡的、偶然存在的'人类，可话说回来，构成了彼此'主观间性'的那种'人心所向'，却并不是同样有限和偶然的，相反倒是递相授受、薪火相传、永世长存的，由此也便显出了不可抹煞的'必然性'。"在这个意义上，我们就总还有理由去畅想：由作为中国"传统学术文化"总称的国学——当然也包括台湾国学——所造成的"人心所向"和"主观间性"，也总还不失为一种历史的推动力量吧？

刘东

2020 年 6 月 24 日于浙江大学中西书院

序

　　本书研究 19 世纪清王朝在中国乡村的基层统治体系，包括理论基础、措施和效果。由于可用的相关资料有限，而笔者又想在一定的时间内完成研究，故不打算探究关于这个主题的所有面向，或就某个问题的各个面向做完整的叙述。实际上，有些省略是十分明显的，比如，居住在帝国某些地方的少数民族以及那些边远地区的乡村居民，本书就未涉及。尽管存在着这样或那样的缺陷，但是笔者仍然希望本书能够较清楚地呈现出 19 世纪清帝国乡村统治体系的一般状况。

　　这个研究可以满足几个有用的目的。中华帝国是一个农业大国，乡村居民在其总人口中占压倒性的多数。如果不考虑政府对乡村亿万居民的影响，以及人民在不同的历史时期、不同的环境下所表现出来的态度和行为，就不能充分理解中国历史和社会。19 世纪是一个王朝崩溃和政治转向的时期，特别引人注目。研究这个时期的中国乡村，不但会弄清一些造成中华帝国统治体系衰败的力量和因素，或许还能提供一些解释后续历史发展的有用线索。

　　有关 19 世纪中国乡村生活的描述和议论其实不少，但大多不是经过认真而仔细的调查的结果。很少有人对其观察到的现象下功夫分析，有些描述还存在着各种各样的错误概念和错误解释。这些著作中充斥着大量悬而未决的歧异，常常让读者迷惑不解。因此，现阶段很有必要对中国乡村进行较系统的处理和研究——这也是本书尝试要达到的目的之一。其次，虽然有关帝国一般行政体系的论述已经有很多，对于最低层行政体系——或者说基层统治体系——的结构和功能，相关的中文或西文著作都相当少。因此，帝国统治体系中非常重要的一个面向就被忽略了。本书尝试去做，并极力想弄清楚的是：帝国政府是怎样控制乡村居民的？乡村居民对这种控制的反应如何？自然和历史环境又是如何影响到基层统治体系的运转，以及在该统治体系之下乡村居民的行为举止如何？弄清了这些问题，笔者就可以设法对中国乡村问题提出适当的观点，同时消除在某些领域非常流行的一些错误观念。

为了达到这一目的，笔者在描述时尽量做到具体、准确；甚至不惜让读者面对令人厌烦的细节。笔者相信，只有这样，才能描绘出相当清晰的画面，从而给读者留下准确的印象。这样的研究取径，让笔者对这个问题只能采用历史研究而非理论研究的方法。换句话说，笔者所关心的是展现特定时期内相关情境和进程中的历史事实，而不是普遍适用的一般观念或范围广泛的系统性组合。只要资料允许，笔者尽可能地从不同角度查阅、研究每组事实，也尽可能地将每组事实放在各种各样的背景下进行研究。因为任何制度或任何体系的完整意义，必须放在历史与社会的脉络里，才能够充分掌握。因此，笔者常常感到很有必要研究那些超越本书主题的现象，也不得不去触及超出本研究所设定时期之外的某些状况和情况。

史料来源

使用的史料必须仔细甄别。有关 19 世纪中国和关于中国问题的记叙和资料虽然很容易搜集，但是，同现阶段的调查研究直接相关的材料并不很多，也不是每一条都可信。如何处理这样的材料，这是一个方法论的问题。

中华帝国的乡村农民绝大多数目不识丁。他们的日常生活和所作所为通常不会引起那些能读能写的知识分子的注意，因而大部分未被记录下来。一些官吏和知识分子经常提到的"民间疾苦"，可能只是重述一般性的看法，而不是展示乡村生活的真实情况。此外，笔者从形形色色的中文史料中收集到的相关材料，对本研究也不是全然或直接有用。研究原始经济生活的历史学家往往满足于古人留下来的只言片语，即使留下这些记载的古人对我们今天所感兴趣的问题一无所知。研究距离今天相对较近的一段中国历史，可以比较利用的材料数量很多，因而比起那些研究原始经济生活的历史学家来说，笔者算是幸运的。不过，笔者还是情不自禁地希望过去记载中国历史的作者早已预料到今天所要解决的一些问题和面临的需要。19世纪的作者虽然经常把引人入胜的一份份材料遗留下来，但却点到为止，因而稍后时代的读者读起来，往往茫然不解。或者，在其他例子中，可以在某个特定的史料中找到关于此时此地的有用资料，却找不到彼时彼地可资比较的资料。

由于可以利用的资料本就缺乏，同时笔者所能找到的记录也很有限，因而本研究所用的资料也同样缺乏，同样有限。由此产生的问题是，笔者对中国乡村的研究，看起来像是一段段史料的拼凑，在一些地方描述得较好、较完全，而在另一些地方却出现空白，或者使人迷惑不解。为了弥补这一缺陷，并防止误解，笔者有时采取了下列权宜之计：只要有可能，对每份史料所涉及的地方和时期都要说明，这样，读者就不但能评价笔者所引证的各段史料，而且还能评价笔者根据所引史料所作出的结论是否正确；在一些情况下，笔者会借用少量19世纪之前或之后的相关的资料，来填补一些不可避免的空白。

容许所引史料有可能出现的偏见或不正确性，产生了另一个问题。笔者在研究中引用了大量官方资料，而这种资料几乎毫无例外的是根据官方立场记载的。此外，如果方便，或者有必要，帝制时代的官吏总是喜欢言过其实、隐藏问题、粉饰太平。他们总是把那些由他们处理的报告看成一项令人生厌的例行工作，因此在匆匆了结之前并未了解报告是否属实。对于那种涉及严重后果的文件，笔者做了比较细致的处理，但目的并不是要保证它的正确性或真实性，而是要确认涉及的官员没有被牵连或承担超过他们应该承担的责任。

地方志的客观性或真实性比官方文献要高一些，这为本书提供了相当多的必不可少的资料。在对当地环境、事件和人口的记载中，有些修纂者比另一些更为认真尽力或游刃有余，但还是有相当多的地方志因修纂者有失偏颇、弄虚作假或粗心大意而失去价值；主持修纂的地方绅士以及某些情况下的地方官吏，实际决定内容及修撰方针，他们常常无法免于自私的偏见；任何一本地方志的修纂者，都由许多人组成，他们的学识水平参差不齐，执行任务时常常合作得很糟糕，管理也不理想。[1] 因此，即使没有刻意的错误陈述，出现无心差错和省略也是有可能的。一位声名卓著的中国历史学家甚至说，大多数地方志属于那种瞎编乱抄的东西，完全不可相信。[2] 大多数地方志都把地理及相关问题作为其中的一部分，即使在这部分，资料也常常不适当、不准确。在很多情况下，晚近重修的版本照抄十年前或百年前的版本，并未做出必要的修订，因而从中看不出其间到底发生了什么变化。有时，在小地方或偏远地区，由于缺乏可靠材料，即使是最为认真的修纂者也无力修出令人满意的方志来。[3]

私家著述的问题也不少。这些著述的作者，属于知识阶层，由于其中大多数是绅士，他们的观点和态度与官方文献拟定者、地方志修纂者的相类似。他们以私人身份著述，因而比起官方文献的作者来说，在描述其所看到的事实、表达他们的信念等方面，或许享有更多的自由。但是也不能因此就可以确信他们不会有什么偏见，或在著述中不会出错。

以上所述表明，在取舍材料上必须谨慎。对于那些可靠性很值得怀疑的著述，笔者避免引用。但在一些情况下，笔者不得不在值得怀疑的资料和根本没有材料可以利用之间，做出两害相权取其轻的选择。亦即是说，利用这样的材料时，要根据已知的历史背景来加以检验，如果可能的话也参照西方作者的著述，并对已知存在偏见或失真的地方给予适当的保留，以减少发生错误的空间。

西方作者，特别是那些在19世纪中国耳闻目睹帝国历史演变和社会变迁的西方作者，为我们提供了许多有用的资料。这些人来自许多文化传统不同的地方，拥有某些中国作者不具备的优势。他们没有中国作者那种特有的偏见，因此能够以某种超然的眼光来观察事态的发展。此外，他们来到陌生的土地上，对身边日常发生的事，都会加以思索，因此，那些容易为中国

[1] 文晟，《嘉应州志》（1898），29/68a，引旧志中黄钊所作序。〔译者按：温仲和《嘉应州志》（1898）29/68a 载：文晟《嘉应州志增补考略》，黄钊序："郡邑有志，皆官书也，书不必官自为之，官董之，同郡邑人成之。成之者非一手，故讹舛罣漏，可指摘者多。"此段应为正文所本，原注偶误。〕

[2] 恩锡引毛奇龄（1623—1716）的话，参见《徐州府志》（1874）序。

[3] 贺长龄（1785—1848）《遵义府志》序，《耐庵文存》，6/12a-b。

本土撰述者遗忘而又有意义的事件，就很有可能为这些外国作者所察觉。例如，在一些西方著述中有关乡村景象和乡村活动的生动描写，在中国著述者看来，就觉得再普通不过，根本不值得记述。但这并不等于说西方作者就没有其不足。他们经常喜欢按照自己的社会背景来诠释中国社会和制度，他们几乎都受到所谓"文化统觉"（culture apperception）的扭曲影响；而且，出于个人特有风格、偏爱或纯粹的无知，其中一些西方作者的叙述容易引起误解或混乱。[4] 因此，笔者认为，引用国外著述同引用本国材料一样，都必须小心、谨慎。

在两种情况下，笔者会引用描述 19 世纪以后的相关资料——笔者认为一项资料可以清楚地显示 19 世纪的情况，以及在写作时缺乏有关 19 世纪确切而又直接的资料可以利用。显然，引用这种资料要冒风险。但是，在 19 世纪和 20 世纪初的几十年里，乡村生活看起来并没有发生广泛而根本的变化。因此，从有关 19 世纪后中国社会情况的资料来推论稍早的情况可能出现的差错，不会影响笔者对 19 世纪中国社会的准确描绘。[5] 还应该指出的是，笔者引用这种资料很谨慎，而且仅限于少数事例。

志谢

笔者对华盛顿大学远东及俄罗斯研究所的同事表达诚挚的谢意。他们在不同的时间里参加了中国近代历史项目的研究。特别是张仲礼 (Chung-

---

[4] 例如，George W. Cooke, *China: Being 'The Times" Special Correspondence from China in the Years 1857-1858* (1858), pp.391-392，提醒人们要注意那些"在中国待上 20 年、说中国话的人"（twenty-years-in-the-country-and-speak-the-language men) 所作的混乱诠释。Ernest F. Borst-Smith, *Mandarin and Missionary in Cathay: the Story of Twelve Years' Strenuous Missionary Work during Stirring Times, Mainly Spent in Yenanfu* (1917), p.75，也提醒说，要注意"环球旅行家"（globe-trotters) 在关于远东的书中所作的所谓"权威叙述"。

[5] Henry S. Maine, *Village-Communities in the East and West* (3rd ed.; 1876), pp.6-7，这样论证说："我们熟知当代社会发生的事情、存在着的观念和习惯，我们可以从这些事件、观念和习惯来推论过去的情况。即是说，我们不仅可以从有关过去情况的历史记录中来推理过去，而且可以从在当今世界上已消失却仍然能找到的痕迹中去推论过去……因此，直接观察帮助了历史调查，历史调查反过来有助于直接观察。"笔者并不采取"直接观察"的方法。同 Maine 先生相比，笔者对从"直接观察"中推论历史的前景并不乐观。

li Chang)、梅谷（Franz Michael）、施友忠（Vincent Y. C. Shih）、戴德华（George E. Taylor）、卫德明（Hellmut Wilhelm）诸先生。笔者开始研究中国乡村时犹豫不决，是他们打消了笔者的疑虑，鼓励笔者勇敢地面对挑战。正是在他们的帮助下，笔者才有机会进入一个此前浅尝辄止的研究领域。在撰写本书的各个阶段，他们又不断鼓励，提出各种各样的建议。笔者受益颇多，备受鼓舞。即使笔者有时在某个问题上认为自己不能接受他们的观点，也总是为他们那犀利的评论所折服，而对那个问题重新加以检视，从而以更恰当的言语来展示证据，或者以更谨严的方式来作出结论。当然，对于那些仍然存在的不足，当由笔者独力承担。

笔者要特别感谢戴德华先生。他几次从头到尾认真阅读了笔者那冗长的草稿，提出很有价值的改进意见。笔者也要特别感谢格拉迪斯·格林伍德（Gladys Greenwood）女士。她以令人钦佩的审慎和耐心细致的精神对草稿进行了编辑。笔者还要特别感谢默西迪斯·麦克唐纳（Mercedes Macdonald），他承担了检查参考文献、出处、注释和征引书目等繁重的工作，并为印刷厂准备好了稿件。对于他们无私、慷慨的帮助，笔者真是感激不尽！

萧公权

1957 年 10 月 10 日于华盛顿大学

第二版的简短说明

本书再版，在文字上并没有什么变化。自 6 年前本书出版以来，由于笔者已经转入了其他研究领域，没有再收集到有关这个题目恰当而有意义的资料，故不能做出任何修订。再版保留了所有第一版中存在着的缺陷和错误，作者对此表示歉意！

萧公权
1967 年 5 月于华盛顿州西雅图市

目录 MULU

第三部分　控制的效果

图表目录

第一部分 | 乡村地区的行政划分

第一章 村、集市和乡镇

控制的问题

在像帝制中国这样的专制国家里，统治者和被统治者之间的界限相当清楚，相互之间的利益背道而驰。[1] 因此，专制统治者要解决的第一个问题，就是如何保持对其臣民的牢固控制，以确保自己及其子孙的皇位坐得安稳。

从秦朝到清朝的王朝兴替过程中，有效的解决方案主要在于建立一套行政组织，以帮助皇帝确保臣民的顺从并防止反叛。其一，通过保障其臣民基本的物质需求，避免臣民因难以忍受的生活而"铤而走险"；其二，通过反复向臣民灌输经过严格筛选的道德教条（大部分是从儒家学说中筛选出来的），使臣民接受或认同现存的统治秩序；其三，通过不断监视臣民，从而查出"奸民"并及时采取措施。这套政治统治体系通过在战略要地驻军而得到加强，使各个王朝有可能在相当时期里有效地统治一个广阔的疆域。

自秦始皇以降，帝国控制的基本原则几乎没有发生什么实质变化，不过由于经验的日益积累，以及随后各个王朝中一些皇帝的足智多谋，统治体系在一些细节方面不时得到精炼和提高，主要表现为中央集权不断加强，法律规章更加详细，监视更加严密，控制更加严厉。1644 年清王朝定鼎北京时，它继承了被推翻的明朝遗留下来的高度复杂的政治统治体系，并进一步加以

---

[1] 韩非子（卒于公元前 233 年）是中国第一位明确指出这一政治哲学的政治思想家。参见 W. K. Liao（廖文魁），*Complete Works of Han Fei Tzu*（1939），Vol. I.

完善，为帝国结构带来了最后的发展。可以理解，对于清王朝这个汉族的外来征服者来说，同其前任统治者（即明朝，它推翻了异族统治的元朝，建立起汉族统治的王朝）相比，解决如何统治的问题显得更为迫切。

如何统治一个领土广阔、人口众多的中国，对于帝国统治者来说的确是一项相当艰巨的任务。为了恰当地处理这一问题，帝国统治者建立了一套精心设计的行政架构。在这套体系中，皇帝位于最顶端，其下是庞大的官僚群。皇帝直接统率的是中央官僚组织，其中最主要的机构包括内阁、军机处（1730年设置）和六部。这些最重要衙门的官员在需要时，要么以个人身份，要么以集体名义，就重大问题向皇帝提出建议，帮助皇帝做出决策；并且，他们在属僚的帮助下，执行皇帝的命令，或者将命令传达到下一级的行政机构。

通过地方政府组织体系，帝国政府的行政命令从北京传到整个中华帝国的各个角落。中国的18个行省都被恰当地划分为大小不同的行政区域，即府和州县。[2] 除了少数几个例外，巡抚一般是一省的行政首长，由布政使（专管一省财赋）和按察使（专管一省刑名）辅佐。在某些情况下，总督被指派去管辖单一的省份，如直隶和四川都不设巡抚；在其他情况下，每个总督管辖两到三个省，这些省又各设自己的巡抚。一府的最高长官称为知府，州县的主要官员称为知州和知县。府、州、县官员不但处于省级地方政府的直接监督之下，而且在实际上，其各自的职位安排部分也是由有关巡抚或总督所指派的。知州和知县是正规行政组织的最下层，常被称为"地方官"或"亲民之官"。[3]

中央政府为了有效地控制庞大的、向中华帝国各个角落延伸的行政组织机构，采用了各种各样的措施。例如，为了防止皇家"仆人"施加非法影响或攫取过多的权力，每一重要职位都由两名或更多的官品相等、权力相同的

---

[2] 这是常规的行政区划。在一些地方，为了适应当地的特殊情形，建立了特别的行政区划制度。

[3] 有关清朝行政制度的基本参考书，包括《大清会典》（卷1至卷100）、《清朝文献通考》（卷77至卷99）。有用的英文参考书有 W. F. Mayers, *The Chinese Government: A Manual of Chinese Titles, Categorically Arranged and Explained, with an Appendix.* 3rd edition (1897); H. S. Brunnert and V. V. Hagelstrom, *Present Day Political Organization of China*; Hsieh Pao-ch'ao(谢宝超), *The Government of China, 1644-1911*。

官员来分享；同时，一名高级官员常常被安排兼任一个以上的职务。政府机关的职能，很少得到清楚的、精确的规定或说明；实际上，重要官员权力和责任的重叠，是有意安排的。所有地方官员——从总督到知县——的任命、升迁、免职，都由北京的中央政府来决定。一般说来，所有地方官员都不能在其家乡省区任职，并且很少被准许在一个职位上待太多年。官员们——即使是那些拥有重要职责的官员——没有自行处置的权力。每一项行政措施和行动，哪怕只不过是例行公事，都必须向北京汇报。正如 19 世纪一位著名的中国作者指出的，由于这些和其他类似的措施持续而有效的运作，使得整个官僚体制在清王朝存在的两个半世纪里一直保持稳定。[4]

　　然而，如何操纵官僚群体只不过是封建帝王所要解决的问题之一。让帝国境内为数众多的城镇和数不清的乡村维持统治秩序，同样是一个问题。事实上，官僚群体本身一方面是帝国控制的对象，但同时又是专制统治者用来牢固控制芸芸众生的统治工具。铸造这一不可或缺的统治工具，本身就不是一件轻松的工作；有效地运用这一工具来统治普通百姓，对皇帝们来说更是一项极具挑战性的任务。

　　由于中华帝国地域广阔，通信和交通不发达，加上绝大多数的人民目不识丁，不问政事，因此政府公布的法律与命令，要让百姓知道都极为困难，更不用说去加以实施或贯彻了。知县——其直接的职责应该是解决百姓的需要——的管辖范围常常超过 1,000 平方英里。全国大约有 1,500 名各种类型的州县官，每名官员要管辖 10 万名（根据 1749 年的官方统计数字计算）或25 万名（根据 1819 年的官方统计数字计算）居民。[5] 由于职责规定得广泛而且模糊，知县的负担过重，即使他有意愿或能力，也没有时间或条件允许

---

　　[4]　康有为 1895 年的一封奏折，引见翦伯赞《戊戌变法资料》，2/177。〔编者按：《上清帝第四书》，光绪二十一年闰五月初八日。见中国史学会主编，翦伯赞等编《戊戌变法》（1957），第二卷，第 177 页。〕

　　[5]　《清朝文献通考》，1/5619-5620；《清朝续文献通考》，1/7761。〔编者按：州县官下辖人口数量，是根据清代人口总数除以州县官人数得到的，二者数据来源不同。清代人口总数，1749 年的见《清通考》，19/5029；1819 年的见《清续通考》，25/7761。州县数据见《清通考》，85/5620-5621。又本书作者所使用的"通考"采用的是商务印书馆"十通"本，"十通"按"典""志""考"分别编码，《文献通考》《续文献通考》《清朝文献通考》以及《清朝续文献通考》页码连续，特此说明。〕

他把任何一项事务做好。[6] 在州县衙门所在的城市里，或在佐贰官驻守协助知县维持秩序的镇里设置一个表面上充满效力的行政机构，可能并不困难。但是，在围绕着城镇、居住着大多数人口的广大乡村地区，就完全不同了。即使在比较小的县份，知县及其属员能够真正严肃认真地履行其职责，也很难保持同所有乡村和农民的联系。

对于这种不完善的行政体系，帝国统治者并没有坐视不理。自古代始，中国乡村就存在着地方性的分级和分组，并且有政府的代理人。秦朝所确立的县以下基层行政组织体系，被后来各个王朝所沿用。[7] 清朝皇帝继承了明代的规定，并在某些细节上作了必要的调整。无论是什么样的辅助性地方组织，只要看起来有利于基层统治，都会加以利用。从历史发展的长河来看，这个最终完成的行政组织体系，可以说面面俱到，设计得非常精巧。

在我们尝试去描绘、分析清朝关于基层政治统治体系的各个组成部分之前，先简单地看一看构成该体系的一些基本原则及其存在的主要问题。首先，由于意识到要把普通的行政组织贯彻到知县及其属员以下是不切实际的，清朝统治者像明朝统治者一样，从当地居民中选出可用之人来帮助统治乡村。这样，在设置保甲（警察）组织体系、里甲（税收）组织体系和粮仓制度之时，保甲和里甲的头领以及粮仓管理者就从当地居民中被挑选出来。有时，清朝统治者还利用宗族（以血缘关系为基础而形成的社会组织，在黄河以南各省尤为盛行）作为监督居民、宣导教条的辅助工具。这样做的优点显而易见。一方面，由于当地居民对自己家乡的环境和人口情况比政府官员要熟悉得多，他们有更好的条件去处理、对付当地可能发生的问题，或者至少能向官府提供他们所想了解的资讯。另一方面，清朝利用当地居民的帮助来进行控制，赋予他们向官府汇报不法行为和不法分子的职责，使得村民即使不在官员的视线范围内，也能受到有效的威慑而不敢犯法。

为了防止乡村社会组织或机构的势力和影响过分膨胀，清朝采取了一系

---

[6] 《清朝文献通考》，1/5629〔编者按：应为 85/5620-5621〕，叙述了知县的职责，以及 18 个行省的知县分发情况。

[7] 《清朝文献通考》，卷 12—13，概括了周朝到宋朝期间县以下行政体系的发展情况。柳诒徵《中国文化史》，2/256-266，描述了明朝时期的情况。

列抑制性措施。每一个地方的代理人或组织，无论是官府挑选出来的还是原来就有的，都必须置于知县的控制或监督之下。对那些被认为有害的组织或活动，政府总是保留进行镇压的权力。通过知县，政府的手随时做好了打击的准备。只要情况需要，驻扎在清帝国众多战略要地的军队就被命令采取行动。除此之外，即使各村"头领"和乡村管理者实际上不由知县自己来任命，但是挑选谁，通常要看知县的眼光。清政府虽然准许历史上发展起来的乡村组织机构正常存在，但是又刻意地设置了一些组织机构，与原有的组织机构并立，或位居其上，使原有的乡村组织机构不可能发展成地方权力的中心。就这样，在保甲组织和里甲组织中，乡村地区的家户十户为一单位，并按十进制编组起来，而不管村庄或其他自然界限。

地方自治的概念同乡村政治统治体系是不相干的。对于乡村中任何形式的自发或社区性的生活，政府在一定程度上能够包容，要么认为可以用来加强对基层的控制，要么认为没有必要加以干涉。在政府眼里，村庄、宗族和其他乡村社会组织，正是能把基层政治统治体系扩展到乡下地区的切入点。

值得指出的是，清政府即使在推行镇压性措施时，只要方便或可靠，都会利用当地人的帮助。正如随后要看到的那样，保甲组织和一定程度上的宗族组织，被清政府用来帮助登记居民情况、监视居民日常行动、报告可疑者和反叛行为、逮捕在逃的罪犯等。居民在被命令充当所在地方官府耳目和最基层组织的"长官"后，就会被劝说采取谨慎的行动，即使没有政府官员在场。这样，罪犯就很难在邻近地区找到藏身之处，潜在的反叛者也不太可能在偏远的农村成功煽动一场造反。

然而，清朝统治者非常聪明，知道并不能只是通过采取镇压性措施来维持统治。他们也注意到那些容易使居民遵守法律、服从统治的方法。一方面，清政府采取行动，为乡村居民提供起码的生存条件，并防止自然的或人为的灾害。例如致力于开垦荒地，促进或鼓励灌溉和防洪，办理赈灾工作等。另一方面，利用通俗易懂的方法教育各个阶层，以此来维护一个被证明是有利于封建专制统治的价值体系。清朝统治者广泛地继承前朝建立起来的制度，支持理学正统学派的伦理道德主张。通过科举体系，统治者设法把政府所要求的意识形态逐渐灌输到士子和官员的心中。清朝统治者通过他们发挥影响，并利用各种各样的社会组织（其中包括乡村学校、普通宗教团体和宗族组织），着手把这种意识形态延伸到乡村地区未受过教育的广大百姓中去。

要准确地评估这套基层政治统治体系的功效，是很困难的。它在某种程度上有利于清朝统治的稳定（在中国历史上，清王朝是一个相对长命的王朝），但是也有事实表明，清朝统治者对该体系的运作情况从来就未完全满意过，或许，清朝统治者从来就没有期望过它会产生完美的效果。

的确，清朝的基层政治统治体系存在着一些严重的缺陷。事实上那些促使清朝统治者采用这一体系的所谓优点，长远看来，正是该体系缺陷的根源所在。作为帝国架构不可或缺的部分，它分享了整个体系的基本特质，因此，清王朝的基层统治体系随着其专制统治体系的确立而确立，随着它的灭亡而灭亡。

清王朝统治乡村的第一大主要困难在于它有效运作的先决条件，是一个帝国政府无法提供的行政环境。正如前文所述，在专制政体中，统治者及被统治者各自的利益，即使不是矛盾的，也是相异的，整个专制统治体系就是建立在不信任的基础之上的。统治者所关心的主要问题，是帝国安全。他们认为确保安全的首要措施就在于把所有权力抓在自己手中，使被统治者养成敬畏其统治的习惯；同时，不让任何人——士子、官吏以及普通百姓——发展出独立与自主。皇帝们发现必须小心谨慎，不给任何官员发挥开创性、独立评断的机会，或赋予任何官员适当地执行其法定职责的必要权威。的确，刻意地强调政治安全的代价是低下的行政效率，一贯地、长期地推行这一措施，最终使官员们精神低落。很少有官员——从北京的最高级别官员到遥远地区地位低下的知县——会去竭尽所能从事会给他们的皇帝带来好处的工作，或者去解决芸芸众生的物质需要；绝大多数官员追逐私利，只求免于麻烦。到19世纪之初，忠实于皇帝成为罕见的官德；对政务漠不关心、颟顸无能，成为官员普遍的病症。官僚机构的腐败，不仅降低了朝廷的威望，而且极大地危害了整个统治体系的其他机能。特别是地方行政效能退化，致使乡村控制体系中各种各样的制度在实际中根本无法运作起来。因为缺少了官员的有效推动和监督，整个乡村控制体系，包括保甲、里甲及其他组织，不可避免地堕落、退化成空架子；最坏的情况，甚至成为基层行政官员腐败的工具。

乡村控制更大、更主要的困难，在于它创造出一些会削弱帝国乡村统治基础的状况。中华帝国的乡村居民，绝大多数是农民，几乎都不识字，自古以来大体上都是不主动或不进取的，他们的心思和精力都用在竭力维持贫苦的生活上。或者由于生活绝望，或者受到许诺过更好生活的诱惑，农民不只一次帮助推翻专制王朝。但是，只要他们处于正常的生活环境之下，给予他们必要的生存条件，那么相对说来，他们就会安分守己，对政治丝毫不关心。这样，如何控制农民的问题看起来就相当容易。但是，乡村农民一贯的被动性格也在一定程度上限制了有效控制。挑选当地居民来执行基层控制的措施，虽然在理论上听起来很有道理，但是在实际上却是失败的，因为居民没有为官府效劳的意愿，他们的工作能力也不如官府所期望的那么强，反而在许多情况下，他们积极利用基层政治统治体系为自己谋取更多的私利，而不是为皇家服务。

此外，政府监督——虽是保持基层政治统治体系运作必不可少的条件，却有损地方自尊心或集体精神——同样也是形形色色职位或机构持续有效地运转必不可少的因素。北京发给各地的命令，根本没有考虑到全国不同地方的不同情况，地方官由于受限于僵化的命令，又不能自由裁量，因此很少敢冒风险去改变清政府所规定的政策以适应当地的环境。结果，居民们常常以一种漠不关心的、怀疑的或担心害怕的眼光，对待有关政府的任何事情。不可否认，清政府在乡村中的控制工具刚一出现，对许多潜在的混乱分子肯定会产生一些威慑。然而，笔者不能就此认为，清朝统治者所营造的乡村控制的确曾在乡民的心中，成功地注入过任何对于统治者或他们生活的社区积极效忠的情感。如果用一句众所周知的话来说，帝制中国的乡民，就是"一盘散沙"。

通俗易懂的教条灌输显然达到了某些效果，但本质上是负面的。清朝统治者教导农民要努力保持其"保守主义"，要他们努力使自己在内心里毫无疑问地服从专制统治，而不是提高他们的能力以准备处理生活中出现的具体问题。这样使得中国乡村实质上停滞不前，在智慧上和经济上都不能适应环境变化的挑战。面对严重的自然灾害，或者在地方暴徒和衙门走卒施加的巨大压迫面前，农民就变得毫无办法。令人啼笑皆非的是，清帝国的基础正是随着这种统治的进展而被削弱的。

只要各种条件仍然大致有利于统治政权，情势看起来就还算平静。但是，一旦爆发严重的危机——像 19 世纪那样，清王朝统治的致命弱点就暴露出来了。当各级机构都退化堕落，而不像以往那么有能力处理灾患时，饥荒就频繁发生，而且受灾的区域相当广。在这严峻的历史关头，西方列强的入侵，不仅严重地损伤皇家的声望和权力，而且在那些遭受西方工商业直接入侵的地方，本土经济遭到摧毁。在骚动最强烈的地方，原本一直因习惯、传统惰性和封建专制统治的约束影响而养成温顺性格的乡村大众，也终于爆发了猛烈的暴动。先前，清朝统治者对乡村只不过维持不完全的掌控；现在，他们用来维持掌控的这种复杂工具被证明完全无用。把这种局面归因于乡村控制体系的衰败，恐怕是不准确的。但是，事实在于，在 19 世纪的最后几十年里，整个清王朝专制统治体系（乡村政治统治体系是其中的一部分）处于全面崩溃之中。清王朝，以及中国王朝体系，事实上在迅速走向灭亡。

中国乡村的形态

中国乡村虽然并不是紧密组织起来的社会，但也不是毫无章法的。环绕城 [8]（即巡抚、知府和知县的治所）周围的是广大的乡村地区——乡，包含

---

[8] 帝制中国的"城"，是一个变动的现象，尽管它的主要特征是易于清楚辨识的。Edward T. Williams, *China, Yesterday and Today* (1923), p.137："在中国，最广泛使用，相当于'城市'（city）一词的，是'城'。严格说来，'城'这个字是指'城墙'和'土墙'。一般说来，它仅仅指称那些为坚固的砖墙和护河河防御的城镇。……知县或知县以上级别的官员，其官署所在的任何地方，都可以称为'城'。中国还有一些市镇和农村，比起一些城来说要更大，商贸地位更重要，但是，赋予一个地方"城"的地位的，在于它在政治上的重要性。"Fei Hsiao-tung（费孝通），*China's Gentry* (1953), p.95, 从不同的观点强调了城镇的同一特征。他说："修建城墙……是一项伟大的事业，不可能由私人出资就可完成；它必然是由居住在一较大区域之内的全体居民共同承担的公共事业。修建这种较大城墙，政治权力和政治目的都是必不可少的，于是'城'成了政治体制中统治阶级行使政治权力的工具。"上述两种因素都很重要，但是在城镇的出现问题上，两者都不是必不可少的。在一些例外的情况下，城根本没有城墙（实质的，或其他的）。还有一些城拥有经济重要性而与它们的"政治的重要性"无关。举例言之，湖南省的湘乡县和桃源县、贵州省的镇远

了乡村生活的许多组织和中心。其中一些我们称为行政组织的，或多或少是帝国政府为达到控制乡村的目的而任意设置起来的，与政府的行动完全无

县就没有城墙，但它们都是县衙所在地，因此也是"城"。参见《湘乡县志》（1874），1/8a；华学澜《辛亥日记》（1901），第84页和第100—101页。一些城市不但具有经济地位，还具有政治地位，不过因为没有州县衙门故不能称为城。但是，有时当一个地方的经济条件不再适合作为衙门所在地之时，该地在法律上就会被取消"城"的地位，参见《清朝续文献通考》，135/8952-8953。因此我们可以说中华帝国拥有两种主要类型的城：一种是主要或唯一具有政治地位或行政管理地位的城，另一种是除了是地方官署所在地之外，还具有经济地位的城。大多数省城和府城、部分州城和县城，属于第一种类型。1868年，一位英国领事对此类型的城作了有用的叙述："这座城〔译按：保定〕看来没有任何天然屏障，但是，坚固、高大、厚厚的城墙足够防御中国式的大炮。一座最近修筑的小土墙围绕着城郊……保定并没有什么商业地位……但是作为直隶的省城，保定是总督、布政使和按察使的官署所在地，它的重要性就在于此。"参见 E. C. Oxenham, "Report on a Journey from Peking to Hankow, 1868," 引自 Alexander Williamson, *Journeys in North China, Manchuria and Eastern Mongolia; with Some Accounts of Corea* (1870), II, p.395-396. 关于第二种类型的城，其事例比比皆是。举例言之，一名西方旅行者这样描述直隶省获鹿县的特点："很明显，获鹿这座繁荣的城镇，是因冶铁而兴旺起来的。从其外表上来看，它令人回想起约克郡的某些城镇。它的城墙参差不齐，呈圆环形，周围仅约1英里……该城只是商业中心，既不产铁，也不锻铁。……获鹿县还是制作砂锅的重要中心之一。人们容易根据旅馆（而且在这些旅馆中，有许多旅馆应属于高级的）的多少来误判一个地方的大小，起因是这个城的位置，是西行交通要道上必要的休息站。穿越群山所需的物资必须在这里准备好，那些刚刚经历了许多磨难的人们，也要在这里稍作停留，修理受损的马车，并让骡马得到休息。"*Ibid.*, I, p.279, 引自1865年的一篇报告。河南省彰德府更是一座大型商业城镇。E. C. Oxenham 在1868年的旅行报告中这样写道："彰德府坐落在一条不大不小的河边。……一进该城，笔者就意识到来到了一种完全不同于直隶省的府城。建筑一流的漂亮庙宇，雕刻精致的石制牌楼，说明了居民们的虔诚和富有。同时，忙碌而众多的人口，接连不断的商店，中国奇特装饰物衬托出欢乐的气氛，就是这种财富的源泉。在主街之外，不是没有房舍和空地……这里看到的是，一间接一间、修建得非常好的民舍一直延伸到城墙脚下。"*Ibid.*, II, pp.402-430. 中华帝国的城市，"城市化"的程度各不相同。尽管有城墙环绕以显尊荣，相当多的州城和县城仍保留着乡土气息。举例来说，19世纪60年代的直隶省定州，其情况如下："城墙里没有什么吸引人的。围在城墙里的大多数土地仍然属于耕地，只是在城的中心才是繁荣地带。"江苏省的高邮州在1869年是一座"遍布耕地的广阔城市"，*Ibid.*, I, p.268; II, p.286. 即使是南京，在1842年也远远不是严格的"都市"，一名英国官员这样说道："南京城的外表……真有点令人失望。被土墙围起来的空间，整整有4/5看上去就是一大片耕地，而不是我们所期望看到的人口稠密的建筑群。"参见 John Ouchterlony, *The Chinese War: An Account of All the Operations of the British Forces from the Commencement to the Treaty of Nanking* (1844), p.476. 一些中国作者也描述了类似南京的其他城市情况，参见于荫霖，《于中丞遗书》，1/27a和2/23a；华学澜《辛亥日记》，第49页。虽然中华帝国的乡村一般是由村庄、三家村和集市组成的，但是一些地方还没有出现人口集中化的情况。Richthofen 在1872年这样评价了四川省城镇的情况："在中国，农村和城镇之间存在着极为明显的区别，没有其他省能够同四川省相比……在四川，乡村到处点缀着的是农庄或小于农庄的小村。农民同其大家庭就居住在农田的中间。那些从事手工业或商业的人生活在市镇或城镇里，但是，中国式的城镇般的村庄很少出现。"参见 *Letters* (1903), p.165. Edward H. Parker, *China: Her History, Diplomacy and Commerce, from the Earliest Times to the Present Day* (1901), p.181, 列出了一份常用的各种地方区域和层级的名称清单。该书虽然不尽理想，但可以作参考。

关，另一些则是自然出现的。清政府会给予这些自然出现的组织以官方或半官方的认可，并以此把它们纳入官方的控制架构中。

除了少数地区的乡村家庭居住在分散的独立农舍里（比如四川一些地区），或者某些省份谋生格外不易的山区外，中国乡村的居民大都集中生活在大小不同、形式不同的聚居村落（村或庄）、乡间集市（市、集、场等）和城镇（镇）里。这些地方的大小和繁荣程度主要取决于当地的经济条件，尽管社会地位和政治因素可能也有影响。举例来说，在靠近可耕地的地方，如果有条河川或溪流，为灌溉和其他方面提供足够的用水，就为一座村庄的产生和发展创造了物质基础。

在一个特定地区里，村庄多少，以及每个村庄的大小、组织程度和社区活动数量，视当地人口密度、地方大小，特别是当地地理环境和经济条件的不同而有所区别。[9] 更大、更繁荣的村庄，常常表现出"社区"（community）的特点。[10] 实际上，村庄是组成中国乡村社会生活的基本单位，如同家庭是中国社会生活的主要构成单位一样。

然而，村庄在经济上并不是自给自足的。乡人的物质需要或许相当简单、相当少，但是有可能不是他们自己村庄的有限资源所能满足的。一些较大的村庄有由一长串小店组成的"商业街"，这解决了乡人的部分需要，但是这些村庄连同没有这种"商业街"的小村庄，都必须依靠附近的集市或城镇来交换商品和服务，以满足他们的经济需要。

集市的大小和结构各不相同。它们经常是从繁荣村庄里的"商业街"发展演变而来，它们主要因定期举行贸易活动而同普通村庄区别开来。一个乡村集市实际上就是一座取得了特别经济功能的村庄，这会给村庄带来一定的变化。变成了集市的村庄有时会取得一个新的名字，一些非农业的居民也会住进来。然而，乡村集市保留了乡村的基本特征，其大多数居民也还是农民。

---

[9] 地方志通常载明各州县的村庄数量。例见《博白县志》（1832），5/16-25；《丰镇县志书》（1881 年修，1916 年刊），1/13-20；《鹿邑县志》（1896），3/4b；《香山县志》（1911 年修，1923 年刊印），2/1a-b。〔编者按：本书引用了两种版本的《香山县志》，一部是 1873 年修，1879 年刊《香山县志》；另一部是 1911 年修，1923 年刊《香山县志续编》。此处应为 1879 年版《香山县志》。后文也有二者混淆的情况，编者分别冠以《香山县志》与《香山县志续编》，以相区分。〕

[10] Daniel H. Kulp, *Country Life in South China: The Sociology of Familism* (1925), I, p.xxix.

城镇通常是从乡村集市发展而来的。随着一个乡村的经济活动日益扩张，为相邻乡村提供商业服务的集市就变成了更大的贸易活动中心。这个社区达到失去它大部分纯农业属性的临界点时，就以城镇的面貌出现了。贸易能力的增强，吸引了更大地区的乡人来从事商业活动，但是也有一些例子，证明城镇的出现是当地工业发展的结果。制造优质瓷器的江西景德镇，就是一个突出例子。

因此，城镇有两种类型：贸易型与制造型。城镇不再是纯粹的、简单的村社，实际上，较为繁荣的城镇或许拥有城墙和其他一些城市的特征。此外，一座城镇由于其经济地位重要，或许被清政府选来作为辅助性的行政中心，并派驻一名佐贰官，帮助知县处理有关事宜；也可能成为正规军的驻扎地点，以防范该地区可能发生的任何紧急事件。除了官方名称不同且没有知县衙门外，很难把这样的城镇与城市区别开来。

乡村、集市和某种程度的城镇，构成了中国乡村的主要形态。在随后的章节里对它们作更详细的描述是必要的，但是现在我们不得不先停下来，概略地解释一下"乡"这个属性不同的乡村区域组织。

存在于 19 世纪，甚至贯穿于整个清代的乡组织，是县城外面乡下地区的组成结构。它包括一系列村庄、集市，或许还包括一两座城镇。每个州县有多少乡不尽相同，但是在多数州县，都有 4 个乡，分别位于州县城的四座城门之外。直隶省的蔚州城就是一个典型范例。它的 4 个乡的名字如下：[11]

	村庄数
东乡	174
西乡	70
南乡	153
北乡	89

乡组织看起来并不像村庄那样是自然发展产生的。乡在古代就已经出

[11]　《蔚州志》（1877），卷首，18a-b。

现，而且很有可能起源于政府设置的、在乡村控制中被用到的行政单位。[12]
在清代，它不再是官方行政单位，但仍被允许存在，并时常在乡村控制中被
用到。事实上，在许多情况下，乡变成了村际合作或组织的单位；它受到半
官方的认可，在乡村生活形态中占有一定的位置。*

　　*"hsiang"（乡下）和"Hsiang"（乡）两词，汉语都拼写为"乡"。这两个词还要
和同音异义词"Hsiang"（厢）区别开来。"Hsiang"（厢）的含义是指靠近城的地区；
政府这样划分城区和城厢，目的在于加强税收（见第二章和第四章有关里甲体系的叙
述）。

村庄的物质面貌

　　在中华帝国的不同地方，乡村的物质结构相当不同。[13] 村庄是自然发展
而成的事实，的确就是它们缺乏一致性的原因所在。[14] 一位西方作者清楚地
叙述了这种情况：

　　　　即使可以说中国城市在某些方面看起来正在努力"展现"它的一致
　　性，但是不能说乡村也是这样。只要某个地方的环境许可，农民就定居
　　下来，乡村由此就发展起来……亦即是说，第一个定居者认为某地条件
　　好，就定居在那里；另外的定居者也是这样。有了定居处，还必须开辟

---

　　[12]　"乡"作为乡村地区的基层行政单位大概在周朝时就已经产生了。《左传·襄公九年》
就叙述了有关"乡正"的问题，表明宋国当时已有这样的单位。在秦朝和汉朝，乡自然成为地方
基层行政组织中的一级，由 10 个"亭"组成。随后的各王朝统治者，都保留了乡组织，但是作
了修改。举例言之，在晋朝（公元 265—419），每 100 户组成 1 乡；在唐朝（公元 618—906），
每 100 户组成 1 里，每 5 里组成 1 乡。宋朝沿用唐朝的制度。一些地方志修纂者说，虽然在明朝
1381 年确立乡制时乡组织不再是政府的乡村行政机构，但是在许多地方，它还是作为基层行政机
构，一直延续到清朝。此后，"乡"就演变为"乡下"意义上的"乡"，区别于"镇""城区"，为
人们广泛使用，参见《明史》，77/2。但是在清朝时期，官方并没有完全把"乡"视为"乡下"，
在一定范围内还是作为基层组织。在一些地区，其实际环境表明不能再设置县级行政组织时，即
取消县一级，降级改为乡。举例来说，山西省的乐平县在 1769 年改为乐平乡，马邑县改为马邑
乡；1807 年，直隶的新安县改为新安乡。在这些事例中，县级机构及其他职能就被取消了，参
见《清朝续文献通考》（1936），135/8952-8953。

　　[13]　Arthur H. Smith, *Village Life in China: a Study in Sociology* (1899), 序言。在一些小地方，
或许也有不同，例见杨开道等《清河：一个社会学的分析》，第 2 页。

　　[14]　Arthur Smith, *Village Life*, p.30.

出一条路来，于是很快就有了一条路……接着另一条路，或第一条的延伸，带着明显的角度伸向远方。其他房屋、其他路径、其他街道等接踵而来，但却毫无章法。[15]

乡村的条理化毕竟不如其他要求——大小、物质条件等——那么重要。地理环境和经济条件对乡村发展的影响非常明显，即使是漫不经心的观察者也会注意到此点。古柏察（Huc）的描述虽然并非细节准确，但他大致正确地指出了某些华中省份和西部省份的乡村在分布和外观方面存在着的差别。他在 19 世纪中叶写道：

　　一路所过，很容易得出中国各地人口聚居情况完全不一样的结论。例如，如果你在华中省份一路旅行，很容易认为中国乡村人口比实际上的要少。村庄不多而且相距遥远，土地抛荒的很多，很容易使人认为身处鞑靼沙漠之中。但是，如果你在同一省份沿着水道或河流旅行，就会得出情况完全相反的印象，你会经常经过许多人口不少于二三百万的大城市，大城市之间接连不断地分布着许多小城镇和大村庄，一个紧挨一个。[16]

在这一问题上，古柏察对湖北省和四川省乡村的对比，也很有说明性：

　　在各方面，湖北省都远不如四川省。湖北省的土地不但很贫瘠，而且布满了为数众多的池塘和沼泽。对于勤劳、坚韧的中国人来说，这种土地没办法充分利用。该省乡村总体上非常贫穷，显得很凄凉；居民们很不健康，相当原始，皮肤病缠身。……据说，湖北省一年收成很少够一个月的食用。该省人口繁多的城镇，要仰赖邻省供应，特别是一年的收成十年都吃不完的四川省。

<hr>

　　[15]　George W. Browne, *China: the Country and Its People* (1901), p.195. 并参见 Robert K. Douglas, *Society in China* (1894), p.109, 他错误地认为乡村村落就是井田制。

　　[16]　E.-R. Huc, *The Chinese Empire* (1855), II, p.98.

看来，好像是四川省的富饶和美丽给其居民带来了相当有利的影响，因为他们的生活方式要比中国其他省份高雅得多。大城镇至少相对说来要干净，整洁。乡村甚至农田面貌，证明了其居民的生活环境相当舒适。[17]

古柏察或许夸大了四川的繁盛，[18]或者说低估了湖北土壤的富饶，[19]但他观察到了这些省份农村之间存在着的差别，并将这些差别归因于地理条件，还是接近真相的。

华北省份和华南省份不同的农村之间的差别，即使没有更明显，至少也存在类似的情况。不同的地理环境特点形成了鲜明的对比，以至于一位当代的学者认为这两个大的地区是"两个中国"。[20]地理环境和历史背景似乎把这两个地区的乡村社区塑造成截然不同的两个社会。按照一位当代中国作者的看法，黄河流域的农村大体上是由一组紧密相连的耕地和农舍组成的；而坐落在扬子江两岸的农村，各农舍经常分布得比较松散。华北的典型村庄是"聚居型"的，而华南则是"散居型"的。[21]从社会结构来看，宗族组织的影响在许多南方村庄更显而易见，而在北方则相对不那么重要。[22]

经济条件对乡村生活的影响，在乡村分布和大小的差异方面，是最为清楚的证据。一些英国军官在 1870 年代和 1880 年代对中国东北进行的一项调

---

[17]　E.-R. Huc, *The Chinese Empire* (1855)，II, pp.297, and I, pp.289-290.

[18]　稍后的一位作者证实了 Huc 关于四川省的观察。参见 Alicia B. Little, *The Land of the Blue Gown* (1902), pp.113-198, 该书以熟悉的笔调叙述了作者 1898 年 7 月至 10 月间在四川体会到的农村生活。还参见 Richthofen, *Letters*, p.181.

[19]　湖北省的部分地方显示了该省某种程度的繁荣。Oxenham 于 1868 年从北京到汉口旅行时写道："长江越来越宽。……江两岸的人口稠密。每 20 里的地方就有一个大寨（市场），大寨之间分布着许多小村庄。"参见 Williamson, *Journeys*, II, p.413.

[20]　George B. Cressey, *China's Geographical Foundations: A Survey of the Land and Its People* (1934), p.13, 报告说："有两个中国，它们各自的地理特点截然不同，相互之间形成鲜明的对比。"不过他接着在第 15 页补充说："华北和华南的分界线不断在变。的确有许多特点逐渐重叠并彼此融合。大体说来，变化发生在长江与黄河之间的中线，在北纬 34 度线左右。"

[21]　参见王怡柯《农村自卫研究》（1932），第 32 页。不过应该指出的是，华南也有不少农村是聚居性的。

[22]　本书第八章将讨论这一问题。

查显示，乡村之间是相距很远还是鸡犬相闻，与土壤的肥沃程度密切相关。其中一名军官报告说：

> 在贫瘠地区，两村之间距离不超过 4 英里；而在肥沃地区，通常靠近得多，约在 0.5 英里到 1 英里之间……上述特征，同样有效地适用于中国东北部所有肥沃地区。[23]

在那些土壤非常贫瘠的地区，各乡村之间的距离不但遥远，而且每个乡村都很小。另一名军官报告说：

> 在中国这个国家，所有乡村都不大。每村不过是由其街道两旁的一排房屋组成。在长 1 英里的道路两边，大约只有 80 到 100 间房屋。[24]

在许多其他地区，乡村甚至还要小些。根据另一项关于"经常出现洪水"地区的报告，在从歧口（Chi-k'ou）〔编者按：今沧州黄骅市南排河镇下有"歧口村"〕通往沧州（直隶）的大路上，看到的只是一些极小的村庄：

> 梓村（Tsz-tsun），有 10 间民房，一口苦水池。……村子附近，耕地非常少。
>
> 12.5 英里。——一个小村，只有 3 间民房，在路北方 0.25 英里。
>
> 13.5 英里。——马营（Ma-ying）村，有 25 间民房。
>
> 在马营村〔编者按：在今黄骅市下〕，乡村的面貌得到了改观，看到了一些母牛、犊牛、小马驹，有些繁荣的迹象了。[25]

---

[23]　Mark S. Bell, *China, Being a Military Report* (1884), I, p.61.

[24]　Bell, *China*, p.78.

[25]　Bell, *China*, p.123，又见 pp.62-63, pp.118-119。其他作者也观察到了类似的村庄。例如，Lt. Col. George B. Fisher, *Personal Narrative of Three Years' Service in China* (1863), pp.254-255，描述了坐落在直隶省北部地区一组极度"肮脏、悲惨"的乡村。李慈铭《越缦堂日记·荀学斋日记》，己集上，13a，光绪十年（1884）三月十六日指出，直隶省通州和武清之间的乡村，给人的印象是"华北土地贫瘠、凄凉"。

环境好的地方，村子就要大些，看起来更加繁荣。同一条路上，再往西走：

　　22 英里。——三直户村（San-chi-hu，编者按：今马营村西有"三虎庄村"，此处或是"三只虎"村），一个拥有 100 间房屋的村子，村子里面有一个池塘和几口水井。……

　　38.25 英里。——辛庄（Hsin-chuang），一个拥有 300 间房屋的大村子。从外观上来看，该村比它东边的任何村落都要繁荣。房屋修建得很好，居民的衣着也要好些，许多居民看起来非常富有。

　　相较于村庄的大小以及村落间的距离，这个地区的耕种面积显得相当可观。据说，该村在丰收年份，粮食收成略微超过了当地居民的需要。在过去几年，即 1873 年、1874 年和 1875 年里，收成平平，但在 1876 年，就要担心歉收了。[26]

　　当然还有其他因素影响到乡村的自然面貌。良好的地理位置可以让它免于水患，或是位于村中的官仓为它带来经济繁荣，这类村子的规模自然比普通村子大。例如，在歧口通往沧州大道上西行大约 16 英里处的王徐庄子（wang-hsu-tzu）〔编者按：今沧州黄骅市"歧口村"西南有一村名"王徐庄"〕，"是一个拥有 400 间房屋和 4,000 名居民的村庄。它坐落在高出周围地区 5 英尺的土岗上，显然保护了它不受洪灾的侵害"。[27] 北仓（Pay-tsong）位于从北京到天津的大道上，是北运河上的大村子。"这儿有许多储藏着粮食的砖造建筑。……这儿是储藏漕粮的仓库之一。"[28] 虽然各种各样的因素在

---

　　[26] Bell. *China*. I, p.124；并参见 pp.67-68 对其他富裕村子的描述。Bell 在第 162 页中对华北（直隶和山东）农村的总特点作了如下的叙述："一路所经过的村子，其规模大体上在三万平方码到十万平方码之间〔编者按：1 平方码≈0.84 平方米〕。一条主街穿过村子，车辆一般只能单线通行……每个村子都用许多空间来做院子。房屋低矮，只有一层，用泥砖修成。房屋外面涂上了泥和剁碎了的麦秆；每年都要重新涂一次。……房顶是用茅草或瓦片盖的。砖砌的房屋非常少。……院子总是很肮脏，到处都是泥土。没有烟囱。每间住房的里面通常都有凸起来、中空的炕，可以用来加热。"

　　[27] Bell. *China*, p.123. 同样参见 pp.127、168 对遭受洪水威胁的其他村子的描述。

　　[28] Bell. *China*, p.68.

个别情况下具有决定性的作用，但是从总体上来看，土壤质量仍然是决定乡村自然面貌最重要的因素。

由于华南一些省份的土壤比起大多数华北省份来说要肥沃得多，因而南方村庄的人口通常要多得多。在广东，有利的农业条件再加上其他经济优势，有些村子据说拥有相当多的人口。例如卫三畏（S. W. Williams）对 19 世纪 80 年代的南海县农村就做了如下叙述：

> 居民聚集在三家村和村子里。……在南海县（该县位于广州城以西）和方圆 100 多平方英里的周围地区，分布着 180 个……村庄；每村的人口……从 200 以上到 10,000 不等，但通常在 300 和 3,500 之间。[29]

1883 年所刊的《九江儒林乡志》（儒林乡是九江的一部分，位于南海县西南部）〔编者按：据原志《凡例》，九江为九江堡，又名儒林乡，两者并非统属关系〕，提供了下列资料：[30]

---

[29]　Samuel W. Williams, *The Middle Kingdom* (1883), I, pp.280-281.

[30]　参见《九江儒林乡志》（1883），5/1a-4a。下列对比较繁荣的华南农村的精确描述对我们的研究很有益处：

（1）福建："野鸡山高耸入云，风景如画。在其较低的山坡地带，坐落着一个村庄。在村子之下，一条山谷在深深地沉睡，躺在群山那悬崖陡峭的怀抱里。几百个农民居住在山谷里，主要从事水稻种植。他们在散落于平缓的山坡和平地上的稻田里忙碌着。在他们头顶之上，就是陡峭的大山，暗黑色的森林从山下往山上延伸。在万里无云、碧空如洗之时，如果在青翠的光辉下观看野鸡山的下半部，就能发现覆盖着灰色瓦片的屋顶；一片叠着一片，就像鱼鳞一样。"这段叙述描写了 19 世纪末的山村情况。参见 Lin-Yüeh-Hwa（林耀华），*The Golden Wing*（《金翼》），p.1。

（2）浙江："我在 1855 年 6 月里参观了坐落在浙江湖州附近群山山麓的一个产丝的小村。虽然当地人对一个外国人出现在他们中间相当吃惊，但是总的说来仍然很有礼貌，非常好客。其他产丝之乡拥有的富有和舒适，显然这个山村也拥有。居民们穿戴很好，住房坚固、美观。从居民们的脸色来看，他们生活很好。几乎所有的农房都很不错，还有高大的墙围着。"参见 Robert Fortune, *A Residence among the Chinese* (1857), p.360。

（3）江苏："夏天，我有幸在一朋友的伴随下，参观了坐落在南京东南小山之中的一个典型农村。……我们在迂回行进大约一英里之后，来到了一个名叫佘村 (She t'sun) 的小村子。该村的居民大约有五六百人。……佘 (She) 先生是该族的族长，也是该村的村长……给我们以帮助。……佘先生虽然和农民生活在一起，但是其衣着和行为举止证明他并不是农民。……事实上，他是该村村学的校长，也是该村的大地主。他引我们来到村庙；这里不仅是供奉神祇的地方，还是招待客人的下榻之处，虽然访客不多。……佘先生邀请我们到他家做客。他的房屋有好几栋，是相当大的砖瓦建筑。……村里大多数农民都是他的佃农。佃农们的房屋也是修建得很好的砖瓦房。房

村数	户数	居民数
6（东方）	4, 572	25, 318
16（西方）	3, 462	19, 334
9（南方）	2, 108	11, 466
9（北方）	7, 033	36, 461
总数 40*	17, 175	92, 579

*编者按：原志东方村数为 7，村庄总数为 41。

这个地区每村居民的平均数大约是 2,300 人。坐落在东面的村子，人口更为稠密，平均大约为 4,200 人。此外，《九江儒林乡志》的修纂者指出，在志中所涉的 41 个村子中，最大的一些村子人口超过 1,000 户，而最小的村子只有 40 户。由于每户人口的平均数不少于 5 人，因此最大的一个村子，其人口总数应该超过 5,000 人。

如此超规模的乡村，绝不是华南的普遍类型。同华北一样，华南的乡村也非常小。大多数的华南农村比起这些广东样本要小得多。例如，利昂·多纳（Leon Donnat）叙述位于浙江宁波府府城附近的一个村子 1860 年左右的情况时说："王福（Ouang-fou）村的住户大约为 120 户。如果按照每户 5 口计算，则有 600 人。他们全部务农。"[31] 这种拥有几百名居民的村子在华南很普遍，而南海县那种拥有十万人口的特大号村庄则是别具意义的，因为它们表明了在特别有利的环境下，乡村社会也会变得如此繁荣，从而使它们事实上成为城镇，不论它们是否被如此称呼。

大区间存在着差异，而大区中各个地区之间也存在着差异。重点是，村庄的自然层面存在着的差异──无论是在同一地区各乡村中进行比较，还是在不同地区各乡村中进行比较──都显示了相同的一点：地理环境和经济条

屋之间的小巷，不但狭窄，而且弯弯曲曲。村子里没有商店，但是有个农夫在需要时充当屠夫，向其邻居卖肉和一些其他必需品。总的说来，村民们吃得好，穿得好，对生活感到满意和幸福。但是，一般说来，南京附近地区的佃农生活看起来并不如该村佃农们那样舒服或幸福。中国还未完全从太平天国叛乱带来的毁坏中复苏过来。"Edward Williams, *China, Yesterday and Today* (1923), pp.89-91. John L. Buck, *Chinese Farm Economy: A Study of 2866 Farms in 17 Localities and 7 Provinces in China* (1930), p.26 后面提供的插图 map i，描绘了南京附近洞桥（Tung Chiao）村中的农庄、农田、路径、池塘、桥梁、寺庙和学校。看了该图之后，就会得到有关农村的一个总印象。

[31] Leon Donnat, *Paysans en communauté du Ning-po-fou* (1862), p.8.

件具有决定性的影响。[32]

　　耕种土地的数量，是随着人口数量的变化而变化的。在少数提供有关数字的地方志中，《正定县志》（1875 年版，正定是直隶省西部的一个县）提供了有趣的材料；这些材料虽不精确，但大体上表明了耕地面积和村庄人口多少之间的关系。[33]《定州志》（1850）也提供了有关该州地区 321

---

[32]　我们举一些事例就可以表明华北的情况。下列一段来自《延庆州志》（1880），2/5a-59b 的史料，表明了同一地区各乡村的规模变化相当大：

村名	户数	居民数	村名	户数	居民数
团山屯	258	1392	孟家庄	50	272
小河屯	224	1248	小营村	48	206
大泥河	177	960	朱家堡	34	183
靖安堡	109	699	苗家堡	31	173
北沙涧	118	642	谷家营	27	145
上板桥	95	537	陈家营	21	114
前黑龙庙	82	450	王家庄	13	93
冯家庙	82	423	上水磨	19	85
西红寺	75	414	西桑园	14	73
顺风屯	144	395	西河沿	10	53
下板桥	69	375	王家场	8	41
旧簸箕营	62	335	马家庄	8	35
阎家庄	63	322			

下面的引文可资比较。根据 C. Spurgeon Medhurst 教士的一篇报告，见 *Journal of the Royal Asiatic Society*, North China Branch, N. S., XXIII (1888), p.86，山东省益都县约有 1,000 个村子，25 万人口。由于有一部分居民生活在城市里，因而每个村子居民的平均数在 250 人以下，或许还在 200 人以下。根据《抚宁县志》（1877），8/15a 的记载，直隶省抚宁县有 605 个村子，267,746 位居民。即使假设所有的居民都生活在乡村（事实上当然不是这样），每村的平均人口也只有 442 人。

[33]　参见《正定县志》（1875），卷首图，22b-23a：

村名	户数	入册的土地数（亩）	村名	户数	入册的土地数（亩）
朱河村	363	12,141	西　庄	78	1,257
东塔子口	235	7,199	南永固村	71	1,560
石家庄	211	2,599	店　上	64	1,192
诸福屯	197	6,532	杜家庄	61	1,497
西兆通	181	6,016	东　庄	56	1,256
凌　透	164	3,855	北永固村	52	2,120
北　庄	155	4,036	南五女村	47	1,193
南　村	145	5,189	东邢家庄	44	1,526

个村、集市和城镇的有趣材料。这些乡村的规模差别很大，最大的一个村拥有 1,000 多名居民，最小的还不到 100 人。大村大约占村子总数的 9%，小村大约占 7%。其中大多数村子（占村子总数的 22.5%）每村的人口为 100 到 199 不等。[34] 表 1–1 到表 1–4 说明了上面所提出的结论。[35] 令人遗

南杨家庄	140	5,426	中圣板村	39	593
东兆通	118	12,810	东关厢	30	322
小西丈	112	3,694	西庄屯	29	1,115
南牛屯	107	4,110	小 屯	25	663
赫家小营	105	2,681	北圣板村	23	1,461
南圣板村	92	4,116	吴家庄	23	124
大丰屯	90	2,609	东原村	15	153
大西丈	86	2,608	北中奉村	10	228
侯 丈	80	1,247			

[34] 参见《定州志》（1850），卷六和卷七各页。

[35] 应该指出的是，尽管存在着差异（其中一些还十分重要），但是中国乡村的组织模式基本上是相似的，并且以不同的程度向我们展示出本质上类似的活动。因此，中国乡村之间存在着的差异，并没有产生不同类型和种类的乡村，例如印度的"私有型"和"共有型"乡村。B. H. Baden-Powell, *The Indian Village Community* (1896), pp.8-9, 和 *The Origin and Growth of Village Communities in India* (1899), p.19, 指出了印度的两种类型乡村，以及它们之间存在着的区别：

"私有型"乡村	"共有型"乡村
有一名有权势的头人，实行世袭制	头人不世袭，但有一个长老会
财产私有	财产共有
对税收不担负共同责任（即各自交税）	统一交税
荒地归个人所有，不存在"公共"地	村庄所在地和一些荒地，通常共有

R. Mukerjee, *Democracies of the East: a Study in Comparative Politics* (1923), pp.265-266，指出印度存在三种类型的乡村。

（1）地租（ryotwari）型乡村。这种乡村或许是最古老的，它们"起源于一位头人带着些部落或宗族定居某地"。（2）封建领主（zamindari）或地主所有制型乡村。在这种乡村里，"头人必然是地主"。（3）"共有型"的乡村。在这种乡村里，"村民们不只对自己耕种的土地拥有所有权，而且拥有全部的村地"。

19 世纪和之前相当长时期的中国乡村，可以说有些类似于印度的"私有型"或"地租型"乡村。类似于印度"共有型"的乡村可能存在于古代中国，尽管我们还不能证明这一点。虽然近代学者对孟子"井田制"思想的历史事实持怀疑态度，但是这种思想或许粗略地反映了孟子时代已然不存在的乡村土地分配的原始情况。19 世纪中国的单族乡村（后面会讨论此点），宗族事实上就是一个村子，共同拥有大片土地；这种乡村隐约同印度的"共有型"乡村相似。问题在于，19 世纪的中国是否存在"村落共同体"。这个问题的答案多少取决于我们对这个词的认定。如果"村社"的性质可以理解为"财产共有"或"共同享有支配财产的权利"，那么可以肯定，中国整个历史时期都不曾存在这样性质的"村社"。正如笔者上面已经

憾的是，我们手头没有可供比较的材料，以说明华南的情况。

表 1-1：华北乡村情况（人口为 1,000 以上）

村名	民户	丁口	粮租地（亩）	井泉	街道	庙宇	供水	道路
娄底村	186	1,632	4,800	25	2	14	沟渠	南通深泽县
全邱村	252	1,607	8,000	45	6	10		北通望都县
潘村	297	1,570	2,300	17	2	5	河流	东南至州城 40 里
东望村	124	1,481	6,000	63	2	5		东通祁州
大王耨村	232	1,469	9,400	9	4	2	泉水	东通祁州
西丁村	190	1,460	1,600	36	2	11	河流	东通祁州
西市邑村	225	1,370	6,300	15	4	3	河流	南至州城 15 里
北内堡村	200	1,353	5,600	20	3	10	沟渠	南通深泽县
王村	215	1,280	970	26	2	4	河流	东南至州城 40 里

指出的，同这种性质的"村落共同体"最接近的是某些宗族制乡村。以此来看，笔者很难赞同 Harold J. E. Peake 的观点："村落共同体在中国各地都存在，只有四川通常是分散的村庄。"参见 *Encyclopedia of the Social Sciences*, XV, p.255。随后，他很显然把中国所有的乡村都视为宗族制村庄。可是正如我们将要在第八章所看到的那样，中国许多村庄尤其是华北的村庄，并不是由宗族组成的。Peake 还在同书（第 253 页）中大体上对村落共同体的性质作如下概括："村落共同体由比单个家庭要大、有亲戚关系或无亲戚关系的一组人群所组成，他们居住在一大栋房屋或若干相互挨连的住房里。这种住房有的呈不规则分布，有的在街道两侧。村民们最初共同在若干可耕地上劳作，划分适合畜牧的草地，并在村子周围的荒地上喂牲口。这些耕地、草地、荒地的所有权归村社所有，一直到毗邻村社的边界。在历史上，大多数这样的乡村都处于封建领主的统治之下。领主支配所在地居民，行使执法权，收缴村社耕种其份额土地的租税。"很显然，Peake 的这一定义并不符合中国历史上的乡村；而且，他所说的那种"领主"和居民之间的关系，在中国帝制时代的乡村里是否存在，值得怀疑。在许多重要问题上，研究村社的西方权威并未达成共识。关于传统理论的叙述，可以特别参考 George Ludwig von Maurer, *Einleitung zur Geschichte der Mark, Hof, Dorf, und Stadt-rerfassung* (2nd ed., Vienna, Auflage, 1896); Coulanges, *La cité antique* (Paris, 1864); Henry S. Maine, *Village-Communities in the East and West* (Lon-London & New York, 1890)。关于批评传统理论的著作，可以参见 Frederic W. Maitland, *Domesday Book and Beyond* (Cambridge, Eng., 1897); Jan S. Lewinski, *The Origin of Property and the Formation of the Village Community* (London, 1913); Charles M. Andrews, "The Theory of the Village Community," *American Historical Association Papers*, V, Parts I and II, pp.45-61。A.S. Altekar, *A History of Village Communities in Western India* (1927), pp.ix-x 对印度村社的另一方面作了如下描述："笔者认真仔细分析了《吠陀》所提供的材料，可以确定在最早时期，村社实际上享有不受限制的自主权。……国家通常同乡村相连，因此找不到机会来界定地方政府和中央政府的范围。"该书在其他地方（p.xi）又写道："然而，这种自给自足的自治村社并没有持续多久；较大的政治单位发展出现了，乡村很快就成为其组成部分。"无论中国乡村在最早历史上享有什么程度的自主权，这种自主权都没有延续到帝制时期。

大西涨村	274	1,236	4,200	15	7	25	河流	南至州城 20 里
小王耪村	136	1,235	5,400	5	2	2	泉水	南通祁州
唐城村	214	1,223	4,900	23	3	5	河流	南至州城 15 里
高邱村	210	1,223	9,140	30	5	12	河流	东通望都县
西张谦村	245	1,188	(?) 480	15	4	14	河流	东南通深泽县
苏泉村	209	1,173	3,100	40	3	18	河流	东南至州城 20 里
新庄	166	1,168	6,100	35	3	4		东通深泽县
庞村	214	1,149	3,300	34	5	19		东通祁州
钮店村	213	1,047	4,500	24	4	2	河流	西通新乐县
东市邑村	236	1,137	9,130	13	1	3	河流	西南至州城 15 里
留早村	220	1,120	4,900	23	3	5		西南至州城 35 里
胡房村	202	1,118	5,500	21	3	3		南至州城 30 里
东留春村	169	1,107	4,300	8	3	3	泉水	东通祁州
地里村	179	1,104	3,200	10	7	3	沟渠	东通祁州
翟城村	175	1,089	5,000	6	2	10		东通祁州
西城村	185	1,066	4,300	13	3	3	沟渠	北通祁州
东张谦村	182	1,051	4,200	23	5	8	河流	东南通深泽县
油味村	150	1,050	3,100	4	4	3	沟渠	西南通无极县
北举佑村	161	1,008	6,000	28	3	7		南通无极县
总数	5,561	34,724	134,620	826	97	203		

表 1-2：华北乡村情况（人口为 100 到 199 之间）

村名	民户	丁口	粮租地（亩）	井泉	街道	庙宇	供水	道路
皮家庄	15	103	500	12	2	3		东北通州城
齐家庄	17	104	400	9	1	2	沟渠	西北通州城
北羊角村	17	104	400	12	1	2	河流	西至州城 15 里
南成村	14	105	700	8	1	2		西南通无极县
刘家庄	11	106	300	5	1	1		北至州城 5 里
西汉村	25	109	350	3	1	2		西至州城 20 里
西忽村	40	110	1,500	9	1	2		西通曲阳县
南二十里铺村	4	113	500	30	1	4		西南通新乐县
北新兴村	16	114	400	7	1	2		西南通新乐县
叮咛店	16	115	1,200	19	3	2		南通深泽县

东仝房村	29	117	300	12	1	8		南至州城30里
吴家庄	30	118	300	7	1	6		通唐县
北古山	23	118	1,250	18	2	3		北通唐县
老鸦庄	17	120	500	3	2	5		东南至城5里
陵北村	24	123	500	7	1	3		西南通新乐县
陈家左	29	124	1,300	7	1	4		东通州城
新城屯	21	125	1,100	11	1	2		北通州城
小张村	24	125	1,000	8	2	2		西至州城5里
马家寨村	24	125	1,500	3	2	2		北通望都县
陵南村	22	27	300	5	2	2		西南通新乐县
白家庄	16	130	1,000	7	2	0		北通望都县
尤刘庄	28	130	300	5	3	1		东通祁州
小辛庄	30	131	2,000	2	2	7		东南通祁州
张窑村	22	133	300	14	1	1		西南通新乐县
陈村营	25	139	200	13	2	3		西至州城15里
八里店	38	140	600	7	1	3		东南通深泽县
吴村屯	29	141	300	3	2	4		西通新乐县
霍阳平村	35	144	600	9	3	2		西北通州城
安会同村	27	145	800	15	2	4		西通曲阳县
新庄	38	148	500	0	1	2		北通望都界
西双屯村	21	150	1,900	5	2	0		村内通深泽县
卢家庄	32	150	900	6	1	2		村内通曲阳县
王家庄	16	153	700	7	1	4	河流	西通曲阳县
王习营	28	153	400	3	2	2		东通祁州
富村	31	153	900	8	1	2		南通无极县
马家隘	25	158	1,100	14	2	2		北至州城15里
陈家佐村	25	159	200	8	2	2		西北通望都乡
燕家左	29	159	800	20	1	2		西通曲阳县
中平谷村	10	160	700	2	1	1		南通深泽县
大兴庄	15	160	500	5	1	2		北通望都县
李家庄	24	160	2,100	3	4	1		西通无极县
南陵头村	27	160	900	19	1	3		东通北车寄村
魏家屯	30	163	1,000	2	1	3		通本州西关
于家左	65	163	600	11	1	4		西通曲阳县
高家庄	24	164	300	15	1	3		西通曲阳县
胡宫城村	23	170	600	8	1	4	河流	西通曲阳县

村名	民户	丁口	粮租地（亩）	井泉	街道	庙宇		
东甘德村	26	171	1,100	5	1	3		南通曲阳县
王会同村	31	172	700	10	2	2	河流	西通曲阳县
提崔邱村	27	173	600	12	4	3		西北通州城
董家庄	29	174	900	5	2	3	沟渠	东通祁州
尹家庄	28	174	1,000	15	1	1		西至州城3里
东汉村	30	174	750	9	1	2		西至州城20里
二郎庙村	29	175	100	6	1	2		西通州城
北二十里铺庄	34	176	400	5	1	4		北通望都县
曹村	36	176	470	5	1	2		东通祁州
崔沿士村	31	178	800	23	1	1		南通新乐县
北二十里铺	34	178	400	6	1	4		北通望都县
王家庄	38	178	400	0	1	4		南通曲阳县
半壁店	23	179	800	12	1	3		北通深泽县
贺家营	31	179	600	5	1	2		西至州城5里
杨窑村	33	180	600	8	1	4		西南通新乐县
中古屯	33	183	200	8	3	5	沟渠	东通祁州
刘家庄	38	183	600	8	1	2	河流	西北至州城3里
新兴村	29	184	1,700	6	2	3		北至州城15里
大召村	36	184	500	4	2	4		西南通无极县
侯新庄	44	184	200	5	1	6		北通望都县
孔庄	73	184	600	8	1	2		西通曲阳县
马头村	40	188	310	7	1	1		南通深泽县
北车寄村	25	189	300	12	1	2		东北通州城
南宣村	35	189	800	8	2	2		西北通州城
李油村	80	195	800	11	1	3		西通曲阳县
八角郎村	30	197	1,200	19	3	2		西南通新乐县
孔会同村	34	199	600	9	1	2		西通曲阳县
总数	2,083	11,093	52,230					

表1-3：华北小乡村情况表*（人口少于100人）

村名	民户	丁口	粮租地（亩）	井泉	街道	庙宇
宋家庄	4	18	400	5	1	0
小杨窑村	5	20	100	5	1	2
齐家庄	12	32	140	5	1	2
夏家庄	7	38	200	3	1	4
南仝房屯	8	38	700	3	1	1

续表

小洼里屯	11	50	350	7	1	1
靖南宣村	20	51	300	4	1	2
武家庄	28	64	500	5	1	4
小瓦房庄	18	68	800	2	1	1
南合营村	12	70	1,100	9	1	2
黄家营	24	70	500	3	4	4
王窑村	15	72	300	9	1	2
李窑村	15	72	300	9	1	3
康家庄	11	73	400	9	1	2
蔡家庄	14	75	400	2	1	1
刘家店	15	77	80	5	2	1
于沿士村	18	84	800	8	1	4
王沿士村	18	84	100	12	2	2
刘家店	18	86	400	7	1	4
北陶邱村	18	90	300	11	3	3
管家庄	17	92	500	2	1	2
吴顶庄	9	93	1,100	11	1	1
合计	317	1,417	9,770	135	30	47

* 这些乡村并没有道路直接通往县城或临近地区，比邻地区也没有大水源。

表1-4：华北大小村庄的物质条件

村庄的人口	每村平均数拥有量				河道
	土地（亩）	井泉	街道	庙宇	
1,000 以上	4,807.86	29.00	3.46	7.25	普遍拥有
100~199 之间	715.48	8.84	1.51	2.73	一般没有
100 以下	444.99	5.11	1.36	2.13	普遍缺乏

乡村集市与城镇

明恩溥（A. H. Smith）在 19 世纪末对集市的一般特点综述如下：

举行乡村集市的次数差别很大。在大城市里，市场每天都开放，但是在乡村，这样就会浪费时间。有时，集市隔天进行，有时隔两天进行。不过，较为普遍的时间安排按农历月份的划分而定。……如果每 5 天举行 1 次集市，那么每月要举行 6 次。……不同的集市是根据它举行的日子来命名的，比如"一六市场"，指集市是在每月的 1 日、6 日、11 日、16 日、21 日和 26 日里举行。[36]

在中华帝国的不同地方，集市的名称是不同的。大体说来，华北集市叫"集"（聚集），而华南集市称"墟"，西部则称"场"。[37] 不论名称是什么，其功能和安排基本上是一样的。

我们或许可以引用地方志中的一些描述。根据《卢龙县志》的记载，该县乡村集市的安排如下：[38]

表 1-5：卢龙县的乡村集市

集市	集市日期	主要商品
油榨镇	1*,11,21；6,16,26	粮食、生活用品
九百户镇	4,14,24；9,19,29	粮食、生活用品
横河镇	5,15,25；10,20,30	粮食、燃料、肉、生活用品
郎各庄	2,12,22；8,18,28	不详
燕河营	2,12,22；7,17,27	不详
刘家营（大集）	3,13,23；8,18,28	不详
刘家营（小集）	1,11,21；6,16,26	不详

*指农历月第 1 日。

---

[36] Arthur Smith, *Village Life* (1899), p.148. 正如 Smith 在同书第 149 页中所指出的那样，我们应该把乡村市场即"集"从交易会即"会"中区别开来，因为交易会并不是乡村组织的一个单位。还请参见 Martin Yang（杨懋春），*A Chinese Village: Taitou, Shantung Province*（1945），pp.190-191. 乡村集市一般组织得很好，它是货物交易的中心。在其中一些集市，至少有些合格的专人负责解决涉及价格、度量衡和其他问题的争议。诸如此类问题的例子，可以参见《延庆州志》（1880），2/3b；《靖边县志》（1899），4/44a，和 Yang Ch'ing-kun（杨庆堃），*A North China Local Market Economy: A Summary of a Study of Periodic Markets in Chowping Hsien, Shantung*（1944），pp.18-20. 这些方志和著作所叙述的情况，都发生在 19 世纪。

[37] "墟"一词在广东和广西两省特别流行；"集"在华中经常使用；在四川和云南，乡村集市则被称为"场"。参见《佛山忠义乡志》（1924），1/31a-b；《嘉应州志》（1898），32/18b-19a；《蒙城县志书》（1915），2/8b-10a；《华县志》（1887），1/12b-13a；《镇雄州志》（1887），3/11a；《新繁县乡土志》（1907），6/7b-8b，及其他地方志。

[38] 参见《卢龙县志》（1931），4/1b-2b. 关于对清代乡村集市地点和日期的概览，可以参见加藤繁（shigeru kato）的一篇文章（汉译后发表在《食货半月刊》卷五第一期，第 51—53 页上）。相关事例，可以参见《正定县志》（1875），3/5a-b；《郓城县志》（1893），2/30a-36b；及《郁林州志》（1894），24/4a-5a. 〔编者按：加藤繁的文章《清代村镇的定期市》，王兴瑞译。原题名为《清代に於はる村镇の市期市》，《东洋学报》23 卷 2 号，p.52，1936 年。〕

这是华北集市典型的情况，虽然北方其他地区的集市，在货物交易和集市日期安排等方面稍有不同。[39]

集市通常设在买卖者走路就可以到达的地方。[40] 虽然偶尔也有买卖双方来自邻近各县，但是路程也不是很远。[41] 由于集市场所的分布要按照其服务的乡村的需求情况而定，因此，乡村集市之间的距离以及集市同县城之间的距离各不相同，乡村集市通常坐落在离县城相当远的地方。至于县城，通常拥有自己的市场。[42]

----

[39] Yang Ch'ing-kun, *A North China Local Market Economy*，p.3 对华北集市总的情况作了如下解释："集市日期间隔的长短，因地方环境的不同而不同。大体上，在华北乡村和华南广东省的乡村，每 5 天举行一次集市，即'逢五'集。在西南地区的云南省，是每 6 天举行一次集市。但是在经济特别发达、很有必要进行大规模贸易的地区（比如在许多规模较大的商业城镇，市场是长期存在的），就会每 3 天甚至 2 天举行一次。"他还在第 25 页中说："相邻地区的集市什么日期举行，必须安排好，这样就不会发生冲突。如果某地赶'一六集'，那么临近地区就赶'二七集'或其他不相冲突的日子。这样乡人有什么紧急需要或特别需要时，就可以在 5 天之内赶一个以上的乡集。"杨庆堃所谈的虽然是 20 世纪早期的情况，但是他的陈述同样适用于 19 世纪。

[40] 关于这一点，虽然笔者手头没有直接的材料可以说明，但是上述杨庆堃的研究可以为我们研究 19 世纪的情况提供线索。他这样写道："10 个基本乡场有效服务范围为 1.3 英里（3.6 里），平均偏差为 0.14 英里。18 个不大不小集市的有效服务范围为 2.5 英里（6.2 里），平均偏差为 0.2 英里。一个中心集市通常为两种地区的居民服务，其中最重要的是定期或经常赶集的邻近地区居民；其次是较远地区的居民，他们因在邻近地区集市很难买到想要的商品，偶然前来。县城里的中心集市，其服务的邻近地区主要范围为 4.3 英里（12 里），较远地区范围为 8.2 英里（23 里）。……决定一个集市服务地区范围的主要因素是路程。"*A North China Local Market Economy*, p.14。

[41] 参见《洛川县志》（1944），9/6a-b，引 1806 年旧志。它对陕西洛川县的情况作了如下叙述："各乡村会集，或每月一日……或每月三四日，皆系本地居民交易，或韩城、白水接界附近居民往来交易，无远地商贩。"

[42] 根据《莘县志》（1887，1/12b-13a）提供的材料，笔者列出下表，可以反映有关情况：

表 1-6：集市的变化情况

集市名称	举行日期	到县城距离（里）
玉皇庙集	2*,12,22；7,17,27	12
田家集	2,12,22；5,15,25 7,17,27；10,20,30	12
王惠集	4,14,24；9,19,29	20
董王庄集	1,11,21；6,16,26	12
邹家巷集	3,13,23；8,18,28	35

* 日期均为农历。

不同的州县拥有的集市数量是不同的，从十几个到几百个不等。我们根据19世纪地方志提供的材料制出下表，可以反映出其间的差异相当大，无疑是由各地繁荣程度不同所致。[43]

	集市数
直隶省正定县	17（1875 年）
直隶省抚宁县	14（1877 年）
山东省滕县	420（1868 年）
河南省南阳县	29（1904 年）
河南省睢州	47（1892 年）
广西省郁林州	28（1894 年）

乡村的经济需求并不是只由乡村集市来满足。有些城镇，事实上就是十分发达的市场；还有一些拥有"商业街"的村庄，也具有集市的雏形。下文对于两个这种村子的描写，可以窥见19世纪晚期华北的情况。根据一些英国军官在1880年代所作的调查，位于枣林（Tsao-lin）到北京路上的延朝（Yen-chao）村，就是一个"坐落在稠密树林里的村庄"。该村有条"长500到600码，两旁商店林立"的街道。坐落在天津到德州路上的绍店（Shaw-tyen）庄，也是一个大村子，其商业发展的程度几乎同小城镇相当。调查者说：

> 它的外观显示了农业的繁荣。我们到的时候，正赶上大规模的集市。2到8头牛、马驹或骡子拉着的二轮马车，满载的独轮小车，搬运工等，运着货物朝着集市奔来。在该村的村郊，早已搭建起几个临时铁匠铺。[44]

[43]　参见《正定县志》（1875），6/85a-7/27b；《抚宁县志》（1877），8/16a；《滕县志》（1868年修，1908年重刊），5/9a-10b；《睢州志》（1892），1/5a-6a；《郁林州志》（1894），3/1a-19b。乡村集市并不是一致地分布于乡村之中，举例来说，据说河南确山县较大的村子有一到三个集市，而几个小村子一个都没有。参见《确山县志》（1931），1/6b。

[44]　Bell, *China* (1884), I, pp.72, 154.

《定州志》（直隶，1850），记载了各种各样乡村交易所的例子。[45] 正如表 1–1 到表 1–4 所示，拥有"商业街"的村子，人口相当多，其繁荣程度也明显比普通村子高。这种村子似乎代表了普通村子和常规市场（如我们所知，也设在村庄里）之间的过渡阶段。它们与集市的区别不在于人口的多少，而在于它们并不像集市那样，是正式地成为一个贸易中心，它们所服务的区域也要比集市有限得多。不过必须承认，要划分它们之间的界限，有时候也是颇为困难的。

华南的情况同华北的情况大体上相似，实质上没有什么区别，只是名称有别。在南方省份，尤其是广东和广西两省，乡村集市通常称为"墟"；而

[45] 这种事例在《定州志》（1850），卷六和卷七中到处可见。我们从该志中引用的材料或许有用：

	东内堡村	西坂村
民户	295	411
丁口	2,158	2046
铺户	10	7
铺户丁口	?	28
街道	4	8
粮租地（亩）	4,100	1,800
井泉	34	330
庙宇	6	37
到县城距离（里）	75，西北	20，东南

译者按：萧氏原文西坂村丁口数误作 4,046，井泉数误作 350，今径改。

表 1–7：乡村集市与乡镇

集名或镇名	民户	丁口	街道	铺户	铺户丁口	集市日期	到县城距离（里）
五女店集	90	482	1	15	65	5*, 15, 25; 10, 20, 30	40，东
子位村集	571	7,283	3	9	?	1, 11, 21; 6, 16, 26	70，东南
明月镇	85	592	2	64	250	4, 14, 24; 9, 19, 29	30，西南
清风镇	125	589	2	76	560	2, 12, 22; 7, 17, 27	30，北
东亭镇	196	1,052	3	22	61	1, 11, 21; 6, 16, 26	20，东
大辛庄镇	161	800	3	30	130	2, 12, 22; 7, 17, 27	40，东
邢邑镇	381	2,160	5	?	?	4, 14, 24; 9, 19, 29	50，南
砖路镇	357	1,842	7	?	?	4, 14, 24; 9, 19, 29	35，西北
李亲顾镇	209	1,630	10	14	?	3, 13, 23; 8, 18, 28	50，南

* 日期均为农历。

在西部省份〔四川、贵州和云南〕，则通称为"场"。[46] 在某些县，集市通常称为"市"，意即"市场"。例如，《处州府志》（浙江，1877）就说，处州府辖下的各县，"市"的举行日期与其他各地类似，按照 1—6、2—7 和 3—8 的模式进行。[47] 即使在"场"一词非常流行的云南，乡村集市有时也叫"市"，例如南宁县。[48] 根据《长宁县志》（江西，1901），"乡市曰'圩'，三天一集"。[49]

尽管集市数量各不相同，但南方各省的集市变化幅度很小：[50]

---

[46] 广东省信宜县总共有 22 个墟，下列的墟是其中具有代表性的。该表是根据《信宜县志》，卷二之三〔编者按：应为卷二之四〕，1a-b 所提供的材料制成的。

表 1–8：信宜县的墟市

墟市名	位置	日期
镇隆墟	城南对河岸	1*, 11, 21；4, 14, 24；7, 17, 27
大通墟	城东 10 里	今废
合水墟	城东 20 里	没说明
北界墟	城西北 35 里	3, 13, 23；6, 16, 26；9, 19, 29
陈锦墟	城东 45 里	2, 12, 22；5, 15, 25；8, 18, 28
潭濮墟	城东 50 里	今废
白石墟	城北 80 里	1, 11, 21；4, 14, 24；7, 17, 27
大成墟	城东北 170 里	2, 12, 22；5, 15, 25；8, 18, 28
贵子墟	城正北 180 里	2, 12, 22；5, 15, 25；8, 18, 28

* 日期均为农历。

译者按：原文贵子墟位置误为"城东北"，径改。

关于墟的补充材料，可以参见《佛山忠义乡志》（1924），1/31 b；《阳江志》（1925），2/56a-59a；《恩平县志》（1934），7/13a。根据《佛山忠义乡志》，1/31a 的记载，广东习惯上把每十天举行的集市称为"墟"，把每天举行的称为"市"。根据《博白县志》（1832），5/26a -27b 的记载，"墟"一词在广西的使用也很广。举例言之，博白县有 38 个墟，分布在距离县城几里到百里以上的乡村。墟的时间安排，是根据 1—4—7 和 3—6—9 的模式进行的。乡村集市称为"场"的，看来起源于四川。根据《铜仁府志》（1890），2/9b 的记载，"赶场"一词出现在《蜀语》中，"很早以前"就在贵州使用了。《蜀语》是记述四川风俗习惯的著作。在四川，"场"这一名称的使用延续到最近，其事例可以参见《新繁县乡土志》（1907），6/7b-8b 和《盐源县志》（1891），2/3b-5b。云南省也经常称集市为"场"，如《镇雄县志》（1887），3/11a 中就这样说道："于集市上买卖，曰赶场。"

[47] 参见《处州府志》（1877），24/2a。

[48] 这种事例可以参见《南宁县志》（1852），3/22a-23a。

[49] 参见《长宁县志》（1901），2/8a。

[50] 参见《香山县志》（1923），5/13a-b〔编者按：应为 1873 年版《香山县志》〕；《信宜县志》（1889），卷二之四，1a-b；《清远县志》（1880），2/20a-b；《博白县志》（1832），5/26a-b；《泸州直隶州志》（1882），1/41a-43a，2/31b-32b，和 2/50a-b；《湄潭县志》（1899），2/21a-23b；《长宁县志》（1877），2/8a。

	集市数		集市数
广东省香山县	26（1873 年）	四川省泸州	86（1882 年）
广东省花县	26（1890 年）	四川省江安县	32（1882 年）
广东省信宜县	22（1889 年）	四川省纳溪县	10（1882 年）
广东省清远县	40（1880 年）	贵州省湄潭县	47（1899 年）
广西省博白县	38（1889 年）	江西省长宁县	24（1901 年）

在集市上进行交易的货物，大多数为当地的物产。特别是在那些人口较少、经济落后的地方，交易就仅限于少数种类。例如在浙江处州的集市上，"自米、粟、鱼、盐、布、缕而外，他无异物"。[51] 可是在一些比较富裕的地区，特别是在广东南部，情况就不一样，乡村集市提供的货物远远超出了普通农民的简单需求。九江儒林乡（南海县下属的一个主要基层组织）就是一个最突出的例子。根据《九江儒林乡志》（1883）的记载，该乡有许多集市，"大墟"（主要集市）是其中最有名的。虽然赶"大墟"的规定日期，就是我们所熟悉的3—6—9模式，但其规模远远大于其他多数集市。它拥有 26 条街道和小巷，并由 7 个次级集市组成，买卖丝绸、布、家蚕、家禽、鱼等等。杂货店有 1,500 多家，"万货丛集"。[52] 以此来看，它实际上属于小城镇，而不是乡村集市。无论如何，它是一个相当特殊的例子。很可能是由于鸦片战争之后，广东沿海随着商业发展而获得非凡的繁荣，才造成这样的结果。[53]

---

[51] 参见《处州府志》（1877），24/2a。

[52] 参见《九江儒林乡志》（1883），4/76a-82a。在该乡，其他集市就不那么繁荣了。

[53] 我们还可以指出另一个特殊现象。在广东、四川和另几个西南省份，乡村集市是在桥上进行，这类例子可以参见《东莞县志》（1911 年修，1921 年刊），20/1a-4a。一些西方作家观察了中国各地的乡村集市，留下了他们的描述。举例言之，Alexander Williamson, *Journeys in North China* (1870), I, 269："1865 年 9 月 17 日这一天，我们是在靠近直隶省定州的一个名叫明月店的市镇度过的。在我们下榻处外面几棵大树的林荫之下，恰好就是猪市。许多马车大致呈圆形停下来，骡子被绑在树干上，而在猪市中间，许多猪站着、躺着。……猪的尖叫声、人们的讨价还价声，相当可怕。街头巷尾挤满了人。"E. C. Oxenham 描述了他于 1868 年在保定府附近乡村集市上所看到的现象："各种大宗粮食在出售。在许多地方，都可以看到村妇们忙于纺织和出售棉纱。……棉花来自该省的南部，人们将家中不用的纱线运往北京。长条的蓝色棉布也有很多；还有的货物就是水果、原棉及简陋的中国农具，此外再看不到其他货物。"Williamson, *Journeys*, II, 398. E. T. Williams, *China* (1923), pp.111-113："几年前 4 月的一个早上，笔者来到了安徽中部一个名叫'大柳树村'的小村。当时，乡人们正在赶集，街上呈现出买卖繁忙的景象。……笔者穿过村门进入村子后，遇到了赶着一群骡子的商队。骡马车上装满了桶桶麻油，奔在通往南京的大道上。在骡

乡村地区最后一种自然形成的单位是"镇"。当然，各省镇的规模、大小是不同的。最小的镇几乎难以和乡村集市分别开来，就像直隶定州所辖的明月镇和东亭镇。明月镇仅仅只有两条街道，而同样属于定州的乡村集市子位村却有 3 条街。东亭镇上有 22 家杂货店，仅比五女村集（当地的一个乡村集市）多 7 家。较大的镇，如广东省的佛山镇和江西省的景德镇，则是相当繁荣、人口稠密的社区。美魏茶（William C. Milne）在 19 世纪中叶写道：

> 在体现商业的普世力量方面，佛山镇或许是最为典型的。该镇可以称为"中国的伯明翰"。它坐落在广州市西南面 12 英里的地方，是一个没有城墙的大镇，据说其居民达到一百万。穿过该镇的水道和河流上挤满了穿梭来往的船只；河流两岸，人烟相当稠密，住房、店铺、货栈、工厂和商行林立。[54]

景德镇提供了另一种超大型城镇的事例。根据美魏茶的看法，景德镇这座大镇是"中华帝国四大著名国内市场之一"。[55]他还说道：

> 景德镇作为瓷器的生产基地而知名。……到过该地的人们，认为它是一个人口相当稠密的村庄或者是一座没有城墙的城镇。它沿着一条美丽的河流延伸 3 英里，几座漂亮的山形成一个半圆形拱卫在侧，提供了

马车后，跟着一长串独轮手推车，上面装着鸦片、油、棉花、粉丝或中药。……这天，其他商队赶来，返回时带着煤油、火柴、纸张和其他各种各样的手工业产品。……同时，售卖大白菜、大蒜、萝卜、鸡和鸡蛋的农民，同他们的主顾在讨价还价；站在店铺里的店老板，这一天的生意同街上的农民一样，也很不错。……在大路旁，一些老板摆上桌子，提供热茶和水烟，那些想休息的乡人，就在桌子旁坐下来享受个够。与此同时，通常有一群游手好闲的乡人拥挤在茶馆里，唧唧喳喳地谈论天下的'大事'。……街道上的人群渐渐散去，夜幕降临前，村子又回复惯常的沉闷。借着太阳的余晖，可以看见农民们跋涉在群山的小径上，人人肩上都挑着担子，担子里面装着这一天赶集的收获。"

[54] W. C. Milne, *Life in China* (1857), p.307。佛山这座繁荣的城镇，拥有一部修得相当好的方志，1923 年版的有 20 卷。

[55] Milne 提到的"中华帝国四大国内市场"，分别是广东省的佛山镇、江西省的景德镇、湖北省的汉口镇和河南省的朱仙镇。

大部分制造瓷器所需的泥土。……如果传言可信的话，那么至少有500家瓷窑在不断地烧制瓷器。……该镇的人口，虽然公开的说法是将近一百万，但这个数字如果削减一半，可能更接近于事实。一句谚语可以证明这一点："景德镇日耗万石米千头猪。"[56]

虽然上述城镇在形式上仍然属于中国乡村社会的一部分，并没有并入城市，但是这种体量和类型的镇，已经不再是标准的乡村社会了。

---

[56] Milne, *Life in China*, pp.278-279; Robert Fortune, *Aresidence among the Chinese* (1857), pp.247-259。两部书对浙江东部比较繁荣的城镇举行集市的情况有生动的描写。

第二章 基层行政组织体系——保甲及里甲

　　为了有效地控制乡村，清政府大体上遵循前朝行之有效的政策，并大量采行其方法，确立了两大基层组织体系。它们架设在第一章中所述的自然的社会组织基础之上，而不是取代它。这就是说，清王朝一方面确立了保甲组织体系，用于推行控制治安的事务；另一方面确立了里甲组织体系，该体系最初设置的目的在于帮助征收土地税和摊派徭役。

　　但是，由于官方方案在应用时缺乏一致性，以及体系自身在运行中发生了变化，它们在名称和实际运作中都产生了相当多的混淆。事实上，这种混淆使得一些学者相信保甲和里甲就是同一个组织体系，只不过名称不同罢了。有位学者意识到了这种混乱，却未能使自己摆脱影响。[1] 跟许多其他学者一样，他未能认识到基层的治安体系和税收体系原本就是两个结构功能不同的组织体系。

　　以下引用两个例证来说明这种混乱的严重性。见闻广博的中国法律学者贾米森（George Jamieson）在 1880 年写道：

　　　　"甲"在许多地方看不到了，而"里"或"保"，有时用前者有时用后者，却是家庭和县地方行政区之间的唯一行政体系。不同省区可能使用上述以外的其他名称，但显示的是同一种情况。[2]

---

[1] 闻钧天《中国保甲制度》，1935 年版，第 204 页。
[2] *China Review*, VIII (1880)，p.259.

当代中国著名历史学家萧一山在 1945 年写道：

> 清廷实行保甲政策，遍于全国，始于顺治，初为总甲制，继为里甲制，皆十户一甲，十甲一总，城中曰坊，近城曰厢，在乡曰里。康熙四十七年申令十户立一牌头，十牌立一甲头，十甲立一保长。[3]

萧一山显然意识到他叙述中存在着这种混乱，因而承认他自己弄不清楚这个问题，并抱怨说"清人论保甲者很多，皆颇含混不清"。

本章试图概括出保甲和里甲这两大乡村基层行政系统的结构特色，尽可能地消除在清王朝统治期间和之后产生的混淆及误解。我们首先描述这两个体系；然后指出，尽管在名称的使用上缺乏一致性，偶尔相互重叠，但它们原本就是两大不同的体系，各有界定清晰的功能，而非拥有两组可以交换使用名称的同一体系。

保甲组织

保甲组织是两大体系中较为简单的一个。保甲虽然起源较早，[4] 但直到清王朝肇建才正式采行。[5] 一些历史学家认为，保甲组织最初来源于《周礼》或《管子》中所描述的地方组织系统。[6]《周礼》中说：

> 五家为邻，五邻为里，四里为酂，五酂为鄙，五鄙为县，五县为遂……使各掌其政令刑禁，以岁时稽其人民，而授之田野，简其兵器，

---

[3]　萧一山《清代史》，1947 年第 3 版，第 103—104 页。其他混淆叙述的事例见于 L. Richard, *Comprehensive Geography of the Chinese Empire and Dependencies* (1908), pp.309-310; 包世臣（1775—1855），《齐民四术》，卷四上，1a-b，《说保甲十一》；以及戴肇辰《学仕录》（1867）3/26 引 17 世纪晚期杨名时的文章《为宰议》。

[4]　杜佑《通典》，3/21-23。

[5]　《清朝文献通考》，19/5024。

[6]　《周礼·地官·遂人》。《地官·大司徒》中描写了一个不同的行政组织体系。后代研究保甲组织的学者通常把这个制度的源头追溯到《周礼》，如《钦定康济录》，2/24a-30b 所引。另外参见龚自珍《定庵文集》，1/90-91，《保甲正名》。

教之稼穑。[7]

《周礼》所述行政组织体系显然有更为宽广的目的，而不仅限于密切监视居民以维持地方秩序的治安功能。

《管子》描述了几个地方组织的方案，[8]但就像《周礼》一样，这些组织体系被赋予更广泛的职能，包括军事组织和维持地方秩序。

秦朝、汉朝及其后各王朝，通常直接依照《周礼》的安排，设置地方行政组织。然而，不论在本质上或是形式上，二者都存在着重要的不同。此处只需指出：公元 589 年，隋朝的开国皇帝隋文帝所建立的地方行政体系，首次引入检察的概念，是一个有别于传统的改变。[9]《通典》中讲道：

> *隋文帝受禅，颁新令，五家为保，保五为闾，闾四为族，皆有正。畿外置里正比闾正，党长比族正，以相检察。*[10]

唐王朝实行的地方制度，则是率先将人口统计、征税和治安管理等职能同时结合在一起，并且强调最后一种。[11]

然而，清代体系的真正先驱，却是宋代王安石在 1070 年创立的保甲。宋王朝创立的这种制度，不仅在历史上首次采用了"保甲"的名称，而且首次将警盗、切结联保当作保甲的唯一职能。根据《宋史》的记载：

---

[7]　参见本章注 6。这些组织体系虽然变化相当大，然而毫无例外的是，户（家）是地方组织体系中的基础单位，除了一个例外，最小的行政单位都是由 5 户和 10 户构成的。

[8]　《管子》之《立政第四》《乘马第五》《小匡第二十》《度地第五十七》。〔编者按：萧氏原著中，本注与下注内容错置，今据文意校正。〕

[9]　秦朝到明朝的统治者所实行的组织结构，可参见治强《乡治丛谈》，《中和》月刊，1942 年第 3 卷第 1 期，第 59—65 页。还可以参见顾炎武《日知录》，卷八"乡亭之职"条；《钦定康济录》，2/24b-29a；柳诒徵《中国文化史》(1932)。

[10]　杜佑《通典》，3/23。

[11]　杜佑《通典》，3/23。该书说："以百户为里，五里为乡，四家为邻，三家为保，每里置正一人，掌按比户口、课植农桑、检察非违、催驱赋役。在邑居者为坊，别置坊正一人，掌坊门管钥，督察奸非，并免其课役。在田野者为村，别置村正一人，掌同坊正。"参看柳诒徵《中国文化史》，下卷，第 14 页，引《唐六典》。

　　乃诏畿内之民，十家为一保，选主户有干力者一人为保长；五十家为一大保，选一人为大保长；十大保为一都保，选为众所服者为都保正……每一大保夜轮五人警盗，凡告捕所获，以赏格从事。同保犯强盗、杀人、放火、强奸、掠人、传习妖教、造畜蛊毒，知而不告依律伍保法。……俟及十家，则别为保，置牌以书其户数姓名。[12]

这一制度很快就在全国推行开来。大约在创立一年之后，它就转变为一项辅助性的军事制度，和一种永久性的地方民兵制度。

　　明朝著名理学家和官员王守仁，推动保甲发展成为一种地方治安体系。在1517年至1520年间，王守仁在江西讨平盗匪和叛军，他建立一种制度，规定：每10户一组，将家庭成员的名字登记在门牌上；邻里之间"但有面目生疏之人，踪迹可疑之事，即行报官究理"；如果出现了任何失职，这10户要连带负责。不过，这个体系在几个方面还是不同于清朝时期的保甲制度：它是一项地方性的制度，并未在全国其他地方推行开来；10户中的每户家长轮流负责记录，没有规定固定的首领。即使到1520年在每村中任命一名保长时，其职责也只是限于利用本地力量来对付偷盗和抢劫等问题。对于有关各个10户的任何事情，他并没有管辖权。王守仁所创设的这种制度，其历史意义就在于它是通过地方共同责任制，达到侦查犯罪、发现犯人的目的。[13]

---

　　[12] 《宋史·兵六·乡兵三》，3/145。梁启超《中国文化史》（第56页）认为，宋代所实行的保甲制度，来源于著名的新儒家程颢的思想。程颢在担任晋城〔译者按：应为留城〕知县期间，建立了一种"保伍法"，规定居民力役相助，患难相恤。梁启超继续说道："王安石因之，名曰保甲法。"事实上，宋朝政府所规定的保甲制度通常被称为"保伍"。见《续文献通考》，15/2901。闻钧天《中国保甲制度》第9页正确地指出，"保甲"这个名词在宋代首次通行，却难以界定其确切的内涵。就我们所知，这一困难存在于两个方面：其一，不同的名词经常用来指称同一项制度；其二，在不同的历史时期，名称是相同的或实质上相同的制度，却被赋予不同的职能，由于未能注意到这样的差异或不同，一些作者经常出现对保甲的混乱叙述。例如，Robert Lee, "The Pao-chia System," *Papers on China*, III, p.195-206，就特别强调说："保甲组织的主要职能实际上包括要求乡村政权承担的所有事情。"

　　[13] 参见王守仁（1472—1528）《王文成公全书》，卷十六《别录八·公移》中一系列关于"十家牌"的规约；《别录九·公移》中三件关于同一问题的告示。所有这些告示、规约都是在1517年至1520年间发布的。王守仁在赣南所建立的制度，自然对后来的保甲体系产生了某种影响。举例来说，清朝早期以努力发展保甲而著称的陈宏谋（1696—1771），在其著名的关于地方行政制度研究的《从政遗规》（上卷，31b-32a）中，就引用了王守仁关于"十家牌制"的某些规定，并在事实上模仿王守仁的做法来建立自己的体系（上卷，33a-b）。

不管保甲的历史根源是什么，非常清楚的是，通过从当地居民中挑选代理人，清王朝把它当作清查当地居民人口、迁移与活动的工具。清廷所规定的方案相对简单，大体说来就是：10 户为 1 牌，设牌头（有时称为牌长）1人；10 牌为 1 甲，设甲长（或称为甲头）1 人；10 甲为 1 保，设保长（或称为保正），综理全保事务。[14]

这里可以引用一两个例子。根据《南宁县志》（云南），该县 1851 年施行的保甲组织情况如下：[15]

户	21,232
牌（牌长）	2,096
甲（甲长）	209
保（保长）	20

1873 年版的湖南《浏阳县志》，提供了类似的资料：[16]

户	62,334
牌长	6,143
甲长	611
保正	121

由层级数和各层级头人数来看，该县与上述南宁县一样，相当严谨地遵照官方规定的十进制。

不过遵照官定十进制的例子并不多见。随后我们就会看到，地方上在实际执行中经常极大地偏离了政府的规定。现在应先厘清保甲与"乡—村"之间的关系。村并不是一个官方认可的保甲组成要素，但在实际中，村的界限是受到尊重的。比如，19 世纪声名卓著、富有才能的知县刘衡就说，他在四川巴县整顿保甲组织时，如果每村的户口数少于政府所规定的限额时，就准许这种小村单独构成一牌或一甲。[17]《通州志》（直隶，1879）提到该地区

---

[14]　《大清会典》（1908），17/2a；《大清会典事例》（1908），158/1a；《清朝文献通考》（1936），19/5024；《大清律例汇辑便览》（1877），20/17b；《清史稿·食货志》，1/2a-5b。并见《户部则例》（1791），3/4a-10b，该则例对乾隆五十年（1785 年）左右规模宏大的调整措施作了概括。《清朝文献通考》，21/5043 描述了与此措施不同的规定。另一项叫作"总甲"的官方体系将在下章说明。

[15]　《南宁县志》（1852），4/2a。

[16]　《浏阳县志》（1873），5/3b，引旧志，年代不详。

[17]　刘衡（1776—1841）《庸吏庸言》，第 88 页以下。

共有 608 个村镇，设置了 567 个保正。村一般被当作和保共存的单元。[18] 在河南临漳县，村成为保的组成单位，从 6 个到 20 多个不等。[19]

乡和保甲也有非正式的关系。但有时，乡成为保之上的高一级的单位（或者位于那种户数充足的村之上而与保平行），这似乎是一位 18 世纪作家所说"联村于乡，而保甲可按"[20] 要表达的含义。

下面的例子可以说明这种类型的关系。1669 年，在保甲体系推行后不久，山东滕县知县就将该县旧有的 8 个乡重新命名，并在各乡设保如下：[21]

乾乡（西北面）	5
坎乡（北面）	5
艮乡（东北面）	7
震乡（东面）	5
巽乡（东南面）	9
离乡（南面）	22
坤乡（西南面）	7
兑乡（西面）	12

从其他事例中，我们可得到保、乡之间另一种不同的关系。陕西靖边县呈现的画面特别有趣。1731 年该县刚设置之时，乡村地区划分为 3 个乡，其城区和每乡的牌数如下：

城区	475
东乡	172
西乡	519
南乡	188

难以理解的是，提供上述材料的《靖边县志》修纂者既未提到保，也未提到甲。到 19 世纪末，该县重新划分，在原有 3 个乡的基础上增设两个乡，其设置情况如表 2-1 中所示：[22]

---

[18] 《通州志》（1879），1/42a。

[19] 《临漳县志》（1904），1/19a-28b。

[20] 《同官县志》（1944），18/4a，引 1765 年旧志。

[21] 《滕县志》（1846），1/2a。

[22] 《靖边县志》（1899），1/28a-29a。

表 2-1：靖边县保甲设置情况

所在地	户　数	村　数	帮查数	牌头数
城区	776	121	10	76
东乡	352	65	5	34
南乡	561	153	5	50
西南乡	379	110	5	38
西乡	406	140	4	40
西北乡	618	70	6	60

　　"保"明显仍未出现。该志的修纂者解释说："每牌头管花户十名，散绅而外，另设帮查（即助理检查员）以代甲长。每帮查一名准管牌头十名。四乡各有散绅，以稽司之。"在地方行政体制上，这种散绅大概起了保长的作用。

　　不过，乡有时被视为保，或被当作与保相当的单位。例如康熙年间，一名在华北几个地区供职过的老练知县，就把乡视为保甲体系中最高的机构。他说："今保甲之法，十家有长，曰甲长；百家有长，曰保正；一乡有长，曰保长。"[23]该知县所下的定义虽然偏离了官方的规定，但是这里乡的组织形式实际上同保是一样的。无独有偶，某些 19 世纪的作者也有相同的看法。其中一位说："设保甲以综理一乡，立甲长以稽查十户。"[24]另一位也观察指出：保甲之法"十家一甲长，百家一保正，一乡一保长"。[25]

　　我们或许应该引用一些实际例子来证实他们的看法。根据 1891 年贵州《黎平府志》，该府的保甲编组如下："以十一户立一甲长，十甲立一保正，东、西、南、北四乡各立一保长，以总之。"[26]同样的，1904 年河南《南阳县志》的修纂者说，乡是保甲组织体系中的顶层，占据保的位置。[27]

　　上述事例非常清楚地表明，最晚到 19 世纪，实际上就有两个版本的官方保甲方案中提到乡：

---

[23] 黄六鸿《福惠全书》（1893），21/4a。

[24] 《滕县志》（1846），12/8a，引孔广珪于 1836 年至 1838 年间的陈述。

[25] 盛康《皇朝经世文续编》（1897），28/32a，引冯桂芬 1860 年左右所写的一篇随笔。

[26] 《黎平府志》（1892），卷五上，77a-78b。〔译者按："十一户"原书作"十户"，今据原典径改。〕

[27] 《南阳县志》（1904），3/20a-21a。有时，乡的地位为"路"所取代，比如在四川富顺县，每路下设数量不等的保，每保下设数量不等的甲。见《富顺县志》（1931），8/12 b-15a。

第一版		第二版
乡		
1,000 户	保（保长）	乡＝保（保长）
100 户	甲（甲长）	（？）（保正）（帮查）
10 户	牌（牌头）	甲（甲长）（牌头）

或许有人会问，既然地方官吏发现乡、村这种自然产生而且大家熟悉的单位非常有用而且必须加以重视，可是为什么清朝统治者并没有以之来作为设置保甲组织的基础呢？一个原因可能是，由于村庄里的户数变化幅度大，因而这种自然单位总是同政府所规定的十进制保甲编组规则相矛盾。另一原因或许就是，由于设置保甲的目的在于监督并控制乡村居民的行动，因而朝廷认为最可行的，是在村组织影响之外设置一套同村完全分开的组织体系。的确，清朝皇帝设置保甲组织的目的，就是利用这个体系来抵消乡村社区发展出来的任何力量。为了这一目的，尽可能地在现存乡村组织之外设置一套完全独立的保甲组织体系，也许要好得多。

不按照乡、村的自然组织来设置保甲组织，其真正原因不管为何，清朝皇帝并没有成功地在自然的乡村组织之外设置并保持一套独立的基层行政组织体系。正如前文所述，地方官吏不断发现利用乡村自然组织拥有的功能是最方便的。因此，乡与村不可避免地成为保甲组织体系中运转的单位；这有悖于朝廷设置保甲组织的意图。保甲组织同乡、村自然单位相混合，让前者不可避免地处于各地特殊情况的影响之下；而这也部分地说明了上面所指出的矛盾。[28]

里甲组织

里甲比起保甲要稍微复杂一些。该组织体系由顺治帝设置于 1648 年，即保甲成立后 4 年。作为因征税而设置起来的基层赋税组织体系，其历史根

---

[28] 在保甲组织的第二次演变中，10 户这一层级被称为"甲"而不是"牌"。这一变化的原因或许在于保甲体系和税收体系的混乱（或套入），因为税收体系中最低层的单位也称为甲。作为税收体系中的甲包括 11 户；在谈论里甲体系时就会看到。

源可以直接追溯到明朝的里甲；而明朝的里甲则是建立在元朝的里社基础之上。[29] 由于清承明制略有损益，所以有必要扼要地介绍一下明太祖 1381 年采行的办法。根据《明史》的记载，太祖下令编撰赋役黄册：

> 以一百十户为一里，推丁粮多者十户为长，余百户为十甲，甲凡十人。……在城曰坊，近城曰厢，乡都曰里。[30]

尽管并不完备，但这个制度持续运行，并且在 16 世纪万历年间正式定名为"里甲"。[31] 事实上，清朝所修纂的一些地方志仍然保留着明朝里甲组织的记载。[32]

前文已经指出，清朝统治者所采行的里甲制度，除了在名称上稍作修改外，与前朝并没有什么不同。根据官方的规定，乡村地区每 110 户组成一里，其中纳税人丁最多的 10 户被选为里长（推丁多者十人为长）。一如明制，其余 100 户平均地分为 10 甲，每甲选一甲长（相当于明制的甲首）。在城镇及附郭，也采取类似的编组方法，但是其名称不同。在城镇，每 110 户组成 1 坊（而不称里）；而在附郭则组成一"厢"。每 3 年进行一次人口清查。甲长的职责就在于将他监管之下的 11 户税收记录收集起来，并根据情况，上交给高一级里长、坊长或厢长；再依次上交到当地衙门。[33]

但是这种官方制度并没有得到严格的推行，也没有一致地适用在全帝国的所有地区。的确，它所产生的偏差非常大，以致无法系统化，只有少数事例显示它或多或少被忠实地遵行。比起华北各省，长江流域及以南各省与官方方案和名称一致的更少。造成这种脱节的原因很多。南方的不规则有些沿袭明朝，并且被允许继续存在下去，一个可能的原因是帝国政府并不认为有

---

[29]《明史》，卷 77："太祖仍元里社制，河北诸州县土著者以社分里甲，迁民分屯之地以屯分里甲。"

[30]《明史》，卷 77。并参见《续文献通考》，13/2891 和 16/2913。

[31]《明史》，78/13b。并参见《畿辅通志》（1884），96/20b-23b；《贺县志》（1934），2/16 b-18a，引 1890 年旧志；闻钧天《中国保甲制度》，第 275 页。

[32] 例见《扬州府志》（1810），16/15b-16b。

[33]《大清会典事例》（1908），257/1a；《清朝文献通考》，19/5024；《清朝通典》（1935 年重印），9/2069。

必要或能够在那些相当遥远的地区强制要求一致性。其他差异性可能来自当地经济或人口统计的变化，例如，一特定地区的户数在实际上的增加或减少，都会最终影响到里甲的编组（参见附录一）。这样就出现了令人眼花缭乱的各种组织形式和名称，使得对清朝乡村税收结构的研究相当难以进行。[34] 由此产生的问题是：如果清廷连建立相当程度上一致的里甲制度都办不到，又怎能指望在广阔的乡村地区征税这种相当困难的工作上取得一致的效果呢？

保甲和里甲之间的关系

接下来要讨论的是：保甲和里甲到底是实际上不同的两种体系呢，还是具有两个不同名称的同一种体系？上面提出的材料已经显示它们是截然不同的帝国控制工具，各自拥有特定的目的和功能。下面的扼要论述会进一步澄清这一点。

首先，从法律来看，保甲和里甲是服务于不同目的的两种体系。在《大清律例》[35] 中，有关保甲组织运行规定的法律条文是在"刑律"（主要处理犯罪和犯人的刑事法典）项下，而有关里甲组织运行规定的法律条文是在"户律"（关于财政和人口的法律）项下。虽然我们不能认为朝廷法理学家所做的这种分类和其他分类具有科学的准确性，但是这种在治安控制和赋役征收之间的界定，似乎足以表明清政府将保甲和里甲视为功能各不相同、互相独立的两种体系。

在组织结构上，也有足够的差异可以将这两个体系互相区别开来。保甲和里甲的编组大体类似，但并不相同，虽然两者都以甲为底层单位（这是产生混乱的原因之一）。在官定的保甲（警防）体系中，每甲由 10 牌组成，而每牌又由 10 户组成。因此，"户"是基本单元，"牌"是基层单位，十进制的观念始终如一地得到贯彻。在官定的里甲（赋役）体系中，虽然"户"同

---

[34]　正如其他地方指出的，这是一些历史学家作出混乱的陈述和不正确的推断的原因之一。

[35]　《大清律例汇辑便览》（1877），8/47a-48b、20/17b 和 25/99b-100a。

样是基本单元，可"甲"却不是真正的基层单位。根据规定，"里"由110
户组成；里再分为10甲，每甲由11户组成，这样十进制的观念在一定程度
上被"修改"了。里（而非甲）不但是基层单位，还是最高的单位，因为
它之上没有其他组织。根据朝廷的规定，保甲是三级的结构，而里甲则只有
两级：

保甲组织体系	里甲组织体系
10 户 =1 牌	10 户 =1 甲
10 牌（100 户）=1 甲	110 户 =1 里
10 甲（1,000 户）=1 保	

如果记得上述保甲组织结构和里甲组织结构大约是在同时（即1644年和
1648年）正式建立的，我们就不得不认为它们是被刻意弄得不一样，以便
它们能继续保持各自特别的功能。

　　很多地方志的修纂者承认保甲和里甲之间的作用不同。《容县志》
（1897）的修纂者在谈到户口编审时就指出所谓"里役之户口"和"排门之
户口"的不同。他进一步解释说，第一种户口编审，"据丁田成役而言，
口即其丁也"。在这种情况下，"里管甲，甲管户，户管丁"（"丁"指承担赋
税的成年男性）。第二种户口编审，"据散居之烟户而言，口即其男妇也"。
在这种情况下，"一地方（指保甲代理人，参见第三章）管十甲，甲凡十烟
户"。该修纂者补充说，第一种是"以田为率"，第二种是"以屋为率"。[36]
他所谈的是他那个时代的实际情况。他所描述的保甲组织，偏离了政府原
来所规定的方案，但是，他指出的二者之间功能性的区别，基本上是正
确的。

　　其他作者也指出了相似的区别。说明该县有2个都、4个厢和12个保
的事实后，《长宁县志》（1901）的修纂者提出"丁粮（徭役和粮食税）统之
两都，烟户属之厢保"[37]。除了名称上存在着一些混乱，该作者所作功能性区
别无疑是正确的。《贺县志》（1890）的修纂者尽管采用了不太准确的用语，
但是令人信服地指出了赋税体系和治安体系之间的区别。他说，1865年知

---

[36]　《容县志》（1897），9/2a。

[37]　《长宁县志》（1901），2/1b〔译者按：应为2/4b〕。

县重新编组了该县的粮户（即承担缴付税粮的人户），共为 18 个里、18,802户。大约 25 年后，在 1889 年，另一名知县对保甲作了修改，为 31 个团、31,502 户。[38] "团"在这里被用作保甲单位的名字，1 团平均包括大约 1,000户。因此，它相当于官定的名称"保"。戈涛在《献县志》保甲部分的序言里，简括地论证了整个问题，指出："里甲主于'役'（劳役，即税收），保甲主于'卫'（防卫，即治安监视）。"[39]

按照官方的定义，保甲和里甲这两种体系的功能的确有一点是重叠的。两者都被指定在一特定区域内对户口进行编查，但是，即使在这一点上也存在着区别。进行里甲登记的目的在于确定缴纳的赋税额；进行保甲登记的目的，则在于按照可靠的各特定地区的户数、居民的情况，来调查潜在的犯罪因素。

尽管目的不同，里甲的户口登记任务还是（在乾隆初期）转移给了保甲，很多事例表明，甚至税收事务也转移到保甲代理人的手中。或许正是这一转移，使得一位当代学者相信"里甲之形式，实不过保甲组织形式中之前一阶段耳"，换句话说，"乾嘉以前之里甲制，与乾嘉以后之保甲制，实为完成清代整个保甲制度之两个阶段"。[40]

这样的观点同清廷在 1648 年（即 1644 年确立保甲组织 4 年之后）正式创设里甲组织的事实是相矛盾的。该观点还忽略了嘉庆之后（据上引学者的观点，此时是保甲组织的"充分发展"阶段）里甲和保甲都衰败的事实。无论有没有得到朝廷的明确批准，里甲组织的主要职能在 18 世纪都交给了保甲组织，只因为前者早些出现衰退。职能的转移，实际上是先前不同的体系混合在一起了，而不是单一体系从较低阶段向较高阶段的过渡。的确，各种事实都表明，清朝统治者有目的地设置了两项不同的制度，各自具有特别

---

[38] 《贺县志》（1934），2/17b-18a，引 1890 年旧志。

[39] 引见织田万（Yorozu Orita）《清国行政法分论》卷一，第 19—22 页。〔编者按：《清国行政法分论》为《清国行政法》之中译本，编者未见。编者所见者为《清国行政法》（日文版共六卷，分为泛论两编和各论四编），以及中文版《清国行政法泛论》。上引文在第二卷《各论》第一编 12 页。见《清国行政法》，东京：岩松堂书店，1936。〕织田万根据这一情况正确地作出结论："保甲则以稽查奸宄为主，里坊厢则以征收丁银为主。"〔编者按：引文参考中文本《清国行政法泛论》，东京：金港堂书籍，1909。〕

[40] 闻钧天《中国保甲制度》，第 205 页。

的、独立的职能，作为避免赋予任何地方代理人更多权力的措施。随后发生的事（职能的重叠），出乎了他们的预料。如果说清朝统治者默认了这种新情况（特别是户口登记），他们也只是接受一个既定事实，而不可能在法律上批准保甲集里甲的职能于一身。

保甲和里甲这两个体系经常采取由地方官吏负责推行的做法，以及它们的职能经常发生重叠的事实，加上人们对这两种体系在名称使用上漫不经心的态度，使得人们很容易认为二者是同一体系。更重要的是，一些地方志的修纂者对这两个体系的真正意义和功能存在着误解，或者由于他们手中所掌握的资料不足、不正确，而散布了他们自己的混淆观点。[41]

作为乡村建制的社

社是另一个官方建制。它虽然在事实上至少同保甲和里甲之一有某种关联，但是在概念上与两者都不同。在这里有必要扼要地解释一下社的组织形式和功能。

根据《大清会典事例》的一个早期刊本，清廷在 1660 年（顺治十七年）采纳一项关于在帝国的乡村地区设置里社的建议。据说，毗邻居住的多少不等（在 20 户到 50 户之间）的人户构成一社，这样，每个区域的居住户，"每遇农时，有死丧病者，协力耕作"。该书在后来版本不再提到此事，但是许多地方志都记录了社在许多地方实际存在着，[42] 这证明了 17 世纪政府的命令并非具文。

---

[41]　最混乱的事例之一见《富顺县志》（1931，8/12a）："顺治十七年（1660）令民间设里社，则有里长、社长之名。南省地方以图名者，有图长；以保名者，有保长。其甲长又曰牌头，以其为十牌之首也。……各直省名称不同，其役一也。"

[42]　织田万《清国行政法分论》卷一，第 479 页评论说："该制度是以元朝的社制和明朝的里制为基础的……清王朝建立之初所确立的此种农业互助的里社制，是一项临时性措施呢，还是后世皇帝都要遵循的永久性制度呢？目前尚不能解答此问题。查阅诸如《大清会典》和《户部则例》之类的典籍，发现自顺治期间确立里社制以来，并没有明确颁布诏令废除该制度。……或许，清王朝初期曾推行过此项制度……但随后自然放弃了。"〔编者按：织田万原文见《清国行政法》第二卷，第 311 页，"里社"条。又光绪《大清会典事例》卷一六八："（顺治）十七年覆准。设立里社。令民或二三十家、四五十家聚居。每遇农时、有死丧疾病者，协力耕助。"是该条资料一直在《会典事例》中存在，并非只在早期版本中存在。〕

例如，《邯郸县志》（1933）引 1756 年版旧志，指出："本县初有二十六社、四屯，后改屯为社，今凡三十社，每社各分十甲。"[43]《滦州志》（直隶，1898）作了类似的描述，指出 1896 年进行人口统计时，滦州"统计六十五屯社，一千三百四十七村庄。……通共七万五千六百九十七户，男女大小五十六万一千六百六十七口"。[44]《睢州志》（河南，1892）将当地的村庄大部分称作社，如梁村社、安乡社，等等。[45] 同省的临漳县情况几乎完全一样，该县的乡村地区划分为 8 个社。[46]

社也存在于华中和华南的省份。在湖北省一些地区，社显然已经取代了里，宜城县就是一个典型的例子。根据《光绪湖北舆地记》，宜城县的乡村建制安排如下：[47]

	社	村
东（东面）乡	6	28
西（西面）乡	2	37
南（南面）乡	5	29
北（北面）乡	3	23

译者按：据《光绪湖北舆地记》，西乡 29 村，南乡 37 村。

在光化县、竹山县和竹溪县也存在着相同的情况。[48] 在华南地区，社出现在南海县和信宜县（均属广东省）[49]、同安县（福建省）[50] 和南昌县（江西省）[51]。根据《南海县志》（1910），该县的乡村被划分为 58 个堡（不同于保甲之保），有些堡再划分为乡，另一些堡则划分为社。乡和社都再划分为村。《九江儒林乡志》（1883）就描述了九江（南海县的一个行政区划）的不同划分情况：

---

[43]《邯郸县志》（1933），2/7b。

[44]《滦州志》（1896），13/12a-50b。抚宁县和保定府（均属直隶）存在着类似情况。见《抚宁县志》（1877），8/15b；《保定府志》（1881），24/1a。

[45]《睢州志》（1892），2/13a-19a。

[46]《临漳志》（1904），1/29 b-30a。

[47]《湖北通志》（1921），34/1401。

[48]《湖北通志》（1921），34/1042，引《光化县志》；34/1045-1046，引《光绪湖北舆地记》。

[49]《南海县志》（1910），卷三。

[50]《厦门志》（1839），2/20b-22a。

[51]《南昌县志》（1919），3/1a-2a。

在该堡，村被再划分为社。[52] 在信宜县，社是都或乡的下层单位。[53] 奇怪的是，在南昌县，社仅在市区存在，每个社均包括数量不等的图。[54]

以上的例子，说明社的本质是什么呢？我们可以先追溯"社"的历史根源。"社"这个名词最早的出处之一是《左传》。昭公二十五年（公元前 517 年），齐国致赠 1,000 个社给鲁国。生活在公元 3 世纪的注释家杜预解释说："二十五家为社。"[55] 在隋朝（586—617），"二十五家为一社"，它主要是向土地神和谷神举行祭祀活动的单位。[56] 随着历史的发展，社获得了其他功能，在隋朝和唐朝，它同乡村的粮仓联系在一起，承担了赈济饥荒的任务；[57] 这实际上是后来所有王朝的地方基层组织中非常重要的工作。[58] 在元朝，社成为一个正式成立的农业事务的中心。1270 年，忽必烈颁发《农桑制十四条》，要求农村中每 50 户组成一社，并任命熟悉农业的年长者担任社长，负责"教督农桑"，并指导社内居民的一般行为。[59] 在明朝，社的规模又一次得到扩大，其控制乡村的功能进一步得到强化。明太祖在 1368 年（洪武元年）岁末下旨，规定每 100 户组成一社，每社修建一个祭坛，作为祭祀土地神和谷神的场所。他修正地继承了元朝的里社制度，命令华北地区的居民"以社分里甲"。[60] 这种规定的确使社同税收组织体系联系在一起。1375 年（洪武八年），他命令对参加社坛（即乡村祭坛）祭祀的农民，宣读"抑强扶

---

[52]　《九江儒林乡志》（1883），1/2b。

[53]　《信宜县志》（1889），1/1a-b。

[54]　《南昌县志》（1919），3/1a-2a。

[55]　《左传·昭公二十五年》。H. G. Creel（顾理雅）对"社"的宗教意义这样解释："在把国家当做统治家族世代相传的财产的情况下，宗庙就象征着国家。但是，国家也被视为领土的统一体即'祖国'，就此意义来说，其象征就是被称之为'土地庙'的社。起初被献祭以求丰收的对象只是长出庄稼的土壤；在遇到干旱时，人们认为向土地献祭，天就会降雨。没有某种象征是难以向土地献祭的，这种象征就是土堆。一开始可能是自然的土堆，但随后每个村庄都会搭建起这样的土堆。由于它们象征着小地方的土地，因而成为各个社区宗教活动的中心。"*Birth of China* (1937), pp.336-337.

[56]　《隋书》，7/10b-12b。

[57]　《文献通考》，21/204。

[58]　Wittfogel（魏特夫）和 Feng Chia-sheng（冯家昇）合著的 *History of Chinese Society: Liao*. p.379："这种粮仓（义仓）是与所有地方公共事务举行的中心即乡村祭坛（社）联系在一起的地方组织。"关于地方粮仓的讨论，见第四章。

[59]　《元史》，93/3a；《续文献通考》，1/2780。

[60]　《明史》，77/4a。

弱"誓文；[61] 通过大众的宗教，社成为皇家控制人民的工具。

以上，笔者用最简短的语言交待了社在清朝之前的历史演变情况。清政府所设想的社显然最接近于元朝的体系，即是说，它主要是一个提高或促进农业生产的组织。清代的社取得了一些其他功能，那都是它的前身在某个时期曾经拥有过的。例如，在广西贺县，据说社实质上是举行祭祀活动的乡村组织。根据《贺县志》（1890）：

> 十家八家或数十家共一社，二、六、八月皆致祀，聚其社之所属，备物致祭，毕，即会饮焉。[62]

在山西省，社实际上成为村庄公共事务的中心。1883 年，张之洞（时任山西巡抚）的一份奏折载：

> 约查：晋俗每一村为一社，若一村有二三公庙，则一村为二三社。社各有长，村民悉听指挥。[63]

像明代一样，社更经常地与里甲结合在一起（因此被称为里社），成为税收体系中之一环。《祥符县志》（1898）的修纂者写道："里甲：凡七十九社，雍正四年（1726）割去山东曹县新安社，实存七十八社。每里置经催一名，以督赋课。"[64] 在直隶邯郸县，社同样变成一个税收单位。1855 年，知县卢远昌"逐社"仔细地查阅了税收登记簿，因此能消除此前盛行的"窜社跳甲"的弊端，也就是"社名在东而地在西者，社名在北而地在南者"。[65]

---

[61] 《续修庐州府志》（1885），18/9b；或《洛川县志》（1944），13/2a，引 1806 年旧志。"抑强扶弱"誓词这样说："凡我同里之人，各遵守礼法，毋恃力凌弱，违者先共制之，然后经官。贫无可赡，周给其家。三年不立，不使与会。其婚姻丧葬有乏，随力相助。如不从众，及犯奸盗诈伪、一切非为之人，不许入会；如能改过自新，三年之后，始许入会。"

[62] 《贺县志》（1934），2/10b，引 1890 年旧志。〔译者按："十家"原书作"七家"，今据原典径改。〕

[63] 张寿镛《皇朝掌故汇编·内编》，53/14a。

[64] 《祥符县志》（1898），8/34a-b。

[65] 《邯郸县志》（1933），2/8a。

在某些事例中，社事实上被当作与里相当的单位，例如 17 世纪的山东青州道 [66] 和 19 世纪的直隶抚宁县 [67]。

同隋唐时期一样，清朝时期的社也同乡村粮仓联系在一起。关于社仓（社区粮仓），俟后讨论。

---

[66]　李渔《资治新书》，二集，1/13b。山东青州分巡道周亮工 1663 年曾经指出："至于一社之中有一社长，即是里长，每甲各有一甲长。"

[67]　《抚宁县志》（1877），8/15a〔译者按：应为 8/15b〕。修纂者在该页指出："（抚宁）原设二十一里，今止十二社五屯，共存一十七里。"

第二部分 | 乡村控制

第三章　治安监控：保甲体系

保甲体系的理论与实践

"居马上得之，宁可以马上治之乎？"[1] 清王朝的建立者非常明白这句中国谚语的含义。为了坐好天下，他们并不只是单纯依靠军事力量，还吸取和采用了以前各王朝发展起来的统治技术和规章制度。中国新统治者一进入北京，就继承和采纳了明朝遗留下来的整个行政体制和基层行政体系，并且作了看起来必要的修改，使之对自己的统治更安全、更适合。保甲，就是清朝统治者所推行的最为重要的基层统治体系中的一大组成部分。

然而，清代保甲制度最终形态的确立，经过了一段时间。清代建立其保甲体系的第一步，是在顺治元年（1644 年）。是年，摄政王采纳金之俊（汉人，兵部侍郎）的建议，下令地方官员把所有服从新朝统治的百姓编成牌、甲。[2] 根据官方的编组规定，1644 年所确立的保甲编组方法如下：

> 州县城乡，十户立一牌头，十牌立一甲头，十甲立一保长。户给印牌，书其姓名丁口，出则注其所往，入则稽其所来。[3]

---

[1] 《史记》，97/6。这句话是陆贾的名言。

[2] 《大清历朝实录·顺治朝》，6/1b。

[3] 《清朝文献通考》，19/5024。

显然，上述规定是一项登记制度。推行该制度的目的，在于加强对那些生活
在刚刚被征服地区之上的居民进行统治。与此同时，清王朝还建立了另一项
制度，与上述规定大体类似：

> 顺治元年置各州县甲长、总甲之役，各府州县卫所属乡村，十家置
> 一甲长，百家置一总甲，凡遇盗贼逃人、奸宄窃发事件，邻右即报知甲
> 长，甲长报知总甲，总甲报知府州县卫，核实申解兵部。[4]

这一项制度同上述第一项制度的区别在于两点：其一，保甲体系是由户部监
督执行的，而总甲体系是由兵部监督执行的；[5] 其二，两者在组织结构上也
有不同：

保甲体系	总甲体系
十户设一牌，设牌头	十户设一甲，设甲长
百户设一甲，设甲头	百户设一总甲，设甲总
千户设一保，设保长	

保甲和总甲这两套统治工具是同时出现的，它们的运作原则相似，运作
目的也相同。因此，要把它们解释清楚，很不容易。可以想象，在清帝国本
身都还处于草创阶段时，计划不精确，调整较差，也是有的。这两套体系，
就是在这种情况下产生的。随后，新王朝在巩固了自己的征服并设置好自己
的统治体系之后，总甲这个作为次要计划的统治工具就在历史上消失了，而
保甲却被保留下来，在户部的监督推行下，履行其户籍编审、监视居民的
职能。

到 18 世纪初，保甲牌组织很明确地设置起来了。1708 年发布的政府文
件，清楚地表明了那时清政府所设计的保甲的组织和功能。该文件这样宣

---

[4] 《清朝文献通考》，21/5043。张寿镛《皇朝掌故汇编·内编》(1902)，53/1a-b，也有同样
的叙述。

[5] 闻钧天《中国保甲制度》(1935 年版，第 216—217 页和第 256 页) 中认为保甲和总甲
是一项制度。他认为，总甲是保甲制度的"第一阶段"，该阶段"起始于顺治元年，终于康熙四十
六年"（即 1644 到 1707 年）；或者说，总甲就是保甲制度的发展。但是他没有足够的材料来证
明其观点。

布说：

> 户给印信纸牌一张，书写姓名丁男口数于上，出则注明所往，入则稽其所来。面生可疑之人，非盘诘的确，不许容留。十户立一牌头，十牌立一甲头，十甲立一保长。……客店立簿稽查，寺庙亦给纸牌，月底令保长出具无事甘结，报官备查，违者罪之。[6]

这就是清朝所设置的保甲体系，它有力地帮助了清朝皇帝加强对县以下基层的统治。它的首要职能，是对各街坊和村子的民户、丁口进行编审。从表面上来看，它是人口普查制度，因为它要把一特定地区所有人——无论是住在民舍里的常住居民，还是住在寺庙里的僧侣和住在客栈里的人——的名字都登记下来，记录所有人、所有住户的行踪，定期复查其编组里的人数，并在登记簿上加以更新。[7] 然而，它不仅仅是人口普查制度，因为它要求被登录人户和那些实行登录的人，必须履行下列治安职责：监视、侦查、汇报所在地区任何可能发现的犯罪或犯人。登记簿册提供了居民及其行踪的记录，大

---

[6] 见《清朝文献通考》，22/5055〔译者按：应为22/5051〕；《大清律例汇辑便览》（1877），20/17b。"总甲"这一名称在一些偏远的地方还存在；这类事例可以参见《黎平府志》（1892），卷五上，91b-92b，该县志就叙述了贵州省一些地区存在着总甲的情况。

[7] 参见《大清会典事例》（1908），158/1a；《清朝文献通考》，19/5024；《清朝通典》，9/20、9/69；《大清律例汇辑便览》，20/17b和25/99b-100a；卞宝第（1824—1892）《卞制军奏议》，3/51；《浏阳县志》（1873），24/11b-12a。George Jamieson在 *China Review*，VIII（p.269）上发表的论文也很有参考价值。有关保甲组织结构的事例，可以参见闻钧天《中国保甲制度》第243—250页，和刘衡的《庸吏庸言》第99页。Samuel W. Williams（卫三畏），*Middle Kingdom* (1883), I, 281, 引用了马可·波罗对13世纪保甲情况的叙述："此城市民及其他一切居民皆书其名、其妻名、其子女名、其奴婢名以及居住家内诸人之名于门上，牲畜之数亦开列焉。此家若有一人死则除其名，若有一儿生则增其名，由是城中人数，大汗皆得知之。蛮子、契丹两地皆如是也。"〔译者按：译文据冯承钧译注《马可波罗游记》，上海世纪出版集团2001年版，第151章"蛮子国都行在城"，第355页。又，冯承钧注："契丹、蛮子之称，盖指金、宋旧境。"原书第263页。〕卫三畏还补充说："早在蒙古人征服以前，中国已有保甲制度；现在，中国仍然在推行这一制度。因此可以说，在中国进行人口普查，比起大多数欧洲国家来说，或许要容易。"马可·波罗和卫三畏都有几分过度推崇保甲制度，这可以从卫三畏引用Morrison（马礼逊）博士的陈述（第282—283页）中看出："每个县都有其称职的官员，每一街道都有其负责的警察，每10户居民都有其牌头。……每户家庭都必须把一块木板挂在其门上，时刻准备好接受政府官员的监督检查。家庭里的所有人——男人、女人、孩子，其名字都必须刻在木板上。这种木板，称为木牌或'门牌'。……但是有人说，有时由于大意或由于设计问题，名字被漏掉了。"

大有助于这些职责的执行。但是，这种制度并不是为了完整计算各地方居民人数，或者为了编撰人口动态统计表，因为它只登录成年男性 [8]——那些具有潜在能力并最有可能扰乱帝国和平的人。

保甲体系的第二大职能，或许也是其主要中心职能，即侦查、汇报犯罪行为——那种反抗统治秩序、搅乱地方统治的犯罪行为。一旦出现"盗贼逃人，奸宄窃发"事件，每一位居民都必须向保甲头人汇报；然后由保甲头人负责向当地官员汇报。如果有人没有履行这一规定的义务，不仅他个人要受到处罚，而且同他编在一甲的其他 9 户居民也要连带受处罚。[9] 只有假设居民登记册可以利用，保甲组织的治安职能才可以得到明确履行。[10] 这样一

----

[8]　一份不注明日期的布告规定："顺天府五城所属村庄，暨直省各州县城市乡村，每户由该管地方官岁给门牌，书家长姓名、生业，附注男丁名数（不及妇女）……有不遵照编排者，治罪。"见 1791 年续纂《户部则例》，3/4a。一项注明日期为康熙四十七年（1708 年）的布告也只是要求登记成年男子，见《清朝文献通考》，22/5051。不过，这种在法律上把妇女和儿童排除于保甲登记册之外的规定，看来也仅仅是在很短的一段时间里推行，因为顺治元年（1644 年）发布的一项开创清王朝保甲体系的法令，就规定不只是成年男子，其他人也一律要登记入册，参见《清朝文献通考》，19/5024。到 1740 年，清政府认为把保甲登记作为获取居民总人口数字的唯一方法是可行的。参见《大清会典事例》，1908 年，157/2a。而在此之前，不论朝廷有没有明确的批准，1708 年颁布的法令所规定的措施，明显在某个时刻已经被废止。自那时起，普遍的做法是家庭所有人口的名字都必须登记在保甲木牌上。实际上，有一位著名的官员认为，规定所有居民都要登记入册的制度给保甲制度的运作带来了不必要的困难，因而在 1758 年上奏清廷，建议只是成年男子入册登记。参见《皇清奏议》（1936），51/1a。〔编者按：陈宏谋《筹议编查保甲疏》。〕然而，我们没有理由假定这名官员的建议得到了采纳，1791 年续纂的《户部则例》所规定的措施或许只不过在 18 世纪初期得到推行。

[9]　这是在 1644 年（顺治元年）发布的命令中规定的。参见《清朝文献通考》，21/5043；《大清会典》（1908），17/2a；张寿镛《皇朝掌故汇编·内编》，53/3b。关于清朝统治初期的保甲制度的基本内容，可以参见 1791 年续纂的《户部则例》，3/4a-9b。George Jamieson 在 *China Review*，VIII (1880), 259-260 上发表的论文也很有用。

[10]　George Jamieson 在 *China Review*，VIII, p.259 上发表的文章说："绅士和百姓要选举正直、受过教育和有财产的人来担任甲长。地方官员不能要求他们承担任何其他公共事务的责任，以使他们能够集中精力履行其治安职能。如果每甲 10 户之中有人犯下了如下罪行，那么甲长就必须作出回应，汇报事实。这些罪行主要有：偷盗、进行反动教育、赌博、隐匿逃犯、绑架、私铸货币、建立秘密社会，等等。甲长还必须汇报所有在其甲中出现的可疑人物，必须注意每个登记家庭的人口不时发生的变化。如果邻甲的警察到该甲来追捕罪犯而需要人手的话，甲长必须协助；但是，如果衙役错误地逮捕了无辜的人，那么甲长可以向知县陈述事实，以供调查。"〔编者按：文章篇名为 "translations from lü-li, or General code of laws of the chinese empire"，上段引文依作者原注，译自《会典》卷 134，"保甲"条。按《清会典》只有一百卷，查此段乃依《大清会典事例》卷一五八译出，今录原文如下：（乾隆二十二年）士民公举诚实及有身家者，报官点充。地方官不得派办别差，以专责成。凡甲内有盗窃、邪教、赌博、窝逃、奸拐、私铸、私销、私盐、踯麴、贩卖硝黄，并私立名色敛钱聚会等事，及面生可疑、形迹诡秘之徒，责令专司查报。户口

来，清政府就处罚那些没有登记入册的人。绅士[11]的家庭也必须接受登记。由于土地所有者比其他居民更具强烈逃避登记入册的动机，清政府命令，给予逃避登记的绅士更严厉的惩罚："凡绅衿之家与齐民一体编列，听保长、甲长稽查，如有不入编次者……有田赋者杖一百，无田赋者杖八十。"[12]颇具意义的是，因为保甲组织的职能是治安性的，因而它毫无例外地被置于县衙门的刑房（掌管刑事案牍的官吏）管理之下。[13]

保甲组织另一值得引人注意的显著特点，就是它由各地编组居民自己来管理运行；而地方官员只负责监督，并不直接参与。这种规定的优点在于：一方面，通过寻求本地居民的帮助，政府不用成倍地增设官员，就能够在遥远的小村子施行统治；另一方面，由于把保甲组织置于地方官员的监督之下，从而防止了保长、甲长手中的权力或其影响过度膨胀。这种制度运行起来，使得每一位居民都成为潜在的间谍，以揪出他们中间做坏事

迁移登记，并责随时报明，于门牌内改填换给。……邻省邻县差役，执持印票，到境拘拏盗贼及逃犯。保甲长密同捕获，免其失察之罪。若差役诬执平民，许保甲长赴本管官剖白候审。〕

[11] 本书中各处所使用的"绅士"（gentry）一词，是从中国特有的术语"绅士"或"绅衿"翻译而来的。绅士是享有特权的阶层，他们因取得官位或爵位，或者通过一关或多关科举考试，而获致特别的地位。张仲礼的《中国绅士》对这种特权阶层的一些突出特点进行了细致的研究。在19世纪的中华帝国，那些为参加科举考试而学习，但实际上未取得绅士地位的人，也享有不同于平民的某种地位。这种人在法律上虽然不是绅士，但是由于他们受过教育，将来很有可能成为绅士，因此被称为"士"（学者或文人），在很大程度上也被视为绅士。不管怎样，他们更多地被认为是同缙绅关系密切的群体，而不是普通百姓，他们的日常行为举止也与缙绅基本相似（虽然不能说完全相同）。所以，中国特有的、在19世纪中华帝国的许多地方流行的词语"绅士"，包括的不仅仅是缙绅，还包括学者和文人。因此，我们一般用"gentry"一词来翻译"绅士"，只有在必须对"缙绅"和"文人"之间作出区别时，才把"绅士"翻译为"缙绅和学者"或"缙绅和文人"。19世纪的西方作者和中国作者，有时也注意了这种区别，例如，Meadows（密迪乐）就在 *The Chinese and Their Rebellions* (1856), p.245 中指出"绅士"是"缙绅和学者"。

[12] 参见《钦定六部处分则例》(1877)，20/1a；《大清律例汇辑便览》(1877)，8/1b。

[13] 参见黄六鸿《福惠全书》(1893年)，2/14a。James Legge, "Imperial Confucianism", *China Review*, VI (1878), pp.368-369 中引用 Stubb〔编者按：应为 stubbs〕，*Constitutional History* I, v. pars. 41-46，指出在中国的保甲制度和英国的十户制之间存在着某种相似。英国的十户制规定："每一户主都必须向国王宣誓，保证其家庭成员的行为举止不违反国王的法律命令；所有十户家庭都必须对相互的行为举止进行监督。"George Burton Adams, *Constitutional History of England* (1921), pp.24-25，叙述了埃德加王（King Edgar）在10世纪中叶的立法最终导致诺曼王朝时期设置十户联保制的史实；在第71—72页中叙述了十户联保制的内容。17世纪的日本政府为了加强对基层的统治，也推行了十分类似于保甲制度的制度；可以参见 K. Asakawa（朝河贯一）"Notes on Village Government", *Journal of American Oriental Society*, XXXI, pp.202-203。

的或铤而走险的人，也就是自我审查。由于居民们被逐渐灌输了相互提防、相互猜忌的意识，故而没有人敢于冒险煽动他的同乡起来反对统治。这样，即使有个别犯罪分子漏网了，也没有多大机会去煽动他人一致起来发动抗争。保甲组织作为统治工具，其作用就在于：它在帮助政府减少犯罪的同时，也同等效果地对臣民形成威慑。一位 19 世纪的西方作者正确评价清朝保甲体系时说："从表面上来看，封建王朝对其臣民的统治，是一种父亲对子女的慈爱；然而实际上它是一种残暴的统治，一种以恐惧和猜疑的方式维持权力的残暴统治。"[14] 保甲组织就是专制帝王为此目的而采纳的一种统治工具。有的作者把保甲组织当作"旧中国的自治"，[15] 有的当作"一种地方政府制度"[16]或"一种人口调查工具"，[17] 这不但错误理解了保甲制度的功能，而且错误理解了专制统治制度的本质。

上面分析了清朝统治者们所接受的保甲理论。然而，实践并没有同理论达到完美的统一，保甲组织的实际功效并没有达到其理论上的作用。清政府时常发觉很难加强保甲组织的运作，甚至在结构上要达到统一性也不可能。或许除了 19 世纪初期几年以外，当清政府相信保甲组织在中华帝国一些地方已经取得满意的效果时，保甲组织就已逐渐失效。到 19 世纪中叶，"盗匪"和反叛不只在一个地方发生，这时才有人坚决指出，保甲这种治安性质的制度并没有发挥它应有的作用，虽然清朝皇帝自 17 世纪中叶以来就开始强化保甲，赋予它重要的地位，竭尽所能加强其功能。最早极力使保甲的理论和实际统一起来的是 18 世纪的雍正帝。1726 年，他

---

[14] Samuel Mossman, *China: a Brief Account of the Country, Its Inhabitants and Their Institutions* (1867), p.278。斜体为原作者所标〔编者按：译本改为着重号〕。

[15] Samuel W. Williams, *The Middle kingdom* (1883), pp.281-283.

[16] Leong（梁宇皋）和 Tao（陶履恭），*Village and Town Life in China* (1915), pp61.

[17] Paul Linebarger, *Government in Republican China* (1938), p.430。作者这样描述保甲组织："保甲制度是一种地方政府制度。它所包含的基本原则是：在具保连结的住户和居民之中，集体负责，相互帮助。"南京国民政府也在计划运用这种含义上的保甲制度，而未参考清制。Robert Lee, "The Pao-chia system," *Papers on China*, III, pp.204-205、209，认为"保甲制度的主要功能实际上包括要求村组织完成的所有事情"，并评论说："每当一个封建王朝在其自身愚蠢无能的压力下而崩溃时，农民明显地未能抓住和控制足够的政治权力，未能以这种政治权力来加强保甲制度那还在萌芽时期的有代表性的特色，并以之使保甲组织成为实现自治的必要手段。"很难看出，实际运作的保甲制度（至少是清朝统治时期的保甲制度）怎么能够作为农民自治的踏脚石。

发布谕旨说：

> 弭盗之法，莫良于保甲，乃地方官惮其烦难，视为故套，奉行不实，稽查不严，又有借称村落畸零，难编排甲，至各边省，更借称土苗杂处，不便比照内地者。此甚不然。村庄虽小，即数家亦可编为一甲。熟苗熟獞，即可编入齐民。苟有实心，自有实效。嗣后督抚及州县以上各官不实力奉行者，作何严加处分，保正甲长及同甲之人，能据实举首者，作何奖赏，隐匿者作何分别治罪，九卿详议具奏。[18]

上述谕旨规定实施的结果，是保甲体系延伸发展到当时尚停留在保甲组织之外的民族。一些少数民族，特别是苗族和侗族以及几类具有特殊性的居民，包括江西、浙江、福建的"棚民"和广东的"寮户"，首次被置于保甲组织的控制之下。在华南、华中许多村庄里占支配地位的宗族组织亲属集团，同样被编入保甲的下层单位中，纳入控制体系：

> 如有堡子村庄聚族满百人以上，保甲不能遍查者，拣选族中人品刚方，素为阖族敬惮之人，立为族正。如有匪类，报官究治，徇情隐匿者，与保甲一体治罪。[19]

雍正帝及其大臣在 1726 年左右使用的名称，与 1644 年和 1708 年的有些不同。正如上文所述，1726 年使用的名称包括"保正"和"甲长"，但是没有提到"牌头"；而 1644 年使用的名称包括了"保长""甲头"和"牌头"。很明显，"保正"同"保长"相同，"甲长"与"甲头"相似。我们没有理由认为 1726 年省略"牌"组织就表明保甲制度发生了什么实质变化，但是可以说，清政府在语言问题上漫不经心，这是造成名称混乱的部分原因，而名称混乱又使得许多后来的作者迷惑不解。皇帝本人或许也不清楚保甲制度的确切内容，因而认为"即数家亦可编为一甲"，很明显不顾下列事实：根据

---

[18] 《清朝文献通考》，23/5055。
[19] 《清朝文献通考》，23/5055。

制度规定，每 10 户组成 1 牌，而 1 甲包括 100 户。小村子的"数家"当然不足以编成 1 甲。

　　上面提到的那些情况特殊的居民也被编入保甲，标志着保甲体系发展的一个新趋势，即把保甲制度实际上变成全国性的监视制度，这种新趋势一直延续到道光年间。1729 年，一道谕旨命令关内的旗户编入保甲；[20] 1841 年，又一道谕旨把保甲组织扩展到居住在城外的宗室觉罗。[21] 在其他方面享有特权的贵族、文人，也必须编入这种全国性的保甲组织。根据 1727 年、1757 年和 1758 年所下的几道谕旨，绅士的家庭及其邻居的普通人户，编入同一个保甲单位，相互之间同等地处于甲长和保长的监视之下。[22] 像"棚民"和"寮户"这样情况特殊的普通居民，只要环境容许，同样被严密编组而控制起来。1729 年所下的一道圣旨，把疍民（以船为家的人）也编入保甲组织之中；[23] 1739 年，正式在"棚民"和"寮户"的阶层中实施保甲制度；[24] 在 1731 年和 1756 年，又下令其他少数民族（其中包括瑶族和穆斯林）不能再选出自己的头领，而必须编入保甲组织中。[25]

　　在乾嘉年间（大约从 18 世纪中叶到 1820 年代，亦即是在中华帝国许多地方日渐出现了各种各样骚乱迹象的时期），清政府又重新强调治安制度。[26] 清朝皇帝发布了一系列谕旨和命令，设法延伸和加强治安统治。除了对少数民族和情况特殊的阶层推行保甲制度统治外，还在中华帝国遥远地区施行保甲制度。1733 年（雍正十一年），清政府在台湾实行保甲制度。1743 年（乾隆八年），下令"山西陕西边外蒙古地方，种地民人甚多，设立牌头总甲，令其稽查"；1757 年，又重申了这道命令。[27] 居住在远离山东、浙江两省海岸的岛屿上的居民，在 1793 年和 1794 年也被编入保甲组

---

[20]　《清朝通典》，9/2072。

[21]　张寿镛《皇朝掌故汇编·内编》（1902），53/7a-b。

[22]　《大清会典事例》（1908），158/1a。也可以参见《清朝通典》，9/2071。

[23]　《大清会典事例》，158/8b。也可以参见《番禺县续志》（1911），44/9b。

[24]　《大清会典事例》，158/4a-b。在 1763 年和 1824 年，清廷又重申了这道命令。参见《清朝通典》，9/2071；张寿镛《皇朝掌故汇编·内编》，53/6a-b。

[25]　《恩平县志》（1934），4/12a。还请参见《清朝文献通考》，23/5055-5056。

[26]　闻钧天《中国保甲制度》，第 235 页。

[27]　《大清会典事例》，158/1a-b。还请参见《清朝文献通考》，24/5061。

织中。[28]

　　1757 年乾隆帝在加强关内各省保甲体系上的努力，是清初以来最认真的尝试。由于发现保甲组织在人事方面已经变质，而地方官员对保甲事务漠不关心，乾隆帝命令所有总督、巡抚详细汇报各地情况，并提出恰当的改进措施。在这些汇报的基础之上，户部提出了若干建议，其中包括从"诚实、识字及有身家之人"中挑选保正和甲长、增设"地方"以减轻保甲头人身上的担子（到 1757 年时，催征钱粮和查拿人犯双重任务虽未经清廷批准，却早已一一堆压到保甲负责人的肩上）、维持保甲各级组织最初的人事员额等等。[29] 此时，清朝中央政府所设想的保甲组织有三个层次，其负责人分别是保正、甲长和牌头。很明显，"保正"和"甲长"的名称取自于 1726 年的称呼，而"牌头"取自于 1644 年时的用法。1775 年，清政府在全国范围内进行了大规模的保甲编审。显然，乾隆帝把这次编审看得非常重要，命令总督、巡抚今后以此作为所有有关人口汇报的基础。[30]

　　从 18 世纪后半期到 19 世纪前几十年，爆发了一系列叛乱和暴动，其中最重要的是由陕西、湖南和四川的白莲教领袖发动、领导的民变，以及 1813 年林清（他可能也是白莲教的一名领袖）的大胆密谋，[31] 清王朝的统治受到了严重的威胁。为了镇压这些"匪"，清政府虽然动用了一些"乡勇"，但还是把希望寄托在能够作为防止性措施的保甲制度的有效运作上。更普遍的是，清政府试图在保甲制度这种已经过时的控制乡村的治安工具中注入新生命、新活力。1746 年（乾隆十一年），清政府已经努力将保甲体系打造成战胜"邪教"和秘密社会的武器。[32] 嘉庆帝继位以后，清政府注意更新保甲制度，并且一直坚持下去。然而清政府最终不得不放弃努力，

---

　　[28]　《清朝续文献通考》（1936 年重印本），25/7755-7756。

　　[29]　《清朝文献通考》，24/5061-5062。

　　[30]　《清朝文献通考》，25/7755-7756。

　　[31]　这一时期的主要叛乱和暴动，包括 1774 年山东王伦领导的民变，1793 年至 1802 年发生的影响到直隶、河南、陕西、四川和甘肃等省的白莲教叛乱，王三槐领导的"教匪"运动（白莲教叛乱的一部分），1800 年到 1804 年刘之喜在西南领导的民变和 1813 年林清在北京领导的民变等等。参见《剿平三省邪匪方略》(1810)；《剿捕林清逆匪纪略》；《故宫周刊》，195—236 期；以及稻叶岩吉（I. Inaba）的《清朝全史》（中译本）第三册，第 18—40 页。

　　[32]　《大清会典事例》，158/1a。

因为保甲体系显然已经完全不能承担起对付范围广、规模大的社会动荡的任务了。

1799 年（嘉庆四年），作为对许多中央政府官员请求的答复，嘉庆帝下了一道谕旨。这道谕旨表明了清政府对乡村治安体系的一般观点：

> 夫保甲一法……稽查奸宄，肃清盗源，实为整顿地方良法，久经定有章程，只缘地方有司因循日久，视为具文，甚或办理不善，徒滋扰累，以致所管地方，盗匪潜踪，无从觉察。……是非涮除积习，实意讲求，何以遏奸萌而安良善？特此通谕各督抚务饬所属查照旧定章程，实心劝导，选充公正里长，编立户口门牌，务使一州一县之中，人丁户业，按册可稽，奸匪无所容身。[33]

嘉庆帝并不满足于仅仅要求地方官员按照旧制行事，因此在 1800 年所下的一道谕旨中提出了一些改进保甲制度的指导性原则：其一，强调应在执行中体现恰当、简便、易行的原则，这样在实际中才能有效果；其二，应让"诚实甲长"专司登记册，同时强调避免衙门走卒干预的重要性；其三，嘉庆帝相信，地方官员自己定期检查十户制是保证获得可靠记录的唯一途径，不论是在因公下乡或审理词讼的时候，甲长相信地方官会随时检查，自然不敢混弊捏报；最后，嘉庆帝同其祖宗一样，也强调对那些渎职人员进行恰当惩罚，能起到巨大的作用。[34]

好像预料到林清要发动暴动一样，嘉庆帝在 1801 年下了一道谕旨，命令在清帝国的首都地区，特别是在各色人等栖身的寺庙，更严格地加强保甲。这样，栖身寺庙就被禁止了；只有那些候补候选及引见官员，才可以住在这种"临时旅馆"里。[35]

尽管一些官员禀报说保甲制度并没有收到预期的效果，嘉庆帝仍然相信这种乡村治安制度的可行性。福建巡抚等省级地方官员上奏，建议减少加在

---

[33] 《清朝续文献通考》，25/7757。
[34] 《清朝续文献通考》，25/7757。
[35] 《清朝续文献通考》，25/7758。

牌甲保长身上的责任；嘉庆帝则在 1814 年（嘉庆十九年）的一道上谕中，对此建议作出如下回答：

> 汪志伊等奏闽省牌甲保长，人多畏避承充，皆由易于招怨。今拟将缉拿人犯、催征钱粮二事，不派牌甲保长，专责成以编查户口，稽察匪类。凡有匪徒藏匿，令其密禀地方官，作为访闻，俾免招怨。人果存心公正，何虑怨尤？惟私心不免，遂喜市恩而畏招怨。近日内外臣工竟成通病，此等微末牌长，又何足责？所有缉拿人犯，催征钱粮二事，自毋庸再派伊等管理，至既责以稽查户口，即当予以纠察之权。如果地方藏匿匪徒，正当令其指名首报，俾匪党共知畏惮，不敢潜踪。若令密禀地方官，作为访闻，则匪徒不惧甲长，何以除莠安良乎？[36]

嘉庆帝相信，由于他自己的热情，以及一些属下的努力，保甲制度会收到令人满意的效果。他更加努力来增强、扩大保甲的成效，在 1814 年所下的另一道上谕中指示道：

> 查保甲一事，诘暴安良，最为善政，上年冬间，朕明降谕旨通行饬办，自京畿以及直省，次第奉行。本年八月间，朕恭谒东陵，跸路经过各州县，见比户悬设门牌，开载甚为详晰，询问自外省来京大小官员，亦金称遵照令式，一体编查。是此次京外办理保甲，渐有成效。[37]

在同年的另一道上谕中，他几乎是以得意洋洋的口气谈论广东省推行保甲体系的成功：

> 阮元奏拿获逆案主谋伙要各犯……此案逆匪胡秉耀……朱毛俚……等……阮元到任未久，即能饬属于各地方编查保甲严密，遂将巨案立时

---

[36] 《清朝续文献通考》，25/7759。
[37] 《清朝续文献通考》，25/7760。

发觉，办理迅速，实属可嘉。阮元着赏加太子少保衔，并赏戴花翎。[38]

不过嘉庆帝并没有自鸣得意。意识到目前为止所取得的任何成功都只不过是暂时的，他努力维持保甲的运行。在一系列命令中（包括上面提到的几道上谕），他重申在恰当间隔期间检查登记入册的必要性，告诫他的官员不要放松了警惕。他在1814年初时候所下的一道上谕中这样训诫说：

> 惟居民迁移不定，户口增减靡常，若不随时稽覆，则先后参差，仍属有名无实。各省地方官因循积习，大抵始勤终怠，只为目前涂饰耳目之计，稍阅岁时，又复视为具文，漫不经意。……如果地方官人人奋勉……则烛照数计，奸徒将何所托足？若阳奉阴违，虚应故事，更或借此扰累良民，一经查出，必将奉行不力之督抚，严惩不贷。[39]

综上，嘉庆帝认可的维持保甲良好运行的必要措施，包括：（1）每年在秋收之后检查编审情况；（2）采行保甲负责人连坐制度；（3）剥离保甲负责人身上无助于加强治安控制的负担。

　　每年在秋收之后检查编审的措施，最初是由一名高级官员提出来的。按照嘉庆帝的解释，这一措施的价值就在于能充分利用秋收后农民和各种各样受雇者大体上都回到了家乡的时间。每年这时进行的人口检查，是最能得到精确数字的：

> 州县官于秋收后，先行晓谕各村庄保长人等，将本村户口自行逐细查明，造具草册，呈送该管州县，亲往覆查，悉遵办定规条，取具互保甘结，将门牌照改填写，按户悬挂。令该管道、府、直隶州亲往抽查，查竣后禀报督抚……于岁底汇奏一次。[40]

[38] 《大清十朝圣训·仁宗朝》，101/22b-23a。

[39] 《大清十朝圣训·仁宗朝》，101/25b-26b。

[40] 《大清十朝圣训·仁宗朝》，101/24b-25a。还请参见《清朝续文献通考》，25/7760。

上述这段史料提出的"互保甘结"（亦即"联名互保"），就是用来防止保甲头人不负责任的措施。该措施认为，如果在保长、甲长所担保的人户中间发现有犯罪分子，那么就惩罚甲长和保长；保长、甲长害怕处罚，必然加倍注意编查造册，而不愿隐藏犯罪活动或包庇罪犯。嘉庆帝非常喜欢这一措施，不止一次地强调要充分而彻底地运用起来。或许正是林清谋反的失败，使嘉庆帝认为采行"互相稽查"的措施、严格推行保甲很有必要。因此，他在 1815 年发布上谕说：

> 凡保甲册内，十家为牌，一牌十户，令其互相稽查，如有形迹可疑之人，即行首报到官，能将逆犯捕获，不但首报之人赐金授职，其同牌十户一并酌加赏费。若窝留逆犯，不行举首，经地方官访闻捕获，窝藏之家即与叛逆同罪，其同牌十户一并连坐。[41]

1816 年在要求保甲负责人书面具名联结时，嘉庆帝进一步采取了"互保甘结"。是年发布的一道上谕说道：

> 见在各直省举行保甲，核对门牌，而责成不专，里长、甲长等恐不免有容隐之弊，着各省督抚再严饬地方官于编查保甲时，责令里长、甲长等取具连名互保甘结，如有来历不明，踪迹可疑者，该里长等畏其株连，自不肯代为具结，立时首报。倘一经具结，其所保之人，或曾经作奸犯科，或竟系逆案逸犯，查出后，将出结之里长、甲长按律连坐。本犯罪轻者，里长等之罚亦轻；本犯罪重者，里长等之罚亦重。[42]

与此同时，嘉庆帝认识到保甲负责人的负担过重，不可能恰当地履行职责，因而设法减轻他们的负担、简化他们的责任。由于保长和甲长的肩上堆满了

---

[41]《清朝续文献通考》，25/7760。

[42]《清朝续文献通考》，25/7760-7761。关于"联名互保甘结"，还可以参见《大清会典事例》，158/2b，和张寿镛《皇朝掌故汇编·内编》，54/4b。

各种毫不相关的任务，故而难以集中精力承担起 1644 年时定下的职责，因此，嘉庆帝在 1814 年下令"缉挐人犯，催征钱粮二事，自毋庸再派伊等管理"。他在 1815 年发布的一道上谕中又表达了同样的旨意：

> （牌头与里长）专责以稽查匪徒，辑安闾党，其一切供应拘遣杂差，不得概令承充，以致良民惧于赔累，视为畏途。[43]

正如已经指出的那样，嘉庆帝之所以对保甲制度热切关注，是由于当时发生的一系列历史事件，而不是个人偏爱。他在 1796 年继承帝位时，清王朝的鼎盛时期已成历史，在全国各个地方，社会矛盾日益恶化，政治暴乱此起彼伏。这虽然还不足以推翻清王朝的统治，但是已经给清王朝敲响了警钟，清王朝要想继续平稳地维持统治变得相当困难。怎样才能处理人民心目中的仇恨，并防止这种仇恨爆发汇成大规模的民变呢？这已经成为清王朝需要迫切解决的问题。在清政府看来，"弭盗"是首要问题，必须投入最主要的精力。怎样才能"弭盗"呢？嘉庆帝认为最好的方法莫过于加强保甲这个工具。

嘉庆帝预料到了未来潜在的危险，在 1814 年发布上谕，孤注一掷，企图利用保甲制度来消除乡村中那些"习邪教者"。[44] 大约 35 年后，华南爆发了一场由"邪教"领导的大规模的反叛，几乎推翻了清王朝的统治。但是，嘉庆帝在"盗匪蜂起"的潮流面前，错误地高估了保甲组织作为治安工具的效能。很显然，只有在社会相对平静，乡人还没有因绝望而被迫"铤而走险"之时，保甲体系才被证明是有效的威慑工具。但是，当历史进入矛盾激化、社会总动荡的时期，比起其他专制统治工具来说，保甲就不再是什么灵丹妙药，也不能像在和平时期一样来解决社会问题了。实际上，正是社会的变化使保甲体系过时了。

---

[43] 《清朝续文献通考》，25/7760。

[44] 该上谕部分内容是："有习邪教者，准五家首之，无则五家连环具甘结。"引自盛康《皇朝经世文续编》，80/39a-b〔译者按：39 应为 3〕。《圣谕》十六条中第七条和乾隆帝 1746 年发布的关于指示地方督抚加强保甲组织、镇压"倡为邪说，敛钱会会"者的一道上谕，都表明清朝皇帝很早就关注了"异端邪说"。参见《大清会典事例》，158/1a。然而在 18 世纪结束之前，"异端邪说"对于统治者来说还未发展成相当严重的问题。

相对来说，嘉庆帝之后的清朝皇帝并不关注保甲制度。笔者在查阅道光朝到清朝统治崩溃这一时期的官方档案后，发现有关保甲方面的内容相当少。只有道光帝偶尔提到它。他虽然仍然非常相信保甲体系的理论作用，因而把 1850 年（道光三十年）大规模的"会匪滋扰"（特别在湖南、广西、广东）的原因直接归结于保甲体系的衰败，[45]〔编者按：道光帝于道光三十年正月去世，随后奕詝即位，改第二年为咸丰元年。《会典事例》将该事系于道光三十年十一月。此时在位者应该是咸丰帝奕詝。〕但是，他不再对保甲组织的实际作用抱乐观态度，因而没有发布什么使之振兴的上谕。自此之后，保甲组织除了在一些偏远的地方继续存在外，已经变成了历史故事——旧日的行事制度，成了过往烟云。官方资料《清朝续文献通考》的汇编者，甚至认为保甲制度已经完全、绝对起不到什么作用了。[46]

到此为止，我们已经回顾了清政府为将保甲打造成全国范围的控制体系所采取的措施。正如官方文件所表明的那样，清朝皇帝强调保甲制度的重要性，但同时又常常抱怨它在实际运行中不太令人满意。实际上，保甲体系先天不足，又面临社会矛盾、政治动荡所带来的困难。然而，它不是一个完全不能运转的体系，在一些地方，精明强干的官员能改造保甲以适应当地环境，发挥个人才能使其正常运行；这时，保甲就会显得相当有用，这是其他

---

[45] 《大清会典事例》，158/3b。

[46] 《清朝续文献通考》，25/7758。编者是针对 1810 年嘉庆帝发布的一道上谕进行评论时作出这一结论的。尽管清朝皇帝认为保甲制度相当重要，但是相对说来，他们并不注意保持保甲组织结构的一致性，也不注意术语的统一。结构不一，名称相异，在顺治、康熙、雍正、乾隆〔译者按：原文无乾隆〕、嘉庆等朝都存在。看起来，嘉庆帝区别不了里甲制度和保甲制度。在他发布的一些上谕（特别是 1815 年和 1816 年的上谕）中，他谈论起来，好像"里长"就相当于保长（《清朝续文献通考》，25/7760）。我们综合前面所讨论的资料，在此基础上绘成表 3-1，以此表明顺治朝到嘉庆朝在保甲组织术语方面动摇不定的情况：

表 3-1：保甲组织术语的变化情况

	1644 年 （顺治元年）	1708 年 （康熙四十七年）	1726 年 （雍正四年）	1743 年（乾隆八年）， 1757 年重申	1815 年 （嘉庆二十年）
1,000 户 100 户 10 户	保长 甲头 牌头	保长 甲头 牌头	保长 甲长 ？	保长 甲头 牌头	里长 甲长 牌头
100 户 10 户	总甲 甲长				

地方所看不到的。而这些地方的保甲体系总是因地制宜，偏离了中央政府所规定的模式。与保持保甲体系在全国的一致性或严格遵守规定相比，清廷显然更关心实际运行效果，因而容许这种偏离，甚至发布上谕给予批准。

1680 年代担任直隶巡抚的于成龙，成功地利用保甲组织镇压了先前肆虐该省的盗匪。[47] 与于成龙同时代，但较年轻并长期担任知县的黄六鸿，[48] 18 世纪担任直隶南乐县知县的茹敦和，以及湖南省宁远县知县汪辉祖，[49] 各自按照自己的方法，取得了保甲体系运行的成功。陈宏谋——一位 18 世纪著名的官员，在江苏省也取得了巨大的成功。他利用"乞丐王"（罡头）担任保甲负责人，以之来监控游民，从而将那些漂泊不定、以通常方法不能编查的游民人户纳入保甲控制之中。[50] 叶佩荪的名字在保甲体系的编年史中占有特别显著的地位。叶于 1781 年担任湖南布政使期间，设计出一种"循环册"，其操作如下：每个保甲单位准备好一套两本的登记簿，其中一本由各保甲负责人掌握，另一本放在知县衙门里；定期轮替登记，把间隔期间新出生的人口补充登记入册，并改正以前登记中出现的错误，官署也能不间断地加以检查。清政府对此简便做法非常满意，在 1813 年下令所有各省当局采纳推行。[51]

---

[47] 于成龙写了一篇名为《弭盗安民条约》的文章，包括了他自己关于保甲制度的主要思想。贺长龄的《皇朝经世文编》（74/24-28）和戴肇辰《学仕录》（2/4b-10b）收录了他的这篇文章。有关于成龙个人传记，可以参见 Arthur Hummel（恒慕义），*Eminent Chinese of the Ch'ing Period (1644-1912)*（《清代名人传略》），II, pp.937-938。

[48] 黄六鸿《福惠全书》（1893）。另一著名知县彭鹏，运用保甲制度也相当成功。戴肇辰在其《学仕录》中（1/25a-26a）叙述了彭鹏的《保甲示》，提出了公众关于保甲制度的看法。

[49] 汪辉祖《学治臆说》（1793），卷下，第 11 页。

[50] 陈宏谋（1696—1771）《培远堂偶存稿》（1897），43/11a-12a。〔编者按：见《稽查丐匪檄》，乾隆二十三年七月。〕

[51] 引自闻钧天《中国保甲制度》第 236—240 页。清政府在 1813 年（嘉庆十八年）下令在全国推广使用叶佩荪的《保甲制度运行事例》。杨景仁《筹济编》（1883）17/7b-14b〔编者按：应为卷二十七"严保甲"〕，叙述了叶佩荪《事宜》的主要特点。按照杨景仁的记载，叶佩荪在 1780 年代担任湖南布政使期间，设计出一套"保甲规条"来推行保甲制度。叶佩荪之子（时任清政府内阁某部侍郎）在 1813 年将这套措施上奏清廷，很快得到采纳在全国推广。〔编者按：叶佩荪之子名叶绍楏，时任刑科给事中。〕杨景仁还强调说，推行保甲制度的"循环册"方法，是叶佩荪 1781 年担任湖南布政使时就设计出来的；"循环册"构成了 1813 年清政府采纳推行的叶佩荪式保甲制度的一部分。汪辉祖（见注49）则在 18 世纪成功地推行了保甲制度。他在其《病榻梦痕录》（1886），卷下，9a 和 32b 中，叙述了他在 1787 年和 1788 年担任湖南省宁远县知县和道州知州时的经历。

19 世纪的一些地方官推行保甲制度的独创性和热情，并不亚于他们的前辈。担任四川巴县知县的刘衡特别值得一提。为了执行嘉庆帝 1814 年所下的一道谕旨，刘衡按照清政府规定的"十进制"模式建立了保甲组织，但他同时独创性地作了精心的改进。除了规定每户大门上要悬挂门牌外，他还规定由牌长（即牌头）保存一张"十甲牌"（即十户牌），由甲长保存"百户牌"。由保正负责登记入"草册"，然后由县署在"草册"的基础上编成"正册"。刘衡还采纳了叶佩荪"循环册"的做法，要求县属各地准备好两套"草册"。第一套"草册"称为"循册"（即现行登记簿），分发到每个保正的手中。在农历年末，保正对"循册"进行适当的补充修改，送交知县，换回第二套"草册"（称为"环册"，即交换登记簿），以便来年补充修改。这样，两套"草册"就分别地、相应地在规定的时期里交到每个保正和衙门的手中。[52]

湖南巡抚陆费瑔声称，他在湖南省推行保甲制度也相当成功。据说，在他的努力下，该省许多县设置的保甲组织非常有效，地方官府在镇压 1847 年给清朝统治造成巨大威胁的"会匪"叛乱中得到了各保甲负责人的有力帮助。[53]

1820 年代担任安徽巡抚的陶澍，设法将保甲组织发展到特殊的居民中。他在 1825 年的奏折中谈到了他如何将该省的"棚民"编入保甲组织，任命每组的"棚头"担任保甲组织的负责人。[54] 以几县的情况为例，"棚户"和

[52] 参见刘衡《庸吏庸言》，91a-96b。然而，官员们的汇报不可能完全正确。一些知县会对他们的上司作过于乐观的汇报，而上司又故意地或不经意地向清廷作同样的汇报。河南巡抚于荫霖在 1900 年的一份奏折中所反映的问题，提醒我们对下列这种官员们的所说可以完全相信："至保甲事宜……编查丁口，及一切支更宁夜，成规具在，地方官非不禀报举行，而劫掠之案，仍层见叠出者，臣愚以为，条例不患其不密，患在考察之未真；法制不患其不详，患在奉行之不力。"〔编者按：原书未注明引文出处，查本段出自《于中丞奏议》，卷八，86 页《查明阌乡县劫案请将知县参革并增定缉捕章程折》。〕

[53] 《清史列传》，1928 年上海中华书局版，43/34b-35a。湖南省似乎是少有的推行保甲制度取得相当成功的省份之一。在湖南一些地方，保甲制度得以推行了大半个 19 世纪。举例言之，《湘乡县志》（1874 年刊，3/52a）就说：1815 年（嘉庆二十年），通过保甲登记入册和人口检查，得知湘乡县的总人口为 91,690 户，583,205 人（包括妇女儿童）；1868 年（同治七年），又经过登记入册和人口检查，发现总人口为 85,122 户，537,289 人〔编者按：查原志，应为 537,218 人〕；1871 年（同治十年），为 85,131 户，537,289 人。然而，这些数字不一定是准确的。

[54] 陶澍《陶文毅公全集》（1840），26/4a-6b。

"棚头"数如下所示：

	棚户数	棚头数
歙　县	156	17
休宁县	232	13
祁门县	432	24
黟　县	10	1

至少就上述棚户数来说，"棚头"大致与普通保甲组织中的"牌头"相当。大约 12 年后（1837 年），陶澍担任两江总督。他在上奏中又提到安徽其他几个县的"棚民"也同样编入了保甲，只不过是对组织作了修改和扩大："按十户设立牌长，十牌设立棚长，合一山设立棚头，责令稽查匪类。"[55]

陶澍还着手把生活在江苏沿海的乡人编入保甲。他在 1836 年的一篇上奏中汇报说：

> 现将沿海村庄逐一编查，十家为甲，设立甲长一人，每编十甲，设立总甲一人，不及十甲者，即按三五甲为一总，不及十家及零星散处者，即于一处各设一长。

永久地生活在渔船上的渔户，是这样编入保甲组织的：

> 责令各州县仿照保甲之法，十船编为一甲……渔船并照保甲之例，十船编为一甲，金派渔甲一名，责成按号稽查。[56]

同年，担任台湾道道台的姚莹向福建巡抚汇报说，嘉义县 1,042 名乡人被编入 35 保中，彰化县 1,427 名乡人被编入 13 保中。他指出这些村子的每村人口在一百到几百人之间。[57]

　　陕甘提供了在遥远地区设法推行保甲制度的又一个事例。担任陕甘总督

---

[55] 陶澍《陶文毅公全集》（1840），26/7a 和 8b-9a。

[56] 陶澍《陶文毅公全集》，26/711a-17a。还请参见汪志伊关于福建省渔户编组情况的上奏。《清朝文献通考》，25/7760。〔编者按：应为《清朝续文献通考》。〕

[57] 盛康《皇朝经世文续编》，80/16a。

的舒兴阿在 1852 年的上奏中说，他遵照清廷命令，设置了一套关于保甲制度的措施，并且在实际中加以运用。[58]

第三个事例是云南省广通县。担任该县知县的何绍祺 1844 年把所有的汉、回、夷民共 9,657 户编为 52 甲，每甲平均 185 户。[59]

夏燮在《中西纪事》中记录了两个在鸦片战争中设法利用保甲组织作为禁烟和维持统治工具的事例。其中一个事例提到，在清廷担任高级官员的黄爵滋采取禁止吸食鸦片的办法，寻求停止鸦片贸易的途径。黄爵滋在 1838 年的一道奏折中说：

> 伏请饬谕各督抚，严饬府州县清查保甲，预先晓谕居民，定于一年后取具五家互结。仍有犯者，准令举发，给予优奖。倘有容隐，一经查出，本犯照例处死外，互结之人照例治罪。[60]

夏燮所记述的第二个事例发生在 1842 年。他说：

> 方夷人之至下关也，江宁黄方伯恩彤令城内行保甲之法，凡居民铺户，对门五十家立一栅，给以牌册，昼启夕闭，以防城内奸民乘乱劫掠。白门人初甚德之。[61]

在太平天国起义被镇压之后，一些省级官员和地方官员也设法推行保甲制度。丁日昌——李鸿章集团中一名有进取心的成员——1860 年代在江苏巡抚任上，向各县发布一系列指示，以极其明显的渴望心情，表明他决心恢复设置太平天国举兵期间在许多县已经消失的保甲组织。[62]1881 年至 1886 年间，湖南巡抚卞宝第也同样设法恢复成立湖南省的保甲组织。他在上奏中

---

[58] 张寿镛《皇朝掌故汇编·内编》，53/12a。

[59] 盛康《皇朝经世文续编》，80/3a〔译者按：应为 80/39a〕。

[60] 夏燮（1799—1875）《中西纪事》（1871），4/3b-4a 和 9b-11a。〔编者按：见《为请严塞漏卮以培国本事》。〕

[61] 夏燮《中西纪事》，8/10b。

[62] 丁日昌（1823—1882）《抚吴公牍》（1877），32/1b。

说，他命令下属每年秋收后根据旧制检查登记入册情况，并把他自己成功的原因归结于地方绅士，尤其是长沙县和善化县绅士全心全意的支援。[63] 在1890年代，陕西省靖边县知县向他的上司提出了一系列推行保甲制度的建议。他建议利用绅士的帮助来充实保甲组织上层领导集团，最新颖的地方或许就在于：如果发现某一牌的任何人户隐藏罪犯或犯罪，那么牌头就必须向负责该牌的绅士——官府代理人——汇报；如果绅士代理人能够处理，知县就用不着出面。[64]

我们从上述事例中看出，尽管对整个清廷来说，保甲体系已经失效很长时间了，但在中华帝国的某些地方，地方官对保甲体系的兴趣还持续存在。一个可能的解释是，几乎到清王朝崩溃前夕，推行保甲都还是衡量地方官政绩优劣的标准之一。保甲体系在一段时期里很有用，但是过了这段时期之后，就不再具有实用性；作为"故事"，它在法律上仍然像幽灵般存在，不过在行政上的意义已大幅萎缩。各地有关推行保甲体系实际情况的一些报告，很可能会夸大它的效果，如果说确实取得了一些成绩的话。我们不能真的把地方对保甲的浓厚兴趣当成保甲在这方面成功的指标。

即使我们相信这些报告的真实性，省县两级地方官也没有认真遵行朝廷对推行保甲体系所做出的规定。实际上，他们相当大程度背离了清廷所规定的保甲体系，在保甲组织的形式和术语上，实际上都产生了混淆，使得许多后来的作者迷惑不解。早在17世纪的时候（即保甲制度设置后不久），黄六鸿建立的就是"甲—保—乡"式的保甲，而不是清政府所规定的"牌—甲—保"式的结构。[65] 由于各地方官普遍自由行事，因而到18世纪末，清廷所

[63] 参见卞宝第（1824—1894）《卞制军奏议》，3/51和9/15a-b。

[64] 《靖边县志》（1899），4/54a-55b。我们把这些事例收集进来，其原因在于它们为我们提供了一些关于保甲制度运作细节的准确情况。当然，我们不能确信这些事例就同前述事例一样的成功（参见注52）。然而，我们自己尽量避免引用高级官员那笼统的上奏，特别注意不引用清朝中央政府里高级官员的报告。这种报告的例子有：贵州巡抚贺长龄1843年上奏的折子，汇报贵州省"秋收后覆查保甲完竣"；江苏巡抚李星沅1846年上奏的折子，汇报了同样的内容，等等。这种上奏，只不过是官样文章，引用其中的材料必须慎之又慎。有关这些上奏，可以参见贺长龄（1785—1848）的《耐庵奏议存稿》，9/43a-b，和李星沅（1791—1851）的《李文恭公奏议》，9/30a-31b。

[65] 闻钧天《中国保甲制度》，第25页。黄六鸿在《福惠全书》，21/4a中描述了自己的做法。

规定的保甲体系的内容形式在许多地方被弄得支离破碎，几乎认不出来。这一时期的一位作者总结了这种局面：

> 今之州县各乡村，或有保长，或有甲长，或有牌头，或并有之，或分有之，分不相统属，事各有专主。[66]

与此同时，甚至发生了一项更为重要的变化：里甲组织的税收功能转由保甲组织来承担了。我们不知道这到底是什么时候发生的，但是可以肯定，中华帝国许多地方，在 18 世纪中叶已经是这样的了。

税收功能从里甲转到保甲，部分原因是清朝中央政府的命令。例如，乾隆帝在 1743 年所发布的一道上谕中，命令"山陕边外种地人民"的保甲组织负责汇报那些"拖欠地租，并犯偷窃等事，及来历不明之人"。[67] 或许是由于推行起来方便的缘故，乾隆帝不知不觉地把属于两套独立的控制体系的职能转由一套体系来承担了。另一部分原因在于地方官的行为；而这种行为并没有得到清廷的认可。最典型的事例，见于 19 世纪中叶曾国藩关于湖南衡阳和清泉的报告。他在 1854 年的一篇上奏中说：

> 复查衡、清二县保甲，近来专管包征钱粮，反置查匪事件于不问。推原其始，由于道光十五年前任衡阳县沈洽轻改章程，既未奏明，亦未禀知抚、藩，辄将衡阳钱粮概归保甲征收，清泉亦随同办理。厥后弊端丛生，保甲弱者则不胜垫赔之苦，强者则勾结蠹役，借票浮勒……查道光三十年九月，御史吴若准条陈积弊，言及"催征为差役之责，诘盗为保甲之责"。钦奉上谕："假催科为名，扰及保甲……严行惩办"……衡、清二县尚未遵旨更正。[68]

---

[66] 张声玠《保甲论》。见盛康《皇朝经世文续编》，80/5a。

[67] 《清朝文献通考》，24/5061。

[68] 曾国藩（1811—1872）《曾文正公奏稿》，2/30a-b。亦见其《曾文正公书札》（4/43a）收录的一封复骆中丞的信。在该信中，曾国藩说他在 1853 年试图停止利用保甲组织人员作为征收实物税的代理人这种令人讨厌的做法。

正如曾国藩的上奏所指出，里甲的职能由保甲取代，导致了保甲不能恰当地履行自己本来的职能。因此，清廷一度威胁要惩罚那些"扰及保甲"的人，试图使两套体系相互独立开来。但是在有利于二者合一的历史发展趋势下，一些皇帝自己也无意间助长了这个趋势。

在里甲组织体系于 1648 年设置之时，清政府规定其任务在于帮助官署编撰"黄册"，作为确定税额、进行征税的依据。1656 年，清政府将最初每三年编撰一次黄册的做法，改为每五年一次。[69] 随后，"丁银"（征收成年男子的人头税）摊入"地粮"（即土地税，这种变化开始于 17 世纪晚期，结束于 19 世纪早期），[70] 使得里甲帮助编撰黄册的任务不那么重要了，黄册进一步简化。接着，1713 年康熙帝决定以 1711 年的人口统计结果为基础，将丁税税额永久地固定下来（"盛世滋丁，永不加赋"）。这样，里甲在税收制度上帮助编撰黄册的任务就失去其意义了。[71]

每五年编撰一次黄册的做法，继续存在了一段时期。但是没过多久，清政府就发现，由于 1713 年后的"户—口"登记入册在理论上与税收体制没有什么联系，因而在 1740 年（乾隆五年）规定里甲不再帮助编撰户口册，转由保甲独力承担。清政府发布的一道命令宣布：

> 直省各州县设立保甲门牌，土著流寓，一切胪列，原有册籍可稽，若除去流寓，将土著造报，即可得其数目。令该督抚于每年仲冬，将户口实数与谷数，一并造报。[72]

32 年后（1772 年），每五年校订一次户口册的任务（以前由里甲组织承担，到此时已经成为"故事"）被正式取消。[73] 从此，里甲组织的编撰任务——

---

[69] 《大清会典事例》，158/1a。

[70] 《大清会典事例》，157/4a-b。

[71] 《大清会典事例》，157/1a。闻钧天错误地认为，在 1724 年（雍正二年）"摊丁入地"后，户口登记编撰就废而不用了。

[72] 《大清会典事例》，157/2a。

[73] 《大清会典事例》（157/2b）中说道，乾隆三十七年（1772 年），有人上奏朝廷，朝廷同意说："各省五年编审之例，着永行停止。"

最初作为税收体系中主要职能之一的任务——宣告结束。1775 年（乾隆四十年），乾隆帝在一道上谕中说明了由保甲来独自承担户口登记注册任务的原因所在：

> 直省滋生户口，向惟册报户部……顾行之日久，有司视为具文，大吏亦忽不加察。……现今直省通查保甲，所在户口人数，俱稽考成编，无难按籍而计。嗣后各督抚饬所属，具实在民数，上之督抚，督抚汇折，上之于朝，朕以时披览，既可悉亿兆阜成之概，而直省编查保甲之尽心与否，即于此可察焉。[74]

清政府取消里甲组织的编撰工作，规定由保甲提供人口数字，大体说来，这是历史发展的必然结果，是基于便利考量所做的选择。因为土地税征收是以登录的土地数额为基础，而交税却由土地所有者来承担。徭役税税额在理论上可以永远固定，而成年男子的名字却因其死亡或上了年纪而必须定期删除，同时，那些到了成年的男子，其名字又必须及时地加上去。就一特定厢坊或村子的户数或成年男子数来说，保甲簿册就可以提供清政府所需要的材料；[75] 这种保甲簿册虽然不太精确，但是能够像先前的里甲黄册那样很好地服务于税收。

然而，这样做有一个缺点。清政府很快就发现，不可能把里甲组织的另一主要职能即征税放在保甲组织身上。此时，地方官员不但必须依靠保甲簿册提供应缴纳赋税的户数及所在地的信息，还很容易说服自己依靠保甲组织在乡村地区完成征税任务；这就有害于作为控制工具的保甲制度的治安职能。曾国藩所汇报的湖南情况，并不是特例。[76] 在某些情况下，里甲组织完

---

[74]　《大清会典事例》，157/2a。《清朝文献通考》（19/5033）中也收录了这道上谕。

[75]　这类事例可以参见《福建通志》（1871），48/6a-b。该通志收集了福建其他县区（包括侯官、古田、仙游和晋江）的人口数，见 48/7a。还请参见《信宜县志》（1889），卷四之五，2a；和《西宁县新志》（1873），2/12a-16b。

[76]　《惠州府志》（1881），18/7a。

全消失了，其征税的任务由保甲组织取代。[77]

保甲侵夺里甲的职能，是导致"地方"或"地保"这类乡官产生的部分原因。我们虽然并不知晓"地方"是在什么时候、怎样开始出现的，但是可以确定，到18世纪中叶，在清帝国许多地区，"地方"已经成为常设的乡村控制工具；同时承担了治安（保甲组织）和税收（里甲组织）的双重职能。笔者从官方编撰的资料中引出一段，以解释这种"地方"的功能：

> 地方一役最重，凡一州县分地若干，一地方管村庄若干，其管内税粮完欠、田宅争辩、词讼曲直、盗贼生发、命案审理，一切皆与有责，遇有差役所需器物，责令催办，所用人夫，责令摄管，稍有违误，扑责立加。[78]

但是，"地方"并没有完全取代保甲组织。在许多情况下，在同一地区，"地方"和保甲并存，这造成了相当大的混乱。清政府设法纠正这种混乱局面，1757年（乾隆二十二年），户部决定由"地方"和保甲两者分别承担乡村治理的各项功能，治安职能由保甲组织来承担，有关"户婚、田土、催征、拘犯"的事务由"地方"来负责。[79]

清政府的这一措施似乎并没有产生多大效果，因为在很多地区，"地方"和保甲组织的职能很难完全分开。举例言之，1763年陕西省同官县在每村都设置了"地方"，用来监督管理各"牌"组织并帮助保长履行治安

---

[77]《临漳县志》(1904)，1/19a 中说："自漳河数迁，变置尤多，今按粮册，皆以保名，而里名界画，久不可考。"应该指出的是，宋朝时期，保甲组织有时也承担了征税任务，见《文献通考》，13/137。然而，由于随之产生了一些坏做法，宋王朝试图取消由保甲组织进行征税的规定，见《文献通考》，13/138-139。

[78]《清朝文献通考》，21/5054。

[79]《清朝文献通考》，21/5062。

职责。[80] 在 19 世纪榆林府 [81] 和盐源县（四川）[82] 的一些地区，"地方"起着保甲组织的作用；在广西省一些县区，"地方"实质上已经取代了保甲组织的地位，但令人奇怪的是，却同时保持着同里甲组织的区别。据《容县志》（1897）：

> 户口复有二说，一则里役之户口，据丁田成役而言，里管甲，甲管户，户管丁，口即其丁也。一则排门之户口，据散居之烟户而言，一地方管十甲，甲凡十烟户，口即其男妇也。由前之说，以田为率；由后之说，以屋为率。[83]

上述资料提出的"排门"，仅仅是保甲体系中的"门牌制"。在其他县区，"地方"同保甲组织牵连在一起之后，就变成纯粹的、单一的税收工具，保甲组织的治安职能完全被遗忘了。一位曾担任过知县的官员在 19 世纪末这样写道：

> 差徭讼狱之事，则地方甲长任之；催粮之事，则保长〔译者按：原文误作甲长〕任之。谕以缉盗安民之法，皆懵然无所应对，其意若曰：是非我之责也。[84]

笔者找不到材料以证明清政府设法纠正这种混乱的做法。到 19 世纪后半期，无论是中国的作者还是西方的作者，都普遍认为"地方"起着保甲组织的作用。例如，满乐道（Robert Coltman）在 1890 年左右的叙述中，就认为在山东省，"地方"既是"乡村警察"，又是税收负责人；[85] 大约 25 年后，

---

[80]　《同官县志》（1944），26/10a。
[81]　《榆林府志》（1841），6/16b-19b。"葭州"条："南乡浮图峪地方共七十一村，背干〔峪〕地方共五十一村；……西乡神泉铺地方共七十二村，乌龙铺地方共六十村。"
[82]　《盐源县志》（1891），9/2a。
[83]　《容县志》（1897），2/7a。
[84]　张声玠《保甲论》。该文收入盛康《皇朝经世文续编》，80/5a。
[85]　Robert Coltman, *The Chinese. Their Present and Future: Medical, Political and Social* (1891), p.75.

明恩溥也把乡村"地方治安"称为"地方或地保";[86] 即使在最近,"乡村治安"也被称为"地方"。[87]

　　把治安控制系统的头人称为"地保"(西方作者有时写为 tee-pao 或 tee-pow),进一步引起了混乱。艾弥尔·伯德(Emile Bard)和明恩溥一样,认为地保是"乡村中的牧师",由他来"负责指导辖区所管居民的行为举止"。[88] 马士(H. B. Morse)认为地保就是甲组织的负责人,其地位相当于甲长。[89] 倭纳(E. T. C. Werner)把地保描述为"乡村治安",即甲组织的负责人。[90] 其他西方作者认为地保是官府在乡村征税的代理人,同时又经常承担治安的角色。持这种观点的有施美夫(George Smith),他在 1840 年代叙述了浙江宁波一个乡村的情况。[91] 大约 20 年后,马诗门(Samuel Mossman)发现地保的职责在于登记土地变迁情况,而这种职责更适合由清政府在乡村的征税代理人来承担。[92] 许多年后,白克令(H.S. Bucklin)认为,地保的职责有三:(1)收税;(2)对土地卖出发放许可证;(3)向官署汇报偷盗、抢劫、谋杀和其他犯罪案件。[93]

---

　　[86]　Arthur H. Smith, *Village Life* (1899), p.288. 在准备税收册的问题上,"地方"常常承担了帮助地方官署的任务。举例来说,翁同龢(1830—1904)《翁文恭公日记》,光绪壬寅(1902)四月十四日条:"陈湘渔来,并以陈塘桥地亩鱼鳞册来(甚晰,有丘段小图在业户下)……据云前日坟丁、地方经造均与伊见面。"见《翁文恭公日记》(1926),39/22b。

　　[87]　Martin C. Yang, *A Chinese Village* (1945), pp.173-174:"'地方'就是村里的警察。他负责逮捕拘留罪犯,把案子上报政府,协助政府委员会进行调查。他还要调解乡人之间的争论,组织人员夜巡。"

　　[88]　Emile Bard, *Chinese Life in Town and Country* (英译本,1905), p.107:"地保,或者说就是乡村中的负责人,是由乡人投票选举产生的。他的职责是管理其属下居民的行为。"Bard 的这种看法很难说是完全不正确的。

　　[89]　Hosea B. Morse, *Trade and Administration of China* (1913), pp.60-61. Leong and Tao, *Village and Town Life* (1915), pp.61-63. 也认为地保就是甲组织的负责人。

　　[90]　E. T. C. Werner, *China of the Chinese* (1919), p.162.

　　[91]　George Smith, *A Narrative* (1847), p.231.

　　[92]　Mossman, *China* (1867), p.191:"在中国所有城镇、城市,有一种官员,名叫地保,其职责在于登记土地的变迁情况,并在田间地头安放石头,把户主的名字写在上面,表明土地属谁所有。"参看注 86 中所引的翁同龢的一段话。

　　[93]　H. S. Bucklin, et al., *Social Survey* (1924), p.34.

"地保"一词，或许取自于"地邻保甲"。[94] 根据《大清律例汇辑便览》（1877）的记载，清朝法律规定地方官员在处理"人命重情"这类严重案件时，要"取问地邻保甲"。[95] 根据中国人的习惯来看，为了使用方便，"地保"一词或许就是"地邻保甲"的简称。

作为清政府在乡村统治的代言人，地保出现得比较早，或许在 18 世纪中叶以前就产生了。最早提到地保的官方文献之一，是 1741 年江西巡抚陈宏谋发布的一份檄文："今闻江省各属，遇有窃案，地方官并不严缉赃贼，惟先将地保责儆。"[96] 以此来看，陈宏谋所提到的地保，就是保甲负责人。

18 世纪和 19 世纪的其他官府文件，同样把地保当作保甲组织的负责人。1786 年左右担任直隶省南乐县知县的茹敦和，命令乡村中的地保承担保甲登记入册和治安的职责。[97] 长时期担任知县的汪辉祖，在 18 世纪末写道，"寻常窃贼"仅须命令地保调查。[98] 在山东省担任知县的张琦，于 19 世纪初写道："十家有事，地保必牵连甲长、牌头。"[99] 这样就表明了地保和保长是由同一个人来担任的。大约 50 年后，江苏巡抚丁日昌指示其属下一名知县说，地保应该从十甲组织中的年长者内选出。[100] 很显然，丁日昌也把地保当做是保长。在另一份公文中，丁日昌命令地保必须帮助到乡村调查谋杀案件的地方官进行调查。[101] 李棠阶在 1847 年写道，河南省一些地区的知县惩

---

[94] 织田万《清国行政法分论》第一卷，页 214—216〔编者按：见《清国行政法》第二卷，137 页"地保"条〕。织田万引王凤生《保甲事宜》，认为地保的职能同里长和甲长的职能有区别：地保的职责在于催征赋税，帮助地方官调查谋杀案件和其他案件；而里长和甲长的职责在于侦探和汇报犯罪活动。〔编者按：王凤生《保甲事宜》原文："里长、甲长专查本甲本里容留奸匪，其一切催征钱粮命盗词讼等事，仍归地保办理，于甲长概不责成。"见徐栋编《保甲书》（1848）卷二。〕织田万据此认为根本不可能确定地保的本质。一方面，地保被认为是清政府的征税负责人（因而是旧里甲体系的负责人），另一方面，里长和甲长（旧里甲体系的实际负责人）却被视为保甲的负责人。

[95] 《大清律例汇辑便览》（1877），25/100a。

[96] 陈宏谋《培远堂偶存稿》，15/28a-29a。作为江西巡抚的陈宏谋，在 1741 年春发出的一项檄文中，告诫其下属要认真地推行保甲制度。这篇官文中，陈宏谋使用了另一个较少见的词语——"乡地保甲"。〔编者按：引文见《严缉窃贼檄》，乾隆六年十月。〕

[97] 汪辉祖《学治臆说》，卷下，第 45 页。

[98] 汪辉祖《学治续说》，第 9 页。

[99] 盛康《皇朝经世文续编》，80/25b。

[100] 丁日昌《抚吴公牍》，28/5b。

[101] 丁日昌《抚吴公牍》，34/4a。

罚了渎职的地保，因为他们未能阻止没有资格的居民进城领受政府救济。[102]
翁同龢在 1899 年也写道，他告假回乡——江苏常熟的一座乡村——休养期
间，要求地保把不孝之乡人带来，以便对之进行批评教育。[103]

从上述情况来看，非常清楚，地保实质上就是清政府统治乡村的负责
人，清政府给予他们的任务就是保甲负责人承担的任务。但是由于催征交税
的任务移交给了保甲组织，因而地保在许多情况下也成为清政府的税收负责
人。[104] 无论是西方作者还是中国作者，都经常不加区别地使用"地方"和
"地保"两词语，因而只有在具体的事例中，才能够根据确切的材料，精确
地认定它们的意思。[105]

规定征税任务由保甲组织来承担，并不是治安控制系统唯一重要的职能
转变。在动荡的 19 世纪期间，清政府还赋予了保甲体系另一职能——保卫
地方。在 19 世纪中叶，亦即在太平天国之役爆发之时，清政府很快就发现
八旗兵和普通的绿营兵软弱无能，因而不得不同意和鼓励在"土匪"出入的
地区组织"团练"（由地方绅士组织训练的镇压农民叛乱的武装组织）。许多
地方官都容易觉察到，以保甲作为基础，组织团练非常方便。其中一些地方
官虽然保留了保甲组织和团练之间的区别，但是坚持认为，既然二者互补，
就应该共同行动；[106] 而其他地方官则根本未能看到两者之间的实际区别，因
而认为团练不过就是保甲组织的方法。[107] 无论怎样，许多地区的保甲都同

---

[102] 李棠阶（1798—1865）《李文清公日记》（1915），第十册，道光丁亥〔译者按：应为
丁末〕农历十一月三日。

[103] 翁同龢《翁文恭公日记》，38/32a-33a。

[104] 见盛康《皇朝经世文续编》，28/32，引冯桂芬（1809—1874）的文章。

[105] 在职能转移的过程中，保甲同乡约（即"讲约"体系，笔者将在第六章中讨论）牵连
在一起了。最早提到"乡约"和保甲是一项制度的事例之一，见于 1799 年（《清朝续文献通考》，
25/7757）。随后其他事例，见于 19 世纪，此时的乡约经常成为保甲的同义语；这类事例可以参见
《城固县乡土志》19a、《定州志》（1850）6/1a-b 和《广州府志》（1878）109/5b。这样，如同怎样
区别"地方"和"地保"两词语一样，如果不参考乡约产生的时代背景，我们不能确定它的实际
意思。

[106] 这些地方官包括刘衡、朱孙诒、周金章、魏礼和葛士清。闻钧天《中国保甲制度》（第
305—325 页和第 342—347 页）摘录了他们的观点。

[107] 这是曾国藩的话，引自闻钧天《中国保甲制度》第 310 页。〔编者按：应为 318 页，
曾国藩原话是"团者，即保甲之法也。"〕参见曾国藩《曾文正公批牍一》中收录的凤凰厅团练和
衡阳县保甲组织的文件，并参见《奏议一》中关于团练组织训练情况的上奏，和《奏议二》中解
释团练一些显著特色的上奏。《批牍》和《奏议》都收于《曾文正公全集》中。

团练组织训练密切相关。[108]

　　从某种意义上来说，这是自然的发展。从治安控制到地方防卫，跨度并不算大，因为两者都与维持秩序相关。正如《富顺县志》（1911）的修纂者所说："保甲设于无事之时，有警则从而联之为团，申之以练，易保正、保长之名称为团总、团正之职任。"[109]

　　表面上看，保甲体系经过数十年的解体，在一些地方作为地方保护组织的基础，获得了新生；可是恰恰因为从治安转向自卫的过程中，包含的是重要的职能变迁，因而不能认为这样产生的组织标志着清王朝乡村统治体系的复兴。在新环境下，即在拥有自己特点的19世纪后半期，保甲体系——在另一种明显不同的环境下建立和发展起来的组织——已经丧失许多实际作用。1860年代，虽然清王朝已经度过了严重的内部危机，把太平天国之役镇压下去，但是，康乾盛世不可能再现了。清政府虽然设法重建保甲组织，尤其设法在那些由于战争毁坏而导致保甲组织完全消失的地区重建保甲组织，但是收效甚微。[110]1877年冬，强盗抢劫了工部尚书的宅邸，此后，清政府命令官员们"建立门牌和户册制"。[111]从这事件推断出，即使在清王朝的首都，保甲制度也停止了运行。当清王朝从西方列强的侵略战争和内部"叛乱"的震荡中开始复苏、出现所谓"同治中兴"之时，第一次听到了如何治理国家的新思想。清政府中的设计师们口中所谈论的是"巡警"这种日本式或欧洲式的治安制度，而不再是传统的保甲体系。[112]在19世纪结束之

---

　　[108]　例见《南阳县志》（1904），8/29a-b；《靖边县志》（1899），4/55b；《仁怀厅志》（1895），4/29a-33b。还可以参见葛士浚《皇朝经世文续编》，68/15b；李桓（1827—1891）《宝韦斋类稿》；和王仁堪（1849—1893）《王苏州遗书》，5/1a-3b。

　　[109]　《富顺县志》（1911年修，1931年刊），8/15a。

　　[110]　丁日昌《抚吴公牍》，32/1b。

　　[111]　李慈铭（1830—1894）《越缦堂日记·桃花圣解庵日记》，庚集第二集，38b。

　　[112]　《清朝续文献通考》，25/7761-7762。传统的保甲制度并没有完全被遗忘，清廷在1898年春所发布的一道上谕就可以说明这一点（《大清历朝实录·德宗朝》，416/2b-3a）。在"百日维新"期间，湖南省当局把保甲制度改变为近代治安制度，由黄遵宪负责，参见叶德辉《觉迷要录》（1905），1/17a。1927年后不久，南京国民政府就恢复设置了保甲组织，并作了一些修改。国民政府期望新的保甲组织能够承担起地方警察、地方保卫和地方行政等职能。由于未能区别国民政府的保甲制度和清朝的保甲制度职能上有什么不同，使得一些作者得出了错误的结论，例如，闻钧天《中国保甲制度》（错误随处可见）；陈之迈《中国政府》（1945），第3册，第77—78页。

前，一些观察家作出结论，作为治安统治工具的保甲体系，"然则又岂特实之灭已哉，盖保甲之名，亦相率而就灭矣"。[113]

乡村绅士和保甲

清朝统治者虽然在政策上给予缙绅和士子（即未来的缙绅）特殊照顾，[114] 在保甲体系中给予一定的豁免权，但是，又规定他们必须受保甲组织的控制。与其利用绅士阶层来帮助统治的一般做法相反，清廷还在实际上把他们排除于保甲组织的领导集团之外。这一点，在 1727 年（雍正五年）发布的文告中规定得相当清楚：

> 凡绅衿之家，一体编次，听保甲长稽查。如不入编次者，照脱户律治罪。惟是保甲之法，有充保长、甲长之役，又有十家轮值支更看栅之役。绅衿既已身列士籍，肄业胶庠，并齐民内衰老废疾及寡妇之家子孙尚未成丁者，俱免充役。[115]

从上述资料看出，清王朝坚持把绅士和文人阶层置于保甲组织控制之下的原因非常清楚。绅士阶层一方面享有特权，另一方面毕竟是清王朝统治者的臣民。统治者虽然经常利用绅士阶层帮助统治，但并不允许这个阶层脱离控制。绅士由于有文化，在家乡地区享有威望，的确常常成为乡村中具有决定性影响的中心人物。这种情况使得统治者更加认为应对他们提高警觉，确保他们不会滥用自己的威望和影响来煽动并领导乡人采取危害统治的行动。

清政府在保甲体系中给予绅士特殊对待，原因一目了然。虽然很有必要把绅士阶层置于保甲组织的控制之下，但是不把他们同普通人区别

---

[113] 张声玠《保甲论》。该文收入盛康《皇朝经世文续编》，80/5a。
[114] 《大清历朝实录》（圣祖朝，3/3a；世祖朝，37/21a-b）和《清朝文献通考》（25/5071）中，都表明在清王朝统治早期，给予官员和知识分子一些特权和豁免权。
[115] 《清朝文献通考》，25/5073。

开来，是非常愚蠢的。[116] 置绅士阶层于保甲组织控制之下的措施，会损害绅士的威望，在一定程度上和他们在清王朝统治体系中的地位不相称，当然也就可能会激起他们反对保甲体系。但是，由于绅士阶层已经操纵了地方，因而如果置保甲组织于其控制之下，给予他们控制的权力，也是相当愚蠢的。于是，清政府采取的措施是，把保长和甲长的职务让给普通人。这样，或许能维持乡村中绅士阶层和人民大众之间的某种力量平衡。

这显然就是既把绅士阶层置于保甲组织控制之下，同时又不让他们担任保甲负责人的理论基础。在清朝统治者看来，这种理论非常符合逻辑，但是在实际中，却总是不尽如人意。防止绅士阶层取得政府所授予的保甲负责人权力，比起诱导他们置自己于保甲组织控制之下来说，要容易些。有许多事例表明，绅士们反对清政府在他们身上施行保甲措施，或者公开地拒绝把自己的和家属的名字按照要求登记在保甲册上。在宗族势力影响极大，或者"大家族"（几乎都处于绅士的控制之下）占主导地位的地区，最容易出现绅士的阻挠。17 世纪一位经历过这种情况的知县解释说，由于绅士"巨宗大族"的反对，华南一些地方推行保甲很不顺利。他说："州县每有兴革，凡不便于绅士者，辄介为议论，格而不行。"[117] 随后在 19 世纪中叶，一项调查引起了清政府的关注："各省巨室，每以门牌为编氓小民，所悬多不从实书写，有司忽于巨室而专查散处小姓。"[118] 即使在清帝国首都所在地的直隶省，绅士反对保甲登记入册的力量也很大，使得 17 世纪担任直隶巡抚的于成龙认为，承认绅士阶层特殊地位以减轻其反对，相较于严厉推行保甲的措施以克服其阻碍，前者要更为稳妥。因此，他规定直隶的保甲登记入册的程序如下：

十家之中，有乡绅、两榜、贡监、生员，不便与庶民同例编查……

[116] 《清朝文献通考》，21/5043。编撰者评论说："考之《周礼》……大抵以士大夫治其乡之事为职，以民供事于官为役。……至于唐，乡职渐微，自是凡治其乡之事，皆类于役。"这就是说，清代保甲中所有的徭役都称"役"——均由普通百姓承担，绅士并不承担。

[117] 黄六鸿《福惠全书》，23/18b。

[118] 张寿镛《皇朝掌故汇编·内编》，53/10a。

> 或乡绅立一册，文武两榜各立一册，贡监生员各立一册……此分别贵贱
> 之法。[119]

换句话说，于成龙偏离了清廷所规定的编审措施，以此来减轻绅士阶层的反对，以便使保甲体系在直隶得以顺利推行。在现实面前，清廷自身有时也认为，为了使保甲运行起来，有必要改变一下既定的规章。1726年所发布的一道上谕，就表明了清廷是如何设法通过绅士宗族组织来间接谋取其合作，以消解其反对立场的：

> 如有堡子村庄聚族满百人以上，保甲不能遍查者，拣选族中人品刚
> 方，素为阖族敬惮之人，立为族正。如有匪类，报官究治，徇情隐匿
> 者，与保甲一体治罪。[120]

笔者手头没有足够的资料来评判绅士阶层反对保甲控制所带来的总体影响。或许，绅士们并不是在任何时候都公然反对，使保甲组织完全瘫痪下来，而是阻止治安监控在清帝国每个地方发展成为完全或持续有效的制度。无论怎样，我们都不应该匆忙作出结论，认为统治者努力置绅士于保甲组织控制之下，是大错特错的。很明显，即使绅士阶层接受控制，保甲制度也不会运行得更好。在清政府看来，把一些绅士置于保甲组织控制之下，相对于完全任其自由来说，当然要好些。

禁止绅士出任保甲头人，相较于把他们纳入保甲控制之下，推行起来要更为顺利。因为绅士阶层经常联合抵制保甲的推行，他们对推行保甲并没有兴趣。与此同时，清政府使保甲组织不受绅士阶层左右的尝试，也失败了。19世纪，清帝国各个地方的骚乱、反抗日益严重。此时地方绅士才意识到很有必要保护自己的"身家性命"，开始逐渐重视保甲组织，并经常积极支持它的运行，组织团练训练工作。负责推行保甲、监督保甲运行的地方官，

---

[119] 贺长龄《皇朝经世文编》（1887），74/25b。关于"贡生""监生"和"生员"等名词的意思，参见 Chung-li Chang, *The Chinese Gentry*，特别是书中第4—5页。

[120] 《清朝文献通考》，23/5055。

从经验中得知，地方绅士的合作是加强治安监控体系不可或缺的条件，就像清政府推行的所有其他政策一样。

即使在 18 世纪结束之前，地方官员们已经普遍地感觉到必须利用绅士阶层来帮助推行保甲体系。[121] 这种认识在 19 世纪更加成为常识，同时因绅士阶层要保护自己利益的意愿而得到加强，因而地方官很容易将之转变为行动。19 世纪中叶担任四川巴县知县的刘衡，就依靠地方绅士来推行保甲，比起他的前任来说，效果要好得多。[122]1850 年代早期任贵州省镇远府知府的胡林翼，劝告"有衣食、有顶戴"的绅士，在各自家乡承担指导保甲组织和团练组织训练两项工作。[123]1890 年代早期担任湖南巡抚的卞宝第，得到了绅士阶层的帮助来推行保甲体系。[124]

现举两例来描绘地方官是如何利用绅士阶层的帮助来推行保甲体系的。第一个事例发生于陕西省靖边县。根据《靖边县志》（1899）的记载，1896年取得知县职位的丁锡奎，是这样利用地方绅士的帮助的：

> 如每堡向有总绅各二人，但地势寥阔，即请各总绅分举各屯散绅一二人，再公议团总几人、牌头几人，以资帮助。均取端正勤谨、素孚众望者充之。……各绅团于亲查户口册时，带有门牌，先择定各牌头，即各给门牌一张，将牌头姓名、住址、生业及大小丁口，照章填完，并将所管九家姓名均填列在上。月造花名册送县备案。……此后，此十家中如有招贼窝赌，及行窃不法等事，花户报牌头，牌头查实报知该绅团议处，如不服公议，报官究治。[125]

---

[121]　张惠言（1761—1802）在一封谈论保甲制度的信中流露出来的看法，就反映了当时地方官普遍的看法。参见戴肇辰《学仕录》，13/24a-31b。〔编者按：《论保甲事例书》。〕

[122]　刘衡《庸吏庸言》，第 88 页。

[123]　胡林翼《胡文忠公遗集》（1867），57/11a-19a。

[124]　参见卞宝第《卞制军奏议》，9/15a-b。

[125]　《靖边县志》，4/54a-55b。

结果，靖边县保甲组织的设置情况如表 3–2 所示：[126]

表 3–2：靖边县的保甲组织

	总绅数	散绅数	帮查数	牌头数	乡村数	户数
县城	1	5	10	76	121	776
东乡	0	5	5	34	65	352
南乡	0	4	5	50	153	561
西南乡	0	5	5	30	110	397
西乡	0	4	4	40	140	406
西北乡	0	4	6	60	70	818

另一个事例发生在贵州省黎平府。根据《黎平府志》（1892）的记载，修志者首先指出，清政府的规定排除了头戴"青衿"的士子和在衙门充当吏员的人，而要求由普通人来充当保甲组织的负责人；[127] 接着，描述了黎平府当地任命保甲负责人的程序：

> 地方各官……传谕老年绅耆，以每隔每段先举总甲二人，每一村寨先举里长二人，不论有无顶戴，以平日公正晓事，为众所信，并执有恒业，通识文字之人为断……然后于所举总甲二人内，每隔每段核定一人，总司一隔一段之保甲……于所举各里长内，每寨各定一人，以寨之十家甲长隶之……其十家甲长即责成里长自为择定。……禀官存案……无须举充。[128]

这个事例特别有趣。黎平府故意在安排人选时不考虑其社会地位，绕开了清

---

[126] 《靖边县志》，1/28b-29b。从这一设置情况来看，居住在县城的唯一"总绅"，明显担任推行靖边县保甲制度的总责。在靖边县所属 6 个乡中，没有一个乡有"总绅"。一般说来，在县署所在地的县城，比起在乡村来说，绅士的活动要集中得多，因而保甲制度或许推行得要好些。这类事例可以参见叶昌炽《缘督庐日记钞》。叶在该书 2/24b-25a 中指出，据说在县城里，保甲组织被有效地利用起来保护绅士利益不受"暴徒"的侵害。

[127] 《黎平府志》（1892），卷五上，78b。

[128] 《黎平府志》（1892），卷五上，92a-b。云南省广通县知县诱导绅士"乐意地"担任甲长。见盛康《皇朝经世文续编》，80/39a。〔编者按：何绍祺《禁化牛丛论》。〕

政府不准由绅士担任保正甲长的规定。既然充当保甲负责人的资格包括读写的能力，而这种能力对于乡村中普通百姓来说是很少有的，那么，由绅士来充当的趋势就相当清楚了。

从上述事例中可以得出的结论是：尽管清廷规定保长、甲长的职务不能由绅士来担任，然而在实际中出现了相反的趋势。多少令人感到奇怪的是，清政府没有设法阻止这种趋势，地方官也没有隐瞒依靠绅士阶层推行保甲体系的企图。的确，早在 1863 年〔编者按：应为 1862 年〕，顺天知府林寿图就上奏清廷，建议广泛地采纳利用"绅耆"（年老而有声望的绅士）来推行保甲体系的做法。[129] 或许在清帝国当时的社会环境下，根本不可能自然地把绅士阶层排除在保甲组织领导成员之外，清政府终于认识到这一点，因而默认了上述实质上不可避免的发展趋势。不过，把绅士阶层置于保甲组织控制之下的早期规定仍然有效，清政府除了防止地方影响集中于一个阶层之外，还要防止"恶绅"把保甲组织变成谋取个人私利的工具。否则无论是对清王朝的统治利益，还是普通乡人的社会福利，都是相当有害的。因此，防止"恶绅"的企图，就很有必要。许多眼光敏锐、能够看到问题的官员，都认识到了这一点。[130]

保甲体系试评

既然保甲体系并非清王朝统治乡村地区的唯一工具，那么我们只有将它置于清王朝整个复杂的统治体系中，才能精确地评价其地位。此处可借由分析一些对保甲体系有直接或特别影响的背景和因素，尝试作一个阶段性的评价。

清王朝统治者也在随时评估保甲体系的推行效果，他们的看法大体上是悲观的。仅仅在保甲体系设置半个世纪多一点之后，康熙帝在 1708 年（康

---

[129]　林寿图的上奏收在盛康《皇朝经世文续编》80/52a-b。〔编者按：林寿图《敬陈弭盗刍言疏》。〕

[130]　举例来说，陕西盐运使王幼柏 (Wang Yu-po) 就要求注意"恶绅"利用保甲组织谋取个人私利的一些伎俩。参见 Legge, *China Review*, VI (1878), p 369 上所发表的评论。

熙四十七年）就抱怨说，由于官员们没有集中精力来推行保甲，使得其效果不佳。[131]其后不到20年（1724年），雍正帝〔译者按：萧氏原文误作顺治帝〕就警告说要防止出现保甲组织"有名无实"的局面，以及"未蒙其利，多受其累"的后果。他接着在1726年（雍正四年）发布上谕强调指出："自康熙四十七年整饬保甲之后，奉行既久，往往有名无实。"[132]1757年（乾隆二十二年），乾隆帝在一道上谕中说到，保甲措施仅仅是"以具文从事"。[133]嘉庆帝和道光帝也在一系列上谕（1810年、1812年、1816年和1850年）中，充分流露出对保甲体系推行情况的失望。[134]道光帝〔编者按：应该是咸丰帝，参考正文71页编者按〕还在事实上把广西省及其邻近省区爆发"会匪"（即秘密社会"土匪"）作乱和其他民变的原因，归结于这些地区的地方官推行保甲不力，说他们因"视保甲为故事"而不努力推行。[135]

许多官员的评论同他们的皇帝一样悲观。根据一位担任过知县的作者在1690年左右的叙述，在某些地方，保甲体系崩坏，保甲头人已完全消失，在相当长的时间里负责保甲事务的是乡长（乡村中年高有德而素行服人者）。[136]大约80年后，广东省一名高级官员1769年上奏说：

> 各省有司，非不循例奉行，乃闾阎之间，仍属奸良莫辨，即近日匪案之发觉，由于保甲之举首者甚少。[137]

乾隆帝阅后深以为然，抱怨"有司视为迂阔常谈，率以具文从事"。

18世纪和19世纪的许多官员同他们的前辈一样，也非常悲观。经验老

---

[131] 《清朝文献通考》，22/5051，康熙帝1708年（康熙四十七年）发布的一道上谕。

[132] 《清朝文献通考》，23/5055，雍正帝1726年。（雍正四年）〔译者按：原文误为1757年〕发布的一道上谕。还可以参见《大清会典事例》，396/8a。〔编者按：卷396内容为学校部分，与保甲无涉。编者认为应为卷626兵部"保甲"条下。〕

[133] 《清朝文献通考》，24/5061，乾隆帝1757年（乾隆二十二年）所发布的一道上谕。

[134] 《大清会典事例》，158/8b-10b，和132/11a-b。

[135] 《大清会典事例》，158/11a-b，道光帝〔编者按：应为咸丰帝〕1850年（道光三十年）发布的一道上谕。

[136] 黄六鸿《福惠全书》，21/4a。

[137] 《皇清奏议》（1936），58/1a。〔编者按：广东布政使欧阳承琦《陈保甲简要之法疏》，乾隆三十四年。〕还请参见张寿镛《皇朝掌故汇编·内编》，53/4a。

到的知县汪辉祖，在 1870 年左右肯定地写道，尽管在事实上，保甲体系的有效运行与否是基层行政绩效考评的依据，但是官员们很少实力奉行。[138] 担任过云南省广通县知县的何绍祺，1844 年上任伊始就写下这样的文字：

> 今之保甲，虚贴门牌，隐匿不知，迁徙不问，徒饱胥役，即诩善政。民病盗喜，官乃恬然。[139]

据说，即使在那些高级官员努力利用保甲制度达到统治目的的省区，地方官也经常习惯性地"怠玩"。[140] 王定安在 1870 年代的叙述，显示他对保甲体系的绝望，他谴责保甲是一项根本不可能推行的制度，认为什么时候设法加强推行，什么时候就会引起麻烦。[141] 官方文献资料的编撰者刘锦藻，在 1911 年（辛亥革命爆发前不久）追溯性地评价说：

> 论保甲者，人异其说，家自为书，大率拾《周官》之余唾，袭宋臣之遗制，实则通都大邑尚循故事，至若偏僻之壤，并一纸空文而亦未遍及。[142]

---

[138] 汪辉祖《学治臆说》卷下，第 42 页。

[139] 引盛康《皇朝经世文续编》80/38a-b。〔编者按：何绍祺《禁化牛丛论》。〕还请参见孔广珪写给滕县知县彭斗山（1836—1838 在任）的一封信〔编者按：《上邑侯彭少韩书》〕，《滕县志》（1846），卷十二《艺文中》，8a-b。曾国藩在安徽也发现保甲制度的推行状况令人失望。他在 1852 年初的一道奏折中说道："庐、凤、颍、亳一带，自古为群盗之薮。……近闻盗风益炽……民不得已而控官，官将往捕，先期出示，比至其地，牌保辄诡言盗遁，官吏则焚烧附近之民房，示威而后去；差役则讹索事主之财物，满载而后归，而盗实未遁也。"参见《曾文正公奏稿》，1/42a。

[140] 参见卞宝第 1863 年的一份上奏，《卞制军奏议》，2/89a-b。按照该奏折所说，对顺天府推行保甲制度情况的检查表明，即使是清帝国政治统治中心的顺天府，其下属县份通州、怀来〔编者按：清代怀来应属宣化府〕、三河和其他地区等地的地方官员，有的只是半心半意地对待保甲制度，有的根本就不去推行。

[141] 王定安《求阙斋弟子记》（1877），27/4b。

[142] 《清朝文献通考》，25/7758。〔编者按：应为《清续文献通考》。〕编撰者刘锦藻补充说："惟画区自治，庶可以实行治安乎？"这一观点大体上与先前主张改革的人的看法相同。黄遵宪就是一个显著的例子。他于 1898 年（即在"百日维新"失败之前不久）在湖南省废除了保甲组织，并设置了"保卫局"。时任盐法道的黄遵宪，赞同"平等""民权"的学说。"以为保甲徒语"，黄遵宪决定按照西方国家的警察制度，设置保卫局。巡抚陈宝箴同意了黄遵宪的计划。参见王先谦（1842—1918）《虚受堂文集》，7/7b-8a。

这些评论未免过于悲观。认为保甲体系对于清王朝统治者没有一点用处，显然并不妥当。这种治安制度在乡村中的建立，即使它从未取得统治者所期望的理论效果，但是对农民大众毕竟产生了一些威慑性作用，使得一些潜在的反叛者不敢贸然行动，从而维护了清王朝对乡村的统治。仅仅是这一点威慑性作用，就足以使之成为清王朝有用的控制工具。

不过上述评论，并不全然是无的放矢。19世纪清帝国相当广阔的地区都爆发的土匪和叛乱（正如道光帝指出的）〔编者按：应为咸丰帝〕，就清楚地表明了这样一个事实：无论保甲制度先前取得了什么功效，它此时已经破败不堪，不能再让农民大众普遍地服从统治和维持和平。保甲制度最初设计时是作为和平时期使用的统治工具，只有在特定的有利环境继续存在的条件下，才能有效地运行。农民在经济上不要求很富足，但大部分人要免于饥寒之苦；百姓用不着总是分毫不差地遵守清王朝法令，但是他们要对政府总是心存敬畏；官员们不需要全部都能干廉洁，但是必须要求他们中大多数必须防止普通百姓的生活条件在他们任上恶化到难以承受。这些条件都存在于清王朝全盛时期，但在19世纪已渐渐消失；到该世纪中叶时，形势已经相当严峻。接连不断的水旱灾害，在清帝国许多地方都引发了严重的社会动荡。与"蛮夷"国家战争的失败，使清王朝"天朝上国"的颜面丢尽，无可挽回地损害了清王朝的威望。从乾隆晚年开始的官员腐败日益严重。整个清王朝的统治走上了崩溃的道路，其统治体系——包括保甲——同样快速地崩解。因此，保甲体系这个即使在清王朝全盛时期也只能部分有效运作的工具，无法应对已经改变且动荡不安的情况，并不令人感到吃惊。它再也不能对乡村中绝望的乡人和公开挑战的"土匪"产生什么威慑作用了。在整个统治体系都遭到严重挑战之时，治安体系不可能不受到影响。

不过，此处应该强调，即使在19世纪之前，保甲体系也面临着许多困难和障碍；它们在特定的历史情况下是根本不可能克服的，这也使得保甲体系无法达到清王朝统治者的期望。

首先，法律上所规定的登记门牌方法，执行起来相当困难。回想一下，清廷规定每户在其大门上悬挂门牌，把家庭成员的名字写在上面。这种方法看似简单，但是普通乡人很少能做到；[143] 绅士阶层也对整个登记程序进行恶意破坏。[144] 一些地方官采取简化规定程序的办法，试图改变一下这种局面。例如，陈宏谋 1758 年上奏建议女子和孩子的名字可以不用写上去。[145] 后来在 1860 年代，丁日昌指示门牌上只是写上户主的名字和年龄。[146] 地方官虽然采取了诸如此类的系列措施，我们没有证据可以证明，这些措施消除了登记门牌的根本障碍——对登记制的普遍反对。

其次，根据门牌编辑保甲册，则是另一个困难。保甲头人负责汇编各种各样的组织记录，然后送交到州里或县里的衙门。门牌登记很少是精确填写的，因为大多数保长、甲长都是目不识丁的普通百姓，即使他们真的想要努力核对门牌，也没有这个能力。因此，要想根据这样汇编出来的登记册来掌握居民的行为举止，是根本不可靠的。此外，这种登记册到了县衙门之后，就由书吏负责抄写成正式保甲册；而这种书吏通常对保甲体系并不关心，经他们之手编撰出来的登记册，常常"办理不善"。[147] 按照法律，在登记册于年末上交中央政府之前，必须由知县进行检查，以确保它所反映的数字和信息的准确性。然而，由于许多地区的村落数量非常多，一般州县的行政区域都相当广阔，再加上基础设施不足，因而即使最想把事情做好的知县，也发现根本不可能对所有人户和各层十进制组织（牌、甲、保）进行有效的检

---

[143]　19 世纪一位西方作者的报告，就描述了下列情况："据说，华中地区的一知县在湖广总督的指导下'着手进行人口普查'。该知县对于其下属送交上来的情况很不满意，决定亲自调查人口。居民们'对知县的执拗极为吃惊，意识到他的最终目的是征收令他们难以承受的重税，于是纷纷逃离县城，到乡野躲藏起来'。因此，该知县不得不放弃努力，上吊自杀，以躲避可以预料到的惩罚。他留下的记录如下：

男子	无
女子	无
孩子（14 岁以下，不分性别）	无
总计	无

"
E.C. Baber, "China in Some of Its Physical and Social Aspects," *Proceedings of the Royal Geographical Society*, N.S., V. 1883, pp.442-443. 这段描述文字上不尽真实，但是所反映的情况却是可信的。

[144]　张寿镛《皇朝掌故汇编·内编》，53/10a。

[145]　这份奏折收录在《皇清奏议》（51/1a）中。〔编者按：陈宏谋《筹议编查保甲书》，乾隆二十三年。〕当时，他担任江苏巡抚。

[146]　丁日昌《抚吴公牍》，43/8a。

[147]　张寿镛在《皇朝掌故汇编·内编》（53/4b）中引用的 1799 年发布的一道上谕。

查。因此，许多知县上报的登记册都没有经过全面的检查。[148] 虽然可以想象到也有例外，在一些县区，在特定的时期里，一些精明细心、能力强的知县上报的登记册相当准确，有利于清王朝在这些县区推行统治。但是，很难因此就认为大多数地方官都有这样的素质、所有的保甲登记册都准确可靠。

其三，制作大量门牌和登记册的巨额花费，从一开始就为保甲体系的成功推行制造了又一障碍。说也奇怪，清政府明了为此进行拨款的必要性，但是从未采取什么措施加以解决。看来，清廷是希望将财源问题留给地方官员和其在乡村统治的代理人自行解决。1799 年所发布的一道上谕，就恰如其分地反映了这一问题：

> 册籍繁多，需费不少，胥吏既难赔垫，官亦徒有捐名，仍不过官责胥吏。[149]

官员们虽然清楚地将这一困难告诉了嘉庆帝，但是难以向嘉庆帝提出什么解决建议。直到 1860 年代，当时的江苏巡抚丁日昌设法推行保甲体系时，也没有找到什么方法解决这个难题，因而只好依靠知县们的"独创"才能！[150] 这样，制造门牌、编撰登记册的花费最终落到了乡人的头上。在保甲制度设置后的半个世纪里，当时一名著名的知县彭鹏，发现"领牌给牌纸张，悉取诸民"，[151] 明确地指出这是强加在乡人头上的负担。

由乡人自行分摊费用的做法，不仅仅是给乡人增加了一项负担，而且为官僚群的敲诈勒索大开了方便之门。18 世纪的一位作者写道：

---

[148] 张寿镛《皇朝掌故汇编·内编》，53/4b。清政府本身也并不要求数字和信息绝对正确。1791 年所续纂的《户部则例》3/1a-b 中，就记录了清政府当时正在推行的措施："凡州县造报每岁民数，令各按现行保甲门牌底册核计汇总，无庸挨户细查花名。"关于上报到清廷的错误百出的登记册，其事例可以参见《清朝文献通考》，19/5033。该书举了两个事例，其一，湖北省应城县知县总是上报说，应城县每年的人口增长确切数字为 8 人；其二，湖北省枣阳县知县则上报说，枣阳每年人口增长的确切数字为 6 人。许多人都注意到了这种虚假的准确性，其事例可以参见戴肇辰的《学仕录》，9/2a-b。

[149] 张寿镛《皇朝掌故汇编·内编》，53/4b；《清朝文献通考》〔编者按：应为《清续文献通考》〕25/7757。

[150] 丁日昌《抚吴公牍》，43/9b。

[151] 贺长龄《皇朝经世文编》，74/21a。〔编者按：彭鹏《保甲示》。〕

每乡置循环簿，月朔报县，而县之官吏即借文法以需索于乡。季终报郡，而郡之胥吏即借文法以需索于县。[152]

1862 年顺天知府证明说，类似的敲诈勒索一直蔓延到 19 世纪：

近来办理保甲，先传乡保来领门牌，索费若干，复令乡保来缴户册，索费若干。此费胥吏取之乡保，乡保取之甲长，甲长取之众户。……事未举而费已不赀。[153]

在上述这种官僚群的敲诈勒索之下，根本不可能期望乡人真心实意或热情地支持推行保甲体系。

其四，清代规定，作为基层的保甲组织负责人必须定期到县衙门汇报，这在实行中又产生了一层困难。依据早期的规定，即使没有什么不利于统治的问题发生，保甲负责人每月初一和十五也必须到州衙门或县衙门点卯，汇报各自辖区的情况。在统治者看来，这种半月一次的汇报、回答，为地方官员检查保甲体系运行情况提供了方便。由于知县不可能每月到各乡村去两次，那么检查保甲体系推行情况的唯一直接方法，就是把保甲负责人召唤到县城里来。可是这种方法不可避免地把痛苦带到了保甲负责人的身上。17 世纪的一名知县解释这种情况时说道：

县署之前，环绕拥集，不下数千百人，讵惟往返守候，动须数日，而州邑中之饭食，每于是日陡贵，网利乡人，即一投结，而每岁累民已二十四回矣。[154]

此外，恰如同一世纪另一位知县所指出的那样，半月一次到衙门的汇报，又

---

[152]　陶元淳的文章，见贺长龄《皇朝经世文编》，74/10a。〔编者按：陶元淳《条陈四政议》。〕

[153]　盛康《皇朝经世文续编》，80/52b。

[154]　黄六鸿《福惠全书》，22/1a〔译者按：在 23/1a〕。

为群吏开辟了敲诈勒索的途径，让保甲负责人承受更多负担。负责保甲组织事务的刑房吏员，经常向保甲负责人索取钱财。如果保甲负责人向官吏们交付贿款，他的报告马上就能顺利通过，因此没有人敢不应付书吏的需索。[155]

我们并不知道半月汇报一次的措施严格执行到什么程度。或许，在采行后不久，就不再严格执行甚至被抛弃了，因为18世纪和19世纪的作者很少讨论这一问题。不过，一旦出现罪犯、有犯罪活动的迹象，保甲负责人就必须上报的规定，一直到清王朝覆灭之前都还在执行。而这项规定的执行，同样面临着许多困难。

生活在乡村地区的居民，在法律上有义务向其所在地的保甲负责人举报罪犯及其犯罪活动，不报告会受到惩罚。这一规定看似简单，实际上却难以推行。严重到能引起官府注意的犯罪活动，很少是胆小如鼠的乡人做的；相反，漠视自己邻里生命财产的亡命之徒，却很容易犯下这样的罪行。普通百姓深知这种亡命之徒的报复非常可怕，而官府无论许诺什么保护都是不确定、遥远和不及时的，因此认为，与其去完成清政府都经常无法执行的举报义务，还不如避免卷进亡命之徒的报复，来得更为稳当。因此，汇报自己所知，比缄默不言要冒更多风险。严酷的往事告诉乡人们，告密者的处境并不令人羡慕。张惠言在18世纪末写到，告密者常常使自己陷于麻烦之中，而没有给清政府做出什么贡献：

> 发之而不胜，则立受其祸；发之而幸胜，则徐受其害。

此外，告密者对于自己的告密是否得到邻里的支持，是否能引起地方官的注意，也没有把握：

> 告之保长，则保长未必不徇庇；告之本乡绅士，则彼不任其责，谁肯力为主持。

---

[155] 1680年代早期担任三河县知县的彭鹏（1637—1704）的评论，引见贺长龄《皇朝经世文编》，74/21a。

而且，"即使检察得实，告之官，则干涉公庭，为累不小"。[156]因此，乡人最终学会这样一句口头禅："各人自扫门前雪，莫管他人瓦上霜。"嘉庆帝在1810年抱怨说："容留匪犯，无人举发。"[157]可能并不是过分夸大之词。据说在一些情况下，地方官并不敢到强盗、土匪横行的地区去调查。[158]清政府或许不应该谴责普通乡人的胆小如鼠。

设法鼓励乡人举报犯罪分子的官员，上奏建议对保甲成员中告密者的身份"保密"，以免使其受到报复或陷入难堪的处境。[159]清廷不但拒绝了这一建议，反而试图更加严格地对保甲组织施加压力。1799年发表的一道上谕这样命令说："乡保既无专责，谁肯以不干己之事，赴诉于不理事之官。"[160]这样，在如何解决不告发问题时，清政府采取的不是保护告密者的措施，而是加强"联名互保"制度。[161]这一解决方案，正如研究中国法律的一位西方学者所指出的，类似于盎格鲁－撒克逊英国的"十户联保制"；该制规定，十户区内的居民们"坦白地"或"乐意地"把自己和其他人的行为束缚在一

[156] 张惠言（1761—1802）《论保甲事例书》，引自贺长龄《皇朝经世文编》，74/15b。戴肇辰的《学仕录》（13/25a）也收录了此文。

[157] 《大清会典事例》，158/2b。一些西方观察家也作出结论说，保甲组织并没能够上报犯罪，如 G.W. Cooke, *China* (1858), pp.435-436. Legge, "Imperial Confucianism," *China Review*, VI (1877-1878), p.369, 从三个角度来论述保甲组织没有上报犯罪及犯罪分子的原因："首先，真正关心人民大众的地方官员相当少，父母官们关心的仅仅是他们的名望。他们害怕把有关其管辖地区发生的偷盗事件上报到高一级官府中去，除非这种上报所引起的调查在他们自己引导之下。……地方官深知这一点，因而总是报告说他们所辖保甲区内并无偷盗事件发生。……再次，全国各地到处都有许多不知廉耻的乡绅和文人，他们在文学创作上再也不能有什么进步；全国各地还有许多所谓的讼师。这种乡绅、文人和讼师，全部都或多或少地同衙门联系在一起。强盗、小偷给他们带来的好处相当大，他们有目的地把强盗、小偷隐藏起来，分享赃物。穷苦人……则不敢出头上报。其三，在许多情况下，乡人本身懒惰。他们虽然知道在自己所在的十户区内就有强盗、小偷，但是并不告发。他们愚蠢地认为：'只要强盗、小偷不伤害我们，我们为什么第一个出头呢？'问题还不只是这些。有的乡人，不但不去告发，反而同贼人联系在一起，他们或许会廉价买下赃物，共同分享赃物。"看来，Legge 的论述是非常正确的。

[158] 张琦写给朋友的一封信，引见盛康《皇朝经世文续编》80/26a。〔编者按：张琦《答陆劢文论保甲书》。〕

[159] 1814年（嘉庆十九年）的一道上谕，引用了汪志伊的评论，参见《清朝续文献通考》25/7759。

[160] 《清朝续文献通考》25/7757,1799年（嘉庆四年）发布的一道上谕。

[161] 《大清会典事例》，158/2b-3a。

起。[162] 实践证明，这种制度在中华帝国并非行之有效。不告发的问题并没有得到解决，"联名互保"制事实上使乡人比以前更胆怯，更缄默不言。乡人们不但没有接受强加在他们身上的"互保"，反而都靠保持缄默来逃避。

不告发并不是唯一存在的问题，比之更严重的是敲诈勒索，波及许多保甲组织负责人。早在北宋时期，人们就意识到了保甲体系为无耻之徒提供了榨取"一芥之利"的土壤。司马光——反对王安石及其变法的主要人物之一——充满理由地指出：

> 保正与甲长，恃其权势，敲诈乡邻，索取贿赂。一芥之利，若未得偿，乡民亦遭其鞭扑。[163]

清代的保甲头人虽然没有什么军事权力，但是他们敲诈勒索的伎俩同其宋朝前辈一样可怕。他们把得到保甲职位的任命，视为攫取不义之财的许可证；"甘结"又为他们提供了半官方式敲诈勒索的途径。[164] 偶尔发生的谋杀案件，提供了地保和其他乡官从其邻居那里榨取钱财的机会。[165] 根据 1865 年一位在山东和山西旅行的西方作者所说，情况相当严重，"一个人的行为一时间不同于往常时，其无耻的邻居或地保就来敲诈勒索，威胁要告发他，除非拿出许多钱财"。[166] 清政府也注意到了这一问题，因而反复强调选派"诚实可信之人"来担任保长、甲长之类的职务。

这就回到保甲体系的根本问题——如何为保甲组织补充合格人才。清朝各代皇帝都想尽办法试图解决这一问题，但是收效甚微。他们发现，很难找到理想的人才来担任保长、甲长的职务，这正印证了中国的一句古话"善者不来，来者不善"。

---

[162] Jamieson, "Translations from the Lü-li," *China Review*, VIII (1880), p.261："十户制下的成员，不过是对相互之间的行为永远担保。……亦就是说，10 人之中，要互相对对方的行为负责，整个王国都是这样。如果 10 个人中有谁犯罪，那么其余 9 人就应该把他告上公堂。"

[163] 参见闻钧天《中国保甲制度》第 46 页，引司马光 1086 年的上奏。

[164] 嘉庆帝 1799 年发布的上谕，参见《清朝续文献通考》25/7760。

[165] 丁日昌《抚吴公牍》，34/2b-4b。

[166] Alexander Williamson, *Journeys in North China* (1870), I, p.165.

得不到称职人才的局面，很大程度上是清政府自己造成的。由于清王朝统治者一方面把绅士阶层置于保甲组织的监视之下，另一方面却不准他们出任保长、甲长之职，因而负责推行保甲的地方官就不得不在普通乡人中寻找候选人；而普通乡人却没有什么威望，大多数目不识丁，对行政之道知之甚少，整天忙于耕作或其他行业，根本没有什么空闲时间。实际上，这些乡民一无可取，既然如此，许多地方官就让每个保甲单位中的乡人轮流担任。而且由于乡人中强壮者各自要忙于自己的生计，因而担任保甲负责人的就经常是一些"愚顽老疾，鳏寡贫窭之人"。[167] 在一些情况下，"惟于一里中头甲第一户，使为里长老人"，其结果就相当糟糕；由于没有考虑这些人的个人能力，就经常把一些"贪暴无耻棍徒"推到保长、甲长的位置上来。[168]

有时，碰巧有一些普通保甲负责人表现出某种程度上的精明、道德高尚和乐意服务的精神。可是他们要想实现自己最好的打算和诚挚的愿望，经常面临着各种各样的障碍。正是由于他们是普通百姓这一事实，使他们得不到邻居绅士的尊敬；他们的同乡也很容易向他们的地位提出挑战。

1757 年（乾隆二十二年），乾隆帝采取了一种折中办法，设法解决人选问题。他一方面认识到普通乡人不适合担任保甲负责人，但同时又坚持绅士不能担任的规定，因此指导地方官在"诚实、识字及有身家之人"中去寻找人选。他指示说，"市井无赖"不能担任。[169]

有趣的两点：一是乾隆帝没有提到合格人选的社会地位，二是他把能识字当作条件之一。显然，他认为的能识字之人，是指那些学习过（大概是为了科举考试）但未通过任何级别考试之人，也就是没有绅士地位的"士子"或文人。具有乾隆帝所规定这些资格的人选，其任职的确应该很顺利，值得信赖。但问题是，怎样才能在乡人中找到足够多的人选呢？在一个普通的乡村，没有哪户人家敢于自夸其家中拥有这种"识字有身家"者，甚至连具有"诚实"品德之人选，也很罕见。此外，拥有这些资格的人也不一定愿意担任保长、甲长。18 世纪早期一位作者对华南一些地方情况的描写，就详细

[167]　黄六鸿《福惠全书》，21/1b 和 4a-b。
[168]　吴文镕的评论，见盛康《皇朝经世文续编》，80/23a。
[169]　《清朝文献通考》，24/5061。

地反映了这一问题：

> 其号为士者，大抵授徒于外，室中惟细弱两三人而已。贫民佣工负贩早出晏归，为糊口计而不足，富民惟以谨启闭，不与户外之事，市廛之民株守本业，其畏里中恶少年如虎。如此等人，而欲其约束乡里，昼则稽查，夜则巡行，固宜其嚣然不乐也。[170]

这种局面一直延续到 19 世纪，大多数乡人仍然不愿出任牌长或保长。[171]

如何为保甲组织补充合格人选的问题，因地方官和衙门走卒滥用保甲负责人而进一步复杂化。保甲负责人除了必须满足地方官和衙门走卒的敲诈勒索，满足官府各种各样需求（钱财的和劳役的方面）[172] 之外，还经常容易遭到蛮横的殴打和其他惩罚。[173] 因此，担任这类职务的人，自然千方百计去职；没有担任的人则千方百计躲避。虽然没有人为了逃避而像宋代一样弄瞎自己的眼睛或砍下手指，[174] 但是一些保长和甲长常以"托情更换"而求去职。[175] 由于要求去职的保长、甲长非常多，使得保甲组织的人事总是处于不断的变动之中；这种情况正如 17 世纪的一名知县所指出的："倏张倏李。"[176] 人事变动频繁，很难期望保甲负责人能称职、可靠。

清政府虽然设法纠正上述问题，但是收效甚微。清政府规定了保长、甲

---

[170]　黄中坚《保甲议》，见贺长龄《皇朝经世文编》，74/6a-b。

[171]　1814 年的一道上谕，引述了汪志伊的上奏，见《清朝续文献通考》，25/7760。

[172]　这种情况正如一位著名的知县在官文中所说："嘉庆十九年钦奉特旨稽查，惟时卑职备员广东，窃见各属奉行保甲绝少稽查之实，徒滋科派之烦，是以该处绅士并齐民视保甲为畏途，求免入册。其入册者，相率减漏户口。推原其故，良由地方官疲于案牍，不能不假手书差，而一切工料饭食夫马之赀，不无费用，大约书役取给于约保，约保构之甲长，甲长索之牌头，牌头则敛之花户。层层索费，在在需钱，而清册门牌任意填写，以致村多漏户，户有漏丁，徒费民财，竟成废纸，此外省办理不善之由。"见刘衡，《庸吏庸言》，88a-b。

[173]　这类事例可以参见 17 世纪官员彭鹏的叙述，贺长龄《皇朝经世文编》，74/21a；18 世纪陈宏谋《培远堂偶存稿》，12/6a；及 19 世纪丁日昌《抚吴公牍》，28/5b。

[174]　王怡柯《农村自卫研究》（1932 年河南村治学院同学会刊，第 42 页），引用的司马光在 1086 年奏疏中的说法。然而应该注意，宋朝时期的保甲制度包含服军役。

[175]　彭鹏的叙述，见贺长龄《皇朝经世文编》74/21a。

[176]　《皇朝经世文编》74/21a。

长的任职期限，因而不会出现单个人被迫没完没了地承受折磨的情况；[177] 剥离与监视、控制职能无关的其他任务，以此来设法减轻各保甲负责人的负担；[178] 一些地方官为了提高保长、甲长的地位，装模作样地对他们彬彬有礼，[179] 或者发给嘉奖令，表扬他们的"功绩"。[180] 但是，没有证据显示这些补救性措施得到了普遍的、持续的运用。

与具有诚挚品德之人不愿意任职的现象紧密联系在一起的，是道德败坏的无耻之徒纷纷被任命为保长、甲长。一方面，坦率、朴素、心地善良的乡人千方百计回避保长、甲长的任命；而另一方面，恶霸和"光棍"却非常想担任。19 世纪初，张琦就此问题这样写道："读书谨厚之士不能为，庄农殷实之户不敢为，其能且敢者，必强悍好事者也。"[181]

因此，保甲体系中出现的"劣币逐良币"现象，从 18 世纪一直到清王朝覆灭，都受到了广泛注意。例如，乾隆帝 1757 年抱怨说，"各乡设保甲长，类以市井无赖充之"。[182] 许多官员也提醒注意这个问题。18 世纪初，沈彤就指出担任保甲负责人的那些人"大率庶民之顾利、无耻、不自好者"。[183] 19 世纪，云贵总督吴文镕说在他管辖下的云贵两省，担任保甲负责人的都是一些"贪暴、无耻棍徒，日以侵吞弱户为计"。[184] 张声玠总结说：

> 保正甲长，皆乡里卑贱无行者为之，或周流门户以供役，日逐营营之利，供给官长，敛派乡愚，而因以自肥于中……相沿已久。[185]

---

[177] 《大清会典事例》，158/21b。最初规定是："限年更代，以均劳逸。"

[178] 《大清律例汇辑便览》（1877），25/100a。

[179] 《黎平府志》修纂者这样评价说："选择之法，先择保长，而保正甲长须责成保长与地方绅耆公同择选。凡择保长，宜先出选举保长告示，令各乡之人，择选家道殷实、年力精健、才猷迈众、素行可称者，合词公举。每乡拟正陪二人报县，既报之后，地方官再行详访属实，即令来署，引入客厅，待坐待茶，特为加礼焉。"见《黎平府志》（1892），5/80a。

[180] 《翼城县志》（1929），30/7b-8a，记录了这类事例。1902 年，知县颁给樊店村居民史怀瑛嘉奖状，表扬他在推行保甲制度中坚持不懈的精神和勇气。

[181] 张琦回复陆劭文的信，见盛康《皇朝经世文续编》，80/25a。

[182] 《皇清奏议》，50/14a。〔编者按：胡泽潢《请整饬保甲疏》，乾隆二十二年。〕还请参见张寿镛《皇朝掌故汇编·内编》，53/4a。

[183] 贺长龄《皇朝经世文编》，74/4b。

[184] 吴文镕的评论，见盛康《皇朝经世文续编》，80/23a。

[185] 张声玠的评论，见盛康《皇朝经世文续编》，80/5b。

应该补充的是，对于那些张声玠所描述的"无行者"来说，保甲事务非但不是繁重的负担，反而是敲诈勒索的门径。许多无耻之徒抢夺保长、甲长的位置，一旦到手，就竭力霸占。事实上其中一些人成功地保持了其位置（至少在清王朝覆灭前的几十年里），使之实质上变成了世袭，父子相承。[186]

由于人事问题没有得到解决，登记编审和汇报方面所面临的困难仍然存在，保甲体系的运行不可能达到创立此制度的清代皇帝所期望的目的。但是，不能因此认为保甲体系是一项无用、没有必要推行的乡村统治工具。在清帝国当时的历史环境下，保甲体系或许是唯一可行的、能够为设置它的目的服务的工具。不过，恰恰是这个对于清王朝统治者来说必不可少的历史环境，限制了保甲体系的实际效果。这一结论，不仅适用于保甲体系，而且适用于清王朝其他乡村统治工具；接下来的讨论会证明这一点。

---

[186]　闻钧天《中国保甲制度》，第 263 页。

第四章　乡村税收：里甲体系

里甲在税款摊派和登记中的地位

清王朝的赋役制度

有人认为，古代中国自"三代"之后，历代王朝唯一关心的问题就是如何征收赋税和摊派徭役。[1]无论这种看法的正确性如何，我们都无庸怀疑，与历史上许多王朝一样，税收在清王朝的行政体系中，是最急切要解决的问题之一。在清王朝各种税收中，占主要地位的是赋税和徭役，它们在清王朝的财政收入中所占比重相当大，是清王朝的主要财政收入来源。[2]清朝极为重视这些税收——注意分派和征收，以及设置一套适用的工具，以确保尽可能地获得最大的收入。里甲就是这套税收工具中的组成部分，是清政府在乡村中征税的基层税收工具。它最初是帮助登记乡村居民人数，以便利于摊派徭役，后来就用来协助在乡村征税。为了说明里甲体系的运作，并对它的意义有一个清楚的概念，我们必须对赋役制度有一个整体的了解。

---

[1]　参见魏源（1794—1856）《古微堂内集·志编三》，3/9a。

[2]　这些收入包括盐税、货物通行税、营业税、注册费，在 19 世纪还包括厘金和海关关税。参见《清朝文献通考》，卷 26 及卷 28—31。关于对清王朝的赋税制度的简略叙述，可以参考 Huang Han-liang（黄汉梁）, *The Land Tax in China* (1918), part II。不过，黄汉梁对税收概念和征税方法的研究，并不能完全满足我们目前的需要。Ch'en Shao-kwan（陈邵宽）, *The System of Taxation in China in the Tsing Dynasty, 1644-1911* (1914), 所据资料有限，错误很多。至于 George Jamieson 的文章 , "Tenure of Land in China and the Condition of the Rural Population", *Journal of the Royal Asiatic Society*, North China Branch, N. S., XXIII (1888), pp.65-68, 则较有参考价值。

最早对清王朝赋役进行全面描述的，是 1646 年（顺治三年）编撰的第一版《赋役全书》。[3] 该版本和后来续修的各个版本，[4] 记载了在各省征收的地丁税额、耕地数、可以充当徭役的人数，以及上交中央国库的数额。《赋役全书》每刊一次，都要分发给各州县，作为知州、知县的参考；另外，各地孔庙也要存放一册，便于"士民检阅"。[5]

赋税是对私人所拥有的耕地课的税，这种耕地官方称为"民夫地"，或者简称为"民地"。税率是固定的，根据土壤的肥瘠程度而定。虽然各地"亩"的大小不一，[6] 但是，清政府还是以之作为赋税的征收单位。因此，各地的赋税税率自然是不统一的，[7] 最重的税额负担，落到了江苏省和浙江省的一些地区。[8] 赋税缴纳，或以实物，或以相当的货币来抵缴。[9] 在一些省区征收的漕粮，就像普通的土地税一样，也可以用货币缴纳。[10]

---

[3] 《大清会典事例》，177/6a-b；和《清朝通典》（1936），7/2057。

[4] 《大清会典事例》，177/6a-b。

[5] 《清朝文献通考》，1/4859。参见王庆云《熙朝纪政》（一名《石渠余纪》），3/15a-b。

[6] 《清朝文献通考》，1/4857；《大清会典》（1908），18/1a；和《户部则例》（1791），7/1a-13a。有关其他土地的种类，包括"官地"（政府经营的土地）、"学地"（学校所有的土地）和"旗地"（分配给旗人的土地）等。见《户部则例》（1791），卷 5—6。在江苏省一些地方，1 亩等于240 平方步；1 步大约等于当地的 5 尺或 5 英尺。而在其他省区，1 亩可能等于 360 平方步，有的多达 540 平方步。参见陈其元《庸闲斋笔记》，上海文明书局版，6/11a。

[7] 《大清会典事例》，162/1a-13a；《户部则例》，卷 5—7；和《清朝续文献通考》，4/7536。关于税额的变化情况，可以参见《清朝续文献通考》，3/7521。

[8] 冯桂芬（1809—1874）《显志堂集》（9/2b）指出，江苏省和浙江省一些特定地区承担的税额过重，可以追溯到 12 世纪晚期（亦即南宋绍熙年间）。其他可以参见魏源《古微堂外集》，4/47a；梁章钜（1775—1849）《退庵随笔》，8/2b-3b，和《浪迹丛谈》，5/19a-20a。

[9] 《清朝文献通考》，1/4860 及 4/4891；《大清会典》，18/1a-8b，提供了下列数据：

日期	土地亩数	税额（两）	税额（石）
1658 年	549,357,640	21,576,006	6,479,465
1753 年	708,114,288	29,611,201	8,406,422
1887 年	911,976,606	31,184,042	3,624,532

[10] 根据《户部漕运全书》（1875），1/1a-8b 的记载，这些省区包括：山东、河南、江南、浙江、江西、湖北和奉天府。有关漕粮的征收规定，可以参见《户部则例》，卷 34—41。用货币来取代谷物征收的赋税做法，可以追溯到汉代。参见刘世仁《中国田赋问题》，1936 年上海商务印书馆版，第 45 页和 134 页。关于对漕粮的总叙述，可以参见《清朝文献通考》，25/239和 43/5251；《清朝续文献通考》，31/3092-3012；Harold C. Hinton, "The Grain Tribute System of the Ch'ing Dynasty", *Far Eastern Quarterly*, XI (1952), pp.339-354。Hinton 的博士论文 *The Grain Tribute System of China, 1845-1911* (1950)，对漕粮征收问题，作了有益的开创性研究。

顺治时期规定的最初税额并不算太高。[11] 不过，清政府却不断地征收附加税；而这些附加税，其税额加起来，经常比起正常征收的税额要高出几倍。最重要的附加税，是始于明代的"火耗"（税银熔铸的折耗），[12] 以及"羡余"[13]（谷物的折损）；这两者合称"耗羡"。最初"耗羡"是非法的，随着清政府对其作出定额规定后，就不言而喻地变成合法的了。[14] 此后又另立名目，开始非法地征收所谓"耗外浮收"——超过耗羡容许定额的加收，是一种为法律所禁止的犯罪行为。[15]

所有具有生产能力的"民地"拥有者，包括官员、乡绅、士子，都必须缴纳土地税和附加税。然而偶尔在一些特定的环境下，有可能暂时地或永久地豁免缴税：非"民地"的其他土地，比如用于祭祀和教育目的的土地、官府和寺庙所有的土地以及分配给旗人的土地，可以永久不缴纳正常的地税；零星的小块民地，因为太小，不值得官府耗费精力去定税额，也可以不缴纳；[16] 在自然灾害期间，或者遇到了清王朝的大典，作为庆祝活动的一部分，普通民地的税负也可以暂时蠲除。[17]

虽然《赋役全书》一直是清政府征税的基本依据，但是，清政府另外汇编补充了许多资料，其中最重要的有"丈量册"（土地丈量登记册）和"黄

[11]　顺治时期法律上规定的税额，见《清朝文献通考》，1/4855-4857。

[12]　《清朝文献通考》，3/4872。关于在土地税上征收超额的附加税数量情况，可以参见 Horse B. Morse, *Trade and Administration of China* (1913), pp.83-88。马士（Morse）相当多地吸收了 Jamieson 的著作 *Land Taxation in the Province of Hunan*。

[13]　《洛川县志》（1944），14/8b，引 1809 年刊本，对此问题作了清楚的说明。

[14]　王庆云《熙朝纪政》，3/41a-42a，简略地叙述了同这一合法过程有关的故事。在 1644 年到 1724 年间，虽然清廷的规定在事实上经常被置于不顾，但是征收这样的"耗羡"，是非法的。还请参见《清朝文献通考》，2/4863 和 3/4871。关于清政府 1724 年规定的税额，可以参见《大清会典事例》，164/1a-3a；和《户部则例》，14/1a-8b。

[15]　《户部则例》，14/9a。

[16]　《大清会典事例》，164/13a。还可以参见织田万的《清国行政法分论》第 5 卷，第 92—97 页。〔编者按：见《清国行政法》第 6 卷，第 29—32 页，"地赋的免除"条。〕

[17]　《户部则例》，卷 110—111（总蠲恤）和卷 112—113（部分蠲恤）。其他有关的参考资料有：《大清会典事例》，卷 276—277（贷粟）、卷 278—281（蠲赋）和卷 282—287（缓征）；《户部漕运全书》（1875），卷 4—6（漕粮的蠲缓升除）；《蔚州志》（1877），7/6b-9b；《翼城县志》（1929），4/24b；《洛川县志》（1944），13/7b；《同官县志》（1944），14/2b-3a；《续修庐州府志》（1885），卷首，1a-31a 和 15/8b-19a；《蒙城县志书》（1915），4/24b；《巴陵县志》（1891），16/1a-14b；《富顺县志》（1931），5/7a-8b（关于各地的豁免交税和延期缴纳）。

册"（封面是黄色的登记册）。[18] "丈量册"和"黄册"直接涉及赋役的征收。"丈量册"因为其封面画成鱼鳞式样，而称为"鱼鳞册"，载明了各州县的土地多少；它们是根据对土地的实际测量而编纂出来的。[19] 两种册子上记录的数字——无论何地的统计数据——是否足够准确，值得怀疑；各个地方的"弓尺"（即测量标准）变化相当大，亩的大小也必然不一致。[20] 除了一些例外，清王朝实际进行的测量或许并不准确。由于清政府明确禁止耗费巨大的全国范围调查统计，故而统计数字大多数是根据前朝的登记得出来的。[21] 这样，官方土地登记册从一开始就不准确；随着时间推移，人为的欺骗性做法和不可避免的自然变化必然产生，从而进一步使这些登记册变质。在一些地方，官方登记册已经变成官僚徇私和腐败的工具。[22]

---

[18] 王庆云《熙朝纪政》，3/15b-16a 概括了这一情况。

[19] 参见《清朝文献通考》，1/4859。还请参见织田万《清国行政法分论》第五卷，第76—78页。〔编者按：《清国行政法》第六卷，16页，"土地的丈量及鱼鳞册"条，引《大清会典事例》卷一六五："顺治十年覆准，直省州县鱼鳞老册，原载地亩、丘段、坐落、田形、四至等项，间有不清者，印官亲自丈量。"又见于《清朝文献通考》卷一。〕按照陆世仪（1611—1672）的说法（引自《牧令书辑要》，3/39b-40a），"黄册"以前是以户口登记为主要内容，关于土地可征赋税的资料，只是附在其上；这种资料被用来作为摊派徭役、帮助征税的依据。"鱼鳞册"的主要内容是登记土地，关于户口的资料只是附带的；这种资料被用来作为检查可征土地税之耕地的疆界。引见《牧令书辑要》，3/39b-40a。〔编者按：陆世仪《论鱼鳞图册》原文：一曰黄册以人户为母，以田为子，凡定徭役征赋税则用之。一曰鱼鳞图册，以田为母，以人户为子，凡分号数稽四至则用之。〕但是随着历史的演变，只有"鱼鳞册"被作为所有税收征收的根据。有关1644年至1908年间按亩登记入册的土地总数，可以参见《清朝续文献通考》，4/7534。刘世仁的《中国田赋问题》（第68页）列出了一个表，说明从清王朝建立到19世纪末各个时期的土地数量和人口变化总情况。不过，其数字由于过于精确而令人难以接受。

[20] 《户部则例》（10/1a）中这样说："广一步，纵二百四十步为亩。"原书编者补充说："方广十五步，纵十六步。"这是官方规定的标准，可是清帝国各地在实际上很少遵照该标准。比如，《清朝续文献通考》，1/7506说，"弓尺"这个测量单位从最小的3尺2寸（中国测量单位）变化到最大的7尺5寸，亩从最小的260"弓尺"变化到最大的720"弓尺"。大体说来，华南地区的亩，比华北地区的要小。参见《清朝续文献通考》，5/7550-7551。

[21] 安徽省桐城县就提供了一个非常清楚的事例。《清朝续文献通考》，1/7501引用当地一位作者的观点："桐城田亩三十九万有奇，计丘近二百万。鱼鳞册式一页，写田八丘，计册一本用纸近二十余万。计册一页，纸札刷印笔墨雇募钞写核算约费需银一分有奇，约造册一本，民间所费已二千余两，而汇解藩司，纸札浩繁……通省之费更可知矣。"

[22] 嘉庆二十五年（1820年）发布一道上谕，引用一位御史上奏说："江苏省有贫民地无一廛，每岁纳粮银数两至数十两不等，有地只数亩，每岁纳粮田银十余亩至数十亩不等者。"见《清朝续文献通考》，1/7507。

与赋税一样，役（有时翻译为"劳役"）[23] 也有其历史根源，是与里甲组织直接关联的登记制度的组成部分。[24] 清朝的徭役制度，主要是承袭明朝——无论是在形式上还是在实质上。[25] 徭役最简明扼要的解释见于一份官方文件："大抵以士大夫治其乡之事为职，以民供事于官为役。"[26] 在理论上，所有居民都必须为政府提供一定量的劳动服务，但是自宋代以来，政府就准许那些应该提供劳役的人，可以向政府缴纳一笔钱（即免役税），从而免除劳役。[27] 结果，当政府认为需要实际的力役时，还是要由已经交了免役税，在法律上已尽了劳役义务的人来承担。

和以往各朝代一样，必须承担徭役的居民称为"丁"——16 岁到 60 岁之间的成年男子（如果按照西方的计算方式，为 15 岁到 59 岁之间）。[28] 丁的类别较多，大多数普通乡人叫"民丁"，他们当然是最重要的丁。各地的丁税税额不同，在浙江省一些地方是 0.001 两，而在山西省一些地方为 4.053 两。[29] 在华南一些省区，丁税轻而地税重；而在丁税较高的地区，地税则相对较轻。[30] 在全国各地，遇到闰月，都必须额外交税。[31] 既然徭役是普通百

---

　　[23]　无论是在严格意义上，还是在一般意义上，"劳役"一词都可以使用。比如，*Encyclopaedia of the Social Sciences*, IV, pp.455-456："从一般意义上来说，'劳役'指一个人被迫向另一个人或官府提供的劳动。……真正的劳役，是一种同土地租佃联系在一起的义务劳动。"该书第 342 页还说："几乎每一个政府都强迫其公民此时或彼时承担规定的劳动。"*Encyclopaedia Britannica* (1947), VI, pp.481："'劳役'一词在封建法律上，用来指佃农因租佃土地而自愿或非自愿为其封建领主提供没有报酬的劳动；因此，该词语指任何被迫提供的无偿劳动，尤其是政府强迫的劳动；它既用于指为各个封建领主，又用于指为封建政府提供的无偿劳动。"George Jamieson 的论劳役的文章见 *Journal of the Royal Asiatic Society*, North China Branch, N. S., XXIII, p.68，可作参考。
　　[24]　《清朝文献通考》〔编者按：应为《文献通考》〕，12/123—13/142 概括指出了古代以来"职役"的发展情况。
　　[25]　《明史》卷 78《食货志》，2/7b；《清朝续文献通考》，16/2912 和 17/2924-2925；王庆云《熙朝纪政》，3/10b-11a。
　　[26]　《清朝文献通考》，21/5043。
　　[27]　缴纳免役税，雇人代替劳役的"募役法"，是王安石变法的结果之一。
　　[28]　《明史》，78/1a。
　　[29]　《清朝文献通考》，19/5023。《户部则例》，13/1a-6a，列出了康熙五十年（1711 年）不同地方的丁税税额变化情况。有关各种各样的丁，可以参见《清朝文献通考》，19/5023 和 21/5044；《大清会典》，17/9a。
　　[30]　《清朝续文献通考》，27/7787；盛康《皇朝经世文续编》，38/31a-35a。
　　[31]　织田万《清国行政法分论》第五卷第 69 页。〔编者按：见《清国行政法》第六卷，第 13 页。〕

姓的义务，那么拥有特殊地位的阶层——官吏和拥有头衔的文人——是免服徭役的。[32] 而且，由于劳动在理论上讲，只有体格强健的人才能承担，因此，60 岁以上、16 岁以下的人，也可以免役。[33]

然而，清王朝经常强迫已经缴纳丁税的百姓承担额外的劳役，[34] 其中一些不能通过缴纳免役税加以免除。保甲和里甲就是这类"役"里最突出的两项。[35] 丁税之外政府所征的其他附加劳役，通常是指"差"或"差徭"，可以用钱币缴纳。[36] 这种差徭的分派，与丁口拥有的土地或牛羊和驴的数量成正比，[37] 或者规定各户或整个村子承担一定的份额，再进行摊派；[38] 中央政府并没有制定出明确的措施。严格说来，这些附加税是非法的，却常常为应付紧急需要而征收。因为丁银在法律上是可以涵盖所有劳役的，政府却经常发现征收上来的钱不足以支付雇工从事工程建设或交通运输劳动的花费。[39] 对于地方官员来说，解决问题最简便的方法，显然就是对百姓强加额外的负担。此外，军事行动也总是需要有关地区的百姓提供劳役服务，特别是为运送粮草和其他各种物资提供人力。这些都需要额外的劳役或征收额外的免役税。[40]

---

[32] 《清朝文献通考》，25/5071。一些地方志经常列出了有关地区免除丁税之人数。参见《滕县志》(1846)，4/10b-11a；《翼城县志》(1929)，9/8b-9a。根据《翼城县志》提供的材料来看，17 世纪晚期山西省翼城县丁的总数为 19,662，因拥有绅士地位而免服徭役的人数为 1,001；这样，必须服徭役或缴纳丁税的丁数为 18,661。1745 年，该县的丁税合并到土地税中统一缴纳；所有的"徭"（即指丁税之外杂七杂八的劳役）在 1825 年也合并到土地税中缴纳。

[33] 《清朝文献通考》，19/5024。

[34] 《清朝续文献通考》的编者在该书 27/7788 中评论说："迨雍正二年，丁归地粮，于是赋役合并，民纳地丁之外，别无徭役，官有兴作，悉出雇募，举宋元以来之秕政，廓而清之。"我们将会看到，这一评论过于乐观，不符合事实。还请参见该书〔编者按：应为《清朝文献通考》〕24/5066 中收录的 1779 年发布的一道上谕。

[35] 关于这种情况，见《清朝文献通考》，卷二十一各页及 27/2789。〔编者按：应为《清朝文献通考》27/7789。〕

[36] 《清朝文献通考》，19/5023；织田万《清国行政法分论》，第 5 卷，第 60—63 页；第 7 卷，第 62—63 页。根据《文献通考》13/139 的记载，差役（或者说劳役制度）自古代以来就充满了不平等，没有哪个政府能够铲除这种不平等。

[37] 《清朝续文献通考》，27/7790。

[38] 《清朝续文献通考》，27/7791。

[39] 《清朝续文献通考》，27/7790，直隶布政使（屠之申）1822 年的上奏。

[40] 《皇清奏议续编》(1936)，3/4b；《清朝续文献通考》，28/7797。关于实际事例，可以参见《洛川县志》(1944)，14/a。

不过，有两种类型的"差"费，是合于法律规定的。其一是驿站"差"费。在中华帝国无数地方，为传递政府官文而设置的驿站，需要众多的夫役和马匹。1668 年（康熙七年）规定，每位夫役每天的"工食银"是 0.01 两到 0.08 两不等，从一般税收中支付。水路上的纤夫，也有同样的"工食"。[41]如果必须雇佣额外的夫役或纤夫，那么就必须按照他们所走路程的长短来计算雇佣费。这种额外的花费，只能靠征收额外的税来支付。

河流维护的"差"费也是来自政府征收的一般税收。清初设置了一定数额的"河夫"，《赋役全书》的预算里也列有一笔付给他们的"工食"。[42]然而在实际上，当一般税收不足以支应开销时，政府经常开征一些特别税来弥补。1735 年乾隆帝即位后，立即禁止征收这样的特别税，反复重申应该由"正项钱粮"来支付河流维护费。[43]但是，笔者找不到材料证明乾隆帝的禁令真的使这些非法税收停征了。[44]

为了掌握全国可以承担徭役的总人数和各特定县区承担徭役的人数，政府就必须编辑特别的"户册"或"丁册"，载明全国各户可税人数，如同"丈量册"载明全国可税土地数一样。"户册"的性质同明朝的"黄册"差不多，因而也经常被称为"黄册"。同明朝的户口登记册一样，"户册"包含了注册登记人户拥有可税土地数的资料，[45]显然表明了劳役的征收最终要和土地税联系在一起。关于"户册"和"黄册"这两类基本税册的总特征和相互之间的关系，19 世纪早期的一位中国作者这样描述道：

> 官司所据以征敛者，黄册与鱼鳞而已，黄册以户为主而田系焉，鱼

---

[41] 《清朝文献通考》，22/5049-5050。

[42] 《清朝文献通考》，24/5045。有关地方情况的事例，可以参见《滕县志》（1846），4/11b。

[43] 《清朝文献通考》，24/5059。

[44] 《清朝文献通考》，24/5061。还请参见《滕县志》，4/12a。Hu Chang-tu（胡长图）获得 1954 年度华盛顿大学哲学博士学位的论文 "Yellow River Administration in the Ching Dynasty"，提供了一些补充材料。

[45] 《明史》，78/1a 概述了明朝的制度。关于清朝时期黄册的记述，可参见《清朝续文献通考》，13/2891 和 13/2893〔编者按：13/2891 和 13/2893 见于《续文献通考》，所述为明朝事。清代户口相关记载见《清文献通考》，19/5023〕；刘世仁，《中国田赋问题》，第 87—88 页；及《内阁大库现存清代汉文黄册目录》，引言。

鳞册以田为主而户系焉。一经一纬，互相为用。[46]

里甲及"黄册"的编制

编辑"丁册"或"黄册"的程序，官方术语叫作"编审"（编辑和审查）。清代的做法与明朝大致相同。[47]每隔三年，就要对帝国全境的户口和居民作一次调查，州县官员要负责编辑当地的登记册。其方法如下：

> 以百有十户为里，推丁多者十人为长，余百户为十甲，城中曰坊，近城曰厢，在乡曰里。……每遇造册时，令人户自将本户人丁，依式开写，付该管甲长。该管甲长将本户并十户，造册送坊厢里各长。坊厢里各长将甲长所造文册，攒造送本州县。该州县官将册比照，先次原册，攒造类册，用印解送本府。该府依定式别造总册一本，书名画字，用印申解本省布政使司。造册时，民年六十岁以上者开除，十六岁以上者增注。[48]

这就是有关登记入册程序的规定和建立里甲体系的基本规则。很明显，里甲最初只是帮助官府编造丁册的工具。

在 1648 年（清政府设置编审登记制度）到 1772 年（该制被取消）之间，清政府颁布了许多补充性措施，以提高里甲组织的运作效能。1654 年颁布的一项法律规定，在进行三年一次的人口调查时，必须详细检查每个里甲的名册，以保证能清楚地表明旧有的人口总数、被删掉的和增加的民人姓

---

[46] 王庆云《熙朝纪政》，3/16a。

[47] 《续文献通考》〔编者按：原文误为《清续通考》〕，2/2786。明朝第一本鱼鳞册是在 1387 年（即洪武二十年）完成的，第一本黄册是在 1381 年（即洪武十四年）完成的。有关明朝鱼鳞册和黄册的编辑程序，《续文献通考》〔编者按：原文误为《清续通考》〕，13/2891 和 16/2931 作了叙述。松本善海（Zenkai Matsumoto），《明代における里制の创立》，《东方学报》1941 年 12 卷 1 期，第 109—122 页，可以参考。

[48] 《大清会典事例》，157/1a。《清朝文献通考》，19/5024，提供了另外的材料，说登记种类有四，即军、民（普通百姓）、匠（工匠）和灶（盐户），根据纳税人能承担的税率情况，各分上中下三等。《明史》（77/1b）和《续文献通考》〔编者按：原文误为《清续通考》〕（16/2913）含有关于明朝情况的资料。

名、有缴税义务的人数及征税的总数。登记出错是要受到法律惩罚的。[49] 根据 1657 年发布的一道命令，如果州县官员在编审黄册时，丁口数比上一期的数字增加 2,000 口以上，就会得到奖励。三年后，各省督抚得到指示，要以人口增加或减少作为衡量地方官政绩优劣的标准。[50]

在全国范围内进行调查、登记是相当繁重而困难的工作，甚至从未令人满意地执行过。为了减轻工作负担，清政府在 1656 年修改了最初规定的登记程序，下令把三年一次的人口调查改为五年一次。[51] 这并不是解决问题的药方，因为根本问题在于登记不准确，里甲未能把所有纳税者的名字都登记

---

[49]　《清朝文献通考》，19/5024；《大清律例汇辑便览》（1877），8/2a-b；及吴荣光的《吾学录》，20/5a-6a。吴总结惩罚如下：

犯法行为	所受惩罚
脱漏一整户	脱漏有赋役者：杖一百 脱漏无赋役者：杖八十
将他家人隐蔽在户	脱漏有赋役者：杖一百 脱漏无赋役者：杖八十
脱漏或隐蔽丁口和其他人	脱漏或隐蔽 1—3 个丁口的：杖六十 脱漏或隐蔽 3 个丁口以上的：杖六十到一百 脱漏或隐蔽 3—5 名未成年人或年老人：笞四十 脱漏或隐蔽 5 名以上不成丁的：笞四十到一百

脱漏或隐蔽的所有户、丁和其他人，都要登记入册。对未能发现脱漏或欺骗行为的里长的惩罚如下：

犯法行为	所受惩罚
脱一户至五户	笞五十
脱六户及以上	笞五十到一百
脱一口至十口	笞三十
脱十一口及以上	笞三十到七十

[50]　《清朝文献通考》，19/5024。给予奖励的做法在 1717 年终止执行。有关这一情况，可以参见《清朝文献通考》，19/5026。《清朝文献通考》（卷 19 各页）和《清朝续文献通考》（卷 25 各页）中都记载了清王朝各个时期上报的户数和丁口数。笔者可以在这里列举一些：

1661（顺治十八年）	21,068,609	1844（道光二十四年）	419,441,336
1721（康熙六十年）	27,621,334*	1851（咸丰元年）	293,740,282
1771（乾隆三十六年）	214,600,356	1860（咸丰十年）	260,924,675
1805（嘉庆十年）	332,181,403	1901（光绪二十七年）	426,447,325

* 包括滋生人丁不加赋者 467,850 丁。

[51]　《大清会典事例》，157/1a。

在丁册上。劳役额不足经常发生，官方称之为"缺额人丁"。缺额问题当然要设法填补，清政府在 1686 年威胁，如果知县未能上报近来达到缴纳丁税资格者，将会受到惩罚。次年，清政府命令各省督抚在下一次丁口调查登记中必须把所有缺额补上。[52] 但是问题一直没有改善。一直到 1716 年，还在为同一问题搏斗的清政府，甚至下令同甲或同图的居民来顶补"缺额"的丁数。[53]

1712 年（康熙五十一年），清政府采行了一个关键举措：按照当年登记入册情况，把丁口数额永久地固定下来。圣祖皇帝康熙在一道非常著名的上谕中宣布道：

> 朕览各省督抚奏编审人丁数目，并未将加增之数，尽行开报。今海宇承平已久，户口日繁，若按现在人丁加征钱粮，实有不可。人丁虽增，地亩并未加广，应令直省督抚，将现今钱粮册内有名丁数，毋增毋减，永为定额，嗣后所生人丁，不必征收钱粮。编审时，止将增出实数，察明另造册题报。[54]

这样一来就大大降低了里甲组织作为黄册编辑的辅助性工具的意义。统计居民人数的程序因此变成一种对人口进行的一般普查，而不再是确认可税丁口确切情况的方法。

---

[52] 《清朝文献通考》，19/5025。

[53] 《清朝文献通考》，19/5025。户部作出的一项决定："康熙五十五年，户部议以编审新增人丁，补足旧缺额数……倘开除二三丁，本户抵补不足，即以亲族之丁多者抵补；又不足，即以同甲同图之粮多者顶补。"

[54] 《大清会典事例》，157/1b；《清朝文献通考》，19/5025。署名 O.P.C. 的作者认为"土地税是康熙帝永久地固定的"。参见他的文章 "Land Tax in China and How Collected", *China Review*, VIII (1881), p.291.〔编者按：应为 1880 年，391 页。〕很明显，该作者混淆了"丁"和"粮"的概念。康熙帝固定的是丁税或劳役，而不是"粮"或土地税。Morse, *International Relations of the Chinese Empire* I, p.30, 也犯了同样的错误。清政府在 1712 年采取的措施，使居民在登记册上登记姓名比以前要积极些，正如 Richard Wilhelm 在 *Chinese Economic Psychology*, p.17 中指出的："在 18 世纪之初雍正帝的统治之下，清政府采纳了一种基本税法，引进了一种节制的土地税。……雍正帝还废除了之前的人头税。这一措施的结果之一，就是人口迅速增长。"即从 1724 年的统计数字 25,284,818 增加到 1753 年的 102,750,000。不过，作者所认为的雍正帝"引进了节制的土地税"和"废除了之前的人头税"的观点，是不正确的。

与此同时，清政府还采取了另一项决定性政策。自从大约 1672 年（康熙十一年）以来，各地方陆续把丁税连同土地税合并在一起征收。很快，丁税在法律上合并到土地税中了。这样一来黄册以前拥有的许多作用就消失了。[55] 五年一次的"编审"程序继续实施一段时间，事实上在 1772 年废止黄册以前，清政府还在设法保证登记册的准确性，正如 1736 年（乾隆元年）和 1740 年（乾隆五年）发布的上谕表明的那样。[56] 不过清政府很快就意识到，实在不值得为黄册的那点用处，去承受进行特别里甲记录时所遇到的麻烦，因此在户部的建议下，决定取消里甲编审程序，利用保甲登记作为年度上报的基础——造报登记册的初步措施。1740 年，乾隆帝在发给各省督抚的一道上谕中说道：

> 造报民数，每岁举行，为时既近，而自通都大邑，以及穷乡僻壤，户口殷繁，若每年皆照编审造报，诚恐纷烦滋扰。直省各州县，设立保甲门牌，土著流寓，一切胪列，原有册籍可稽。若除去流寓，将土著造报，即可得其数目。令该督抚于每年仲冬，将户口实数与谷数，一并造报。[57]

乾隆帝对"摊丁入亩"的发展作出了符合逻辑的结论，他也完全把五年一次人口调查登记的做法取消了。他在 1772 年发布的一道上谕中说道：

---

[55]　丁税合并到土地税，虽然在雍正即位之前，清政府并没有批准，但是已经在一些县区实行了。王庆云《熙朝纪政》3/16a："自并丁赋以入地粮，罢编审而行保甲，于是黄册积轻，鱼鳞积重。"虽然黄册的确失去了其地位，但是鱼鳞册是否取得了重要地位，值得怀疑。

[56]　参见《大清会典事例》，157/1b；《大清历朝实录·高宗朝》，130/1a-3a；《清朝文献通考》，19/5028。1740 年发布的一道上谕，其中一部分这样说道："其自今以后，每岁仲冬，该督抚将各府州县，户口减增，仓谷存用，一一详悉具折奏闻。朕朝夕披览，心知其数，则小民平日所以生养，及水旱凶饥，可以通计熟筹，而预为之备。各省具户口数目，着于编审后举行，其如何定议，令各省画一遵行，着该部议奏。"户部随后上奏说道："应令各督抚，即于辛酉年编审后，将各府州县人丁，按户清查，及户内大小各口，一并造报，毋漏毋隐。"参见《大清历朝实录·高宗朝》，131/4b-5a。清王朝中央政府其他官员进一步考虑之后，作出下列结论，上奏清廷："户部议行岁查民数一事……难据作施行之用……应俟辛酉年编审后，户口业有成数，令各督抚于每岁仲冬，除去流寓人等，及番苗处所，将该省户口总数与谷数，一并造报。"乾隆帝采纳了这一建议。参见《大清历朝实录·高宗朝》，133/5b-6a。乾隆帝还采纳了户部下列建议："每岁造报民数，若俱照编审之法，未免烦扰。直省各州县设立保甲门牌，土著流寓，原有册籍可稽。……番疆苗界不入编审者，不在此例。"

[57]　《大清会典事例》，157/1b。

　　编审人丁旧例，原因生齿繁滋，恐有漏户避差之弊，是以每届五年查编造册以备考核。今丁银既皆摊入地粮，而滋生人户，又钦遵康熙五十二年皇祖恩旨，永不加赋，则五年编审，不过沿袭虚文，无裨实政。……嗣后编审之例，着永行停止。[58]

这就是清廷的"致命一击"，正式结束了早已失去作用但还存在的黄册编审程序。从那时起，清朝皇帝们放弃了为了税收而要弄清生活在清帝国乡村中的人数的所有努力。[59] 里甲组织虽然并没有同黄册编审程序一起废止，但是已经失去了其最初、独特的协助编纂乡村丁册的作用。

赋役合并对里甲的影响

　　在清王朝建立早期，土地税和徭役虽然在执行上倾向于合并，但是在法律上是帝国两大独立的税收来源。事实上在一些地方，清廷就已经准许采用明末 [60] 流行的"一条鞭"法。[61] 例如，四川省大部分地区针对土地征收的粮税，总是"载"着丁税。[62] 把丁税放在土地税中一起摊派和征收，其好处相当明显。这是一种操作更为简便的方法。比起不考虑拥有土地的情况而只根据户口进行摊派征收，丁税附着在土地上进行征收，更难逃税。由土地所有者来承担纳税责任，不再向没有财产而无力纳税的人征税，政府因而摆脱了坏名声。[63] 这种方法未必是公平的。富者如果坚持不买土地，依然可以免纳

[58]　《大清会典事例》，157/2a。
[59]　王庆云《熙朝纪政》，3/9a-10b。
[60]　《明史》，78/6b 中概括地解释了"一条鞭"法。该制在 1581 年（万历九年）最后采纳之前，就已经经历了一段发展时期。《续文献通考》，2/2793 和 16/2915-2919，简略地叙述了"一条鞭"法。
[61]　王庆云《熙朝纪政》，3/9a。
[62]　《清朝文献通考》，19/5026。编者评价说，1723 年（雍正元年）清廷批准以前，这种做法在广东省也盛行。
[63]　《大清会典事例》，157/6a。1821 年（道光元年）发布的一道上谕，部分内容如下："山西通省州县，向来丁徭地粮，分款征收，嗣因分民输纳维艰，节经奏准，将丁徭银两，归地粮摊征，已有八十一州县。"

丁税；或者采取欺骗手段，隐藏自己的土地而不纳税。[64] 但是由于清政府的兴趣并不在于解决抽象的公平，而在于如何方便地征税，因而它很快就批准了这一已经流行一段时期但还未成为法律的征税方法。

大概在 1716 年（康熙五十五年），清政府迈出了第一步。是年，清廷批准广东省按照 0.064 两到 1 两的税率，把丁税摊入土地税中征收。[65] 1723 年（雍正元年），清廷批准在直隶推行；[66] 接着各省陆续获准推行。到 19 世纪初，全国各省实际上都采行了这种征税方法。[67] 各地的税率相差很大，从 0.001 两（江苏）到 0.861 两（湖南）不等。[68] 在清后期，"赋"和"役"实际上就是一种相同的税收。

原本为了登记某一特定乡村地区丁数而设立的里甲组织，随着土地和劳役的整合而发生了变化。正如本书第二章所描述的，[69] 里甲组织最初建立在某一特定区域内所规定的居民户数的基础之上，而不以土地为基础。[70] 不过，自清初以来丁税有时就连同土地税一起征收，因此在一些地方，可税土地数成为里甲组织设置的基础。《杭州府志》记载的事例就能反映这一情况，在 1671 年（康熙十年），浙江杭州府的"绅衿士民"请求规定里的规模，以

[64]　王庆云《熙朝纪政》，3/19a，有这么一段话："而户册所谓富民、市民者，拥赀千万，食指千人，不服田亩，即公家一丝一粟之赋无与焉。"该书成于 1862 年之前。

[65]　《大清会典事例》，157/4a；《清朝文献通考》，19/5026。

[66]　为了回答雍正帝发布的一道旨令，清政府中央九卿和科道上奏建议，由皇帝下旨指示直隶巡抚检查该省的土地登记入册情况，以便于在直隶有效推行丁税的公平摊派，"使无地穷民，免纳丁银之苦"。最终的结果是，清廷决定在每地赋银一两摊入丁银 0.207 两，一起征收。参见《清朝文献通考》，19/5026。

[67]　参见《大清会典事例》，157/4a-6a。税收一体化的程序，在乾隆帝即位初期就已经大部分完成。最后得到批准的县区，是在 1821 年山西省的大约 20 个州县。关于详细资料，可以参见《清朝文献通考》，19/5026。根据王庆云《熙朝纪政》3/13a 中的记载，在奉天府、山西、广西和贵州的一些地区，丁税仍然是分开征收的。

[68]　《户部则例》，13/7a-b；《户部则例续纂》，3/1a-15a；《大清会典事例》，157/4a-6b；《清朝文献通考》，19/5026。

[69]　参见第二章"里甲组织"部分。

[70]　《吉安县河西坊廓乡志》（1937），1/2b 中说道："盖明洪武间，因户编里，里各一图，非计地之广袤，实因户籍之多寡为定也。"支持这一观点的例子，可以参见戴肇辰《学仕录》，2/27a 引赵申乔（1670 年的进士）的话；《蔚州志》（1877），3/25a 和 7/1b；《兴国州志》（1889），2/6b 和 5/2a-7a；《湖南通志》（1885），卷 48 各页；《九江儒林乡志》（1883），5/10a-19a；《贺县志》（1934），2/17a-18a 引 1890 年旧志；《湄潭县志》（1899），4/1a 和 8/53b-54a；《镇雄州志》（1887），3/15b；及《寻甸州志》（1828），1/4a。

便每个里能拥有总数为 3,000 亩的土地。[71] 根据《淮安府志》的记载，江苏省盐城县的部分情况如下：[72]

	土地数（亩）
裴桥里	25,447
调和里	19,978
角巷里	32,424
青沟里	6,251
辛庄里	9,280

山阳县的里组织虽然叫"图"，但是其情况类似：

	土地数（亩）
仁字一图	7,318
仁字二图	6,594
仁字四图	5,512
仁字六图	2,957
…………	

把丁税和地税合并征收后的变化反映得最清楚的，是《昌平州志》（1886）提供的事例。[73] 从 17 世纪末的某个时候起，在这个属于直隶省的昌平州，就不再以户数作为里甲组织设置的基础。根据修志者所说，昌平地区的里甲组织设置情况如下：

	土地数（亩）	丁数		土地数（亩）	丁数
得辛里	2,900	153	余庆里	4,800	168
咸宁里	6,400	141	扬谦里	11,100	132
居安里	3,600	81	太平里	5,700	72
义昌里	8,000	190	安仁里	6,400	171
从善里	6,700	244			

里甲作为登记辅助工具的效果

既然里甲是在 1772 年正式终止执行税收登记功能的，那么评估里甲组

---

[71] 《杭州府志》，5/21b。

[72] 《淮安府志》（1884），17/3a-4a。

[73] 《昌平州志》（1886），11/23a-26a。

织的作用也就限于 1648 年到 1772 年之间。令人遗憾的是，就里甲组织的实际运作来说，能找到的史料中基本上都没有记载。除了从一些零星记载中寻找参考之外，没有更好的办法。

清政府已经预料到登记册有可能作假，因而特别下令禁止"欺隐田粮，脱漏版籍"，并禁止借名滥冒优免丁银。[74] 但是，再多的禁令也不能完全根绝逃税行为。里甲负责人经常由于个人利益而不向官府提供正确的记录；有时邻居中有势力的人户企图逃避税责，他们也无力阻止。清王朝从前朝继承下来的登记册相当混乱，却无意重新展开一个全国范围的登记工作，更让这种困难雪上加霜。根据清初一位巡按御史所述：

> 直隶各省州县卫所编审花户人丁，俱沿袭旧数。壮不加丁，老不除籍。差役偏枯不均。[75]

根据保甲组织运作情况进行判断，可以说，里甲登记入册制度在随后的年月里也并没有改善。

19 世纪一位中国作者的说法，虽然主要指山西省的情况，不过也在一定程度上显示出 19 世纪和之前的年月，里甲组织运作的一般条件。他指出登记入册过程中普遍存在几个弊端：

> 赋役既有定额，而户之大者非苞苴之私投，则请谒之公行，本宜多坐而反减者有之。大户减则弱户益增，放富差贫，古患之矣。……
> 三门九则，原为贫富不同而设，无如操纵于长吏笔端之上下，其所欲上，一丁而供数丁之役；其所欲下，数丁而无一丁之费。[76]

很难想象，在这种情况下编造出来的里甲组织登记册，能够反映实际户数和人口数，或不同邻里之间各户拥有的实际土地数。即使这种登记册在计算上

[74] 《户部则例续纂》，2/9a-10a。
[75] 《大清历朝实录·圣祖朝》，5/13b-14a。
[76] 《清朝续文献通考》，25/7757 所引李建侯《王公编审碑记》。

准确，是否可以作为公平摊派税额的根据，也值得怀疑。

我们也不能假定地方官员和衙门书吏会真正重视里甲组织登记册和据以编成的黄册。清王朝很可能重蹈了明朝的覆辙。《明史》中说："其后黄册只具文，有司征税、编徭，则自为一册，曰白册云。"[77]不管怎样，可以肯定的是，到 19 世纪后半叶，所有以里甲组织登记册为基础而编成的、此前可据以征税的书，都因战争和自然灾害而大量地丢失了。这样，地方征税就不得不常常依靠衙门书吏私人抄写和保存的登记册。[78]自从 1712 年永久地固定丁税和 1723 年丁税第一次正式纳入土地税一块征收以后，里甲组织登记册对税收制度就没有什么作用了。税收的绝大多数弊端来自于混淆和篡改土地登记册，而这完全不是里甲体系的问题。

在里甲组织登记程序废止之后，以保甲登记册为根据而编成的人口登记册，并没有比以前根据里甲的资料而编成的登记册更为精确。按一位官方参考资料编纂者的话来说，每年上报北京的户数汇报（假定是以实际的保甲数字为根据），大体上是按照下列模式捏造出来的：

> 布政司以问之州县，州县以问之二三虎狼吏，聚一室而攒造之已耳。[79]

里甲在税收上所扮演的角色

里甲组织原来的职能是定期协助地方官编审黄册——登记帝国各地有义务缴纳丁税的丁口数的册子。然而，里甲组织最终同税收程序联系在一起，而完全停止执行其最初的职能。为了考察里甲组织职能的这一变迁过程，了解一些跟这个问题有关的中华帝国特有的征税程序特征，是很有必要的。征税总程序，明显划分为三大阶段：[80]（1）正式通知纳税人履行纳税义务。这一过程在帝国时期通常叫"催科"（意即"催促交税"）。（2）收税，以实物

---

[77]《明史》，77/1b；还可见《续文献通考》〔编者按：原文误为《清续通考》〕，2/2792。

[78]刘世仁《中国田赋问题》，第 109 页。

[79]《清朝续文献通考》，25/7755。

[80]《大清会典事例》，171/2a-4b、172/1a-8a 和 173/1a-6b。

缴纳或折算成相应金额的税款。（3）将各地征收上的税上交中央政府。在这三阶段中，里甲组织只是在前两个阶段起作用。

由于拖欠纳税是长期而普遍的情况，复杂的"催科"就变得很重要，官府发现必须反复地、强制性地提醒土地所有者履行纳税义务。整个"催科"过程，以官府宣布各地的交税日期开始。清政府规定，每年分两个时段征收土地税和徭役税；各省时间各不相同。[81]大约在规定交税日之前一个月，州县衙门就要向其所属地区的每个纳税人下达一份叫作"易知由单"的文件。这样，每个纳税人就知道要纳多少税，什么时候交纳。[82]1649年采行的"易知由单"后来证明为敲诈勒索开了方便之门，[83]因而在1687年被正式废止。[84]清政府采取了一系列补救性措施，[85]准许纳税人可以抗议不法行为。[86]

取代"易知由单"的是17、18世纪设计的"滚单"。"滚单"是由州县衙门签发给甲长的文件，由甲长负责在其管下的5到10户居民之间传阅，以提醒各人缴税。[87]如果有哪户人家未能按照顺序把"滚单"传给下一户（因而造成"催科"过程中的延误），就会依法受到惩处。[88]据说这个措施革除了一些臭名昭著的弊端，但是仍有更多非法行为一直蔓延到19世纪。[89]"滚单"对纳税人只不过是一件利弊参半的事，[90]他们和从前一样默默

---

[81] 《户部则例》，11/2a 中说道："征收地丁钱粮，限二月开征（云南、贵州二省限九月开征），四月完半（陕西、四川二省宽至六月）……八月接征（福建省七月接征，山东、河南二省暨安徽之庐州、凤阳、颖州、泗州等属六七月）……十一月全完（云南、贵州二省次年三月全完）。"《钦定六部处分则例》（1877）也叙述了同样的措施。还可参见贺长龄的《皇清奏议》，8/1a-b。

[82] 《清朝文献通考》，1/4858-4859。

[83] 冯桂芬（1809—1874）《显志堂集》，5/37a，写给巡抚许乃钊的一封信。冯桂芬说："今则易知由单特为粮书需索舞弊之符。"

[84] 王庆云《熙朝纪政》，3/16b-17a。

[85] 《大清会典事例》，172/4b-8a，可以看到这些基本措施。

[86] 《户部则例》，11/3a。

[87] 《户部则例》，11/4a；《清朝文献通考》，2/4867 和 22/5051。还可参见李渔的《资治新书》，二集，1/9b。

[88] 《户部则例》，11/3a。

[89] Joseph Edkins, *the Revenue and Taxation of the Chinese Empire* (1903), pp.149-151.

[90] 《清朝文献通考》，2/4867，编者所作的一句评论。

地承受着痛苦。[91]

法律规定的收税程序比较简单。政府在 1661 年签发的一道命令，规定各个纳税人将其应缴纳的税钱放入安放在衙门大门前的木柜里，将应缴纳的税粮送到指定的谷仓里。[92] 这种强迫本人亲自缴纳的方法，一而再再而三地得到重申，因为清政府相信它是唯一能预防书吏、衙役和里甲长侵吞国家税收的方法。[93] 然而，纳税较少的人（指其应纳税额在一两银子以下），可以要求税额较多的人代为缴纳[94]（这就为恶劣的不法行为"包揽"提供了方便）。[95] 官府要向完成缴税的人签发收据。收税了而不给收据，或者发给收据却没有载明收税的总额，都是犯罪，要受到法律惩处。[96] 除了在短暂时期实行过一式四联收据之外，[97] 这些收据均为一式三联。第一联由衙门保存，第二联由得到授权的收税代理人在收税时使用，第三联发给缴税人。[98] 这种收据就是众所周知的"三联串票"，或者简称"串票"；由于它盖有官印，并且把相应各联撕开分发给官府、收税代理人和纳税人，因而有时被称为"印票"（盖章收据）或"截票"（撕开的收据）。[99] 谁人手中持有"串票"，就在法律上证明了他完成了当年的纳税任务。然而，有许多纳税人，在官府拖延很长一段时间后，或只有在他们向负责收税的衙门走卒行贿之后，才能得到这一相当重要的收据。

---

[91] 《清朝文献通考》，4/4885。也有些例外，若州县官对清廷的规定和人民大众的利益特别注重，"滚单"在一定程度上就能有效地防止非法行为。据说广东省和平县有这种运作得较好的事例。参见《惠州府志》（1881），18/6b-7a。

[92] 《清朝文献通考》，1/4860。

[93] 《清朝文献通考》，22/5051。还请参见《江西通志》（1880），卷首之一，9a。

[94] 《户部则例》，11/7a。

[95] 不只一个州县为拥有土地的不在地地主规定了特殊的缴税程序。参见《清朝文献通考》，3/4876，"顺庄法"。

[96] 《钦定六部处分则例》，25/45a 中说："输纳钱粮，令小民自封投柜，照数填给印串为凭，如州县官勒令不填数目，及不给与印串者，将州县官革职拿问。"

[97] 王庆云《熙朝纪政》，5/16b，提供了一些材料。在 1725 年到 1730 年间使用的收据是一式四联。第四联是发给纳税人。纳税人一旦纳完税，就把这第四联单独放入一箱子里，进行额外检查。这种方法在 1730 年就不再实行了。

[98] 《户部则例》（11/9a）和《清朝文献通考》（2/4866）中都描述了这种一式三联收据的形式和使用方法。

[99] 《户部则例》（11/9a）和《清朝文献通考》（2/4866）中进一步描述了一式三联收据的实行措施，补充说明了有关文书工作。

在法律上，知州知县就是收税官，直接与所辖州县的纳税人打交道。他们把所有政府规定的税收上来，并上缴到所在省的布政使，再由布政使把应上缴中央财政的部分送到北京去，[100] 然而，清廷授权知州知县可以任命帮手帮助他们完成各种各样的税收任务，批准他们可以利用州县以下基层官员的帮助；如果该州县没有基层官员，则可以利用教谕和训导〔编者按：即负责教育工作的官员〕来帮助。[101]

州县官员的确广泛地利用了他们自己的走卒、衙门书吏和差役。其中一种称作"总书"的书吏，在征税活动中的角色最为突出。虽然《赋役全书》中所规定的税额是官府征税的依据，而且各州县也总是以该书作为参考，但是它并没有规定细节，而且经常与实际不符。因此，州县官员就不得不依靠记录书吏来获取关于其辖地税收、当年应该缴纳何税及拖延未缴的纳税人的名单等等方面的准确资料。而"总书"是州县官员获取此种资料所依靠的第一人。[102]

州县官府征税程序，大多是通过文书工作进行的。但是要完成"催科"任务，就必须到大多数纳税人居住的乡村中去；这对于州县官员或其衙门走卒来说，实质上是不可能的。因此，州县官员就自然地召唤众多地位低的助手、里长甲长、衙门差役（其正常的职责本来不是征税）和法律地位不明确的其他人，到乡村中去"催科"。在这一问题上，各地的做法各不相同。按照一本半官方性质的出版物记载，"催科"过程可以用三种不同方法来完成：（1）把差役派到每个里中去，直到该里完成所有纳税任务；（2）利用"里书"（亦即里长）或"甲总"（亦即甲长）；（3）指定一些纳税户的户主来充当"催头"。[103]

利用里甲组织作为征税的辅助性工具，这一做法可以直接追溯到明代。当时丁税相当繁重，难以完成，因而设置了里甲来负责"催征"的工作。那

---

[100]　《户部则例》，11/9a。蔡申之《清代州县故事》，《中和》月刊，1941年，第2卷第9期，第53页，描述了税收程序。其他相关资料，参见《户部则例》，11/5a；及《清朝文献通考》，1/4859。

[101]　《户部则例》，11/10a。还请参见织田万《清国行政法分论》第5卷，第109页。

[102]　蔡申之《清代州县故事》，《中和》月刊，第2卷，第9期，第53页。

[103]　《州县事宜》，11a-12a。还请参见蔡申之《清代州县故事》，《中和》月刊，第2卷，第9期，第56页。

些家中丁数最多的户主和土地最多的户主，常常被任命担任里长。明朝里甲通称为"经催"（催征代理人），[104] 证明了它的重要功能是"催科"而不是登记入册。为了加强对土地税的征收，除里甲外明政府在每区设置了 4 名粮长。粮长从拥有大量土地的地主中产生，其职责在于征收粮食税。[105] 这样，至少在明王朝统治的一部分时间里，可以将其税收过程概括为："里甲催征，粮户上纳，粮长收解，州县监收。"随着时间的推移，里长甲长和粮长之位都变成腐败的工具；州县官员及其走卒经常强迫里甲提供财物，以及远远超过他们法定责任的服务。[106]

清王朝统治者取消粮长制度，以知州知县为唯一的税收官员；[107] 他们虽然保留了里甲组织，但是规定其职能不再是"催征"，而是帮助官府登记入册户口。这些措施显然是为了纠正明制的弊端，但是，清王朝的里甲组织很快就失去了作为乡村户口登记代理工具的功能，变成了实质上同明代"经催"性质一样的工具。换句话说，里甲组织的职能已经发生了变化，等于是明制的翻版。

里甲组织的这种功能变迁，发生于清王朝统治早期。到 17 世纪中叶，

---

[104] 《清朝文献通考》中（22/5049）所引沈荃为一部有关劳役的书（江苏省娄县知县李复兴所作）写的序。见《清朝文献通考》，22/5049。自中国古代以来，就认识到必须在乡村地区设置税收代理人。《周礼·地官》包含了其中一些基本概念，特别的有里宰、间胥、遂人、乡师（3/71 和 77、4/85 和 98—99 及 101）。汉朝的啬夫（《汉书》，卷 1 上，19a；《后汉书》，38/5b-6a），隋朝的里长（《隋书》，24/6a-7b），唐朝的里正、户长、乡书手（《旧唐书》，48/3a；《文献通考》，12/127）和明朝的粮长、里长等等，都是负责县以下基层税收工作的。

[105] 《明史》，77/3a-b。粮长最初是在 1371 年（洪武四年）在不同地区设置的。根据《明史》，78/4b，明政府任命大地主担任粮长，负责监督其所在乡村纳税。每年七月，州县官员派人随同粮长进京，领取勘合。还请参见《续文献通考》，2/2786。

[106] 《明史》，78/4a-b 和 8b；《续文献通考》，2/2785 和 16/2914-2915。每万石粮食，设一粮长和助手负责运送。在 1397 年（洪武三十年），增设一名粮长和助手。到 15 世纪中叶，取消了这些代理人。山根幸夫（Yokio Yamane）《明代里长の职责に关する一考察》，《东方学》，1952 年 1 月，pp.79-80，利用明代所刊地方志资料，分析了明王朝征税代理人的职能。按照该文的英文摘要，其主要结论是："乡村头面人物的职责是将牲口、水果、药材、皮毛、丝绸和其他类似的东西，作为贡物送交朝廷。其职责还在于发挥自己的作用，为地方政府收集经费，其中包括宗教仪式费、过年费、社会福利费、娱乐费等等。"

[107] 《州县事宜》，53b-54a。还请参见蔡申之《清代州县故事》，《中和》月刊，第 2 卷，第 9 期，第 57 页；《牧令书辑要》，3/52a-54a。

许多地方官都肯定利用里甲组织帮助收税的做法是"良方"。[108] 他们很快就意识到"催纳钱粮"是里甲组织的最佳职能；[109] 因而清廷最终规定里甲组织是其在乡村的税收代理人，授权它"催办钱粮"。[110] 不出所料的，重新规定里甲组织承担"催科"任务，使得明王朝时期许多非法行为死灰复燃；其中最严重的是把沉重的负担非法地加在里甲头人身上，间接加在各甲的纳税人身上。

我们从《无锡金匮县志》（1881）所提供的材料中，看出 17 世纪后半期和 18 世纪早期江苏两个地区的里甲组织运作情况：

> 每里为一图，每图编民一百一十户，分为十甲，择丁田多者为里长，是为田甲。领中产十户为甲首。……里长轮年应役，周而复始，又以里长一人不胜其役之繁也，于是有总甲、有税书（即今之户书，俗名区书）。……
>
> 现年为里长者，先一年为总甲，后一年为税书，故一人而接踵三载，余七载为空年。一年而并役三甲，余七甲为空役。……
>
> 里长管一图之钱粮，凡盈缩完欠，追催比较，皆其责。……
>
> 总甲管一图之事务，凡不公不法，人命盗贼，皆其责。……
>
> 税书管一图之钱粮册籍，凡同都隔扇推收过割，皆其责。

以上情形持续到 1686 年。明显由于现存里甲体系引发了严重的弊端，因而江苏巡抚汤斌，作了一些小变动。他禁止里长承担催粮职务。结果，一直由里长承担的职责就转到了总甲的身上。

另一个变化发生在 1820 年〔编者按：应为 1846 年〕：

---

[108] 山东青州兵备道（周亮工）提交给总督和巡抚的报告。引见李渔《资治新书》二集，1/13b。

[109] 《清朝文献通考》，21/5045；《清史稿·食货志》，11a。

[110] 《大清律例汇辑便览》，8/47a〔译者按：应为 46b〕中说："凡各处人民，每一百户内议设里长一名，甲首一十名，轮年应役催办钱粮，勾摄公事，若有妄称主保小里长、保长、主首等项名色，生事扰民者，杖一百迁徙。"Jamieson 把这些措施译成英文发表在 *China Review*, VIII (1880), p.360。

> 至（道光）二十五年〔译者按：应为二十六年〕，巡抚李星沅……始叠下严札，略曰：……嗣后地保一役，照例由各图士民公举……报官点充。……如有抗欠不完者，责成粮差协同地保催追。[111]

上列引述虽然冗长，但是特别有趣，因为它摘述了里甲组织在江苏的一些发展，而且这种情况也以略微不同的方式发生于其他地区。从引述中看出，早在 17 世纪中叶清王朝建立之时，各地就已经背离了清廷的规定，指派给里甲的职责明显超出了法律的限制。里甲组织登记纳税人户的正式职能已经完全让位给征税功能。到李星沅实施其改革措施时，总甲紧跟着里长和税书之后，也从历史舞台上消失了，只有地保留下来承担以前由这些里甲负责人承担的任务。这种变化趋势在前面有关保甲体系的讨论中就已经提到了。[112]

从《南海县志》（1872）中引述的材料，不但反映了里甲组织的另一种运作情况，而且说明了在征税过程中里甲组织人员面对的困难：

> 吾邑赋税之入，以都统堡，其堡多少不等，以堡统图。……以图统甲，每图分为十甲，每年轮值，以一甲统一图办纳之事，谓之当年。为当年者，于正月置酒通传十甲齐到，核其粮串，知其有欠纳与否，有则行罚例。……故乡曲至今相传，为当年不嫁娶，盖……以办公事为急……不暇及其私也。以甲统户，户多少不等，有总户，有子户……由甲稽其总户，由总户稽其子户……所应纳者，无从逃匿，法至善也。但各县之册籍存于官，乡老甲长无从而见。……故胥吏得恣其飞洒。[113]

这样，里甲负责人的职责令人望而却步。在许多情况下，他们不但要负

---

[111] 《无锡金匮县志》（1881），11/3a-4a〔编者按：应为 11/3a-5b〕。

[112] 在更近一些的时候，即使地保也在一些地区消失了。这类事例可以参见 Fei Hsiao-t'ung（费孝通），*Peasant Life in China* (1939), p.193。

[113] 《佛山忠义乡志》（1924），4/2b-3a，引 1872 年旧本《南海县志》。

责催促其同乡交税，而且还要负责赔偿同乡未交的税。一位方志编纂者因而说道："遇轮值之年，举族不嫁娶，土著坐是离散。"[114]

一些地方想方设法改变这种局面。江西省金溪县的经验相当有代表性，根据一位中国作者的记述，其情况如下：

> 县之区为若干乡，江以南皆然。乡区若干里为都，都区若干户为图，图有甲凡十，更迭以供县之役。役必其里之长，曰里长曰粮长。二长分任夏秋两赋之催输，终一岁而更。有司予以期会，尝晨入检校，谓之点卯。违则杖且罚。胥与隶辄多为之名，至期索二长，钱给惟命。金溪之乡凡六，为都四十有奇，曰归政者，六乡之一也，属九都，为图四，去县三四十里不等。夏税入城，僦居市廛，赴胥隶约，岁费率不下七八十金。秋税输米，抵许湾漕仓，费称是。绅之户曰宦，士之户曰儒，皆著民册，其抗不输纳者，有司置不问，惟按册稽督，岁代输又不下二三十金。鞭笞拘囚，月不绝，值役者往往破其产。

到 1708 年，情况有所好转：

> 邑生冯公讳梦鹊，九都之二图人……其应输田粮当甲三之一，怜其役之繁且累也，为立免役法，旧日册书、图长、甲长、户长诸名色，悉择殷实而诚笃者充之，定以四月输夏税银之半，八月而毕。输秋税粮，期以十月，余时不入城，值卯诸费悉除。且以宦儒倡之，先期纳如额，其他编户，图长责诸甲长，甲长责诸户长，更移多寡之数，册书任其事。始康熙四十七年戊子，迄今庚子，行十余年矣。计所省费，盖不下二千余金。丁酉公卒，户皆焚香哭，时归政之图，各仿公法，未几，六乡之闻而效者，又什之三四。[115]

无论金溪县从上述改革中得到什么利益，这种利益都只是局限于局部地区。

---

[114] 《佛山忠义乡志·人物六》，14/32b。还请参见《花县志》(1924)，4/17a。
[115] 《抚州府志》(1876)，卷八十一之一，22b-23b。

冯梦鹍在金溪县所努力纠正消除的苛政，在清帝国许多其他地区仍广泛存在着，而且未得到铲除。由于局势相当糟糕，终于引起了清廷的注意，正如1724 年所发布的一道谕旨表明的那样。雍正帝指示江西巡抚：

> 地丁钱粮，百姓自行投纳，此定例也，闻江西省用里甲催收，每里十甲，轮递值年。……小民充者，有经催之责，既不免奸胥之需索，而经年奔走，旷农失业……需即查明，通行裁革。[116]

这道针对江西里甲组织所下上谕的执行结果如何，没有具体资料可以确认，但是有一些资料表明，其他许多省区（包括湖南、广西、贵州和山东）也存在着类似的做法。举例来说，在湖南省道州，每甲设置了“户首”（亦即户长），由甲内各户轮流担任。按照当地规定，这种户首要从地方衙门领取“滚单”，并随同衙门所派差役到其所在邻里催促每户交税。如果有人未及时交税，那么户首就会遭到鞭打。有时，一些住户所在地离户首居住处较远，因而户首根本不可能到这些人户家去催促交税；或者在另一些情况下，拖欠者同户首的关系非常紧密，使得户首难以有效地履行其作为征税代理人的职责。这些情况使户首更容易受到笞罚。结果，许多户首为了逃避苦难，要么向衙门差役行贿，找人代为受笞；要么行贿衙门书吏，把担子转到其他住户身上。1853 年，道州知州准许积极忙于州试的年轻士子家庭，免除承担格外的催征任务；[117] 这显示，上述不法行为到 19 世纪仍然存在。

17 世纪末至 18 世纪初广西容县普遍采用的另一种折磨里甲人员的做法是，把那些与“催科”有关联的、未经法律准许的“效劳”，强加在里长的身上。一位地方志编纂者叙述：

> 康熙年间，每十年里轮一家作里长，户轮一人作冬头。里长主承充公事，冬头主催纳钱粮。所谓公事者，若迎新送旧，修理铺设，置备县衙执事家什，此一年中大小物料，皆出自里长，时里长之值月

[116] 《大清十朝圣训·世宗朝》，15/7a-b。
[117] 《道州志》（1878），3/17a-18b。

者，每夜办攒盒二副，送入衙内，共折白金二两，他费不与焉。……
又院司府道衙署岁修经费，皆出自里长，科岁考棚支用，补筑城池，
盖整公所，惟里长办。……尚有一切飞差，开载不尽。……而本衙
门差役胥吏生端开派，更不可究诘矣。故乡民一轮里长，即性命以
之。虽有富民，九年之蓄，常败于一年之费。于是有真逃亡，于是
有伪死绝。而田荒役不荒，乃累及同产包赔，同产又逃亡，累及同
役摊赔。[118]

　　这绝不仅仅是个例，清帝国其他地区也存在着类似情况。[119] 虽然清廷
禁止非法强迫里长承担上述种种"效劳"，但是，只要里甲还在运作，种种
非法行为就会继续存在。早在 1660 年（顺治十七年），清廷就严厉禁止地
方官员把未经批准的职责强加在里甲人员身上，诸如"日用薪米，修造衙
署，供应家具礼物，及募夫马民壮"。1669 年和 1700 年，清廷又重申这一
禁令。[120] 然而，这些非法"效劳"对于地方官员来说，即使不是必不可少
的，也至少是非常方便的。因此，他们不愿理会清廷的愿望，或尊重里甲组
织的法定职能。结果许多里长甲长处于相当困难的境地，对里甲组织作为税
收的辅助性工具形成阻碍。

　　不过里甲头人当然也不是无可指责的。许多里甲头人把地方官强加的
非法负担转嫁到纳税人的身上。[121] 在另一些情况下，里甲头人也发展出了
他们自己的腐败做法，利用自己作为官府征税代理人的权力，压迫辖下的
纳税人，非法索取钱财。下面这个特别显著的事例，就说明了县以下基层
存在的最恶劣的腐败情况。一位中国作者描述了 19 世纪后半叶陕西省长

---

　　[118]《容县志》（1897），28/5a；《牧令书辑要》，2/60b-62a。
　　[119] 关于补充性的事例，可以参见《清远县志》（1880），12/14a-b；《湄潭县志》（1899），
8/35a-b 和 37a；《滕县志》（1846），6/37a。按照刘世仁《中国田赋问题》，第 91 页中所提出的观
点，吏书由于保存着有关图甲组织、纳税人姓名及纳税数额等方面的秘密记录，因而成为负责收
税的官员必须依靠的人物。每个州县，其吏书的人数各不相等，要根据税收多少而定，一般是在
10 人到 60 人之间。
　　[120]《清朝文献通考》，21/5047、22/5049 和 23/5054。1724 年，雍正帝在一道上谕中暗示
各省官员："若虑裁革里长，轮纳不前，亦当另设催征之法，或止令十甲轮催，花户各自完纳。"
　　[121] 俞樾《荟蕞编》（1880），7/6a。

安县的情况：

> 伏查长安民粮分为四十九里，每里分为十甲（亦有分十一二甲者）……自来有粮者均为花户，管粮者乃为里长，此通例也。而长安有不然者……既为花户，则不敢看里长之账，亦不问里中之账，任里长飞摊过派，不敢稍有计较。一或触忤，则群起而摧辱之。……虽重费有所弗恤，彼花户者寡不敌众，弱不敌强，有倾家破产而终不得伸者，以故忍气吞声，甘受鱼肉而无言。凡里中算账，里长则坐于庭中，花户则立于门外，里长则筵于堂上，花户则食于阶下，谓里长为父母，花户为子孙，则尊卑判矣。近又有不与花户结亲之说，则清浊分矣。……花户之地，虽卖于别人，亦仍为花户，即绅衿不能易也。细查此弊，悉由二三里蠹，交通粮差，借端渔利，凌虐良懦所致。……里蠹者，即各里久管粮务者也。[122]

可以理解，里长甲长之职在清帝国许多地方成为可以牟取私利的工具，因此，有些人千方百计谋求此职，并且事实上不得不用钱来买。例如，在广东省东莞县（该县的里甲记录员叫"书算"），知县以相当可观的价格出售里长甲长之职。根据该县县志记载：

> 邑百二十七图，每图书算一人，各挟册籍藏私家，业户割税计亩，索贿乃为收除。五年更替，例奉县千金。[123]

在这种情况下，里甲组织很难诚实地、有效地帮助官府收税，或依法公平地对待纳税人。事实上，里甲体系显然重演了保甲体系的故事：从诚实乡人中产生的里长甲长，却变成了衙门走卒的牺牲者；从流氓恶棍中产生的人选，则导致乡村社会中产生种种不法行为，使纳税人成为牺牲品。

---

[122] 柏景伟（1831—1891）《澧西草堂集》（1923），7/40a-41b。

[123] 《东莞县志》（1921），51/4a。该地方志修纂者的记述并不完全清楚。根据每五年任命一次"书算"的事实来看，书算可能是衙门僚属，而不是里甲人员。

对里甲体系的总评价

税收问题

里甲体系只不过是清王朝税收体制中的一个环节。很明显，如果不把里甲体系放在清王朝整个税收体制中进行考察，是难以对它作出恰当评价的，因此必须首先明了赋役制度大体上面临了哪些难题。里甲组织——作为清政府在乡村负责登记的工具，或者作为乡村征税的工具——未能克服其天生的缺陷，从而充分、适当地履行其职能，其失败的原因绝大部分在于其运行所处的社会环境。

清朝的税收制度，虽然比以前任何王朝的都要来得完善，但是也不能克服或恰当地面对伴随着帝国体制而来的不可避免的历史情境。随着时间流逝，官僚群日益贪婪、腐败；乡民普遍处于绝望的境地，容易受到官僚群体和绅士阶层的敲诈勒索；广大的乡村地区，通讯隔绝、交通落后；所有这一切，形成了许多实际上不可能解决的问题，赋役制度成为令统治者挫折感倍增的难题。一方面，中央政府很少能把法定的税额全部收齐；另一方面，乡村的纳税人经常不得不缴纳远超法定数额的税款，承受着远远超出规定份额之外的巨大负担。由于承受不了压迫，乡民就揭竿而起，或者采取其他暴力行为，这就危及帝国的和平与安全。

户口登记、税额摊派和征税等，都面临着许多问题，也产生许多弊端。[124] 为了讨论方便，可以把这些问题归纳成两大类：其一，伴随着税收摊派和登记而来的不法行为；其二，伴随着"催科"和其他征税程序而来的不法行为。我们将要讨论地方官员和衙门走卒（他们对这些不法行为要负直接责任）的行为、乡村绅士的参与等问题，期望有助于了解19世纪清王朝

---

[124] 织田万《清国行政法分论》第5卷，第110—124页中，列出了清政府税收制度所面临的三大主要困难，即：纳税人拖欠交纳、地方官及其走卒非法强加额外费和欺骗操纵税收程序。乡人的贫困，会给征税带来困难；这完全不同于有意的拖欠。Wittfogel and Feng, *History of Chinese Society: Liao*, p.374 引用《辽史》，描写了12世纪盛行的社会问题："县有驿递、马牛、旗鼓、乡正、厅隶、仓司等役。有破产不能给者，良民患之。"这种情况，也存在于19世纪的清帝国部分地方。

税收制度的运作情况。

（一）税收摊派和登记中的不法行为

清王朝建立之初所定的原始税额，主要是以明代的税额为基础，原本就是极不公平的。随后而来的欺诈行为使情况更加恶化，由不公转为不义。即使在清王朝较早的时期，也有一些地区报告说税册造假，为衙门走卒盗用公款和地主逃税大开了方便之门。这种行为带来的后果之一，就是税负从本来应该承担的人身上，转嫁到没有土地的人身上。[125] 由于这种不法行为在全国到处都存在，很快就出现了一种行话，其中最具代表性的，或许就是"飞""洒""诡"和"寄"。近代一位中国作者对这些行话作了简明的解释：

> 所谓"飞"者，是以已收应完粮户的银额，移报于准豁免钱粮不再征收的户名项下，而将所收的银项饱入私囊。所谓"洒"者，以已收的钱粮，侵蚀入己，而以其数分摊其他各户，以补其不足。所谓"诡"者，系以熟田报作垦田，以偏灾作普灾，或以重灾报轻灾，或以轻灾报重灾，……均有可以肥己之处。所谓"寄"者，系以已征钱粮吞没而报为未征。乙区已完之户，故不销号，寄之于甲区未完之田产项下。辗转寄顿，无根可寻。[126]

有关税册造假的实际事例，是 19 世纪一位江苏巡抚（丁日昌）提供的。他在一篇标明 1868 年回答阜宁县知县请求的文章中说：

---

[125] 一个特别有说明力的事例见于浙江处州知府（周茂源）1669 年的详文："自（康熙）八年……之后，……其端起于久不过割，则业主先无的名，抑且随人纽充，则额田竟无定处。里长既不识其田之在南在北，又安知其田之真熟真荒！所以奸民嘱托总书图差，尽多诡插逃绝户下，实则暂移他府，秋成暗至收租。"参见李渔《资治新书》二集，2/21a-b。〔编者按：周茂源《详复变产完粮缘由》。1669 年为康熙八年，据原文："八年平地之后，飞亩串名，侵逋日甚。"则该详文似应作于 1669 年之后。〕

[126] 刘世仁《中国田赋问题》，第 108—109 页。

> 该县总书王孝贞，无恶不作，凡农民肯出费者，便可以熟作荒；无费者，荒亦作熟。百姓恨之入骨。[127]

一些衙门书吏的不法手段，其精明程度远远超出"飞""洒""诡"和"寄"这些通行方式之上。事实上，他们的欺骗手段，并不只是用在现存的各户身上，"鬼户"的发明令人印象深刻。19世纪一位著名中国作者解释说：

> 粮书于造册之时，先于真户之外，虚造一同图同名不同数之户，谓之鬼户。如真户赵大完米一石，即再造一鬼户赵大完米一升。开征后，该粮书代完一升，截串以"升"字改作"石"字，凭串向赵大取一石之价。[128]

徭役税的征收描绘出同样令人忧伤的情景。徭役税问题最大的灾难，在于清政府宣称把所有徭役税合并入丁税一起征收，却并没有（或许根本不可能）实现这一目标。事实上，在丁银所涵盖的徭役之外，总是会出现一些紧急情况要求提供各种各样的服务，而征收上来的丁银常常不足以支付预算的费用。官吏贪污、敲诈勒索，加深了征收额外税的需求。所有这些问题，严重破坏了徭役制度，给许许多多乡人带来了毁灭性的后果。在某种意义上说，丁税要比土地税的负担更加沉重。正如19世纪一位山西巡抚指出的，[129]"钱粮或有蠲缓，差钱歉岁仍摊"。非法征收一项接着一项增加，丁税负担真的变得让人难以承受。

非法税是如何产生的，或许可以从徭役相当繁重的直隶省看出。一名地方官根据其十年的经验写道，北京邻近的许多地区，由于靠近清帝国的首都，不得不为"承办巡幸木兰与谒陵大差，一切桥道工程车马支应等

---

[127]　丁日昌《抚吴公牍》，20/10a。

[128]　冯桂芬文，引见葛士濬《皇朝经世文续编》，31/6a。

[129]　《大清历朝实录·德宗朝》，95/11a-12a；朱寿朋《东华续录》（1908），28/18a-19b；《清朝续文献通考》，28/7797，阎敬铭1880年的上奏。〔编者按：阎敬铭上奏时间为光绪五年五月己丑（1879年），见《大清历朝实录·德宗朝》，阎时任工部右侍郎，奉命稽查山西赈务，并非山西巡抚，正文有误。又按，当时山西巡抚为曾国荃。〕

项"，提供劳力和经费。地方官员把担子转嫁到人民身上。州县官员及其
走卒经常利用征募劳役的机会，从纳税人身上敲诈钱财，摊派的份额常常
是规定数目的几倍。他们害怕绅士，因而总是毫无例外地以普通百姓为榨
取对象。[130]1882年〔编者按：应为1822年，道光二年〕，该省布政使解
释说：

> 而赋有常经，徭无定额，日久弊生，遂至派差之名色不胜枚
> 举。……例价既属不敷……势不能不派之百姓。而朱票一出，书役乡保
> 逐层渔利，佐杂营弁，群起分肥，刁生劣监，肆行包揽。

最令人咋舌的现象，则来自于这些非法摊派的不公。该布政使继续说道：

> 至百姓承办差务，历系按地匀摊，无如奉行不善，始因缙绅大族加
> 以优免，继而举贡生监亦予优免，甚或书吏门斗兵丁差役一切在官人
> 等，均谓以身充役，概行优免。不但白役日多，更有同姓之人择族中狡
> 辩者，凑捐微名，以免一姓之差。免差之地愈多，则应差之地愈少，地
> 愈少则出钱愈增，以至力作之农民，每地一亩出钱至二三四百文不等，
> 较之正赋每亩征银一钱上下者多愈倍蓰。[131]

正是这种非法强加的税收负担，使得税额不可能按照明确的规定来确
定。由此产生的混乱，反过来又排除了监督的可能性。这样，衙门走卒就随
心所欲地榨取、贪污、中饱私囊。根据19世纪另一位作者的叙述，直隶省
的情况是这样的：

---

[130] 《牧令书辑要》，11/54a-57a。〔编者按：《牧令书》是徐栋辑的一本政书，二十三卷。其
后丁日昌删节徐书成《牧令书辑要》，都十卷，此处应是《牧令书》。又正文提到的这位地方官是
深州知府张杰，引文选自他的《论差徭书》。〕
[131] 《清朝续文献通考》，27/7790。有关"绅士"和"文人"的解释，可以参考本书第三
章注释11。

有按牛驴派者，有按村庄派者，有按牌甲户口派者，杂乱无章，致上司无可稽考。其出之于民，亦各处情形不同，有城居优免者，有绅士优免者，有在官人役优免者，偏枯不公，使小民独任其费。[132]

1882 年（光绪八年），时任山西巡抚的张之洞，在奏折中反映了山西省的一般情形：

晋省州县虐民之政，不在赋敛，而在差徭。所谓差徭者，非易民力也，乃敛民财也。向来积习所派差钱，大县制钱五六万缗，小县亦万缗至数千缗不等，按粮摊派，官吏朋分。冲途州县，则设立车柜，追集四乡牲畜，拘留过客车马，或长年抽收，或临时勒价，一驴月敛一百，一车勒索数千，以致外省脚户，不愿入晋。[133]

即使在丁税相对较轻的南方省区，也经常可以看到非法强加的税收负担。例如，一名吏科给事中上奏康熙帝指出，"伏见浙江造船，分派各州县。皆取办于地方里甲"。地方官榨取数额惊人，比如，遂安县知县超过 1,700 两；乌程县知县超过 12,000 两；诸暨县知县超过 7,000 两。[134]

军事行动使那些物资供应线经过地区的情况更为糟糕。1800 年，一名监察御史上奏嘉庆帝，报告了广西发生的情况。他说：

自乾隆五十三年兵靖安南，而思恩、南宁、太平、镇安、泗城各府按户派拨民夫于各塘堡，搬运军需。自大功告藏之后，十余年相沿，事竣而派累未裁……日日派农民分给各处伺候，而一邑之民散居各村，离官道远者或数十里、百余里、二百里不等，每日轮班自带粮食，在塘堡露居野处，荒废功业。……各衙门之胥役、长随，

---

[132]《清朝续文献通考》，28/7791。〔编者按：应为 27/7791，《清续通考》的编者引深州知府张杰的《均徭辨》。〕

[133]《清朝续文献通考》，28/7799。

[134]《大清历朝实录·圣祖朝》，2/18b-19a，"顺治十八年三月戊戌日"。

> 俱愿塘堡有夫，以任其恣纵。……或村民间有不能当夫者，每月暗补银于号书，号书借以肥已，与衙门之胥吏、长随勾结分肥。……而地方官又或受号书随月馈送，谓之月规，遂因仍颟顸，奉文而不即裁革。[135]

另一个事例，发生在北方两个省区。阎敬铭在 1879 年的上奏中指出：

> 差徭累民实甚，北省悉然，山陕尤重。前此军兴征调，不能不借民力，粮银一两，派差银数倍不等。……近年兵差已少，只有流差。不惟驿路差费未能大减，即僻区仍然烦重。见在粮银一两率派差银八九百一串余不等，明无加赋之名，阴有加赋之累。钱粮或有蠲缓，差钱歉岁仍摊。[136]

驿站制度——帝国政府为传送官文而维持的常态设施之一——变成了又一种非法征税的借口。1668 年颁布的一项措施规定，那些为官府雇佣、从事陆地或水路驿站服务的人，其"工食银"由官府从"正项钱粮"拨款支付。[137] 在清政府所严格规定必须征收之外征收的任何附加税或索取"效劳"，都是非法的。总督以下的任何官员，即使在执行公务，也不能要求知州知县为运输提供力役和物资。[138]

然而大体说来，上述措施和禁令通常都是被无视或规避，而不是服从。的确，乾隆帝在著名的江南游（即众所周知的乾隆下江南）时，就非法征收了许多劳役。虽然乾隆并不知晓，也无意征收，但他要为此负责。一位目击者说：

> 纤夫之供御舟用者，俱系淮安河兵。其随驾诸舟，则派于民。每图

---

[135] 《皇清奏议续编》，3/4b-5a。

[136] 《清朝续文献通考》，28/7797。包世臣（1775—1855）《齐民四术》12/11a-b，叙述了 1798 年云南省威远县发生的一个典型的榨取事例。

[137] 《清朝文献通考》，22/5049-5050。

[138] 《户部则例续纂》（1796），31/7a。

派四十余名，船五只，以听用。又有扛抬夫，一图派二十余人，县无牌票，但以口督办，盖以明禁加派故也。每夫发工食银二钱，民间雇工须要二两。……自十五年春，已有捉船之令，乡舟入城，县役拘住，索贿得免。[139]

地方官经常违背清廷的禁令。无论愿意与否，他们在其上司或朝廷大员经过其所管州县时，都非法利用驿站系统（和可以利用的乡村力役）来提供运输服务。1803 年，一名致仕一年的尚书，在上奏中就提到了这个问题。他指出现行制度所规定的运输设施完全能满足官员执行公务的实际需要之后，接着说：

自州县管驿，可以调派里下，于是乘骑之数不妨加增……有增至数十倍者。……由是管号长随办差书役，乘间需索。……小民舍其农务，自备口粮草料，先期守候，苦不堪言。[140]

在需要运输劳役的水路上，同样存在着类似情况。一名目击者描述道：

某大吏过境，其舟容与中流，久而稍前，颇怪牵者多而行之缓也。及近而察之，则数百人中，偻者、眇者、跛者、胫大如股者、病而呻者、饥而啼者、号寒而无裈者，十居其九。或行数步而仆，或疲而不能步，以肘加缆，听人曳之而后举足，或脱鞙络下堤而奔。伍伯二人执扑先后督之，惰者挞之，逃者追且呼之……仆者逃者多，伍伯畏责亦掷扑而逸。久者舟过，逃者自草间出，诘其状，颦蹙言曰：我曹皆饥民也，官舟过境，例有牵挽，视其官之大小为挽者多寡，隶胥驱我曹供役，人与钱五六十，粗给一日食。官钱例有赀，层递折扣，人率得十数钱，不足一饱。大吏仆从舟子倚势，多赀百货，冀免榷税，邀

---

[139] 《中和》月刊，第 2 卷，第 10 期，第 132 页中引黄印的《酌泉录》卷 2 内容。
[140] 《皇清奏议续编》，4/12a。这名官员就是（名臣）王杰。

厚利……以疲民而曳重载……故舟不能进，往往不终事而逃也。[141]

其他种类的劳役——其中包括有关防洪、水利和城墙整修——也存在着非法募工或征税的情况。大体情况与驿站中发生的问题十分类似。众所周知，在黄河沿岸容易被水淹没的各个地区，清政府取消了明王朝每年征集劳役的做法，固定由一些人充当力役承担治河任务。按照《赋役全书》的记载，这些固定的力役，其"工食银"由政府"正项"下开支。[142]然而，清廷所规定的这一措施，既没有得到广泛运用，[143]也没有得到长期贯彻。早在1690年（康熙二十九年），各个州县就开始征收额外税，增加雇佣劳工从事护堤工作的经费。[144]浙江、湖南、湖北和四川等省区，也征收特别税，作为海岸或河岸各地的防护经费。[145]而为城墙、政府粮仓和衙门等"有紧修处"而募集劳力的做法，由于在全国各地普遍推行，最终获得了清政府的默许。[146]

总而言之，在有关徭役摊派与募集的问题上，清廷法律规定和地方实际做法之间存在着巨大的差距。地方官及其下属对此要负直接责任。在里甲代理人处于任凭衙门摆布的情况下，希望他们来执行清廷法律的规定，是不明智的。

（二）税收征集中的不法行为

许多不法行为看来是同各种各样的税收程序联系在一起的；对这些不法行为的考察，能进一步指出里甲体系运行所处的困境。正如前文已经指出的，各地的"催科"程序各不相同。[147]很明显，在衙门走卒接到催科任务之后，巨大的苦难就降临到纳税人的头上了。17世纪担任过浙江总督的

[141]《清朝续文献通考》，28/7799，引高延第在19世纪晚期的笔述。
[142]《清朝文献通考》，21/5046。
[143]《清朝文献通考》，21/5046和22/5050。
[144]《清朝文献通考》，22/5051。
[145]《清朝文献通考》，21/5046。
[146]《清朝文献通考》，21/5051。
[147]参见本章注103。《学政全书》（1810），7/6a，也可以参考。

一位官员指出，"图差"——被分派到每甲中执行催征任务的差役——经常"入乡叱哮，坐索酒食"。[148] 同一时期担任山东青州分巡的一名官员，在给总督和巡抚的报告中，叙述了"坐催"（坐下来催征）做法所带来的骇人的结果：

> （青州）府辖十余县，则每县有一专役，自正月至年终，朝夕在县督催；县管数十社，则每社有一专役，自正月以至年终，朝夕在社督催，故名坐催。此辈既得此差，视同三窟。官差一人，辄带羽翼挂搭数人。一至地方，索差钱，索盘缠，索往来销号使费，无日宁息。……使果能不误国课，犹云事有缓急，势必先急公而缓在民，所不恤也。无奈此辈鼠腹既盈……及至违限，仍旧别差衙役……千人一辙。[149]

一些一心为民的官员，有时设法约束负责征税的衙门差役（经常被称为"粮差"）的恶行。举例来说，18世纪担任过陕西巡抚的一名官员，甚至设法取消派遣衙门差役到乡村催征的做法。[150] 但是收效甚微，在陕西省和其他各省，这种做法一直延续到19世纪，甚至更晚。一位中国作者对19世纪60年代陕西省某县的情况，作了如下描述：

> 长安四十九里，各派一差以专督催，然所派者皆民快皂各班之头役也。头役倚势作威，并不下乡，则私派散役数人代为应比，谓之跑差。头役有公食，跑差亦有公食。……此外又有送扇子钱、比交钱、车费钱、承情钱。……各里多寡牵算，粮差一项，已逾万串矣。以故头役既充粮差，则共相庆贺，以其可以致富也。查各里均称粮差为当家，凡

[148] 李渔《资治新书》，二集，1/1b。〔编者按：这名总督为赵廷臣。〕陈宏谋（1696—1771）在一官文中指出："所谓催差，有'顺差''图差''帮差'之分。顺差为轮年派役；图差为各图抽签所派。……均无需下乡，以致无耻之徒借机'买'图（指在图组织中催税之权），其价视各图非法所得多少而定。此乃'帮差'，官书不载。每至乡村，敲诈乡民，习以为常。"
[149] 李渔《资治新书》，二集，1/12a-b。〔编者按：这名青州巡宪是周亮工。〕
[150] 陈宏谋1744年签发的一道命令，载于《培远堂偶存稿》，18/37a。〔编者按：《禁革催粮押差檄》，乾隆九年十二月。〕

事必请命于当家。……而里蠹等尤亲昵之。县主或怜里民困苦，比粮稍缓，则当家必唆使抗纳。其应比也，则雇一人上堂受笞，被笞一次，里民必为出比交钱若干串。又以此为有功于里民而纷纷承情焉，其承情也，托有红白等事，里蠹则代设筵，传齐各甲，大嚼既毕，里蠹等复为周旋……一人倡言应与当家出钱若干串，其党即应之曰诺。……而当家遂满载而归矣。[151]

另一种形式的敲诈是衙门书吏和差役狼狈为奸，见之于广东省。1834年初，香山县一些绅士联名给知县的陈情书，反映了以下问题：

> 本邑共一十四都，……共分四十四图，每年向有饬举总催之票，名曰金花票。粮胥每按图分肥瘠，卖票于差，差遂向轮年之户讹索银两。……中下之户，每值轮年，辄为大戚。……至各户完欠细数，例载岁令里胥开送查对，出示本里，所以昭核实，使人预筹办纳也。今十甲新旧欠数，止交图差手执……令图差出其不意，拘拿吓诈。[152]

根据一部地方志的记载，类似的卑鄙勒索在广东省非常盛行。一位湖广道御史在 1836 年的上奏中指出：

> 各属图差征收钱粮，不向的名欠户催比，惟择同户身家殷实者任意锁拿，供其勒索。稍不遂意，裂檄毁衣，架名拒捕，每有一家欠粮，数家破产者。[153]

对 19 世纪最后几十年中敲诈勒索的概况，概括得最好的，或许就是一位翰林院侍读（王邦玺）在 1884 年〔编者按：应为 1886 年〕的一篇上奏。他说：

---

[151] 柏景伟（1831—1891），《澧西草堂集》，7/42b-43b。〔编者按：《清厘长安里甲粮弊条陈》。〕
[152] 《香山县志》（1873），22/50a-51a。
[153] 《东莞县志》（1921），70/9b。〔编者按：这位作者是黎攀镠。〕

利于钱漕之速完者官也，利于钱漕之多欠者差也。一县之中，承催钱漕之差，名目甚多，有总头，有总总头，有都差，有图差，有保差，有帮办之差，有垫办之差，有比较上堂代受枷责之假差，如此等众，皆指望百姓积欠丁漕，以养身者也。图保差下乡催征，辄先饱索贿赂，名曰包儿钱。包儿到手，公项即可央缓。其有豪富骤穷之户，积欠较多，则总头亲临催取，华服乘轿，随从多人，勒索包儿，动至数十千，而公项亦仍可央缓。迨卯限已满，完纳不旺，堂上官照例比较，则以钱雇倩无赖之人上堂领扑，或枷以警众，而总头图头等差无恙焉，且更挟枷责以为索诈之具。开征之初，书差辄择中上家产能自完纳之花户，代为裁串完粮，然后持票向本户加倍勒还入己，名曰代票。[154]

在东南一些地区，衙门走卒用另一种方式进行欺骗。根据一名举人在 19 世纪末的记叙，其情况如下：

　　而欠者民之所有，又吏之所喜也。寅粮而卯完之，曰陈粮，完者加什之三四成不等，少延辄由悍役挈票来其家，曰垫完，叫嚣隳突，唯所欲噬，竟有加及倍者，而酒食膏黍不待言矣。……此其弊东南各行省多有之。[155]

敲诈者有时过高估计了受害者的经济实力。在一些情况下，乡人由于无力满足敲诈者的需索，或许会选择唯一的解脱方法——自杀。例如，19 世纪担任过江苏巡抚的一名官员提到，有名拖欠交税的乡人，在被扫兴的税吏

---

[154]　葛士濬《皇朝经世文续编》，32/19a。

[155]　汤震（后改名寿潜）《危言》，2/25b-26a。亦见于宝轩编《皇朝蓄艾文编》，17/10a-12a〔编者按：应为 17/11a，《钱粮》〕。Père Hoang 印证了这个说法："漕粮在 11 月开始征收。州县官员为了鼓励交税，就在规定税额之外，向那些延期到来年第一月交税的人，额外索取 500 文。这样就出现了这样一个问题：一些精明的税吏，并不急着在年底之前催促那些有能力缴纳但拒绝缴纳的农民完粮；或者更喜欢代替农民把钱粮垫缴给知县。这样，他们就能够在来年一月到来时，向农民多收 500 文钱纳入自己的口袋。"参见 Harold C. Hinton, "The Grain Tribute System", *Far Eastern Quarterly*, XI, p.347 中所提出的概念。

殴打后自杀了。[156] 在催科（催促交税）的过程中，税吏经常非法鞭打纳税人。另一些不法行为出现在催科的下一个阶段——地方官及其助手收税的过程中。同收税直接联系在一起最普遍、最臭名昭彰的不法行为，是"中饱"。之所以会出现这种不法行为，与清王朝税收体系的漏洞和地方官僚群体的腐败有关；与里甲体系本身没有任何关系。

一位西方观察者在1890年代的记述中，对"中饱"作了非常扼要的解释：

> 中国财政体制有着严重的缺陷，潜伏着内在的危机。就其政府税收来说，漏洞百出。对百姓任意敲诈勒索、强取豪夺，徇私舞弊等现象屡见不鲜。我们可以很有把握地说，任何税收都不是按照法律规定的标准征收，然后全部上缴国库。臣民不可避免要缴纳超出规定的税额，皇帝们收到的也总是比他应得的少。〔朝廷每年都以举办各种公益事业和公共工程的名义向百姓征取各种名目的钱款和财物。〕如果我们把其中任何一年为此目的而征收的确切数字，与同一时期真正花费在公益事业和公共工程上的数字进行对比，那么两者数额上的巨大差距会令世人震惊。[157]

知州知县，作为直接负责征税的官员，处于进行中饱的有利位置，有很多方法可以利用。同一时期的另一位西方作者，描述了其中的一些手段：

> 州县官员最重要的手段，或者说至少是他们最可以牟取私利的手段，就是征收和豁免土地税。为了达到这个目的，他们支付给经过相当训练、深入民间的税吏一大笔薪水，使他们永久地从事征税活动。在北京的户部，从未期望过征收上来的土地税能够多于规定，只要能

---

[156]　参见丁日昌《抚吴公牍》，18/1a-b。该事例发生在江苏省桃源县。为了自我保护，乡村纳税人成立了自己管理的催征组织。参见第七章中关于经济活动的结尾部分和第八章中关于物质福利部分。

[157]　Chester Holcombe（何天爵），*The Real Chinaman* (1895), pp.348-349.

看到有八成就非常高兴。但是，如果玩弄一系列欺上瞒下的阴谋诡计，例如：在银和"铜钱"的比例上做文章；虚报地方上发生了悲惨的天灾，宣称居民贫困破产；在计算、测量方面使出障眼法；非法收取收据费、布告费、票据费、到场费等；最后，实际征得的收入，就会达到法律规定数额的两到四倍，与此同时，他们却决不承认手中已经征得了法律规定的数额。假如一县的土地税为 10,000 两，那么该知县从这笔税中所得的利润……可以使他在二十年后带着一笔可观的钱财告老还乡。但是他不能把这些全部纳入私囊，他的许多上司要以一种固定的、"合宜的"方法，或者说清廷承认的方法，从他手中收取孝敬。[158]

当然，并非所有官员都贪污腐败。虽然一些官员能力并不强，但却试图诚实地收税。例如，在广东南海县知县的努力下，于 1777 年制定出一套措施，明确规定了收税的时期、地点和收缴程序，并明确禁止各种各样的非法敲诈勒索行为。这些规定刻在石碑上，树立在乡间的各图，好让乡人们可以看见。如果衙门走卒试图折磨纳税人，后者就可以向官府申述；如果有关的图中有 10 个甲的负责人在申诉书上签名了，知县就承诺立刻处理。记录这一事实的地方志修纂者评论说，这些措施"至今遵行无异"。[159]

然而，像南海知县这样的官员少得可怜。即使地方志修纂者所说的完全可信，我们仍然认为他所描述的那名凭良心做官的知县，其影响也相当有限。少数官员的良好行为，并不能抗衡许多腐败官员所造成的伤害。

就像其他地方一样，州县官的腐败，在衙门僚属阴谋诡计的烘托下而变本加厉。事实上，如果下属诚实公正，官员要想腐败也不可能。有些衙门的书吏之职能带来许多好处，因而要缴纳相当一笔钱来购买此职。19 世纪担任江苏省巡抚的一名官员就对此作了具体的叙述：

---

[158]　Edward H. Parker, *China: Her History, Diplomacy and Commerce, from the Earliest Times to the Present Day* (1901), p.173.

[159]　《佛山忠义乡志》(1924)，17/14a-b。1778 年和 1786 年，南海县又增加了一些规定。

> 江苏各州县，有"总书"一职，掌钱粮征收。州县官新任，若逢地税、贡物开征之时，衙门各房吏员为谋此职，争贿上司，其数可达千两之多。……俟得此职，即敲诈勒索，随心所欲矣。[160]

一位西方传教士讲述了一个普遍流传的中国故事，它反映了人民对税吏的评价。这个故事说，财神生前就是一个税吏。[161]

我们不可能把地方官吏和衙门走卒为了中饱私囊而榨取乡人、欺骗清廷的所有形形色色伎俩都描述出来。列举几个最能反映问题的事例，就足够了。

在纳税人交税时索取额外税，是最明显的手段之一。其具体做法是：在法律规定份额之外，非法收取额外费；对原本法律规定免费的专案进行征税；或用任何看似合理的借口来收钱。以南海县为例，在前面提到的那位诚实为官的知县 1777 年出台一套措施之前，生活在该县的乡人，不得不缴纳高于政府规定的钱粮税款，比如缴纳布告费（油单每张铜钱三文）和收据费（抄实征册每户铜钱三文），承担衙门所派帮助征税差役的"饭食银"，缴纳延期交税的惩罚费。[162] 最简单的或许也是最无耻的敲诈勒索手段，见之于下列《东莞县志》所载的一段史料：

> 邑百二十七图，每图书算一人，各挟册籍藏私家，业户割税计亩，

---

[160] 丁日昌《抚吴公牍》，3/5a。其他相同的事例可以见之于广东省一些地区。比如，《东莞县志》（1921）就在 51/49a 中说到，五年一任的"书算"之职，其价格为 1,000 两。

[161] John L. Nevius, *China and the Chinese* (1869), pp.145-146："中国人崇拜……财神的故事是这样的：财神最初是税吏。有一次，这名税吏到一户哀求无力交税的人家，同这户人家住在一起，直到收到税。税吏在退职成财神以前，吃惊地听到其窗下一只老母鸡对它孩子们说：'主人家中来了个客人，主人因而决定明天杀我招待客人。情况会怎么样呢，我亲爱的宝宝？'税吏被这个令人悲伤的对话所感动，因而辞去了税吏之职，成为骑在老虎背上布施财富的神仙。"《牧令书辑要》中记载了两个布告，18 世纪早期河南巡抚（田文镜）发布禁止买卖"柜书"（钱库登记员）行为和里长职位的布告（2/60b-61a），以及陈宏谋在另一省签发的檄文〔征收钱粮条规檄〕，见同书 3/64a-b。〔编者按：《牧令书辑要》以下，与正文关系不大，依文意，此段应置于注 160 之下。〕

[162] 《佛山忠义乡志》，17/14a-b。

索贿乃为收除。五年更替，例奉县千金。[163]

更阴险狡猾的"中饱"手段，就是玩弄、操纵税收收据。一个精于此道的衙门走卒后来坦承此手段的具体做法是：[164] 负责收税的吏员，对于同他关系很好的富户，以缩减的税额，事前进行收纳，并宣布他们已经结清了。由此而产生的税收亏空，就是把收据窜改成应缴税额较少的纳税户的。当这些税额较少的纳税人缴税时，他们拿到的收据是伪造的，上面的税额多少虽然正确，但要么是日期不相干，要么纳税人名字是假的。尽管他们交税了，手中也有了收据，但是在官府档案中并没有他们的名字。

19世纪一位著名的中国作者，向世人揭露了一个没有上述做法那么高明的例子，这个事例发生在江苏：

> 向来银米既交，不过数日后给串。今则有先借银而数月后得串者，亦有缴银而终不得串者，更有已借已缴之后，官忽易一丁书，前银概不承认，逼令重缴者。更有惯欠之户，本不欲得串，但于追呼之顷，付银十之一二，以幸无事。丁书等亦利其为额外之获，而岁以为常者，此中勾稽之数，虽神仙不可测识。[165]

本来，清廷法律规定纳税人要亲自交税，把税钱投入安放在衙门大门前的官柜中。但在事实上，地方官员经常无视这一规定。这就产生了一种完全不同于前述类型的不法行为。结果，纳税人深受各种各样敲诈勒索手段的危害。广西《容县志》就记载了一个令人震惊的事例：

---

[163]　《东莞县志》，51/4a。

[164]　蔡申之《清代州县故事》，《中和》月刊，第2卷第9期，第54页，引用题为《长随论》的抄本。〔编者按：《长随论》原文如下：更有粮书与殷实大户交好，减价预收粮银。粮书先给收字为据，其银串缓期付执。粮书即将该户串票银数分散，多折张数收存。遇有小户买粮，粮书即将好串票，查其银数相符者，更改户名或年份，通挪侵用。大户收执粮书收据，无串安业，小户收执改名串票，照实征册内并未扣销，混称民欠，迨至摘户签催，小户将改名串票呈验，粮书捏称失销为词，此为张冠李戴。〕并参见《牧令书辑要》，3/61b所载的陈宏谋的言论。

[165]　冯桂芬《显志堂集》，5/37a。

先是县中官设银店征粮，有忠信、公和、义昌、裕和四店。时赋耗无定章，任意浮收，凡征银一两者，加收银七八钱，其不及一两者倍之，至二三分之户，则收至二三钱不等，民苦无告。嘉庆五年奉上谕严禁州县私设官店以杜浮收，抚宪谢因出示遍饬各属，凡征收粮赋，须设柜大堂，听民自封投纳，毋许胥吏侵蚀。颁示下县，而邑令某匿示不宣。八年四月，诸绅恳诸府宪，奉批后官店虽撤，而征柜设于库房，重戥留难，浮收如故。九年四月，诸绅上恳臬宪，批札既下，始在大堂设柜，而复有东省游棍勾结丁役，钻充柜书，浮收益甚。八月，诸绅控之藩宪，事未得直。延至十一年开征时，柜书又行变计，凡完粮者，概不给收数清单，意图蒙混。嗣经诸绅于署内廉得其浮收总册，因钞粘分赴抚藩臬各辕呈禀，已奉牌提究，而柜书内有奥援，阴为沉匿……六月，诸绅逼得将前情奔告制宪，始奉严檄，由司饬府提讯……怀集令审讯二次，苍梧令审讯二十二次，十二月府宪复亲提研鞫，尽得其历年串同舞弊情形，各书役等按论如律。因酌定加耗章程，凡征银一两者加纳四钱二分，多少递算。……诸绅欲言而有征，因于是年勒碑垂后。[166]

这个事例虽然并不典型，但是相当能说明问题。它反映的事实是，衙门走卒的地位虽然低，但是在特殊的环境下，拥有非常大的影响。根本不可能期望里甲组织能够战胜这股令人生畏的恶势力。

我们不可以认为，把税钱投入安放在衙门大门前的官柜里，或者固定加耗，就能解决税收中存在的基本问题。在许多情况下，到衙门来交税，本身对于乡人来说是个苦难。《慈利县志》（湖南，1896）的修纂者就写道：

里民惮入城，当二忙时，或因循失期，或展转属他人，而有忘误……吏辄代完，悉收其券票，更卖与奸侩，至逋赋家坐以抗粮，则妇

---

[166]《容县志》（1897），9/6a-b。《州县事宜》在 45b-46a 中描述了负责检查和熔铸所交税银的"官匠"的非法行为。

儿鸡犬不宁，索唯所欲，尽产物犹不免破家相踵矣。[167]

　　还有一种不法行为，它是清政府准许以货币代替实物交税的做法所衍生出来的。税额通常按银两结算，[168]但是，纳税人（尤其是小户人家）的收入是以铜钱计算的，因而他们不得不将铜钱兑换成银两，而且通常是在官府特别指定的地方兑换。就像上引西方作者所指出的，这就为地方及衙门走卒玩弄银子兑换率提供了机会。19世纪前中期，银价已经达到了历史上前所未有的高点，因而情况也变得更加严重。根据一位著名高官的说法，在清王朝建立初期，兑换率是700铜钱兑换1两银子。在雍正帝和乾隆帝在位期间，兑换率虽然开始上升，但是还未超过1,000铜钱兑换1两银子；而在19世纪早期，却跳到每两银子能兑换2,000铜钱的程度，到咸丰帝和同治帝在位期间，则达到了每两兑换5,000或6,000铜钱的高度。[169]不论银价高涨的原因是什么[170]，都必然给人民大众尤其是所交税额相对较少的乡人带来极大的痛苦。按照规定，税额摊派以银两计算；铜钱价值贬值，就必然增加纳税人

　　[167]《慈利县志》（1896），6/3b-4a。还请参见《牧令书辑要》，2/60a-b，所引严如煜（1800年举孝廉，寻补知县，官至陕西提刑按察使）关于"截粮"这一众所周知不法行为的叙述。该手段与发生在慈利县的"佥"使用的手段相似。

　　[168]《大清会典》（1908），19/1a，其中说："凡国用之出纳，皆经以银。"

　　[169]　王庆云《熙朝纪政》，5/8a-10b。钱泳（1759—1844）《履园丛话》，1/14b："乾隆初年，每白银一两换大钱七百文，后渐增至七二、七四、七六至八十、八十四文。余少时每白银一两，亦不过换到大钱八九百文。嘉庆元年，银价顿贵，每两可换钱一千三四百文，后又渐减。"还请参见汪辉祖《病榻梦痕录》卷下，49b-50a："辛巳以前，库平纹银一两易钱不过七百八九十文，至丙午犹不及一千，至是可得一千三百文。"57a："是年库平纹银一两易制钱一千四百四五十文。"库平是户部所用的规定衡量标准，在北方各省广泛使用。1库平两大约等于0.9872关平两（关平是海关所采用的衡量标准）。有关同一问题的陈述，可以参见叶昌炽（1849—1917）《缘督庐日记钞》，1/74b，光绪丁丑（1877）农历十月十六日；汤震的《危言》，2/24a-28b。然而在19世纪晚期，一些地区的发展趋势颠倒过来了，李慈铭《越缦堂日记补》（丁集，6a-b，咸丰七年七月十六日记）、翁同龢《翁文恭公日记》（26/6a-36a，光绪丁亥，从农历一月十三到四月初四日记）、L. Richard，*Comprehensive Geography of the Chinese Empire and Dependencies*（p.318）中，都叙述了1736年到1907年间的税率兑换情况。

　　[170]　王庆云《熙朝纪政》中把银价上涨的原因归结于雍正帝和乾隆帝在位期间铜钱供大于求。李星沅《李文恭公奏议》（3/65a和10/52a）、贺长龄《耐庵奏议存稿》（4/9a），也强调了铜钱供大于求的问题。而李慈铭在《越缦堂日记补》（辛集上，67a）中，认为银价上涨的原因在于，咸丰以来铜钱供不应求，导致了市场上出现劣制铜币。冯桂芬则谴责说，银价上涨的原因，在于中国对外贸易处于劣势，特别是鸦片贸易使中国银元大量外流。包世臣《齐民四术》（26/5a）、太平山人《道光银荒问题》（《中和》月刊，第1卷，第8期，第61—75页），所持观点同冯桂芬的相同。

的负担。最早在 1657 年（顺治十四年），清政府规定 30% 的税收可以通过铜钱缴付，并且正式公布于众，但是不久之后就抛弃了这一规定。[171] 这样，因兑换率上涨而导致的所有损失，就完全落到了纳税人的头上。另一方面，无论是牟取私利，或仅仅只是自我保护，税吏在收税时都不会忘记采取对他们最有利的兑换率。

以下几个事例就可以说明这一点。1828 年（道光八年），道光帝在一道上谕中，引用了一名御史的报告：

> 山东省近年征收钱粮，折钱日加日多，如宁海州每银一两折收京钱四千二百，诸城县每银一两折收京钱四千二百六十。本年黄县以加增钱粮滋事，则借银价昂贵为辞。现在他州县亦皆持此说，日加日多，靡有底止。[172]

一年后，道光帝在另一道上谕中说：

> 朕闻河南本年银价大钱一千四百有奇，地方官征收钱粮中新郑、禹州、许州、灵宝等州县，每两竟折大钱两千及两千二三百文，较之去年各加二百文之多。

大约 60 年后，一名美国外交官观察到一个玩弄兑换率的相当恶劣的事例，终于导致地方的反抗。在一个离清帝国首都很近的地方，海关税兑换率为每两 2,000 铜钱。在某一天，知县却擅自抬高到 4,000 铜钱，不久又提高了兑换率。随即，反抗就爆发了：

> 新上任的知县把兑换率上涨到 5,000 文铜钱才能兑换 1 两银子。这一规定表面上在平静中得到乡人遵循。这样，知县错误地认为其

---

[171] 李星沅《李文恭公奏议》，10/52b："溯查顺治十四年征收钱粮银七钱三之例，虽经刊入由单，行之未久，旋即中止。"换句话说，清政府不再收纳以铜钱缴的税。

[172] 《清朝文献通考》〔译者按：应为《清朝续文献通考》〕，2/7512。

管下居民不敢反抗，因而在几个月后，又把 1 两银子的兑换率提高到 6,000 文。这时，乡人不满情绪虽然高涨，但还是遵循了。而知县还不满足，又提高到 7,000 文。此时，乡人谈论组织反抗，但还没有采取实际行动。知县还未知足，在自己任期到半之前，又进一步提高兑换率，规定 8,000 文才能兑换 1 两银子；这就超过了法律规定的 4 倍。

知县的不法行为终于引发了危机。乡人们举行集会，决定通过都察院向皇帝提交请愿书。……请愿书根据集会的决定准备好了，由三名有影响的文人带到首都。……但是，不但请愿书丝毫未看就被退回，而且每人还被重打 50 大板，被罚交一小笔藐视法庭费。三人凄凉地、垂头丧气地返回。知县为了庆祝自己的胜利，把兑换率又正式提高到每两兑换 9,000 文。……乡人们立即集会，更仔细地起草了请愿书……由三人再一次带到首都。这次，乡人们成功了。那名胆大妄为的知县被罢黜，丢掉了乌纱帽，永远不得再为官。[173]

华南有时也可以看到类似的不法行为。例如，在江西一个地区，清政府为税收而规定的银钱比价为 1,000 文铜钱，而税吏却抬高为每两要 1,885 文。由于 1830 年代晚期每石谷物只值 800 文，因而农民们要卖二至三石粮食，才够交纳 1 两的税银。[174]

对于地方官吏来说，由于玩弄兑换率所得利润非常诱人，因而在那些本来规定可以用实物缴纳的地方，也千方百计采取用折银的办法。《铜仁府志》（贵州，1954）就记载了下列事例：

按：……坡头乡民输将踊跃，是年届期征收，民咸赴仓完纳，司仓

---

[173]　Holcombe, *The Real Chinaman*, p.234.

[174]　包世臣《齐民四术》，2/15a。

者故难之，不为遽收，欲其折价，冀可中饱浮费也。[175]

　　太平天国之役的爆发，使清王朝已经恶化的局势更加恶化。清廷认识到由于战争引起的社会动荡和毁坏，纳税人的纳税能力大大降低了，因而要求地方官在收税时，一半收铜钱，一半收银两。[176]可是州县官员却仍然要乡人用银两缴纳。

　　面对种类繁多、横行全国、地方官员及衙门走卒都卷进去的不法行为，负责里甲组织的人又能做些什么，才能在法律规定的范围内维持税收程序呢？他们不过是在县以下基层组织中服务的普通纳税人。清王朝建立初期曾公布一项法令，规定里长、甲长有权控告非法强加负担的州县官员。[177]这一法令基本上也形同虚设。

地方绅士与税收制度

　　地方绅士是造成乡村骚乱的又一原因。绅士妨碍了税收制度，特别是里甲体系的正常运行。这里所说的绅士，包括曾任过官职的退休官员、大地主和士子文人等。拥有大量土地、有义务缴税的绅士，利用他们的特权地位，常常能保护自己不受差役或税吏的侵犯；这样，官吏的敲诈勒索，就主要落到了普通百姓的头上。绅士甚至利用自己的地位，把自己应该交的份额，转嫁到普通百姓身上；或者与官吏、衙门走卒狼狈为奸，共同压

---

[175]　《铜仁府志》（1890），9/40b。Père Hoang 观察指出江苏省发生的情况，同铜仁事例相似："官吏喜欢规定乡人用相应的货币代替实物交税。然而，由于粮食价容易不断地波动，因而，就由布政使根据当年粮价来决定该年交纳的钱币税，然后由州县官员公布出来。例如，如果现年每石大米的价格为 2,300 文铜钱，那么，农民每交纳一石大米实物税，换用钱币缴纳，就必须是 3,352 文。……农民也宁愿用钱币交税，因为这样就可以避免衙门代理人（即衙门走卒）制造的种种困难，如用大体积的容器来收粮食，挑剔粮食质量差等类。因而只有那些衙门走卒不敢打扰的大地主，才可以用实物交税。"引见 Hinton, *Far Eastern Quarterly*, XI, p.347.

[176]　《清朝续文献通考》，2/7515。

[177]　《清朝文献通考》，21/5045，引述了清王朝早期所规定的一项措施："其州县官或于额外私派而上司徇隐者，许里长、甲长据实控告，依律治之。"

迫普通百姓。[178] 严格说来，未能通过任何官方举行的考试，或者没有取得什么官位爵位或头衔的文人，并不是绅士，但正是他们备考攻读，以求晋身的事实，使得地方官经常给予他们特别的礼遇，乡人也对他们给予几分尊敬。他们自然会利用所能得到的特殊待遇，在交税问题上谋取自己的利益。

　　虽然理论上所有耕地都要交税，但是在清廷的眼中，所有纳税人并不是平等的。纳税人因社会地位的不同而区分为两个不同的类型。清王朝一建立，就给予官吏和绅士种种特殊免税权和其他特权，使他们处于优于人民大众的地位之上。[179] 官府对特权阶层的纳税人，比对普通百姓有更多的照顾和恩惠。取得"贡生""监生"或"生员"头衔、有义务缴纳土地税的士子，如果"发现"自己不方便及时缴税，可以推迟 2 到 6 个月的时间；而普通人必须按照官府规定的期限缴纳。[180] 绅士阶层更可以免服"杂色差徭"。[181] 清王朝统治者继承遵循上古以来的传统，[182] 甚至在正式进入北京以前，就准许那些服从新王朝统治的生员免服徭役。在这之后几年，清廷又在 1635 年规定所有举人家中可以有 4 名丁口免服徭役。到了 1648 年，顺治帝又进一步决定扩大免税范围，推出了一系列措施，给予不同层次的官吏和士子不同的照顾。在这些规定之下，品秩最高官员的家庭成员多达 30 人可以免服徭役；最低层次的士子，也可以有 2 人免除徭役。这一慷慨的措施持续到 1657 年，清政府才改变了规定，此后只有本人才可以免役，其家庭任何成员都不再享

---

　　[178]　自上古以来，中国政府就很难对有特权地位的个人或家庭，进行征税。这类事例可以参考：《史记·赵奢传》，81/5a，"平原君家不肯出（租）"；赵翼《廿二史札记》，关于"明乡官虐民之害"的文章，34/14a；朱之瑜《舜水遗书》，转引自《食货半月刊》，卷 5，第 8 期，第 20 页（明王朝时期宦户的不法行为）。

　　[179]　较充分的谈论，可以参见第三章注释 12。Chung-li Chang, *The Chinese Gentry*, pp.32-43，也很有用。

　　[180]　《大清律例汇辑便览》，11/41b；《大清会典事例》，383/16a-b。

　　[181]　《学政全书》（1910），32/1a 和 2a-b；《大清律例汇辑便览》，9/2b 和 18a。清政府还明确规定，绅士还可以免于"充当总甲图书之役"（"杂色差徭力役"的组成部分之一）。这道上谕发布于 1736 年（乾隆元年）。参见《清朝文献通考》，71/7709。

　　[182]　《周礼郑氏注》（1936），《地官·乡大夫》，3/73："乡大夫之职……以岁时登其夫家之众寡，辨其可任者。……其舍，国中贵者，贤者，能者，服公事者，老者，疾者，皆舍。"有关汉朝到宋朝时期免服徭役的阶层情况，可以参见《文献通考》，13/141。

有特权。[183] 为了防止有人滥用，有名巡抚 1726 年设法取消这一特权，但清廷又重申了 1657 年的规定，[184] 并持续到清亡。

丁税并入地税一起征收，使丁税摊派变成以土地而不是以人为基础，丁税也成为土地的附加税。这一措施，对上述特权产生了一些影响。在法律上，绅士本人可以免除普通丁税和杂七杂八的差役，不管他们是否拥有土地；在事实上，所有无地者都没有缴纳丁税的义务，[185] 不管他们是特权者还是普通百姓。因此，这一税制变化，对于那些没有土地的绅士成员来说，就没有什么实际意义。另一方面，拥有土地的绅士，虽然要缴纳土地税，但是比起普通的土地所有者来说，他们享有免纳丁口附加税的优势，并在事实上经常免服所有其他力役。换句话说，假如土地数量和所应交纳的土地税相同，他们要缴纳的税还是要比普通百姓来得少。对于那些占有大量土地的绅士来说，其经济上的优势是相当实在的。既然自康熙晚期以来各地丁税税额

---

[183] 《大清历朝实录·世祖朝》37/21a-b 中，叙述了清王朝初期设立的"优免则例"。还可以参见《清朝文献通考》，25/5071-5072。1648 年（顺治五年）规定的措施可以概括如下：

官品		优免的粮食税（石）	优免的丁役（人）
京官	一品	30	30
	二品	24	24
	三品	20	20
	四品	16	16
	五品	14	14
	六品	12	12
	七品	10	10
	八品	8	8
	九品	6	6
与京官并列、举人、监生、生员		2	2
基层吏员（未入流）		1	

以京官优免为标准，地方官对应各减一半，以礼致仕者免十分之七。1657 年，顺治帝接受户部的一项建议，规定每名官员（从最高级官员到最低级官员和所有不同头衔的文人）只有一丁可以免服徭役；至于粮食税，则没有提到什么。假如当时所有这样的免税都被废除，那么所有土地所有者，不管其地位如何，都必须交纳粮食税（或土地税）。地方志中通常记载了一些资料，可以说明免服丁税的人数情况。比如，《滁州志》（1897），卷二，11a 记载，该地的总丁数为 12,292 名，有 401 名举人、贡生和生员优免当差。

[184] 《清朝文献通考》，25/5073。然而在清王朝最后统治的年月里，"士"（即文人）的特权和声望正在消失。在一些地区，他们也成为徭役征集的对象。例如，1881 年时任山西巡抚的张之洞收到一份咨文，其部分内容如下："自丁摊入地，徭亦因之，故晋省士子向例不免徭费。"参见王仁堪《王苏州遗书》（1933），3/4a。

[185] 朱偰，《中国财政问题》（第一编，1933 年国立编译馆版，第 15—16 页）："无地之丁，不再输丁银，人丁税之名存实亡矣。"

就固定下来，不再增加，那么准许拥有土地的绅士免税，就使额外的负担落到了普通土地所有者的身上。这一情况，既刺激了普通土地所有者去追求特权地位，也刺激了无地的绅士去获取土地。[186]

统治者一开始就认识到绅士可能会滥用被授予的特权，几乎在给予绅士阶层特权的同时，就采取措施，防止他们逾越法律的界限。但是由于很多享有特权的人都倾向滥用特权，使得清王朝的税收制度在一定程度上成为清政府（它努力铲除欺诈行为）同绅士（他们竭力把自己的特权发挥运用到最大范围内）之间的一场斗争。绅士所采取的欺诈行为，主要表现在完全不交税、把应交份额转嫁到其他人身上，或者包庇那些并不拥有合法免税权的逃税者等方面。[187]一系列社会因素为这些欺诈行为提供了机会，清廷对纳税人的不同态度要为这种情况负直接责任。纳税人户通常被分为"绅户"（"宦户"和"儒户"属这一阶层）和"民户"，又分为"大户"和"小户"，还有"城户"（就是不住在乡村的地主）和"乡户"（即农民）。[188]这一划分，虽

---

[186] 包世臣《齐民四术》（1822），8/10a："然绅士既免差徭，而稍有力之家，指捐职衔，即入优册，是唯终岁勤勤之农民，方供杂派。"嘉道时期在直隶为官的张杰写有《论差徭书》，其部分内容如下："乡间办差，各处情形不同，省北州县，有旗办三而民办七，有旗不办而民独办者；省南州县，有绅办三而民办七者，有绅不办而民独办者。……因而地亩稍多之家，或挂名衙门，或捐纳职衔，以图免差。……是年年直隶所承办之大差，非州县官吏也，非官绅大贾也，乃地亩至少之良善穷民也。"引见《牧令书辑要》，3/74b-77a。

[187] 《清史稿·食货志》，2/3a。因丁税和地税合并征收而引起的混乱，使得文人偶然丧失他们自古以来就免服劳役的特权，从而使得那些拥有官衔或头衔的绅士成员成为唯一的不服劳役的阶层，参见前注184。王仁堪《王苏州遗书》，卷首5b和3/4a中指出，山西巡抚张之洞在1881年上奏建议，"一等生员，无论有无田产，准免徭费二百亩，二等半之，三等又半之，劣等不免"。清政府采纳了这一建议，但是，并不是所有文人阶层都得沾天恩，而只有那些上了年龄、拥有相对较高学术成就的文人才能享受。〔编者按：生员免徭建议并不是张之洞向清廷提出的，而是时任山西学政的王仁堪咨文张之洞的建议，见《王苏州遗书》卷三《咨山西巡抚商定章程六条文》。又《卷首·年谱》第五页，"光绪七年"条下："山西为文勤公（王仁堪）旧治……手定章程六条……咨商巡抚张公之洞，以次施行。"是张之洞接受了王仁堪的建议。〕

[188] 这些并不是对纳税人划分的正式术语，清政府也不以之来划分纳税人。我们使用这些术语，只不过是要表明人户所拥有的社会地位是有差别的，并指出不同地区的称呼也是各不相同的。每一个术语的实际含义，我们将在随后的几页中详述。"大户"一词，或许是指没有绅士头衔而财富殷实的大地主；这正如1757年到1758年担任江苏巡抚的陈宏谋所指出的那样："州县自顾考成，奏销前则捉拿大户，不问小户。"州县所捉拿的不太可能是拥有绅士地位的大地主，特别是在江苏这一绅士影响力相当大的省份。〔编者按：陈宏谋两任江苏巡抚，一任是1757—1758，一任是1758—1762，引文见《征收钱粮条规檄》，乾隆二十五年（1760）九月，在第二任期内。参见《培远堂偶存稿》，46/40a。〕

未得到清政府认可，但是在实际中，社会地位不同，得到的待遇也不同。对于那些拥有社会威望、政治影响或经济势力的人户，清政府给予特殊照顾。在极端的情况下，这些人户还成为另一些压迫者。而且，尽管乡绅和官府之间偶尔发生利益冲突，但在总体上，他们或多或少总是保持亲密关系。官衔较高的绅士，其威望或影响就相当大；大多数绅士和渴望取得绅士地位的文人，都深知为官之道——不管是好的，还是坏的。州县官员经常发现，面对种类繁多的州县事务，很有必要寻求这些人的协助或合作，因此，他们宁愿无视或玩弄清廷规定的措施，也不愿意招致绅士的敌意。这样，官员对于绅士的犯罪行为就经常熟视无睹，甚至在可疑问题的处理上达成默契。结果，拥有绅士地位的人就有条件欺骗清政府的正常税收，或者剥削平民身份的纳税人。与大多数乡人一样是普通百姓的里甲代理人，根本就无力采取什么方法来维持法律规定的税收程序。

清王朝皇帝采取措施，设法终止绅士拖欠缴纳土地税的不法行为。1658年，在里甲制度推行整整 10 年之后，清政府下令说：

> 文武乡绅，进士、举人、贡监、生员及衙役，有拖欠钱粮者，各按分数多寡，分别治罪。[189]

两年后，由于江南不缴纳土地税的情况特别普遍，清政府指示地方官在其年度报告中指出绅士未及时缴纳土地税的精确数字，以便及时抓拿犯者并加以惩处。[190]

1661 年，康熙皇帝即位后，清政府立即采取了第一项严厉的措施，惩罚绅士拖欠税款的行为。根据官方历史档案记载，[191] 江宁巡抚朱国治上奏要求对苏州、松江、常州、镇江等府和溧阳等县拥有文官或军官品级或头衔的 13,517 名绅士进行惩罚，因为他们总是拒绝缴纳自己的税款份额。清廷立刻采纳此建议，颁布了惩罚措施。上千绅士被罢黜，剥夺品级或头衔，关进

---

[189] 《大清会典事例》，172/4b。

[190] 《大清会典事例》，172/4b。这项措施是 1660 年开始推行的。

[191] 《大清历朝实录·圣祖朝》，3/3a。

监狱或受到鞭打。这一案件一直到 1662 年中期才结束；是时，清政府下令，释放所有冒犯者——无论是解送到京还是仍然被监禁在当地牢房的绅士。[192] 在浙江省担任知府的吴齐，概括了这一著名的"江南奏销案"所产生的直接后果：

> 除降革有司不论外，其乡绅生员之被褫革者，小邑累百，大县盈千。三吴素称衣冠之薮，自经奏销以后，不特冠盖寥寥，且署之门无复缙绅车辙，即学道按临考试，每学不过数人。[193]

然而，这一行动产生的威慑作用，似乎微不足道。清政府对其他地区仍然拖欠缴税的绅士，还是要不止一次地采取惩罚措施。例如，17 世纪中叶担任陕西甘泉县知县的一名官员，就因为"惫衿"拖欠缴税而请求主管教育的当局加以惩罚：

> 边隅小邑，其青衿举止动拟绅贵，一入黉宫，即喜占耕田地，不惯输纳钱粮，里胥莫可如何，代比代赔，不一而足。……县官念属子衿，不便遽惩以法，或出示晓谕，或差役押催，则又负隅殴差，毁裂告示。[194]

情况继续恶化，因而在距奏销案（1662 年）不到 20 年的 1679 年，清政府感觉很有必要采取特别措施，制裁逃税的绅士。康熙帝在上谕中，做了以下规定：

---

[192] 徐珂《清稗类钞》（1917），8/28-31。

[193] 金华知府吴齐的文章，见李渔《资治新书》二集，1/14b。还请参见钱泳《履园丛话》，1/7a。李慈铭《越缦堂日记·受礼庐日记》上集，4b-5a，引用了计六奇对 1661 年苏州诸生抗粮之狱的叙述，认为吴县知县任维初要对该案件负部分责任。在同一时期，据报告说，有 10 个类似案件发生于朱国治管辖下的镇江、金坛、无为和其他县区，总共有 121 人被处死。根据计六奇《明季北略》，由于明王朝对文人过于宽容，诸生过横，终于导致 1661 年灾难的发生。

[194] 李渔《资治新书》二集，3/8a-b。〔编者按：蔡祖庚《申学台》。〕

> 绅衿抗粮不纳，该州县即将所欠分数，逐户开出，另册详报各上司，由该督抚指名题参，无论文武绅衿，进士、举人、贡监、生员，及有顶戴人员，俱照例黜革枷号，按其所欠分数严追。[195]

防止逃税的详细措施很快就制定出来了。1728 年（雍正六年），清政府下令，拥有绅士地位的纳税人应该在官方登记册和"三联串票"上清楚载明，所有税收都要在政府规定的期限内收齐。古老而特殊的延期缴纳特权就这样被取消了。两年后，清政府又命令州县官员按季度汇编名单，清楚载明文武生员和监生应缴多少税、已缴多少，并把名单送给地方教育官员，让他们了解文人的行为；这样，没有履行缴税职责的士子就会受到应有的惩罚。[196] 大约在同时，清政府还颁布了一项具体的惩罚条例，所有级别的士子——包括进士和举人——根据拖欠缴税的多少，进行不同程度的惩罚。[197]负责收税的地方官员，还必须在登记册上注明纳税人的绅士地位和拖欠多少税，并对拖欠者进行合理的惩罚。受到惩罚的绅士，只有在他们把应缴之税全部缴纳之后，才能恢复其品级或头衔。[198]

虽然我们无法确定清政府颁布的措施和命令执行情况如何，但是有理由认为，推行的程度取决于各地方官员的能力和决心。由于有能力和决心的官员并不多，因而享有特权的地主发现逃税并不难。18 世纪 70 年代在湖南道州任职的汪辉祖就发现，道州的纳税人经常不缴税，因为拥有土地的绅士利用其地位抗缴。那些实际上并不属于绅士阶层的人——衙门书吏和还未取得生员级别的士子——把自己登记为"儒户"，以此来索取绅士特权，并在

---

[195]《钦定六部处分则例》，15/28a-29b。原始文件上有"绅衿"二字，在这里，其意思是"绅士成员和有科名士子的成员"。参见第三章注释 11。

[196]《大清会典事例》，172/5b 和 330/1b。

[197]《大清会典事例》，172/4b-5b。《大清律例汇辑便览》，11/8a-b 中说道："应纳钱粮，以十分为率，欠至四分以下者，举人问革为民，贡监生员并黜革，杖六十。欠至七分以下者，举人问革为民，杖八十，贡监生员黜革，枷号一个月，杖一百。"还请参见《大清律例汇辑便览》，11/11a-b。

[198]《户部则例》，11/11a。左宗棠（1812—1885）《左文襄公全集》，19/84a 中收录了他在1866 年的一篇上奏，请求清政府对于那些已经交纳拖欠之税的盐商，恢复其举人头衔。这一事例表明，只有在全部交纳所拖欠之税后才能恢复品级或头衔的规定，在实际中至少在一些地区得到了推行。

实际中得到特殊照顾。由于这一不法行为相当根深蒂固，因而当一位有钱人在 1775 年被任命为道州知州时，他发现用他自己的钱来弥补未完成的拖欠，比起强迫拖欠者缴纳来说更方便。而随后的知州所派的清欠税吏常常遭到殴打，他们的权威受到公开挑战。不过，汪辉祖在 1786〔编者按：应为 1791年，乾隆五十六年〕年秋对所谓"衿户"施加压力，并把拖欠最多的人（其中包括一名监生和一名佾生）投进牢房之后，他就能够说服大多数拖欠者缴税了。[199]

到这里为止，清政府所关心的还只是如何从拥有土地的绅士中征收土地税。不过它的注意力很快就转到了处理"逃役"的问题上来了。1662 年政府采取了第一次行动，旨在改善江苏某些地方的情况。在"奏销案"后的第二年，一名监察御史上奏清廷说，在苏州和松江两府地区，以土地所有为基础而规定的里甲事务分派方法并没有得到遵循，由此导致显著的不公：

> 名为金报殷实，竟不稽查田亩，有田已卖尽，而仍报里役者。有田连阡陌，而全不应差者。[200]

为了解决问题，清政府下令在土地占有的基础上重组里甲组织：

> 将通邑田地配搭均平，每图编田三千亩零，每甲以三百亩为率。不论绅衿民户，一概编入里甲，均应徭役。[201]

这一严厉措施实行效果如何，我们不得而知，不过已知的是，到 19 世纪中叶，这种新式里甲组织编组方法已经停止运行，在劳税义务的决定上"甲田之多寡无关轻重"。[202]

---

[199] 汪辉祖《病榻梦痕录》，卷下，33a-34a〔编者按：应为 38a-39a〕。

[200]《清朝文献通考》，22/5049。

[201]《无锡金匮县志》，11/1b。

[202]《无锡金匮县志》，11/1b："道光二十六年，轮役罢而甲田之多寡无关轻重。"这让我们想起，大约在同时，山西省的文人丧失了他们的特权地位，即使到 1881 年，也没有恢复的迹象。参见上文注释 184 和 187。

1690 年，清政府第一次颁布了全国一体施行的措施："直省绅衿田地与民人一例差徭。"这项决定是应山东巡抚（佛伦）的上奏而作出的：

> 凡绅衿贡监户下均免杂差，以致偏累小民。富豪之家，田连阡陌，不应差徭，遂有奸猾百姓，将田亩诡寄绅衿贡监户下，希图避役。应力为禁革。[203]

然而上述措施并没有产生什么实质性效果。10 年之后即 1700 年，清廷又发布一道上谕，重申必须根除当时还在继续存在的劣行——诡寄滥免，并补充指出衙门走卒和普通士兵也纷纷"效尤"，企图逃避徭役责任。[204]

1726 年，清政府又采取行动，"详定绅衿优免之例"。四川巡抚（罗殷泰）显然被公然滥用免服力役的特权激怒了，因而上奏建议取消所有优免的规定，以之作为防止逃避徭役的有效措施。经过户部和九卿详议之后，清政府作出如下结论：

> 绅衿只许优免本身一丁，其子孙族户冒滥，及私立儒户、官户包揽诡寄者，查出治罪。[205]

这并不意味着政府取消了 1690 年的规定，只是表明清王朝当局在澄清稍显混乱的状况。在清王朝统治的早期，田赋根据土地征收、徭役根据人头征收，很容易在这两种基本税收之间划清界限，也很容易把徭役摊派在有义务承担的各种丁口身上去。但在实际运作中，这两种税很早就有合并在一起征收的倾向，亦即是说，人头税在事实上已经变成土地的附加税，这条界限就不再清楚了。与此同时，正常的丁税额自 1712 年以后就固定下来，但是杂七杂八的差徭却不断冒出来。由于差徭征收的税额增加越来越多，丁税在所有徭役税的总收入中，所占比重相当小。

---

[203] 《清朝文献通考》，22/5051；《大清会典事例》，172/5a。
[204] 《清朝文献通考》，2/4866。
[205] 《清朝文献通考》，25/5073。

这一趋势引出了一个实质性问题。拥有绅士地位的土地所有者，是否应该缴纳所有这些税，包括承担各种各样的差徭和普通丁税呢？

土地拥有者毫无疑问是很清楚正确答案的。他们知道清王朝的法律给予他们特殊免税待遇，是免除他们自身的一份丁税。法律对其他各种徭役并没有说明，但是他们紧紧抓住这一基本原则，认为拥有士绅地位的人可以免除所有形式的力役，不管他们拥有多少土地。因此，他们竭力不让自己的土地承担任何力役，并且企图常常能够得逞。事实上，一些绅士甚至更过分，还利用他们的地位非法牟利。

地方官员对这件事的看法是不同的，他们从实际而非法律角度来看待这一问题。地方官认为，既然所有力役实际上都是以土地为根据进行摊派的，那么，拥有土地的人就应该承担，而不管其人地位如何。让绅士（他们实质上是土地所有者）免税，政府（或他们自己）是承担不起这个损失的。他们常常充满理由地指出，给予拥有土地的绅士特殊照顾，就等于增加了普通纳税人的负担。

清政府 1690 年规定所有差徭都应向土地拥有者征收，而不管各人地位如何，显然是支持地方官看法的。这样，清政府授权向拥有土地的绅士征收差徭。当它在 1726 年再次确定免除丁税特权之时，表面上支持了上述绅士们的看法，但是带有一个重要的含蓄的保留。在拥有土地的绅士要求免除所有力役——为数众多的差徭和普通丁税——之时，清政府就坚持执行以前颁布的制度，每个拥有土地的绅士只能免除一个人的丁税，换句话说，绅士们必须承担所有形式的差徭。虽然差徭和丁税在理论上都是徭役，清政府免除其中之一而征收其余各种，做法或许有点矛盾。总之，拥有土地的绅士必须承担各种各样的差徭是相当清楚的。

一些享有特权地位的人，对清政府规定的冒犯，远远超过单纯地逃避他自己应承担的税额。其中最令清政府烦恼的，用官方术语说就是"包揽钱粮"：替别人完纳（或拖欠）钱粮，以从中获取非法利益；换句话说，滥用免除丁税的特权，来包庇那些没有这项特权和渴望免除部分或全部税责的人。山东省提供了一些早期的事例，根据 1690 年的官方记载：

> 山东绅衿户下地亩，不应差徭。……更有绅衿包揽钱粮，将地丁银米，包收代纳，耗羡尽入私囊，官民皆累。[206]

大约同时，湖南省也发生了类似事例。清王朝当局在 1696 年的一道指示中说道：

> 湖南陋习，里甲之中，分别大户小户。其大户将小户任意欺压，钱粮皆大户收取，不容小户自封投柜，甚且驱使服役。嗣后小户令出大户之甲，别立里甲，造册编定，亲身纳粮，如有包揽抗粮勒索加派等弊，该督抚题参治罪。[207]

"包揽钱粮"，并不只是发生在这两个省，也不只是富有的绅士大地主才有这种行为。雍正帝在 1724 年发布的一道上谕就能反映这一问题：

> 闻有不肖生员、监生，本身原无多粮，倚恃一衿，辄敢包揽同姓钱粮，以为己粮。秀才自称儒户，监生自称官户。……迟延拖欠，不及输纳，通都大邑固多，而山僻小邑尤甚。[208]

在一些县区，衙门所派差役发现无力对付势力强大的绅衿欠税者。1815 年（嘉庆二十年），一道上谕提到："潮阳、揭阳劣衿大户包纳抗拒，甚至差役不敢下乡催征。"[209] 根据另一资料，广东省另一县东莞的纳税人，也常常"附势力之乡"，以逃避摊派在他们身上的力役。知县屈从于乡绅的势力，对税责调整也毫无作为。[210]

---

[206]《大清会典事例》，172/5a；《清朝文献通考》，2/4867。
[207]《大清会典事例》，172/5a；《清朝文献通考》，2/4867。
[208]《大清会典事例》，172/5b；《清朝文献通考》，3/4871；《大清历朝实录·世宗朝》，16/21b-22a。清世宗和清高宗分别在 1727 年和 1736 年重申了相同的禁令。参见《大清会典事例》，172/19b；《清朝文献通考》，71/5510。
[209]《清朝续文献通考》，1/7505。
[210]《东莞县志》，3/4a 中所引洪穆霁的评论。

　　漕粮的征收也给"包揽"的许多特殊方法提供了机会。许多虚假行为（包括未经批准而加税、在征收和运输过程中进行敲诈勒索）自清王朝建立以来就一直伴随着漕粮制度而存在。[211]1760 年代之后，此种不法行为在一些地区变得更加严重了。[212]清政府的任何规定都无法对这些不法行为发挥遏阻作用。到 18 世纪末，一些高级官员认为问题已经到了极端严重的地步。有一名官员就在 1800 年左右〔编者按：应为 1809 年〕向清帝提交了一篇惊人的报告：

　　　　制臣访闻，缙绅之米谓之袗米，举贡生监之米谓之科米，素好兴讼之米谓之讼米。此三项内，缙绅之米仅止不能多收，其习生劣监好讼包揽之辈，非但不能多收，即升合不足，米色潮杂，亦不敢驳斥。……州县受制于刁袗讼棍，仍取偿于弱户良民。其安分之举贡生监所加多少不一，大约总在加二三之间。所最苦者，良善乡愚，零星小户，虽收至加五六而不敢抗违。……且乡僻愚民，始则忍受剥削，继亦渐生机械，伊等贿托包户代交，较之自往交漕加五六之数，所省实多。……是以迩年包户日多，乡户日少。[213]

政府代理人尤其受到那些能够利用诉讼作为保护（或冒犯）工具的"包户"阻挠。这名官员继续说道：

　　　　包户揽纳米石，为数不少，到仓时，官吏稍为查问，即抗不交纳，

---

[211]　浙江巡抚王元曦的饬文，引见李渔《资治新书》初集，3/1a-2b。〔编者按：《严饬官兑漕米牌》。〕还请参见金安清的文章〔编者按：《浙江南米截漕利害说》〕，引见《清朝续文献通考》，3/7526。

[212]　汪辉祖《病榻梦痕录》，卷下，33a-34a，描述了江苏和浙江一些地区发生的此种不法行为。

[213]　戴肇辰《学仕录》，11/7b-8a 所引体仁阁大学士蒋攸铦 1799 年的上奏。〔编者按：《拟更定漕政章程疏》，贺长龄《皇朝经世文编》卷四十六亦收录此篇，为阿林保与蒋攸铦联署。两处均未标明日期。按，本篇原始出处为奏折，两江总督阿林保、江苏巡抚蒋攸铦《奏为密陈漕务实在情形酌议办理章程事》，嘉庆十四年九月初三日，档案号 03-1752-007，中国第一历史档案馆藏。〕还请参见《清朝续文献通考》，2/7511 中收录的 1826 年（道光六年）清廷发布的一道上谕。该上谕部分引述了陶澍的上奏。

> 或将湿碎短少之米，委之仓外，一哄而散。赴上司衙门控告，转须代为看守。[214]

江苏省提供了一个虽然不是典型但可以说明问题的事例。江苏巡抚在1846 年（道光二十六年）的两道奏折中报告说，苏州府下属昭文、常熟两个县发生无法无天的恶行，一名举人（之前在直隶一个县任过知县）、两名监生和三名武举的欺诈行为被人揭发出来：

> 该二县地方辽阔，乡僻零星小户应完漕米，难于跋涉，间有托令田多大户顺便带完之事，遂有大小户名目。蔡廷训兄告病在籍知县蔡廷熊，及浦大田之子武举浦登奎、浦登彪，素为乡户带完漕粮。乡户田亩系自种自收，米均干洁；蔡廷熊等田亩系交佃户耕种还租，米多潮杂；因以租米易换乡户之米，赴仓抵交，并时有挂欠。[215]

本来问题就相当严重了；而当蔡廷熊因某种原因不再包揽小户，两名武举到京城参加朝廷举行的考试时，问题就更加严重了。蔡廷训和浦大田接管了事务，开始剥削乡村纳税人，为他们的服务索取费用。为了使自己的腰包迅速膨胀起来，他们制造了许多假名，使他们自己被任命为有关地区的收税人，这样，他们就能够大肆进行欺诈活动，而不用担心被发觉。如果不是一名被他们激怒的拖欠者把他们的行为曝光，他们的阴谋诡计还会继续下去。这一案件的直接结果是，所有卷入的乡绅都被剥夺官位或头衔，有些还受到了杖刑的惩罚；清政府发布了禁令，不许再发生包揽行为。但是，当局并没有清楚说明，乡人如何才能克服自然环境的困难，把粮食从其所在的偏远乡村运到政府的粮仓里去。

在 19 世纪中叶，清帝国几个地方都爆发了因绅士非法行为而引起的暴动。1846 年，有人提醒道光帝注意一个事实，即“大户”利用包揽来压迫

---

[214] 戴肇辰《学仕录》，11/12a。

[215] 李星沅《李文恭公奏议》，9/37a-38b〔编者按：应为 12/34a-40b〕。

"小户"的非法行为，是江苏省到处发生社会骚乱的原因。[216] 同一时期的一名作者，证实了这一令人震惊的事实：几十年来，绅士一直在滥用其特权，对乡人进行压迫和剥削，把乡人逼到了绝望的边缘，终于导致了"毁仓毁衙署，拒捕伤官之事，无岁不闻，无城不有"。[217]

湖北省崇阳县 1842 年的暴动，特别值得引以为戒。生员钟人杰和其他几名生员一起包揽了漕粮征收，成为暴发户。新上任的知县努力想改善小户人家的苦境。而钟怀疑新知县的举动是由他的对手——尤其是另一名生员蔡少勋——煽动起来的。于是，钟在谋杀住在乡间的蔡的家人之后，带着其几百名追随者冲进县城，进攻知县衙门。知县被关起来杀掉了。该县的乡人被迫参加暴动，人数最后发展到一万以上。直到一个月后，暴动才被平息。是时，湖北提督亲自率军重新夺回了崇阳县城，钟和其他大约十名参加暴动的文武生员遭到了严厉的处罚。[218] 清政府对这一不幸事件作出回应，宣布自此之后崇阳知县若未能发现并恰当处理生员或监生的包揽行为，将被依法革职。[219] 与此同时，小规模的类似暴动在其他地区也频繁发生，包括浙江省的归安和仁和、江苏省的丹阳和震泽、江西省的新喻和湖南省的耒阳。[220] 从性质上来讲，这些暴动当然属于鸦片战争和太平天国之间社会总动荡的一部分，而税收中出现的绅士的不法行为则是这一总动荡发生的原因之一。

太平天国叛乱之后，情况并没有得到实质上的改善。在军事频兴的日子里，清政府作了一些努力，以减轻普通百姓（特别是南方普通百姓）的负担。江苏巡抚李鸿章在 1862 年的上奏[221] 和浙江巡抚左宗棠 1863 年的上奏[222]，都建议减轻这些省份百姓过重的负担，消除大户和小户之间的区别。这些措

---

[216] 《大清历朝实录·宣宗朝》，435/9a-10a；《大清会典事例》，207/4b；《清朝续文献通考》，2/7513-7514,1826 年（道光六年）发布的一道上谕和柏葰 1846 年（道光二十六年）的上奏。

[217] 冯桂芬《显志堂集》，2/27b-38a。

[218] 魏源《古微堂外集》，4/34a-35b。黄钧宰《金壶七墨·金壶浪墨》，4/6b-7a 的记述，更简略。我们不能把这一暴动同曾国藩在其《曾文正公书札》中（2/20a-b）上奏的叛乱相提并论。

[219] 1842 年（道光二十二年）的一道上谕，参见《大清会典事例》，172/7a。

[220] 魏源《古微堂外集》，4/35b。

[221] 《清朝续文献通考》，3/7520。

[222] 《大清会典事例》，172/7b。

施或许给这些省区的纳税人带来一些有限的好处，但是年长日久的不法行为仍然存在。虽然同治帝在 1865 年发布的一系列上谕中，再次重申了清王朝早期颁布的禁令：任何人都不能为其他纳税人缴税，大户和小户之间的区别不容许再存在。[223] 可是情况依然如故，在 1860 年代晚期，江苏巡抚（丁日昌）就指出，普通民户所交税额同绅士大地主相比，仍然要高得多，有的甚至高达八倍之多。[224] 一直到 1882 年，光绪帝发现仍然有必要发布一道上谕，以禁止包揽行为。[225]

造成包揽这种欺诈和有害行为的因素很多，以致尽管法律明令禁止，却一直存在。[226] 原因之一是绅士的特别地位得到清政府的承认，并因此得到特殊照顾。清朝皇帝有充分理由把他们从普通人民中区别出来，给予恩惠。作为授予特权的回报，清王朝期望绅士们成为帝国统治的忠实助手，至少不要同其利益发生冲突。有些绅士在一定程度上满足了清王朝的期望。在许多情况下，他们帮助清政府维持地方秩序，加强帝国控制，甚至帮助抵抗入侵之敌。尽管有这样的绅士，但总的情况还是令清王朝头疼，因为许多绅士更多的是关心一己私利，而非清王朝的统治利益；他们更渴望获取直接的收益，而不是为清王朝统治提供有用的帮助。清王朝给予他们的特殊照顾，的确使他们变得更加贪婪；拥有特殊地位，又为他们满足其贪婪提供土壤。他们成为最败坏的纳税人，他们的欺诈行为并不是靠一次又一次发布禁令就可以遏止的。[227] 一位著名的中国作者相信："补救之法，非绅民一律不可。"[228] 这一看法相当接近真理。

---

[223] 《清朝续文献通考》，3/7522；《大清会典事例》，172/7b。

[224] 丁日昌《抚吴公牍》，22/1a-b 和 20/3b〔编者按：应为 22/3b〕。根据丁日昌所说，"绅户每石，有全不完者，有收二千余文者，有收三千余文者……乡户、民户，则有收至六七千文者，甚有收至十五六千文者"。

[225] 《大清会典事例》，172/7a。

[226] 《户部则例》，12/2a，"有贡监生员借立儒户、官户名目，包揽侵收入己者，照常人盗仓库钱粮律拟罪。"

[227] 李因培 1762 年的上奏："士子身列胶庠，一切公私杂役，不得仍与名顶充，例禁已久。今浙省士子窜身经商里役者不一，一曰庄书，管田粮底册推收过户等事。一曰圩长、斗长、塘长，管水田圩岸修葺堵御等事。此专系浙省名色，各省如此类者，皆乡民公推。"引见《清朝文献通考》，24/5062。

[228] 冯桂芬《显志堂集》，10/1b。

　　然而，单单只谴责绅士，也是不正确的。如果没有地方官员和衙门走卒的鼓励或纵容，绅士也不会败坏到这个地步。有时，地方官员强迫绅士从事包揽，从而鼓励了欺诈行为。据 1754 年的报告，一些知州知县因担心自己在为官的州或县未能完成税收任务而显得政绩不佳，于是采用非法手段，"勒令"富户为其所在之都或图组织内的其他纳税人完纳钱粮。[229] 在 19 世纪鼓励包揽的事例中，可以看到地方官和衙门书吏穷凶极恶的嘴脸。州县的官仓（纳税人必须把税粮送交到这里）在税收期间只开 3 到 5 天；如果纳税人在粮仓关闭之后才到达，就不得不缴纳钱币来取代实物，这样就增加了额外的负担，乡村百姓所受损失就最大。他们在将税粮送到指定的粮仓时，悲哀地发现粮仓已经关闭。只有那些从事包揽行为的绅户，才会得知粮仓什么时候打开，也只有他们才能毫无困难地缴纳税粮。[230]

　　在虽然不合法却牟利甚多的包揽行为中，地方官员和衙门走卒总是变成绅士的同伙。19 世纪的作者冯桂芬指出，最大部分不义之财经常落入衙门走卒之手。参与的士子"获利最微也，撄祸最易也，贻误又最大也"。他解释说：

　　　　漕务之利，丁胥差役百之，官十之，绅二三之，衿特一之耳。州县之力，祸绅难，而祸衿易。……褫一生，斥一监，朝上牍，夕报可矣。绅之于漕，入公门者非伙友即家属，衿则非躬亲不可，谚云："家有百亩田，终年州县前。"……奔走之日益多，攻苦之日益少，必致终身废弃，功名路绝，可惜孰甚焉。[231]

　　冯桂芬的解释看来似乎有理。但是，我们所关心的并不是地方官员、衙

　　[229]　《清朝文献通考》，4/4889。
　　[230]　《清朝文献通考》，2/7510。关于类似观点，可参见何士祁（1822 年进士，江苏川沙厅事）《钱漕》，《牧令书辑要》，3/72a。
　　[231]　冯桂芬《显志堂集》，9/25a。

门走卒、绅士之间的利益分配，[232] 以及这些群体应承担的罪行。所有这些人都各显神通，在不同程度上介入遍布全帝国的欺诈行为；而官僚群体的腐败加剧了社会动荡，使清王朝的税收制度病入膏肓，无法医治了。

其他因素也要对税收中一般敲诈行为，特别是包揽行为的产生负责。偏远的乡村到县城的距离，不断给税收带来困难。18 世纪，一位进士在给江苏某县知县的信中就描述了下列情况：

> 且宜兴之地，西南百里而遥，东北百里而近，故有一人入纳而宗族亲戚附之以纳者，有孤寡疾病难行，势不得不托之人以纳者。吏胥执纳者而诈之曰："尔何包揽？"长吏不察，则亦拘纳者而责之曰："尔何包揽？"夫包揽以禁绅衿之抑民以自肥耳，岂以责急公趋事相周相恤之民哉？故包揽之禁厉而不能自纳者，必托之差役之手，差役因匿而吞之。[233]

由于很难区别到底什么行为才能称为包揽，什么才是真诚的相互帮助，因而也很难防止绅士以相互帮助为幌子，为其敲诈勒索作辩护。因此清朝皇帝规定纳税人要亲自上缴钱粮，但在交通极为落后的乡村又找不到行之有效的方法，来从乡村纳税人手中收税。里甲组织在某种程度上证明自身是有用的，但受到两股强大势力的干扰与破坏，一是腐败的地方官员

---

[232] 在各自利益发生冲突之时，经常伙同劣绅狼狈为奸进行欺诈勒索的衙门走卒，就会起而反对地主、绅士等人。例如，据载，1854 年一名很有势力的衙门书吏，负责税粮登记，他"于奉到缓征恩旨，匿而不发"。参见《大清历朝实录·文宗朝》，140/2a-b。即使在绅士之间，也存在着不平等，冯桂芬《显志堂集》，10/1a-b："完漕之法，以贵贱强弱为多寡，不惟绅民不一律，即绅与绅亦不一律，民与民亦不一律。绅户多折银，最少者约一石二三斗当一石，多者递增，最多者倍之。民户最弱者折银，约三四石当一石。"我们在正文中所引的冯桂芬的话，表明他认为"绅"和"衿"之间存在着差别，而其原因不过是绅士和文人在同税收相关的事务中各自地位有分别。然而，冯桂芬并不是 19 世纪唯一作出明晰分别的作者，此前的一些作者也因税收制度之外的原因区分过"绅""衿"。例如，1720 年代清廷下令颁布的手册《州县事宜》，29a 就说："绅为一邑之望，士为四民之首。"从某种意义上来说，清政府（至少是含蓄地）认为"绅"（他们是在职的或退休的官员）和"士"或"衿"（他们是未来的或有希望任官的人）之间存在着区别。在清王朝统治早期，严格禁止士去拜访官府，并且禁止他们参与同地方行政有关之事务。参见第三章注释 11 和第四章关于"乡学"的部分。

[233] 戴肇辰《学仕录》，7/7b。〔编者按：任启运《与胡邑侯书》。〕

及其衙门走卒，二是贪婪的绅士。期望里甲组织负责人（他们自己也只是
地位低下的纳税人）战胜这两大势力（他们具有特权地位）——遏制他们
有暴利可图的拖欠、勒索和压迫——本来就等于空中楼阁；这比要求保甲
组织负责人承担侦查和报告犯罪行为，更加困难。因为保甲要对付的只是
罪犯，里甲要对付的却是在中国社会中具有强大势力和影响的既得利益集
团。[234]

不法行为对清王朝财政收入的影响

使得地方官员、衙门走卒和乡绅都卷入其中，以及里甲组织不可能正常
运作的不法行为，对清政府而言，其最后结果就是不同程度地减少了清王朝
从土地税和徭役税中所取得的收入。简单回顾一下不缴税和官吏盗用公款是
如何对清政府财政收入产生实际影响的，或许有些用处。

不缴税——不论是简单形式的拖欠（欠粮），还是更复杂形式的以武力
来拒绝交税（抗税）——自清王朝建立以来就存在。其程度在各个时期、各
省互不相同。顺治帝在位期间，清政府主要精力在于安抚，统治机器的运转
效率还未达到最高峰，因而不交税的情形十分普遍；在 19 世纪中叶的动荡
不安及随后的年份，战争和其他灾难使许多人贫困破产，清政府的威望和统
治效率也大为削弱，不缴税的情形或许比清初更为普遍，逃税行为比任何时

---

[234]　不过，并不是所有的绅士都卷入这种非法行为中去。有很多事例表明，那些影响较小
的绅士，常常成为地方官吏和衙门走卒的牺牲者。受到敲诈勒索行为危害之程度，要看牺牲者享
有的影响或地位如何。1859 年发生于会稽（浙江绍兴）的一个事例，就说明了这一情况。督察院
上奏说，绍兴知县同书吏狼狈为奸，所收税粮大大超过规定的数量，非法征收的达到 18,000 石
以上，给他们带来的非法收入达到 100,000 两以上。当地人李慈铭在其日记中评价指出，该地官
员及其走卒已经在税收中形成一个敲诈数额多少的固定表格：大户所交税额必须超出法律规定的
25% 到 30% 之间。纳税比率随着纳税人影响和威望的下降而提高。零田小户要缴纳超过规定的
60% 之多。李家由于祖上的荫庇，并且拥有足够多的土地（超过一万亩），只需要多缴 38%——
在当地属于中等水平，但是同何氏、章氏和陶氏等家族相比，就显得过多，这些家族缴纳的额外
税都是最轻的（"不及三钱"）。参见李慈铭《越缦堂日记补》，83a-b。

候都更为流行，[235]许多地方上报不断发生针对税吏的暴动。[236]而在相对繁荣的康乾时期，不缴税的情况相对较少；在后来同治、光绪时期，至少在一些省区，也相对较少。

从清王朝建立到崩溃，很少有地方官员把所辖州县的税收，通过该省当局全额送交到北京去。[237]在一些情况下，地方官员玩忽职守可能是因为纳税人拖欠缴税；在另一些情况下，则只是地方官员及其走卒盗用公款，而胡乱指称纳税人拖欠。[238]他们的阴谋很容易暴露出来。雍正帝有一次就指出税收损失的主因在于官吏的"中饱"行为，而对一般纳税人则抱着比较温和的看法。[239]人民不交税的情况，随着环境的变化而有起伏，而官吏不断地在盗用公款，并且随着清王朝统治的衰弱而日益加剧。

表 4–1 反映了官吏盗用公款的情形。此表依据陕西和江苏两省报告的事例制成：[240]

---

[235]　参见安徽巡抚福润 1895 年〔编者按：应为 1896 年〕在奏折中的描述："缘兵燹后鳞册既失，版籍不清，绅族豪宗，交相侵占，以多报少，以熟报荒，地方官明知，不敢过问。平民习见之而相率效尤，积而愈多，官恐激而生事，未收核实清量之效，先蹈办理不善之咎，亦遂隐忍不发。"引见于宝轩《皇朝蓄艾文编》，18/17b。〔编者按：《皖抚奏陈变通清赋办法疏》，光绪二十二年四月十六日。〕

[236]　我们将在第十章探讨针对税吏的暴力活动，与这一问题有关的资料可以参考：雷维翰在 1853 年的上奏，以及 1861 年发布的一道上谕，引见《清朝续文献通考》，2/7517；傅衣凌在《财政知识》（1943 年第 3 卷，第 31—39 页）上发表的文章。

[237]　参见 1661 年（顺治十八年一月己卯日）的一道上谕，其部分内容如下："钱粮系军国急需……近览章奏，见直隶各省钱粮拖欠甚多……今后经管钱粮各官，不论大小，凡有拖欠参罚。……必待钱粮完解无欠，方许题请开复升转。"引见《大清历朝实录·圣祖朝》，1/17a-b。

[238]　参见《州县事宜》，引自蔡申之《清代州县故事》，《中和》月刊，第 2 卷第 9 期，第 53—54 页。

[239]　参见 1728 年（雍正六年二月丙申日）的一道上谕："任土作贡，天地之常经。守法奉公，生民之恒性。断无有食地之利而不愿输纳正供，以甘蹈罪戾者。何以钱粮亏空，拖欠之弊积习相沿，难以整理？此则胥吏中饱之患未除也。或由包揽入己，或由洗改串票，或将投柜之银钧封窃取，或将应比之户匿名免追，种种弊端，不可枚举。"引见王先谦，《东华录·雍正》，12/10b。《清朝文献通考》，3/4875 中也收录了这道上谕。

[240]　李星沅《李文恭公奏议》，5/7a-8b（1844 年的一道奏折）及 11/40a-41b（1846 年的一道奏折）。有关 1652 年到 1884 年间流行的拖欠行为及相关应对措施，可以参见《大清会典事例》，卷 175 各页。厘金（19 世纪中叶以来，清政府征收的一种新税）也深受盗用、贪污之害。例如，翁同龢《翁文恭公日记》，25/43a，光绪十二年六月二十二日条："是日召见于乾清宫西暖阁，太后与上南向前后坐……圣意谓督抚多不肯实心任事，厘金安置，闲人交代，每多亏项。"还可以参见《翁文恭公日记》，30/44b，光绪十七年六月十五日。

表 4-1：官吏盗用、贪污情况

地方	官职	盗用数额		日期
		钱（两）	粮	
郿县（陕西）	知县	8,240	折银 8,160 两	1843 年
华亭县（江苏）	代理知县	17,588	465 石	1845 年
青浦（江苏）	代理知县	19,296	693 石	1845 年

1843 年到 1845 年间，清政府规定的陕西省 76 县的土地税和徭役税大约为 1,675,000 两，江苏 65 县为 626,000 两。因此，表中所列每个县县官盗用、贪污公款的数量在每年的税收中所占百分比相当大。这种情况虽然在不同时期和不同省份有所不同，但是完全可以说没有哪一年清政府能够收到全额的土地税和徭役税，里甲体系要对这些税的征收承担部分或间接的责任。[241]

不缴税和官吏盗用贪污公款，本身并不意味着清政府财政的崩溃。因为清政府的总收入，并不全部来自"地丁"和"漕粮"，还来自于许多其他税种，其中包括关税、盐税、特别物资的专卖税（榷税），如茶榷和特许费（如牙行经纪许可）。[242]19 世纪又增加两种重要的新税源：海关税和厘金。这些旧税和新税的收入在 18 世纪和 19 世纪稳定增长，而普通"地丁"税的

---

[241] 《户部则例续纂》，23/4a-15b；《清朝文献通考》，41/5232，1728 年（雍正六年）发布的一道上谕；《清朝续文献通考》，66/8225 和 66/8228；陈康祺《郎潜纪闻》，14/8b-9a；《大清会典事例》，172/6b，1807 年（嘉庆十二年）发布的一道上谕；《清史稿·食货志》，2/10b-11a。光绪十一年（1885 年）十二月二十三日上谕："正杂各项赋税，每年短征在一千一百多万两以外，各省短征之数，以安徽及江苏之江宁为最多，苏州、江西次之……除四川全完外，均亏缺一二分。"引见李慈铭《越缦堂日记·荀学斋日记》庚集下，86a-b。大体说来，自清王朝建立以来，江苏的税收问题就特别严重，参见江南巡抚韩世琦 1667 年之前某个时间签发的布告〔编者按：《行藩司督征钱粮檄》〕，引见李渔，《资治新书》，二集，1/7b。关于 19 世纪安徽的情况，可以参见于宝轩《皇朝蓄艾文编》，18/17a 收录的安徽巡抚福润 1896 年的奏折。关于江西的情况，可以参见包世臣 1836 年所写的一封信，《齐民四术》，3/19a-b。关于江苏的情况，可以参见李星沅《李文恭公奏议》，11/12b-14a，12/30b-32a，在 1846 年奏折中给出的 1841 到 1846 年的一些数据。〔编者按：《查明江安苏松两粮道漕项奏销比较款数目折子》，道光二十六年闰五月二十四日；《苏省道光二十五年地丁奏销比较分数折子》，道光二十六年八月二十八日。〕同时期的一些作者认为江苏情况之所以严重，是在于税收负担过重，参见冯桂芬《显志堂集》，9/3a-5a；和陈其元《庸闲斋笔记》，6/7a-11a。

[242] 《清朝文献通考》，卷 27—31 各页和 40/5225-5226。

重要性却相应下降。表 4–2 所列数字虽然不全面，但足以说明这一趋势。[243]

表 4–2：地丁税和其他税的收入情况*

（单位：千两）

税种	1720 年	1735 年	1865 年	1885 年	1895 年
地丁税	33,910	34,695	22,000	23,023	23,737
其他税	6,370	9,620	37,000	46,915	52,102

* 在地丁税最初作为单独项目出现的地方，其数字是按照每石一两折算的。

这些数字不能说是准确的，因为它们无法查核，有些学者也不认同，[244] 但是可以以之来表明一般的趋势：在 18 世纪前半期，清政府土地税和徭役税收入在财政总收入中占 80% 以上，但到 1865 年所占比重急剧下降到不及40%，而到 19 世纪的最后 10 年，只占 30% 多一点。随着地丁税地位的日益降低，作为地丁税征收的辅助性工具的里甲组织，也不可避免地丧失其在清王朝税收体系中的最初地位。正如前面已经指出的，里甲组织最终失去了作为独立的乡村控制工具的地位，其对税户进行登记入册和征税的职能转入一些保甲组织人员之手。

里甲组织的崩溃，虽然并没有给清王朝带来财政崩溃的痛苦，但却造成了其他严重的困难。到了 19 世纪，土地和徭役税的收入虽然在财政总收入中所占比例越来越低，但它们仍然给许多纳税人带来源源不断的苦痛。地方官员及其走卒、履行里甲组织原来职能的清政府在乡村的代理人，仍然继续剥削或压

---

[243] 王庆云《熙朝纪政》，3/35a。关于 19 世纪后半期的情况，可以参见魏源《圣武记》（1842），引自李棠阶《李文清公日记》，卷 8，咸丰二年八月一日；A. H. Exner, "The Sources of Revenue and the Credit of China", *China Review*, XVII (1888), 276-291；《知新报》（1897），25/14b，引德国方面的材料；Parker, *China* (1901), p.197; Morse, *Trade and Administration* (1913), p.111; L. Richard, *Comprehensive Geography* (1908), p.321，引 Robert Hart 的文章；Joseph Edkins, *Revenue and Taxation* (1903), pp.55-57, pp.66-68，所引各种资料。有关盐税的资料，参见《清朝续文献通考》，卷 35—40 各页；关于杂税，可以参见同书，卷 29—32 和 41—48 各页；关于厘金，参见卷 49—50；关于关榷税，参见卷 29 各页；关于海关税，参见卷 31 各页。翁同龢（1880 年代，他处在对财政状况有发言权的职位上）在《翁文恭公日记》中（25/91a，光绪十二年十二月二日）说："阎公（阎敬铭，户部尚书）见起，力陈部库支绌，寅吃卯粮。"还参见其《日记》30/7a，光绪十七年二月一日。翁同龢当时是户部尚书，"部库正项待支者止六万，明日不敷发"。还请参见李慈铭《越缦堂日记补》，已集，89a-b，咸丰九年（1859 年）十一月二十一日。

[244] 参见贾士毅的《民国财政史》，1928 年上海商务印书馆版，第一章，第 4 页；朱偰的《中国田赋问题》，第 9—10、17—24 和 70—73 页。

迫广大乡村大众；乡绅继续利用其特殊地位，以牺牲其乡邻为代价，为自己牟取好处。在整个清帝国面临着此起彼伏的社会危机，而清政府失去大部分的威望时，因税收征收中的不公而引起的仇恨，最终引发了地方动乱，因而酿成了19世纪的大规模动乱。这一时期最重要的叛乱——太平天国，其最初的部分力量就是来自对税收体系不满的乡村大众。当时的一篇叙述就说道：

> 当逆焰初张时，所过粤西州邑，搜刮赀粮，每遇富室巨家，必掘土三尺。粤西绅士，匍匐入都叩阍，呈诉冤苦。……逮逆党由长沙陷武汉，虏劫之局一变屡变，始则专虏城市，不但不虏乡民，且所过之处，以攫得衣物散给贫者，布散流言，谓将来概免租赋三年。……贼于乡村从不肆杀……然于官幕吏胥避居家属及阀阅之家，其抄愈甚，且杀人而焚其庐，并追究收留之家，谓之藏妖，亦焚杀之。……故贼所过之处，我官幕眷口至无人收留，有露处松林，寄宿破庙者。[245]

很明显，起事者精明地利用了清政府在财政体制中所犯的错误，但是他们自己也犯了错误，未能找出解决税收问题令人满意的方法。他们提出的乌托邦式的"天朝田亩制度"仍然停留在纸上。定都南京之后，公共收入就成为他们必须迫切解决的行政问题。为了获取全额的税收，他们设立了等级森严的乡官制度，从各种组织中的有产户挑选人员来担任乡官，以之承担实质上同旧里甲组织一样的职责，即登记税户，催促缴税。[246] 在这种新制度中，里甲组织一些旧有的、人们熟悉的不法行为——包括敲诈勒索、盗用公款——又出现了。[247] 太平天国起事者无力建立一个行之有效的财政制度，并不奇怪。他们建立的政权本身寿命短，充满了困难，根本不可能对社会习惯

---

[245]　张德坚《贼情汇纂》（1932），卷十《虏劫》。〔编者按：原文为抄本，并无页码，据沈云龙主编《近代中国史料丛刊》第二十二辑，台湾文海出版社，引文在 777、783 页。〕

[246]　罗尔纲《太平天国史纲》，1936年上海商务印书馆版，第90—92页。

[247]　张德坚《贼情汇纂》，卷十《科派》〔编者按：文海版在第787页〕。曾国藩《曾文正公奏稿》，18/24a，叙述了他从南京到安徽的视察途中所看到的情况。他在同治二年（1863年）二月二十七日的奏折中这样报告说："粤匪初兴……颇能禁止奸淫，以安裹胁之众；听民耕种，以安占据之县；民间耕获，与贼各分其半。……今则民闻贼至……男妇逃避，烟火断绝，耕者无颗粒之收，相率废业。"

和政治习惯带来什么实质性的改变。事实上，考虑到太平天国领导集团成员的素质，就要怀疑他们是否会比清王朝统治者更有能力，来解决乡村社会中十分重要而又非常困难的税收问题。[248]

---

[248]　前文已指出，清朝统治者从明王朝那里继承了这一问题。虽然清政府努力设法解决，但没有取得什么真正的结果。清代制度复刻了明王朝后期流行的一些设置粮长的做法。根据《明史》，卷 78，《食货二》的记载："成、弘以前，里甲催征，粮户上纳，粮长收解，州县监收。……近者，有司不复比较经催里甲……但立限敲扑粮长，令下乡追征。豪强者则大斛倍收，多方索取……孱弱者为势豪所凌，耽延欺赖，不免变产补纳。"黄六鸿《福惠全书》(1694) 卷六中的叙述，详细地描绘了清王朝统治早期流行的不法行为。其中一些不法行为，在清王朝统治的最后几十年里仍然存在，其形式随着历史环境和政治制度的变化而稍有不同；1909 年（宣统元年）度支部（即以前的户部）一名小京官的上奏，就能说明这一问题。引见《清朝续文献通考》，5/7540。刘世仁《中国田赋问题》，第 85—92、105—113 和 159—165 各页中指出，一些腐败行为在帝国灭亡后存活下来，继续然害着大众。《食货半月刊》1936 年第 3 期第 237—248 页，载王毓铨《清末田赋与农民》，试图揭示在清王朝统治的最后几年里，税收制度对农民的影响。

第五章　饥荒控制：社仓及其他粮仓

清朝的粮仓体系

清朝皇帝虽然认识到没有足够的财政收入就无法让行政体系运作，但是也意识到维持足够收入的最佳方法就是保障百姓的缴税能力。因此，清政府注意保护农人的土地，推行垦荒、[1] 保护水利（包括灌溉和防洪）等措施。[2] 同时，清政府设法减轻农人频繁遭受的苦痛，帮助他们预防自然灾害。对于遭受灾害地区的纳税人，清政府依法准许延期或豁免税赋。[3] 清政府还建立一套地方粮仓体系，在灾民处于极端困难而需要粮食救济时，可以采取售卖、借贷以及直接赈济等方式，从粮仓里取出粮食分发给他们。在清朝的整套乡村统治体系中，灾荒控制所占地位非常重要，清政府对它的重视程度并不亚于保甲或里甲。

清政府所采取的灾荒控制措施，虽然在一定程度上证明是非常有用的，但

---

[1]　《大清会典事例》，166/1a-167/5a，概括了清政府在 1644 年到 1889 年间采取的垦荒措施。还可以参见《清朝文献通考》，卷 1—14；《清朝续文献通考》，卷 1—5；葛士浚的《皇朝经世文续编》，卷 33。

[2]　关于 1652 年到 1911 年期间，清朝采取的灌溉和防洪措施，可以参见《清朝文献通考》，卷 6—9；《清朝续文献通考》卷 10—14。

[3]　要点见《大清会典事例》卷 278—287。地方志通常记载了各有关地区获准延期缴纳或豁免的恩典。其基本规定，可以参见《户部则例》，尤其是卷 112—113 的记载。其中一项规定部分内容如下："凡地方被灾，该管官一面将田地成灾分数依限勘报，一面将应赈户口迅查开赈，另详题请。"

也不免受到官吏无能、冷漠和腐败的影响。随着时间推移，无论灾荒控制措施的有效性有多大，都随着清朝走向灭亡而消失。遍布全国各地的粮仓网——灾荒控制体系中必不可少的组成部分——更是如此。在本章里，就来讨论粮仓体系的结构和功能，尤其注意分布在乡村中的粮仓。至于与灾荒控制体系无关的其他乡村组织方面，只是偶尔涉及。这里并不打算讨论整个灾荒控制体系。[4]

清朝确立的地方粮仓体系（应该把它从清政府中央粮仓体系中明确区分出来）[5]，包括三种独立而又互有关联的粮仓："常平仓"（常设的正规粮仓）[6]、"义仓"（公益粮仓或设在乡镇的粮仓）、"社仓"（社区粮仓或乡村粮仓）。大体说来，这三大类型的粮仓，其区别在于它们的所在地和管理的方法不同。关于它们的地点，据说："常平与义仓皆立于州县，惟社仓则各建于各乡，故凡建于民间者，皆社仓也。"[7]虽然所有的社仓都分布在乡村，但并不是所有的义仓都设置在城市里。根据 1679 年（康熙十八年）颁布的一项措施，

---

[4]　根据《大清会典》（1908）19/5a-b 中的记载，清政府制定了 12 项内容广泛的处理灾荒的措施：(1) 备祲（预防性措施，包括垦荒和治水）；(2) 除孽（根除害虫，包括蝗虫和水蜷）；(3) 救灾（救助受灾地区的紧急措施，包括河堤整修）；(4) 发赈（向灾民散发粮食或钱财）；(5) 减粜（降价出售粮食）；(6) 出贷（粮食借贷）；(7) 蠲赋（豁免交税）；(8) 缓征（缓期交税）；(9) 通商（"奖励商人"，以求达到粮食向受灾地区流通的目的）；(10) 劝输（鼓励绅商损资救荒）；(11) 兴工筑（雇佣灾民从事公共工程）；(12) 集流亡（灾区复苏）。王庆云《熙朝纪政》，1/3b-7b，概括了清政府的复苏措施。《钦定康济录》（1739）和俞森（湖广巡抚）《荒政丛书》（1960），叙述了清朝建立以前的中国政府采取的复苏措施。

[5]　中央政府的粮仓——正式名字叫"仓庾"——位于清帝国首都及其附近地区，总数为 13 个，粮食贮藏在许多粮仓里。负责管理这些粮仓的，是两名"仓场侍郎"（粮仓管理员），一名是满族人，另一名是汉人。他们手下有 18 名助手，叫"仓场监督"（粮仓监督员）。《大清会典事例》在卷 184—188 中对这些仓庾作了描述。该书卷 189—193 "积储"条目下，还描述了地方粮仓。Chi Ch'ao-ting（冀朝鼎）在 Key Economic Areas in Chinese History 一书第 6 页中评价说："除了供给首都的需要之外，漕粮也是国家储备不可缺少的来源，特别是为了制止可能的造反；也就是说，为了供养一大支集中的兵力，以便在一旦预防性措施失效之后，就来镇压这种造反。"〔编者按：译文参考朱诗鳌译《中国历史上的基本经济区与水利事业的发展》，中国社会科学出版社 1981 年版，第 10 页。〕这段评价并不能用于地方粮仓的性质。

[6]　"常设的正规粮仓"(the Ever-Normal) 一词，是 Henry A. Wallace 首先使用的。参见 Derk Bodde, "Henry A. Wallace and the Ever-Normal Granary," Far Eastern Quarterly V(1946), pp.411-426。清代地方粮仓分类如下：(1) 常平仓；(2) 预备仓（即清政府在安徽、河南、四川和西藏设置的粮仓）；(3) 旗仓（设在盛京、吉林和黑龙江的粮仓）；(4) 社仓；(5) 义仓。参见《大清会典》，19/5a。

[7]　《钦定康济录》，2/22b。

清政府鼓励地方居民在城外的乡镇和乡村集市设置义仓。[8]1742 年（乾隆七年），清政府又规定除了设在县城内，还要在"巨乡大镇"设置义仓。[9]

常平仓同其他两类粮仓的区别在于，它所贮存的粮食，部分来自于官府；主要是用官款购买的，当然也接受乡绅富民的捐献。[10] 而另一方面，义仓和社仓，其贮存的粮食主要由私人捐献，前者来自乡镇或乡村集市里的商人捐献，[11] 后者来自乡村邻里居民的捐献。[12] 常平仓和义仓及社仓之间的又一（或许是关键性的）区别，在于前者实质上是政府性质的，因此由地方官员直接管理；[13] 而后两者，虽然总是在官府的监督和检查之下，却是由各当地居民自行管理的。[14]

与中国所有其他制度一样，粮仓体系在结构上并不是严格统一的。一些省区，比如陕西和广西，其社仓叫"官置社仓"，因为其贮存的粮食是用官款购买来的，或者来自常平仓。[15] 此外，尽管有明确的规定，但是要将义仓和社仓区别开来，仍然很困难。虽然两者整体上存在着区别，但是它们的名称有时会交换使用，好像它们是一样的（关于清朝粮仓制度的历史回顾参见附录二）。[16]

---

[8] 《大清会典事例》，193/4b〔编者按：应为 193/15a〕。

[9] 《大清会典事例》，193/4b〔编者按：应为 193/16a-b〕。

[10] 1655 年（顺治十二年）和 1679 年（康熙十八年）所颁布的规定，见《大清会典事例》，189/3a-b。

[11] 《户部则例》，31/1a。

[12] 1679 年颁布的规定，见《清朝通典》，13/2095。

[13] 一则上谕提到，在设置粮仓的地方，地方官要"管其出纳"，参见《大清会典事例》，189/1a。

[14] 《大清会典事例》，193/1a。

[15] 《户部则例》，28/3a-5b 和 8a；《钦定六部处分则例》，27/43a。Lu Lien-tching（卢连清），*Les greniers publics*, p.152："两种类型的粮仓，其组织结构是相同的；它们之间的唯一区别在于其地理环境各不相同。"这一观点，是错误的。

[16] Lu Lien-tching, *Les greniers publics*, p.40："事实上，两种类型的粮仓性质是相同的，它们时而被指定为慈善性质的粮仓，时而被指定为市镇财产。"John Henry Gray, *China: A History of the Laws, Manners and Customs of the People.* (1878), II, p.58 也没有对义仓和社仓作出区别。

地方粮仓的组织和运行

常平仓

本章关心的主要问题是乡村中的社仓，不过若先概括一下整个地方粮仓网络（包括义仓和常平仓），对社仓就会有更好的了解。

最早的常平仓是在 1655 年设置的。根据当时和随后颁布的规定，每州县设置一个或一个以上的政府粮仓，由当地知州或知县负责管理。所贮存的粮食（大米、小麦、高粱或其他粮食），[17] 部分由政府用官款购买，部分由关心粮仓事业的私人捐献。在某些省区，其中包括直隶、江南、江西、陕西和山西等，任命一名"仓大使"（粮仓专员）负责监督、视察每省粮仓的运行情况。当情况需要时，粮仓所贮存的粮食就借给极端需要的农人，或者以"常"价（即低于当时的市场价）出售。无论从粮仓里取出多少粮食，都必须尽可能地补充进去。每年，地方官都必须清点一下粮仓贮存情况，并将结果上报到清廷。[18] 清帝国各地设置多少个粮仓、贮存多少粮食，都有章可循。[19] 依据 1691 年的规定，大县的贮存量为 5,000 石，小县为 4,000 和 3,000 石。在不同时期，贮存量是变动的，因此，全帝国的贮存量大约在 30,000,000 石和 48,000,000 石之间。[20]

清政府对常平仓的运行作了具体规定，[21] 此处可举出几项。每年秋收之

---

[17]《户部则例》，28/1a。

[18]《大清会典事例》，190/1a；《清朝文献通考》，卷 34—37；《清朝续文献通考》，卷 60—61。

[19]《户部则例》，27/1a-26a，记载了 18 个行省和顺天府、奉天府及青州府所辖各州县适合设置多少个常平仓的情况。还请参见《清朝通典》，13/2095；以及王庆云《熙朝纪政》，4/20a-23a。

[20]《大清会典事例》，190/1a。1691 年（康熙三十年）清政府对直隶省贮存额情况的规定是这样的：大县为 5,000 石；中等县为 4,000 石；小县为 3,000 石。1704 年（康熙四十三年）清政府对全国各省贮存量的规定是：大县 10,000 石；中等县 8,000 石；小县 6,000 石。然而，山西和四川的贮存量不同。在山西，大县、中等县和小县的贮存量分别为 20,000、16,000 和 12,000 石；在四川，分别为 6,000、4,000 和 2,000 石。1748 年，全国各省粮食贮存量总数为 33,792,330 石，亦即是说，比之前的 48,110,680 石减少了 14,318,350 石。

[21] Lu Lien-tching, *Les greniers publics*, chapter 9. "Réglementalion des sanctions et lois prohibitives"（处罚和禁止条例）概括了主要措施，方便参考。

后，都必须购买粮食，或者在当地购买，或者在邻近价格相对较低的地区购买。如果市场供应短缺，那么例行的购买就会推迟到来年。[22] 为了在丰年购买粮食，清政府专门拨出一笔款。清政府还鼓励"乡绅富民"为政府的粮食贮存事业作出贡献；[23] 如果所贡献的粮食达到一定量，就会得到"监生"的头衔。[24]

粮仓存粮的支出，是采取"平粜"（平价卖出）和"赈借"（救济性借给）的形式。为了避免在长时期的贮存中出现粮食腐烂，每年都要在春季和夏季以低于市场的价格售卖一定量的存粮，然后在秋收后再补充新粮。售卖的比率通常占粮仓存粮的 30%，不过各省不尽相同。饥荒发生时，售出的存粮会超过通常的数量。自由市场上的粮食供大于求时，就会减少出售存粮的数量，或者在当季完全停止出售。卖价的降低，视情况而定。在丰年里，存粮以每石低于市场价 0.05 两出售；而在荒年，则每石低于市价 0.1 两。虽然清政府可以采取特别手段进一步控制价格，但是从未超过每石 0.3 两。[25] "赈借"就是把存粮借给缺少种子或粮食的农人，[26] 借者必须在秋收后归还。大约有 10 个省区，其中包括山东、江南、广东和四川，不要求付息；即使在那些要求付 10% 利息的地方，只要庄稼损失达到 30% 或更多，官府就要减免利息。[27] 任何人——包括利用粮食买卖或赈借而牟取暴利的绅士，和坐视存粮减少却不补充或眼看粮仓破损而不修缮的官员——都要受到惩罚。[28]

常平仓制度从来就不怎么有效。官府管理的常平仓，其状况如何，直接

[22] 《户部则例》，28/6a；《大清会典事例》，191/1a。

[23] 《大清会典事例》，189/1b。

[24] 《清朝通典》，13/2096。1710 年，清政府准许浙江省把"监生"头衔授予粮食捐献达到一定标准的大户；而在此之前，只有江南才这样做。

[25] 《户部则例》，28/5b，记载了不同省份规定的价格比例。还请参见 Lu Lien-tching, *Les greniers publics*, pp.109-110。

[26] 《户部则例》，28/8a，记载了下列措施："常平仓谷，许农民领借，作为口粮籽种，州县官按各处耕种迟早，酌定借期，通报上司，出示晓谕。给领时，查明借户果系力田之家，取具的保。"

[27] 《户部则例》，28/9a-b。

[28] 《户部则例》，29/19a-20a；《清朝通典》，13/2095。杨景仁《筹济编》，8/16b-22a，概括了 1660 年到 1811 年里清政府正式批准的关于常平仓的措施和实行方法。

取决于负责管理的官员的态度如何。虽然有事例表明有些官员认真努力地使常平仓成为有用的工具，[29] 但多半官吏并不关心。非常可能的是，清朝在其建立初期所发布的上谕和定下的措施，基本没有执行。[30] 无论如何，即使在清朝鼎盛时期，常平仓能否摆脱官吏腐败的影响，也值得怀疑。的确，根据17 世纪一位见多识广的作者的叙述，[31] 正是由于官吏的欺诈和盗用行为，使得许多常平仓的贮存量未能达到清廷所规定的标准。许多实际事例显示，州县官员不仅偷盗存粮，还挫败了清廷遏阻他们不法行为的努力。1726 年（雍正四年），即在雍正帝威胁以死刑处罚偷盗者一年之后，他就不得不承认说，在特别派出钦差大臣到福建省（有人上报，该省的偷盗行为十分严重）调查常平仓情形时，"不肖有司"抢先采取行动，在钦差大臣到来之前，就从富户手中借出粮食装到粮仓中去。[32] 1746 年（乾隆十一年），清廷对浙江省常平仓情形的调查，几乎以失败而告终。一位当地的监生采取特别的行动，将偷盗存粮的州县官吏揭露出来，但是由于省级官员自己的利益同其下属密切相关，他们不愿让恶行曝光，所以所有被举报的州县官吏都逍遥法外。[33] 尽管常平仓的地位极其重要，清朝皇帝们却悲哀地发现它已经变得"有名无实"了。[34]

反映常平仓制度退化变质最有力的证据，就是存粮的逐渐耗尽。早在1766 年，清廷就得知各省区的存粮数量已经低于规定的数量。到1831 年，清廷又得报说，"各直省州县于常平仓大率有价无谷"。[35] 一份官方材料表

---

[29] 戴肇辰《学仕录》，5/20b，叙述了一名官员认真管理的事例。〔编者按：陈宏谋《汇申常平规条檄》。〕

[30] Lu Lien-tching, *Les greniers publics*, p.44, 评价了 1636 年、1657 年和 1660 年发布的一系列上谕时说："由于这一时期的大众粮仓制度官方文件比较缺乏，因而我们习惯上认为这些不同的资料就是过去的部分文件。"

[31] 黄六鸿《福惠全书》，27/6b-7a。

[32] 《大清会典事例》，192/6a。

[33] 薛福成（1839—1894）《庸庵笔记》，3/7b-8b。

[34] 清朝皇帝的悲观，特别见于 1792 年、1800 年、1802 年、1831 年和 1835 年发布的一系列上谕中。参见《大清会典事例》，189/3a 和 6a、192/2b。

[35] 《清史稿·食货志》，2/20a。

明，1835 年，常平仓的实存粮食几乎只有规定数量的一半。[36] 一名西方作者 1880 年代在华进行一次旅行调查时，发现地方官"听任仓库空空如洗"。他参观了"非常多的官仓"，却"发现很少有哪个粮仓有些许粮食"，许多粮仓都"破烂不堪"。[37] 一名研究粮仓体系的中国学者指出，有关常平仓规定的材料，在 1898 年（光绪二十四年）以后就没有了；[38] 他作出可靠的结论：常平仓在清朝崩溃之前实质上就已经退出了历史舞台。[39]

义仓

清朝的义仓和社仓，是在 1654 年（顺治十一年）——常平仓设置的前一年——几乎同时设立的。[40]1679 年清政府颁布的一道命令，清楚地表明了该两大粮仓的基本特点：地方官劝说官绅士民捐献粮食，乡村立社仓，市镇立义仓，照例议叙。[41] 此后，朝廷陆续颁布了许多补充性规定。[42] 前文已经指出，常平仓由地方州县官员管理，而义仓和社仓都是由地方居民负责的。[43]

---

[36] 《大清会典事例》，192/2b，收录了一道 1835 年（道光十五年）所发布的上谕，提供了常平仓存粮情况的数据：

各省现存谷	两千四百余万石
历年动缺谷	一千二百五十余万石
（当年）亏缺霉变谷	两百七十余万石
桌缺借缺谷	三百一十余万石
缺短谷	一千八百余万石
（现有）桌价银	一百一十余万两

李星沅《李文恭公奏议》，6/2a-b 和 8/38b，叙述了 1844 年到 1845 年间陕西省的常平仓存粮情况。

[37] Gray, *China* (1878), II, p.58.

[38] 1898 年发布的一道上谕，部分内容如下："刚毅奏，各省常平社仓，久同虚设，民间义仓，必应劝办。每处每年积数千石，三年数逾万石，虽遇奇荒，小民不至失所。……着各督抚，严饬所属，劝谕绅民，广为劝办。"《大清历朝实录·德宗朝》，416/2b，光绪二十四年三月四日。

[39] Lu Lien-tching, *Les greniers publics*, p.58："有关大众粮仓这一慈善性质的粮仓，在清朝统治崩溃的 24 年前就已经消失在历史舞台上，没有迹象显示粮仓制度是随着清朝崩溃而同时瘫痪的。可以肯定，粮仓制度的崩溃是先行一步的，是它自己消失在历史舞台上的。"

[40] 1654 年（顺治十一年）发布的一道上谕。见《清通典》，13/2095。

[41] 《大清会典事例》，193/15a；《清史稿·食货志》，2/20a。这道命令并没有在各省马上得到贯彻，因为在 1720 年，朝廷的一名高级官员，还陈请在山西省设置社仓。参见王先谦《东华录》，康熙五十九年，108/3b。

[42] 《大清会典事例》，193/4b-5b 收录的规定，就涵盖了 1679 年到 1884 年这一时期。

[43] 1801 年清政府颁布的一项规定，见《大清会典事例》，193/5a。

清当局经常强调说，设置在乡村和乡镇的粮仓，应完全为设立它们的当地农人服务；必须明确禁止把一个地方粮仓所存粮食弄出去赈济邻近乡镇或县城，或者把存粮借给士子、士兵、衙门差役和其他并不从事农业劳动的人。[44]

下列是为直隶和山西义仓管理和运作所设的规定；其他省份的规定大体相同：

> 直隶山西二省士民捐输义谷，按其数目多寡照社仓条例递加奖赏。
>
> 直隶山西二省州县义仓，公举端谨殷实士民充当正副仓正，经理其事，三年更换。
>
> 直隶山西二省义仓谷石春借秋还，每谷一石收息十升。……收成六七分者免息……收成五分以下，缓至次年秋后还仓。[45]

有一种特殊的义仓，是由商人管理的，坐落在人口稠密的乡镇或大集市里。[46]看起来盐商对义仓事业最为热心。两淮地区的盐商在 18 世纪的前 25 年中，就捐献了 240,000 两银子，修建了许多"盐义仓"；这种义仓同其他种类的义仓不同，它自然是由盐商自己来管理的。[47]其他省区也设置了类似的粮仓，包括江西和浙江在内。[48]在山东省一些地区，盐义仓的存粮，是按比例认捐强制募集的。[49]清政府专门发布了一系列规定来管理这些盐义仓。[50]

义仓作为灾荒控制工具的功效，实在很难作出评价。不过已知的是，无论义仓在清朝繁荣岁月里取得了怎样的成功，在 19 世纪尤其是太平天国之役后，它们就逐渐从历史舞台上消失了。同清朝其他制度一样，义仓的管理

---

[44] 《大清会典事例》，193/5a；《户部则例》，31/5a。然而，至少在 19 世纪后半期，清朝似乎准许从常平仓中把存粮弄出来。比如，翁同龢就在其《翁文恭公日记》（1878 年，光绪四年三月一日）中写道："余尚华请直隶购运杂粮以济平粜，允行。"翁当时担任户部侍郎。

[45] 《户部则例》，31/2a-4a。

[46] 《户部则例》，31/1a。

[47] 《大清会典事例》，193/4b。

[48] 《户部则例》，32/1b-2a。

[49] 《大清会典事例》，193/5b 中所收录的 1742 年清政府颁布的一项规定。

[50] 《户部则例》，31/1a。还请参见 Lu Lien-tching, *Les greniers publics*, p.155。

和运行也深深受到地方官吏素质的影响。正如热心的官员能为这些地方粮仓带来活力一样，官员的漠不关心也削弱了它们的生命力。当漠不关心成为常态，而热心只是例外时，义仓体系的存在就受到真正的威胁。迟至 1825 年，一位热情而努力的巡抚确实复活了安徽省的义仓活动；[51] 在 1839 年到 1844 年间，一名机智的巡抚让贵州的义仓数目大幅增加。[52] 但这是两个例外。在这一时期，清政府不得不时常提醒各省督抚对义仓加以重视，就像咸丰帝在 1852 年所发布的一道上谕表明的那样。[53] 随着 19 世纪中叶清帝国到处爆发民变和反叛，即使是善意的地方官员，也发现难以投入控制灾荒的工作。同治帝在 1867 年发布的一道上谕中所提到的"自军兴以来，地方被贼扰害，旧有义仓，每多废弃"[54] 一语，并非言过其实。隋朝义仓的历史，以不同方式在清代又重演了。[55]

社仓

我们接着来讨论社仓——乡村社区中的粮仓。值得指出的是，虽然社仓和义仓是清朝两种不同的地方粮仓，但是官员和作者却有时把它们混为一谈，称乡村粮仓为"义仓"。[56] 虽然它们被误认为义仓，但应该归为社仓。

如前所述，社仓体系设置于 1654 年，但是一直到 18 世纪最初 25 年，它的特点也没有被完全弄清。[57] 第一批社仓，出现在直隶省；接着，几乎全

---

[51]　《大清会典事例》，193/5b。这名巡抚可能是陶澍。

[52]　贺长龄（1785—1848）《耐庵奏议存稿》（1882），5/58a-59b 和 7/15a-16a。

[53]　《大清会典事例》，193/5b。

[54]　《大清会典事例》，193/5b〔译者按：应为 19b〕。

[55]　《隋书》，24/9a。公元 595 年（开皇十五年二月）诏曰："本置义仓，止防水旱，百姓之徒，不思久计，轻尔费损，于后乏绝。"

[56]　例如，18 世纪中叶担任直隶总督的方观承和 1820 年代担任安徽巡抚的陶澍，就把社仓和义仓混用。参见戴肇辰《学仕录》，7/27a〔编者按：方观承《进呈义仓图说疏》〕；《大清会典事例》，193/5b。

[57]　见注 40。Lu Lien-tching, *Les greniers publics*, p.129："清朝的地方粮仓，就是那个时代的保持社会稳定的粮仓。"如果用"慈善性质的粮仓"来替换"保持社会稳定的粮仓"，那么这种观点就更加正确。〔编者按：引文部分原为法文。〕

国各地都设置了社仓。[58]

根据康熙帝 1703 年发布的一道上谕，设置社仓的主要目的在于补充常平仓，因为常平仓的存粮总是不足。[59]同义仓一样，社仓事务在原则上是由各地居民负责管理的，存粮在正常情况下是私人自愿捐献的。依据清帝发布的一道谕旨，政府在 1703 年制定出如下基本规定：

> 设立社仓，于本乡捐出，即储本乡，令本乡诚实之人经管。上岁加谨收储，中岁粜借易新，下岁量口赈济。[60]

为了劝告富户捐献粮食，清政府颁布了如下措施：

> 社仓谷者，地方官于每岁收获时，劝谕绅衿士庶不拘多寡，量力捐输，不得抑勒派扰。凡绅衿士庶等捐输社谷各色杂粮，核计数目与谷石价值相同，十石以上者，地方官奖以花红；三十石以上者，奖以匾额。……若有好善不倦，年久数多，捐至三四百石者，该督抚奏给八品顶戴。[61]

1715 年颁布的一项规定，把奖励范围扩大到捐献少于 10 石的普通百姓。捐献 5 石者，就可以免一年的杂项差徭；捐献 250 石者，就可以得到顶戴，而且终身免除力役。[62]

上述措施适用于所有通过自愿捐献粮食而设置起来的社仓，大多数省份都采用这种方式，但是陕西和广西采用的是另一种方式。在广西，社仓存粮

---

[58] 《大清会典事例》，193/1a-4a，概括了清政府 1703 年到 1883 年间采取的关于社仓的措施。陈宏谋《培远堂偶存稿》卷十三各页，叙述了 18 世纪中叶他在江西、陕西、湖北、河南、福建、湖南、江苏、广东和广西所作的努力。〔编者按：乾隆刻本《偶存稿》卷十三是陈宏谋抚赣文檄，并未涉及他省，其中仅有一篇与社仓有关，见 13/9a-14a《社仓规条》。〕

[59] 《大清会典事例》，193/1a。

[60] 《大清会典事例》，193/1a，1703 年发布的另一道上谕。

[61] 《户部则例》，30/1a。

[62] 《大清会典事例》，193/1a。

来自于常平仓因借贷利息而产生的盈余；在陕西，则来自于官款的购买。[63]准确地说，这两个省的社仓应称为"官置社仓"。[64]

乡村粮仓通常由当地管理，受当地官府监督。清廷不只一次地强调这一基本政策。清世宗在1729年（雍正七年）发布的一道上谕中说：

> 朕惟国家建立社仓，原令民间自行积贮，以百姓之资粮，济百姓之缓急，其春贷秋偿，及滋生羡息，各社自为经管登记，地方有司，但有稽查之责，不得侵其出纳之数。[65]

社长（粮仓负责人）和助理人员，从符合"殷实诚谨"条件的合格人员中选任，任期三年（江苏省例外，该省在不同时期的任期不同，分别为十年、三年和一年）；经过村社成员的请求，还可以延长三年。社长如果在三年任期内的管理深得信任，那么就可以得到奖匾；如果在五年任期内成绩优良，就可以终身免除力役。显然，清政府认为社仓管理人即社长应从普通百姓中指定。在陕西省，社长每年得到十二石粮食的津贴；如果管理得宜，就会另外得到一定数量粮食的奖励。但是，社长如果未能履行自己的职责，不但马上就被免职，而且要受到清政府的处罚；如果粮仓出现任何亏空，那么即将离任的社长必须补偿。[66]另外，在陕西和广西两省，地方官员要对社仓的不良管理负责。[67]

社仓的存粮，与义仓一样，只能用于赈助粮仓所在地的乡村农人；禁止用来帮助邻近村社或那些并不从事耕作的人。[68]有关获得存粮借贷的程序，

---

[63]《大清会典事例》，193/4a。

[64]《钦定六部处分则例》，27/43a。

[65]《大清会典事例》，193/3b〔译者按：应为4b〕。1876年，清政府在回答山西巡抚鲍源深的上奏中，又一次强调了这个基本政策。参见李慈铭的《越缦堂日记·桃花圣解庵日记》，丁集第二集，89b，光绪二年（1876年）八月九日。

[66]《户部则例》，30/3a-b；《大清会典事例》，193/1b；《皇清奏议》，53/11b-12a，引富明安的上奏。在那些社长由地方指定的省份，有时给予社长粮食津贴。比如，河南巡抚图尔炳阿1756年的上奏指出，河南省和福建省就是这样做的，《皇清奏议》，50/11b。

[67]《户部则例》，30/3b-4a；《钦定六部处分则例》，27a-b。雍正在1729年所发布的一道上谕中说："乃陕省官员，不知此项谷石本系民资。"参见《大清会典事例》，193/4b。

[68]《户部则例》，31/5a。

规定如下：

> 各省出借社谷，地方官预造排门细册，注明编户姓名住址存案……
> 得借给之农民愿借者，先期报明社长，社长总报地方官，计口给发。[69]

既然存粮的分发具有借贷的性质，那么有条件借出的人就必须加利息归还。在灾荒年月，利息通常可以减免。[70] 清政府预料到有可能因减免借贷利息而出现大量借贷，因而为各省定下固定额度，规定每年只能在"青黄不接"时——即在新粮还未收割、旧粮已经告罄的春夏之交——把盈余粮售出。至于售卖盈余粮的所得收入，被授权用于灌溉工程或其他对农人有益但又为个别农人无力承担的项目。[71] 社长和当地州县官员必须详细清点存粮情况。在每个财政年度的岁末，上报当地省当局，然后由各省当局上报清廷。[72]

一个饶有意味的事实出现了。虽然清朝统治者坚称，乡村粮仓是乡人自己的，应该由乡人自己负责管理，但是清政府总是有力地控制着这些粮仓。即使是例行的存粮借贷，如果不经过官员的监视和批准，也是不能进行的。在这种情况下，社长绝无任何自由处置的权力，他们的职责不过是照管贮存、记录例行的交易。因此，这些粮仓不只是处于地方官员的监督之下，而且还处于中央、皇帝的控制之下。

清政府之所以极为重视乡村粮仓，有相当充分的理由。过去的历史表明，存粮是非常时期维持帝国和平的最佳工具之一。在宋代，人们认为常平仓和社仓帮助化解了一触即发的起义或暴乱。[73] 清朝的同治帝也强调说，乡村粮仓没有存粮，是其大臣未能成功地镇压反叛者和土匪的直接原因。他在1864 年（同治三年）发布的一道上谕中说：

---

[69] 《户部则例》，30/15a。

[70] 《户部则例》，30/6a-b；《清朝通典》，13/2097；《皇清奏议》，38/21a。

[71] 《户部则例》，30/7a-8b。

[72] 《户部则例》，30/15a-b。杨景仁《筹济编》，30/20b-24a 讨论了清代社仓和义仓。

[73] 《康济录》，2/19a；俞森《荒政丛书》，卷十上，1b。

　　各直省州县设立常平社仓，国家承平留以备凶荒之用，一旦有事，恃以为缓急之需。……近来军务繁兴，寇盗所至地方，每以粮尽被陷，推原其故，总由各州县恣意侵挪，忍令米粟空虚，遇变无所倚赖。[74]

　　正是清廷对粮仓体系热切关注这一事实，使得它对乡村粮仓的控制，达到了前文所说的程度。常平仓之所以置于官府的控制之下，是因为它们的存粮是由官府提供的。之所以让乡人来管理其所在地的义仓和社仓，是因为官府管理的粮仓满足不了大规模的需要，很有必要劝告居民自己捐献出粮食，而不是清政府打算同意乡人进行什么地方自治。因此从清廷的立场来看，在常平仓和义仓及社仓之间，根本不存在什么本质区别：它们都是用来控制灾荒，以维护清朝安全的工具。

　　然而，乡村粮仓并没有满足清朝统治者的期望。笔者已经十分清楚地指出，随着时间的流逝，常平仓和义仓逐渐变质，并从历史舞台上消失了。现在，笔者将用更准确的词语，来表明社仓的变质情况。为了进行对比，并对社仓的情况有更全面的了解，我们也要提到常平仓和义仓在 19 世纪的情况。

乡村粮仓体系的衰败

　　有关乡村粮仓运作情况的资料很少，但是从众多地方志中我们可以了解 19 世纪存在的粮仓的情况。总的画面是一幅衰败和退化的景象，虽然在一些情况下，由于一些充满善意和事业心的地方官员的努力，一些乡村粮仓保持了正常的运作，或者说在经历一段实质上的毁灭之后又得到了复兴。讽刺的是，在经济状况相对较好的地区，粮仓发展较为兴旺；而在居民因贫穷或因频繁发生灾害而极为需要粮仓赈济的地区，地方粮仓却无以为继。

　　我们现在就从华北的情况开始谈起。根据《延庆州志》的记载，分布在延庆城 5 个不同地方和乡村的义仓及社仓，在总督的命令下，于 1815 年得

---

　　[74]　《大清会典事例》，191/3a〔译者按：应为 9a〕。

到重建，1826 年又一次恢复；不同时期捐献的粮食总数为 4,099 石。[75] 这是直隶省的存粮得到恢复的少数事例之一。在该省的其他地区，粮仓制度呈现衰败的趋势。在蔚州，经过 19 世纪 50 年代的整理而恢复的 11 个常平仓，其存粮迅速减少：[76]

最初的存粮数	35,000 石
1856 年时的存粮数（在县城粮仓）	14,553 石
1857 年时的存粮数（在县城粮仓）	4,554 石

1753 年，由总督下令在蔚州设立的 8 个义仓，不知何时就消失了。不过，当地官员在 1850 年重建了 6 个，分布在县城和乡村里，其情况如下：[77]

所在地	存谷（石）	所在地	存谷（石）
本城	13,978	北水泉	926
西合营	2,997	桃花堡	608
李邻庄	1,633	暖泉堡	879

从上述情况看，蔚州的义仓情况异常完好，而其 4 个社仓就显得凄凉多了。虽然蔚州在 1842 年和 1849 年两次对粮仓进行整修，但是到 1870 年，当地地方志修纂者记载，社仓的总存粮从 1,488 石降到 729 石，还不到原来的一半。[78] 邯郸县常平仓和义仓的存粮对救助 1846 年发生的灾荒起了很大作用。但是一直到 1880 年知县对义仓进行整修时，在这些原本能存 14,000 石粮食的粮仓中，该知县只能补充 9,000 石多一点，这些已经缩水的存粮后来完全被消耗殆尽。[79] 据报告，即使在清帝国首都周围地区，许多常平仓和义仓都已经破烂不堪了。[80]

其他北方省份的情况与直隶差不多。在山东，省志的修纂者在 1890 年写到，许多地方官听任乡村粮仓破烂不堪。[81] 在山西，丰镇县〔编者按：此处应为丰镇厅，清朝行政区划有厅，民国初改为县〕在 1763 年修建的常平

---

[75] 《延庆州志》（1880），5/16b-17a。

[76] 《蔚州志》（1877），6/5b。

[77] 《蔚州志》，6/6a-b。亦见卷首 18b。

[78] 《蔚州志》，6/5b。

[79] 《邯郸县志》（1933），2/11b-12a。

[80] 《畿辅通志》（1884），103/1a-49a，和 104/1a-38b。

[81] 《山东通志》（1915），卷八十四。还请参见《滕县志》（1846），5/4b。

仓，在 1853 年和 1881 年进行了两次整修，据报存粮超过 12,000 石。[82] 但是在翼城县，有两个常平仓，一个粮仓的存粮从乾隆时期的 6,000 石下降到咸丰时期的 200 石以下。在清朝灭亡时，翼城县常平仓和义仓两大粮仓的存粮加起来还不到 2,000 石，不足最初的 1/3。[83] 在陕西，同官县共有 3 个常平仓和 6 个社仓，总存粮在乾隆时期超过 6,000 石；而到 1901 年，所有在乡村的社仓都已经不存在了，在县城里的 3 个常平仓也只剩下两个。[84] 在河南，鹿邑县知县 1893 年在该县重修了早就崩溃的常平仓，不过，义仓和社仓没有得到修复；[85] 在睢州，虽然在 1872 年和 1898 年两次重修了常平仓，但是完全没有提到乡村粮仓，[86] 或许它们已经消失一段时间了。

　　黄河以南省份的情况与此类似。以湖北为例，根据地方志的记载，兴国州知州在 1730 年重建了该州的常平仓，但是这些粮仓后来被烧毁了，再也没有得到修复。至于 1725 年第一次修建起来的社仓，也毁于 1730 年的大火。1879 年，在总督的命令下，修建了许多乡村粮仓，总存粮为 20,000 石。[87] 在湖南，1861 年进行的全面调查发现，75 个州县中，有 30 个州县的乡村粮仓存粮已完全耗尽，没有看到准备填补的报告；在其余 35〔编者按：应为 45〕个州县里，粮食存量总体上都低于清政府规定的数量。[88] 许多地方志的记载也表明了湖南的乡村粮仓衰败情况：道州的 9 座粮仓（1 个在州城里，8 个在乡下），在 19 世纪 70 年代都已不复存在；[89] 巴陵县先前夸称常平仓总存粮超过 27,000 石，35 个社仓总存粮超过 2,900 石，但是在 1852 年，县城中的粮仓为"贼"所坏，在 19 世纪最后 10 年里只有乡村粮仓里还剩下一点点存粮；[90] 慈利县常平仓的存粮，根据官方档案记载，以下列方式耗尽：

[82]　《丰镇厅志》（1881），卷三。
[83]　《翼城县志》（1929），11/1b-3a。
[84]　《同官县志》（1944），14/1a-b。
[85]　《鹿邑县志》（1896），3/8a-b。
[86]　《睢州志》（1892），9/116a-117b。
[87]　《兴国州志》（1889），6/6b。有关该州的社仓规定，参见 6/8a-b。
[88]　《湖南通志》（1885），55/1413-1423。
[89]　《道州志》（1878），3/19a。
[90]　《巴陵县志》（1891），15/1b-2a。

最初的存粮	10,246 石
1815 年的存粮	6,662 石
1861 年的存粮	2,056 石

留下这项资料的县志修纂者指出，据他听来的消息，1861 年看来可用的存粮为 2,056 石，只是纸上登记的，事实上，仓库里的存粮"盗败无龠合留者"。[91] 该县的 5 个社仓情况也不好，最初所存 6,000 石粮食不知在什么时候已被耗尽了。1863 年，遵照湖南巡抚的命令也只补充了一部分，这一部分旋即被再次耗尽。在 1881 年，按照比例向地主摊派捐粮，得到 7,000 多石的存粮，但是大约在 10 年后，就在"欺侵或蠹蚀鼠窃"之下又逐渐丢失。[92]

在粮食产量相对较高的华南省份，地方粮仓的生存要容易些，但是也很少能保持长期的繁荣。表 5-1 和表 5-2 反映的是安徽一些环境较为有利的地区的情况：[93]

表 5-1：1883 年庐州府地方粮仓情况

州县	常平仓	义仓	社仓
合肥县	4	0	5
庐江县	2	0	6
舒城县	1*	0	4
无为县	6**	0	10
巢县	4**	2**	4**

* 已被弃置。
** 毁坏不堪使用。

---

[91] 《慈利县志》（1896），4/4b。

[92] 《慈利县志》，4/4b。《湘乡县志》（1874），3/9a-b 记载，在曾国藩的家乡湘乡县，各地最初的社仓和义仓，早在该县志修纂之前就已经不复存在。不过在 19 世纪 60 年代，当地居民又在乡下重建了几个义仓。

[93] 《续修庐州府志》（1885），16/1a-8a。

表 5-2：庐州府粮仓的存粮情况

州县	1737 年时的存粮数（石）	1884 年时的存粮数（石）
合肥县	2,843	5,546
庐江县	2,463	4,352
舒城县	2,400	5,488
无为县	3,200	4,036
巢　县	3,200	6,975

然而，华南一些地区的情况和华北最差的情况差不多。在江西建昌县，常平仓的存粮先前为 10,000 多石，而到清朝统治的最后岁月里损失殆尽。[94] 在浙江杭州府地区，其情况也类似，大多数常平仓、义仓和社仓在 19 世纪结束之前就已经不复存在。[95] 在江苏，一名充满事业心的巡抚 1831 年在其他官员和地方绅士的帮助下，建立起了许多义仓，这些仓库一直服务了几十年。《续纂江宁府志》的修纂者解释说，设置这些新的仓库，是因为"常平仓今毁不存复，而社仓缪辖易生"。[96]

广东省各地的情况也不均衡。一位地方志修纂者指出：

> 是岁奉文捐设社仓，然多有名无实，惟和平知县张象乾竭力劝捐，乃建仓一百有二所，积谷一万三千石有奇。[97]

该县丰富的存粮不知保持了多久，不过从广东省其他地区如灵山、清远和东莞等地的情况来看，保持完整无损的时间可能并没有多久。在灵山县，康熙年间一名知县在县城里修建了许多常平仓；乾隆时期，另一名知县在乡下修建了许多社仓。但是在此之后，再没有听到更多关于常平仓的情况；至于社仓，据说在道光帝即位时（1821 年）就已名存实亡。[98] 至于清远县，虽然在 1723 年设置粮仓时通过居民捐献所得的存粮数量不清楚，但在 1743

[94]《建昌乡土志》（1907），8/3b。
[95]《杭州府志》（1898），卷 69 各页。
[96]《续纂江宁府志》（1880），2/24a-26b。
[97]《惠州府志》（1881），18/8b。
[98]《灵山县志》（1914），10/125a-26b。

年（乾隆八年），该县社仓所存粮食的总量为 9,000 石以上，而这些存粮在
1854 年因民变而损失殆尽；此外，用来购买存粮的基金共 4,000 多两银子，
也在 1857 年因该省藩库被大火烧毁而丢失。[99] 这个灾难使清远县的乡村粮
仓从历史舞台上消失了。

东莞县乡村粮仓的变迁，可以作为其他地区变迁的缩影。方志载：

> 邑中……若绅民所设明代有……四所，入国朝废。至雍正间复设有
> 社仓……而乾隆间，部定莞仓，贮谷至九万七千余石之多。……虽曰久
> 弊生，又经红匪劫掠，然同治间档册仍存有二万二千余石。逮光绪之
> 末，大吏饬县尽沽仓谷，拨仓廒地段归中学堂，自是而一朝之善政，扫
> 地无余矣。[100]

西南省份的情况与此相同。在四川泸州，《赋役全书》所载的常平仓存
粮为 41,005 石。根据《泸州直隶州志》的记载，其实际存粮某个时期曾经
达到 58,000 石，可是在 19 世纪的最后 25 年里下降到 8,275 石。不过，社
仓存粮却表现出增长趋势，即从 9,139 石增加到 15,564 石。[101] 在富顺县，
最初的 5 个乡村粮仓只有几个维持到 19 世纪末。1880 年到 1883 年间，在
总督的命令下修建了一些新粮仓。大约 40 年后，分布在县城和乡下的 99
个粮仓，其中 66 个粮仓的存粮呈现下降的趋势，8 个粮仓的存粮完全被耗
尽。[102] 在江津县，1754 年（乾隆十九年）设置起来的社仓实际上不久就被
遗忘了，1817 年（嘉庆二十二年）官府再次发现有必要为居民解决存粮时，
又修建了一些新粮仓，并取了不同的名字（济仓）；1880 年（光绪六年），

---

[99] 《清远县志》（1880），5/20b-21b。〔编者按：买粮基金，原文记载"毁于夷"，即在第二
次鸦片战争中毁于英法联军之手，并非毁于大火。〕

[100] 《东莞县志》（1911）〔译者按：应为 1921〕，19/1a-b 和 19/5b。

[101] 《泸州直隶州志》（1882），5/5a-b。

[102] 《富顺县志》（1931），2/2a-7a。该志 2/26a："积仓始光绪六年庚辰，由川督丁（宝桢）
饬建，抽士民岁收市斗谷石百分之一，三年而止。每年春夏贷与农民，秋获加一以偿。光绪二十
五年己亥复奉文照抽一次。"该地方志的修纂者评价说，记载同实际贮存的粮食数量不相合。他在
1925 年试图得到当地政府保存的原始档案，但是只看到了钞册。

在乡村又修建了第三批新粮仓，并取了第三个名字（积仓）。[103] 由此得出的印象是，即使在像四川这种经济条件相对较好的地区，乡村粮仓也是维持不了多久的。毫无疑问，在经济条件比四川要差的云南和贵州两省，乡村粮仓更容易匆匆收场。[104]

　　清政府当初的意图是，在地方设置各种类型的粮仓，作为灾荒控制综合体系的组成部分。然而随着时间的流逝和环境的变迁，这种体系变成了一种形式变化多样的大拼盘，其效用程度各不相同。地方机构是否有意愿或有能力来承担这项需要谨慎处理的困难任务，深深影响着各个粮仓的命运。只有在州县官员认真负责的情况下，粮仓才能得到生存和发展；但是又不能保证其继任者也具有同样的管理才能。由于称职的官员相当少，大多数乡村粮仓寿命都很短；至少可以说在 19 世纪后半期是这样的。一名西方作者在 1870年代所作的观察，非常接近历史事实：

　　　　无论是在所有为城墙保卫的城市，还是在许多城镇、乡村，到处都分布着朝廷修建起来的粮仓，里面的粮食应该是官府贮存的，这样，就可以在发生战争或饥荒的情况下，降价售卖给绿营士兵和穷人。这些粮仓最初产生的原因，与其说是乐善好施，不如说是出于自我保护的心理。满洲官员虽然很清楚地意识到，没有什么比起半饥饿状态的人民更会对他们的统治带来威胁，……但是，他们对粮仓事业非常冷漠，听任

---

　　[103]　《江津县志》（1924），5/59a-60a。

　　[104]　《镇雄州志》（1887），3/42a 提供了事例。据说在云南镇雄州，各地最初修建的常平仓和社仓，在嘉庆时期亦就是在 19 世纪早期已不复存在。《黎平府志》（1892），卷三上 42b 所载黎平府各地的情况，概括如下表 5-3：

表 5-3：黎平府的粮食储备情况

地区	常平仓	义仓	社仓
黎平府	1890 年时的储备：8,480 石	1890 年时的储备：9,619 石	—
开泰县	最初所存 22,055 石粮食被耗尽	今废	—
古州厅	今废	大多数被废弃	今废
永从县	额贮无存	1890 年时的存粮为 2,409 石	额贮无存

《永宁州续志》（1894），4/5a，以下列言语描述了贵州永宁州的情况："州属义仓向来分设各乡，兵燹迭经，颗粒无有。肃清后，改设州城。历任虽有捐施，为数无几。……现在实存京石义谷七百余石。"

粮仓空空如洗。我参观了许多大众粮仓，却很少发现哪个粮仓里有一点存粮，许多粮仓都处于破烂不堪的状态之中。[105]

这种状况当然不是一天就出现的。多年来，正是由于官员们的漠不关心，才让地方粮仓不堪使用。江苏省一些地区的经验，就可以作为说明的事例。1770 年，该省的署理巡抚上奏清廷：

> 苏州、松江、常州、镇江、太仓五厅州属各社仓应贮之额，虽有二十六万九千余石，从严核实清厘，内中存价未买者有六万数千石，社长侵亏者六百余石，历年出借在民者十六万三千余石，稽其实存在仓仅四万余石。……江宁、淮安、扬州、徐州、海州、通州六府县属社仓积贮额共一十万六千九百余石，折价未买者五千六百余石，社长侵亏者四百四十余石，历年出借未还者一万三千八百余石，稽其实存在仓亦止六万八百余石。[106]

换句话说，在 18 世纪第三个 25 年结束之前，在江苏这个总体上富庶的省份，社仓里的存粮数量就低于清政府所规定的 60% 以上。这已经令人相当失望了，随后 19 世纪的状况更糟。由于粮仓里的存粮被完全耗尽了，所以当 1880 年代和 1890 年代镇江一些地区多次发生严重的饥荒时，知府不得不依靠乡绅和富户的紧急捐献，以及贮存在本地仓库里的漕粮济急。[107] 就这样，在大约 100 年的时期里，镇江府正常的存粮制度随着粮仓存粮逐渐耗尽而被破坏了。清帝国其他许多地区的情况也是如此。

粮仓体系所面临的困难

以上简述的地方粮仓那令人失望的处境，是由各种各样的困难造成的。

---

[105] Gray, *China* (1878), II, pp.57-58. 作者没有对各种类型的乡村粮仓作出区别。

[106] 《皇清奏议》，58/4a。这名署理巡抚是李湖。〔编者按：《陈社仓事宜疏》，乾隆三十五年。〕

[107] 王仁堪（1849—1893）《王苏州遗书》，7/6a 和 8a。

这些困难可以分为四大类：（1）存粮取得过程中的困难；（2）存粮分发过程中的困难；（3）粮仓监管过程中的困难；（4）社长任免过程中的困难。

存粮之取得

由官府管理的常平仓，在获得存粮过程中所遇到的困难，比义仓和社仓都要多。根据清政府的规定，常平仓存粮来自政府基金购买和富户捐献。这种方式容易给腐败的官吏带来非法牟利的机会。早在1766年，清廷就得知贵州省一些州县规定每户（不论穷富）必须捐献一定的数额，并自己把捐粮运到位于州县城的粮仓。这种非法强加在居民头上的负担，几乎同普通的土地税负担相当。[108] 嘉庆皇帝指出了另一种腐败形式，在1800年所发布的一道上谕中，他引述臣下的上奏：

> 地方官在本地派买仓谷，往往有短发价值、勒具领票及缴价飞洒等弊。[109]

从某种意义上来说，不应该完全谴责这些犯罪官员，因为他们手中没有足够的资金来购买必要的存粮。1802年一份呈给嘉庆帝的奏疏，就反映道：

> 各省采买，定价每仓谷一石价银五钱至七钱不等，而核以市价，实属不敷。是以州县多私粜仓粮谷价交代。接任官利得现银充用，不问足敷采买与否，率行接收，辗转变易，有价无粮，甚至仓廒塌损。……采买时，官价不敷市价，势不得不勒派民间，州县官守法者多不愿请价买补……此时骤议勒限采买，不病民，则病官。[110]

---

[108] 贵州布政使良卿的上奏，见《皇清奏议》，57/4b。其他省份也上报了与此稍有不同的情况。例如，周锡溥（1775年进士，随后担任知县）在一封信中描述了湖南永顺县如何收集常平仓存粮的过程；这一过程，给贫户和富户，都带来了痛苦，见《牧令书辑要》，2/55a-56a。

[109] 《钦定六部处分则例》，27/36a。

[110] 给事中宋澍所上的奏疏。参见《皇清奏议续编》，4/2b。〔编者按：《筹补仓库钱粮疏》，嘉庆七年。〕

一些州县官员——无论谨慎与否——偶然找到了一种避免自己处于困境或过度折磨人民的办法，那就是"劫富"。19 世纪的一位作者就汇报了湖南省的做法：

> 南仓掌之官，其谷久虚，或假粜发以便开除，及岁登请籴，则官持银以入富室而迫取之。富者不敢受银而以赂免，以是为常矣。[111]

还要指出的是，由政府购买常平仓存粮的做法，除了为官吏腐败提供温床之外，还带来了清朝早期统治者始料不及的经济问题。雍正帝在 1731 年的一道上谕中就指出，虽然尽可能地在地方粮仓贮存更多的粮食非常重要，但如果因为过度购买而导致粮食价格上涨，那就不好了：

> 积贮乃民食所关，从前各省仓储，务令足额，原为地方偶有水旱，得资接济。是以常平之外，复许捐贮……无非为百姓计。后因籴买太多，市价日昂，诚恐有妨民食，因降旨暂停采买，俾民间米谷，自在流通，价值平减，亦无非为百姓计也。乃近闻各省大吏竟以停止采买为省事……各省督抚，务须斟酌地方情形，留心办理，应买则买，应停则停。[112]

没有材料证明政府过度购买粮食继续成为一个重要的问题。相反，地方官员只要觉得方便的时候就会停止买粮，只有被上司强迫时才去买。雍正帝的这道上谕很有趣，因为它反映了地方官一般都以松散的态度对待清政府既定的措施——特别是那些要求坚持不懈努力执行的措施；它还反映了如果缺乏有效的地方行政，那么就不可能施行稳固的统治。

官款买粮并不是官吏腐败的唯一根源。自愿捐献募集存粮的渠道，也为一些欺诈行为提供温床。例如，"监生"称号（理论上，拥有这一头衔，就可以进入北京的国子监就读）可以通过向常平仓捐献一定数量的粮食（各地

---

[111] 曾国藩的一位朋友吴敏树写的一篇文章，见《巴陵县志》（1891），15/3a。吴在 1832 年考中举人，后来担任湖南浏阳县的教谕。

[112] 《大清会典事例》，191/1a-2a。

的数量规定各不相同）而得到。有影响力的人，渴望取得特权地位却又不愿出满价格，他们常常利用州县官员的上司，把自己推荐给州县官员。上司会对其下属州县官说，某某人会乐意买下谈到的士子头衔。共同负责管理常平仓粮仓的基层官吏都十分清楚，宁可让仓库不进捐献之粮，也不要惹得上司不满。但是为了防止可能出现的针对自己盗用存粮的指控，尤其是在即将进行的粮仓大检查时，他们经常汇报说，旧粮近来已经出售，以便为随后某时就要购买进来的新粮腾出地方。因未能从希望成为监生的人手中收集到全额捐粮而出现的空洞，就这样被掩盖起来了。[113]

存粮之分发

无论是官仓，还是社仓，更加严重的困难发生在分发存粮时。在常平仓中，最盛行的非法手段之一就是地方官员监守自盗。这种情形发展得相当惊人，清廷在 1799 年认为很有必要采取行动。嘉庆帝批准了以下的决定：

> 各省常平仓，积久弊生，即无须接济之年，亦以出陈易新，借词支放，染指分肥。……嗣后无灾年分，不准出借，以除民累。[114]

大约一个世纪之后，1897 年的一期邸报登载了下列一段资料：

> 监察御史张兆兰指出，州县官员都在算计盗取贮存在公共粮仓里的粮食，致使粮仓被盗用一空，因而未能向朝廷结清帐目。……该御史控告这些州县官员听任旧粮生霉腐烂，指控他们为了牟取个人私利而盗卖新粮："任何人都容易看出，必须立即解决这种行为出现的后果。本官严肃告戒各省督抚立即采取措施，下令将所存旧粮全部售卖，所得收入

---

[113] 黄六鸿《福惠全书》，27/6b。

[114] 《大清会典事例》，189/1b〔译者按：应为 21b〕。1802 年到 1806 年间担任福建巡抚的李殿图就明确指出了这种非法行为还在盛行。其奏疏部分内容如下："乃积久弊生，即无需接济之年，而亦以出陈易新为词，更或以青黄不接为请，竟至年无不动之仓谷，以为染指分肥之地。出仓既已短发，还仓又复浮收。……故良民虑及一出一人之扰累，不愿借领。"参见《牧令书辑要》，3/21b。

生息投放。此外，本官要求所有知州知县每年向本官汇报大众粮仓所存粮食的种类和精确数额。"[115]

存粮分发过程中产生的严重问题，导因于中国庞大的人口、低效率的行政制度和地方官员的腐败。在 18、19 世纪之交，一名著名官员在其发布的总督命令中谈论粮仓体系时就说道：

> 近代讲备荒者，止于仓贮蓄积而已，岂知……以百余万米谷散于民间，大祲之年，济一郡尚不足，况又有赴县城领给之烦，吏胥乡长侵蚀之弊，将来又有追比还仓之扰。是仓米在今日，殊不足赖也。[116]

另一难以克服的困难就是，在灾民急需存粮救济时，却因繁杂的公事程序而不能及时解决。常平仓由于坐落在州县城里，就显得特别没有效能。12 世纪一名提倡设置社仓的倡导者就令人信服地指出：

> 州县之间，每遇水旱，合行赈济。赈粜去处，往往施惠止及城郭，不及乡村。乡村之人，为生最苦，有终日役役而不能致一钱者。使幸而得钱，则又一乡之中富室无几，近者数里，远者一二十里，奔走告籴，则已居后。于是老稚愁叹，始有避荒就熟，轻去乡井之意。其间强有力者，又不肯坐受其毙，夺攘剽窃，无所不至。……城郭之人率不致此。

---

[115] Émile Bard, *Chinese Life in Town and Country* (1950), pp, 91-92.〔编者按：宫中档奏折光绪二十三年张兆兰《奏请分别详报各省所属常平仓存谷数目事》（录副奏片，中国第一历史档案馆档案，档案号 03-6677-089）所载原文如下："再各省设立常平仓，均系领官款买谷存储，如遇歉收之年，减价平粜，亦可酌成赈数，洵为有备无患之良法，乃奉行既久，各州县移新掩旧，挪东补西，虽例有盘查，多未认真办理。迨至本任交卸，不能掩饰，始行查参。是以各省亏短仓谷之案，层见迭出。近闻各州县多有将存仓之谷变价，发商生息，年年存款，为数甚多，均有案卷可查。然掩饰腾挪，亦在所不免。迨该管上司指款提用，多不能如期报解。可否请旨饬下各督抚，通行各属，将仓谷实在存数若干、变价生息若干，每年分别造册，勒限咨报户部存案，不准丝毫挪动。一遇荒年，奉文指拨，即可克期报解，庶不至有名无实矣。"〕

[116] 直隶总督李光地（1642—1718）所下的命令，见戴肇辰《学仕录》，2/30a-b。〔编者按：李光地《饬兴水利牒》。〕

故臣谓：城郭之患，轻而易见；乡村之害，重而难知。[117]

　　清朝统治者广泛设置的社仓和义仓，在某种程度上考虑到了乡村的需要。但是只要它们的运作受到官府的监督，其运作也根本不可能摆脱官样文章的干扰。18 世纪的一名异常热衷于粮仓体系的巡抚就指出，在饥荒期间，乡村粮仓负责人如果没有首先取得州县官员的同意，根本不敢动用存粮，可是州县官员常常拖延许久之后才表态。这种情况在 19 世纪尤为明显。[118] 一些地区的情况更为糟糕，恰如 18 世纪陕西发生的一个事例所表明的，州县官员在批准乡村粮仓管理人散发存粮之前还必须取得省当局的同意。[119]

　　确定灾民在什么程度下才需要救济以便给予相应的或足够的救济，总是很困难的。即使是最想把工作做好的粮仓负责人，也感觉到分发救济粮本身就是令人劳累、使人烦恼的任务。负责散发救济粮的人如果是奸诈之徒，那么后果就骇人听闻了。一地方志中就记载了一个虽然未必是典型但特别坏的事例。直隶省卢龙县 1833 年春发生了严重的饥荒，知县决定用乡镇粮仓存粮进行救济。他授权乡长把谷票分发给希望得到救济粮的灾民；持票人有了它，就可以得到规定的救济粮。然而这些代理散发谷票的乡长，却把谷票给了那些向他们行贿的人，而不是分给真正需要的灾民。在救济粮散发给持票人的那天，不止千人聚集起来，群情愤怒，述说不满。在一位知名绅士的介入下，问题才得以解决。[120] 此外，州县官员自己也会私吞盗用救济粮，19 世纪陕西省一些州县官员就经常这样做。直到 1860 年代初朝廷所派一名格外正直的钦差大臣到该省调查饥荒时，他们的不法行为

[117]　赵汝愚的上奏，见俞森《荒政丛书·社仓考》，卷十上，1a，以及《康济录》，2/19b。朱熹也有同样的观点："隋唐所谓社仓者，亦近古之良法也。今皆废矣，独常平、义仓尚有古法之遗意，然皆藏于州县，所恩不过市井游惰辈。至于深山长谷力穑远输之民，则虽饥饿濒死，而不能及也。又其为法太密，使吏之避事畏法者，视民之殍，而不肯发，往往全其封镭，递相付授，至或累数十年不一瞥省，一旦甚不获已，然后发之，则已化为浮埃聚壤，而不可食矣。"见《崇安社仓记》，引自《康济录》，4/59a。

[118]　例见《富顺县志》，7/1a-4a。

[119]　陈宏谋 1745 年的上奏，见《皇清奏议》，42/1a-3a。〔编者按：庆复、陈宏谋联署《筹积贮疏》，乾隆十年。〕

[120]　《卢龙县志》（1931），21/3a-b。

才得以暴露。[121]

把救济粮散发给居住在偏远乡村的农人，所遇到的困难几乎是无法克服的。在这一问题上，无论救济粮是来自乡村粮仓还是其他粮仓，都没有什么区别。一位著名的官员在19世纪前半期的记述中指出：

> 农民伏处田野，畏官府如神明。不幸遇灾，唯有坐而待殍而已。其抱牍而泣请者与聚市噪谇者，必非农也。[122]

虽然该作者没有说出能够发声的是谁，但是其他材料可以表明其中一些人就是乡村绅士。

难以理解的是，清政府授权地方政府把救济粮给予那些"贫生"，其中包括贡生、监生和生员。清政府还专门为此制定了具体措施，规定了各地散发的数量。[123]根据18世纪的一名作者所说，州县教育官员负责拟订在他管理下的可以得到救济的士子的名单。不过，这样的士子不能超过该地区审查数额的1/3。每个士子所得的救济粮，必须依据家庭成员人数和灾荒的程度按比例分配。清政府预料到一些无耻士子有可能要滥用这一特权，因而明确规定：

> 如有寡廉鲜耻，混入灾民滋事，或冒充民户者，除革赈外，轻则地方官会同教官戒饬，重则详明褫究。[124]

---

[121] 黄钧宰《金壶七墨·金壶浪墨》，5/4b-5a。该书中叙述了1860年发生的耸人听闻的"山阳赈狱"。〔编者按：山阳为淮安旧称，在今江苏，此案发生在嘉庆十三年（1808年）。《浪墨》卷五记候补县李毓昌奉旨查赈遇害事，与正文所言不同，疑为二事，特此说明。〕

[122] 王庆云《熙朝纪政》，1/7a-b。

[123] 《户部则例》，113/1a；《钦定六部处分则例》，24/4a；《清朝文献通考》，69/5485。根据陈宏谋在18世纪晚期所说的，贡生和监生并不是平民，无权享受救济粮。他们只有在当前生活处于相当贫苦的状态中，才可以作为平民得到救济粮。参见戴肇辰《学仕录》，9/15a。〔编者按：周震荣《赈荒简要》。〕

[124] 戴肇辰《学仕录》，9/14b-15a。清政府规定，那些生活艰苦的各省学子所得到的救济，原本来自"学地"的利息和存粮。不过，由于学地带来的资金和粮食很少，因此在1738年（乾隆三年），乾隆帝命令各省总督、巡抚和学政指示地方教育官员准备贫苦文人的名单，以便从"公项"中拨款给予特殊救济。见《清朝文献通考》，71/5511。

虽然清政府采取了上述防止性措施，也不能防止享有特权的人利用灾荒来牟取非法好处。安徽巡抚在 1895 年的一道上奏中，就描述了一些绅士的恶行：

> 不肖绅董，惯与吏役因缘为奸，先期设簿卖灾，平民必先出费，乃得入册。无钱者，虽真灾而仍完粮；有势者，既免粮而且食灾费。州县稍事诘驳，辄以民瘼为词，联名上控，甚或聚众滋闹，阻遏输将。……州县既不能禁，又各自顾考成，或且阴利其资，辄据情具报请勘。[125]

这里并没有特别提到粮仓体系。但是这种情况可能已经让贫苦的农民得不到存粮的帮助了。

除了例行的紧急救济外，每年例行的售卖和借贷旧粮，也给官员欺诈勒索带来可乘之机。腐败的州县官员可以利用旧粮售卖和借贷，来掩盖贮存亏空，或者非法牟取私利。由于他们的行为过于招摇，使得清廷在 1799 年发布了一道上谕，禁止在正常年月里借贷常平仓存粮，"以除民累"。[126] 同时，腐败的义仓和社仓管理者以不同的运作方式，加入地方官的欺诈行列。其中一些人以高于市场价二到三倍的价格盗卖存粮谋取暴利，"损公肥私"。[127]

未能偿还借贷的赤贫乡人本身也是粮仓体系衰败的因素。1770 年，有一名官员上奏乾隆帝，报告说在江苏 5 个毗邻、土地相对肥沃的府，社仓最初的存粮总数达到 260,000 石以上。在这些粮食之中，有 160,000 多石借贷

---

[125] 于宝轩《皇朝蓄艾文编》，18/17b-18a。这名巡抚是福润。还请参见《州县事宜》，51b 中关于"卖荒"的记述。拖延交税和免除交税过程中产生的严重不公，有时也被揭露出来。18 世纪晚期的一位举人汤震，在一篇文章中说："朝廷有大庆典，有大水旱，必蠲缓，所颁眷黄，必遍遍数千言。上谕、部议、督抚之奏，累牍连篇，无论愚民无知，即略识丁字者，曾不数行，首尾茫然矣。大抵城门通衢不得不张贴一二，若乡僻，从未见有眷黄者。"参见《危言》（1890），2/26b-27a；亦见于宝轩《皇朝蓄艾文编》，17/11b。1865 年，时任浙江巡抚的左宗棠上奏清廷，其部分内容如下："道光癸未、辛卯以后，两次大水……蠲缓频仍，然朝廷虽屡沛殊恩，而小民未尽沾实惠，盖一县之中，花户繁多，灾歉蠲免，悉听经书册报。世家大族，丰收者亦能蠲缓，编氓小户，被歉者尚或全征。"见《清朝文献通考》〔译者按：应为《清朝续文献通考》〕，3/7522。

[126] 《大清会典事例》，189/6a。

[127] 例见《灵山县志》，10/126。

出去，而借者从未偿还。在包括江宁府在内的其他 6 个府区，借贷未还的数量，比官吏侵吞和盗卖的加起来还要多。[128] 许多拖欠者之所以不能偿还，是因为他们赤贫如洗，大多数农人即使在正常年月也难以度日，[129] 他们偿还不了灾荒期间出现的债务也就不足为奇了。例如，湖南巴陵县灾荒时期借贷出去的粮食，没有一点得到归还。[130] 不管未归还的原因到底是什么，由于长时间和普遍的拖欠，最后的结果就是乡村粮仓存粮渐渐耗尽。的确，是否把存粮借贷给赤贫之乡人，真是进退两难。他们最需要帮助，但又最无力偿还。最好的解决方法，应该是直接把救济粮发给他们，而不是借贷给他们，但是新问题随之而来：如何填补缺粮呢？即使没有官吏腐败或地方腐败，粮仓体系也会面临难以克服的困难。

所有这些困难最终导致乡村粮仓衰败下去。尽管清廷努力推行粮仓体系，但是一度散布在清帝国各个角落的数以万计的谷仓，其存粮还是渐渐耗尽，粮仓渐渐损坏。在 1792 年、1800 年、1802 年、1831 年和 1835 年发布的一系列上谕中，皇帝们痛心地指出，地方粮仓，尤其是常平仓，已经变得"有名无实"。[131] 在 1835 年的上谕中，道光帝指出，根据各省巡抚的报告，在原来总数超过 40,000 万石的存粮中，剩下的还不到 25,000 万石，几乎缺额 40%。这是清廷公布的统计数字，实际情况可能更糟糕。皇帝认为产生这一情况的原因是官吏腐败和漠不关心，因而不止一次威胁要处罚渎职的官吏，试图改善这种情况，然而他们每次的努力都被证明是徒劳的。[132]

粮仓之监督

社仓和义仓这两种不由清政府直接操纵的粮仓，遇到特别的困难。设置这两大粮仓的基本构想看起来非常合理：依靠社会的努力，预先从拥有并能

---

[128] 《皇清奏议》，8/4a。

[129] Richard H. Tawney, *Land and Labor in China* (1932), p.73.

[130] 《巴陵县志》，15/2a。

[131] 《大清会典事例》，189/3a 和 6a、192/2b。

[132] 参见 1726 年福建发生的案例，《大清会典事例》189/3a。亦见同书 192/6a 中的记述。1869 年，直隶发生了一件不可思议的取消粮仓的事例。广平县的一名进士写了一封信给大学士倭仁，说广平县知县把粮仓送给"外夷"修建教堂。载翁同龢《翁文恭公日记》，9/12b-13a，同治八年乙巳二月十六日。

捐献粮食的人户手中把粮食收集起来，存入粮仓，以便利用此种存粮来帮助那些需要帮助的穷人；或者如一地方志记载的那样，"富者多捐，贫者少捐；以一里之仓谷，救一里之居民"。[133] 清朝统治者很难让这两类重要的社会机构不受行政系统的控制。在清帝国的一般环境下，如果不是为了政府的行动，许多粮仓能否建立起来，或者以政府可以接受的方式运作，是很值得怀疑的。乡村居民在绝大多数情况下，因过于胆怯，或过于冷漠，而不能主动地推行社仓和义仓这样的社区事业；又因为缺乏经验，而不能恰当地管理这样的社区事业。正如 19 世纪江苏巡抚丁日昌所说：

> 古人社仓之设，与常平相辅而行，要皆简校出纳于社司，而吏不与其事。……惟立法用人，则又须官为经营，以补民力之所未逮。[134]

换句话说，地方管理和政府监督是清朝统治者用来确保乡村粮仓体系适当运作的主要法宝。

但是，清朝的法宝并未使它的愿望实现。从表面上来看很有道理，但其实际效果却严重地受到地方官吏的危害，清政府原本要依靠他们来对粮仓进行有效监督，但他们却总是被证明是无能或腐败的。事实上，地方官及其走卒与地方管理人（社长），有时为争夺其中的油水而斗得不可开交。[135]

许多事例显示，地方衙门每年一两次派"委员"到乡下去检查粮仓，乡下必须设宴招待、送礼并提供路费。即使乡人从粮仓所得好处相当少，甚至不一定就能得到，他们也得分担这笔费用。[136] 在另一些事例里，衙门吏员到乡村或乡镇帮助"检查"贮存情况时，也向乡人索取规费。[137] 还有一些事例，地方官利用法律关于借者必须预先交纳 10% 的利息的规定，向社长

---

[133]　《兴国州志》，6/8a。
[134]　丁日昌《抚吴公牍》，45/12a。
[135]　汪辉祖《学治续说》（1794），79a。
[136]　《佛山忠义乡志》，7/4b-5a。
[137]　汪辉祖《学治续说》，79a。

索取这一利息；即使存粮还未借贷，也是如此。[138] 这样，必须进行的政府监督在实际中却变成了危害乡人的恶魔。许多社长都卷进去的不法行为如果无法遏止，官吏腐败就不可能杜绝。

正是因为政府监督被证明给地方官带来许多好处，有些人就越权侵占地方粮仓管理权。由于这种情况很严重，清政府不得不强调政府监督和地方管理之间的界限，并禁止对后者的非法干预。雍正帝在 1729 年发布的一道上谕中说道：

> 朕惟国家建立社仓，原令民间自行积贮，以百姓之资粮，济百姓之缓急，其春贷秋偿，及滋生羡息，各社自为经管登记，地方有司，但有稽查之责，不得侵其出纳之数。[139]

这道上谕特别提到了陕西省发生的情况。在清帝国其他省区，也有发生地方官侵越地方管理权限的报告。嘉庆帝在 1799 年发布的一道上谕中就指出一些令人失望的后果：

> 社仓原系本地殷实之户，好义捐输，以备借给贫民之用。近来官为经理，大半借端挪移，日久并不归款，设有存余，管理之首士与书吏，亦得从中盗卖，倘遇俭岁，颗粒全无，以致殷实之户不乐捐输，老成之首士，不愿承办。[140]

我们并不因此就认为政府的监督可以不要，也不认为它就是制度败坏的主因。社长也同样会欺诈、贪污盗用。19 世纪的一位作者指出，社仓存粮很少能保持 20 年以上，因其常"侵于司仓之手"。[141] 问题在于，负责管理公共事务的人多半是欺诈之徒，在这种政治环境下，任何管理手段和政府操

---

[138] 晏斯盛 1745 年的上奏。《皇清奏议》，42/15a。〔编者按：应为 42/14a。晏斯盛《请清社仓积弊疏》。〕

[139] 雍正七年的上谕，参见《大清会典事例》，193/3b。

[140] 嘉庆四年的上谕，参见《大清会典事例》，193/3b。

[141] 《巴陵县志》，15/3a 引吴敏树（1832 年中举，旋任湖南浏阳县教谕）的话。

作（如常平仓）或政府监督下的社会管理（如社仓和义仓），都不能保证存粮制度能够充分地为清朝控制灾荒的目的服务。

清朝统治者事实上处于进退两难的境地。如果不把社仓置于政府监督之下，社会上存在着的漠不关心和腐败，很快就会导致它们失去效用；但是如果规定政府官员必须干预，原本关心支持社仓的社会领袖，就会撒手不管，许许多多不法行为就会出现。19 世纪一位著名的作者，根据他 1870 年代在陕西任官的经历，直言不讳地指出了清朝面临的这一困境：

> 天下义举专主于官，则吏胥侵渔，弊在烦扰。不主于官，则绅董推卸，事难经久。如社仓，自积储以至散放，自经收以至监守，委曲烦重，如此，非得官方选举，谁肯身任其劳者？社首之私吞滥放，土棍之强借抗偿，把持刁难，如此，非得官力究惩，谁敢躬撄其怨者？……惟必待官以主之，而弊又自此生矣。殷实之家，率多畏葸；公正之人，率多恂谨。即学道君子，未必皆熟习公事，认识官长。而乡里刁健之徒，又多结连胥徒，善于滋事。设遇前列各弊，势必禀官。既经禀官，则必候批、候提、候审，费已不赀，幸而得理，尚可推行尽利；不幸而遭刁健者搜得疵短，捏告黑白，一经地方官驳斥，则又将有赔垫之累。只得忍气吞声，匿形戢影。而所谓刁健者，广引侪类，乘机阑入。……而社仓尚可复问耶？[142]

社长之任免

选择和任命地方粮仓管理人，是一个令人困扰的问题。虽然无论是义仓还是社仓都是如此，但是对于社仓来说，这一问题更为敏感，因为社仓设在乡下，那里的自然环境一般说来都较差，相较于城镇，更难以确保领导权。

富有经验的官员很容易看出，乡村粮仓是否成功的真正原因，不但要有

---

[142]　柏景伟《澧西草堂集》，1/12a-17b。值得指出的是，官府管理常平仓产生了许多非法行为。张师诚（1762—1830）在 1820 年记述："乃州县平日署中之食用，往往动碾仓谷，甚有借请出粜出借之时，私行多粜渔利。……盖私粜可获重价，而交代只须每石作银六钱，是以相率效尤。"参见《牧令书辑要》，10/50b-51a。

令人满意的地方管理，也需要有效的政府监督。19 世纪的一位作者说：

> 民间立义社各仓……然必有忠信乐善之良民，方可以主社仓之出入；
> 必有清廉爱民之良吏，方可以任社仓之稽查。[143]

有些官员得到好评，是因为他们不但认真地关注社长的挑选，而且注意提高社长的威望，掌握鼓励他们从事粮仓事业的方法。陈宏谋就是一个显著的例子。在湖南和广西任官期间，他设法有效利用社仓体系。他在 1755 年至 1756 年担任湖南巡抚期间，就制定了一些措施：

> 社长乃主持一社出纳之人，任劳任怨，利济乡里，实属义举，迥非乡约、练长可比。毋论绅衿士者，官宜敦请委任，更当倍加礼貌。虽系平民，免其杂差，见官免跪。[144]

陈宏谋治理下的湖南和广西两省社仓情况到底有多好，我们无从得知。即使两省的社仓设置和管理都无可挑剔，它们的成功也不能证明清朝其他省区和其他时期的社仓也是如此。相反，很多证据都表明，地方管理的问题，让大多数乡村粮仓难以达到设置的目的。基本的困难就在于没有合适人才来担任社长。一位熟习粮仓体系的作者，简明地指出了这一点：

> 得人最难，善任尤难。喜事者未必堪充，堪充者未必喜事。[145]

清朝不同时期的许多作者，也表达了同样的观点。在 18 世纪结束之前，已经可以确定，就像保甲体系一样，在任命社仓管理人时，经常发生同样的困境，"德者不为，为者无德"。1756 年，一名官员上奏乾隆帝说：

---

[143]　王庆云《熙朝纪政》，4/29b-34a。
[144]　戴肇辰《学仕录》，5/27b-38a。还请参见《新宁县志》（1893），12/20b-23a。
[145]　俞森《荒政丛书》，卷十下，3a-b。引沈鲤《社仓条议》。

其生监诚谨敦品者，闭户潜修，不乐干预外事，若肯膺斯役，率皆借口多事之辈。[146]

1762 年，另一位官员上奏又说道：

凡举报社长，有情愿承充者，有不情愿承充者。推求其故，缘端方之人，恐办理疏虞，贻身家累，而狡黠之徒，又以充当社长为荣，得遂操纵。[147]

第三篇奏疏写于 18 世纪最后几十年，它指出，在任命新社长取代任期届满的旧社长时，"羞于出任公职者，尽力逃其任命，而贪图私利者，则百计营求社长之职"。[148]

朴素纯洁的乡人有充分的理由回避征召。清政府在竭力使社仓制度充分发挥作用之时，18 世纪发生的一系列事例却证明，社长肩上担负的责任不只繁重，实质上也是令人难以承受的。在当时的历史背景之下，它们是根本不可能完成的任务。康熙帝本人也承认这一点。1720 年，都察院左都御史朱轼请求建立社仓并提议在山西省修建灌溉工程，康熙帝回答道：

建立社仓之事，李光地任巡抚时曾经具奏，朕谕以"言易而行难，尔可姑试"。李光地行之数年，并无成效，民多怨言。张伯行亦奏言社仓颇有裨益，朕令伊行于永平地方，其果有成效裨民之处，至今未奏。且社仓之有益无益，朕久已留心采访。凡建立社仓，务须选择地方殷实之人，董率其事。此人并非官吏，无权无役，所借出之米，欲还补时，遣何人催纳？即丰收之年，不肯还补，亦莫可如何。若遇歉收，更谁还

---

[146] 《皇清奏议》，50/10b。文中所提到的官员是河南巡抚图尔炳阿。

[147] 《皇清奏议》，53/11b。文中所提到的上奏者是江西布政使富明安。

[148] 汪辉祖《学治续说》，10a。衙门走卒有时利用他们的地位从胆小如鼠的土地所有者那里榨取钱财。18 世纪 40 年代在江苏几个县任过知县的袁枚（1716—1798）指出："社长一与官接，费累不支。素封之家，宁贿吏以求免。而里胥知其然也，则又故报多人为索贿计。是社仓于贫民无角尖之益，而于富民有邱山之累。"参见《牧令书辑要》，10/25a。

补耶？其初将众人米谷扣出收贮，无人看守，及米石空缺之时，势必令司其事者赔偿。是空将众人之米，弃于无用，而司事者无故为人破产赔偿矣。社仓之设，始于朱子，其言具载文集。此法仅可行于小邑乡村，若奏为定例，属于官吏施行，于民无益。[149]

我们回顾清朝1679年下令在全国扩大设置社仓时，康熙帝的悲观论调就特别值得注意。在17世纪最后25年和18世纪开头的10年，对社仓体系进行了试验之后，[150]这位精明的皇帝被经验说服，不再对社仓寄予太大的希望。朱轼接下来的行动证实，康熙帝有这种想法是对的。这位请求在山西省设置社仓的官员撤回了自己的上奏，并恳求康熙帝收回派他完成管理山西乡村粮仓这一徒劳无益任务的成命。[151]在此事发生后不久，来自清帝国许多地方接连不断的报告，使康熙帝更加确信社仓管理者不可避免地处于最为难的处境。陈宏谋——社仓体系最热烈的倡导推行者之一——1745年上奏乾隆帝：

> 陕省社仓，社本无多，自雍正七年……荷蒙世宗宪皇帝隆恩，将应减之五分耗羡暂收两年，代民买谷，以作社本。……州县因有责成，则又视同官物，不但社正副不能自由，即州县亦不能自主，凡遇出借，递

---

[149] 王先谦《东华录·康熙》，108/3b-4a。《大清历朝实录》中没有记载此事。这道上谕中所提到的李光地，在1690年和1696年到1698年，两次出任直隶学政，1699年到1705年出任该省巡抚，1705年到1718年任大学士。〔编者按：清制并无直隶学政，直隶设顺天学政，李光第1694年任顺天学政，当年即以忧免，1698年至1705年任直隶巡抚。见《清史列传》卷十。〕张伯行在1716年左右署仓场侍郎，参与了顺天府和永平府的救济工作；随后不久，担任礼部尚书。〔编者按：张伯行1715年署仓场侍郎，次年同荆山、阿锡萧监视顺天、永平二府的赈济工作。雍正元年（1723年）擢礼部尚书。见《清史列传》卷十二。〕

[150] 王庆云《熙朝纪政》，4/26a-30a，列举了时间和措施：康熙十八年（1679），诏乡村立社仓，市镇立义仓；四十二年（1703），诏直隶立社仓；五十四年（1715），令输粟社仓分别免役〔编者按：原文为康熙五十年（1711年），今依原文径改〕；六十年（1721）……谕之曰……（社仓）并无成效。奇怪的是，王庆云没有提到康熙五十九年（1720）回应朱轼请求的一道上谕。还请参见《清史稿·食货志》，2/20a-22a。

[151] 康熙帝要求朱轼负责管理山西的社仓，并命令他留在山西，直到完成他自己提出的建议。于是，朱轼承认自己判断出错，请求回到北京。康熙帝毫不宽容，未给予批准。不过康熙帝没有说明这样做的原因。参见王先谦《东华录》，康熙五十九年九月，108/6b-7a。

层具详。……百姓急需借领，而上司批行未到……兼有以不须出借为词者，及有霉变，则又惟社正副是问。故各视为畏途，殷实之人，坚不肯充。[152]

许多社长的素质都相当差，即使是粮仓存粮靠捐献而来的地方也是如此。在陈宏谋汇报陕西情况的同一年，湖北巡抚晏斯盛也几次上奏清廷，汇报地方粮仓情况。其中一道奏折说道：

民捐民借之社谷，有久经逃亡故绝者，未议豁除之条，致社仓有不实之数，州县责之社长……比追敲扑之不免，此亦良法之未周者。……社长皆视为畏途，将经理无人。[153]

在另一道奏折〔译者按：实为同一奏折〕中，他说道：

当丰稔之年，家有盖藏，价值平减，有不能借出及不能全借之处，州县往往止核成数，有本谷一千者，必报息谷一百，不问其曾经借出与未经全借，社长亦不无掣肘，或致虚赔利息。[154]

署理江苏巡抚李湖，在 1770 年的上奏中汇报了江苏省的情况：

近日江苏各属，凡系乡曲谨愿之人，无不畏避社长一役，盖缘经营出纳，不惟虑招乡里尤怨，与顽户之抗欠赔垫。其最为苦累，交代盘查，按月按季册报折报等事，地方官以社谷掌于社长……总惟社长是问。奔走城乡，致多浮费，加以胥役之驳诘……一充社长，便无休息。[155]

---

[152] 《皇清奏议》，42/1b。陈宏谋当时是陕西巡抚，这道奏折是他和川陕总督庆复联署。
[153] 《皇清奏议》，42/14b。
[154] 《皇清奏议》，42/15a。
[155] 《皇清奏议》，58/6b。

这位署理巡抚指出，乡村居民经常被任命担任社长，无论他是否愿意。因此，很难希望这样任命的社长会热情或有责任感地管理粮仓。江苏最初规定，任职者的一任任期为十年。由于让一个乡人这样长时期地承担重任并不公平，因而在1757年把任期缩减为三年，1758年又缩减为一年。不设法改善环境，而以缩短任期来解决问题，真是十分可笑。李湖继续说道：

> 今日社长视同传舍，寅接卯替，彼此故避虚交，互相蒙蔽，遂致春借秋还，皆成虚套。且一社之中，公正堪充社长者不可多得，一年一换，需人过多，惟凭乡保举报，按户轮当，遂多任非其人。[156]

但是，我们不能因此就得出结论，认为如果取消官府干预，情况就会变好。没有政府监督，也会出现困难。正如同一份资料所说：

> 社仓谷石，原定规条，专责社长收掌出纳。……但春借秋还，地方官竟不稽查比追，社长徇情滥借与土棍强借不偿之弊，势所必至。

一些居民发现社长之职可以给他们带来许多好处，因而热切谋求此职。不用说，比起不愿意担任社长的人来说，让这种人担任更糟糕。[157]因为剥削而引起的争吵时有所闻，被怀疑徇私的不良管理更使得政府决心加以干预。一部地方志记载说：

> 其社长之狡者，每岁以虚数呈报而侵蚀已多。其乡民之悍者，又借口于典守之不公而攘夺不已。于是守土者思有以弭其害，则令以谷入县仓，而董其事以胥吏。……官主之，则谷为官有。……而所藏谷价日以销磨。[158]

---

[156] 《皇清奏议》，58/5a。

[157] 参看注139、140。

[158] 《福建通志》（1871），51/18b-19a。

绅士与乡村粮仓

同其他地方机构一样，乡村粮仓也容易受到当地乡绅和士子的影响。这种影响可能是有益的，但他们常常给粮仓体系带来混乱。回顾历史，社仓在12世纪的出现，很大程度上要归功于善意的绅士的努力。为社仓诞生作出很大贡献的朱熹，叙述了使他在这个时期设置第一批社仓的社会背景：

> 乾道戊子春夏之交，建人大饥，予居崇安之开耀乡，知县事诸葛侯廷瑞以书来属予及其乡之耆艾左朝奉郎刘侯如愚，曰："民饥矣，盍为劝豪民发藏粟，下其直以赈之？"刘侯与予奉书从事，里人方幸以不饥。俄而盗发浦城，距境不二十里，人情大震，藏粟亦且竭。刘侯与予忧之，不知所出，则以书请于县于府。时徐公嘉知府事，即日命有司以船粟六百斛，溯溪以来。……民得遂无饥乱以死。及秋，又请于府曰："……请仿古法为社仓以贮之（以纾民急）。"……为仓三……司会计、董工役者，贡士刘复、刘得舆，里人刘瑞也。[159]

试验的结果令人满意，因而那些深受朱熹的思想和方法鼓舞的乡绅努力在福建、浙江、江西等省建立了许多社仓。[160] 实践证明，这些粮仓或多或少也有成功。朱熹正是从这些成功的案例中相信社仓的可行性，因而在1168年〔译者按：原文误为1811年〕上奏提议，考虑在全国范围内设置社仓，并描述了崇安社仓的管理情况：

> 乾道四年，臣熹居崇安之开耀乡，民艰食，请到本府常平米六百石赈贷，无不欢呼。于是存之于乡，夏则听民贷粟于仓，冬则令民加息以

---

[159] 《康济录》，4/57b-59a 中所引朱熹的话。

[160] 俞森在其《荒政丛书》中（卷十上）记述了下面的事例：浙江金华县在1175年修建了潘氏社仓；福建建阳县在1184年修建了长滩社仓，光泽县也修建社仓（日期不明）；江苏宜兴县在1194年设置了社仓；江西南城县在1194年修建了吴氏社仓。

偿。每石息米二斗，如遇小歉，即蠲其息之半；大饥则尽蠲之。系臣与本乡土居官及士人数人同居掌管，凡十有四年，以六百石还府，现储米三千一百石，以为社仓，不复收息。故一乡之中，虽有饥年，人不缺食。[161]

这里值得指出的最重要的一点是，朱熹及其追随者创立起来的社仓，几乎毫无例外归功于乡绅和士子的努力。亦即是说，社仓最初的产生并不是作为一种地方机制，也没有证据显示在全国推行之后就取得了许多丰硕成果。人们很容易认为社仓实质上就是饥荒救济的地方机构，并不适用于帝国控制的目的。

朱熹及其追随者创设社仓的动机到底是什么？亨利·格雷（Henry Gray）爵士在谈论义仓和社仓时断言：

同其他粮仓（常平仓）一样，这些社仓设置的目的在于防止饥饿的百姓发动起义。深受神权和人权压迫之乡人，为了起码的生存，很容易聚集起来，从事掠夺或拦路抢劫活动。[162]

根据这一观察，他认为所有地方粮仓设置的心理根源，从设置并维持它们的人来说，"并不在于他们慷慨大方的慈善心肠，而在于其自我保护"。这个论点得到中国作者的印证，有位作者说：

贫民富民多不相得，富者欺贫，贫者忌富。贫民闲时已欲见事风生，一迫饥馑，则势必为乱。初或抢米，再之劫富，再之公然啸聚为贼。[163]

一段类似的推论可以作为一个熟悉论点的基础：富者应该慷慨地捐献粮食设

---

[161] 《康济录》，2/20a-b 所引朱熹的话。
[162] Gray, *China* (1878), II, p.58.
[163] 魏禧关于救济方法的一篇文章《救荒策》，见俞森《荒政丛书》，7/1b。魏禧是江西人，康熙十八年（1679）举"博学鸿词"科，但他没有接受这项荣誉。

置社仓，因为"保贫即所以保富也"。[164] 这些作者相信，富者和有地位特权之人对粮仓体系感兴趣，因为这有利于保护他们自己的生命财产安全，维持社会秩序。

无论朱熹设置社仓的主要动机是什么，他都相当清楚地表明，社仓是稳定社会局势的有效工具：

> 建阳之南里曰招贤者三，地接顺昌、瓯宁之境。其狭多阻，而俗尤劲悍。往岁兵乱之余，粮莠不尽去，小遇饥馑，辄复相挺，群起肆暴，率不数岁一发。……绍兴某年，岁适大侵，奸民处处群聚饮博啸呼，若将以踵前事者，里中大怖。里之名士魏君元履，为言于常平使者袁侯复一，得米若干斛以贷，于是物情大安，奸计自折。及秋将敛，元履又为请，得筑仓长滩。……自是岁小不登，即以告而发之。如是数年，三里之人，始得饱食安居，以免于震扰夷灭之祸。[165]

毫无疑问，所有对粮仓体系有信心的人，无论是否公开表示，都接受了朱熹的主张。就一些乡绅和士子来说，我们不否认他们有着人道主义情感，但也可以大胆地说，在他们把自己的精力贡献出来创立地方粮仓时，正是亨利·格雷爵士所提到的"自我保护思想"在发挥作用。

因此，清代的一些绅士与宋代的前辈一样，对粮仓体系表现出极大的兴趣也就不足为奇；黄河以南省区的绅士尤其如此。例如，广东省相当多的社仓、义仓，之所以能够设置和维持，就在于一些绅士的努力。[166]

地方官员很快就认识到绅士在地方粮仓管理中的地位，即使并非不可或缺，也是有帮助的。18 世纪中叶，陈宏谋在许多省份任职期间，就设法取

---

[164]　地方起草关于设置社仓的措施，见《兴国州志》，6/8a。

[165]　俞森《荒政丛书》，卷十上，14b。

[166]　《南海县志》(1910)，6/9a-10a；《佛山忠义乡志》(1924)，7b-5a；《九江儒林乡志》(1883)，4/3b-7b。

得绅士的帮助来管理社仓。[167] 在 19 世纪最后 10 年,江苏镇江府知府天才般地找到了一种方法,让居住在城市和乡村中的绅士互相合作。他委托城市中的绅士收粮,乡村中的绅士安排何人捐献多少粮食。[168]19 世纪的一位作者提议利用绅士监督社仓管理,把管理存粮的实际事务交给由有关乡人提名的人负责。[169] 但是,绅士的参与并不能保证粮仓管理的成功,多半还要取决于参与管理的绅士的素质和威望。该作者在指出关于"行社仓,首在得人"这一主要原则之后,继续说道:

> 设使今之官成名立,退居林下者,力行社仓于一乡一里之中,则声望既足动乎官民,即规为必可垂诸永久。……以贡监生员而董其事,不必尽品学兼优也。即使人人皆学道君子,而官吏未必其敬信,人民未必其服从。[170]

对于绅士的两个组成部分——退职官员(绅)和取得头衔但未取得官职的学者(士)——之间威望的差异,这位作者作出了有益的区分。他对"士"作为地方粮仓的管理人,比对"绅"更没信心。这个看法可能是正确的。不过,威望并不是跟这件事相关的唯一因素。个人品格经常具有重要的(即使不是决定性的)影响。绅士——无论是"绅"还是"士"——的行为方式并不是一样的,素质也是千差万别。用当时的话来说,士子中有"刁生",退职官员中也有"劣绅"。乡人们不可能指望这种"刁生""劣绅"正直诚实地管理粮仓。绅士把地方粮仓当作牟取私利的来源,屡见不鲜。例如,广东南海县佛山镇,其义仓存粮以前是满的,但是后来被"某巨绅之戚"盗得干干净净;直到 19 世纪最后 25 年里,才在当地一名举人的坚决努力下,得以

---

[167] 陈宏谋《培远堂偶存稿》,卷十三各页。陈描述了他 1741 年到 1763 年期间担任江西、江苏、广东、广西、湖南、湖北、河南、陕西和山西等省巡抚时,管理社仓的计划和方法。〔编者按:参见本章注 58。〕
[168] 王仁堪《王苏州遗书》,7/107a-108b。
[169] 柏景伟《澧西草堂集》,2/22a-25a。
[170] 柏景伟《澧西草堂集》,1/14a-b。

填补。[171] 广东灵山县的情况更能说明问题。该县每个社仓都是由"殷实耆宿"管理，并处于知县监督之下；这些社长对乡邻的福祉根本不关心：

闻出贷时，则曰官谷。收贮后，则为予利。一遇凶歉，不惟粜不可平，而利或三倍。是以前人之远规，众民之义举，而饱一己之囊橐。[172]

摘要和结论

笔者在本章中尝试解释地方粮仓体系作为清朝控制灾荒的工具，何以未能实现它的承诺。没有人能否认，贮存粮食以防止灾害，是一个好主意；也没有人质疑救济饥饿的乡人的必要性，无论是为了保存地方经济元气，还是为了防止民变。然而，笔者通过研究可利用的记载，不得不这样说：像清朝其他统治乡村的工具一样，地方粮仓无论带来什么利益，其中部分（虽然不是大部分）都被伴随而来的坏影响所抵消。

可以假设，在清朝统治的早期年月里，当它的统治能量发挥到最大时，粮仓体系的运作比 19 世纪之后的情况要好些。即使在相对繁荣时期，清政府也发现常平仓的存粮不足，因而不得不以社仓和义仓来补充。地方粮仓的早期经验令人相当失望，康熙帝因此不愿在全国范围内推行这种体系。康熙帝的继承者雍正帝，虽然不顾其父皇关于社仓仅仅适合于局部地区的警告，却也发现社仓的运作上存在阻碍。[173] 后来的情况更令人丧气，[174] 在清朝统治前的两个世纪

[171]　《佛山忠义乡志·人物六》，38b。

[172]　《灵山县志》，10/126b。

[173]　王庆云《熙朝纪政》，4/30a。

[174]　汪辉祖在 1790 年的记述，以如下的言语概括了更令人扫兴的情况："换斗移星，权归胥吏，而有名无实，窒碍多端，初犹藏价于库，终且库亦虚悬，而仓愈难信矣。"参见《学治臆说》，56a。即使是清朝中央政府的粮仓，也摆脱不了贪污和错误管理的危害。1879 年早期，南新仓因 95,000 多石的存粮被贪污盗用而导致存粮不足的事情被发现，并上报到慈禧太后。李慈铭《越缦堂日记·桃花圣解庵日记》，癸集第二集，69a-b 和 83b，引述了关于这一事例的两道上谕。1890 年，清帝国的首都北京粮仓缺额几乎达 170,000 石，被发现上报。参见户部尚书翁同龢的《翁文恭公日记》，29/65a-72a 和 30/13a-21a。这些事例载于 *North China Herald*（《北华捷报》），引见 Harold C. Hinton, *The Grain Tribute System* (1956), pp.97-98。

就存在的许多粮仓，无法度过 19 世纪的战争和叛乱。[175] 在同治和光绪年间，一些粮仓，尤其是在城市里的粮仓，虽然重新恢复，[176] 但却未能挽救走向灭亡的政权，最终在 1911 年辛亥革命的冲击下，随着王朝一起消失。[177]

三大主要类型的地方粮仓很容易染上各种各样的毛病，其中大多数是由清帝国当时的历史环境所造成的。这种控制灾荒的工具，受到两个因素的阻碍而无法成功地运作，一方面是通常腐败又无能的官僚群体，另一方面是始终未能改善物质匮乏景况的农民（他们无力自行对抗险恶的社会与自然环境）；但后一因素的重要性不能被过分强调。粮仓体系虽然是因必须救济生活无望的乡人而产生的，但具有讽刺意味的是，乡人由于无依无靠反而享受不到粮仓的好处。贫穷的农人，要么得不到粮仓本来应该给予的救济，要么因借贷粮食又还不起而永远沦为欠债人。同时，乡村中的贪婪力量，给粮仓管理带来巨大危害，严重侵蚀了存粮。一位地方志的修纂者，就很好地概括了他观察到的 19 世纪后半期粮仓恶化的总情况：

> 至于建廒州郡，则僻壤难以遍沾；屯谷社司，则豪强或以处利；夏贷冬还，则无赖者甘于逋负；文移盘诘，则典守者视为畏途。……加以绅董薪炭之资，仓丁守望之费，岁时风晒之耗，出浮于入，折阅堪虞，故富绅苦于垫累，去之若浼，而贫者更不克负荷焉。[178]

这种错综复杂的局面，几乎不可能改善，因为除了当时社会背景下产生的一系列非法行为之外，还存在着一种经济环境，使得获取并保存足够存

---

[175] 《清史稿·食货志》，2/22a。

[176] 《清史稿·食货志》，2/22a；《大清会典事例》，191/3a。这一时期发生了一次严重的饥荒，但地方粮仓的作用被忽视了。例如，陕西在世纪之交发生的大饥荒，是采取紧急捐献和"鬻爵"的措施进行救济的。关于这一情况，参见 Francis H. Nichols, *Through Hidden Shensi* (1902), pp.231-232。

[177] Walter H. Mallory, *China, Land of Famine* (1926), pp.65-68："满洲政权被推翻而带来的直接后果之一……就是各省所保留的大众粮仓被取消。……据说，为了'支付革命费用'，粮仓存粮在 1912 年被卖掉，但是民主政权并没有重新填补存粮，粮仓作为最重要的制度现在被抛弃了。……甚至在辛亥革命爆发之前，由于官吏腐败的原因，粮仓制度的作用就开始消失。"Mallory 把问题过于简单化了。

[178] 《容县志》，10/1b-2a。

粮，成为一项艰巨的任务。粮食歉收、连续不断的自然灾害[179]和人口压力[180]，这几种因素加起来，使大多数乡人总是处于穷苦的挣扎之中。即使进行精耕细作，中国也不能生产足够的粮食来供养众多的人口，尤其面对 18 世纪中叶之后爆增的人口。[181]研究近代中国灾荒救济的一位西方专家，其评论无疑是正确的：

> 人们在中国经常听到"年年有余（margin of livelihood）"的话，但是事实表明，如果把中国百姓视为整体，那么并不存在所谓"有余"的情况。中国在一个正常年份的真正粮食需求量，比中国当前的产量和进口食品数量要来得多……缺乏生活的积余，才是发生饥荒的根本原因之一。[182]

另一位西方作者，一位研究中国土地经济的近代权威，也赞同这种观点："低

---

[179]　参见 Chu Co-ching（竺可桢），"Climatic Pulsations during Historic Times in China," *Geographic Review* XVI（1920），pp. 274-282；该文讨论了从公元元年到 1900 年发生的自然灾害。还请参见 Alexander Hosie，"Droughts in China, A. D. 620-643," *Journal of the Royal Asiatic Society*, North China Branch, N. S. XII (1878), pp. 51-89; Tawney, *Land and Labor in China,* pp.75-76, 引 Hosie 的上述文章；Mallory, *China, Land of Famine*, pp.45-59。

[180]　Mallory, *China: Land of Famine*, p.15："在中国，人口总密度仅为每平方英里 238 人。无论怎样，这个数字并不能表明中国人口众多的特点。中国总人口的一半，所占土地仅仅为该国的 1/4。"他在第 17 页中又说道："在这种人口过多的情况下，征收贮存粮食是不可能的。好收成并不能带来粮食剩余，仅能在短时间内使人们吃得好些。"Mallory 所提到的情况，是指 20 世纪前几十年，在某种程度上，也适用于 19 世纪。

[181]　Mallory, *China: Land of Famine*, pp.84-85："根据 E. H. Parker 教授在 *China*（London，1901，p.27）中所说，全中国 1734 年的总户数为 26,500,000 户（实际上，Parker 统计的数字为 25,500,000 户）。如果每户的人口为 5 人，那么总人口数就为 130,000,000 人。Parker 教授继续说道，在 18 世纪到来之前，中国任何时候的总人口都未达到 100,000,000 人。到 1762 年，一下子就涨到 200,000,000 人，这一数字在随之而来的一个世纪中又翻了一番。就今天世界人口增长速度来说，这个增长率还是比较慢的。"Parker 的估计虽然不怎么正确，但还是表明了中国人口增长的总趋势。

[182]　Mallory, *China: Land of Famine*, p.5. Cf. Tawney, *Land and Labor in China*, p.76："如果'饥荒'一词的含义是因缺乏粮食而引起大范围的饥饿流行，那么中国一些地方的确是在忍受着饥荒的折磨。"在饥荒特别盛行的地区，虽然募集存粮的确不困难，但是并不能保证这样的存粮会起作用。例如，19 世纪早期四川的情况就是如此："捐办义田，收租积谷，原议为歉年赈恤贫民之用，惟川省历少歉年，道光四年以前，此项租谷已积至二十余万之多。饬即查明……社仓每年借粜各法，繁琐难行。徒滋弊窦。"参见刘衡的《庸吏庸言》，72a-b。刘衡还建议，1825 年（道光五年）后收集的存粮，部分用于其他方面。参见同书，73a-74b。

收入使得大多数农人及其家庭处于仅仅能维持生命的境地。事实上，农人们在冬季里正像一'群'力畜一样，所消耗的粮食不但尽可能的少，而且相当低劣。"[183] 这两种评论都是根据对 20 世纪前几十年的观察所得出的，也可以在某种程度上适用于 19 世纪。

期望农民把他们的一部分收成贮存起来以便面对艰难时期，是无济于事的。农民并没有多余的粮食，他们总是处于艰难之中。如果从地方粮仓借贷粮食，他们就必须偿还借贷，而且常常要付利息。然而贫穷的农民即使在正常年月也仅够温饱，他们在艰难年月借贷粮食也不比中国一句谚语所说"饮鸩止渴"好多少。不可否认，清朝统治者并不指望普通乡人来维持粮仓体系。各个地区粮仓的存粮，来自于政府官款的购买和富有绅士或其他人的捐献。然而，这种情况并不能解决基本的经济困难：中国的粮食总产量并不足以应付全国的需求。此外，绅士的慷慨并不可靠。富有的大地主，其兴趣在于如何维持农夫的生命以为他劳动，因而在必要时会给予他们某种帮助。但是，并不是所有的大地主都有这样的远见卓识。尽管有一些绅士给予地方粮仓以积极的物质援助或道义支持，但是也有许多绅士在这项极其重要的事业中拒绝同地方官合作；或者只是为了打粮仓的主意而参与其中。[184]

地方粮仓体系的功能并不令人满意；清朝皇帝并不需要为此负特别的责任。同以前各朝的皇帝一样，他们所面临的是无法贯彻他们意志的类似的环境。无论怎么说，他们所取得的成就并不比明朝皇帝少。一位中国历史学家在评价明朝时期的粮仓时指出："其法颇善，然其后无力行者。"[185] 下列对明朝时期湖北省某县情况的描述，和清代的画面若合符节：

---

[183]　Tawney, *Land and Labor in China*, p.73, 引 John L. Buck 的话。

[184]　由于清帝国各地的气候和社会环境不同，因而地方粮仓体系在一个地方证明可以运作起来，在另一个地方就不一定。1739 年的进士黄可润就提出一个有趣的观点："南方仓储，不能大有益，以地热湿，难耐久，人多而诈。……北方仓谷可十余年不坏，人朴直，里民户保乡地识认，无不还者。"参见《牧令书辑要》，4/1a-b。该作者对华北环境的叙述虽然有几分过于乐观，但是他对各地气候差别的观察是正确的。气候影响粮食体系的方式不同于社会环境，在气候适宜的地区，获取存粮要容易些，但具有讽刺意味的是，这种地区比起那些很难获取存粮的地区来说，贮存粮食并不怎么需要。参见注 182 所引刘衡对四川情况的评价。

[185]　《明史》，79/7b。

以四十三里之入，纳之数橼，秕糠莫辨，盈缩无稽。司仓者收各里之美，岁额既满，而其后之贡输，尽作折色，用饱囊橐尔。胥吏之侵渔，下里之逋负，不知几何。[186]

清朝皇帝所犯的最大错误，可以说是他们利用传统方法来解决古老的灾荒问题，故而不得要领；或者说，跳脱不出造成这个问题的历史环境。

我们并不认为存粮体系毫无作用。一代代皇帝找不到更好的防止饥荒的方法，而粮仓在一定范围内有助于减少因饥荒流行而引起危机的风险。有一个令人不满意的饥荒控制体系，比完全没有要好些；而且很有可能，清朝皇帝也从未期望过粮仓体系能取得完美的效果。但是，粮仓体系同其他任何帝国制度一样，并不是在历史真空中运作。它的运作深深受到自然的、经济的和政治的各种环境的影响。由于这一原因，当历史背景下其他主要因素会削弱整个帝国的结构，或者当帝国体系中其他元素的运作并不尽如人意之时，粮仓体系并不能发挥其理论上可以发挥的作用。它势必要随着整个王朝的兴衰而存在或衰败。在社会环境改善而政权本身运行得相当有效之时，地方粮仓体系的运作情况就好些；但是在历史环境周期性地恶化之时，其运作情况就相应地恶化。在这时，粮仓体系本身也变成了促使帝国瓦解的因素之一。

值得指出的是，太平天国领导人针对饥荒提出了有几分创意的解决办法。在"天朝田亩制度"这一乌托邦社会理想中，他们想象出一种土地分配和财产所有的制度；它承诺让所有人共同享有所有农业资源，借以来预防灾荒发生：

凡天下田，天下人同耕。……凡天下田，丰荒相通，此处荒，则移彼丰处，以赈此荒处……凡当收成时，两司马督伍长，除足其二十五家每人所食，可接新谷外，余则归国库。[187]

---

[186]　《沔阳州志·食货志》（1894），4/66b。

[187]　这一文件收集在萧一山所编著《太平天国丛书》，第一辑，南京国立编译馆，4/1b-2a；向达等编《太平天国资料》，第一章，第319页。

太平天国方案的新颖之处主要在于改变了所有制观念，由此导出了不同的预防灾荒观念。灾荒救济，并不是政府发起、富户响应的慈善事业，而是社会体系本身不可缺少的组成部分。太平天国的理想，毫无疑问不同于通过分布地方粮仓网以预防灾荒的思想。

　　然而，太平天国起义者并未将他们的"田亩制度"付诸实施。讨论他们的理想是否比传统的粮仓体系更可行，没有什么意义。太平天国起义领导人的行政经验相当有限，即使他们的"天朝"能抵挡曾国藩所率领的军队进攻，而能否成功地推行其准共产主义计划，也值得怀疑。但至少有一事是可以肯定的：如果不对物质环境作决定性的改善，那么农业生产总量也不会有实质性的提高；这样，清帝国不同地区之间的"丰荒相通"，虽然可能会解决经济发展的不平衡，但难以解决全国的灾荒和经济匮乏等问题。

第六章　思想控制：乡约及其他制度

乡约宣讲体系

清朝统治者追随以前各朝统治者的脚步，采取思想控制手段，试图维持对其臣民的牢固掌控。他们发现，强调社会责任和人伦关系的宋代的程朱学派，是达成这一目的最有用的工具。皇帝们不断表达对孔子的尊敬，过去的儒者只要言行被认为对帝国控制是有用的，也不断地被神圣化。[1] 从顺治到乾隆的各代清朝皇帝，时常组织人员对儒家经典加以注解，论述宋代的新儒学，刊印朱熹著作——只要他们认为是可行或明智的，就会援引士人的帮助。[2] 为了建立这种判断思想与行为绝对标准的"官方儒学"（imperial confucianism），[3] 新统治者的当务之急就是争取士人的认同，尤其是争取那些明朝遗留下来、仍然效忠于明朝的士人的支持。清朝建立者充分认识到，在过去相当长的时期内，士在中国社会和政治生活中占有极其重要的地位；也体认到控制士人，实际上就是控制整个国家。他们所采取的最重要的措施，就是恢复科举考试。顺治帝在进入北京后，立即下令在 1644 年举行了第一次乡试。接着在 1646 年，举行了第一次会试。1679 年，康熙帝下令举

---

[1]　从顺治到宣统所采取行动的概述，可以参见《清朝文献通考》（1936），卷 73；《清朝续文献通考》（1936），卷 98。《清朝文献通考》，74/5544 记载了一个著名事例，雍正二年（1724 年），陆陇其被誉为"本朝理学儒臣第一"，"从祀文庙"。

[2]　有关此类著作的书目，载于《大清会典事例》32/2b-3a。

[3]　"官方儒学"是 James Legge 的用语，参见 *China Review*, VI (1878), p.147。

行了第一次正式的"博学鸿词"科。[4] 通过这样那样的措施，清朝统治者努力取得士人的支持，把他们的思想和精力引上"正途"，使他们不致产生危害统治的言行。

精明的清朝统治者也没有忽视控制人民大众思想的重要性。他们认识到，大多数乡人都是目不识丁的，用来控制士人的方法对他们并不适用，因而采取了多种多样的通俗教化方法——其中最有趣的就是乡约宣讲体系。

乡约宣讲应该是顺治帝创立的。他颁布了《六谕》，要求各省区、各旗的臣民不要违背伦理道德，过一种平静的生活。[5] 为了把《六谕》的意思清楚地向臣民解释，每州县都要任命一名乡约，定期向居民讲演。礼部 1659 年决定，乡约及其主要助手由各地居民从 60 岁（实岁 59）以上、声誉卓著的生员中指定；如果当地没有这样的生员，那么也可以选举 60 岁或 70 岁以上、名声好的普通人来担任。每月初一和十五，乡约在其助手的帮助下，必须解说《六谕》，并将其所在邻里之间的善行劣迹记录下来。[6]

1670 年，乡约宣讲体系发展到一个新阶段。在顺治帝颁布《六谕》15 年之后〔编者按：应为 18 年后，上文提到顺治帝颁布《六谕》是在 1652 年，康熙帝颁布《圣谕》是在 1670 年〕，其继承者康熙帝为指导其臣民的言行举止，颁布了一套新的行动指南，这就是著名的《圣谕》。《圣谕》有 16 条，自公布之时起，就取代了最初的《六谕》，成为乡约宣讲的主题。[7]

大约半个世纪后，1724 年雍正帝明确说，《圣谕》十六条还是过于简短，无法让"无知乡人"充分理解。因而，他撰写了长达 10,000 字的《圣谕广训》。[8] 为了使乡约宣讲更有效，清政府在 1729 年增加乡约人数，除了一名约正（乡约头人）之外，还要选出三至四名"朴实谨守者"来担任"值月"，每月轮流协助约正工作。在人口特别稠密的乡、村，必须有一个固定的场所，作为讲解乡约的舞台，叫作"讲约所"。每月初一和十五，要进行讲约，

[4] Hellmut Wilhelm, "The Po-hsueh hung-ju Examinations of 1679," *Journal of American Oriental Society*, LXXI (1951), pp.60-66.

[5] 此事发生在 1652 年（顺治九年）。参见《学政全书》(1810)，9/1a。

[6] 《学政全书》，9/1a。

[7] 《学政全书》，9/2a-b。

[8] 《学政全书》，9/4a。

乡里的耆老、士子和街坊百姓都要参加。三年一任期满之后，如果约正和值月的工作卓有成效，且诚实无过，那么就会经由各省督抚的推荐而得到相应的奖赏；相反，怠惰废弛者就会受到惩罚。[9]

乡约还要负责记录其邻里街坊应受到惩罚和值得奖赏的行为。在清朝统治早期，所有省区都建立了"申明亭"，用来张贴清廷所发布的教诲臣民的上谕。[10] 那些犯下不法行为的人，尤其是那些有违孝悌之道的人，其名字就会被张贴在申明亭上；改过自新后，名字才会被除去。[11] 这种规定的目的，在于加强乡约宣讲的效果。清朝当局希望以这种精神枷锁来规范乡人和市民的言行举止，或使他们至少不要偏离它所要求的行为轨道。

清朝非常强调乡约的重要性，以至于一而再、再而三地要求官员们加倍努力，使乡约真正发挥出潜在的教育作用。举例来说，乾隆帝在 1736年、1737 年和 1743 年多次发布圣旨，提示要以最大的热情去推行乡约制度。[12]1753 年，他又命令说，除了正常的半月一次讲演之外，官员们应该利用一切机会以儒家伦理道德来指导乡人的言行举止；在讲演时，可以运用土音谚语，好让乡人们能够理解。[13] 此后不久，当秘密社会活动以惊人的速度在全国蔓延时，清政府又极其努力地加强乡约——道光帝发布的一系列上谕可以证明。[14] 一直到 1865 年，同治帝对在乡里中进行讲约还表现出浓厚的

---

[9]　《学政全书》，9/4b；《大清会典事例》，397/9a；吴荣光《吾学录初编》（1870），3/1a-5a。在地方志中，也常常记载了讲约会的内容，可以参见《永州府志》，卷四上，50a；《东莞县志》，25/2a-b；《恩平县志》，11/5b。根据最后一部县志的记载，其情况为："于举贡生员内简选老成有学行者一人，立为约正；于百姓内简选朴实谨守者三四人，轮为值月。……值月者……抗声宣读《圣谕广训》……约正复推说其义……未达者仍许其质问。"William E. Geil, *a Yankee on the Yangtze*（1904），pp.80-83，也记载了乡约宣讲的起源和进行情况。

[10]　如《严州府志》（1883），5/3b："申明亭……知府梁浩然重建（约 1668 年），今俱圮。"

[11]　《学政全书》，9/11a-b；《大清会典事例》，398/2b。根据前者的记载，到 1744 年，申明亭大体上都废弃不用了。一些申明亭因年久失修而毁坏，另一些则被衙门走卒或地方恶棍所占用。该年，清政府下令各省官员尽可能经济地重建更多的申明亭；在那些申明亭不可能恢复的地方，或者最初就没有修建申明亭的地方，就设立木制布告栏。

[12]　《大清会典事例》，398/1a-2b；《学政全书》，9/5a-b 和 10b；《大清十朝圣训·高宗朝》，262/9b-11a。

[13]　《学政全书》，9/13a-b。

[14]　《大清十朝圣训·宣宗朝》，78/11a、17a 和 28a，就记载了 1831 年、1835 年和 1839 年发布的一系列上谕。

兴趣。[15]

乡约讲习的内容

顺治帝 1652 年公布的《六谕》比较简单，其内容如下：

> 1. 孝顺父母；
> 2. 恭敬长上；
> 3. 和睦乡里；
> 4. 教训子孙；
> 5. 各安生理；
> 6. 无作非为。[16]

这六条圣训包括四个方面的内容：圣训 1、2 和 3，指的是家庭关系和社会关系；圣训 4 谈的是教育；圣训 5 指生计；圣训 6 涉及的是社会秩序。作为整体，它把儒家伦理道德的基本内容以最简单的语言表达出来了。

康熙帝的《圣谕》十六条，当然要比《六谕》详细得多。[17] 二者之间的关系，下页表可以很好地予以说明。

虽然《圣谕》实质上就是《六谕》的详细化，但两者之间至少在一个重要方面存在着区别：《圣谕》更强调防止犯罪行为和反社会行为。有人推论，不管顺治帝的态度如何，到他的儿子康熙帝在位期间，官方儒学不再是劝人向善的训谕，而变成了防止臣民危害帝国的工具。[18]

---

[15] 1862 年和 1865 年发布的上谕，见《恩平县志》，14/18a。

[16] 《六谕》的内容，见《大清会典事例》，397/1a。

[17] 《学政全书》和许多地方志都记载了康熙十六条《圣谕》的内容。George T. Staunton 在 1812 年将《圣谕》译成英文，连同最早的九篇《广训》，载于 *Miscellaneous Notices* (1822), pp.1-56；William C. Milne, *Sacred Edict of K'anghsi* (1870)，引见 Adele M. Fielde, *Pagoda Shadows* (1884), pp.274-276; Legge 在 *China Review* 上所发表的评论"官方儒学"的四篇文章；Geil, *Yankee on the Yangtze*, p.81。1876 年，A. Théophile Piry 把《圣谕》译成法文，连同《广训》，出版了中法对照本 *Le Saint édit*（London, 1879）。

[18] 1653 年至 1660 年间历任福建、江西和浙江巡抚的佟国器就不经意地泄露了这个秘密。他在一篇未载明日期的奏折中写道："劝善莫如乡约，弭盗莫如保甲。"〔编者按：该奏折为《弭盗九条疏》。〕引见贺长龄，《皇朝经世文编》，75/16a。

《六谕》和《圣谕》之间的对比

《六谕》	《圣谕》
社会关系	
1. 孝顺父母；	1. 敦孝悌以重人伦；
2. 恭敬长上；	2. 笃宗族以昭雍睦；
3. 和睦乡里。	3. 和乡党以息争讼；
	9. 明礼让以厚风俗。
教育	
4. 教训子孙。	6. 隆学校以端士习；
	7. 黜异端以崇正学；
	11. 训子弟以禁非为。
生计	
5. 各安生理。	4. 重农桑以足衣食；
	5. 尚节俭以惜财用；
	10. 务本业以定民志。
社会秩序	
6. 无作非为。	8. 讲法律以儆愚顽；
	12. 息诬告以全善良；
	13. 诫窝逃以免株连；
	14. 完钱粮以省催科；
	15. 联保甲以弭盗贼；
	16. 解仇忿以重身命。

　　这一重点的转移，在雍正帝 1724 年所颁布的《圣谕广训》中表达得更明白。[19] 在这一冗长的文献中，他不断地阐述如何培养有益于帝国良好秩序的个人态度和行为，即使在谈论其他事情如社会关系、教育和生计的部分。举例来说，他在谈论孝道时就认为，孝道所包含的不仅仅是对父母的爱，还包含忠君和认真履行所有社会责任。换句话说，作为孝子，同时"在田野为循良之民，在行间为忠勇之士"（圣训 1）。他宣布

────────────

　　[19] 《圣谕广训》的全部内容载于《大清会典事例》397/1b-8b。雍正帝还以汉、满、蒙三种语言刊印了《圣谕广训》。

说，每个人的地位既然是上天安排的，那么即使各人的能力不同，也会有适合于自己的职业；这种职业，无论高低，就是个人适当的责任。他还补充说："夫天下无易成之业，而亦无不可成之业，各守乃业，则业无不成。"（圣训 10 ）

雍正帝特别向农人提出劝告。他以如下激励的言辞要求说：

> 勿因天时偶歉，而轻弃田园，勿慕奇赢倍利，而辄改故业。……公私输用而外，羡余无几，而日积月累，以至身家饶裕，子孙世守，则利赖无穷。（圣训 4 ）

他劝告所有人都必须节俭，为各种灾难预作准备；奢侈浪费会让人们在灾害之年陷于无助，"弱者饿殍沟壑，强者作慝犯刑"（圣训 5 ）。不过，人人都必须慷慨地纳税；不向自己的政府提供财政支持，完全是忘恩负义的行为。雍正帝以如下的语言劝告所有纳税人：

> 尔试思庙堂之上，所日夜忧劳者，在于民事，水溢则为堤防，旱魃则为虔祷，蝗蝻则为扑灭，幸不成灾，则尔享其利，不幸成灾，则又为之蠲租，为之赈济。如此而为民者，尚忍逋赋以误国需？

尽管雍正帝极力使用和蔼的语言，但在说到这里时他就像一个严厉的父亲——一个从未忘记自己目的、从不相信子民所作贡献的父亲。浏览《圣谕广训》中直接处理防止犯罪和维持统治秩序的部分时，就会发现许多地方，甚至连言语也不温和。冒犯法律和官府命令的人都要遭到惩罚；保甲（乡村保安制度）必须加强，使得"贼盗无所容身"。所有人都被警告不要轻信政府明令禁止的"异端"。他说道：

> 奸回邪慝，窜伏其中，树党结盟，夜聚晓散，干名犯义，惑世诬民，及一旦发觉，征捕株连，身陷囹圄，累及妻子，教主已为罪魁，福缘且

为祸本。如白莲、闻香等教，皆前车之鉴也。（圣训 7）[20]

    各代皇帝还不时发布乡约宣讲的补充内容，显示出他们对帝国安全的重视。除了几个相反的事例——特别是 1713 年[21]、1746 年[22]和 1891 年[23]的上谕——之外，清朝政府的兴趣很明显在于加强宣传这些圣谕圣训中与维持秩序及服从法律有关的内容。因此在 1737 年下令，每次讲约会结束时，必须对帝国的主要法典法规条款进行解释；各省官员要刊印法规手册，向所有大小乡村散发。[24]清廷的另一道命令，规定乡约宣讲员要提醒听众注意一些法律条规，指出如果任何人违背了圣谕的训令，就会触犯这些法条。1739 年，禁止结仇、斗殴的法规成为讲约的补充材料。[25]1744 年，清廷指示各省督抚应就"各地方风俗所易犯、法律所必惩者，淳恳明切，刊刷告示"，包括抢劫、强奸、掘坟盗墓和各种形式的谋杀；要指导讲约员警告听众不要做下这些犯罪行为。[26]1777 年，清廷重申了这道命令，命令各省的提刑按察使负责将相关条例刊刻告示。[27]

    特别形式的犯罪活动引起了乡约宣讲的注意。自清朝立国以来，它就意识到秘密社会和非法宗教组织所带来的危险。无论《圣谕》第七条规定要回避的"异端"一词留下什么模糊空间，雍正帝都把它消除了。他在《圣谕广训》中向大众说，所谓"异端"，是指白莲教、闻香教、天主教的教义。随着破坏性宗教团体的威胁更加严重，这条圣训也就受到更多的注意。1758年，清政府命令讲约员在通常的讲演之外，还要补充说明处理"邪教"案件

---

[20]　Legge 的译文，见 *China Review*, VI, p.234。

[21]　1713 年，康熙六十大寿，邀请了许多来自直隶省的长者参加宴会。随后，康熙帝就发布了一道上谕，要求这些出席宴会的长者指导和鼓励他们的邻居要尽孝道，要兄弟和睦。这道上谕被刊印出来，散发到各省，作为半月一次乡约宣讲的补充内容。参见《学政全书》，9/3b。

[22]　1746 年，清廷下旨，命令各省督抚"应将有关于忠信孝悌、礼义廉耻、扶尊抑卑、正名定分等事，择其明白浅近者，刊刻告示。……各乡约正值月，朔望宣讲圣谕之后，即以方言谚语为愚民讲说。"参见《学政全书》，9/12b。

[23]　1891 年，增加了顺治帝所写的《劝善要言》。

[24]　《学政全书》，9/5b-6a。

[25]　《大清会典事例》，298/2b。

[26]　《学政全书》，9/11b。

[27]　《学政全书》，9/13b-14a。

的法规。[28] 同年，清廷采纳了一项建议，刊印关于处理异端和邪教的法规，并向各地居民散发。[29]1839 年，道光帝同意一些省级官员的请求，指示翰林院准备一份阐述《圣谕》第七条的韵文，并散发到所有乡村。[30] 咸丰帝为"教匪"的猖獗所震惊，希望以反宣传的手段来铲除"异端"的影响，于是亲自手抄了《四言韵文》，刻在石碑上，并把拓本向所有乡村学堂散发。10 年之后（1861 年），由于太平天国起义之乱尚未平定，咸丰帝命令各省官员利用乡绅和士子来为乡约体系服务，特别选派生员分赴城镇、乡村讲解《四言韵文》，以求达到"家喻户晓"。[31] 一直到 1877 年，清政府还在不厌其烦地强调，讲解圣谕、圣训仍然是防止"邪教"狂潮最适用的措施。[32]

宣讲体系的范围

为了让所有臣民都服从其专制统治，清朝统治者设法用官方儒学基本概念来彻底教化他们。虽然清政府没有认真地想要通过普及教育来根除文盲，但却费尽心机，努力使乡约宣讲成为全国性的制度。

虽然讲约的主要目的在于教化"无知乡人"，[33] 但是各个社会阶层、各个民族的人都有机会参加听讲。这一制度很快就在全国推行开来。1686 年，清廷规定所有军营的武官和士兵都必须阐述自己对康熙《圣谕》十六条的心得体会。[34]1729 年，在准许广东船民定居在岸上之时，清政府就下令要为

---

[28] 《大清会典事例》，298/3a。同年（1758 年）的另一道上谕，禁止进行非法祭祀和迷信活动，引见同页。

[29] 《学政全书》，13/1b。

[30] 该文献载于《大清会典事例》，400/3a。

[31] 《大清会典事例》，400/3b。还请参见《东莞县志》，35/5a 和 12b；《恩平县志》，14/7a。

[32] 例如，1877 年（光绪三年），有位官员（国子监司业宝廷）上奏建议把对圣谕圣训的讲解作为铲除江苏、浙江和其他省份"异端邪说"猖獗的措施。清廷发布上谕回答说："宣讲圣谕广训，宪典昭垂，着顺天府五城御史、各直省督抚学政督饬官绅认真举行，毋得稍形懈弛。"参见李慈铭《越缦堂日记·桃花圣解庵日记》，戊二集，81a。有时，清朝统治者以一般的条款来对抗"异端"，而未提到圣谕第七条。比如，当清政府因为担心修习拳棒会激励人们参加颠覆性宗教社会而决定禁止河南居民练习拳棒之时，就指示地方官员在讲约会上对市民和乡人解释有关这一规定的法律条款之外，还要宣讲 1727 年（雍正五年）的上谕。上谕内容，见《大清十朝圣训·世宗朝》，26/18b。

[33] 礼部在 1785 年（乾隆五十年）的上奏中这样报告说："宣讲《圣谕广训》，原为僻壤小民，乡愚无识之徒，不知礼仪法度，使其耳濡目染，知所感化。"参见《学政全书》，9/14b。

[34] 《大清会典事例》，397/1b。

他们任命一定数量的约正，并从受尊敬又有学问的年长生员中选任。[35] 对于生活在四川省的番人（少数民族），规定要特别设置"讲约所"向他们解释《圣谕》十六条、整饬地方利弊的文告和律例；至于语言障碍，可以利用翻译的帮助来克服。[36]1797 年，清廷把乡约宣讲制度发展到陕西和甘肃的回民（穆斯林）[37]、广西的苗民中 [38]。在各族群中最有特权的旗人可以不参加半月一次的讲约会，但必须熟读《六谕》《圣谕》十六条和《圣谕广训》。[39] 即使在清政府的眼中并非"愚鲁"的年轻士子，也必须接受圣谕、圣训的教化。1690 年，清政府下令所有未取得举人头衔的士子，都必须出席地方教育官员主持的讲约会。凡是违背这些上谕所规定的行为，都要依法受惩。[40] 想得到"生员"头衔的人，在参加地方考试时，都必须默写《圣谕广训》的一些内容，以证明他们学过这些重要文件。[41]

宣讲体系的运行

宣讲体系取得一定程度的成功，要归功于一些地方官员的积极支持。他们有的为皇家文件撰写通俗的注解，有的努力坚持半月一次的讲约会。例

---

[35]　《南海县志》，2/45a。

[36]　这项规定是 1746 年（乾隆十一年）颁布的。《学政全书》和《大清会典事例》分别在 9/12a 和 398/2b 中有记载。

[37]　《学政全书》，9/14a-b；《大清会典事例》，398/3a。

[38]　《学政全书》，9/15a。

[39]　这是礼部在 1785 年（乾隆五十年）和 1808 年（嘉庆十三年）上奏所提的建议，见《学政全书》9/14b 和 18b-20a。

[40]　《同官县志》，22/2a；《博白县志》，6/1b。《蒙城县志书》（1915，5/8a）记载，这些讲约会经常在地方孔庙的"明伦堂"里举行。其他地方很可能也这么做。

[41]　1808 年，清政府对默写比例的解释如下："《圣谕广训》，生童自髫年读书，咸应服习，故于入学时令其默写，盖欲其童而习之，涵濡日深。"参见《学政全书》，9/9b〔编者按：应为 9/19b〕。还可以参考 Arthur H. Smith, *village Life* (1890), p.115, Edward H. Parker, "The Educational Curriculum of the Chinese." *China Review*, IX (1881), p.3。1911 年所刊的《番禺县续志》在 26/15b 中记载了一个有趣的事例。驻防广州的汉军正白旗人樊封参加院试时坐错了位次而受到考场差役的责备，他觉得受到了极大的伤害，因而要求负责考试的官员惩罚差人的粗鲁。学官很明显想让樊封难堪，命令他把长达一万字的《圣谕广训》全部背诵出来。于是，樊封这位年轻的儒生说道："我要跪着把《圣谕广训》全部背诵出来，你也跪着听吧。"接着他完整地背诵了《圣谕广训》，负责官员就跪在他面前。后来，这名官员控告他藐视师长，革去了他生员的资格。然而不久，樊封得到了两广总督阮元（1816—1826 年在任）的赏识，并在他的帮助下，成为"副贡生"。〔编者按：《番禺县续志》原文："道光初，开学海堂，以古学见赏于阮文达公，为援例捐国子监生。"樊封受知于阮元是在道光初年，阮元为他捐了国子监生，樊封成为副贡生是在同治九年乡试后。〕

如，范鋐写了《六谕衍义》，以日常用语来解释清世祖颁布的《六谕》。[42] 在康熙帝的《圣谕》颁布 11 年后，安徽繁昌县知县梁延年刊印了一本名叫《圣谕像解》的著作，其中包含了大约 250 幅关于历史上著名人物的图画说明，作为《圣谕》中所昭示美德的正面或反面的例证。每条圣谕的下面，都有一长段"半文半白"的说明。[43] 1679 年，浙江巡抚编纂了一本《圣谕直解》；清廷下令刊印该书，并向所有乡村散发。[44]《圣谕广训》同样得到了官员们的注意。陕西盐运使王又朴编纂了《圣谕广训直解》，用华北方言对《圣谕广训》作了解释。[45] 该书得到了许多官员的称赞。比如，韩崶就将其作为其辖下的广东省乡约宣讲的课本，他说"环而听者争先恐后"。[46]

一些地方官员认真推行乡约体系，帮助扩大了圣谕的影响。17 世纪一位很有经验的知县黄六鸿就规定，在他治理下的县区，"一村一族，每月吉日讲读"。为了促进这件事，他修改了选择讲约员的方法，他并不另外指派乡约，而是以村子和宗族的头人来负责，并给予他们自由选择助手的权力。[47] 1678 年到 1700 年担任直隶巡抚的于成龙〔编者按：于成龙于 1680 至 1681 年间任直隶巡抚。据钱实甫《清代职官年表》，中华书局 1980 年版，参见第三章注 47 正文中的编者按〕，强调乡约宣讲体系的教育地位，致力于让它有效运作起来。[48] 18 世纪中叶担任陕西同官县知县的一名官员，劝说乡绅参加半月一次的讲约会。[49] 1785 年，福康安担任陕甘总督时，要求两省的所有居民，无论是穆斯林还是汉人，都必须参加半月举行一次的讲约。[50] 大约 10 年后，湖南省宁远县知县相信自己复兴乡约的努力，在提高

---

[42] 织田万《清国行政法分论》，卷 3，第 25 页。有趣的是，《圣谕》十六条和《圣谕广训》也传到了日本。参见本章注释 75。

[43] Legge, "Imperial Confucianism," *China Review*. VI (1877), p.146。梁是 1673 年到 1681 年间担任繁昌县知县的。《圣谕像解》，共有 20 卷。

[44] 《学政全书》，9/3a。

[45] Arthur W. Hummel (ed.), *Eminent Chinese*, I, p.329.

[46] Legge, *China Review*, VI, p.148，引 Milne《圣训》译本的导论 xxvi。

[47] 黄六鸿《福惠全书》（1699 年刊，1893 年重刊），25/7a-b。

[48] 贺长龄《皇朝经世文编》，74/29a-b。

[49] 《同官县志》，26/9a-10a。这名知县是袁文观，他于 1763 年担任同官知县。

[50] 《皇清奏议》，65/17b。

居民的伦理道德方面取得了丰硕成果。[51]19 世纪中叶担任河南陈州教谕的一名官员，与乡绅一起参加讲约，以此提高乡约宣讲体系的推行效果。[52]一直到 1896 年，陕西靖边县知县上报说，由于他坚持举行半月一次的讲约会，因而"边陲穷黎，咸沐浴于列圣教泽之中"。[53]

黄河以南各省官员也作了类似的努力。湖南华容县知县意识到原来的讲约员失去了威望，因而在 1812 年（嘉庆十七年）邀请县城和乡村中享有声誉的士子和平民来担任约正之职。[54]安徽蒙城县各任知县都按时主持每月的讲约会，每一次讲解《圣谕》十六条中的一两条以及一两条清朝法律法规；这种做法一直坚持到 19 世纪中叶。[55]丁日昌在担任江苏巡抚时，对推行乡约讲习体系非常努力。为了确信其管辖下的所有州县官员都认真履行教化庶民的职责，他在 1868 年发布一项指示，要求他们每月向他汇报半月一次的讲约情况；通过这项工作表现出来的勤勉程度，来决定他们的考绩。[56]此外，丁日昌还指示各州县的教育官员定期检查乡村中举行讲约会的情况。[57]他规定，讲约员为有给职，每 5 天讲约一次，而不是原来规定的半月一次。[58]几年后，同省的一名知县廖伦，在自己的任上开创性地修建了"圣谕亭"，作为宣传圣谕圣训的场所。[59]1872 年（同治十一年）受命署理浙江桐乡县知县的李春和，挑选一些生员来讲解《圣谕》，让乡约重新恢复了活力。[60]广东巡抚阮元在 1831 年下令，除了由通常的讲约员宣传圣谕圣训之外，所有巡检都

---

[51]　汪辉祖，《学治续说》，84b。《牧令书辑要》，6/18a 中提供了发生于 18 世纪的另一事例。1721 年考中进士的王植，随后担任了广东新会县知县。他写了一本《上谕通俗集》，他说："余尝演上谕通俗解，以俗言敷衍广训之文。令讲生以土音宣谕，听者颇知领略。……初至约所，令八九十老民得坐于绅士之后，一体吃茶，但不许禀公事。讲约时令平民立听。"

[52]　《确山县志》（1931），18/15a-b。这名官员叫杨凤鸣，1844 年中举，确山人。

[53]　《靖边县志稿》，4/31a。这名知县是丁锡奎。

[54]　《永州府志》（1867），卷四上，50b。该府志只是说这名知县姓宗，此外没有再提供什么有关他的资料。

[55]　〔《蒙城县志书》，5/8a-b。这位知县没有指明。〔译者按：正文中知县用复数，因此不止一位。〕

[56]　丁日昌《抚吴公牍》，33/9a 和 43/10a。

[57]　丁日昌《抚吴公牍》，29/7b-8a。

[58]　丁日昌《抚吴公牍》，44/9b。

[59]　《无锡金匮县志》（1881），6/5b。

[60]　《嘉兴府志》（1878），43/79a。

必须亲临调度半月一次的讲约。[61] 广东高州府知府黄安涛在 1825 年制定出一系列措施，以指导下属。其中最值得注意的措施有：（1）每位州县城的主要官员，在两名讲约员的帮助下，用当地话讲解《圣谕广训》的内容，以保证听者能完全听懂；（2）每位巡检，在 4 名讲约员的帮助下，每月要在集市作 3 次类似的讲解。[62] 曾经担任四川綦江署理知县，后来先后担任新津和江津知县的宋灏，偶然想出了一个办法，挑选"声音清亮者"，站在大路边宣讲《圣谕》十六条。[63]18 世纪 30 年代后期担任广西博白县知县的南宫秀，任命了一名以"端方"著称的生员担任约正，主持半月一次的讲约，"以训乡里"。[64]1838 年到 1841 年在任的黔阳知县（贵州），由于非常有效地主持了乡约讲习体系，"愚氓咸知感劝"，举止言行都符合规范。[65] 黎平府的官员指导讲约会的方法有几分独创性。他们以里长来负责讲约，相信他们因此会"收保甲全效也"。[66] 这些里长用简单的语言，向集中在各个乡村集市上的乡人，讲解《圣谕》，并选择性地讲解清朝的法律法规。随着锣鼓声起，赶集的乡人聚集在临时用几张桌子搭起来的讲台周围，"不许喧哗吵杂"，恭敬地听讲；完毕后再开始做生意。[67]

在许多例子中，绅士们也加入进来。广东 13 个乡村地区的绅士，1777 年捐资修建了一间大众集会的场所——"公所"。公所里面"供奉"一册《圣谕》，老少乡人都聚集在这里听讲。[68] 南海县许多富绅 1871 年捐资修建了"善堂"；这个慈善组织除了准许穷家子弟免费入学读书和从事慈善活动

[61]《九江儒林乡志》，21/21a。

[62]《信宜县志》，卷三之四，27b-28a。

[63]《花县志》，9/8a。宋于 1808 年中举。

[64]《博白县志》，12/10b。还请参见同书 13/1b-2a 中所描述的当地举行讲约会的情况。

[65] 龙启瑞《经德堂文集》，经德堂全集本，4/13a。这名知县就是龙启瑞的父亲龙光甸。

[66]《黎平府志》，卷五上，91b-92b。这些黎平府官员是在执行贵州省当局发布的指示。

[67]《黎平府志》，98a-b；汪辉祖在《病榻梦痕录》（卷下，14a）中叙述了他 1788 年担任湖南宁远县知县的经历："县东北下队乡，离城七十里，民贫俗悍，以私宰耕牛为业，民事不入城，官亦近百年不到，遂至抗粮成习。四月，余抽查保甲，便道至彼。先期令居民齐集听宣圣谕，届期具公服、带讲生前往宣讲，环而观听者，合里幼少妇女俱集，诧谓见所未见。余遂委曲面谕守分奉公之义，戒私宰，劝输课。欣欣有喜色。自是，民入城必跻堂叩安，嚣风渐革。"清朝统治时期，有一些州县官员的行政才能和个人修养非常著名，汪辉祖就是其中之一。

[68]《番禺县续志》，5/25a。公所的主要负责人是一名举人，名叫苏源。

之外，还定期举办《圣谕》宣讲。[69] 忠义乡是佛山一个富庶的地区〔编者按：忠义乡即为佛山，参见原志凡例〕，有好几个善堂；其中一个叫"万善堂"，是当地乡绅共同捐资修建的，用来从事宣讲《圣谕》和实践儒家的伦理道德规范的活动。[70] 在花县，一名退职官员建立了同安乡约，并建造了一间房屋作为半月一次讲约的场所。[71]

乡约讲习体系的评价

在清朝统治者看来，乡约作为教化庶民的工具，无疑取得了一些期望得到的效果。如果讲约员讲演时措辞巧妙，或能够给听者留下真诚或热情的深刻印象，那么《圣谕》《圣训》华丽的陈腔烂调，也会变得有具体的意义，打动一般农民的心弦。地方志就记载了一个事例，可以表明乡约宣讲能够达到怎样的效果。江伯立是广东阳江县田畔村的农民，有 5 个儿子。他没有什么财产，家庭条件艰苦，迫使年轻一代要跟父母分开过生活。其第五子叫江中业，继承了家业，家中仍然赤贫如洗。转变发生在嘉庆五年（1800 年）八月十五日，江中业参加了本村的一次讲约会。讲约者讲述了《圣谕广训》里江州陈氏宗族的故事。陈氏宗族一些成员靠诚实劳作而致富，并使 700 名族人能够生活在一起。这个年轻的农民被这个故事深深感动了，自言自语说："吾独不克为陈氏乎？"从这天起，他更加努力劳动，累积了相当的财富，可以聚集并供养所有族人。[72]

其他事例表明，讲约员依靠自己个人的能力和热情，也可以对自己邻居产生确有成效的道德影响。陈桂（1698 年的贡生，其父是秀才）在其本村担任约正达 10 多年之久，"奖进善类，教导闾里，率皆向化，无有争讼"；方殿锦，1710 年的贡生，非常正直诚实，"主乡约三十余年，四邻辑睦。有无赖

---

[69]　《南海县志》，6/12a。负责善堂的主要人物名叫钟觐平，除了模糊的词语"富绅"可以表明其社会地位外，其身份并未指明。

[70]　《佛山忠义乡志》（1924），7/5b-6a。提倡修建"万善堂"的富绅，包括霍祥珍、梁业显，其社会地位并未指明。

[71]　《花县志》（1924），9/22b。这名退职官员名叫宋维樟，副贡生出身，捐了个小官职。

[72]　《阳江志》（1925），30/23b-24a。

数辈横行乡曲，殷锦反复劝勉，卒致改行"[73]；李兆年，在科举考试中失败而
捐得官位的士子，主持乡约宣讲有条不紊，非常有效，因而"里巷少争端"[74]。

在中华帝国的历史环境下，乡约宣讲体系是一项引人注意的思想控制工
具；或许，它是唯一把官方儒学的影响深深刻印在广大乡人的脑海中的方
法。[75] 但是，同其他清朝乡村统治制度一样，乡约宣讲体系也并未取得统治
者所期望的效果。相对于每个声称它运作得很好的事例（如上文所引述），
都有许多个反例存在。尽管两边的官员都有可能言过其实，但有关乡约宣讲
体系运作方面的不利陈述占了压倒性的多数，在这种情况下，很难说其运作
效果令人满意。

清朝官员及一些皇帝总是抱怨说，讲约会有流于形式的趋势。19 世纪
的西方观察家很明显没有理由夸大乡约的优点或缺点，他们也未发现讲约体
系是一项有效工具。古柏察就在 1850 年的著作中，承认"这个做法，如果
得到认真推行，那么它就是一项值得称赞的、有用的体系"，但他同时又认
为，"就其现在的情况来看，它不过是一具空架子"。他继续说道：

> 的确，在各县地区都指定一地作为官员教化人民的场所；这种场所
> 称为"上谕亭"。……但在规定举行讲约的日期里，官员不过是走进来，
> 抽袋烟，喝杯茶，然后就走出去了。[76]

---

[73] 《东莞县志》（1911），67/3a-7a。

[74] 《临漳县志》（1904），9/21b-22a。

[75] 封建时代的日本也采取了类似的思想控制方法。K. Asakawa, "Notes on Village
Government," *Journal of American Oriental Society*, XXXI (1910), pp.200-201，就以如下的语言描
述了日本的做法："口头教诲。除了通过政府渠道发布正规的口头要求之外，一些贵族按照中国
历史上的做法，通过教师对乡村居民进行道德教育。这些人经常由中国式的儒生来充当。有时，
他们到领地上作巡回演讲，乡人们聚集起来欢迎他们，听他们讲演。我们从下面的引述中就可以
看出这种训诲的特点。1835 年，来自名古屋领地的大约 12 个农人代表，抱怨曾经流行的惯例被
终止了，请求恢复，他们说道：'如果明白而坚持地说来，多年来，我们被这样教导：王朝建立
者（即德川家康）的道德是多么的崇高！国家及其仁慈的政府的利益是多么的伟大！至于我们的
日常行为，勤谨持家是多么的重要！孝敬父母、尊敬长兄是多么的重要！辛勤耕作而不要干其他
行业又是多么的重要！的确，在仁慈的统治者的教诲下，坏习惯改变了，所有农人都过着纯朴和
诚实的生活。'"

[76] E. R. Huc, *Chinese Empire* (1855), I, p.355, 描述了他 1840 年代在四川省和湖北省游历时
所看到的情况。

美国旅行家威廉·盖洛（W. E. Geil）在 20 世纪初期认为，"官员讲读圣谕圣训的制度，已经堕落成'无关痛痒的无用之物'"。[77]

中国许多官员的观点也是令人悲观的。早在 1694 年，亦即乡约讲习制度开始推行后不久，一名长时期担任知县的退职官员就记载道，他那个时期的大多数地方官员，都把朝廷规定的讲约当作"故事"，只是偶尔举行一下。他说，在一些情况下，大多数官员并不想费力去修建一个固定场所作为举行讲约的地方，而常常利用佛庙或道观。[78] 可以认为，作为退职知县，他不但熟悉乡约讲习体系的实际推行情况，而且多少具备了公正评价的资格。另一位地方官员，在 18 世纪早期的记述中，用如下的语言描述了那个时期的乡约：

> 朔望之后……（官员）前诣城隍庙中，公服端坐，不出一语，视同木偶，而礼生绅士请诵圣谕一遍，讲不晰其义，听不得其详，官民杂沓，哄然各散。[79]

这是城里的情形，乡下的讲约会如果真的有举行的话，可能更不认真。

清朝一些皇帝总是抱怨乡约讲习体系所有情况都不理想。乾隆帝在 1740 年所发布的一道相当冗长的上谕中就抱怨说："朔望宣讲，止属具文，口耳传述，未能领会。"[80] 3 年后，他在另一道上谕中说，虽然向庶民宣传了《圣谕》十六条和《圣谕广训》，但是按照要求去做的人很少：

> 即朔望宣讲，不过在城一隅，附近居民，聚集观听者，仅数百十人，而各乡镇间有讲约之所，亦多日久废弛。[81]

---

[77]　Geil, *Yankee on the Yangtze* (1904), p.82.

[78]　黄六鸿《福惠全书》，24/2b。有些地区修建了固定举行讲约会的场所，比如，河南省祥符县的乡村就有 8 个固定场所。参见《祥符县志》（1898），10/28b。

[79]　蔡申之《清代州县故事》，《中和》月刊，1941 年第 2 卷第 91 页，引 18 世纪早期编纂的《州县事宜》。

[80]　《大清会典事例》，398/1b。

[81]　《大清会典事例》，399/2b。

嘉庆帝在 1809 年发布的上谕中抱怨说："近年以来，各地方官员历久懈生，率视为奉行故事，竟至日形废弛。"[82] 道光、同治和光绪诸帝，在 1833 年、1865 年和 1876 年发布的一系列上谕中也流露出同样的悲哀。[83] 同治帝相信，动荡的 19 世纪中叶之所以出现"人心风俗败坏滋深"，其原因就在于地方官府不知讲约为何事，以致该体系荒废无用。

无论乡约宣讲体系的内在优点是什么，大多数中国官员和相当一些皇帝都对它的运作情况极为失望。如果要在这种观点和少数的乐观派观点中作选择，那么选择前者要更为稳妥；尽管我们并不像一些学者那样，认为乡约宣讲体系在清朝崩溃之前就实质上已经不再发挥作用了。[84] 此外，即使我们相信主张有效一方的说法是真的，也很难就此认为乡约的运作是成功的。判断任何控制大众思想工具的有效性，要根据它们在全国各地推行所产生的整体效果，而不只是根据比较少的几个事例。根据 19 世纪中国乡村的普遍情况，以及乡人的一般言行举止情况来看，清朝统治者不可能认为乡约宣讲体系的推行是成功的。研究一下乡约讲习体系所面临的一些困难，就可以部分说明它为什么在整体上未能有效运行。其中一个最明显的困难，就是直接负责推行乡约讲习体系的普通官员能力不足，或没有时间和精力来操办这件事。的确，帝制中国官员具有好口才的很少。通过他们的口头讲述来传布官方儒学的影响，其结果经常被证明是枉费心机的。对于那些承担着许许多多繁重职责的州县官员来说，推行乡约对他们来说是徒劳无益、令人生厌的事情。这些州县官员会严肃认真地对待诸如征税、镇压土匪、调查谋杀案件和诉讼之类的事情，但很容易忽略半月一次的讲约会。

要找到合适的人才，在遍布清帝国广大领土上的无数个城镇和乡村中推行乡约宣讲体系，这个难度怎么说都不嫌夸大。根据规定，约正及其助手必须是受过教育、受人尊敬的人，品格相当好，能够赢得听者的信任。很明显，这种人，即使有，也只能从绅士中去找。这正是为什么"约正"和"值月"最初从举人、贡生和生员中挑选的原因，尽管法律并没有禁止

[82]《学政全书》，9/21a。
[83]《大清会典事例》，398/6b 和其他各页；399/5a。
[84]《佛山忠义乡志》，11/7a。

平民担任约正。[85] 经验表明，要想得到这种士子的服务是很困难的。其中一个原因是，乡约人员能得到的好处，抵不过这个工作带来的麻烦。清廷许诺，对于那些服务成绩值得肯定的人，要嘉奖功绩[86]、发给奖匾和给予物质酬劳[87]。在广东某县，讲约员可以得到顶戴（可能是最低级别的）奖赏；每讲演一次，还可以得到一二两银子的报酬。[88] 在另一县，讲约员每月可以得到一两银子的报酬。[89] 可是，绅士和士子，尤其是已经取得举人和贡生地位的，一般都有较好的途径去获取威望和财富，因而自然不会被小小荣耀和微薄报酬所吸引。[90] 因此，经常从事于讲约的人，一定是地位较低的人，他们对乡人或市民产生的社会影响和道德影响很有限，甚至微不足道。18世纪的一位作者就说道：

> 乡里所推为约长者，非鄙俗之富民，即年迈之乡老，彼其心岂知有
> 公事哉？……此人所以视乡约为具文而莫之举也。[91]

不过，即使绅士和士子服务其中，也不能提供任何成功的保障。针对指派生员到全国各乡村宣讲《圣谕广训》的建议，19世纪一位官员上奏皇帝说：

> 查国初有约正值月之设，以司宣讲，其始令举贡生员充当，旋经礼
> 部奏准，此项宣讲之人，不拘士民，不论人数。……盖一学中品学兼优
> 者大率不过数人，或书院肄业，或设馆授徒，借其膏火束脩赡家糊口。

---

[85] 《学政全书》9/10a 中收录的一篇礼部1740年上奏的报告。

[86] 《学政全书》，9/4b；《大清会典事例》，397/9a。

[87] 《永州府志》（湖南），卷四上，50b。还请参见织田万的《清国行政法分论》，卷三，第25—26页。织田万说，某省布政使向某县的乡约讲演员发给奖匾，因为他们教化乡人极为成功，该县连续三年没有发生一件侵害或谋杀案件。

[88] 《信宜县志》，卷三之四，27b-28a。高州府知府黄安涛1825年推行乡约措施，要求有关州县官给他找来两个讲约员，用当地话讲解《圣谕广训》的内容，其中没有提到约正。

[89] 《佛山忠义乡志》，11/7a。南海县1736年也采取了类似推行乡约制度的措施。

[90] 江苏省的讲约员，在1860年代丁日昌担任巡抚期间，多少也可以得到一点报酬。参见丁日昌《抚吴公牍》，44/9b。

[91] 戴肇辰《学仕录》，7/4a-b。本文所引材料的作者是任启运，1733年考中进士。

> 若乡派数人月讲数次……恐非所以示体恤也。[92]

这位官员明显是为品学兼优的士子发声的。同时，他又提醒清廷要注意一些品格值得怀疑、学识也不优的士子，他们的人数比"优"的要多得多。

有关获得合格人才的问题，沈曰霖的解释最为简明：

> 其先以绅士充之，往往恃符作横，至惩其弊，而易以细民，则又游手无赖之徒，借名色以鱼肉其乡民。[93]

即使不考虑个人品格问题，挑选令人满意的讲约员也绝不容易。就目前可以利用的档案资料来看，清朝统治者从内心里期望把正统儒学基本思想灌输到乡村大众的脑海中去。很明显，只有当讲约员有能力使听众了解他们所说的，或者他们的讲演非常有趣，从而能把大多数人吸引到讲约会中来时，统治者的愿望才能实现。但是从实际情况来看，讲约员整体上没有这种能力。中国传统的知识分子可能擅长作"八股文"，但很少是好的演讲者，无法让"无知乡人"懂得他们在讲演什么。因此就像一位皇帝承认的，到讲约会来听讲的乡人无疑相当少。

不过，挡在思想控制成功之路上的根本阻碍，是广大的中国民众生活在其中的恶劣环境。大多数乡人的生活条件极为艰苦，社会地位相当低下；无声但不可争辩地反驳了正统儒家学说的几乎每一条训示。圣谕宣传和谐、勤谨、节约、忍耐、养成良好习惯、遵守法律。在乡约讲习的补充内容中，乾隆帝要求富户考虑一下他们贫困邻居的生活需要。[94]但事实终归是事实，一方面粮食产量并不能满足所有人民的生存，天灾人祸致使大多数人处于悲惨境地，另一方面有特权的家庭靠剥削贫苦大众利益而致富（尽管这种致富只是有限的）；在这种情况下，践"德"行义变成了没有多少

---

[92] 贺长龄《耐庵奏议存稿》，5/46b。

[93] 沈曰霖《粤西琐记》。收入王锡祺编《小方壶斋舆地丛钞》，第七帙，2/181a。

[94] 这道劝阻富厚之家不要为了牟利而囤积粮食的上谕，发布于 1738 年，随后被采纳作为乡约宣讲的补充内容，引见《学政全书》，9/6a-b。

人负担得起的奢侈品。与此同时，相信"异端"——白莲教、捻教、拜上帝教等——的人，承诺为一无所有的"无知乡人"提供粮食，为他们那迷信的心灵提供"天国"。即使许诺的物质条件和精神食粮最终都没有实现，但在许多乡人耳中，"叛匪"的话语，比起钦定儒学的高调，一定来得更为真实。

这绝不只是推测。道光帝就在 1835 年所发布的一道上谕中说：直隶、河南、山东、湖南、江西和广西等省的"教匪"聚集起来到处抢劫，并给他们的这种行动取了个吸引人的名字——"均粮"。[95] 广东省一支"土匪"领导人就以如下的语言描述了他们的行动：

> 我们这些百姓本来出生在生活富足的时代，对朝廷也是忠诚的；我们的家庭在本村也受人尊敬，我们也在做好事，注意勤谨持家。但是由于连续发生水灾，庄稼颗粒无收，我们一贫如洗，因而所有行道的人们都不得不变成土匪。当我们遇到处境同样悲惨的同胞兄弟时，就一起到（广东）西部来，找一块求生的地方。因此，我们为了免于饥饿而死，不得不当土匪。[96]

这位领导人是在向清政府请求，而不是在发表革命的宣言，因此其语气相当缓和。其他"土匪"领导人的语气就十分激烈，广东韶州府洪门领导人的反抗宣言就是这样：

> 现在的朝廷只是满人的，他们人数虽然少，但是凭借着军队的力量，强占了全中国，掠夺中国财富。很明显，如果他们的军队仍然强大，那么他们中任何人都会掠夺中国的财富。……满人夺走了我们汉人十八省的财产，派狗官来压迫我们。难道我们这些汉人就心甘情愿吗？[97]

---

[95]《大清十朝圣训·宣宗朝》，78/16b。

[96] *Chinese Repository*, XX (1851), p.53.

[97] *Chinese Repository*, XIX (1850), p.568。这一宣言，是反抗领导人在位于清远和英德之间某地打了一次胜仗后发表的。

起义者的矛头不只是指向官府，也指向大地主。一名目击太平天国占领南京的人就指出，小摊贩、商人、文人和其他被迫参加反叛的人不断逃跑，留下来一心反叛的全部是农民。太平天国占领南京后，他记录下来同南京附近的一些乡人进行的谈话：

> 民皆不识字而仇恨官长，问：官吏贪乎？枉法乎？曰：不知。问：何以恨之？则以收粮故。问：长毛不收钱粮乎？曰：吾交长毛钱粮，不复交田主粮矣。曰：汝田乃田主之田，何以不交粮？曰：交则吾不足也，吾几子几女，如何能足？……汝不足，当别谋生理。曰：人多无足作生理，无钱作生理。[98]

这位目击者补充说道："忆寓陈墟桥蔡村时，通村千余家，并官历竟无一本，四书五经殆如天书……夫民皆不识字。"

"读《孝经》平黄巾"，是中国一句古老玩笑；向半饥半饿的人宣讲"完钱粮以省催科""尚节俭以惜财用""和乡党以息争讼"等，比笑话更糟糕，根本就是嘲弄。

应该补充的是，与朝廷为敌的聪明人，偶尔也会利用乡约宣讲系统来为自己服务。同治帝在1865年发布的一道上谕中就说，在湖北省一些地区，乡人市民"多以讲约为名，敛财聚众，烧香结盟"。[99]

乡约的变质

在本书前几章，已经看到保甲和里甲这两种清朝统治乡村的体系，以奇

---

[98] 汪士铎（1802—1889）《汪悔翁乙丙日记》（1936），2/19a。

[99] 《广州府志》（1878），5/10a-b，同治帝引述了监察御史张胜藻的上奏。乡约宣讲制度偶尔也成为地方官员敲诈勒索的借口，举例来说，《牧令书辑要》就在9/2a-b中引述了广东新会县知县王植（1721年进士）的话："余在新会日……俗最悍。……有生员黄作徽等谋占族人墟地，假建上谕亭为名。余不许。……适藩司萨公升任将去，作徽等隐前情，但以建亭已竣，请行县落成，乘批准，即鸠众强建。"然而，王植还是取得上司的同意终止了这种不法行为。引见《牧令书辑要》，9/2a-b。

怪的方式转变成与当初设置目的不同的东西。乡约讲习体系也表现出同样的
情况：在某些时候在不同的地区，它取得了教化乡人和市民以外的广泛功能。

乡约并不是清朝统治者的独创，这个词的起源可以追溯到 1076 年。是
时，一名儒生草拟了一份《吕氏乡约》，制定了一项进行某种乡村自治的计
划。[100] 虽然他深受《周礼》的影响，但其基本思想又不同于《周礼》。他所
草拟的乡约，是乡人自愿、自发的合作，在道德、教育、社会关系和经济互
助等四方面共同努力。这种乡约，跟《周礼》中所描述的基层社会单位不
同，并不是由政府主导的。大约一个世纪后，理学家朱熹非常喜欢这个想
法，并进行了改善。[101] 明朝著名学者方孝孺和著名哲学家、政治家王守仁，
积极支持乡约，并作了重要修正。[102] 王守仁方案的特别之处在于回归到古
代的观念。[103] 在清朝 17 世纪中叶推行乡约讲习体系之前，无论它经历了什
么变迁，从来都不是专为控制大众思想而设计的工具。[104] 清朝最初确定的
乡约讲习制度，虽然并不是独创，却与传统大异其趣。

然而，历史环境的改变也为清代乡约体系带来新变化。乡约吸收了与教
化无直接关系的功能，随着时间的推移，清朝统治者原先指派给它的目的大
多被忘掉了。

一些事例清楚地表明，约正、值月越过他们作为教化者的职责，变成了
当地争端事务的仲裁人。这一趋势在南方各省尤为普遍。例如，广东省一些

---

[100]　这一内容收集在《随庵徐氏丛书续编》《说郛》和《青照堂丛书》中。参见《宋史》，
卷 340《吕大防传》；《宋元学案》，卷 31；杨开道，《中国乡约制度》，第 3—5 章。《吕氏乡约》在
序言中提出了一个建议："苟以为可，愿书其诺。""约"一词，在这里明显是指"同意"（亦就是
"要约"一词所包含的意思），而不是"压制"（亦即"约束"的意思）。这项文献，签名的是吕大
忠。但根据宋朝著名哲学家朱熹的看法，它实际上是吕大忠的弟弟吕大钧（1031—1082）写出来
的。闻钧天《中国保甲制度》第 38—45 页中说，朝鲜的讲约制度，就是模仿《吕氏乡约》而制定
出来的。

[101]　闻钧天《中国保甲制度》，第 34—36 页。

[102]　方孝孺（1357—1402）《逊志斋集》，卷一，《宗仪》（九篇）的第四篇和第九篇。

[103]　王守仁（1472—1528）《王文成公全书》，卷 17《别录九》，《南赣乡约》，第 519—523
页。主张乡约的其他明朝作者，包括 17 世纪的刘宗周，他草拟了《刘氏总约》（《刘子全书》，卷
17）和《乡书》（《刘子全书》，卷 24）；陆世仪（1611—1672，刘宗周同时代人），1640 年草拟了
《治乡三约》（《知学录》）；吕新武草拟了《乡甲约》。引自王怡柯《农村自卫研究》，第 55 页。

[104]　在某种意义上说，王守仁草拟的制度是洪武时代"里"组织的复活。明太祖命户部
把每百家组成一里，作为经济和社会的互助单位。参见《明史》，卷 3。王守仁采取由约内共同决
定的方法，把里的功能扩大到解决争端、判断是非等方面。

州县的乡人聚集在讲约场所里，讨论决定大家都关心的事情。[105] 表现出领导才能的讲约人，有时对乡人拥有相当大的影响力。在某种情况下，他们处理地方事务很公正，很有才能，使得他们在几十年中"为乡族所畏服"。[106] 在广西一些州县，乡约拥有的权力和影响，比乡村长者和头人大得多，因而"武断乡曲，把持官府"。[107]

乡约宣讲体系更大更重要的变化，是它取得了保甲制度的功能，这使它从思想控制工具变成了一种治安控制工具。正如一位非常著名的官员所指出的，这一变化发生得相当早，18世纪之前就在一些地区出现了。于成龙在1679年左右写了《慎选乡约谕》一文，笔者从中摘录一些如下：

> 朝廷设立乡约，慎选年高有德……每乡置乡约所亭屋，朔望讲解上谕十六条，所以劝人为善去恶也。至于查奸戢暴，出入守望，保甲之法，更多倚赖焉。……凡有司勾摄人犯，差役不问原被告居址，辄至乡约之家，管待酒饭。稍不如意，诟詈立至。且于朔望点卯之日，肆行凌虐。倘人犯未获，即带乡约回话。……甚之词讼小事，必指乡约为佐证。……且一事未结，复兴一事。……无一宁晷。……因之年高有德，鄙为奴隶。殷实富家，视为畏途。或情或贿，百计营脱。而寡廉丧耻之穷棍，兜揽充役，串通衙捕，鱼肉烟民。[108]

进入19世纪后，乡约从宣讲体系转变成治安工具的步伐加快了。不久之后，许多地方官员提到乡约时，好像它就是保甲，并把它当保甲来看待。[109] 清廷自己最终也忘记了乡约的讲解职能，认为其"原来"的职能就

---

[105]　闻钧天《中国保甲制度》，第37页。

[106]　《佛山忠义乡志》，3/18b；《同官县志》，69/1a。

[107]　沈曰霖《粤西琐记》，2/181a。

[108]　贺长龄《皇朝经世文编》，74/29。于成龙当时是直隶省通州知县，后来在1686年升到了该省巡抚。

[109]　关于此类的事例，见于下列地方志中：《定州志》（1850），6/1a-b 和 6/6b 7/48b；《永州府志》（1867），卷四上，50b；《广州府志》，109/5b；《沔阳州志》（1894），卷三《建置》，1a-9a；《仁怀厅志》（1895），4/39a。除了这些地方志外，还有许多地方志也记录了乡约体系变成治安工具的事例。

是治安监控；道光帝就是这样的。他在 1830 年所发布的一道上谕中就说道：

> 各州县设立乡约，原为约束乡里，稽察牌保，如有盗窃及不法匪徒，即应送官究治。[110]

难怪一位中国近代历史学家要认为，很难确定乡约和保甲究竟是两种体系，还是一种体系的两个别名。[111]

另一重要变化是乡约吸纳了"团练"的保卫职能；或者更常见的，利用乡约的架构来组织团练。这种变化，在一些地区很早就出现了，到 19 世纪中叶逐渐普遍。在广东佛山镇，一些长者 1647 年就组织了地方武装力量，防止"黄头贼"侵袭，称为"忠义营"，不久解散，但在 1655 年为打击海盗又恢复了。1662 年，"忠义营"进行了重组，并得到了一个新的名字"忠义乡约"。[112]英国人 1842 年要求进入广东省城时，省城周围的乡约，就发动自愿者，对抗"英夷"，保卫省城。这些自愿者就被称为"约勇"（"各约乡勇"的简称）。[113]曾国藩在平定太平天国之乱的活动中，发现保甲组织是编组团练不可缺少的组织基础，但是由于"公正而肯任事者"认为充当地保或保长甲长降低了他们的身份，曾国藩乃决定用乡约的名字来取代。[114]大约 30 年后，张之洞指导山西省的乡民确立针对土匪侵扰的地方自我保卫制度；这种制度实际上也是乡约、保甲和团练的融合。[115]

其他省区也出现了乡约和团练的融合。在广西博白县，据称 19 世纪存在着这样的一种组织：乡约指挥一批"长干"（即长时期服务），"守望稽查游盗"；"练总"率领一队"练勇"，"保卫村子"。该县城和乡村地区的人力

---

[110] 引自《江西通志》（1880），卷首之三，24a-b。

[111] 萧一山《清代史》，第 103 页。

[112] 《佛山忠义乡志》，3/3b-4。并参见本书第七章对地方防卫的探讨。

[113] 《清远县志》，12/21a-b。该县志的资料还证明，1854 年发生"红巾贼"作乱，清远知县秘密命令所有绅士加入其所在的"约"，参加团练工作。《广州府志》82/28b 和 136/15b 中也记载了 19 世纪中叶发生的类似情况。

[114] 曾国藩《曾文正公批牍》，1/2a。

[115] 张寿镛《皇朝掌故汇编·内编》，53/14b。

配备如下 [116]：

	县城	乡村
乡约	35	70
长干	135	272
练总	35	70
练勇	328	656

根据地方志的记载，陕西省洛川县"乡设团总一人，俗呼为老总；旋改团总为乡约"。[117]

在乡约转变成地方自我保卫组织的绝大多数事例里，不论它被称为团练或其他名称，原来宣讲《圣谕》和《圣谕广训》的职都能消失了。不过，偶然也有一些还保留着，就像广东省的一些乡约组织。在花县，有名捐了官衔的绅士，"奉谕办团练，联合十余乡，倡为同安乡约。……在兰泮庙侧建修善堂，延聘声音清亮者，在善堂宣讲圣谕"。[118]

或许，乡约制度最奇怪的变化，见之于当代一位社会学家对山东省台头(Taitou) 村的报告：

> 乡约是收税员。原先他的主要职责是向村民宣读孝道的圣旨，保证社会习俗和人们的日常生活符合孔教伦理。渐渐的，乡约成了政府传令员，他把县政府的命令传达到村庄，并把村庄事务方面的意见反馈上去。最后，乡约甚至连这些职责也没有了，仅仅成为收税员，一个得不到村民太多尊敬的职位。[119]

---

[116] 《博白县志》，7/5a。

[117] 《洛川县志》（1806 年修，1944 年重修），12/1b。该县税收仍然是一种独立的制度；关于这一点，"里设里正"的叙述，表明得很清楚。《同官县志》18/1b 中说："在清时，每村有乡约一人；数村合举'联头'一人。"

[118] 《花县志》（1924），9/22a-b。

[119] Martin C. Yang, *Chinese Village*, p.173。这种变化，如果不是很早的话，至少也在 18 世纪在一些地区就开始了。《牧令书辑要》在 4/4b 中引用了李殿图（1765 年进士，曾任福建巡抚）的叙述。李针对地方粮仓和救济工作作了这样的评价："所有花户姓名，向由乡约开报。"另一种变化也应注意。在四川江津县，有位乡约头人姓马，他沿着长江上游开办了私人信件及货物运输服务。由于他的服务很有效，值得信任，因而到 20 世纪初年，甚至政府官员也成为他的顾客。

这大概就是乡约职能转化的缩影吧。

乡饮酒和其他敬老的方法

老民和老农

传统道德要求尊敬长者。清朝皇帝相信，这是他们进行思想控制的又一有用工具。相对于年轻人来说，长者进行革命的热情要低些；对其长辈天生热爱和尊敬的人，也不太容易起来推翻现存政治体系。基于这一认识，清朝统治者除了规定在乡约宣讲中宣传尊敬长者之外，自己也在各种各样的场合表现对长者的尊敬，希望以此给臣民树立榜样。

首先，清政府树立了一项永久性政策，对到了一定年龄的臣民，给予物质上的赏赐或津贴。用官话来讲，这样的人就是"老民"（上了年龄的国民）或"老人"（上了年龄的人）。从档案记载来看，他们的年龄至少要在 70 岁以上，才有资格得到清政府的赏赐——主要是特别的礼物和豁免力役。毫无疑问，这一政策是康熙帝确立的，后来的历代皇帝继续执行，一直坚持到晚近的时候。[120] 省志和地方志通常记载了一些赏赐事例，年长的乡民和市民得到丝、谷物和肉等实物的赏赐。根据广东《恩平县志》的记载，1688 年到 1831 年之间，年长者共有 17 次得到丝绸和谷物的赏赐。[121]

笔者手中有一些数字可以说明清朝赏赐政策的执行范围。根据户部

---

[120]　《清朝文献通考》，76/5553-5567。《户部则例》（1791），118/28b 中叙述了这一政策："耆民年至九十以上，地方官不时存问，或鳏寡无子，及子孙贫不能养赡者，督抚以州县公同设法恤养，或奏闻动用钱粮，令沾实惠。"100 岁以上的长者，经常会得到特殊照顾；证明这一点的事例非常多，我们在这里仅举两例就足够了。王先谦《东华录·雍正》，9/13a（雍正四年七月二十九日）中记载，礼部建议按照惯例，给予年满 118 岁的萧均德 30 两白银的赏赐，并为之修建牌坊。雍正帝认为活到这种年龄的人很不容易，破格赏赐萧均德 90 两银子。自此之后，凡是年满 110 岁的长者，可以得到两倍于普通规定数额的赏赐；110 岁之上，每增加 10 岁，这一赏赐数目就要加倍。吴荣光（1773—1843）《吾学录》（1870），3/14a〔编者按：应为 3/16a〕，（广西宜山县民）蓝祥在 1810 年时年龄到了 142 岁，除了得到 200 两银子外，还得了五疋缎和六品顶戴。

[121]　即在 1688 年、1703 年、1709 年、1723 年、1736 年、1751 年、1761 年、1770 年、1779 年、1782 年、1790 年、1796 年、1800 年、1808 年、1819 年、1821 年和 1831 年。参见《恩平县志》，13/20a。还请参见《寻甸县志》（1828），12/8a-12a；《翼城县志》（1929）13/1b-2a。

1726 年提交给清廷的报告，共有 1,421,625 位 70 岁到 100 岁之间的老人老妇，所得到的丝绸和其他赏赐总价值为 890,000 两，粮食总数为 160,000 石。[122] 这些老人老妇都是普通百姓，官吏、文人、商人、和尚或道士，不在此列。很明显，每名受赐者所得赏赐虽然并不多，但足以引起乡人的注意。陕西《翼城县志》就提供了如下数字[123]：

年代	受赐者	银两数
1723 年	老民	860
1724 年	老妇	1,030
1736 年	老民	710
1752 年	70 岁以上老民	583
1762 年	70 岁以上老民	550

不管清政府赏赐给老民的钱物总数为多少，但是足以证明清廷对长者是特殊照顾。对于这种设计出来的慷慨行为，各代皇帝不失时机地利用它的宣传价值，称赞其祖先"子惠元元，申锡无类"，相信他们也会得到自己子孙同样的称赞。

然而对于清廷来说，不幸的是它的"臣仆"并不总是按规定去完成分配赏赐的任务。尊敬长者的制度很快就被腐败的地方官吏及其衙门走卒破坏了。18 世纪早期，情况非常糟糕，终于引起了清廷的注意。雍正帝在 1723 年发布的一道上谕中说道：

恩赐老人，原为崇年尚齿，而地方赏老人者，每州县动支数千金，

[122] 《清朝文献通考》，39/5218；《大清十朝圣训·世宗朝》，49/14a-b；王先谦，《东华录·雍正》，9/34b；《泰和县志》(1878)，卷首，7b-8a。
[123] 《翼城县志》，13/1b-2a。所得赏赐的人数并未指明。下列关于得到各种赏赐（大米、丝绸、肉等）的人数，取自 The Chinese Repository, IX (1840), p.259（转引自 Asiatic Journal, 1826）：

70 岁以上	184,086 人
80 岁以上	169,850 人
90 岁以上	9,996 人
100 岁以上	21 人

每人所得赏赐的数量和其他细节，没有交代。

司府牧令上下通同侵扣，吏役复任意需索，老人十不得一。[124]

　　这道上谕表明，清朝向人民表现仁慈慷慨的制度，就这样变成了官吏腐败的又一温床。然而人民大众是否真的相信清朝公开宣称的赏赐礼物的崇高目的，或者说，受赐者是否从内心里感激赠予者，这是值得怀疑的。尽管清廷一再下令阻止官吏的不法行为，确保礼物能完全被赏赐下去，但是局面并未得到改善。随着清朝统治日益腐朽，尊敬长者的制度越来越没有意义，到19世纪中叶，几乎已经变成了"具文"。

　　清朝统治者对长者的照顾，还通过授予非物质性荣誉表现出来。他们常常采用的做法之一，就是把官衔或品级授予地方官推荐的长者。[125]其他表现皇恩浩荡的方法，包括准许受赐者在其大门上悬挂奖匾，在其住宅建立牌坊。礼部所起草的措施，具体规定了有关"旌表耆寿"（即授予长者荣誉）的条件、程序和仪式。[126]地方志中记载了无数个事例，表明长者从清廷、省当局或地方官府中得到这种荣誉。例如，湖南省巴陵县有位年龄90岁的长者，在乾隆年间得到了一副顶戴（未指明品级），另一位得到了一副八品顶戴；1837年，一位年高德邵的老人，被授予建牌坊的特权，以庆祝他105岁生日。[127]在广东香山县，许多长者都得到了各种各样的荣誉和称号，最晚一件赏赐发生在1911年。[128]

　　[124]　《大清十朝圣训·世宗朝》，15/1a；《清朝文献通考》，76/5566。这道谕旨是给户部的。

　　[125]　用官话来讲，授予这种官衔或品级，叫"皇恩钦赐"。参见 Schuyler Cammann, "The Development of the Mandarin Square," *Harvard Journal of Asiatic Studies*, VIII (1944), p.121。

　　[126]　这些措施载于《大清会典事例》卷 405；《大清十朝圣训·世宗朝》，46/32b-33a 和王先谦《东华录·雍正》，9/13a，记载了有关奖赏 100 岁以上老人的措施。除了活到一定年龄的老人之外，还有一些人也可以得到旌表。这些人包括：（1）乐善好施者；（2）急公好义者；（3）节孝者；（4）累世同居者。参见《大清会典事例》，卷 403 和卷 404。《续修庐州府志》（1885），57/1b-10b 在下列标题下概括了尊敬长者的各种措施：（1）邀请出席乡饮酒；（2）指定为农官；（3）恩赐粟帛绢谷；（4）恩赐匾额；（5）恩赐举人及品级官衔。

　　[127]　《巴陵县志》，43/1a-2a。根据《寻甸州志》（1828），12/10a-11b 的记载，清廷 1796 年发布的一道上谕规定，年到 70 岁以上、80 岁以上、90 岁以上和 100 岁以上的老人，分别可以得到九品、八品、七品和六品的顶戴。1820 年发布的一道上谕，则只是规定 70 岁以上老人可以得到顶戴，而未指定品级。

　　[128]　分别参见《香山县志》〔编者按：应为《香山县志续编》〕，14/1a-b；《番禺县志》，24/22b-28b；《花县志》，9/26b；《九江儒林乡志》，14/18b 和 17/7b；《莘县志》，8/12a-13b；和《邯郸县志》，1/8b 和 10/50b。

有时，清廷把某一类的长者选出来单独给予恩宠。从乾隆朝开始，屡试不中的年老士子，可以得到适当的功名或官衔。[129] 上了年纪的农民，也是清廷"皇恩浩荡"的对象。给予"老农"恩惠的做法，始于雍正帝。1724年，他宣布"于每乡中择一二老农之勤劳作苦者，优其奖赏"。[130] 随之在同一年，他下令说："州县有司择老农……岁举一人，给以八品顶戴。"[131] 他的继位者乾隆帝，坚持了这一做法。[132] 后来成为清代法律规定的固定措施。[133]

我们并不能确定上述措施是否对生活在乡村的人民大众产生预期的效果。表彰"老农"的做法好像在乾隆朝之后就废止了。无论怎样，事实证明一些欺骗、腐败行为因这两项措施而产生。科场失意之士子为了得到恩赏，常谎报自己的年龄。由于没有出生证来证明他们的实际年龄，因而地方教育官员的证明书就常常可以把一中年士子变成 70 岁老翁；而这种证明，可以通过行贿或施加个人影响力而轻易得到。清朝当局尝试阻止这种欺诈的做法，先是把年龄条件从 70 岁提高到 80 岁；随后规定，生员必须连续参加三

---

[129] 作为展现皇恩浩荡的一项措施，清廷这一做法开始于1736年；是时有 40 多名 70 岁以上的举子在清帝国首都参加科举考试，清廷授予他们不同品级的官衔。随之，这种做法就固定下来，延续到光绪朝。清廷给予这类长者的最高功名是举人，最高官衔是国子监司业。参见《钦定科场条例》（1885），53/1a-3b、6a 和 53a。在地方志中，因"恩赐"而取得举人头衔的地方士子之名，列在"选举"部分。

[130] 《大清会典事例》，168/1a-5a，概括了顺治到光绪时期有关的各种措施。这一做法，虽然是为思想控制服务的，但是看来也有经济意义：为了增加农业产量，鼓励勤劳耕作。雍正帝在1724 年发布的一道上谕中，就清楚地说明了奖赏老农制度所包含的经济内涵。他强调必须监督和鼓励耕作以生产更多粮食，并命令各省督抚在各乡挑选一两个勤劳耕作的老农，给予他们丰富的奖励，以鼓励他们进一步努力。参见《清朝文献通考》，3/4871。

[131] 《清朝文献通考》，3/4871。

[132] 《清朝文献通考》，4/4882；《大清十朝圣训·高宗朝》，336/6a。

[133] 《户部则例》，8/2a；《清朝文献通考》，23/5053。织田万《清国行政法分论》第一卷第 479—480 页中，概括了雍正和乾隆时期的做法。《清远县志》11/2a-2b，"国朝耆寿恩赐八品顶戴"条，载十八名耆儒，两人为生员、一人为监生。有位不载身份的老人，名叫徐朝柱，被任命为"农官"（农人官员，亦就是老农）。清远县获得"旌表"的耆寿（90 岁以上）共有 119 人，大多数是平民，其地理分布情况如下：

乡村	103 人
县城	9 人
未指明居所	7 人

但授予这些老人荣誉的时间，该地方志中没有言明。

次科举失败，才符合取得恩赐举人的资格。[134] 这些措施虽然在一定程度上使欺骗来得困难，但是难以完全根除。

"老农"的提名，同样为地方官腐败提供了机会。雍正帝就在 1729 年发布的一道上谕中说道：

> 朕令各州县岁举老农，给以顶戴荣身，乃劝民务本力田，还醇返朴之至意。……乃朕闻直省之举老农也，州县凭绅士之保举，绅士纳奸民之货财……幸邀顶戴之荣，遂成暴横之势，深负朕劝农务本之意。着直省督抚确实查明，将冒滥生事之老农，悉行革退，另选题补。[135]

在这道上谕发布几个月后，清政府根据一名省级官员的建议作出决定，从 1729 年开始，任命老农的做法由每年一次改为三年一次。[136] 之所以作此改变，官方的理由是：提高老农身份获得的难度，就会使这种荣誉更加吸引人。真正的动机可能是为了减少欺诈的机会。

为尊敬长者而设计的制度，这样看来多少是让清朝统治者感到失望的。无论给予的赏赐是物质的还是非物质的，常常被欺骗、腐败行为玷污了。当长者自己也被卷入欺骗活动（地方居民对此非常熟悉）时，"恭敬长上"的训谕，在许多年轻人耳中，就变成了一句相当空洞的口号。

乡饮酒

乡饮酒（简称"乡饮"），即社区的饮酒仪式，是根据法律规定，全国各州县定期举行的礼仪活动。我们应该把它与清廷偶然在北京举行的，邀请一

---

[134]　《钦定科场条例》，53/10a-11a/b、20a-22b、35a-37b。
[135]　王先谦《东华录·雍正》，14/5a。
[136]　王先谦《东华录·雍正》，14/36b；还请参见《大清历朝实录·世宗朝》，81/10a-b。

些长者出席，共同庆祝早期一些皇帝的生日的宫廷宴会区别开来。[137] 后者主要用来增加节日气氛，而乡饮酒实际上是一种思想控制工具。虽然乡饮酒并不是在乡村举行，其"宾"也不局限于乡人，但其理论及实际情况都透露出一种令人感兴趣的帝国思想控制的特点。

同清朝统治者所采取的许多其他措施一样，乡饮酒起源于传统的儒家文化，早在清朝统治者采纳之前就已经为各朝采行了。[138] 清朝 1644 年确定的乡饮酒礼 [139] 如下 [140]：在一月十五日和十月一日，全国各省举行乡饮酒活动；由当地主要官员充当主人负责主持；一名德高望重的长者作为"大宾"（大客人，有时也称为"正宾"，即主要客人）应邀参加，次要者作为"介宾"（次要客人），再次者作为"众宾"（普通客人）或"耆宾"（年老客人）；地方教育官员（教谕）充当"司正"（主持仪式者）；一些生员在场担任执事，负责传达仪式相关事项，把酒倒入仪式杯中，大声宣读相关律令；司正以下列规定的语言宣布仪式开始：

> 恭惟朝廷率由旧章，敦崇礼教，举行乡饮，非为饮食，凡我长幼，各相劝勉，为臣尽忠，为子尽孝，长幼有序，兄友弟恭。内睦宗族，外和乡里，无或废坠，以忝所生。

---

[137] *Chinese Repository*, IX (1840), pp.258-267 叙述了圣祖康熙帝和清高宗乾隆帝举行的两次宫廷盛宴，应邀参加的长者是清帝国首都附近的居民。《邯郸县志》（1933），1/8b，以如下语言叙述了 1713 年（康熙五十二年三月十八日）圣祖康熙帝的六十大寿庆祝盛况："畿民八十以上者，皆诣京师，赐宴畅春苑，命亲王酌酒，各给绢衣一袭，书其前曰皇恩浩荡，后曰万寿无疆。邯民与者五人，三堤村民武之烈，年八十九，东关民耿遂真，年八十三，城内民王启建，又三堤村民常直，年八十二，文庄民刁明良，年八十一。"

[138] 根据《永州府志》卷四上，48a-b 的记载，清朝采取的乡饮酒礼仪，同明朝类似。《明史》在卷 56《礼志十》，5b-6a 中说道：1372 年（洪武五年），诏礼部奏定乡饮礼仪，命有司与学官奉士大夫之老者，行于学校，民间里社亦行之；1379 年（洪武十二年），命凡有过犯之人列于外坐，同类者成席，不许杂于善良之中；1383 年（洪武十六年）诏颁《乡饮酒礼图式》于天下。清朝所采纳的乡饮酒形式，同明政府 1383 年所规定的类似。乡饮酒的最早起源，可以追溯到《周礼》，参见《周礼·地官·党正》，3/75。

[139] 《清朝文献通考》，76/5553。

[140] 相关规定，可以参见《清朝文献通考》，76/5553-5555；《大清会典事例》，30/4a；《学政全书》，8/1a-6b。地方志也常常叙述了类似的规定，可以参见《江津县志》（1924），卷四上，28b-30a；《确山县志》（1931），9/9a-b；《靖边县志》，2/28b-29b；《东莞县志》，25/4a。还可以参考吴荣光《吾学录》，3/3a-9b。

在主人和客人喝完第一杯酒之后，就在大厅中央安放"律令案"——法令
桌。一名生员走出来，大声宣读下列法令：

> 凡乡饮酒，序长幼，论贤良，年高有德者居上，其次序齿列坐。有
> 过犯者不得干与。[141]

整个过程极为虚假、僵硬；与会者不会误以为这是欢乐聚会。尽管名称叫作
"乡饮酒"，但是名不副实，酒不多，食物也很糟糕。客人从这种场合获得的
唯一乐趣，或许就是享受到了地方官邀请出席的荣誉。根据规定，虽然乡下
人也可以受邀担任宾客，但是酒宴要在衙门所在地的州县城里举行。挑选客
人出席的规定，在1753年作了修改，这样，"大宾"就可以从年高德劭的绅
士中挑选。普通百姓只可以享受到"介宾"和"众宾"的荣誉。碰巧在自己
家乡（州县城或乡村）的政府官员，可以出席酒宴，但不是作为客人，而是
作为"僎"（即名誉主人），帮助作为主人的当地主要官员"招待"客人。[142]
地方官员对这一规定尤其是关于客人社会地位的规定作了各种各样的解释，
产生了不同的挑选标准。一些地方官从绅士、乡村文人和普通百姓中分别挑
选"大宾""介宾""众宾"；[143] 一些地方官[144] 认为，只有退职官员和有头衔
的文人才能作为"大宾"和"介宾"；[145] 另一些则认为完全不要绅士资格，

[141] 《学政全书》，8/6a-b。

[142] 《学政全书》，8/3a-4b。

[143] 《惠州府志》（1881），9/35a-b；《严州府志》（1883），7/5b-6a；《翼城县志》（1881年刊，
1929年重修），16/8b。

[144] 《恩平县志》（1934），11/6a-10a；《蒙城县志书》（1915），5/7b。

[145] 《洛川县志》（1944），13/2a-b："乾隆间陕西巡抚陈宏谋行文各属云：……即偏僻小邑，
无致仕乡官可以选膺大宾，凡举贡生员年高有德者，亦可延请僎宾、介宾；生监良民中年高有德、
允协乡评者，皆可选举。"陈宏谋在1734—1746年、1754—1755年和1756—1777年担任陕西巡
抚。〔编者按：陈宏谋担任陕西巡抚的时间是1743—1746年、1747—1751年、1751—1755年、
1756—1757年，据钱实甫《清代职官年表》，中华书局1980年版。〕这一文件也载于陈宏谋《培
远堂偶存稿》21/33a-35a。〔编者按：《饬行乡饮并颁仪注檄》，乾隆十年十月。〕1944年版《洛川县
志》的编者在13/3a作了一句有趣的评论："洛川迄咸丰间，'乡饮大宾'尚为耆献头衔之一。"

普通百姓不但可以作为"介宾""众宾",还可以作为"大宾"。[146]

结果,清政府在绅士和普通百姓之间所划出来的一条线,变得模糊不清了。在一些情况下,普通人实际上享受到了作为"大宾"的荣誉。[147] 不过在习惯上,来自不同社会阶层的客人,他们之间还是存在着区别。拥有官衔或头衔的人才能身穿制服,而普通百姓只能穿着"鲜艳常服",[148] 不论他们在酒宴上坐什么位置。

我们找不到资料来弄清来自绅士阶层的客人和来自平民阶层的客人之间的确切比例。不过有证据显示,虽然在"大宾"中,绅士的人数大大多于普通人,[149] 但是在一些地区,"众宾"中的平民却多于绅士。[150] 反映广东香山县情况的表 6–1,[151] 可以支持进一步的推测:虽然有绅士经常参加乡饮酒,但大多数参加者的地位并不很高;即是说,拥有绅士地位的人数多于没有交待身份以及可以假定是平民的人数。有趣的是,在参加乡饮酒的绅士之中,有些是级别低的官员,有一个是举人,没有指出谁取得了进士(士人成就的顶点)的头衔。恰好有一半的士人是监生——一个可以用钱买的,没有什么威望的身份。

---

[146] 《佛山忠义乡志》17/22a-b 中引述了两广总督(觉罗吉庆)签发的一篇布告,其部分内容是:"毋论侨居土著,如系身家清白,持躬端谨之人,年登耄耋,皆得报名。""身家清白"一词通常用来指被提到的个人和其家庭,都不属于"奸民"一类。

[147] 陈宏谋《培远堂偶存稿》,21/33a-35a。〔编者按:《清查当官陋规檄》,乾隆十年六月。〕

[148] 吴荣光《吾学录》,3/5b-6a。

[149] 有关退职官员作为"大宾"的事例,可以参见:《华县志》,7/19b,1645 年时是一位退职知县;《翼城县志》,29/19b,18 世纪时是一位退职的进士知县;《廓州府志》,34/11b,是一位退职同知,年代不详;《佛山忠义乡志》,6/25a,1801 年是一位县丞。有关绅士作为"大宾"的事例,可以参见:《临漳县志》,9/14a,1661 年时是一位进士;《睢州志》(1892),7/4a-b,是一位生员,年代不详;《莘县志》,7/29b,1861 年时是一位贡生;同书 7/33a,1884 年时是一位监生;《洛川县志》,21/7b,1830 年时是一位生员。有关普通人作为"大宾"的事例,可以参见:《郓城县志》(1893),5/42a-b,是一村医,年代不详;《花县志》,7/18a-b,1824 年是一位"读书明大义,不事举子业"的人;《庐州府志》,53/38a,1723 年是一位"弃儒业医"的人。

[150] 有关绅士作为"众宾"的事例,可以参见:《莘县志》,7/27a,一位生员,年代不详;《翼城县志》,29/17a,1742 年是一位生员;同书 29/30a 中,是一位贡生,年代不详。关于普通人作为"众宾"的事例,可以参见:《邯郸县志》,10/50a,1875 年是一位商人;《同官县志》(1944),28/6b,1721 年是一位"世业农"的农人;《庐州府志》,50/49b,是一位家庭非常贫穷的人(年代不详);同书 53/19b,是一位"幼同兄弟习勤苦",后"家道稍丰"的人(年代不详)。地方志中未指出客人的姓名者,大多数可能是平民。

[151] 《香山县志》(1873),11/98a-99b。

表 6-1：香山县乡饮酒客人的社会地位

在位皇帝	低阶官员	退休官员	举人	贡生	生员	监生	武举	武生	身份未确定者	总数
顺治									5	5
康熙			2	3					8	13
乾隆	2		2		3	1	1		7	16
嘉庆	9		1		1	7			2	20
道光	1			2		1			3	7
总数	10	2	1	6	4	11	1	1	25	61

　　江西兴安县描绘的情景与此不同。在 1644 年到 1862 年间，应邀出席乡饮酒的客人有 124 位，其中有 29 位取得了功名。这些人包括 10 名贡生、5 名生员、10 名监生和 4 名武生。[152]虽然我们不能认为兴安县绝大多数出席乡饮酒的客人都是普通人，但是可以十分确定其中大多数人在学问和仕宦方面并不突出。应该指出的是，并不是该县缺乏地位突出的士子或官员，故而找不到这样的人出席。一位县志的修纂者说，在我们探讨的这一时期（1644—1862），兴安县夸称有不少于 227 名士子取得了高级头衔，其中有 2 名进士、71 名举人和 154 名贡生。[153]这些士子的数字几乎是出席乡饮酒客人数字的两倍，举人的数字则超过一半。但是没有一名进士或举人出席了乡饮酒。长宁（江西省的另一县）的情况也与此类似：在不同时期应邀出席的 49 名客人中，只有 3 名是监生，5 名是监生之父，1 名是生员之子。[154]换句话说，拥有士子头衔或来自士子家庭的客人不到 20%。在博白县，165 名出席乡饮酒的客人中，只有 6 名士子：2 名生员、3 名监生、1 名武生；其余被称为"耆寿""不求仕进者"和"乡贤后裔"。[155]合理的猜测是，这些人全都是平民。

　　即使在江西南昌县这个对推行乡饮酒制度非常热心的地方，出席乡饮酒者的社会地位情况，也与上述几县的类似（表 6–2）。[156]

---

　　[152]《兴安县志》（1871），10/26b-99b。

　　[153]《兴安县志》（1871），10/7a-b。

　　[154]《长宁县志》（1901），11/2b-7a。

　　[155]《博白县志·志余备览》，卷下各页；还请参见《潋水新志》（1850），8/71b。"不求仕进"一词，是"科场失败"的委婉说法。

　　[156]　表 6–2 及表 6–3，是根据《南昌县志》（1919），24/3a-16a 所提供的资料作出的。

表 6-2：南昌县出席乡饮酒客人的社会地位

在位皇帝	客人数	拥有品衔的人数	未提到品衔的人数
顺治	5	1	4
康熙	31	6	25
雍正	1	0	1
乾隆	159	19	140
嘉庆	34	16	18
道光	102	26	76
咸丰	74	13	61
同治	11	4	7
光绪	119	60	59
宣统	92	29	63
总计	628	174	454

换句话说，出席乡饮酒的宾客拥有地位或头衔者不到总数的 1/3，尽管在清朝早期应邀出席的宾客中拥有举人以上头衔者所占的比例相当高。

表 6-3 显示了南昌县出席乡饮酒"大宾"的社会地位：

表 6-3：南昌县出席乡饮酒大宾的社会地位

在位皇帝	主事或内阁中书	知县	教职	国子监助教	低阶官员	拥有各种头衔的	翰林	举人	贡生	生员	监生	地位不确定者	总计
顺治												1	1
康熙			4					1	1				6
雍正													0
乾隆		1	2			1		2	13			1	20
嘉庆		1		1				2	4				8
道光	1		4			1		1	5		1	4	16
咸丰		1	1						1			5	9
同治									2				2
光绪	1				4	1	1		11	2		3	23
宣统								1	4	4		2	11
总计	2	3	11	1	4	2	3	5	41	7	1	16	96

编者按：考《南昌县志》，统计数字多不合，今校正如下。顺治朝，教职 1，总计 1；康熙朝，教职 4，举人 1，无生员，总计 6；乾隆朝，举人 12，生员 1，总计 20；道光朝贡生 6，地位不确定者 3，无监生，总计 15；咸丰朝，贡生 2，地位不确定者 6，总计 11。

几位七品以上官员（主事为六品；知县和教谕为七品）和举人以上士子的出席，表明南昌县比其他许多州县更重视乡饮酒。但是，这些当地著名之人不但在应邀出席客人中只占少数，而且在拥有举人头衔以上的士子总数中也占少数。1647 年到 1910 年间，该县不少于 159 名的士子考中了进士；在 1646 年到 1909 年间，有 752 名举人；在 1644 年到 1910 年间，有 592 人得到了各类贡生的称号。[157] 这就是说，在出席乡饮酒的客人中，159 名进士中只有 3 名出席，752 名举人中只有 5 名出席，592 名贡生中只有 41 名出席。

拥有较高社会地位的人出席很少，其原因并不仅仅是偶然的。这似乎是乡饮酒礼本身存在着某种缺陷的表现。我们已经指出了选择客人出席的标准并不统一。如果挑选工作认真地进行，这也还不算什么坏事。然而，自相当早的时候起，地方官就听任乡饮酒礼蜕变成可笑的东西。17 世纪中叶，江南提学道（张能鳞）在一文告中就指出，当时对宾客的挑选是漫不经心的：

> 有司凭开报于学博，学博任寒暖于诸生，以保结丛贿赂之门，以宾礼加金壬之辈，致令矜修者羞与为俦，旁观者蒙口而笑。[158]

另一位官员则这样描述江西某府地区的情况：

> 闻往时推举正宾，不论德而论财，择身家殷实者，借斯典以荣之。

---

[157] 《南昌县志》，21/24b-35b、22/33a-64a 和 23/19a-38a。其他几个事例，可以参见《博白县志·志余备览》，卷下各页。该县志说，在集资修刊县志的名单上，包括 165 名应邀出席乡饮酒（日期未说明）的客人，其中有 6 人拥有士子头衔，即 1 名"生员大宾"，1 名"生员乡宾"，1 名"监生介宾"，1 名"武生乡宾"和 2 名"乡宾监生"。地方志说，其余客人大多数是"耆寿""不求仕进"和"乡贤后裔"。《鹤庆州志》（1894）7/24a-b 中也列出了一份出席乡饮酒（日期未说明）客人的名单。名单上共有 16 人，其中 9 人作为"大宾"。其中一位"大宾"是一名拥有"宦绩"的人，另一名有"卓行"，第三人以"文学成就"而声望卓著。至于其余客人的身份，连暗示也没有。《靖边县志》在 3/7b-8a 中记载说，1896 年，知县恢复了乡饮酒。在这次酒礼上，出席有：1 名生员，为"大宾"；2 名副贡生，为"介宾"；17 名地位未说明的人，为"众宾"。

[158] 李渔《资治新书》二集，3/12a。〔编者按：张能鳞《通行各属》。〕

府县经承，儒门学斗，及不肖诸生，视为奇货，恣行蚕食……是以富民闻之，如避汤火。[159]

著名知县黄六鸿，描述了 17 世纪后半期的一般情况：

　　每岁以再行……乃司牧者恒视为具文，而举废无时，竟有终其任未一举行者。夫额赋存留支款，例有乡饮开销，岂径没为中饱，而使大典湮坠乎？即间有行者，官长听吏胥指唆，令〔乡〕约地〔保〕开报，与斯典者，不问素行何人，而止择其家道殷实。乡饮之后，牧宰师儒，餐厚币致谢，而执事之人，以及胥役莫不需索，居为奇货。以故乡人闻其开报，如陷身汤火，每有自暴其过，及褫衣以示杖瘢者，不亦大可笑乎？于是，稍知自爱者，以乡饮为不足重，而耻于居之。[160]

上述情况似乎一直持续到 18 世纪。陕西巡抚陈宏谋在 1746 年发布的一份文告中这样描述说：

　　或受贿滥举，或按名需索，或贪利多举而不报上，并纵容县丞、典史、教官、礼房、家奴人等勒索银两，所办酒馔短价派买。[161]

浙江学政 1762 年上奏清廷，汇报说：

　　各省烦剧地方，视为不急之务，数十年间并不举行，而一二偏僻小县，每岁两举，每举数人……而曾经犯案，或健讼久著，或素行鄙啬，

---

　　[159] 李渔《资治新书》二集，2/13a-b。〔编者按：应为《资治新书》初集，李少文《行赣州府二属牌》。〕

　　[160] 黄六鸿《福惠全书》，24/23b。还请参见李渔《资治新书》二集，3/22a。文章提到，17 世纪流行着一种非常肮脏的交易，即谁想应邀出席乡饮酒，谁就要送礼。

　　[161] 陈宏谋《培远堂偶存稿》，24/7a-b。〔编者按：《通饬滥举乡饮檄》，乾隆十一年五月。〕

家资温饱者，亦得厕身其列。[162]

数年之前，即 1737 年，礼部自己也认识到乡饮酒礼的普遍衰败，并对地方官渎职情况作了如下解释：

若该地方官徇情滥举，固属不职。乃亦有实系齿德兼优之人，而一种不肖之徒，于未举之先，设计需索，及举行之后，又复索瘢求疵，声言冒滥，希图讹诈。以致地方官亦多瞻顾，每不举行。[163]

礼部没有指明那些"不肖之徒"是谁。礼部所描述的情况很难确定只在一些地区存在，还是全国共有的现象。不过很明显，早在 18 世纪结束之前，乡饮酒就对中等地位以上的人没有什么吸引力。一些举足轻重的士绅避免参加乡饮酒礼，因为那样有失身份。[164]

这并不等于说，乡饮酒礼对其他人也没有什么吸引力。地位低微的市民和乡人，渴望在地方上占一席之地，可是又找不到什么更好的办法实现自己的愿望，而这种官方主持的仪式为他们达到这一目的敞开了大门，因而非常乐意应邀出席。[165]这些人一般没有什么"功名"，因而对他们来说，任何官府给予的荣誉——无论是实际的还是虚幻的——都具有特别意义。一些出席乡饮酒的普通人僭越地身着顶戴，这就证明他们非常渴望爬上社会的阶梯。例如，据报告说，18 世纪 60 年代浙江省所有应邀出席乡饮酒的长者都身穿八品或九品服色，即使政府并没有给予他们这种特权。[166]因

---

[162]《皇清奏议》，53/13a，李因培在 1762（乾隆二十七年）的上奏〔编者按：《请严乡饮滥举并定服色疏》〕。还请参见该书 48/19a-b 中陕西布政使张若震 1753 年的上奏〔编者按：《请严乡饮报部之例疏》，乾隆十八年〕。他说，乡饮酒制度运作的主要困难在于：（1）程序不规范，即酒礼间隔举行日期不定，客人人数不定；（2）邀请了不配受到邀请的人，有些犯过罪；（3）地方官把酒礼视作"具文"。

[163]《学政全书》，8/2b。并参见《东莞县志》在 25/6a 中收录的礼部 1737 年（乾隆二年）发布的指示。

[164]《睢州志》，61/24b-25b，提供了一个早期发生的事例，说有名进士总是拒绝出席乡饮酒。

[165]《郁林州志》（1894），序，1/2b。

[166]《皇清奏议》，53/14a，浙江学政李因培 1762 年的上奏。

此，清朝禁止所有参加礼会的平民身着金顶补服。[167] 我们虽然并不知道该新规定对他们产生了什么影响，但完全可以断定，由于邀请出席乡饮酒的做法扩大到他们这种以穿着未经授权的官服为乐的人，因而它对社会地位较高的人的吸引力进一步降低了。此外，酒礼上的食物和酒水质量差，很难引起出席者的食欲。[168] 雍正帝在 1723 年发布的一道上谕中承认说，"所备廷宴亦甚草率"。[169] 我们根据一些地方志所载列出下表，从中可以窥见一斑 [170]：

地区	乡饮酒经费（两）	地区	乡饮酒经费（两）
江西南昌县	15.69	湖南巴陵县	12.00
广西博白县	7.00	直隶正定县	12.00
广西容县	7.00	河南祥符县	9.51
江西长宁县	5.10	直隶延庆州	8.25
山东莘县	2.19	直隶蔚州	8.00
山东滕县	1.64	山西浑源县 *	8.00
陕西同官县	1.54	安徽滁州	8.00
陕西洛川县	0.95		

* 编者按：应为浑源州。

值得指出的是，清政府自己对乡饮酒制度的兴趣也日益降低，因为它减少了经费，有时完全置之不顾。举例来说，南昌县乡饮酒经费最初为 31.38 两，不知什么时候就减少了一半；巴陵县最初为 24.00 两，但在 1657 年左

---

[167] 《学政全书》，8/5a，1762 年（乾隆二十七年）发布的指示；《博白县志》在 13/9a 中也记载了该指示。看来，清政府没有明政府那么严格保持官员和普通人之间的区别。参见《明史》卷 56《礼志十》，10a。1379 年（洪武十二年），明政府发布命令，规定内外官致仕居乡，若筵宴，则设别席，不许坐于无官者之下，与异姓无官者相见，不须答礼。

[168] 在一些地区，要送礼给客人。比如，《滁州志》卷二之四，17b，就在乡饮酒经费中，列出了"礼钱"（6 两银子）。

[169] 《学政全书》，8/2a，清政府 1723 年（雍正元年）发布的一道命令。《郓城县志》在 4/19a-b 中也收录了这道命令。

[170] 《南昌县志》，11/18a；《巴陵县志》，14/11b；《正定县志》（1875），17/24a；《祥符县志》，8/17a；《延庆州志》（1880），3/31a；《蔚州志》（1877），7/5a；《浑源州志》（1880），2/9b；《蒙城县志》，4/6b；《博白县志》，6/19a；《长宁县志》，8/10a；《莘县志》，3/13b；《滕县志》，4/10b；《同官县志》，16/4a；《洛川县志》，14/7a，引 1806 年旧志。

右同样被砍掉了一半；[171] 祥符县在 1675 年就取消了规定的经费，8 年之后还
未恢复；[172] 容县则永远取消了经费。[173] 在 19 世纪中国社会大动荡期间，各
地用于乡饮酒酒礼的经费，一般要上交到各省布政使，作为军事开支。礼部
1843 年的一篇上奏，表明清廷同意了这一做法。[174]

因此，地方官对推行乡饮酒制度并没有什么热情也就不足为奇了。许
多地方在相当长的时期内根本未举行酒礼。一名地方志修纂者在 19 世纪
结束之际写道："乡饮向无可考，乱后久未奉行。"[175] 另一修纂者在清朝存
在的最后几年写道，他感到非常遗憾，即使在广东这个"声教文物之邦"，
也很少看到乡饮酒礼的举行了：

> 我朝嘉道间，地方官每多以宁阙毋滥为辞，不复举行此礼。……道
> 光而后，吾粤于此礼亦不闻有举行者[176]。

即使在推行得较好的省区，乡饮酒制度也没有持续举行。举例言之，在
江西，18 世纪中叶的一位省级官员（即巡抚陈宏谋）发现州县官员对推行
乡饮酒制度的态度非常冷漠。[177] 即使在南昌这种环境比普通州县要好的地
区，实际推行情况也远远不合制度规定。这一点，从清朝建立到崩溃不同时
期应邀参加的客人人数可以看出来，如表 6-4 所示：[178]

---

[171] 《巴陵县志》，14/11b；《南昌县志》，11/18a。

[172] 《祥符县志》，8/17a。

[173] 《容县志》（1897），9/9a。

[174] 《东莞县志》，25/7a。

[175] 《靖边县志》，3/7b。还请参见《博白县志》，13/4b，收录了清政府 1753 年（乾隆十八年）发布的一项指示；《镇雄州志》（1887），2/53a，说 1838 年之前，镇雄州从未举行过乡饮酒。在一些地区，由于乡饮酒推行得相当少，因而成为稀奇之物，居民看到时，更多的是好奇，而不是有兴趣。参见汪辉祖在《病榻梦痕录》（下）12b 中，叙述乾隆五十三年初的情况。〔编者按：该书卷下：五十三年戊申，五十九岁，正月，公堂行乡饮酒礼。县久未举行，观者如堵墙。〕

[176] 《东莞县志》，25/8a，修纂者的评论。不过该修纂者可能强调过度了。《香山县志》〔1873〕在 11/98b-99b 中记载说，嘉庆时期，应邀出席乡饮酒礼的客人总数为 20，道光时期为 7。

[177] 陈宏谋《培远堂偶存稿》，13/17a，1742 年（乾隆七年）签发的官府公文。《皇清奏议》，48/19a-b，收录了张若震 1753 年的上奏，说地方官们极为不关心乡饮酒礼。黄六鸿在其《福惠全书》3/23a 中认为，本来，清廷设置的乡饮酒礼，给人印象深刻，但是 17 世纪盛行同乡饮酒有关的非法行为，大大损害了这一印象。

[178] 《南昌县志》，24/3a-16a。

续表

表 6-4：不同时期南昌县出席乡饮酒客人人数

在位皇帝	在位年数	宾客人数	平均每年的宾客人数
顺治	18	5	0.28
康熙	61	31	0.50
雍正	13	1	0.07
乾隆	60	159	2.65
嘉庆	25	34	1.36
道光	30	102	3.40
咸丰	11	74	6.72
同治	13	11	0.84
光绪	34	119	3.50
宣统	3	92	30.66
总数	268	628	2.34

请注意，乡饮酒制度本来规定每年要举行两次；每次要邀请 1 名"大宾"、至少 1 名"介宾"和一些"众宾"。而在清朝存在的两个半多世纪里，平均每年只有 2.34 个客人（亦就是说，如果每年举行两次，那么每次只有 1.17个客人）；其中 190 年里，每年客人平均数低于 3 人。令人奇怪的是，在清朝存在的最后 3 年里，每年平均数突然飞涨到前所未有的 30.66 人；合理推测是因为挑选标准的放松。

其他地区对推行乡饮酒制度的态度更加冷漠，表 6-5 就表明了江西兴安县的情况。[179] 表 6-6 则表明，广东香山县的情况更为糟糕，[180] 在长达两个世纪的时间里，出席客人每年平均不到 1 人。

表 6-5：兴安县出席乡饮酒客人人数

在位皇帝	在位年数	宾客人数	平均每年的宾客人数
顺治	18	4	0.22
康熙	61	2	0.03
雍正	13	4	0.31
乾隆	60	15	0.25
嘉庆	25	5	0.20

---

[179] 《兴安县志》，10/26b-29b。

[180] 《香山县志》（1873），11/98b-99b。还请参见《潋水新志》，8/71b；《鹤庆州志》，7/24a-b。

续表

道光	30	79	2.63
咸丰	11	4	0.36
总数	218	113	0.52

表 6-6：香山县出席乡饮酒客人人数

在位皇帝	在位年数	宾客人数	平均每年的宾客人数
顺治	18	5	0.27
康熙	61	13	0.21
乾隆	60	16	0.26
嘉庆	25	20	0.80
道光	30	7	0.23
总数	194	61	0.31

不应假定某州县每次出席乡饮酒的实际人数，必然接近于每个帝王在位期间或整个清朝统治时期所有出席乡饮酒礼宾客的平均数。州县官员未按照规定每年举行两次的情况非常普遍，这可能是上述表中所列出席宾客人数非常少的部分原因。在一些酒礼上应邀出席的宾客实际人数可能比平均数要大，但是，有一个精确的例子证明，每次参加酒礼的宾客不过 3 或 4 名。表 6-7 就表明了 1738 年到 1763 年间广西容县的这一情况[181]：

表 6-7：容县的乡饮酒宾客人数

举行日期	宾客人数			总数
	大宾	介宾	众宾	
1738 年 10 月 1 日	1	1	1	3
1747 年 2 月 15 日	1	1	1	3
1748 年 2 月 15 日	1	1	1	3
10 月 1 日	1	1	1	3
1749 年 2 月 15 日	1	1	1	3
10 月 1 日	1	1	1	3
1750 年 2 月 15 日	1	1	1	3
1751 年 2 月 15 日	1	1	1	3
10 月 1 日	1	1	1	3

[181] 《容县志》，19/23a。1763 年后，就不再举行乡饮酒典礼了。很有可能，自该地方志在 9/9a 记载说经费不知什么时候被正式取消以后，乡饮酒制度就终止推行了。

续表

1753 年 2 月 15 日	1	1	1	3
10 月 1 日	1	1	1	3
1754 年 2 月 15 日	1	1	1	3
10 月 1 日	1	1	1	3
1755 年? 月? 日	1	1	1	3
1758 年? 月? 日	1	1	1	3
1762 年? 月? 日	1	1	2	4
1763 年 2 月 15 日	1	1	2	4
10 月 1 日	1	1	2	4

我们也不能认为许多地方志（笔者研究的主要材料来源）中的记载肯定就是完整的。《容县志》（1897）的修纂者就没有提到 1763 年（乾隆二十八年）后乡饮酒制度推行的情况。《严州府志》（1880，浙江）提供了该府这方面的一些资料。然而，它所记载的许多事例都未说明年代；而其中一些据说发生于乾隆朝或之前。此外，严州府共有 6 个县，而其中有 2 个县根本未提到。[182] 这里（以及其他方志里）只字未提的原因，是由于疏忽而略过，还是根本没有举行，实在很难说。有时修纂者自己也承认记载并不完全。《昭平县志》（1932，广西）提供的乡饮酒制度推行情况只是到 1760 年。修纂者说，"乾隆二十六年（1761 年）后，无记载"。[183] 事实上，相当多数的地方志只是叙述了乡饮酒制度，而未指出酒礼是否真正举行了。因此从地方志中所得的数字不能反映实际情况。不过，我们有理由推测，很可能是乡饮酒在许多地方已经没有什么意义，让一些修纂者认为不值得多费笔墨。

在一些情况下，乡饮酒事实上变成了私人事务，其花费由乡绅主动或在地方官的要求下承担。当官府提供的经费在 1843 年转供军事开支之后，礼部很不愿意听任乡饮酒制度变成历史，因而规定："如各属有愿循故事以崇礼让者，即由该地方官捐廉备办。"[184] 虽然笔者并不知道有多少官员执行了这一规定，但是可以认为，在一些地方，"故事"的延续已经变成绅士的活动之一。早在 1702 年，广东佛山镇的绅士就发起了乡饮酒礼，每年举行一

---

[182] 《严州府志》（1883），17/46a-52b。
[183] 《昭平县志》（1932），3/35a-b。
[184] 《东莞县志》，25/7a〔译者按：应为 7b〕。

次。1799 年，再次恢复活动，定期在一所绅士捐建的会堂里举行，并持续到 19 世纪初。[185]19 世纪中叶，南海县一村塾教师，捐出几百两银子，作为乡饮酒和村塾经费。[186]1838 年，一位乡绅在知州的提议下，把乡饮酒活动引入云南省镇雄州。[187]

无论绅士将乡饮酒活动推动到什么程度（看来非常有限），结果是微不足道的。由于乡人一般并不认为出席乡饮酒是真正的荣誉，因而它对乡村地区所产生的思想影响必然是微弱的。这种制度对大多数辛勤耕耘的农人来说没有什么重要意义，因为他们所关心的是如何度日，而不是"敬老"。对于乡村士绅来说，他们所拥有的地位和威望，远胜过在乡饮酒上占一席之地；何况这种酒礼上酒水很少，不足以解渴，食物不多，不能饱腹。即使地方官不利用它来敲诈勒索，乡饮酒也没有什么吸引力。从它的本质上说，这个老朽的帝国制度，在它的最佳状态下，对人民大众的影响也很有限；当它最糟的时候，它降低（而非提高）了清廷和地方官政府在乡人眼中的威信。

祠祀：地方祭祀

官方祭祀的目的和形式

清朝统治者在思想控制方面所采取的最微妙的尝试，是广泛采用古代的法则"神道设教"。不管清朝皇帝自己对宗教的态度如何，他们充分相信，可以利用祭祀来加强其他控制臣民思想的措施。他们除了在清帝国首都建造庙宇、神殿和由其本人来祭祀的祭坛之外，还在各州县设置了各种各样的祭祀，要求官府并鼓励臣民参加。这样的祭祀数量非常大，按照官方划分，可以分为"大祀"（主要祭祀）、"中祀"（中等的祭祀）和"群祀"（其他各种祭祀）。"大祀"指祭天和地，"中祀"祭以前各朝一百八十多位帝王、孔子、关帝和"名宦乡贤"（著名官员和地方杰出人物），"群祀"祭

---

[185]　《佛山忠义乡志》，5/11a、10/3a-b 和 11/9b。

[186]　《南海县志》，22/3a。这个人是陈大年。他"屡试不售，设塾授徒"。

[187]　《镇雄州志》，2/53a。"大宾"是名生员，"介宾"也是生员，5 名"长者"应邀作为"众宾"。

风神、云神、雷神、雨神、山神、河神、城隍神、"忠义贤良"和"无祀鬼神"。[188]在清帝国首都的万神殿里,共有五六个地方来摆设并祭祀这些神灵,[189]这些祭祀对象大体可以分为:(1)人们为表达内心感激或尊敬而祭祀的神,如孔子和关帝;(2)人们为祈求带给自己好处或保护而祭祀的神,如风神、云神、社稷神;(3)人们用来追求崇高道德精神或服务精神而祭祀的神,如"名宦乡贤";(4)人们担心没有适当安抚会被惹怒而降下灾祸的神灵,如"无祀鬼神"。

上述(1)和(3)类祭祀,目的在于从宗教感情方面来加强有利于清朝统治的观念和思想。展现出儒家高尚品德的已故官员和士子以及忠君为国的绅士和平民,被树立为适合人们敬仰、仿效的精神楷模。[190]

第(2)类祭祀以不同的方式来为清朝统治服务。通过对认为同人类幸福或不幸息息相关的神灵表达尊敬,统治者希望臣民相信朝廷是非常关心他

---

[188]　关于完全的清单,可以参见《大清会典》,26/1a-4a;《大清会典事例》,卷427—454;《清朝文献通考》〔编者按:应为《文献通考·杂祠淫祠》,时间断限从周至南宋绍兴年间〕,90/819-824 和 106/5781-5783;《清朝续文献通考》〔编者按:应为《续文献通考》〕,79/3493-3500。亦参见吴荣光《吾学录》卷 9—11 中的概述。J. J. M. de Groot, *Religion in China: Universism, a Key to the Study of Taoism and Confucianism*, pp.190-210, 大体上叙述了同样的情况。关于祭祀的正式分类"大祀""中祀"和"群祀", Groot 分别译成英文 Superior Sacrifice, Middle Sacrifice, Collective Sacrifice。很明显,把"群祀"译成 Collective Sacrifice 并不正确。一些地方志修纂者对祭祀分类也不尽相同,比如,《佛山忠义乡志》卷四修纂者就把祭孔、祭名宦和乡贤列在"大祀"中,把祭风神、云神、雷神、雨神、山神和河神,列在"中祀"中。还请参见《江津县志》,卷四之一;《邯郸县志》,6/8a-20a;《同官县志》,23/3b-4a。在清朝时期,其中一些祭祀在正式分类中上下变化。关于这种变化的概略,可以参见 de Groot, *Religion in China*。关于各地修建的实际庙宇,可以参见各地方志在"祠寺"或"坛庙"类项下的记载。

[189]　《大清会典》,36/4a。

[190]　《清朝文献通考》,69/5485。这种做法开始于 1644 年。还请参见吴荣光《吾学录》,3/12a-b。关于地方事例,可以参见《庐州府志》,卷 50—54;《花县志》,3/6a-6b 和 9/12b-13b。值得指出的是,汤斌(1627—1687)、陆陇其(1630—1693)和李光地(1642—1718)这些程朱学派的理学名家,都被清廷纳入国家祭祀。汤斌、李光地 1733 年被列入先贤祠中,陆陇其在 1724 年被尊为"先儒"。在 1678 年和 1679 年的"博学鸿词"科中,汤斌、陆陇其是少数知名儒生之一,他们借此表达了愿意服从满族统治的态度。李光地则大力帮助清朝编辑了众多正统儒学著作,其中包括《朱子全书》《周易折中》和《性理精义》。简略的概述,可以参见 Hummel, *Eminent Chinese*, I, p.474。在各州县的祠庙里,单独或分类悬挂着或摆设着无数个牌位,上面刻有或写着那些"忠孝节义"之士的名字。地方志中也常常叙述了这种祠庙的位置和供奉在里面的人的名字。

们利益的；[191] 同时又以极为模糊的方式向他们暗示，无论有什么灾难落到他们身上，都是人类无力阻止的，因而必须承受下来。[192] 统治者反复灌输"谋事在人，成事在天"的观念，对受苦受难的劳苦大众会起一种抚慰作用。毫无疑问，清朝皇帝非常乐意地强调广为流传的说法，人们是"靠天吃饭"的。宗教即使并不能填饱空空的肚皮，也会减缓饥饿的人们对政府的怨恨。

第（4）类祭祀反映了以宗教作为思想控制工具的最诡异的利用。"厉坛"——用来祭祀"无祀鬼神"（被忽视的神与鬼，亦即以前没有被纳入正式祭祀中的鬼神）的祭坛——特别值得一提。这一制度，早在明朝初年就确立了。明太祖1375年宣布说，每个里组织要设立一个祭坛，每年两次祭祀当地其他被忽略的神灵。在仪式上，由长者念符咒文，祈求神灵向当地神仙汇报恶人、好人，好让他们得到相应的惩罚和回报。[193] 清初统治者就采纳了厉坛制度。每个城市的北郊，都要设置一个厉坛，当地父母官每年要在规定的日期里举行三次祭祀活动。[194] 厉坛顶上，安放着城隍（城墙和护城河的神）神位。其下东西两边安放着当地"无祀鬼神"牌位。[195] 此外，村寨

---

[191]　最常见的是祈雨。Samuel Williams, *Middle Kingdom* (1883), I, p.467，叙述了1832年发生的事例。他把其中一份祝文部分翻译成英文，内容如下："御制祝文曰：呜呼皇天，世不有非常之变，不敢举非常之典。今岁亢旱异常，经夏不雨，岂但稼穑人民候罹灾患，即昆虫草木亦不遂其生。臣忝居人上，有治世安民之责，虽寝食难安，焦忧悚惕，终未获沛甘霖。……伏祈皇天，赦臣愚蒙，许臣自新，无辜万姓，因臣一人是累，臣罪更难逭矣。夏徂秋至，实难再逾，叩祷皇天，速施解作之恩，立沛神功之雨，以拯民命。……"原文见载于《大清十朝圣训·宣宗朝》，12/12b-13b。关于类似的祝文，可以参见同书《宣宗朝》，卷12各页；《圣祖朝》，卷10各页；《世宗朝》，卷8各页；《高宗朝》，卷27—29各页；《仁宗朝》，卷14各页；《文宗朝》，卷12各页；《穆宗朝》，卷11各页。

[192]　用吴荣光《吾学录》11/15b中的话说就是："御灾捍患，诸神祠载在祀典。所以顺民情之趋向，为敷政之一端。"

[193]　《庐州府志》，18/8b-9b。祝文部分内容如下："凡我郡内人民，倘有忤逆不孝，不敬六亲者，有奸盗诈伪，不畏公法者，有拗曲作直，欺压良善者，有躲避差徭，靠损贫户者，似此顽恶奸邪不良之徒，神必报于城隍，发露其事，使遭官府刑宪。若事未必发露，必遭阴谴。"

[194]　《大清会典事例》，444/5b。还请参见《灵山县志》，9/122b；《洛川县志》，13/2a。按照《江宁府志》（1811）4/1a的记载，先农坛坐落在东郊，社坛在西郊，山川坛在南郊，厉坛在北郊。

[195]　《洛川县志》，13/2a，引1806年旧志。

里也修建了祭坛，乡人在这里举行他们自己的祭祀活动。[196] 官方的祝祭文如下：

> 人鬼之道，幽明虽殊，其理则一，故天下之广，兆民之众，必立君以主之。君总其大，又设官分职于府州县以各长之。又于每百户设一里长以统领之。上下之职，纲纪不紊，此治人之法。……故敕天下有司依时享祭，在京都有泰厉之祭，在王国有国厉之祭，在府州有郡厉之祭，在各县有邑厉之祭，在一里又各有乡厉之祭。……仍命本处城隍以主此祭。钦奉如此，今某等不敢有违，谨设坛于城北，以……专祭。本厅阖境内人民倘有忤逆不孝，不敬六亲者，有奸盗诈伪不畏公法者，有拗曲作直，欺压良善者，有躲避差徭，耗损贫民者，似此顽恶奸邪不良之徒，神必报于城隍，发露其事，使遭官府。轻则笞决杖断，不得号为良民；重则徒流绞斩，不得生还乡里。若事未发露，必遭阴谴，使举家并染瘟疫，六畜田蚕不利。如有孝顺父母，和睦亲族，畏惧官府，遵守礼法，不作非为，良善正直之人，神必达之城隍，阴加护佑，使其家道安和，农事顺序，父母妻子保守乡里。我等阖厅官吏，如有上欺朝廷，下枉良善，贪财作敝，蠹政害民者，灵必无私，一体昭报。[197]

---

[196] 《南昌县志》，15/2a，南昌地区共有厉坛 410 个。根据《剡源乡志》（1901）7/1a 的记载，剡源地区在明朝时期共有厉坛 143 个，但到清朝时期，全部被弃置，仅仅留下两个可以辨认的遗址。《延安府志》（1802）36/1a 记载说："府州厉坛称'郡厉'，县之厉坛称'邑厉'。乡镇或有墙围着之村寨偶然也有厉坛。""郡厉"可以认为是"府坛"，"邑厉"可当作"县坛"。"乡厉"（用来祭祀乡村中的无祀鬼神）一词虽然官方没有正式使用，但在许多地方志中都出现了。

[197] 《大清会典事例》（1908）没有收录这一段符咒文。不过，有些地方志收录了：《夔州府志》（1827），19/37b-39a；《普安直隶厅志》（1889），8/8b-9b；《仁怀厅志》（1895），2/44b-46a。另一段祈求城隍神将正义给予无祀鬼神的符咒文，其部分内容如下："钦奉皇帝圣旨：普天之下，后土之上，无不有人，无不有鬼神。人鬼之道，幽明虽殊，其理则一。今国家治民事神，已有定制，尚念冥冥之中，无祀鬼神，昔为生民，未知何故而殁……故敕天下有司，依时享祭。命本处城隍，以主此祭，镇控坛场，鉴察诸神等类。其中果有生为良善，误遭刑祸，死于无辜者，神当达于所司，使之再生中国，永享太平之福。如有素为凶顽，身免刑宪，虽获善终，亦出侥幸，神当达于所司，屏之四裔。善恶之报，神必无私。钦奉如此，某等不敢有违，谨于某年某月某日于城北设坛，置牲醴酒汤饮，享祭本府州县无祀鬼神等众。……"这段符咒文见载于《铜仁府志》（1890），3/9b-10b；《长宁县志》（1901），3/14b-15b。〔编者按：译文依《长宁县志》。〕

在祭祀制度中，厉坛并不是一个非常重要的项目，而是地方祭祀中的次要对象，在乡人的宗教观念中并不占显著位置。在清帝国许多地方，它在 19 世纪之前就早已消失了。[198] 不过，祝文很有趣，因为它说明了官府祭祀的真正目的。它表明，清政府利用每一种地方祭祀活动来左右市民和乡人的思想，使他们乐意服从统治者的法律命令，遵守对帝国安全最有利的行为规范。对 1670 年《圣谕》的众多训诫来说，这段祝文的确是精心制作出来的补充教材。

清廷无疑赋予祭祀极其重要的地位，因而专门拨出相当大的一笔钱来支付开销。[199] 为了保证这笔经费，许多省都留出一些地来作为祭田。数量从 1,313 亩（安徽）到 52,055 亩（福建）不等。[200] 笔者从地方志中摘出下列数字，应有相当的代表性：

地区	每年祭祀的经费（两）	地区	每年祭祀的经费（两）
广东清远县	202.50	湖南巴陵县	133.70
安徽滁州府	184.43	直隶正定县	126.66
江西南昌县	177.12	山西浑源州	114.79
江西长宁县	176.38	陕西同官县	94.00
湖北沔阳县	168.75	广西博白县	75.00
直隶延庆州	166.69	山东滕县	35.51
陕西洛川县	135.95		

[198]　举例来说，《庐州府志》18/9a 中说，厉坛祭祀"今多废"。《沔阳州志》3/1b 记载说，州县城和乡下之厉坛被废弃了。《正定县志》21/5b 中指出，乡之厉坛"今多废"。《定州志》(1850)，22/47b-48a："定州厉坛旧在北关外……嘉庆初大水，仅存其址，岁时享祀，则设位于沙砾榛莽间。"不过在 1850 年，定州知县又恢复修建了厉坛；这在 19 世纪厉坛祭祀中是极为少见的。《湘乡县志》(1874)，4/34a-b 也有一例，1843 年一些绅士重修了厉坛。这一时期地方上所用的符咒文，只不过是在词句方面同前引略有不同。在湘乡县和其他一些州县，厉坛祭祀不再是官府活动，由乡绅接替举行。Constance Gordon-Cumming, *Wanderings in China* (1886), I, pp.315-316："尽管竭尽一切，神灵世界还是未能把无数个悲惨的乞丐亡灵收进去。……所有这些乞丐亡灵，都靠慈善人们的布施。人们每年有三次要把大量纸钱——模仿各种各样的铜钱特别是银锭而造的纸钱——投入鼎中焚烧，供亡灵们在阴间中享用。在广阔的清帝国各省，经常要举行这种祭祀活动。……这种抚慰式祭祀，的确很奇怪。"这里提到的"乞丐亡灵"就是"厉"；不过祭祀不再由官府主持了。

[199]　《大清会典事例》，164/3a。

[200]　《清远县志》，4/32b-35b；《滁州志》，卷二之四，17a-b；《南昌县志》，11/17b-18a；《沔阳州志》，卷四《食货志》，48a；《延庆州志》，3/30b-31a；《洛川县志》，20/5a，引 1806 年刊本；《巴陵县志》，12/1a-33a；《正定县志》，17/23b-4a；《浑源州志》，5/8b；《同官县志》，16/4a；《博白县志》，5/1a-13b；《滕县志》，4/10b。其他许多地方志也有类似记载。

表 6-8 也是根据相同的一些地方志的记载列出来的。它列出六大祭祀资金的分配情况：

表 6-8：六类祭祀的资金分配情况

（单位：两）

地区	文庙	名宦祠	文昌（司文神）	关帝（武神）	土地、风、云等神	厉坛
安徽滁州		84.70	45.00	47.83		
江西长宁		83.58	26.00	40.00	16.00	10.00
广东清远		50.99	26.00	40.00	25.78	14.80
直隶正定		50.00	26.66	40.00		10.00
湖北沔阳	49.27	7.00	35.74	35.74	20.00	11.00
湖南巴陵		47.00		35.00	23.00	18.00
江西南昌	43.04	6.11	20.00	30.00	2.00	
直隶延庆		40.00	26.66	40.00	30.00	10.00
广西博白		40.00			35.00	
山西浑源	40.00	11.18	15.78	20.83	27.00	
陕西同官	26.00			16.00		
山东滕县	23.13	4.00			4.00	4.38

四五十两银子并不多，一二百两当然也不多。但是如果记得清政府规定给予乡饮酒礼的经费不过 12 两，讲约会经费只有一点点，地位相当重要的保甲制度完全没有经费，那么就可以看出，清政府给予地方祭祀的经费相对来说是十分慷慨的。清朝虽然的确花费一大笔钱买礼物赏赐给年长的臣民，但这种皇恩只不过是偶然布施的恩典，并不是规定的年度开销。从这种角度来看，在清朝主要的控制（思想的或其他的）措施中，地方祭祀体系显然享有相当优先的地位。

控制宗教的效果与困难

官方祭祀作为一种思想控制方法，效果是不容易评价的。毫无疑问，这种制度取得了一定的成功。人民大众（其中既包括普通百姓，又包括绅士阶层）接受了一些由清政府主办的祭祀。绅士和士子经常共同努力，帮助清政府修建或恢复祭祀孔子及其追随者的庙宇，举行祭祀"文章"（即文曲星）的活动，赞誉道德卓著之人，其中包括"名宦乡贤""义行"和"节孝妇"等。[201] 普通百姓则对清政府发起或同意的其他种类的祭祀感兴趣。西方一位学者对此说道：

> 在乡村和其他地区，中国人修建了许多庙宇，用来祭祀山岳、溪流、岩石、石头等等。土地神特别受到尊敬。……在全国各省、各府和各州县的主要城市里，人们经常到某种国家级庙宇里去祭神，特别是祭城隍和东岳（亦就是山东的泰山），它们被视为地狱里的统治者。[202]

乡人非常尊敬那些他们相信能左右自己日常生活和生存的神灵。大多数农人相信，降雨一定是被某个神灵完全控制的。[203] 在干旱季节里，他们求雨的迷信心理有时会使地方官感到非常烦恼。[204] 所有人都害怕城隍神。[205] 在北方省份，丧失父母的孝子要向城隍"汇报"父母的去世。[206] 居住地离

---

[201]　许多地方志如《确山县志》（19/4a-13b）都有这类事例的记载。

[202]　De Groot, *Religion in China* (1912), p.212. 有关广东凤凰村的祭祀情况，可参见 Kulp, *Country Life* (1925), p.292.

[203]　例见《处州府志》（1877），24/4a-b。

[204]　汪辉祖《学治臆说》卷下，第22—23页，叙述了他1780年代担任湖南宁远知县时看到的祭祀情况："每逢祈雨，里民各舁其土之神，鸣锣击鼓，至县堂，请地方官叩祷。宁远亦然。己酉四月，余方率属步祷，而舁神者先后集于大堂，凡二十余神。礼房吏授例请以礼，余曰：'是非礼也。……'各乡耆跪而请，余告之曰：'……官之行礼……固有定制。……各乡土地神分与地保等，地方官不可与地保平行，土地神独可与地方官抗礼乎？'"

[205]　即使是那些社会地位较好、知识比农人丰富的人，对城隍也是相当尊敬的。翁同龢（进士出身，清末著名官员）《翁文恭公日记》（同治十二年四月二十一日）12/27a，提到了他1872年因母丧而丁忧在家乡时看到的情况："城隍神出会。龢幼时出痘危疾，先母许愿十年供香火之事，年年赛会时，则诣庙烧香，怆念前志，敬修故事。"

[206]　例见《西宁县新志》（1873），9/2b；《丰镇厅志》（1881），6/4a；《翼城县志》，16/5a；《滦州志》（1896），8/22b；《卢龙县志》（1931），10/3b-4b。根据这些地方志所载，关于死亡，乡人是向五道庙而不是城隍庙"报庙"的。还请参见《定州志》，19/15b。Arthur Smith, *Village Life* (1899), p.137，只提到五道庙。

州县城较远的乡人，则会向土地祠 [207] 或龙王庙 [208] 汇报。的确可以这样说，许多乡人或市民更害怕的是无形的神灵势力，而不是有形的衙门权威。打官司的人，会毫不犹豫地在公堂上发假誓；但是，如果叫他们在神灵面前发誓，来保证他们没有说谎，他们就会非常害怕。[209]

粗糙的多神论就这样影响着人民大众的生活。[210] 他们在心理上对神灵非常尊敬和害怕，使他们更容易从思想上被控制。[211] 只要清政府提倡的祭祀与乡人的宗教需求一致，它们就能强化清廷对臣民的思想控制。

然而，人民大众的需要并不总是与清廷的目的相吻合。尽管统治者与被统治者的宗教动机都是"唯物主义的自利"，[212] 但是两者之间自我本位利益的追求，是背道而驰的，这就使得他们之间的宗教动机不可能融合在一起。清政府期望祭祀活动能够使人民大众"从善"、服从统治、不要闹事；而普通百姓则相信，祭祀神灵、在祭坛前跪拜，是一种给他自己或家庭带来好处、好运、安全保护或治疗身体疾病的好方法。当他认为官府设置的祭祀并不能满足其祷告或要求时，就会毫不犹豫地远离清廷要求的祭祀，而去祭他

[207]　参见《昌平州志》(1886)，9/3b；《鹿邑县志》(1896)，9/4a；《天津府志》(1898)，26/1b；《邯郸县志》，6/5a。最后一部地方志说"士大夫多不行此"，亦就是很少向土地庙汇报死亡情况。

[208]　《延庆州志》，2/65b。

[209]　比如，《处州府志》在 24/8b 中叙述说：浙江丽水〔译者按：应为青田〕县"俗畏事鬼神，有受谕大庭，饰词不供者，令誓于庙，则大惧"。汪辉祖在《学治臆说》卷下，第 21—22 页中，也叙述了一个事例：湖南宁远县乡下有一恶霸刘开扬，强占强买属于成大鹏的山地。刘唆使其子谋杀本族因病垂死之某人，然后到衙门指控是成家族人干的。当时担任宁远知县的汪辉祖，把刘成两人都带到城隍庙前，命令他们跪在塑像面前发誓。成大鹏因为无辜，自然不害怕；而刘开扬周身颤抖。当天晚上，刘的儿子喝下许多酒后，到衙门自首。这一事例发生于 1780 年代。

[210]　还请参见 de Groot, *Religion in China*, p.212 页："人们并不满意于只祭祀自己的祖先，因而自由地祭祀儒家圣人。"这里有个小小的误解，Groot 所指的圣人，并不都是儒家，其中有些是来自道教和佛教的。

[211]　由此产生的宗教态度，在两大相关方面有助于减少人们反社会的活动：让人们因为害怕受到阴谴而不敢为"恶"；鼓励人们为"积德"而"行善"。这更容易使普通百姓服从政治控制。见 Charles F. Horne (ed.), *Sacred Books*, Vol. XII, 关于《太上感应篇》(*Tai Shang Book of Actions and Their Retribution*) 之译文，特别是第 235 页。并参见 Mrs. E. T. Williams, "Some Popular Religious Literature of the Chinese," *Journal of the Royal Asiatic Society*, North China Branch, N. S., XXXIII (1899), pp.20-21。

[212]　De Groot, *Religion in China*, p.214："在这个普遍偶像崇拜的世界上，最让我们吃惊的是唯物主义的自利。促进世界的物质幸福（统治王朝的首要工作），是其目标也是最终目的。"

自己选择的神灵，[213] 根本不管清廷的目的。

随着时间流逝，许多与官方祭祀明显不同的民间祭祀，出现在帝国各地。[214] 虽然它们并不必然与官方祭祀体系直接叫阵，但至少转移了人们对官方祭祀的热情。民间祭祀对人民大众的影响到底有多大，可以从这个事实看出：当需要为这些民间祭祀的神灵修建祠庙或提供祭品时，原本非常吝啬的人也变得非常慷慨。正如一位地方志修纂者所说：

> 若修举祠庙，则大者动费千金，小亦数百……众擎易举。……及学宫忠孝节义诸祀与夫有关扶植处，则又概置不问。[215]

官方祭祀同民间祭祀的竞争，并不总是成功。此外，一些地方官员的非法手段和腐败行为，败坏了政府所提倡的祭祀的名声，从而使得这些祭祀进一步脱离人民大众。早在 17 世纪，负责各种庙宇和祭坛的祀庙管理者和衙门吏员，就经常贪污清政府专拨的资金，使祭祀仪式变成十足的闹剧，"每多草率不堪，殊为亵慢"。[216]

为荣耀帝国"贤"人而设计的祭典，同样遭到地方官员及其走卒的玷污。根据 1644 年清廷颁布的一项措施规定，全国各州县都要修建"名宦乡贤"圣祠。地方教育官员根据死者的功德和"地方一致舆论"（这种舆论对衡量获选条件具有决定性作用），提名候选人。经清廷批准之后，他们的名字就被雕刻或书写在牌位上，放入圣祠，接受有关地区市民或乡人的礼

---

[213] 由此在地方志中出现了两个概念不同的词语"官祀"和"民祀"。其事例可以参见《佛山忠义乡志》，卷八各页；该地方志列出了每类祭祀的祀庙。

[214] 地方志中通常记载了这些祭祀。在一些地区，为了这些祭祀，居民们投入了相当多的精力。比如，《厦门志》（1838）15/12a 说，福建省的这个地区，"满地丛祠，迎神赛会，一年之交且居其半"。De Groot, *Religion in China*, p.212："孩子平安出生，要向专门的神仙和女神祈祷；求财，有财神；求福，有福神。"总而言之，无论人们求什么，需要什么，或从事什么，都有一种专门的神仙或女神供祈祷。这位作者另一部大部头的著作 *The Religious Systems of China* (6 vols., 1892-1910) 包含了大量关于大众祭祀的资料。

[215] 《贺县志》（1934），2/12a，引 1890 年旧志。并参见《同官县志》，26/2b；《厦门志》，15/12a。正如上面所指出，乡绅对通过举行宗教祭祀而"积德"经常表现出浓厚的兴趣。其事例可以参见《广州府志》，67/3a、13a 和 16b；《莘县志》，卷 8《艺文上》，41b-42b。

[216] 黄六鸿《福惠全书》，24/10a-b、24/16b-17a。

敬。[217] 然而早在 1652 年，非法行为已经引起了清廷的注意。不贤者被"滥举"，使这个制度几乎变成了笑柄。[218] 尽管清政府威胁说要加以惩罚，但是，无善行者之后裔仍然采取行贿或压力手段，设法将其祖宗之名列入圣祠。康熙帝在 1668 年（即在名宦乡贤制确立 14 年后）指出，仅在一地，由于地方学官随意处理这种荣誉，致使在 3 年之内，不少于 658 名"乡贤"得入圣祠，他们的子孙一千多人获得顶戴。[219]

康熙帝的暴怒明显未能阻止乡贤推举的冒滥行为。1724 年和 1728 年，雍正帝两次发现很有必要详细审查推荐名单。他怀疑在朝廷供职的官员，看到来自其同省的举荐时会偏袒放水，因而要求地方官帮助负责调查。乾隆帝发现名宦乡贤制的运行的确不佳，因而设法制定出更严厉的措施。他在 1748 年指出，"名宦乡贤"近来一般都是"仕宦通显者当之"。1755 年，他列出了官员偏袒的具体事例：得到这种令人垂涎荣誉的，是某部尚书和某御史之父；而应该得到荣誉的某低级官员之父却被否决。因此乾隆帝下令，凡是现任九卿（三品）或相当官职者，只要还活在世上，其祖父母和父母之名就不能入祠。[220] 但是，这一规定也未能改变局面；19 世纪早期在礼部任职的一位著名官员就抱怨说，所有上报的名单间都没有问就全部照准。[221] 大约在同时，嘉庆帝重申了认真选择"名宦乡贤"的重要性，并指出"各省题请入祀乡贤，多有徇情市恩"。清廷所作的最后一项改善局面的努力，是

---

[217] 《大清会典事例》，402/1a。

[218] 《清朝文献通考》，69/5487。

[219] 《大清会典事例》在 402/1a-b 中收录的 1668 年（康熙七年）发布的一道上谕。还请参见《学政全书》，10/1b。

[220] 《大清会典事例》，402/1a-b；《学政全书》，10/3b-4b。1724 年（雍正二年）之前，各省当局有"乡贤"的授予权；但在此之后，所有呈请，都必须由礼部复核才有效。参见《学政全书》，10/2b。

[221] 梁章钜（1775—1849）的《退庵随笔》，6/8b。《学政全书》中记载了下面这段资料：1775 年至 1810 年这 35 年的时间里，有 35 个人的名字被提到礼部核准，有 32 个人得到同意，列入名宦祠，或乡贤祠。只有 3 人的名字未被批准；其中两人是官员（一位是四品，一位是七品），另一人是监生。得到批准的 32 人，其社会地位如下：

二品以上的官员	26 人
五品到三品的官员	4 人
八品官员	1 人
贡生	1 人

1879 年起草的一项新规定：过世不到 30 年的人，不能考虑列入圣祠。[222]

名宦乡贤制混乱的根源在于：拥有钱财和影响的绅衿士子视"名宦乡贤"圣祠为荣耀先人、强化自己社会威望的理想场所。17 世纪一位作者指出：

> 近来家处素封，或身通仕籍，便务虚名，欲跻其先于乡贤之列。学校里耆，利其厚赂；文宗守令，徇以面情。[223]

不过，当非法行为过于明目张胆，或者在一些绅衿士子的愿望未得到满足之时，就会爆发针对名不副实之候选人（这种候选人的条件事实上比不过已经列入圣祠之人）的强烈抗议。[224]一地方志记载说，有名富商在当地绅士的帮助下，成功地将其父亲的牌位安放到乡贤祠里。许多生员、举人和进士请求官府给予撤销。有名御史将该案例上奏，最后引起了皇帝注意。

奖赏孝子和节妇的制度，同样受到类似非法行为的影响：得到此种荣誉者，大多数出自于有钱有势之家；或其子孙属于这样的人户。[225]清朝当局并非没有意识到这一点，比如，乾隆帝就在 1749 年发布的一道上谕中说：

> 偏远闭塞之乡村，其应入祀之人，每以无人提携，又无钱财，无由申报。其人最易为人所遗，尤需关注。……然民间入祀之人大率如此，乃邻人、族中之有意者，力荐之衙役，而应祀之人以无钱势，反置之不顾。似此等犯奸之人，当以王法处置。[226]

---

[222] 《大清会典事例》，402/2a-b；还请参见《江西通志》，卷首之三，12a-b。
[223] 黄六鸿《福惠全书》，24/25b-26a。
[224] 《广州府志》，131/7a-b。
[225] 黄六鸿《福惠全书》，24/27a-b。
[226] 《大清十朝圣训·高宗朝》，34/11a-12b。乾隆帝还补充说："乡贤名宦入祠之人，难于寻找。地方官视谕旨为具文，以致非议颇多。"清高宗所说并不新鲜，他实际上是在重复清世宗的话。根据《清朝文献通考》70/5495 的记载，1723 年（雍正帝）"以旌表孝义贞节之典，直省大吏视为具文，并未广咨远访，只凭郡县监司申详……而山村僻壤贫寒耕织之人，幽光湮郁，潜德销沉者，不可胜数，特谕礼部即行传谕督抚学政，嗣后务令各属加意搜罗……勿以匹夫匹妇，轻为阻抑，勿以富家巨族，滥为表扬"。

地方绅士对纪念有德之人和贞节之妇的祠庙施加影响，在清廷看来不一定是有益的。清朝统治者建立这些祠庙的主要目的，在于向其臣民反复灌输一种人生哲学，使他们安分、恭敬；更重要的是使他们不受煽动性思想的引诱。不过在实际中，这些祭祀仪式并没有引起农民大众的兴趣，因为他们本能地更为关注自己的生计，而不是死去的祖宗的荣耀。绅士倒是关心这些祭祀，不过他们的动机与清廷的目的十分不同；他们更渴望的是扩大自己或家庭的社会影响，而不是加强设立这种祠庙所鼓吹的道德观念。他们在采取不荣耀的手段为自己祖先争取"荣耀"时并没有什么顾忌。某人的父母或祖父母入祀这种祠庙，更多的反映了他的财富和社会影响，而不是人们对死者的爱戴，或相信官方祭祀的圣洁。

19 世纪中叶广东省发生的一个事例，说明了地方祭祀滥用到什么程度。恩平县孔庙需要大修，1867 年决定必须立刻进行。知县和当地绅士发现，要筹集一笔足够的修理资金非常困难，于是提议修建一所书院附设祠堂，准许神主入祠。捐资修建孔庙和这所书院的人，可以将其祖宗的牌位安放到这所要修建的圣祠里；依捐资多少决定从祀的位置；至于得到此种荣耀的死者的品德和社会地位，根本不管。由于这一捐资计划相当成功，因而在 1885 年又用于另一修建计划。[227] 它很容易就吸引了绅士、士子和富户，因为它明显是买官制的精巧运用：不是为活者换取官衔或头衔，而是为死者买得入祠。

"邪教"

清政府面临的最大困难，以及宗教控制的企图受挫，在于帝国许多地方不断出现的"邪教"。要在中国人那无数个多神教祭祀中划分正教和邪教，是很不容易的。不过，清朝统治者在政治统治的基础上，对两者之间作了清楚的划分。无论任何形式的祭祀或宗教流派，只要不对清朝统治产生威胁，即使并不包括在清政府规定的祭祀之中，或者并不与正统儒学思想严格保持一致，清政府也是容许的。但是，如果任何人的宗教活动目的在于威胁清朝的统治，或者被发现有煽动性企图，就会被定为"邪教"或"淫祀"，立刻遭到禁止。

---

[227] 《恩平县志》，6/17b-18b。

清廷对地方上的宗教节庆（通常称为"迎神赛会"）、跨省朝圣（通常指"越境烧香"）、未经批准的流派向信徒传教（即"传教授徒"）等一系列宗教活动特别警惕。[228]清廷虽然听任这些活动发展，但是，一旦它发现这些活动提供骗人的机会、有引起混乱的可能，更主要的是助长反叛运动之时，就立即采取措施，予以取缔。由此产生的严厉惩罚措施，看起来是宗教整肃或迫害，但在根本上，清朝统治者更关心的是如何维持自己的政治统治，而不是保持宗教信仰，也不是保护其臣民的心灵。[229]

清政府采取了其他重要措施，禁止颠覆性宗教活动。针对越境烧香的最早禁令，是1739年发布的。是年，乾隆帝在一道上谕中描述了北方几个省份越境烧香的情况：

> 其程途则有千余里以及二三千里之遥，其时日则有一月以及二三月之久。……直隶、山东、山西、陕西等处风俗大率如此，而河南为尤甚。自正月至三月，每日千百为群，先至省会城隍庙申疏焚香，名曰挂号。然后分途四出。……男女杂遝，奸良莫辨，斗殴拐窃，暗滋事端。此等劣习，在目前则耗费钱财，而将来即恐流于邪教。[230]

乾隆帝意识到越境烧香已经成为普遍的习惯，因而指示其大臣不要完全采取威胁惩罚手段，而要通过说服而逐渐禁止。

越境烧香持续下去，它不再局限于北方省份，伴随而来的"恶"也不仅只是"耗费钱财"了。陕西巡抚陈宏谋1746年报告说，日益发展的越境烧香集中到湖北省某些地方，由此为走私盐巴、赌博器具、火枪原料和其他违

[228] 对吵嚷的迎神赛会的描述，可以参见《贺县志》（1934），2/5a，引1890年旧志。清帝国大多数其他地方也举行类似的宗教节日。

[229] De Groot, *Sectarianism and Religious Persecution in China* (2 vols., 1903-1904) 详细探讨了这一问题。其中尤其以第四章"The Law Against Heresy and Sects"最为详细。

[230] 《大清十朝圣训·高宗朝》，261/17a-18a；《大清会典事例》，399/2a。4年后（1743年），乾隆帝又发布圣谕说，没有必要全部禁止"无知乡人"组织的一切宗教活动和集会。参见《大清十朝圣训·高宗朝》，262/8b。

禁商品提供了机会。[231] 嘉庆帝得知，"（江苏之茅山）每年春秋二季，四方进香男妇动以万计。邻近江西、安徽、浙江等省民人，亦联翩踵至"。[232] 因此，他指示有关地方官员说："（春秋赛会）既多耗费资财，废时荒务。且男女杂遝，人数众多，奸邪溷迹，亦足为风俗人心之害。着直省督抚各于境内有名山寺院地方，出示禁止。"

山东巡抚贺长龄 1827 年发现，很有必要禁止这样的越境烧香，因为每一次都有"不法棍徒"卷入；[233] 而且，正如乾隆帝所预料到的，秘密社会利用这些宗教活动为其反叛性计划提供掩护。1824 年，一些来自直隶、河南和山东到北京烧香的香客被指控从事可疑运动而遭到逮捕。10 年之后，又逮捕了一次。1824 年和 1834 年分别发布的两道上谕，正式宣布越境烧香为非法。[234] 清廷拥有充分理由禁止这项活动，因为据报告，1860 年围攻杭州城的反叛者正是利用了越境烧香作掩护。[235]

清朝统治者有一段时间非常小心不去压制大众宗教节庆。直到 1743 年，也即乾隆下令禁止四川邪教之时，清廷还明确指示地方官不要干涉"愚民"的祈祷和感恩活动，以免引起不必要的麻烦。[236] 但是，当这些活动明显成为动乱性因素，[237] 或者同"邪教"联系在一起时，[238] 清政府就坚

[231]　陈宏谋《培远堂偶存稿》，23/9a-11a。〔编者按：《申禁朝山进香檄》，乾隆十一年正月。〕还请参见同书 24/23a-24a 中叙述的同年（1746 年）稍后清廷发布的一道上谕，重申了禁止越境烧香的命令。〔编者按：《再禁朝山禁香檄》，乾隆十一年七月。〕

[232]　1817 年提交给嘉庆帝的一篇报告，参见 *Chinese and Japanese Repository*, III (1865), 275, 引自 *Indo-Chinese Gleaner*, May, 1818, p.9。〔编者按：引文据《大清历朝实录·仁宗朝》卷三百三十四，嘉庆二十二年九月辛酉，引御史盛惇大《严禁愚民越境酬神折》。〕

[233]　贺长龄《耐庵公牍存稿》（1882），2/27a-b。

[234]　《大清十朝圣训·宣宗朝》，78/13b-14a；《大清会典事例》，400/1a，道光四年和十四年发表的上谕。

[235]　李慈铭《越缦堂日记补》庚集上，33b，咸丰十年三月十三日。

[236]　《大清十朝圣训·高宗朝》，262/8b。

[237]　例见李星沅《李文恭公奏议》，3/46a-53a，1843 年初（道光二十三年）陕西一些地区的报告〔编者按：《审拟聚众夺犯殴官伤差各犯折子》。越境烧香活动导致赌博、械斗、集体围攻衙门走卒。丁日昌《抚吴公牍》，32/8a-b，1860 年代末的一道公开文件〔编者按：《示禁迎神赛会由》〕，指出在举行越境烧香的地方，经常发生赌博、偷盗、械斗等事。

[238]　《牧令书辑要》，6/24a-b 中收录了河南巡抚田文镜 1724 年发布的一则公告〔编者按：《严禁迎神赛会示》〕，其部分内容如下："异端邪教……皆自迎神赛会而起。"田文镜解释说，这是因为这些活动容易为那些鼓惑愚民者提供掩护。因此，他认为："欲杜邪教，先严神会。"

决加以禁止。[239]

不过，清廷最关心的问题还是邪教本身。雍正帝在 1724 年颁布的《圣谕广训》中，严禁白莲教和香火教活动，斥责它们的成员为"奸回邪慝"。1839 年，道光帝再次重申禁令，并以"四言韵文"（Tetrametrical Composition）作为反对"教匪"的辅助性武器。他意识到说服并没有取得预期效果，因而决定对邪教采取镇压措施，其中包括法律禁止、惩罚罪犯，最终以武力镇压。任何会引起邪教产生、发展的宗教活动（常常通过成立"邪教"或发展教徒的方式），都遭到严厉禁止。即使在此时，清廷还一度认为反叛性的和非反抗性的"邪教"存在着区别，嘉庆帝在其 1800 年发布的一道上谕中就透露了清廷这一基本观点：

> 孔子之教，万世尊崇，此外如释道之流，虽非正教，然汉唐至今，未尝尽行沙汰。……若近世所称白莲教，其居处衣服，与齐民无异……良莠不分，激成事故。……其实从前查拿刘松、宋之清及刘之协，因其潜蓄逆谋，并非因白莲教之故。昨已将办理刘之协缘由，宣示中外，并亲制《邪教说》一篇，申明习教而奉公守法者，不必查拿，其聚众犯法者，方为惩办。[240]

这一守法和犯法之间的区别，是从政治方面而非宗教方面作出的。这在某种程度上支持了笔者的推测：清朝统治者想要控制宗教的原因，关注统治安全远多于非宗教信仰的纯洁。

无论清朝统治者镇压"邪教"的动机是什么，他们发现实施起来并不

---

[239] 《大清会典事例》，398/3a，收录了最早的此类禁令之一，颁布于 1758 年（乾隆二十三年）。

[240] 《大清会典事例》，399/5b，1800 年（嘉庆五年）发布的一道上谕。在这道上谕中，清廷提到了白莲教两个重要领导人宋之清和刘之协。同书 399/7a 还收录了 1812 年（嘉庆十七年）的一道上谕〔编者按：《谕给事中叶绍楏》〕，也表明清廷认为反叛性的邪教和非反叛性的邪教存在着本质的区别。该上谕说，强调人类伦理道德和社会关系的儒学是大家应遵循的"正轨"。道教和佛教虽然为孔子信徒极力贬低，但是由于它们教人行善去恶，因而为清廷容忍。至于那些发展信徒的主要目的在于非法牟利的邪教（比如在直隶、江西、福建、广东、广西和贵州经常奏办的），因为会形成"邪教会匪"，就要加以镇压。

容易。嘉庆帝 1812 年抱怨说，"教匪"的势力仍然很大，因为地方官对这些在城镇和乡村中蔓延的动乱性活动"视为故常"，因而很少去调查或镇压。[241] "犯法"邪教经常设法逃避清朝的法网，因而在其非法行动发展成为地方骚乱之前，一直未引起清政府的注意。19 世纪中叶，云南西部就发生了一个特别血腥的事例，该处居民有"烧香结盟"的"恶习"。[242] 有时，"邪教"提出一些令人吃惊的教旨，使一些信徒变得非常疯狂。根据直隶《滦州志》对该州知州叙述的概括，知州有一次率兵袭击了白莲教一地方营地，并在袭击中缴获了一些文件。这些文件部分内容如下：

> 无生老母与飘高老祖为夫妇，乘元末之乱，聚党于太行山，其高弟分为二十八祖，滦州石佛祖乃其一也，诱惑男女数千人，各授房中术。……且云未有天地，先有无生，无生在天堂所生四十八万孩儿，因举妄念堕落凡尘，老母思之，故降凡超度。其斩决者为挂红上天，凌迟者为披大红袍上天，于侪类中最为荣贵。故入是教者，获案甘承之，愍不畏死也。[243]

这种不正常心理，不难解释清楚。清朝统治者企图通过民间祭祀来培养的信仰和态度，只能吸引那些认为自己现世命运虽然悲惨但可以忍受的人。然而对于那些发现自己根本无法生存、渴望改变环境的人来说，接受白莲教和其他"邪教"许诺改变生活的"邪说"，比起支持现状的腐朽正统观念要容易得多。随着 19 世纪清朝的处境更加恶化，异端邪说更牢牢地抓住那些因处境恶化而陷入绝望的人。反叛领导人从邪说中找到了反抗现存政权的致命武器；官府则发现，清朝法律及其执行者之宝剑根本无力制止异端邪说对狂热分子的吸引力。雍正帝在《圣谕广训》中提出反对白莲教的理由是：白莲教自负地宣称其信仰会带来幸福，实际带来的却是灾难。的确，这一理由

---

[241] 《大清会典事例》，399/7b。

[242] 贺长龄《皇清奏议》，11/28a-30a。

[243] 《滦州志》，18/28b-29a。该志修纂者指出，滦州地区的白莲教运动是道光年间（亦即1821 年之后）破获的。

站不住脚，因为他所认为带来"祸"的东西，在邪教徒看来却正是"福"。

当道光帝启动铲除异教攻击行动之时，白莲教在全国已经传布很广了。1839 年，仅在河南一省，清政府就发现和拆毁了不下 39 个"无生老母"庙；与此同时，直隶、山东和山西等省也查封了同类的庙宇。[244] 在清朝的镇压下，白莲教一时间沉静下去。但是大约 10 年之后，另一股与白莲教极不相同的"教匪"又发动叛变，其规模之大，严重威胁到清朝的统治根基。虽然清朝暂时免于灭亡，但是深受邪教感染的国家，从来不曾完全治愈。一直到 1871 年，清朝还宣称："各省莠民，竟有传习灯花教、白莲教、青林教诸名目。"[245]

即使是危险性较小的"非法祭祀"，清朝也不能有效地铲除。清初统治者对这种祭祀并没有太过注意，但是随着它明显成为反叛性邪教的"补充燃料"时，镇压力道就加强了。道光帝对那些耽于非法祭祀活动的行为特别不留情面。[246] 纵使这样努力，但是许多迷信崇拜——不论是不是颠覆性的——还是存活得比清朝还要长。

地方绅士经常向清政府提供看来颇有帮助的援手。地方志中就记载了许多事例，称许多退职官员和富有的士子修建寺庙、圣祠，或维持地方祭祀。地方绅士或许并不关心帝国的安全；他们的行动极有可能出于自私的动机。人们认为，安放在大众祭祀场所里的神灵，会把看不到的恩惠布施给磕头烧香者，或者为他们提供超自然的保护。而募集捐款来建造"学宫忠孝节义诸祀与夫有关扶植处"，则要困难得多。一些肆无忌惮之人，利用清政府一些荣耀已故"贤"者的措施，进行欺诈活动。据报告，一些绅士利用举办宗教祭祀的机会，中饱私囊。因此，乾隆帝 1766 年发布上谕，禁止监生和生员

---

[244] 《大清十朝圣训·宣宗朝》，78/26a-b。根据李星沅 1833 年上奏的反映，这些教派在陕西的活动也很活跃。这些"邪教匪犯"的领袖之一供奉"无生老母"，虽然该派称为"龙华会"或"青莲会"。其成员许多来自四川，其中一些同湖北、湖南有联系。参见李星沅的《李文恭公奏议》，7/17a-19b、7/26a-32b、7/28a-b 和 8/12a-22b。《大清会典事例》399/6b-7a 概略地叙述了 1812 年四川奏报的另一教派，其成员崇拜"无为老祖"。

[245] 《大清会典事例》，400/6a〔编者按：应为 21a〕，清穆宗 1871 年（同治十年）发布的一道上谕。

[246] 《大清十朝圣训·宣宗朝》，78/5b-6a 和 22b；《大清会典事例》，400/1a。

干预寺庙资金管理，因为据说他们经常把寺庙财产当作自己的私产。[247] 而在另一方面，如果有影响的当地居民被禁止参与寺庙事务，他们就会心生仇恨；如广西容县 1872 年发生的事例。[248] 因此，地方绅士这种实际行为和态度，很难证明对清朝进行宗教控制是有帮助的。

然而，我们不应该低估一般的历史环境对宗教控制的影响——在王朝崩溃的年代，大环境让帝国控制的每个面向都遭到挫败。宗教尽管公开宣称具有出世的意义，但是并不能完全超越人民大众生活的物质环境。当社会处于总贫困状态和动荡之时，人民大众就容易仇恨现存政权所宣传维持的宗教信仰，新的或"非正统"的宗教运动就会出现，各种各样的末日来临观念就会流行。[249] 这些观念稀奇古怪，对目不识丁、处于绝望境地的广大乡村民众很有吸引力，他们也就会热烈地接受下来。总而言之，清朝实施宗教控制的效果，取决于清政府获得或维持最低程度的经济与社会稳定的能力。这一简单事实，不仅可以解释 19 世纪"教匪"盛行的原因，也说明了宗教控制问题到清朝统治结束之际仍然未能解决的事实。

乡学

书院、社学与义学

清朝的"科举学校"体系（书院、社学和义学可以当作其中一部分），是统治者设计出来对士大夫进行思想控制，然后通过他们对广大乡村大众进行统治的工具。此处虽不能详细探讨"科举学校"体系的各方面，但是可以

---

[247] 《学政全书》，7/18b-19a，乾隆三十一年发布的上谕。

[248] 《容县志》，27/4b 和 23b-24a。

[249] Wilhelm, *Chinese Economic Psychology* (English trans., 1947), pp.27-28："一旦新的趋势和完全自给自足的小农经济体系发生冲突，深层的心理扰动就会马上发生。这种趋势之一……就是大的有产者大量兼并土地，自耕农被迫沦为佃农，成为他经济上的附庸。这种侵扰造成的小农的悲惨命运，也有着同样的后果。新的宗教运动开始在群众中流传，这些运动和末世论的概念，比如新的时代，新的神，联系在一起。农民武装成立了，被逼迫到绝望和毁灭边缘的人民，终于聚众造反。一段时间的动荡之后，新的王朝建立，农业条件又变得井井有条，旧的心理平衡也就随着旧经济体系的恢复而恢复了。"19 世纪的情况却是这样：经过该世纪的大动荡之后，新朝不可能建立，"心理平衡同旧经济体系也不可能恢复"。农人大众的迷信与统治者的正统儒教在新的历史环境下，缓慢而必然地走向毁灭。

检视与本研究直接有关的部分，探讨上面三种类型的乡学，了解它们的结构、运作，以及作为乡村控制工具有什么效果。

对学生进行系统教育、由清政府建立或经过其批准的各种学校，可以分为两大类，"官学"（官办学校）和"学校"（非官办学校）。前者包括为皇族子弟、八旗子弟和拥有世袭头衔之家庭子弟等所办的特殊学校；后者包括书院（学院）、义学（慈善学校）和社学（乡村或大众学校）。[250]

书院起源于唐朝时期。[251] 清朝书院的性质最初是私人的或半官方的，由乡绅或在当地供职的官员所设立。第一所书院出现在 1657 年，湖南巡抚请求恢复衡阳石鼓书院。[252] 随着时间推移，清朝历代皇帝尤其是雍正帝，在放手让臣民及其官员教育年轻士子方面，似乎一直非常谨慎。[253] 不过，他们并不打算取缔已有书院，而是采取给予有限经济支持、规范其运作方式等办法，设法控制它们，把它们当作思想控制的工具。

1733 年，雍正帝发布两道上谕，反映了清廷的态度。第一道的部分内容如下：

> 各省学校之外，地方大吏每有设立书院……但稔闻书院之设，实有裨益者少……是以未曾敕令各省通行。……近见各省大吏，渐知崇尚实政，不事沽名邀誉之为……则建立书院……督抚驻扎之所……各赐帑金一千两，将来士子群聚读书，豫为筹画，资其膏火，以垂永久。其不足者，在于存公银内支用。[254]

---

[250] 《大清会典事例》，卷 394 各页。

[251] 据柳诒徵《中国文化史》第二章第 161 页和 175 页中的叙述，书院之名称最迟是在唐朝出现的。在宋代，书院作为一项制度，牢固地建立起来了。

[252] 《清朝续文献通考》的编者在该书 100/8598 评价说："我朝自顺治十四年从抚臣袁廓宇请修复衡阳石鼓书院，嗣后各直省以次建设。"

[253] 1726 年（雍正四年）江西巡抚请求在该省设置书院，雍正帝一道上谕中答道："至于设立书院，择一人为师，如肄业者少，则教泽所及不广；如肄业者多，其中贤否混淆，智愚杂处，而流弊将至于藏垢纳污。若以一人教授，即能化导多人，俱为端人正士，则此一人之才德，即可以膺辅弼之任，受封疆之寄而有余。此等之人，岂可易得？"见《大清历朝实录·世宗朝》，43/10a-b。

[254] 《大清会典事例》，395/1a；《学政全书》，63/1a-b。

上谕下达后，18 个行省共建立了 21 个书院。[255] 雍正帝显然希望控制书院数量，但是，众多书院不但出现在省城，也产生于州县城和乡村。[256] 为了有效控制局面，雍正帝同年还发布一道上谕："谕各府州县书院，或绅士出资创立，或地方拨公营造，俱申报该管官查核。"[257] 这道上谕标志着清廷正式开始对地方书院进行监督控制。接着，清廷又发布了一系列上谕和规定。1736 年规定，书院院长应按照设定的标准认真挑选，管理书院的规则应该仿效宋朝大儒朱熹制定的规范。8 年后（1744 年），规定就读地方书院的士子必须经过由政府官员主持的甄别考试，以区别"良""莠"；各省教育当局必须定期进行检查，确保审查考试有条不紊地进行。同年，礼部上奏建议，分发给各地书院标准文本，包括儒学著作和其他清廷已经批准的著作。[258] 连书院院长的头衔也在 1765 年加以统一了，[259] 从中我们可知清廷对书院的控制程度有多深。

后面的皇帝进一步加强对书院的控制。嘉庆帝、道光帝和咸丰帝对书院的"废弛"非常担忧，下令各省当局进行补救；正如一位官方文献编纂者所说：

> 山长以疲癃充数，士子以僄薄相高，其所日夕咿唔者，无过时文帖括，然率贪微末之膏火，甚至有头垂白不肯去者。[260]

这位作者或许夸大其词，但是，如果他的话有一定根据，或许清廷对书院的

---

[255]《大清会典事例》，395/1a。

[256] 参见本章注 261—263 所引各地方志。

[257]《洛川县志》，19/3a，引《陕西通志稿》，1733 年（雍正十一年）发布的一道上谕。

[258]《大清会典事例》，395/1b。《丰镇厅志》（1916）3/11a 中指出，1724 年（雍正二年），规定以朱熹为白鹿洞书院确立的院规作为所有地方书院的运作准则。

[259]《洛川县志》，19/3a，乾隆三十年发布的命令。

[260]《清朝续文献通考》，100/8598。清政府和一些高级官员也持这种观点。比如，1817 年（嘉庆二十二年）的一道上谕说道："各省教官……滥膺讲席，并有素取束脩，身不到馆者。"另一道上谕是 1822 年（道光二年）发布的，指出书院负责人素质变化极大，其中一部分"院长并不到馆……且有并非科第出身之人，觍居是席"。《同官县志》22/3b 中引述了清廷指示各省当局改善书院所处局面的命令，其中包括 1733 年（雍正十一年）、1822 年（道光二年）和 1853 年（咸丰三年）的一系列上谕。

控制达到了统治者所期望的一般结果：将学子头脑中煽动性的思想和不适当的欲望铲除，以此确保他们不会成为威胁帝国安全的因素。

皇帝们相信他们的控制有效，因而不再像 1726 年雍正帝所做的那样，反而放开对地方书院数目的限制。地方官员经常同地方绅士合作创办并支持这种学习机构，几乎没有一个州县是没有书院的，一些州县甚至有十多所。[261] 虽然许多书院都分布在州县城里，但是乡村中也有一些。[262] 书院通常都得到一些捐助，有的是"学田"，有的是基金，教师薪水和学生津贴就从中支出。得到捐助较多的书院可以支配的资源，远比按照雍正命令捐资修建官办书院的一千两银子来得多。[263] 在 1898 年"百日维新"期间，几名充满革新精神的督抚利用书院来传布"新学"或西方思想。[264]

地方书院无疑为清朝统治提供了一些帮助；尤其是在 19 世纪末科举考试制度开始迅速崩溃前的相当长一段时期里。书院为读书人提供学习生活的场所，为他们提供生活补贴，并在一些情况下对他们在科举考试中应如何竞

---

[261] 《香山县志》（1873）6/25b-29a 中指出，广东香山县有 17 个书院，其中 5 个是官绅合办，8 个是地方官办的，其余 4 个是乡绅独办的。几乎所有的地方志都列出各该地区书院的名称，有时还对其运作情况作了描述。其事例可以参见：《天津府志》，卷 35；《延庆州志》，4/31b-39b；《扬州府志》（1810），卷 19；《灵山县志》，10/149a-151a；《江津县志》，8/11b-13a；《铜仁府志》，卷十四；《镇南州志略》（1892），3/16a-b。

[262] 比如，坐落在河沙堡村的继志书院就是村人王必恭在同治年间创办的。参见《邯郸县志》，9/4b〔译者按：应为 5a〕。坐落在四川江津县城 8 里之外的桂林书院是杨维翰 1833 年创办的。参见《江津县志》，8/11b。一些著名书院分布在风景优美之地。

[263] 如《广州府志》在 72/12b-13a 中说，应元书院 1869 年从布政使那里得到 18,589 两银子的补助，另一书院得到 10,800 两的补助。大约 4,389 两用来修建院房；其余交给商人，他们保证每月付 10% 的利息。另外布政使衙门每年还提供一笔 2,760 两的银子，用于支付书院负责人和监督书院管理之绅士的报酬，补助在书院学习之学生，以及支付其他花费。广东南海县的西湖书院，得到过许多捐资，其中包括 1860 年代早期乡绅捐助的 20,000 两。参见《南海县志》，14/15b。直隶蔚州之文蔚书院，是知州佟湘年〔译者按：应为靳荣藩〕于 1775 年建立的，它拥有 1,600 亩土地和 21 栋房屋。前者每年有 75 石租税收入，后者每年有 300,000 文铜钱的房租收入，每年生息收入为 658,000 文铜钱。参见《蔚州志》，7/17a-b〔编者按：应为 19a〕。陕西同官县的颍阳书院 1858 年从一监生手中得到 3,000 石粮食的捐助，卖出后得到 3,000,000 文铜钱。顺便提一下，该书院在 1907 年改为颍阳小学堂。参见《同官县志》，22/3a。书院负责人的薪水多少变化极大。钟山书院（是曾国藩在攻占太平天国占领的南京后恢复的）的院首每年的收入为 980 两。参见《续纂江宁府志》，5/7a。陕西靖边县心诚书院的院首每年薪水为 60,000 文铜钱，并得到 6,000 文的"节礼"，总数不到 70 两。参见《靖边县志》，2/3b-4b。

[264] 《清朝续文献通考》，100/8593。这些督抚包括浙江巡抚廖寿丰、陕西巡抚魏光焘和湖南巡抚俞廉三。

争进行指导，从而把读书人纳入科举制度轨道中来，置于直接的思想影响之下。还有几个特别的事例表明，书院甚至提供了一些更直接有利于帝国和平的服务，而不只是思想控制。举例来说，广州府 19 世纪中叶创办的一所书院，当时就被规划为"讲学训俗，息争修睦之所"。[265] 不过，不能就此就认为书院对于清朝统治的作用是无限的。就像随后会看到的，书院也产生了一些并非统治者所期望的结果。

其他两种类型的地方学校，其规格要比书院低。社学（社区学校），[266] 直接起源于清政府 1652 年颁布的一道法令；该法令规定："每乡置社学一区，择其文义通晓、行谊谨厚者补充社师。"[267] 这种"社师"有报酬，而且不服劳役。他们的名字要提交教育当局进行审核。[268] 随后颁布的命令清楚地说明了设置社学的目的。清廷 1723 年授权礼部发布命令说：

> 州县设学，多在城市，乡民居住辽远，不能到学，照顺治九年例，州县于大乡巨堡，各置社学。……凡近乡子弟，年十二以上，二十以内，有志学文者，俱令入学肄业。[269]

这道命令并未说明由谁提供社学创办、运作所需要的资金。1737 年（乾隆二年）发布一道上谕命令遥远的贵州地区也创办社学，授权有关各省教育当

---

[265] 就是贲南书院，坐落在广东番禺县。该书院是何若瑶率领绅士创办的，并得到清政府的批准。参见《广州府志》，66/27b。在咸丰时期受到客家起义严重影响的广东省恩平县，1862 年修建了两所书院。五福书院是由居住在方圆 10 里的乡村所有住户共同合作修建的，它除了有一栋校舍之外，还有一座由城墙保护的"堡"和一所用于纪念"阵亡勇丁"的义勇祠。升平书院坐落在另一村，其情况类似。参见《恩平县志》，6/18a。

[266] 《学政全书》，64/1a。关于社学的历史先例可以直接追溯到明代。根据《剡源乡志》(1916)6/7a-b 记载，元世祖规定每"社"由 50 户众户组成，设社长一人，负责将合适的耕作、种桑方法传授给社内居民。元代的社，并不包括社学。明朝建立之后，明太祖规定每 50 户组成一社，并雇请一位学识卓著、品德优秀的生员负责教授社内年轻人。还请参见《佛山县志》，5/10a；柳诒徵《中国文化史》第二章，第 174 页和 247 页认为，社学在元代就已经出现了。不过，这一观点有待检验。在《元史》中，无论是《食货志》还是《选举志》，均未提到社学。

[267] 《学政全书》，64/1a。

[268] 《清朝文献通考》在 69/5489 中收录的 1670 年（康熙九年）清政府颁布的一道命令；《同官县志》22/4a 记载的 1713 年（康熙五十二年）发布的一道上谕。

[269] 《大清会典事例》，396/1a-2b。《清朝文献通考》虽然也收录了同一文件，但是没有笔者所引前两句。关于顺治九年颁布的法律，可以参见本章注释 267。

局从税收中提取这笔费用；[270] 这道上谕表明，即使不是全部，至少有一些社
学是用政府资金创办和维持的。

第一所义学（慈善学校）出现于 1702 年（康熙四十一年），是年礼部得
到清廷同意，在京师崇文门外创办义学。3 年后，清廷批准贵州省为"土司
承袭子弟"创办义学。1713 年，清廷命令所有各省均创办义学，以便为"孤
寒生童"提供读书场所。[271] 雍正和乾隆在位期间，清廷特别注意教化云南、
四川、湖南和广东等省的少数民族。[272] 由于福建省语音不正，清政府 1737
年下令该省每个州县原有的义学要延请"官音读书之师，实心训勉"，以改
善官话的听说能力。[273] 以此来看，清朝经常利用义学来教化特殊类型的人，
或特殊地区的居民。不过在大体上，义学和社学两者的基本目标都是相同
的：为那些无力上学的人提供受教育的机会。礼部 1736 年就对此说道：

> 义学之设，原以成就无力读书之士。……凡愿就学者，不论乡城，
> 不拘长幼，俱令赴学肄业。[274]

正如礼部所说，社学和义学的区别并不大；[275] 有时，其名称也不加区别

---

[270] 《大清会典事例》396/2b 中指出，清廷 1736 年命令贵州教育当局"遵照雍正元年定例"
设置社学。次年，清廷又重申了这道命令，并补充说创办资金可以从有关总督有权处置的普通税
收中提取。

[271] 《学政全书》，64/1b-5b；《大清会典事例》，396/1a-2a；《清朝文献通考》，69/5492。

[272] 《学政全书》，64/3a；《大清会典事例》，396/2a-3a；《清朝文献通考》，69/5492、70/5502
和 72/5523。《湖南通志》在 9/15b 中引述了 1848 年（道光二十八年）〔译者按：原文误为嘉庆二
十八年〕的一篇上奏，其部分内容是："据查，苗地设学，以教其子弟。嘉庆十五年间，又设义学
二十余所，以扩大其教育。数十年来，苗家子弟……多刻苦攻读。"〔编者按：原文并未在《湖南
通志》中找到，此处据英文直译。又按，光绪《凤凰厅志》卷五《屯防上》，64a："嗣于嘉庆十五
年，添设二十馆，以期广为训迪，数十年来，各苗生童，父教其子，兄课其弟，多能自行劝学。"
应是上述引文出处。〕

[273] 《大清会典事例》，396/2a。

[274] 《学政全书》，64/6a-b。

[275] 清政府编纂的《学政全书》并未对社学、义学作出区别，好像它们同属一个体系。织
田万在《清国行政法分论》第三卷第 5 页中强调，"社学是由乡村创办维持的；而义学是绅士与普
通百姓捐资创办的。"这一看法并不符合事实。

地混用。[276] 在某种程度上可以证明"凡汉人在乡之学总曰社学"；[277] 这句话也表明为少数民族创办的乡学就是义学。但是这一区别并未始终保持一致，而是经常被忽视。例如，1713年，清政府命令全帝国各省都创办义学；1715年，康熙帝指示直隶总督为居住在清帝国首都邻近地区的一般乡人创办义学；[278] 乾隆帝1751年发布上谕，要求在苗族居住的所有地区设置社学。[279] 两者之间的另一个明显也是正式的区别就是：社学是乡村学校，而义学既设于州县城，也设于乡下。但是，即使是这种区别也不是经常能看得出来。[280]

不管社学和义学之间到底存在着什么区别，它们的基本目的实质上是相同的：尽可能把更多的人置于官方儒学思想控制之下，尤其是那些求学欲望和能力显示他们具有远大抱负，并将成为其所在地区的领袖的个人。

在尽职的地方官员以及合作绅士的努力下，清帝国各地出现了为数众多的社学和义学。在河南一个县合计有超过120多所社学。[281] 在广东清远县，由乡人集资创办了21所社学。[282]1878年所刊《广州府志》的修纂者说："乡村俱有社学，文会即社学，社中英才以及童子胜衣搦管必率以至。"[283] 规模较大的宗族，有时也创办乡学；其中一个著名事例发生于广东花县平山墟，江姓、梁姓、刘姓和危姓等宗族（其成员在该村总人口8,000人中占绝对多数），联合创办了联云社学。[284] 绅士们也对创办社学表现出浓厚的兴趣，[285]

---

[276] 举例来说，《严州府志》6/13a-b 说，在地方上，义学"旧称社学"。

[277] 《黎平府志》，卷四上，115b。修纂者还补充说："各乡离城远近不一，岂能尽人负笈来城，故于巨乡大堡，另立社学。"

[278] 《清朝文献通考》，69/5493，康熙五十四年发布的一道上谕。

[279] 《学政全书》，64/7a。该上谕注明日期为乾隆五年〔编者按：应为乾隆十六年〕。

[280] 有关清政府授权在贵州省"城乡"均设置义学的命令，参见《学政全书》，64/7a〔编者按：应为73/6b-7b〕。《牧令书辑要》6/25b-27b 引陈宏谋的文告〔编者按：《通查义学租田馆舍檄》〕，他也下令城乡均要设置义学。

[281] 《确山县志》，14/3a。

[282] 《清远县志》，4/30b-32b。

[283] 《广州府志》，15/8a。

[284] 《花县志》，5/22a。

[285] 例见《南海县志》，8/28a；《番禺县续志》，10/23b-27a；《通州志》，5/80a-81b。不过，绅士常常专门为自己宗族的子弟创办学校，其事例可以参见《刘氏家乘》（1891），31/3a-b。

一些绅士还创办得非常成功。据说，在南海县一座十分繁荣的乡村，小孩年满六七岁之后，都要入学读书，学习儒家作品。即使是贫困人家子弟，也要入学读几年，学会读写。[286] 有时，社学之影响远远超出课堂教学之外，成为当地举行活动[287]、仪式集会或进行地方防御的中心。[288]

在有利的环境下，义学的情况也还可以。例如，在直隶蔚州城，一些绅士 1739 年创办了一所义学，并捐 261 亩多土地来维持。[289] 直隶卢龙县的一所义学创办得非常成功，有超过 20 名学生成为生员。[290] 同社学一样，许多地方义学的建立直接取决于地方官和乡绅的热心，即使是经济十分落后的地区（如山东莘县[291]、山西丰镇[292]、河南确山[293] 和四川盐源[294]）。如果没有足够的资金来修建校舍，祀庙或神祠有时就被利用起来，陕西靖边县就是这样。[295] 其他多少类似的事例真是不可胜数。[296]

应该指出的是，雍正帝明显喜欢义学而非社学，至少一度是这样。1723

---

[286] 《九江儒林乡志》，3/8a。

[287] 《佛山忠义乡志》5/12b-13a 中，叙述了一个显著事例，有一所社学成为当地文学竞赛的场所。这一做法开始于 1703 年，一直持续到 19 世纪最后几年清政府废除科举考试制度之时。《番禺县续志》10/27a 中有一段叙述："各乡书院，多为公共集议之地，会文讲学事闲举行。"此处的"书院"实际上就是乡村学校，其地位比真正的书院要低。

[288] 《南海县志》就在 6/31b 中提供了一个极佳的事例。19 世纪最初几年，9 个临近地区的居民共同创办了保良社学，以之作为地方上防御土匪的大本营。1854 年，当红头贼起事之时，该社学的资金就用来支援训练团练。

[289] 《蔚州志》，7/17b。

[290] 《卢龙县志》，21/2b。

[291] 《莘县志》7/3b 中说，知县曹勇在 19 世纪最后 25 年里创办了 9 所义学。

[292] 《丰镇县志书》3/10a-10b 中说，雍正时期，官府在县城里创办了一所社学；道光时期，乡民在乡下创办了两所社学。

[293] 《确山县志》，7/8b、14/2b-3a、24/14a-b。1694 年到 1894 年间，地方官员或绅士共创办了 12 所义学。

[294] 《盐源县志》（1891）1b 中说，该县乡下共创办了 40 所义学，县城里创办了一所；县城义学是知县 1874 年创办的。《湘乡县志》4/17a-18a 中记载了一段有趣的资料：康熙二十三年，知县奉旨很快建立一座义学。这所学校在咸丰十年被合并到一所书院中。

[295] 《靖边县志》，2/5a-b。

[296] 在众多包含有关资料的地方志中，可以引用下列地方志：《邯郸县志》，14/53a-54b；《沔阳州志》，卷五《学校》，6a；《兴国州志》，9/4a-5a；《徐州府志》，15/4b-15a；《无锡金匮县志》，6/16a-23b；《广州府志》，66/20b；《东莞县志》，17/14b-15b；《阳江志》（1925），17/44b-49b；《寻甸州志》，7/28a-b；《镇南州志略》，3/16b-17b；《普安直隶厅志》（1889），7/1b；《永宁州续志》，（1894），5/1a-33b。

年，在否决一名巡抚关于在江西设置书院请求的前3年，[297] 他下令全帝国各省把书院改成义学，"以广文教"。[298] 虽然雍正帝并未说明改变的原因，但是可以推测：鉴于明朝一些著名书院变成批评时政的中心，他希望避免重蹈覆辙。[299] 因此，他宁愿用教授初步伦理道德知识的义学来取代高级读书人求学的书院。虽然笔者没有资料来说明雍正帝这道命令实施的结果如何，但是可以认为它激发了地方上对义学的兴趣。不过到底有多少书院转变为义学，则是值得怀疑的。

作为控制工具的地方学校

无论清朝历代皇帝对学问和儒家伦理道德的个人态度如何，他们都看到地方学校作为思想控制工具非常有用。因此，他们鼓励设置某些类型的地方学校，并将它们置于政府严密监督之下。他们认为，地方学校的任务应该是将"钦定儒学"的影响扩展到士大夫群体之外的人身上，而且或许还能帮助从中培养出一些人，来为清朝的统治服务。

各类地方学校几乎没有制订教育计划的自由。事实上，清政府在方方面面都作了规定，使学校教育服务于清朝的统治利益。课程安排，主要取决于国家考试所涵盖的内容。[300] 清政府从官方教科书中挑选内容进行编纂，然后发给学校，从而把文学教育的圆周和圆心都固定了下来。1652年，清政府颁布的一项措施就规定：

> 嗣后督学将四书五经、《性理大全》《资治通鉴纲目》……等书，责成提调教官，课令生儒诵习讲解，务俾淹贯三场，通晓古今，适于世

---

[297] 关于雍正帝否决该巡抚请求的原因参见本章注释253。

[298] 《清朝文献通考》，70/5495。

[299] 《清朝续文献通考》，50/3246。〔编者按：应为《续文献通考》。〕

[300] 《大清会典事例》331/1a 概括了清政府于1646年起草、后来（尤其是1663年、1668年、1690年和1723年）又修改过的有关措施。这些措施规定了用于各种各样考试题目的内容及类型。地方志中也通常记载了各地的具体情况，例见《恩平县志》，11/4a；《蒙城县志书》，5/8b；《滁州志》，卷二之四，15a-b；《滕县志》，4/10b；《翼城县志》，19/5a-b。Parker, "The Educational Curriculum of the Chinese," *China Review*, IX (1881), pp.67-70，描述了从地方到中央考试情况的一般程序。

用。其有剽窃异端邪说，矜奇立异者，不得取录。[301]

这一措施定下了清朝有关政策的基调。从此，经过清廷批准的教科书就分发各省学校，[302] 包括义学。[303] 对基本教材四书五经的解释，必须以宋朝程朱理学派 [304] 的注解为根据。1700 年，清政府将康熙帝的《圣谕》向全国各省学校分发，规定所有学生必须参加由教育官员主持的半月一次的讲约会。[305]24 年后（1724 年），清政府将雍正帝的《圣谕广训》也向各省学校分发。任何年轻士子要想成为生员，不管他们有什么样的文学成就，如果不能默写《圣谕广训》的内容，都不合格。[306]

　　为了充分保证钦定儒学的权威不受挑战，清朝历代皇帝都采取措施，查禁出版未经批准的书籍。康熙和乾隆时期的文字狱，伪装成鼓励学问研究的努力，是众所周知的。[307] 士人不能出版自己的作品，即使是他们取得举人

---

　　[301]　《大清会典事例》，332/1a。并请参见 332/2b〔编者按：应为 332/8b〕中清政府 1758 年颁布的一项措施，其大意是：对古典作品的阐述，必须以清朝皇帝的圣谕圣训和正统儒家经典为准；谁不遵照这一规定，就无资格参加考试。

　　[302]　关于官方所拟这种教科书的书目，可以参见《大清会典》，32/2b-3a；《学政全书》，12/1a-32b。关于地方学校实际上得到的书目，可以参见《滁州志》，卷三，17b；《蔚州志》，7/15a-b；《新宁县志》（1893），15/6a-b；《兴安县志》，卷首，12a-b；《南昌县志》，12/4a-6b；《莘县志》，2/16b；《洛川县志》，19/2b。

　　[303]　《寻甸州志》7/33a 中就提供了一个事例。

　　[304]　《学政全书》6/1a 中提到 1652 年（顺治九年）采取的一项措施。这项措施在乾隆二十三年（1758 年）又得到重申，而且未作什么修改。参见本章注释 300。

　　[305]　康熙三十九年采取的一项措施，见《清朝文献通考》，60/5491。

　　[306]　1725 年（雍正三年）清政府发布的一项命令，见《清朝文献通考》，70/5495。Parker, "Education curriculum of the Chinese," *China Review*, IX (1881), p.3，也指出了这一措施。为了检查"邪说"的流传情况，清政府 1850 年（道光三十年）下令，地方学校必须以《圣谕广训》作为学习和宣传的基本教材之一。参见《大清会典事例》，400/4a。

　　[307]　《学政全书》13/1a-17a 中概括了 1686 到 1779 年间清朝采取的主要措施。根据同书 13/13a 中的记载，乾隆帝 1776 年（乾隆四十一年）下令禁毁钱谦益（1582—1664）、金堡（1614—1680）和屈大均（1630—1696）等人的著作，因为这些作者"托名胜国，妄肆狂狺"，他们的言论有害于新朝统治。不过，"若南宋人书之斥金，明初人书之斥元"，清政府在删除其中"悖于义理"之内容后，准许流传。

或进士头衔的作品也不行。[308] 小说被认为会对人们的思想产生危险性影响，因此被禁止。1652年，礼部颁布命令说，刊书者只能刊印关于"理学"、为政之道或对文学学习有用的书籍。如果刊印、售卖含有"淫词琐语"之类的书，就会受到严厉惩罚。这一规定在1663年、1687年、1714年、1725年、1810年、1834年和1851年多次加以重申。[309] 1834年，道光帝解释说，许多小说之所以不适合臣民阅读，是因为这些书籍教读者"以强梁为雄杰"。[310] 1836年，清政府还警告士民不要胡诌打油诗，向令人讨厌的官吏发泄不满情绪。[311]

清朝当局还不时颁布规定及禁令，以求达到对士子更加完全的控制，让他们在行动上和思想上都无害。[312] 顺治帝仿照明朝1382年的做法，在1652年颁布了八条准则，作为所有士子的行动指南。每一座孔庙，都要竖立一座刻有八条准则的石碑。在其他方面，读书人必须做到听讲时聚精会神，不要同老师"妄行辩难"，对老师要尊敬；不能组织学派或学会，未经许可不能刊印自己的著作，不能对地方官员施加压力，也不能威吓或差遣自己的近邻。他们被明确禁止介入政治和司法事务。上书为士兵或普通百姓的利益或苦难陈情的人，不但请求被驳回，还要接受处罚，即使他们所说具有充分理由。除了涉及自己的教育或考试问题之外，不能与地方官接触。士子卷入诉讼案件是非法的，即使是与自己有关的案件。如果是后一种情况，其家人可以代表他们去打官司。按照八条准则的序言所解释，禁律是为了加强士人自己的利益，遵守规定的准则，他们就可以"养成人才

---

[308] 《学政全书》，14/1a-2a；《清朝文献通考》，69/5486，顺治八年到九年所采取的一项措施。不过，礼部得到授权，可以刊印经清廷同意的作品。1723年，书商被允许刊印由礼部和翰林院共同挑选的作品。1736年乾隆帝甫登大位，就下令翰林院挑选刊印几百篇八股文，同时取消了禁止刊印时人所写文章的禁令。参见《学政全书》，6/6a。

[309] 《大清十朝圣训·圣祖朝》，25/22a & 8/14a；《大清历朝实录·咸丰朝》，38/13a；《学政全书》，14/1a-14b；朱寿朋，《东华续录·道光朝》，29/4a；《大清会典事例》，400/2a 和 5b。

[310] 《大清十朝圣训·宣宗朝》，78/14b-15a。

[311] 《大清十朝圣训·宣宗朝》，78/18a-b；《大清会典事例》，400/2b。

[312] 《学政全书》，4/1a-13a；《大清会典》，32/3b；《清朝文献通考》，69/5486以下，提供了管理学校、士子的基本规则和禁令。

以供朝廷之用"。[313]

半个世纪后，康熙帝于 1702 年颁布《训饬士子文》。他在要求士子的言行举止必须符合钦定儒学的最佳准则之后，就接着列举了许多不合士人身份的违法行为，并以严厉的语气加以谴责：

> 若夫宅心弗淑，行己多愆，或蜚语流言，挟制官长，或隐粮包讼，出入公门，或唆拨奸猾，欺孤凌弱，或招呼朋类，结社要盟，乃如之人，名教不容，乡党勿齿，纵幸脱裯扑，滥窃章缝，返之于衷，宁无愧乎？[314]

尽管历史背景已经改变，后来的清朝皇帝还是发布了语气大抵相同的补充训令。其中最著名的有雍正帝 1725 年所写的《朋党论》，乾隆帝 1740 年所写的《训饬士子文》。前者向所有地方学校散发；后者最初只是对国子监学生讲解，但随后也向所有地方学校散发。[315]

雍正帝在登上皇位之前，虽然主要关心的是与其弟兄争夺皇位的派系斗争，但他在《朋党论》中阐述了政治忠诚的一般原则，强调"为臣者，义当惟知有君"。乾隆帝精明地认识到，绝大多数士子因科举考试失败，就会对朝廷心生怨气，这样就会对清朝统治产生真正威胁，因此必须设法将他们的注意力从"科名声利"转移开，以缓和他们的失望。他在文章中指出，既然朱熹所说"学以为己"，那么期望任何得不到的报酬（无论是头衔还是名誉），就是误解了从事学术生涯的真实目标。当然，参加国家的科举考试是没有错

[313]　《学政全书》，4/3b；《清朝文献通考》，69/5486。许多地方志也记载了这些措施的内容，如：《广州府志》，66/12b-13a；《浑源州续志》，2/8a-9b；《续修庐州府志》，17/5a-6a；《巴陵县志》，17/1a-b；《新宁县志》，15/5a-6a；《东莞县志》，17/6a-b。丁日昌《抚吴公牍》30/8a-b 指出，直到 1860 年代，江苏松江府知府还在其管辖地区向所有学校印发这一文件，要求士子在每月的考试中背写八条准则中的一条。

[314]　《学政全书》，4/3b-4a；《大清会典事例》，389/2b-3a；《清朝文献通考》，69/5492。康熙帝所写的这篇《训饬士子文》在许多地方志中也能找到，其中包括《广州府志》，1/9a-b 和 97/2b；《浑源州续志》，2/9b-11b；《巴陵县志》，17/3b-4b。

[315]　雍正帝的《朋党论》收录在《学政全书》4/5a 中，乾隆帝的文章收录在同书 4/11a-12b 中。许多地方志中也可以看到。根据《博白县志》6/5a 所载，雍正帝的文章被刊印出来，分发给各地方学校。

的；但是，一名真正的学子应该视通过科举考试为学习的副产品，而不是目的。乾隆帝继续说道：

> 诸君苟能致思于科举之外，而知古人之所以为学，则将有欲罢不能者矣。……得失置之度外，虽日日应举亦不累也。居今之世，虽孔子复生，也不免应举，然岂能累孔子也？

"日日应举亦不累"，就是乾隆帝给科举考试失败学子所开的药方。接受它的人，将会满足于无限期地磨砺自己的八股文，反复推敲钦定儒学的论题，而不管自己在科场考试的结果如何。换句话说，他们完全是无害的。随着时间的推移，清朝建立者所设计用来左右汉人精英的考试制度遇到了严重的问题。在满人统治一个多世纪后，由于渴望进入士大夫特权阶层的士子太多，以至于没有足够的空间来容纳他们。乾隆帝设法解决这个令人困扰的问题：用通过科举考试进入士大夫阶层的诱人结果来吸引士子；同时防止士子因愿望落空而对朝廷心生仇恨。太平天国领导人洪秀全，就是一个因科场考试失败而对朝廷心生仇恨的秀才。这一事实表明乾隆帝的努力具有实际意义，也显示出他的努力未取得完全成功。

清朝采取了具体的措施，以加强对士子的控制。这里可以引述几个著名事例。1651 年，礼部下令禁止 10 名以上生员参与向地方官示威的集会，否则就会受到流放、剥夺头衔的惩罚。1652 年和 1660 年，康熙帝〔编者按：应为顺治帝〕两次下令禁止生员与衙门有任何形式的联系，禁止干预衙门事务。[316]1725 年，雍正帝重申了这一禁令,而且语气更加严厉。[317] 为了确保士子不以向地方官请教学问为借口而同地方官接触，礼部 1651 年规定，士子无论什么时候拜访地方官，都必须在"门簿"登记，说明拜访原因。1666年和 1673 年，又重申了这一规定。[318] 士子如果未经清政府批准而刊印自己的著作，就会受到惩罚：举人违反了规定，取消其到京参加京试之权利；生

---

[316] 《大清会典事例》，383/1a。
[317] 《清朝文献通考》，70/5498。
[318] 《大清会典事例》，383/1a。

员违反了规定，剥夺其头衔；有权参加乡试的读书人违反了规定，就会受到鞭打。这一规定是 1670 年颁布的，1736 年（乾隆元年）以前未曾放松过。[319] 清廷 1673 年发布的一道上谕规定，学子如果集体罢考，使地方官为难，就会受到惩罚，取消参加随后考试的权利。[320] 1661 年到 1801 年间，清朝当局反复强调要惩罚拒绝交税或帮助他人逃税的士子。[321] 事实上，士子的个人自由受到了清朝非常详细的限制，即使是他们取什么名字这种事，也要经过官府批准。清朝在建立早期，就下令严格禁止取具有煽动性的名字。姓刘（汉朝建立者姓刘）的人，无论是谁，都不能取"兴汉"（复兴汉朝）或"绍汉"（继承汉朝）之名；姓李（唐朝建立者姓李）之人，不能取"思唐"或"继唐"（继承唐朝）之名。不过，清朝对于朱姓（明朝建立者姓朱）没有作什么规定。[322]

控制乡村生活的效果

要评价清政府通过学校控制进行思想控制的效果，便利的方法是分别评估它对那些受书本规则影响的人和那些不易受影响的人的影响；也就是说，评估它对受过教育的士子以及大量目不识丁的乡民的影响。

假定清朝思想控制的主要目的在于利用知识分子为其统治服务，或至少不要对其统治产生什么危害，那么可以说，清朝历代皇帝所采取的各种措施取得了一定程度的成功。绝大多数知识分子长年累月地埋头于"苦读"的士子生涯。[323] 其中一些知识分子受正统儒学影响太深，因而对任何改革或革命的观念、思想无动于衷。明代士子的激烈言行——其中包括对官府公开的批评、党争和不受压抑的讲学——被一片对社会实际生活问题的漠不关心所取

---

[319]　《大清会典事例》，332/1a 和 2a。然而，朱寿朋《东华续录·道光朝》32/2a-b 中指出，旧禁令在 1836 年被恢复了。据他说，在道光十六年（正月辛丑日），清政府对湖南提学使进行惩罚，因为他出版了自己的文集，并准许书商刊印出售。不过，这一事例涉及的是政府官员，而非士子。

[320]　《学政全书》，7/1b、5a 和 7a；《大清会典事例》，330/1b-2a 和 399/6a-b。

[321]　《学政全书》和《大清会典事例》，383/1a。还清参见织田万《清国行政法分论》，第三卷，第 44—50 页，引光绪《大清会典》。

[322]　织田万《清国行政法分论》，第三卷，第 50 页。

[323]　Chung-li Chang, *Chinese Gentry*, pp.165-173.

代；这是乾嘉时期许多士子的特性。18 世纪晚期和 19 世纪早期知识界的氛围，被清代一位著名文人描绘得令人印象深刻：

> 最近，高官无权，亦复胆怯怕事；御史不再进谏，缄默不语；议论沉寂，不闻学者讲学论道；下吏不建一言，徒斤斤于应付察考与谋取私利，置道德与公事于脑后。[324]

另一位同时期的学者〔编者按：上下两段引文都出自管同《拟言风俗书》，是同一作者〕也指出：

> 明之时士多讲学，今则聚徒结社者渺焉无闻；明之时士持清议，今则一使事科举，而场屋策士之文，及时政者皆不录。大抵明之为俗，官横而士骄，国家知其敝而一切矫之，是以百数十年，天下纷纷亦多事矣，顾其难皆起于田野之奸、闾巷之侠，而朝廷学校之间，安且静也。[325]

虽然上引两段资料的作者对官员、士子的麻木不仁描述得有些夸张，或

---

[324] 龚自珍（1792—1841）《定庵文集》，卷上，《乙丙之际箸议》，第 9 页。〔编者按：《箸议》是龚自珍的一组政论文，《定庵文集》中收有第一、第六、第七、第九、第十八、第十九，此处疑非第九页，而是《箸议》第九。《箸议》第九讲人才："左无才相，右无才史，阃无才将，庠序无才士，陇无才民，廛无才工，衢无才商，巷无才偷，市无才驵，薮泽无才盗，则非但鲜君子也，抑小人甚鲜。"与引文不类。查此段引文当出自管同《拟风俗札子》："臣观朝廷近年，大臣无权，而率以畏懦，台谏不争，而习以为缄默。门户之祸不作于时，而天下遂不言学问；清议之持无闻于天下，而务科第、营货财，节义经纶之事，漠然无与于其身。"见管同《因寄轩文初集》卷四，又收入贺长龄《皇朝经世文编》卷七。〕关于龚自珍的生平，可以参见 Hummel, *Eminent Chinese*, I, pp.431-434。

[325] 管同（1792—1841）《管异之文集》，《拟言风俗书》，收入贺长龄《皇朝经世文编》，卷七；《江宁府志》，卷十四之八，2a-b。根据赵翼《陔余丛考》28/2b 中关于监生的说明，明朝时期的士子非常"自负"，其部分原因是明朝建立者给予他们前所未有的鼓励，明太祖 1393 年（洪武二十六年）从国子监挑选 64 名监生，任命他们担任各种职务。次年，明太祖从中派出一些监生监督地方官和居民承担的水利工程。其中一些派出者还被赋予报告地方情况的职责，或受理由地方官处理但令人不满意的诉讼案件。根据顾炎武（1613—1682）《文集》卷一中三篇《生员论》，生活在明朝统治后期的生员"出入公门，武断乡曲"。显然，这种生员的行为，是清朝皇帝禁止他们出入衙门的一个原因。还需要补充的是，明代许多文人士子对政治具有相当大的影响，这可能是清朝禁止他们卷入政治的主要原因。有关东林党和复社成员活动的扼要叙述，可以参见柳诒徵《中国文化史》，2/251-252。

者陈述过于武断，但其指出的明清士子之间的区别无疑是存在的，这明显地反映了清代皇帝通过科举考试制度、学校制度进行思想控制的成果。

然而，清政府通过科举考试和学校体系进行的思想控制实践，并没有取得帝国统治者期望的全部结果。清政府无力将皇帝所制定的规定和训示有效地推行下去。只要它们被执行了，就会产生出一些在清廷看来并不满意的效果。

很多证据显示，越来越多的士子对清廷不时颁布的措施和指示阳奉阴违，他们公然违背清朝法律或反对钦定伦理道德，背离清朝规定的行为方式。在官方文件上，这样的士子叫"劣生"，或叫"刁生劣监"。尽管清廷严厉规定不准同地方官接触，他们却不断纠缠地方官，[326] 向后者提出与学问无关的要求或请求。关于学子必须在"门簿"上（这种记录册由州县教谕向衙门提供）登记、说明拜访原因的规定，在 17 世纪晚期变成了"故套"；[327] 到 18 世纪中叶则"渐成具文"。[328] 当州县官员例行地出现在孔庙时，士子就不断提出要求或请求，[329] 这样就避开了到衙门的禁令。清政府 1835 年承认，尽管不断重申禁令，全帝国各省之士子仍坚持"勾串胥吏"，"欺压乡间"。[330]

有时，士子自降身份，从事与其地位不相称的非法工作。虽然清廷免除他们服劳役、军役，但是 1735 年有报告说，在陕西驻军中出现了许多文武生员。[331] 在浙江，士人常常充当官府的基层代理人，保存税收记录，证明土地的转移（这种服务通常叫"里役"，是劳役的一种）。[332] 在 19 世纪 80 年

---

[326]　参见本章注释 313。

[327]　黄六鸿《福惠全书》，3/23b。

[328]　《皇清奏议》51/5b 中收录的江苏学政李因培 1759 年（乾隆二十四年）的上奏。

[329]　黄六鸿《福惠全书》，2/16b-17a。

[330]　《大清会典事例》，400/2a。同书 400/7a 中指出，1876 年（光绪二年）指示各省教育当局对不守规矩的文人态度要严厉，因为"川省讼棍，多系贡监文武生，唆架扛帮，大为民害"。清政府不时指出了类似的不规矩行为。参见《学政全书》，7/1b 和 4b-5a，1659 年（顺治十六年）和 1727 年（雍正五年）清廷发布的一系列上谕。关于实际事例，可以参见《广州府志》，5/17b-18a、109/25a、129/23a 和 131/7b；《南海县志》，2/63a 和 19/7b；《广西通志辑要》，1890 年增辑本，10/17 b。

[331]　《清朝文献通考》，70/5506，雍正十三年的一道上谕。

[332]　《清朝文献通考》，24/5062，乾隆二十七年的一篇上奏。

代，山西省的士子经常接受担任里长的任命，或参加征税，卷入诉讼。[333]

此外，当士子与地方官员发生争吵时，他们的言行会变得非常激烈。两者之间冲突最普遍的原因，是士子们在地方考试中名落孙山。大多数士子不顾乾隆帝的劝告，还是以获取头衔或特权为读书的主要目的，科场考试失败，直接打击了他们的企图。即使主考官确实公正无私、有眼力，失败者也不会承认自己的确学力不足；不幸的是，这样的考官并不多。年轻人血气方刚，混乱立刻就会发生。康熙帝在 1673 年发布的一道上谕中指出，"各省生童，往往有因与地方有司争竞龃龉，而相率罢考者"。[334]1734 年，雍正帝也指出了这种情况。[335] 尽管清政府进行了严厉惩罚，也未能阻止目无法纪的罢考，而且这种罢考有时还发展成为暴动；就像 1863 年江西丰城、1886 年湖南芷江的事件。[336] 有时，引起罢考的原因是考试失利以外的其他原因。1851 年，广东东莞县一些生员和南海县一所书院的学生拒绝参加规定的地方考试，以此反抗两县知县所采取的关于税收和金钱方面的措施。[337]

清政府还指出了士子的其他不法行为。1653 年有报告说，各地生员"最劣等"的是利用其地位，"霸占土地"。[338]1729 年报告说，"劣生""有窝匪抗粮，捏词生事，唆讼陷人，灭伦悖理者"。[339]1730 年，清政府得知，东粤的士子向经过其村寨的船户勒索钱财，并非法地在集市上征收捐税。[340]1766 年浙江报告说，生员和监生为控制祀庙财产并占为己有而大打出手。[341]1739

[333] 王仁堪《王苏州遗书》，3/13a。可以预料到，武生更为频繁违背清朝规定。例见《南海县志》，14/22a-b;《广州府志》，129/23a。两江总督沈葆桢在 1878 年的上奏中建议取消武生考试。他首先说武生对清朝的统治无益，接着写道："而无事家居者，往往恃顶戴为护符，以武断乡曲。盖名虽为士，实则游民。……故以不守卧碑注劣者，文生少而武生多，则又非徒无用也。"参见葛士浚的《皇朝经世文续编》，54/4b。

[334] 《大清会典事例》，383/3b，康熙十二年发布的一道上谕。这一行为的历史同科举考试制度本身一样久。参见赵翼的《陔余丛考·棘闱》中的记载。

[335] 《清朝文献通考》，70/5505，雍正十二年发布的一道上谕。

[336] 《南海县志》，14/19b-20a;《大清会典事例》，383/4a。

[337] 《大清会典事例》，330/4b，咸丰元年发布的一道上谕。《东莞县志》也引述了这道上谕，26/9b。还请参见《南海县志》，14/14a;该处记载，奉天府士子的行为举止也是如此。

[338] 《清朝文献通考》，69/5487，顺治十年发布的一道上谕。这种情况一直延续到 19 世纪。参见本章注释 330 所引资料。

[339] 《清朝文献通考》，70/5501，雍正七年所采取的一项措施。

[340] 《学政全书》，7/8a。

[341] 《学政全书》，7/18b。

年，清政府得知，湖南长沙各地一些年轻士子在府城参加考试之时，侮辱妇女，几乎导致一场暴动。[342] 江西兴安的士子，利用其特权地位为盐贩子和从事其他非法活动的人提供掩护。由于这一做法太过招摇，引起清廷在 1835 年的镇压。[343] 尽管清廷在 1771 年就下了禁止令，可是教唆词讼仍然是"劣生"喜欢采取的枉法行为。[344]

"劣生"有时就是暴民的首领。1739 年，清政府发现有必要禁止士子聚集，即使是对清朝统治并不构成什么危害也不行，因为各省上报说"劣生"经常"聚众抗官"。[345] 1739 年，福建福安县的士子侮辱知县，并且把孔庙大门涂黑，亵渎孔圣人；直隶昌黎县的士子文人堵住衙门大门，因为他们认为知县不称职。[346] 3 年后即 1742 年，清政府又得到报告说，苏北一些州县的居民在"劣生"领导下发动罢市，引起衙门混乱，以示对地方官在洪灾之后进行的救济方式的不满。[347] 1781 年，山东阳谷县一名生员煽动村民拒绝（帮助河南省）疏浚河道，并组织暴民攻打监狱，捣毁粮房书吏办公室。[348]

19 世纪中叶发生的两件事特别值得一提。1841 年，湖北崇阳知县怀疑一些生员和衙门吏员狼狈为奸从事腐败活动，因而展开彻底调查。罪犯立即组织暴动，杀害知县。[349] 4 年后即 1845 年，浙江奉化一些参加上一年（1844 年）县试的失败者指控知县偏袒，收受贿赂。在当年县试举行的第一天，他们聚集起来，攻击负责考试的知县，并在当地居民的帮助下将他赶跑。据说，这场混乱"迅速发展成为一般的反叛"，清政府不得不动用军队进行镇压。[350]

---

[342] 《学政全书》，7/15a-16b。

[343] 《兴安县志》，卷首，13a-b。

[344] 《清朝文献通考》，72/5520。

[345] 《清朝文献通考》，71/5511。

[346] 《学政全书》，7/16a。

[347] 《学政全书》，7/16b，引自 1742 年（乾隆七年）两江总督德沛的一篇上奏。

[348] 《学政全书》，7/20b-21a。

[349] 《清史稿》，494/18b。《平桂纪略》在 1/15a-16a 中记载说，廪生侯尔宇和武举张凤冈（两人均为广西兴安县南乡人）在 1853 年胁众作乱，最后加入太平天国。

[350] George Smith, *A Narrative of an Exploratory Visit to Each of the Consular Cities of China* (1847), pp.251-252。有关到县城参加县试的士子发动小规模的暴动，以反抗衙门吏胥的非法行为，可以参见《花县志》（1924），2/26a。

士子之所以会变成"劣生"和"刁生",其原因并不只是在他们一方。地方官员不称职以及科举考试制度、学校制度本身的蜕变,使许多士子对前途非常失望,对钦定儒学及其制度规定非常不满。由于考试中日益充满欺骗等非法行为,[351]而清政府颁布的详细措施又未能禁绝它们,[352]因而尽管对被抓住的罪犯进行了惩罚,但是贿赂、偏袒和欺骗仍然存在并继续扩散。[353]贫困的农家子弟挤入士子行列的机会的确微乎其微。在一些州县,甚至规定了取得"入籍"必备的财产条件;这样就使得出身贫苦的读书人失去参加州县试竞争的机会。[354]一位《圣谕广训》的解释者写道:"将相本无种,男儿当自强。你们若肯学好,教育你们的子弟,这举人进士,都是家家有份的。"[355]对许多贫困村民和希望落空的学子来说,这听起来必然非常虚假。

在上述环境下,很难培养出信仰儒学或对清朝真正尊敬的士子。更严重的是,地方教育官员(指年轻儒士的教谕及训导)行为举止非常糟糕,很难得到读书人的尊敬和信任。在 1862 年的一道上谕中清廷注意到他们明显的缺点:

---

[351] 《学政全书》,16/2a-3a。还请参见 Chung-li Chang, *Chinese Grentry*, pp.182-197。

[352] 《大清会典事例》,卷 341-342。

[353] 例见《大清会典事例》383/7b-8a 中所收录的 1835 年(道光十五年)发布的一道上谕;黄六鸿在《福惠全书》24/20a 中叙述的 17 世纪一个观点。E. A. Kracke, "Family Versus Merit in Chinese Civil Service Examinations under the Empire," *Harvard Journal of Asiatic Studies* X (September 1947), pp.103-123, 也可以参考。《南海县志》在 26/26a 中记了一个叫作"围姓"的稀奇古怪的非法活动,即一种类似西方国家赛马或在选举中对候选人下赌的赌博活动。素有文名者因"禁蟹"而得不到他们所应得之荣誉;而平庸、无名之文人却玩弄"扛鸡"手段,在主考官欺骗手段的帮助之下通过了考试。〔编者按:《南海县志》卷二十六言之甚详:科场舞弊直省时有所闻,吾粤自围姓盛行,其弊滋甚。……小试则有禁蟹、扛鸡之目,其弊盖出于枪手为之。枪手百十为群,随棚冒考,先取二三小姓无交者,自行投票,同党约定入场,遇有此姓即为捉刀,不索值。倘此姓获隽,则投买之票可得头彩,此为扛鸡。其素有文名,人所争买者,有贿止其进场,或计污其试卷,更有勾通阅卷者压抑之,使不得售,此为禁蟹。〕

[354] 比如贵州湄潭县有这种事例:"公议入籍,定规上中下三户,上户置产银一千两以上者,出银一百两,如产业加倍者,亦倍之。中户置产银五百两以上者,出银六十两……如查实在贫窭者,以二十两止。"参见《湄潭县志》3/19a-b。入籍考生都必须捐资来培补学官,以此证明他们是合格的。每人捐资多少,根据入籍考生财富情况而定。参见《永宁州续志》(1894),5/32a-b。参加考试所需花费,常常远远超过贫困人家的经济承担能力,其事例可以参见《清远县志》(1880),5/28a-30b;《湄潭县志》(1899),3/20a-21b;《永宁州续志》,5/28a-30b;《同官县志》(1944),22/1a。贫困人家的读书人,经常得到宗族的经济援助。

[355] 王又朴的话,引见 Legge, *China Review*, VI, 231。〔编者按:中译据鱼返善雄编《汉文化语康熙皇帝遗训》,页 62。〕

　　近来各直省教职等官，并不实力奉行，认真训课，惟知索取赘礼脩仪，贪得无厌。又其甚者往往干预地方公事，并或遇事鱼肉士子，诌谀绅富。[356]

清廷对教育官员的谴责，各省当局很有同感。同一时期，江苏巡抚丁日昌写道：

　　目前教官，不惟无益，而且有害。生员赘仪，厚者待之如宾如友，薄者视之如寇如仇。且以旷课详革，俟其打点关说，而又为请开复。举报节孝，非有阿堵物，不为转行。甚至勾通讼棍，控告诸生，俾可择肥而噬。[357]

　　在思想控制方面，劣生完全不能向清朝提供什么帮助。的确，他们出现在城乡，在某种程度上就抵消了那些清朝认为对其统治有用的士子带来的思想影响。总而言之，清政府对士大夫阶层的思想控制很有限；正是由于这一原因，清朝对人民大众也不能维持完全有效的思想控制。

　　这还不是全部。具有几分讽刺的是，清朝对士大夫的思想控制在其有效实施的范围内，带来了其他后果；这种后果同样是清廷所不乐见的。

　　思想控制的中心目的之一，就是使士大夫变成无害的。然而，恰恰因为他们被特殊地位与特权所诱导，以符合规定的思想模式，因而他们无法发展出知识热情或道德力量。经过世代灌输和在科举考试中追求"科名"，他们最终相信的人生哲学是：除了追求个人成就和私利之外，一切毫无意义。虽然许多士子成为清朝顺从的官吏，但是他们很少成为清朝统治的忠实臣仆或钦定儒学的忠实捍卫者。在平常时期，这种士子完全无害，但在紧急时期，

[356] 《广州府志》在 5/5b-6a 中所引；《东莞县志》，35/12b-13a。

[357] 丁日昌《抚吴公牍》，20/6a 和 33/10a。根据《广州府志》132/15a 中的记载，早在 18 世纪到来之时，地方教育官员就开始腐败。到 19 世纪最后几十年，腐败情况几乎发展到清帝国的每一个角落。参见《南海县志》，14/13a；《同官县志》，22/1b。

很少人打算帮助皇上面对危机。换句话说，长时期延续的思想控制，终结于士大夫道德和知识的萎缩；而清朝却正是依靠这种士大夫来进行统治，并将思想控制延伸到巨大帝国的遥远角落。这样，清朝为追求思想领域的安全付出了巨大代价：清朝统治的道德基础最终被削弱了。

有人或许会认为，曾国藩（一位极其成功的士大夫）为清朝做出卓越的服务，这一事例说明了清朝的思想控制还是取得了一些实质性成果。对这一点的回答非常简单，曾国藩并不是普通的士子，他及其亲密伙伴事实上非常特别。在重大关键时期，他们挺身而出，虽然在一定程度上影响了清朝历史的进程，但是未能明显地改变科举考试制度和学校制度共同造成的一般状况。他们的行为当然不属于 19 世纪士大夫的典型行为。我们很容易看出，在太平天国起事期间，如果说有一名士子（不论有无头衔）准备捍卫孔孟之道和清朝的统治，就有许多文人士子在第一次风暴到来时逃之夭夭，或者与"盗贼"妥协以保全自己的"身家性命"，或者与反叛者共命运，如同那些公然参加太平天国在南京所举办考试的人一样。

思想控制对能够直接受到书本教化之人所产生的效果，已经讨论够多了。对多数目不识丁的乡村大众进行思想控制的效果，要精确评估则不太可能。但是，我们可以略为检视乡村学校的实际运行情况，从而得出一个大概光景。根据笔者手中零星资料来看，很少有乡村学校是真正和持续兴旺的。分布在州县城或乡镇的书院，位置比较好，可以得到地方官或绅士的支持，其情况就比义学或社学要好；尤其是位于享有一定程度经济繁荣地区的书院。[358] 但是，其他地区的书院，就没有这一令人鼓舞的景象。[359]

---

[358] 参见 Chang Chung-li, *The Gentry in Nineteenth Century China* (Ph. D. dissertation, University of Washington, 1953), p.249, 关于广东情形的图表和论述。

[359] 《大清会典事例》在 395/2b 中收录了嘉庆帝 1817 年发布的一道上谕，其中说："各省教官，废弃职业，懒于月课，书院义学，夤缘推荐，滥膺讲席，并有索取束脩，身不到馆者。"《邯郸县志》14/51b 中说，该县（属于直隶省）书院以前所拥有的学地相当多，但其中一些被非法侵占了，一直到 19 世纪 60、70 年代，还有一些未收回。《莘县志》中（卷八《艺文上》，9a-11a）收录了该县知县 1869 年的自述："下车日诣先觉书院，见其屋仅数楹……湫隘已甚……应课生童寥寥无多人，又皆城中及附近数里者，其距城稍远则未尝至也。"该地方志修纂者在 8a-b 中加上这么一句注解："因无资金，此书院时开时停。"《靖边县志》4/30b-31a 引用了 1898 年描述该县情况的报告："本城书院两处……两学中诸生仅十数人，余俱蒙童二十余人……随即改业。"《南昌县志》13/3a 有这么一句简洁的评论："书院废，不得其育者众矣。"

　　这里特别关心的当然是义学和社学。前者一般分布在乡下，后者是最好的乡村学校。有关这两种类型学校的记载显示，这些地方学校对乡村大众没多大影响。没有什么材料证明义学被好好管理，或得到较大的注意。据说，许多义学在设置后不久就消失了。例如，在直隶邯郸，1685 年到 1871 年间设置的 12 所义学，清朝结束前已经找不到任何一所，其中一些早在清朝崩溃前就不复存在了。[360] 在江苏扬州府相对不繁荣的县份，最初设置的义学到 1810 年完全消失了。[361] 江苏巡抚丁日昌设法恢复义学，但为失败而感到懊恼。他 1868 年发现，有个县的情况特别令人失望，"塾多徒少"；另一县，上报只有 4 名学生。[362] 在贵州铜仁府，境内的所有义学在 1890 年前完全消失了。[363]

　　社学，这种用来教乡村儿童读写的地方学校，其处境也不好。清朝当局早在 1686 年就注意到许多社学"冒滥"的情形。[364] 随着时间推移，不管它们是否管理恰当，都一个接一个消失了。例如，在直隶沧州和延庆州，所有社学到 19 世纪中叶都不复存在。[365] 黄河南北许多地区的实际情况也是如此。[366]《南昌县志》（1919）的修纂者，描述了该县的情况：

　　　　有明迄今五百余年，两朝君臣皆尝加意社学，然寥寥如此，且基址久已无考。[367]

　　许多社学的消失是因为得不到关心或支援，但也有一些是清政府出于维

　　[360]　《邯郸县志》，9/5b。
　　[361]　《扬州府志》（1810），19/16a。
　　[362]　丁日昌《抚吴公牍》，27/11b，提到了丹徒县和宜兴县。
　　[363]　《铜仁府志》（1890），5/19a-b。
　　[364]　《学政全书》，64/1b；《大清会典事例》，396/1a。
　　[365]　《天津府志》，35/32a；《延庆州志》，4/39b。
　　[366]　例见《鹿邑县志》，7/15a；《祥符县志》，11/70b-71a；《洛川县志》，19/4a；《续修庐州府志》，17/70a；《香山县志》（1873），6/29a-30a；《南宁府志》，20/16b-19b；《博白县志》，4/43a；《鹤庆州志》（1894），8/3a-b；《镇南州志略》，3/16b。
　　[367]　《南昌县志》，13/1b-2a。《湘乡县志》（1874），4/25b-a 中叙述了湖南湘乡县的情况："明嘉靖中，大学士桂萼议令于城市村坊各建社学，以教里中子弟。……此社学所由建也。……国初督学试补社师，考校进退，皆其遗制。康熙二十二年，奉文停止。"《湘乡县志》一旧刊本说，全县共有 19 所社学，其中 3 所坐落在县城，"今惟有……社学基址残碑尚存，余皆废失"。

护清朝统治安全考虑而关闭的。一个具有说服力的事例发生在 1751 年。是年，礼部决定关闭分布在贵州省苗族居住地区的社学，官方的解释是：

> 贵州苗疆设立义学，原期化其犷野，渐知礼义。……但在士子稍知自爱者必不肯身入苗地设教，而侥幸尝试之徒，既不能导人以善，转恐其相诱为非。且苗性愚蠢，欲其通晓四书义理甚难，而识字以后，以之习小说邪书则甚易，徒启奸匪之心，难取化导之效。应将苗疆各社学所设社师已满三年者，均以无成淘汰，未满三年者，届期亦以无成发回，渐次停撤。[368]

这一文件非常有趣，不仅仅因为它反映了特殊类型的社学为什么消失，还在于它明确反映了清朝设置这些乡村学校的基本目的：以教育作为思想控制工具。当要在保留文盲和危及其统治两者之间进行选择时，清廷毫不犹豫地选择了前者。

许多地方学校运作无效（如果它们仍然在运作）的一个原因，是地方官对这种地方教育事业的态度非常冷淡。清政府给予书院、义学或社学的资金并不够。州县官员常常不得不依靠乡绅的经济支持或自掏腰包。此外，一般州县官员忙于处理繁琐的公务，特别是税收、司法审判、镇压土匪等，根本没有精力注意乡村教育；他们非常关心的是平衡官府开支或个人开支，根本不想为乡学财政烦扰。结果，只有一小部分地方官热心于社学或义学。在经济比较发达的地区，找到一些乡绅来创办并不困难，但在没有这种条件的地区，就完全是另外一回事了。

另一紧密相关的原因是乡村大众普遍贫困。一位 19 世纪的中国学者就观察到河南鹿邑县私塾的情况：

> 户口日繁，力田者仅饮馕自给，虽有聪颖子弟，亦多不免失学。村塾之师，聚童稚数十人于老屋中……每至登麦刈禾时，辄罢业散去。九月复集，则十仅三四矣。往往脩脯不给，复布露而罢。如是者数岁，父

---

[368] 《学政全书》，64/8b-9a。

兄病其无成，俾改习耕作，或杂操工贾之业。[369]

可以充分肯定，这段叙述也适用于清帝国许多居民生活条件困难的其他地方的乡村学校。同一时期的一位西方学者的观点也与此相同。他评论说："有句流行的话是，富人不去教书，穷人上不起学。"[370]

值得指出的是，在中华帝国，学识被视为"主要社会价值，因而也是乡村追求的理想"；[371] 政府也千方百计把教育机会延伸到乡村，但是，仍然有许多乡人停留在求学的大门之外。帝国扩展思想控制的决心也难以移除乡村贫穷的路障，即使免收学费，求学之路依然是场昂贵的冒险。这让我们想起孟子说过的关于农民贫穷的一段话，即：

乐岁终身苦，凶年不免于死亡，此惟救死而恐不赡，奚暇治礼义哉？[372]

把"礼义"改成"钦定儒学"，可以解释清朝统治者为什么通过乡学来进行思想控制会毫无进展，而重蹈明朝开国者的覆辙。[373] 一位地方志的修纂者认为地方学校之所以无效，是因为官府干涉。他指出："殆事为民所能自谋者，即非政之所宜赘。"[374] 虽然其看法是正确的，但即使官府不干涉乡村学堂，仅能糊口的乡人能为乡村教育做些什么，也是值得怀疑的。在帝制中国的专制政体下，思想控制是政府十分重视的问题，因而是否会听任人民大众自己去从事教育事业，也值得怀疑。

---

[369] 《鹿邑县志》(1896)，9/2b 所引傅松龄的叙述。

[370] A. H. Smith, *Village Life* (1899), p.74。这种情况在清朝灭亡之后，至少在中国一些地方继续存在。Fei hsiao-t'ung, *Peasant Life in China*(1939), p.39："家长是文盲，不认真看待学校教育……学校里注册的学生有一百多人，但有些学生告诉我，实际上听课的人数很少，除了督学前来视察的时间外，平时上学的人很少超过二十人。"〔编者按：译文参考戴可景译《江村经济》，商务印书馆 2002 年版，第 50—51 页。〕

[371] Kulp, *Country Life* (1925), p.216.

[372] 《孟子·梁惠王上》。

[373] 《南昌县志》13/1a 中指出："明洪武八年诏立社学，每五十家为一所。……未能承奉，太祖因有艰哉之叹。"

[374] 《南昌县志》，13/2b。

我们的结论是，清政府通过科举考试与学校制度对乡村进行思想控制，以确保对乡村的统治，并未取得显著成效。无论怎么说，这个体系的困难和缺陷在19世纪变得日益明显。一方面，通过地方知识分子来控制乡村大众的努力失败了，因为清朝并没有培养出足够多的可靠士子，来协助进行乡村层面的思想控制，也未成功地防止"劣生"出现。正是这种"劣生"的行为举止，破坏了清朝统治的威望，使本来已经不平静的乡村更加动荡，从而在实质上削弱了清朝的思想控制。另一方面，乡村学校并没有把思想控制的影响带给足够多的乡村居民，其部分原因在于乡村学堂运作得并不好，部分原因是乡人无力或不愿将子弟送到这种学堂读书。因此，广义地说，在清帝国地域广阔的乡村地区，存在着思想真空。乡村大众除了关心自己日常的生活困难之外，对任何其他事情都漠不关心。他们既不愿积极效忠现存政权，也不愿反对它。他们一般都相信命运，顺从上天和神灵的安排。他们艰难地忍受着，努力使生活好过一些。就算清朝竭力推行的思想控制也几乎没有影响他们，在一般情况下，他们原本就是平静顺从的。

这种平和，更多的取决于没有出现破坏性动机或力量，而不是人们对现存政权的忠诚或积极支持，因此并不能保证不会改变。一旦因为严重灾害或社会危机使环境进一步恶化，许多乡人就会因生活绝望而改变其习惯的态度和行为。前文刚刚提到的思想真空，就容易使"异端邪说"乘虚而入，改变目不识丁乡人的看法。他们在过好生活的许诺引诱下，立刻就会向现存政权挑战。他们这样做，并不是因为他们抛弃了官方的思想意识（他们并未真正接受这种思想意识），只不过是因为他们发现在现存政权下已经无法生活。乡人所参加的或与他们有关的民变，并不能反映清廷和反叛者之间的思想意识冲突达到了顶点，这只是乡人为了逃避不可忍受的痛苦或把自己及家人从饿死的边缘中拯救出来的最后努力。

这样，清朝统治者所推行的思想控制处于进退两难的困境之中。只要它对乡村大众产生不了什么影响，通过乡村控制以巩固帝国安全就发挥不了什么作用；只要它对士大夫产生了效用，就会在一些重要问题上削弱帝国的体系。这种两难之局，是这种体系的固有属性，因而在这种体系下是不可能得到真正解决的。

乡村控制的局限

　　我们已经讨论了 19 世纪清朝仍在运行（或停止运行）的各种乡村控制机制，以及它们为何未能取得其理论上成效的原因。接下来我们要尝试广泛地评论它们对清朝统治所起的作用，并概括性地解释限制它们运行的因素。

　　在 17 世纪和 18 世纪期间，乡村控制体系看来对清朝的相对稳定作出了实质的贡献，此时帝国行政比起后来的岁月要有效，历史环境也比较有利。只要这些机构协助让各阶层人民普遍地服从清朝的统治，它们对皇家的统治就非常有用了。然而，不能因此就认为，乡村统治体系（即使在其最适于发挥作用期间）运行得像清朝统治者多次强调的那样卓有成效。事实上，它并没有使乡下居民对非法行为或"异端邪说"免疫。在清朝统治的各个时期，民变或"匪"此起彼伏；跟税收相关的逃税、欺骗敲诈，一直在烦扰清政府；地方粮仓、乡村学堂和乡约宣讲制度，从未在全国范围内某一时间点真正发挥作用，也没有在任何特定地方维持一段相当长的时间。前文叙述的所有事实，不可争辩地表明，清朝的基层统治体系并不完全有效。

　　这一乡村统治体系的部分功效也并不是一直都存在。当 19 世纪帝国的行政开始腐败，环境变得更坏之时，虽然并不完整但还算一度占主导地位的社会稳定安宁快速破碎，清朝的威望迅速下降，地方民变越来越频繁，规模越来越大；其中一些还发展成为全国性的反叛，严重威胁了清朝的统治。因此，我们不得不认为，到 19 世纪中叶，乡村统治体系的实际作用已经丧失殆尽。无论它在此之前为清朝的统治提供了什么样的服务，可以说到此时已经没有什么利用价值了。面对贫穷和动荡的上升浪潮，无论什么乡村治安体系、思想控制体系、灾荒救济体系，还是其他控制工具，都无能为力。自"同治中兴"以来，清政府恢复旧的乡村统治体系的做法只是虚应故事，因而收效甚微。

　　限制乡村控制功效的，似乎正是让它成为必要的相同环境。众多人口分布在广阔的土地上，交通又极其落后；绝大多数乡人贫穷、无知；居民主要划分为两个阶层，一个阶层是为统治者服务的，当官做宰，另一个阶层不过是被统治的庶民；被统治的汉人对异族统治者心存怀疑——所有这些社会环境使得统治乡村成为清朝历代皇帝们特别重要的任务。他们所设计的乡村统治体系，既要利用地方居民的贡献来帮助推行，又要防止出现地方自治，因而采取了最严密的官方监督。换句话说，他们所采行的乡村统治体系，适应了社会环境的逻辑需要，或许比其他任何可能设计出来的体系，更能满足统治者的要求。

两大因素限制了清朝乡村统治体系的运行效率。其一，清政府不得不依靠地方居民的帮助来运行控制机制，但是由于这些居民顽固的态度和政府自己的基本目的（颇有讽刺意味），这个机制不可能真正提供有用的帮助。乡村控制基于大众的被动和市民的漠然而设计出来，它的主要目的就在于长久地维持这种心态，这样，它就可以稳固地维持对地域辽阔的乡村地区的统治。控制体系的运作，部分是基于心理学意义上的恐惧和猜疑；另一方面是基于一种假设，即认为确保庶民顺从的一个方法，就是让被统治者依靠政府解决物质生活问题或取得社会利益。清政府没有努力培养乡人的能力和志愿，来为其左邻右舍和天下国家提供积极而实际的服务。的确，人们有充分理由认为清朝皇帝根本不想以地方居民的积极参与为代价，来让乡村统治体系完全有效地运作起来，他们唯恐地方自治蜕变为有害于中央集权专制的危险因素。看来，是拥有一套不太有效的乡村控制体系，还是要冒着地方自治的风险，皇帝们做出了历史的抉择。从长远来看，这很难说是一个幸运的选择。这样一来，乡村控制只能不幸地主要依靠被控者的消极顺从。这样维持的政治稳定只是因为偶然没有爆发动乱，而不是建立在积极服从的稳固基础上。当社会危机和动荡爆发，清朝的威望和权力受到严重损害时，乡人那习惯上的胆怯立刻就被绝望所取代，即使盘根错节的乡村控制体系仍然存在，清朝那并不稳固、并不完美的社会安宁也会立刻遭到严重破坏。

第二个大因素更直接地限制了清朝乡村统治体系的效用。统治者并不相信可以依靠乡人来推行各种各样的统治措施，基于这种情势的推理，统治者不得不依靠地方官来注意它，确保这些体系是以合适而安全的方式在运作。因此，州县官员有效而认真的监督，成为清朝成功推行乡村统治体系必不可少的条件。但是依照清政府的理论与实际，几乎不可能培养出这种州县官员。从清朝初年开始，统治者的兴趣更多地放在培养顺从、奉承的官员，而不是充满行政能力的官员上。真正的权力很少授权给任何官员；清朝也未打算培养官员们在正常时期作出明智决策的能力，或面对危机的实用智慧。清朝皇帝所采取控制官员的措施，目标几乎都是要让他们变得无害；这正如每一种乡村控制的手段，都是以使农民温和、没有危害一样。这样，科举考试与学校制度，鼓励的是推敲八股文技巧（只要它运行良好），而不是训练有行政才能的人。全面的监察制度杜绝了公然的抗命，但同时也与熟练、充满精力的官僚政治无缘。清朝给予官员们的俸银并不多，因而准许他们自己想办法贴补；这种做法实际上迫使他们走向贪污、腐败。这样造成的情势对政权的稳定是很难有利的——一个庞大、经常吃不饱的乡村人口，处在薪水太少、能力堪忧的地方官的控制下，中间还夹着一群特权膨胀的乡绅，他们的利益和动机经常与前二者背道而驰。由于得不到乡村居民的积极支持，本来已经效用降低的乡村控制，又因为地方官无法有效监督其运作而进一步遭到损害。

　　清朝官员的素质并不都是或一直都是很差的。广义地说来，清朝早期的州县官员比后来的要认真一些。一位中国学者根据个人经历指出，在18世纪前几十年里，任职的州县官员通常注意做好自己的工作；但是在随后二三十年里，情况大变，大多数州县官员经常谈论的是其官位能给他个人带来多少银子。[375]和珅贪污腐败的影响，进一步导致18世纪末地方统治体系变质。[376]在19世纪，情况未得到改变。事实上，整个清朝统治体系表现出来的歪风邪气根深蒂固，数不胜数；在充满风暴的19世纪中叶以后，更是如此。根据一位在北京任职达40年之久的高级官员的记述，在19世纪最后几十年，

[375]　洪亮吉（1746—1809）的一篇评论地方官员的文章《守令篇》。引见戴肇辰《学仕录》，11/20a-b。

[376]　Knight Biggerstaff 概括说："和珅将其所有亲信都安排到官位上。他还威胁其他朝廷官员说，如果他们不满足其所求，就撤他们的职，致使大多数官员变成腐败分子。……乾隆最后几年，朝政腐败日甚一日。嘉庆初年政事尤其败坏，仁宗皇帝不能插手朝政，权力完全操在……和珅之手。……乾隆时期已达到顶峰的清王朝此后缓慢地但却是无可挽回地衰落下去——毫无疑问，分界线就始自和珅掌权。"引见 Hummel, *Eminent Chinese*, I, pp. 289-290.〔编者按：译文参考中国人民大学清史所《清代名人传略》翻译组译《清代名人传略》（中），第348—352页，"和珅"条，张广学译。〕还请参见稻叶岩吉《清朝全史》，第3卷，第27—28页。

事态确实糟透了：各部院官员常常不到署办公；有时，根本看不到任何一个人在处理公务。[377] 在 1870 年代，户部用来保存新铸钱币的仓库因失修而倒塌。铸币厂周围的围墙残缺。[378] 在对钱仓进行清理时发现，户部铸造的铜钱，大量被腐败官员盗走了；不知什么原因，清朝当局对这些腐败官员并没有依法处理。[379] 在 1876 年（光绪二年）初举行的一场京试中，负责出试题的官员在试题单上把日期写为"同治"（已故皇帝年号），而不是写"光绪"（在位皇帝年号）。这个不可宽恕的错误，发现得太迟了，来不及改正，只好把印错的年号从试卷纸上裁掉后，再将试题分发给考生。[380] 关于其他方面

------

[377]　翁同龢《翁文恭公日记》，17/64a，光绪四年（1878 年）十月十四日："是日，谕旨切责部院诸臣不能常川到署办事。"同书 22/9a，光绪九年（1883 年）元月十八日："入署，曹司阒寂，档房竟无一人。"22/25b，光绪九年三月初二〔译者按：应为初一日〕记载说："到署，无人。"李慈铭在其《越缦堂日记·桃花圣解庵日记》，丙集，14a，同治九年（1870 年）十二月二十九日引述了京报刊登的一道上谕："上谕御史许延桂奏请饬各部堂官常川进署……嗣后各部院堂官务须逐日到署。"同书壬集第二集，85a-b，光绪四年十月十四日中，引述了前面翁同龢提到的上谕："各部院堂官……或数日进署一次，或到署仅止片刻，虚应故事，漫不经心。遇有应办稿件，辄令司员奔走私宅，或在朝房呈画。"

[378]　翁同龢《翁文恭公日记》，15/11b，光绪二年（1876 年）二月七日，翁同龢被任命为户部侍郎。几个月之后他说道："入署，画稿而已，公事皆不动也。"（15/58b，光绪二年六月四日）

[379]　翁同龢《翁文恭公日记》，19/87b，光绪六年（1880 年）十一月二十五日。同书在 22/117a，光绪九年（1883 年）十一月十九日暗示了高级官员的腐败："邓承修……劾协办大学士文煜存阜康银七十余万。"几天后，翁同龢又写道："文煜回奏存银三十六万属实，因罚捐十万，以充公用。"见同书，22/119a。同书 29/65a-72a（光绪十六年八月十四日到九月五日）中说，存放在禄米仓（坐落在清帝国首都里的一座粮仓）里的粮食绝大部分被盗走。有关这一事例的其余记述，参见 30/12a-21a。翁同龢在其早期任官生涯中，亲自经历过一些小京官的腐败情况，同书在 10/86b，同治九年（1870 年）十月十九日说："今年初领三品俸（十三石九斗，内江米四斗），托桂莲舫之弟中仓监督照应。……每石小费五钱始得领到。米系黄色……尚便宜也。"后来，翁同龢在成为年轻皇帝的老师，并取得慈禧太后信任时，他仍然发现友谊对获取个人俸粮有说不尽的影响和帮助，不过已不再被索取"小费"了。参见同书 18/84a，光绪五年十一月十三日。李棠阶（1789—1865）《李文清公日记》（1915 年印），卷二，道光甲午年（1834 年）十一月六日："须托人领米方得食，又有许多零费。官事无处不须钱，噫，弊也久矣。"当时李在国子监任职，没有什么明显影响。即使是官府财产，也不能保证不被盗走。关于这一点，可以从李慈铭手录邸报上一系列上谕中看出。《越缦堂日记·桃花圣解庵日记》，乙集，67b 和 79a 中记载：同治九年（1870 年）九月二十九日发布的一道上谕称，内务府库银遭偷窃好几次；闰十月十五日发布的另一道上谕称，存放在清帝国首都军火库里的火炮及弹药被盗走。李慈铭还在同书庚集，47b，同治十年二月二十七日引述了一道上谕，提到一块官印被盗；庚集第二集，21a，光绪三年八月十七日，引述的上谕提到了内阁仓库被盗。

[380]　翁同龢《翁文恭公日记》，15/14a-b，光绪二年二月十四日和十五日。

的玩忽职守、无能或赤裸裸的腐败事例，很容易找出来。[381]有人会问，既然在清朝行政体系中地位最高的官员处理公务都是这样漫不经心、不负责任，那么怎么能期望一般州县官员认真而有效地履行其规定职责呢？[382]怎么又能期望他们有效监督乡村统治体系的运作呢？何况这种监督只不过属于清朝加给他们的众多职责之一。

这样，地方官员令人失望的素质（其部分原因在于帝国的控制），显然是限制清朝乡村统治体系有效运作的又一因素。很有可能，在上述腐败情况流行之下，即使是优秀的地方行政官员（如果说有这样的官员），也不能完全解决乡村控制问题。可以肯定，如果不建立一套适当而有效的地方行政体系，无论在什么情况下，乡村控制也不可能完全有效。

在前几章中，我们尝试讨论了清代乡村统治体系的理论与实际，以及评估它对清政府的用处。在随后章节中，笔者要追踪对乡村居民及其生活方式的控制的效果，并描述他们对控制的反应。希望这样的讨论能更全面地展示乡村控制对帝国整体的影响，更准确地评价这种控制作为帝国专制政体下维持政治稳定的工具所发挥的作用。

---

[381]　12年后，翁同龢在《翁文恭公日记》27/6a-b中（光绪十四年八月十一日）记录了另一事件："方就枕，外帘传鼓，云题纸欠四百余张。余起与监临语，甚斥其非。盖外帘委员随意藏匿，向来如此。"李慈铭《越缦堂日记·桃花圣解庵日记》己集第二集，60a-b，引述了1877年（光绪三年五月十一日）发布的一道上谕，说当年在朝廷参加殿试的考生嘈杂地议论试题。李评论说："故事，殿试题纸下时，士子先行三跪九叩首，礼毕，皆跪，大臣监之，司官以次授题，讫，始起。今年题纸甫到，人争攫取，多裂去首二道，碎纸狼藉遍地。有不得题者百十人，复争持主者索再给，主者不得已，乃别以一纸榜帖殿柱，使观之。……其不能成文者数十人，皆知识为之代作。公然挟书执笔……监试王大臣临视嬉笑，恬不为怪。盖法纪荡然，廉耻丧尽。"翁同龢《翁文恭公日记》，27/70b，光绪十四年（1888年）九月二十八日，记述了这么一个稀奇的大错："（皇帝）大婚前期祭告，本传前一日，仍误列前二日。此次早经答示，仍复不遵。"

[382]　例见翁同龢《翁文恭公日记》，16/50a-b，光绪三年（1877年）七月七日。翁同龢重述了他和一位地方官之间的谈话，该地方官描述了令人难过的河南省公务处理情况："大率亏空多，全熟之年报荒必居三分之一，征多报少……而讳盗尤甚。"

第三部分 | 控制的效果

第七章　乡村控制的效果

作为社区的乡村

在弄清清王朝对居住在中华帝国乡下亿万村民进行统治的结果之前，我们必须先了解一下乡村生活方式。这项前期工作与研究主体本身一样艰巨。一位充分了解乡村组织重要性的中国现代著名历史学家，决定搁置对这一主题的写作，因为他手中没有足够的资料可以利用。[1]虽然笔者所能收集的资料远远不够，但还是可以尝试探讨一下，作出一些暂时性的结论。

第七章和第八章将描绘清王朝一些地区乡村生活方式的轮廓，在那些地区，居民们多少发展出颇为完善的组织，并参加各种各样的共同活动；并尽可能地探讨清王朝对他们的组织与活动控制的效果。我们的注意力主要集中于两大乡村组织，即村庄和宗族。第九章和第十章将谈论村民一般的行为方式，而不论及组织或组织活动；并说明清王朝的乡村控制措施对这些村民产生了什么影响。

在深入谈论乡村的组织结构、功能及其一些主要活动之前，先对村庄的一般性质试作解释是有帮助的。不同的作者提供了两种相互冲突的观点。其中一种观点认为，帝国时期的中国乡村具有"自治""民主"的性质，或者如一些作者所说的，它是"自主的"共同体。一位19世纪的西方学者认为，

---

[1]　萧一山《清代通史》，1923年版，第一册，第563页。萧一山在随后出版的篇幅要小些的《清代史》（1945年；上海1947年第三版）中设法解决了这一缺陷。

中国乡村组织的特点是"小型共同体的自治",因为"乡村之管理权掌握在村民自己手中"。[2] 一位研究政治组织的印度现代学者,相信中国乡村是一种"地方自治的民主",因为相当多的工作,如教育、卫生、地方保护及其他有关地方利益之事务,都由村民自己做主。[3] 某些中国现代学者也认为:

> 村社享有完全的工贸、宗教及其他诸如所在地区管理、调节和保护等方面之自由。任何涉及公共福利的服务,都不是通过清廷颁布命令,或任何种类的官府干预,而是由村社的自愿性组织举行的。警察、教育、公共卫生、修理公共道路和水渠、照明以及其他数不清的事务,都是由村民自己负责的。[4]

其他学者并不特别地强调村庄的"自治"特色,不过也提到村社组织的自发性质。[5] 马士特别认为由于村民脑海中并无政府干预的意识,因而中国乡村大众实质上是"自由的"。他在讨论一位知县时写道:

> 在这"父母官"统治之下,被统治者会被认为是一群处境悲惨的奴

---

[2]　Arthur H. Smith, *Village Life* (1899), p.226; 同样参见 p.228. Harold E. Gorst, *China* (1899), pp.82 and 85, 认为:"的确没有哪一个国家的行政职权像中国这样分散。……村民习惯于管理自己的事务,拥有某种程度上的地方自治权;这种自治权在其他地方找不到。……这种自治权使村民享有很大的权力……地方事务完全由村社或地方'议会'来处理,官府最信赖的人是村民投票选出来的市长。"他还在同书第 141 页中说:"市长……是由一般村民选出的。"E.T. Williams, *China, Yesterday and Today* (1923), pp.118-136 中引述 Maine, *Village-Communities in the East and West*:"按照古老之惯例,法律并不是上级对下级所下达的命令,而是村中长者的意志,即长者所说就是法律。"他还认为,村民"选举"出来的牌、甲和保等组织的头人"代表"了村民们的利益,因此,村社的性质是"共和的"。

[3]　Radhakamal Mukerjee, *Democracies of the East* (1923), pp.181-182.

[4]　Leong (梁宇皋) 和 Tao (陶履恭), *Village and Town Life* (1915), pp.5-6.

[5]　萧一山《清代通史》,第 100 页:"政府对于城乡自治的事业,虽有干涉之权,却少干涉之实。"Paul M. A. Linebarger, *Government in Republican China* (1938), pp.138-139:"政府上层建筑在形式上把中国人的世界禁锢在一起,但并未给它带来活力。虽然宗族、乡村和'会'是皇家注意的目标,但是皇帝并不能通过取消对它们的承认来消灭它们。宗族、乡村和'会'不具有那种仅靠一道圣旨就能取消的不稳固的法律人格。"Charles Denby, *China and Her People* (1905), II, pp.6-7:"虽然中国同俄国一样都属于封建专制,但是其政府制度中注入了许多民主之原则。皇帝虽然是一个专制君主,但也是一个家长式之君主。每个乡村虽然由头领统治,但其统治是父母般的。这种统治仁慈温和,法庭那种花钱又费力的俗套就可以免了。"

隶。这不符合事实。……中国人本质上是遵守法律的，至少在乡村地区，只有在反叛和土匪等常见的"休闲活动"下会触犯少数罪行。因灾害如水灾和旱灾等原因而发生饥荒时，村民就可能进行阶段性的反抗，或当土匪。除了上面所说的以及税吏定期催征之外，是否有十分之一之村民（肯定不到五分之一）感觉到官府真的存在，都很成问题。其余80% 或更多的村民过着习惯上的日常生活，自己解释并执行关于土地的习惯法。各乡村就是这种习惯法政府的单位。村中长者因上了年纪而行使权力（没有得到官府授权），解释年轻时候从父辈那里承习而来的习惯。[6]

同上述学者之观点相比，其他学者（无论是中国学者还是西方学者）的观点并没有这么乐观。步济时（J. S. Burgess）就在其著名的中国行会研究中写道：

认为中国乡村是民主的陈述有些太过头。事实上，它就是一个小型的寡头政体，由几个地位较为重要的宗族族长牢牢控制。在这些族长之间，有大幅度的合作与咨商，但是村民们在整体上实际无权对村中事务发表意见。在同官府打交道时，由村长代表全村。[7]

最近对中国问题进行调查研究的学者杨懋春（Martin C. Yang），大致上赞同这个观点：

许多人都相信中国是一个民主国家，但它的民主是一种消极的民主。的确，村民在交税、完成其他偶然的劳役之后，几乎完全独立于政府行政体系之外，可以说达到了自治的程度。但仔细观察村庄的公共生

[6]　Hosea B. Morse, *Trade and Administration* (1913), p.59. 还请参见同书第 32—34 页："中国政府是一种架构在民主之上的专制政体"，"美国政府是一种稳固地建立在市民会议上之政体。……这……适用于今天之乡村社会，也适用于经历数世纪沿袭下来的，在细节上已作必要修正的当今中国乡村社会。"

[7]　John S. Burgess, *The Guilds of Peking* (1928), p.27.

活，就可发现它并不是民主。当地事务总是由乡绅、族长和官方领导控制。单个村民或家庭从未在倡议、讨论或制定计划方面发挥过积极的作用。总的来说，人民在公共事务方面一直是愚昧、驯顺和胆怯的。[8]

研究中国政府的学者钱端升最近写道：

> 不能认为旧中国存在地方自治，一种享有不受高级中央政府所派代理人干涉的权威的地方自治组织。第一，积极参与地方事务之乡绅，既不是经由选举，也不是透过正式指派而取得影响力，而是由中央政府的代理人认可（或许还是非正式的）来对地方事务负责；第二，无论做什么，乡绅都必须遵循在他们之上的官吏的意志，犹如低级官吏必须服从高一级地方官吏或中央政府官吏的意志一样。他们并没有自己的辖区，受到成文法或习惯法的保护。[9]

这是关于中国乡村（作为一种有组织的地方单位）本质的两种观点。第一种观点把乡村视为自治的或民主的组织单位，因为：（1）它实际上没有受到政府的干预；（2）村子公共事务由村民自己决定；（3）村长之类的乡村领袖，其行为并未得到官府直接授权。第二种观点则认为，中国乡村并不具备民主性自治之特征，因为：（1）它受到官府潜在的或实际的干涉；（2）其事务受到"寡头的"或"贵族的"阶层的左右，亦即受到乡绅的左右，而非村民；（3）其领袖必须得到官府之认可，处事必须遵从官府意志。笔者倾向于认为第二种观点更接近于中国乡村生活的实际情况。当然，这并不表示我们必须接受这个观点的所有细节。

官府不干涉哪些事务，村庄就享有那方面的自主权。不过，乡村之所以享有自主权，并不是因为清政府赋予它类似自治权之类的东西，而是因为清

---

[8] Martin C. Yang, *A Chinese Village* (1945), p.241.〔编者按：译文参考张雄等译《一个中国村庄——山东台头》。〕

[9] Ch'ien Tuan-sheng（钱端升），*Government and Politics*（《中国的政府与政治》），1950 年英文版，p.45。

王朝当局无力完全控制或监督乡村活动。换句话说，这样的"自主权"是清政府不能完全中央集权化的结果；当政府认为有必要或想要对乡村生活进行干涉时，它从来没犹豫过。

即使在没有官府干涉的部分，乡村作为有组织的共同体，也不是由所有村民自治的民主政体。村中大小事务几乎毫无例外是由乡绅指导或提议的，而乡绅的利益常常同非乡绅成员的利益发生分歧。

在宗族组织强大的地区，乡村常常是由宗族控制的。虽然宗族成员包括农人和其他非乡绅成员，但宗族的领导权通常掌握在乡绅手中。普通村民即使属于宗族成员，也并不能参与决定村中事务或宗族事务。

村民由于长时期地受到专制统治，而且大多数目不识丁，因而表现出一种极端被动心态。他们通常急于避开个人麻烦，而不愿去促进公共福利。此外，他们对经济繁荣没什么概念。大多数村民过着衣不遮体、食不果腹的生活，因而既无财力也无精力关心公共事务。或许乡村里存在着一种有限的共同活动，各个村民都参加了，但是这些活动不过是偶然出现的，而且范围有限，并不构成任何真正意义上的"自治"。

比起环境并不怎么好的乡村来说，在较大、较繁荣的乡村里，更容易出现较好的组织，以及更多的社区活动。这些组织和活动在乡村里通常发挥着稳定社会的作用，因而政府能够容忍甚至加以鼓励。但是，在清帝国的经济和政治均势受到严重破坏之时，村民——乡绅和普通百姓——的言行举止也随之发生变化。乡绅会利用乡村组织来保护地方利益，甚至达到向清政府权威挑战的程度；普通百姓或许因生活绝望而当土匪，或参加民变。表面很平静的乡村，背后潜伏着反叛者。在社会动荡时期，乡村组织就会改变其本来面目，进一步促进社会动荡。从帝国控制的立场来看，乡村组织就是一个变数。

在概括乡村的一般性质后，现在就可以探讨乡村组织和活动的实质。关于前者，最便利的就是从描述乡村领导特点及其表现风格入手。

村庄领导

村庄领袖的种类

虽然许多研究者都注意到中国乡村存在着村庄领袖，[10] 但是很少有人注意区别两种类型的村庄领袖，即通过正式程序任命的和未经过这种程序而在村民中涌现出来的村庄领袖。现代学者杨懋春指出了这一重要区别：

> 村庄领袖可以分为官方和非官方两种。官方领袖是由村民选出，或由当地政府或县政府任命。他们的职责明确，履行时必须根据规定，不能任意行事。在旧制下，不管村子大小，都有四名官方领袖："社长""庄长""乡约"和"地方"。……村庄中有一些人，虽然并无正式职位，但在某种意义上属于领导者。他们对公共事务或乡村生活的影响可能比官方领袖大得多，虽然比较隐蔽。实际上，他们是受人尊敬的非官方领袖。其中最著名的是村中长老（他们总体上为村子履行特殊职责）和学校教师。可以这么说，这些人是村庄的绅士。……非官方领袖并不通过选择和任命产生。他们通常与官方领袖迥然不同。他们之所以成为乡村领袖，主要是因为受人景仰和尊敬，或在乡村社会生活中拥有重要的地位。[11]

杨懋春所指出的区别有根有据，可以作为清楚讨论村庄领袖的基础。当然我们没有必要采用他的术语，对他所说的细节照单全收。

---

　　[10]　George Smith, *China* (1847), p.23。亦见 Huc, *Chinese Empire* (1855), I, p.88, Huc 作了相当混乱的阐述："村庄……有市长作为自己的头领，名叫'乡约'。他是由普通村民自己选出来的。……选举时间各地不同。他们负有警察之责，并在超出他们能力之外的事务上作为官员和村民的中介。"C. Martin Wilbur, *Village Government in China*, p.40, 未能对两种类型之村庄领导人作出明确的区别。

　　[11]　Yang（杨懋春），*A Chinese Village*, pp.173, 181-182, 185. Fei Hsiao-t'ung（费孝通），*China's Gentry* (1953), pp.83-84 指出，在云南省一些地区，1947 年到 1948 年间发现存在着两种类型的村庄领导人：其一当地称为"公家"，亦即邻里中"受过良好教育和富裕人家的家长"；其二是"乡约"（云南话发音为 shang-yao），亦即轮流负责在官府和村民之间进行联系之人。这两种人可以约略对应到 Martin C. Yang 提到的"非官方"和"官方"领导人。

我们的讨论从他所说的通过正式程序而产生的"官方领袖"开始。在他观察研究的地方（山东胶县的一个村庄），那些官方领袖包括"社长""庄长""乡约"和"地方"，他们分别承担"村社头人""村长""收税员"和"警察"的职责。[12] 很明显，后两项是乡约宣讲体系和保甲体系残存的反映。

早在现代时期到来之前，类似的"乡村领袖"也存在于帝制中国的其他地方。根据 17 世纪担任知县的黄六鸿的记述，在他任职的州县，有各种各样的乡村头领，其中包括"乡约""地方""镇长""集长"（市场头领）"村长"和"庄头"。所有这些乡村头人，都由有关乡镇、集市或村子的居民推荐，由地方官任命，"与保正之责相表里，俾之协举共事"。[13] 在镇长和集长之外，上述两位学者（即杨懋春和黄六鸿）提到的乡村领袖完全一样。黄六鸿虽然没有明讲，但清楚地指出了保甲头人和这些乡村代理人之间的不同，[14] 虽然后者同样是"正式的"，也就是说，他们的任命是由地方政府批准的，在其所在乡村扮演政府代理人的角色。除了这些乡村领袖之外，黄六鸿还指出了不能与"保正"混为一谈的"乡长"（保正是保甲头人，与乡长掌管相同的地区）。黄六鸿记述说："乡别有长，所以管摄钱谷诸事。……盖乡长取乎年高有德而素行服人者充之。"[15] 这里的"乡长"约略等于上述山东的社长。

19 世纪的一个事例可资比较。根据 1847 年初直隶定州知州颁布的一系列规定，每村的"公共事务"由"里正""乡长""地方"和"催头"负责推行。这些头人都由村民自己提名，经过知州审查之后，加以指派。"里正总办村中之事"，"乡长"和"地方"负责查探并上报不法行为、犯罪活动与犯罪分子，并同"催头"一起负责征收地税和劳役。[16] 这一套组织体系所用术

[12] Martin Yang, *A Chinese Village*, p.173。张之洞在 1883 年的一篇上奏中指出，在山西乡村里也发现社长存在。参见张寿镛《皇朝掌故汇编·内编》，53/14b。

[13] 黄六鸿《福惠全书》，21/5a6-b 和 22/1a。虽然黄六鸿也指出即使在人口不到 100 人的小村，庄头也是选出来的，但是并不清楚这个规定是如何运作的。

[14] 黄六鸿《福惠全书》，21/18b-21a。

[15] 黄六鸿《福惠全书》，21/4a。

[16] 《定州志》（1850），7/54b-57a。有关 1846 年 8 月颁布的措施，参见同书 7/52a-54a。

语不尽相同，然而与上述两个事例并无多大区别。

明恩溥在 19 世纪最后几年的记述，指出村庄领袖以如下方式为地方政府服务：

> 在有关官府的事务中，最主要的是土地管理和粮税征收。……地方官不断要求乡村头人为政府提供运输、招待办公差的官员、筹备修筑河堤的物资、组织整治河堤的工程、巡查官道……及许多类似之劳役。[17]

然而，村庄领袖并不是只为官府效劳。严格说来，他们负责的事务常常是村社性质的。在一些情况下，他们在其所在村社和地方衙门之间起着行政中介的作用。杨懋春对山东一座乡村所谓"官方领袖"的描述，虽然是以最近的考察为基础，但是也非常清楚地反映了一个世纪前的情况：

> 官方领袖最重要的职责是代表村民与当地政府和县政府打交道。政府的命令下达后，县当局就把该县所有"庄长"召集到市镇上去，向他们布置任务。各庄长回到村子后，首先找村中拥有重要地位的"非官方领袖"，讨论执行命令的方法。……
>
> 有时，庄长代表村民就某事向官府提出请求或解释——发生饥荒时，请求官府豁免土地税；遭受土匪威胁时，请求官府加以保护。就邻近村庄而言，庄长代表各自村庄讨论决定村落联防或由这些村庄组成的整个市镇地区共同防御计划；与一两个邻近村庄讨论联合举行戏剧演出或祭祀游行；与邻村发生争执时，代表村民出面。在农闲季节，庄长及其助手积极出面邀请戏班来村连续演出三天；发生旱灾时，他们出面举行宗教求雨活动。在很有必要采取共同行动时，他们也是要负责组织的人，比如对付蝗虫，或解决因冰雹、洪灾和暴风雨造成的的粮食危机。……
>
> 当两家或两族发生争执时，官方领袖尤其庄长是调解人。官方领袖还负责村庄的保卫工作，组织夜间巡逻以防小偷和火灾，组织庄稼看护

---

[17] Arthur Smith, *Village Life* (1899), p.228.

以防动物或小偷破坏，监管村民以防赌博、吸鸦片和卖淫泛滥。[18]

　　看来很清楚，在 19 世纪及其之前，中国乡村存在着各种各样的村庄领袖，他们经过正式程序，由地方提名，有的得到官府任命，有的没有。其中一些村庄领袖是已经崩溃了的保甲、里甲或乡约体系的残留，或与它们有关，因而他们的职责同这些体系的人员实际上是相同的。由于这一原因，也由于这些村庄领袖是地方官在其乡邻推荐基础上任命的，他们实际上就是政府在县以下基层行政组织的代理人，主要是为清王朝统治乡村而服务的。至于另一些村庄领袖虽然同清王朝任何乡村统治体系没有什么特别联系，其成为村庄领袖或许也未经过官府批准，但是，他们有些时候也是以类似头人的方式为地方政府服务的。从这个角度来看，他们也可以被视为基层行政代理人，而不只是村庄领袖。这两种类型的村庄领袖，或者是同时，或者在不同场合，作为其所在乡村的领导人，处理乡村公共事务；或作为其所在村庄的"代表"，与官府打交道，和其他村庄进行联系。以这些资格，他们就具有村庄领袖的特色。但无论以什么资格出现，这两种类型的村庄领袖都同村中那种头面知名人物有区别；后者的领导地位，是村民在日常生活中非正式承认的。

　　接下来就准备讨论那些未经官府任命，但其地位被村民普遍承认的村庄领袖。很清楚，官方领袖虽然在一般层面上是村中活动的领袖，但在更大层面上是清政府县以下基层行政代理人，是为官府服务的，因此很难被视为实质的村庄领袖。而非官方领袖或"业余"领袖，其威望和影响并非来自官

---

[18]　Martin Yang, *A Chinese Village*, pp.179-180. L. Donnat, *Paysans en communauté* (1861), pp.137-138，描述了浙江宁波某乡村庄长情况。他说："宁波府一乡村之头子叫庄长（镇长），他是村民选出来的。庄长也是村中的族长。村中年龄最大、辈分最高的，就担任族长，而且是终身的。庄长因上了年纪而不能继续担任后，就要指定或委派继任者，村民们就选择在春季里，聚集在村中宝塔前开会商讨。此前，要张贴通知，说明什么时候开会。虽然不用投票，但至少要对着祖宗牌位表示愿意选谁当庄长。庄长之职能有时很繁重，而且无报酬。……庄长虽然同知县保持良好的关系，但同保长相比，在村民眼中仍然不是官府的代理人。他保管族谱、户籍记录册。他也是村中最富有的人，捐献许多财产作为村中公共资金。村中最初的公共资金是由村民捐献的；后续的补充，来自于去世而又无子女之富户留下的财产。祭祀祖宗费和节日花费，就来自于公共资金。春季和秋季举行重大节日庆典时，全村男女老少在庄长之指导下，依次排列。"很明显，该乡村占支配地位的是宗族。

府，而是其乡邻给予的。了解哪些人可以成为这种领袖，了解他们在村庄生活中扮演什么角色，是很有趣的。

杨懋春对山东省非官方领袖之描述，很能说明问题：

> 每个村庄有些人虽然并不担任公职，但从某种意义上来说也是领袖。……其中最著名的是村中长老、为全村履行特殊职责的人和学校教师。……非官方领袖，并不是通过选举或任命产生的，通常与官方领袖迥然不同。……非官方领袖虽然处在幕后，但起着非常重要的作用。如果没有他们的建议与支持，庄长（官方领袖）及其助手就不可能完成任何任务。乡绅也是主要宗族或家族的首领。如果他们反对某项计划，或甚至只是持消极态度，基层行政就会陷入僵局。一般说来，非官方领袖并不同政府当局直接打交道。有时，区长或县政府邀请他们参与会议，就某一问题听取他们的意见；他们的意见常常影响到政府的决策。[19]

步济时的简短叙述也很有用："乡村公共事务中的内部事项，诸如小的法律争端、聘请村塾教师等，都掌握在村中长老手中。他们是村中上了年纪的宗族领袖，充当庄长的顾问。"[20]

葛学溥（Daniel H. Kulp）认为，民国时期，华南有三种类型的非官方领袖，即"长者"[21]"学者""天生的领袖"。关于第一种类型，他写道：

> 他们虽然不是村中年龄最大的，但其地位却是最高的。他们来自于人数多、势力发展快、经济实力雄厚的宗族。……这些头发灰白的长者，其威望和影响是自然产生的，很容易在村中占据领导和支配的地位。

第二种类型的领袖，"其地位的获得是靠其天生的能力和后天的成就。

---

[19]　Martin Yang, *A Chinese Village*, pp.181-184.

[20]　Burgess, *The Guilds of Peking*, p.27.

[21]　"长者"和"耆老"两词，意义并不相同。概要解释参见附录三。

由于学术成就和在国家政府等级体系中的仕途成就是紧密相关的社会价值，因而他们向来是受到尊敬的"。

第三种类型"天生的领袖"，是指"那些纯粹依靠个人品德和聪明才智而赢得个人地位的人。……（不过）他们作为乡村领导人的地位，得到了正式承认"。[22]

明恩溥的研究并不十分精确，但是也指出了 19 世纪的实际情况："在挑选方法非常宽松的地区……乡村头人并不会被正式地选出或罢免。他们是通过一种自然选择而'降落'到（或者爬上）他们的位置的。"[23]

一般说来，非官方领袖比起或多或少要依靠政府支持的"官方领袖"来说，得到乡邻更多的信任，也受到地方官更礼貌的对待。从某种意义上来说，他们是其所在村子自己的领袖，对公共事务的影响，比经过正式程序产生的领袖要大得多。杨懋春对现代中国的研究，也反映了 19 世纪的大致情况：

> 非官方领袖同官方领袖分享一些功能。……在调解家庭或宗族之间的冲突时，前者扮演的角色比庄长要重要；他们更受到尊敬，因而更有影响力。……前者和后者之间的关系，毫无疑问是上下级 (supraordinate-subordinate) 关系。过去情况如此，目前大部分仍然如此。在公共事务中，官方领袖做实际工作，而非官方领袖则指导他们。一般说来，官方领袖是绅士和族长的工作人员，甚至只是他们的通信员。乡长（官方领袖）及其助手接到政府的命令后，在未与有影响的非官方领袖商量之前，是不能作出任何决定的；而且在这种会商中，官方领袖通常被要求完全不说话。……习惯上，县长或其秘书对乡绅、村塾教师和大宗族族长这些非官方领袖很尊敬，而对官方领袖却摆出上司架子。[24]

非官方领袖的支配性影响，是来自他们的社会地位和个人威望，而非任何形式的政府任命。他们不是其乡邻选出的，正如他们也不是政府官员委任

---

[22]　Daniel H. Kulp, *Country Life*, I, pp.110-114.

[23]　Arthur Smith, *Village Life*, p.227.

[24]　Martin Yang, *A Chinese Village*, p.185.

的一样。非官方领袖常常出自乡绅，而官方领袖却来自于社会背景较低的阶层。[25] 由于大多数村民实际上并无选举或罢免这两种领袖的权力，只有在一个非常宽泛的意义上，中国村庄才能说是民主的。

官方领袖履行职责是有金钱报酬的（无论是假定的还是真正的），或被容许可以"压榨"村民；如果这种敲诈勒索并不怎么明显，受害人也不太多，那么有关各方是会默许的。卫三畏在 1880 年代所写的著作中观察到，广州附近乡村的一位头人，"其报酬是其乡邻付给的"。黄埔村（Whampoa）村民共有 8,000 人，付给"长者"300 美元报酬。[26] 杨懋春描述了现代山东一座村庄的做法：

> 庄长及其主要助手从他们的服务中获得的报偿是钱财、招待或礼物。以前，庄长及其他乡村领袖没有报酬。开支由公共资金支出，公职人员收取佣金，代替固定薪水。例如，如果实际开支是 10 元，那么他们就收 12 元，差额归自己所有。只要金额不大，村民就不会有异议。[27]

这样的做法实际上降低了官方领袖在村民眼中的威望。来自乡绅阶层的非官方领袖，则会避免直接索取报酬，尤其是数目非常少时；面对相对丰厚的奖品，这些受人尊敬的非官方领袖，也尽量使自己不被引诱卷入贪污事件。明恩溥记录了一位士子头人骗取钱财的例子。在 19 世纪晚期的某一年，山东中部黄河发生决口，附近县区必须提供一定额的小米秆，用来整修河岸。购买这些小米秆的资金，来自于为整修而专门拨出的特别基金。明恩溥这样叙述说：

> 知县把供给和运输小米秆的事务交由一位年长的头面人物掌管，他是一个秀才。很自然地，他指派自己的一些学生去负责具体的组织工作。他们……获得了大约 70,000 文钱的报酬。这些承运人利用收支方

[25] Martin Yang, *A Chinese Village*, p.186.
[26] Samuel Wells Williams, *Middle Kingdom*, I, p.483。卫三畏把这些人误称作"长者"。
[27] Martin Yang, *A Chinese Village*, p.181.

面普遍存在的糊涂账，并不向村庄报明账目，从而方便地从经手的钱款中划出一部分留归自己使用。……这种情况持续了一年多。终于，一些不满的人，在村庙里召集大众集会，要求公开收支账目。……这个秀才找了同村的几个人去与村民"讲和"。……他们这样说："如果我们揪住这事不放，并把它闹到县官那里去，不知情的老秀才就会丢尽脸面，其他一些有关人员也会遭到牵连。由此引起的仇恨还会延及几代人。"[28]

这一问题的最终结局是摆桌招待那些在意的人，事情因而和平解决，或者说任由它拖下去而未解决。明恩溥没有说明"不满的人"的身份，也未说清是谁召集了村民开会，不过合理的猜测是这些人并不是普通农人。[29]

---

[28]　Arthur Smith, *Village Life*, pp.231-232.

[29]　如果把中国乡村领袖同日本和印度的进行对比，是很有趣的。Kanichi Asakawa（朝河贯一），"Notes on Village Government," *Journal of the American Oriental Society*, XXI (1911), pp.165 and 167, 就有论及"村官"，其部分内容如下："村长指派的方式很多。……就村长的任命来说，据说关西的一般情况是，由历史悠久但不一定是最富裕的宗族，父子相承；在关东，有的经由普选，有的经由非正式挑选产生，被选出的人或者终身担任，或者轮值一年，要么轮流担任；由此而产生的结果是，关西之村官比关东之村官，虽然要高贵，工作却悠闲。……如果这真的是非常普遍的情况，那么与此相比也有许多例外。……未经大众选举或挑选之情况也很普遍。……即使在选举的情况下，政府当局经常行使否决权或命令重新选举。……从总体上来看，选举或轮流担任的情况不但比任命少得多，而且日益为任命所取代。"朝河贯一在第 168 页评论"首领"时补充说："在每村，村长有六个左右的助手，一般称'组头'（kumi-gashira），但有时也称作'长者'（toshi-yori）、'头农'（osa byaku-shō）、'老农'（otona byaku-shō）……'头人'（osa-bito）和其他类似之称呼。……第一个称呼'组头'表明，在一些情况下，村官首先来自于'五人组'之头人。……其他称呼似乎表明了首领不过是村中的主要农人。比如，'头农'这一称呼最近时期都还在一些地方使用，用来指虽无官位但其祖宗是大地主的农人。首领通常是由村民在占主要地位之家庭中选出，并上报政府当局，任期为一年或多年。……然而就某乡村来说，选举并不能阻止村官由固定的一些人来担任。……除了村长和首领之外，一般乡村还有一个或多个长者，其职责在于监视村官之行为，提出建议和劝告，保护村民的最大利益，为村民服务。长者从最受到尊敬的农人中选出，他们所得的报酬很少，或根本没有。他们所具有的影响，常常要比村长所具有的大，但是在正式文件中，他们的签名和盖印排在村长和首领之后。"尽管中日两国之间的乡村领袖明显不同，但均可区分为两种类型，即经正式程序产生的和非经此程序产生的乡村领袖。根据 B. H. Baden-Powell, *The Indian Village Community* (1896), p.19, 和其他页中所说，印度有两种类型的乡村："单独型"和"联合型"，分别是南印度和北印度乡村之特点。在"单独型"乡村，有一名头领，叫"帕特尔"（patel）或其他名字，是世袭的，很有势力；而在"联合型"乡村，就没有这样的头领，村中事务掌握在由长者组成的长老会手中，近代才有官派的头人。

领袖之挑选

官方领袖通常是由地方官员根据有关居民的推荐而任命的。不过我们不能因此就认为："推荐"或"提名"是一个民主选举的程序，即有候选人让选民自由投票挑选。一些学者观察到的做法，隐约暗示了村庄领袖是出于普选。尼古拉斯（Francis H. Nichols）在 20 世纪初的报道，就是一例：

> 按照中国的统计方法，陕西各乡村之人口很少超过 200 名居民或 40 户人家。整个村子唯一具有权威的人，是由知县知州任命的"头人"。这种领袖并不佩带什么权力标志，同其他村民一样，不过是个农人。他之所以被任命为领袖，通常是由于他自己在乡邻中享有威望，乡邻将其非凡才智和良好品德介绍给地方官。[30]

不过其他学者的观察则指出，提名谁，通常是有限定的；或者说，通常是由有限的"选民"来提名的。一位西方学者就描述了 19 世纪中叶流行的情况：

> 很明显，全中国之居民，大体上生活在乡村。……每村都有自己的头人。……这个头人是由村民选出……由当地主要人物一致挑选出来。挑选这种首领时，中国并无其他一些国家伴随着选举高级官员而出现的拉选票、竞争之类情事发生；中国之乡村首领选举更容易，因为任何乡村之居民一般都属于同一个宗族，或有一个宗族占支配地位，只需要选出宗族中最杰出的人作为首领就行了。[31]

马诗门（Samuel Mossman）在 1860 年代的著作，记载了类似的情况：

> 中国大多数人口居住在乡村，许多乡村并无政府官员。不过，每村

---

[30] Francis Nichols, *Through Hidden Shensi* (1902), pp.126-127.

[31] *Chinese Repository*, IV (1836), pp.413-414。斜体为原作者所标〔编者按：译本改为着重号〕。

都有自己的"头人",由村民自己选出。……一般说来,这种头人是从村中最有势力之宗族选出来的;或者说,一个宗族就是一座乡村,该头人就是这唯一宗族中最富有、最有势力者。[32]

卫三畏在大约 20 年后写道:

村中领导权同宗族并无必然联系,因为后者并未得到政府的承认。但是在每个村子里占绝大多数的宗族,一般从其成员中选出"长者"(亦即正式头人)。[33]

这些学者的观察并非每个细节都正确,但指出了乡村官方领袖绝不是由村民普选的。杨懋春对近代山东一座村庄流行的"选举"程序的描述,确认了这一点:

每年之初开会选举"乡长"(相当于民国时期的"庄长")及其主要助手和其他下属公职人员。参加选举会的是各家族中上了年纪的成员……但村中上层家庭之家长并不出席。很多农民对村中事务并不感兴趣,认为自己没必要参加会议……选举很不正规,没有投票,没有举手表决,也没有候选人竞选。选举会是在村塾或其他惯常集会场合举行的。当代表每个家族之成员到来之后,主持人就站起来说:"各位叔伯、兄弟,俺们现在开始商量俺们村子大家都关心的事。你们都知道,俺们的庄长潘继伯过去一年里干得很好,为大伙做了许多事。……潘继伯现在任满了,该重新挑选俺们的庄长和其他人员。"……主持人开场白之后,大伙一时不说话。然后一名到会者(通常具有一定地位)就会说:"既然恒立伯刚才说潘继伯在过去为大伙做得很好,俺不知为什么让他退职?……"村中其他"官员"……也同时选出,但方式更不正规、庄

---

[32] Samuel Mossman, *China: a Brief Account of the Country* (1867), p.258.
[33] S. W. Williams, *The Middle Kingdom* (1863), I, p.482.

重。庄长要挑选一两个助手，通常是他过去的助手。[34]

根据这位作者的说法，有闲暇、有能力、品德高尚、老练持重的人才有资格担任官方领袖。他所研究的庄长，既不是务农者，也不是工匠。他是一个口齿伶俐的社会活动家。当情况容许时，他会毫不犹豫地玩弄卑鄙的阴谋诡计。他非常乐意承认自己是乡绅之手下，并为他们效劳。[35]

一些西方学者认为，"选"出来的村庄头人也会被村民废黜，换另一个人。[36] 在理论上讲，这不无正确。但事实却常常是，在职者愿意当多久就当多久。即使是因其任职令人不满意而导致的罢免，也常常是遵循村中精英的意志，而不是由大众投票决定。杨懋春指出：

> 一旦某人被挑选担任村子领袖，他就有可能长期连任。一些村民会对他不满，但是只要他不犯严重的错误，村民们也不会费事去另选他人。如果他本人的确不想再担任，就把自己的打算告诉有地位的村民，选举会的主持人就会在开场白中说明他的用意，村民就不会再选他。如果他犯了不可饶恕的错误，要么他本人没有颜面再继续任职，要么村中非官方领袖要求他去职。在这种情况下，主持选举之人就会暗示说应该重新挑选庄长，村民们随声附和。因此在一定程度上，挑选谁事先就安排好了，选举只不过是一种程序。真正之权力掌握在非官方领袖手中。[37]

现在来讨论非官方领袖的情况。根据步济时的研究：

> 根据各宗族族长的社会地位或"资格"，从中挑选头人（非官方领袖）。中国所用"资格"一词，指的是一个人的年龄、财富、学识和社

---

[34]　Martin Yang, *A Chinese Village* (1945), pp.175-176.

[35]　Martin Yang, *A Chinese Village* (1945), pp.177-178.

[36]　*Chinese Repository*, IV, 413-414, and Mossman, *China*, p.258.

[37]　Martin Yang, *A Chinese Village*, pp.178-179.

会影响力的综合评估。这种乡村首领并不是按任何规定之制度选出来的，但是在一首领去位或去世之时，一般很容易看出，是谁自然地拥有控制村子事务之权力。这个人会在重要家庭家长的非正式会议里被任命。[38]

因此，非官方领袖或"长者"进入乡村领导阶层，凭借的是其特殊的资格：年龄、财富、学识、家族地位和个人能力。[39] 他们是被承认的而非被选举的。

任何一名乡村领袖没有必要拥有所有这些资格，[40] 各种资格所占的权重也各不相同。相比于官方领袖来说，非官方领袖甚至更必须是有闲暇、有威望和有才能的人。闲暇和威望通常伴随着财富和学识而来。这些很少（如果曾经）是胖手胀足的人所拥有的特权。即使是作为必备资格之一的年龄，也非决定性因素。据说：

> 年龄本身并不是领导权的一项资格，但人的品质确实只有在长年的生活中才表现出来，人们认为年纪大的人经验丰富。……领袖要成功地行使职责，很大程度上要依赖他对村民的了解；只有那些有空常去酒馆，并把时间消磨在谈话上的人更容易获得这种了解。……以前同现在一样，领导资格是一种看不见摸不着的东西，但渐渐与某些特征相关——年龄、财富、学识。[41]

拥有学识和头衔的士子，假如他还足够聪明，或多少有些财富，那么很容易成为非官方领袖。按照 19 世纪的一位学者的看法，有学衔的士子，必然是

[38]　Burgess, *The Guilds of Peking* (1928), p.26. 步济时在第 133—134 页中指出，一些行会之领袖同样是选出来的："由长者和更重要店铺之老板共同管理行会事务。如果要问……这些人是如何选出来的，就会使西方人迷惑不解，因为在西方选举程序中，没听说过这种程序：长者之地位，依普遍接受的标准来决定，自动地把他们带进领导阶层。"

[39]　Daniel H. Kulp, *Country Life* (1925), I, chapter 5.

[40]　Arthur H. Smith, *Village Life* (1899), p.132.

[41]　Martin Yang, *A Chinese Village*, p.184.

村庄头面人物中的实际领导人。[42] 由于他有条件同州县官员联系，因而在其乡邻中是著名人物。尽管他或许并不具有直接控制村中事务的独断权力，但在解决争端或创办地方事业时，村民要经常寻求他的帮助。[43]

总而言之，通过村民默认的习惯式投票而得到位置的村庄领袖，无一不是地位突出、有势力的乡绅或士子。他们也是具有明显影响力家庭的家长。

即使是从我们所能收集到的有限资料中，也可以看出，只要谈到领导权，19 世纪和 20 世纪早期的中国村庄的确并不是自治的、民主的共同体。"官派"或者说官方领袖虽然独立于保甲（警察）和里甲（收税者）头领，但由于他们必须经过政府任命，而且从属于政府当局，因而不可避免地受到政府控制。他们在表面上虽然是由其乡邻提名的，但事实上更多的是出于村中"头面人物"的意志，而非大多数村民自由选出来的。"非官派"或者说非官方领袖，他们的地位并不是州县官员给予的，而且或多或少不受政府干涉，因而没有取得村中事务的指挥权，这是民众授权或村民选举的一个结果。他们成为乡村领袖，是公众承认或"民意"的结果；但是"一般说来，民意并不是指小农的看法，而是乡绅和族长的意见"。[44] 所有这一切，都是由如下事实造成的：中国社会普遍的阶层划分，一直向下延伸到村庄；[45] 这种阶层划分虽然并无严格的社会等级制度特点，但是仍然对社会生活的许多方面产生重要影响。

很明显，清王朝只要控制了乡村领袖，尤其是控制了在乡邻中比官方领袖拥有更重要地位的非官方领袖，那么就能有效地统治中国乡村。换句话说，

---

[42]　Arthur H. Smith, *Village Life*, p.132.

[43]　Daniel Kulp, *Country Life*, p.115 中作了如下有趣的观察："虽然目前有两名士子被当作乡村领袖，但他们仍然要在一些问题上同其他多达二十五人商量。至于必须咨商和得到赞同的程度，要根据情况而定。"

[44]　Martin Yang, *A Chinese Village*, p.185.

[45]　在清王朝建立之前相当长的一段历史时期，情况也是如此。Wittfogel(魏特夫) and Feng(冯家昇), *History of Chinese Society: Liao (907-1125)*, p.194："在中国农村，农人划分为各个阶层。村长自然来自上层群体，它的成员有充分的能力雇人代替边境服役；中间阶层却几乎无此能力这样做。中间阶层之下的下层村民，其处境如何，人们不得而知。他们处于生活的边缘，甚至受雇于上层和中层而成为他们的'代役人'（即奴才）。如果发生灾害，下层村民必然首先卖身为奴隶，或逃荒，成为流民。"他们随后在同书第 489 页注释 29 中，引用缪荃孙的话说：一部地方志记载，"于每村定有力人户为村长"。

清王朝控制乡村的效果取决于控制乡绅的能力。至于清王朝在这方面达到什么程度，我们在讨论乡村曾经从事的主要活动类型之后，再来探讨。

村庄活动

必须注意，各村庄活动的类型及进行程度因村子大小、位置及其一般环境不同而有极大区别。在许多情况下，从众多史料来源中搜集的事例可以反映一些村庄举行活动可以达到的最大程度，但我们不能因此就认定一般中国村庄是一种有组织、充满活力的社会。许多村庄活动的目的多少有些消极，是为了保护地方利益，而不是促进公共福利或改善村民的生活环境。[46] 还应该指出的是，由于乡绅或士子通常掌握着村子的领导大权，因而村民大众参加村庄活动，不过是出劳力或拿出很少的一点钱。通常是乡绅或文人提出点子，并拟定计划，指导进行，提供或收集必要的资金。无论是什么样的需要组织才能或个人威望的工作，农人的角色都不突出。

由于笔者手中所掌握的资料有限，因而不能全方位地考察村庄活动的各方面，只能探讨一些突出面向。为了方便起见，我们把它们分成四个方面：宗教活动、经济活动、维持社会秩序和道德、乡村防御。

宗教活动

村庄的宗教活动通常是在一座或更多的庙宇里举行，虽然有些村庄完全没有庙宇。直隶定州的情况，虽然并不一定是非常典型的，但也反映出各村庙宇分布情况极不相同。个别村子拥有的庙宇多达 30 多座，而其他一些村子则连一座也没有（参见表 7–1）。[47]

---

[46]　Martin Yang, *A Chinese Village*, p.240："台头 (Tai Tou) 村乡村组织的第一个特点是目的消极。……乡村并无组织化的娱乐活动，无全村范围内的社会组织，也没有什么保持街道清洁、提供纯净饮用水的统一方法，也没有社区福利或地方发展的统一措施。"19 世纪中国乡村就是如此。不过，C. A. Anderson 和 Mary J. Bowman, *The Chinese Peasant: His Physical Adaptation and Social Organization* (1951), pp.154-173. 关于"村庄作为社区中心"，所持观点更加积极，不过与杨的说法也并无实质性的冲突。

[47]　该表是根据《定州志》卷六和卷七提供的资料编制而成的。参见第一章中各表。

表 7-1：直隶定州 35 所村子的庙宇

村名	庙宇数	户数	土地数（亩）
西坂村 *	37	418	1800
大西涨村	25	274	4200
丁 村	20	150	2100
只东村	20	96	1700
庞 村	19	214	3300
留早村	17	220	6000
兆宋村	17	117	5100
廉台村	16	180	6900
西建阳村	15	132	3900
娄底村	14	186	4800
高就村	12	210	9140
西丁村	11	190	1600
北内堡村	10	200	5600
东张谦村	8	182	4200
东全房村	8	29	300
北举佑村	7	161	6000
侯新庄	6	44	200
吴家庄	6	30	300
潘 村	5	297	2300
唐城村	5	214	4900
王 村	4	215	970
于家左	4	65	600
北二十里铺	4	34	400
东市邑村	3	236	9130
大王耨村	2	232	9400
小王耨村	2	136	5400
马 村	1	83	2200
马头村	1	40	3100
刘家店	1	15	80
小洼里村	1	11	350
抬头村	0	193	3300
庄头村	0	141	2800
西双屯村	0	21	1900
白家庄	0	16	1000
宋家庄	0	4	400

* 该村是乡市所在地；在 418 户居民中，有 7 户是店铺。

编者按："北宋村"原文作 Pei-tsung-ts'un，"庞村"作 Feng-ts'un，"高就村"作 kao-chin-ts'un，"于家左"作 Yu-chia-chuang，今据《定州志》径改。

庙宇的数量和村子大小之间没有关联让人不解，但可以大胆作一些解释。首先，并不是所有庙宇的规模都是相同的。豪华的关帝庙或龙王庙，其建筑费用要比小小的土地庙大六倍，也更为重要。因此，庙宇数量本身并不一定表明乡村宗教活动的实际程度。方志中并未说明庙宇的大小。很有可能，在一些庙宇数目看起来相当多（相对于居民人数）的村庄（比如，东全房村的居民只有 29 户，而庙宇却有 8 座），这些庙宇只是小型的神龛；而在拥有 100 多户居民的村子的一两座庙宇（如大王耨村，居民有 232 户，庙宇只有两座），则是比较华丽的建筑。其次，很有可能，一座村子在一定时期里的庙宇实际数量，并不一定反映该村的繁荣程度。如果某村子现在较小，而其庙宇较多，或许意味着这些庙宇是在以前人丁较兴旺时所修建的。如果一村子的人口相当多，而其庙宇很少或没有（如抬头村，居民有 193 户，没有庙宇），或许反映它是最近发展起来的。无论村子规模和庙宇多少之间缺乏真正关联的原因到底是什么，我们都可以得出一个有用的结论：村子的大小并不能说明相应的宗教活动举行程度；在处理这种乡村生活问题时，作出概括性论述是不可靠的。

地方庙宇解决了乡村的部分宗教需要。[48] 在庙宇里，村民们还愿，汇报家人去世，庆祝宗教节日或举办其他宗教活动。至于进行情况，各地不同。一地方志描述了广西一些乡村举行社祭的情况：

> 社祭，十家、八家或数十家共一社，二、六、八月皆致祭，聚其社之所属，备物致祭，毕即会饮焉。……凡田之共沟塍者，或立一庙，或一社，每岁二、三、六、八月以初二日，力田者共行祀。[49]

并不是所有宗教活动都在庙宇里举行。举例来说，求雨活动虽然据说常

---

[48]　参见本书第六章。
[49]　《贺县志》（1934），2/10b，引 1890 年旧志。

常在龙王庙或其他相关神灵的祠庙举行，但在一些乡村，是在另一些地点求助的。杨懋春描述了山东一座乡村的求雨情况：

> 如果发生旱灾，当地领导人就要为龙王组织祭祀游行，人们认为龙王住在老泉或老井里。如果游行后十天内下雨了，农民就相信龙王显灵，要演戏向龙王感恩。……几个月后，在没有太多农事活动时，村庄要演三天戏，邻村的村民都来观看。[50]

戏剧演出是在其他宗教场合举行，有些地方每年不止一次。根据一位提学使所说，山西省村民投入宗教事务和戏剧演出的精力很多，必定会因此而出现一些恶果。按照该官员的说法，即："繁富之区，每岁有鸠集六七次者；沃原之壤，每亩有摊派三四百者，竭细民之脂膏，供董事之酒肉。"[51]

一些事例表明，庙宇举办宗教活动以筹集营运资金。按照明恩溥在 19 世纪 90 年代的观察：

> 在中国，无论是最大的城市，还是各种规模的城镇，甚至小村子，都有庙会。……绝大多数大型的庙会是由庙宇管理者提议举行的。他们希望从庙宇的使用，包括交通费和场地费中，获得一定的收入。[52]

乡村庙宇除了为宗教目的服务外，有时还成为非宗教活动的中心，为非

---

[50]　Martin Yang, *A Chinese Village*, p.197.

[51]　王仁堪《王苏州遗书》，3/1a-b 中收录的给山西巡抚张之洞的咨文〔编者按：《咨山西巡抚商定章程六条文》〕。王仁堪在信中提议说，这样的节日活动只准在兴旺发达的城镇里举行；村子无论大小，都不能举行宗教活动。《南海县志》在 20/8a 中记载说，南海县同乡庙有关的宗教游行，给村民带来的是痛苦。值事向村民榨取钱财，许多村民不得不"典质而鬻女"。如果敲诈勒索者得不到满足，就会马上唆使暴徒冲入拿不出钱财的村民家中，见什么砸什么，即使是房屋有时也被捣毁。Nichols, *Through Hidden Shensi* (1902), p.136 描述了华北一乡村的戏剧表演，说它和清帝国其他地方的类似戏剧相比并无明显区别："山西各乡村村民生活中的一件大事就是戏剧表演，它每年在村中舞台举行一次。舞台由砖台搭成，顶棚用柱子支撑起来。有的戏台背后，是固定的，上面画着龙、鬼神等图案。各村事先就同旅行演出的戏班商定什么时候到村演出。演出费由村民支付，并无入场券和预定座位之类的东西。全村村民随意站在戏台周围，观看演出。至于演出内容，通常是历史人物。演出一般持续五六天。"

[52]　Arthur Smith, *Village Life* (1899), p.149.

宗教性的活动而服务。按照一位中国学者的观点，在一个居民不止属于一个宗族、组织很好的村社：

> 村庄组织的中心是……一座寺庙。……同祠堂一样，村庙也有自己的财产，由一位长者管理。……村庙也像祠堂一样有自己的节庆。它为村中的孩子提供学堂场地。简言之，村庙对团体生活所拥有的权利和履行的职责，就像祠堂对家庭的生活一样。[53]

根据一部地方志的记载，19世纪晚期直隶滦州的村庙有如下功能：

> 社必有寺，凡在社内大小村庄，供奉一寺之香火。……董事人谓之会首。寺会多在四、五月间……至期演杂剧、陈百货，男女杂遝，执香花，诣庙求福。……又有各村所自主之庙神，各有诞期。……其村或遇诞日，演戏为会，借以申明条约。如纵鸡豚牛羊伤稼及妇女儿童窃禾等类，大书禁止，违则有罚。强半富庶村庄乃尔，亦不必案年举行。间有因旱蝗雨涝入庙祈祷，竟不至成灾者，亦演剧以赛，无定期。[54]

山西省也有类似的安排。根据省当局所说，每村有多少座庙宇，就划分为多少个社。每社都有一"长"，"村民悉听指挥"。[55] 社长的权力范围到底有多大，虽然并未载明，但是可以肯定，一定延伸到那些宗教以外的事务。

不同阶层的村民有不同的需要，由位于这个区域的不同庙宇来满足。举例来说，近代山东一座乡村〔译者按：原文说是市镇〕就有这种情况：

> 有两座庙宇……全区村民经常去。其中一座大庙宇坐落在市镇的东北端，供奉的神灵是关公（即关帝）和曾子（孔子的门徒）。……该庙

---

[53]　Yen Kia-lok〔编者按：颜嘉禄，即颜任光〕，"Basis of Democracy," *International Journal of Ethics*, XXVIII (1917), pp.203-207.

[54]　《滦州志》（1898），8/24a-25a。

[55]　张寿镛《皇朝掌故汇编·内编》，53/14b，张之洞1883年的一篇上奏。

宇是文人士子经常聚会的地方，农人很少光顾。另一座大庙宇是佛寺，坐落在市镇附近，农人到此祈求神灵赐福、保佑。……还有两座神祠分别坐落在北山和南山上。其中一座是牛王祠，另一座是村民（其中大多数是妇女）每年九月九日祭祀的地方。[56]

庙宇有时是个人出资修建的，但更多的是集资的产物。明恩溥在 19 世纪 90 年代出版的著作，描述了其中一种方式：

> 如果某些人想造一个庙宇，那么按照惯例，他们得请来村里的头面人物，只有在这些人的主管下，才能着手开展工作。通常，为了筹集资金，经理人需要摊派地税。虽然每亩地的税额不是固定的，但根据土地拥有量的不同，每个人所需缴纳的地税还是有不同级别的。穷人可能免交地税，或者只付一点点；富人则缴纳重税。当经理人筹集好了资金，他们就开始破土动工了。……庙宇修好之后……经理人在捐助者当中选举一位作为受托人委员会的负责人（善主）。[57]

筹集修建资金并不很困难。如果大众同意修建拟议中的庙宇，那么捐献者是非常乐意出钱的，即使修建费或维修费达到几百两银子。[58] 庙宇田产的管理，常常掌握在乡绅或文人的手中；[59] 如果他们未被要求参加这项工作，他们就会感觉受到轻蔑。[60] 庙宇拥有土地，是有地位有影响的人物相互争夺管理权的原因。清政府 1766 年（乾隆三十一年）发布的一道命令，就描述了这一情况：

> 浙省各寺庙，均有生监主持，名为檀樾。一切田地山场，视同世

---

[56] Martin Yang, *A Chinese Village*, p.197。不过应该指出的是，这些庙宇由许多村子共享。

[57] Arthur Smith, *Village Life*, pp.136-138.

[58] 《贺县志》，2/12b，引 1890 年旧志。还请参见第六章。

[59] 其事例可以参见《广州府志》卷 67 各页的记载。其他许多地方志在祭坛和庙宇部分也记载了类似资料。

[60] 《容县志》，27/4b、23b 和 24a。

业。一寺或一姓，或三四姓不等。其中此争彼夺，各有私据。……嗜利纷争，最为恶习。应通行直省，出示晓谕，将檀樾名色，一概革除，不许借有私据争夺讦告。其士民施舍之田产，建修之寺庙，但许僧尼道士经营。[61]

这道命令被刻在石碑上，好让臣民"永远遵守"。但是，我们并没有找到证据证明上述做法在浙江或其他省份真的已经被终止。如同一项近代的调查所显示的，至少在一些地区它还是存在的。有研究发现，"在江苏省北部地区，大片土地名义上属于寺庙，实际上由少数寺庙管理者拥有"。[62] 虽然该研究没有具体说明这些"少数管理寺庙者"的社会地位，但是可以合理地假定，他们同浙江省寺庙管理者一样，并不是当地的农人或普通居民。

即使是在庙宇举行的各种宗教活动，普通村民也没什么发言权。根据一名善良的官员的记述，山西省的宗教事务和戏剧演出以牺牲"小民"为代价，给"董事"带来了许多好处。19 世纪期间，不止山西一省存在这种情况。钱泳就记述说：

> 大江南北迎神赛会之戏，向来有之，而近时为尤盛。其所谓会首者，在城，则府州县署之书吏衙役；在乡，则地方、保长及游手好闲之徒。大约稍知礼法而有身家者，不与焉。[63]

根据这位中国观察者的记述，创办或管理乡村事务对绅士来说有失身份，但是它提供娱乐以及可能的利益给少数人；他们并不属于普通农人，而且事实上他们是乡村中的掠夺者。

于是中国乡村中的各种宗教活动，通常是由少数居民领导或控制的。至于乡村大众，只能从这些活动中得到一些娱乐或满足某种宗教需要，但不能左右它们。

---

[61] 《学政全书》，7/18b-19a。

[62] Institute of Pacific Relations, *Agrarian China* (1939), p.12.

[63] 钱泳《履园丛话》（1870），21/14b-15a。

经济活动

虽然村民们对"村中利弊"并不热衷，但还是有一些旨在改善生存环境、值得注意的经济活动。

最常见的经济活动之一就是桥梁和道路的兴修和维护，这是村中居民往来于附近集市、城镇所不可缺少的。有时，这项工作是由村民集体承担的，河南省临漳县一些村民使用的 6 座桥梁的修建就是这样。[64]古柏察发现，19 世纪中叶湖北地区整修道路的方法非常独特；这种方法或许在清帝国其他地区并没有被广泛使用：

> 除了皇帝出巡而不得不修建的道路外，官府事实上的确从不关注修建道路。……至于村民，他们必须尽可能去做。……有一些乡村，村民自己设法修建为官府无情忽视的道路。在所有诉讼案件、争论和争吵中，村民的习惯是，只是在迫不得已时才求助于衙门；大多数村民宁愿找一些诚实可靠、经验丰富的老人来仲裁，尊重他们的裁决。在这种情况下，仲裁者会批评当事一方的行为不当，要求他必须用自己的钱来整修某一段路，以之补过。因而在这些地区，道路好坏同村民是否爱争吵、爱诉讼成正比。[65]

乡绅经常为其乡邻设法提供桥梁、道路、渡船的服务。方志中记载了很多这方面的事例。例如，广东花县一位白手起家、亦商亦官的人，就捐资 3,000 多两银子，修建一条石板路，从他的村子延伸到最近的集市；这条石板路在 1893 年完成。[66]无数个事例记载乡绅造桥、摆渡的"义行"。[67]在一

---

[64]《临漳县志》（1904），2/17a。

[65] Huc, *Chinese Empire* (1855), II.292-293。这段引文的第一个看法并不正确。有关军事和行政等重要用途的大道，由清政府进行管理，众多州县官员维修分布在其管辖州县内的道路。

[66]《花县志》，9/26b-27a。还请参见《佛山忠义乡志》，7/12a-15b；《九江儒林乡志》，4/69a-74a；《灵山县志》，4/51a-b。

[67] 在无数个事例中，可以参见下列地方志中的记载：《严州府志》，5/13b-25a；《佛山忠义乡志》，3/58b；《衡州府志》（1875），9/4a-19b；《沔阳州志》，卷三《建置》，47a；《续修庐州府志》，1/3a-15b；《泰伯梅里志》（1897），卷三各页；《杭州府志》，卷七各页。

些地区，归功于乡绅的桥梁数量相当大。[68] 这些工程是乡绅靠自己个人能力完成的，而不是在他们领导下由乡邻集体承担的。

村民们经常在乡间大路旁适宜的地方修建茶亭，为行人提供方便。施美夫爵士 1845 年 9 月造访浙江宁波城外一座乡村时，观察到：

> 每隔三四英里，就有一座茶亭。行人可以在此休息，享受由富者和好施者提供的免费茶水。……捐资修建茶亭的人所得的回报是，生前受人尊敬，死后享受荣耀。[69]

类似的建筑，在清帝国几乎所有地方都能看到，尤其是南方省份。例如，坐落在广东南海县佛山镇的"乐善茶亭"，建造于 1871 年，可能就是该繁荣城镇的"士商"（士子和商人）修建的。[70]

在村民所承担的经济活动中，最重要的是同"水利"（灌溉）和防洪有关的工程。前者主要是通过修理沟渠或水道、池塘、水库和堤堰表现出来，后者主要是通过整理圩堤或河堤表现出来。

清政府虽然并不负责整修乡村中的灌溉渠道或堤堰，但鼓励私人整修，对他们因整修而得到的"水利"给予法律保护。如果未经所有者允许就从他们的水库、池塘或沟渠取水，就是犯罪，要受到惩罚。[71] 尽管清政府竭力鼓励，或给予保护，但是，各地乡村进行的地方灌溉工程有极大的区别。在一

---

[68] 《莘县志》，卷二之六，2a-3b：分布在乡间的 66 座桥梁，其中 45 座由绅士私人修建；《昆阳州志》（1839），7/4a：分布在乡间的 28 座桥梁中，正好一半由"士民捐资倡建"。还请参见：《天津府志》，21/22b-36b；《清远县志》，4/35a；《寻甸州志》，6/8a-b；《南宁志》，2/11a-15b。几座桥梁是由普通百姓修建的，比如《确山县志》（1931）18/18a 中就记述说："李德裕者，西八保农人也，本集……有桥曰子房桥……两端被雨冲……因自出己囊，鸠工庀材……俾成坦途。……此咸丰年间事也。又李毛者，南十保人也，家贫，为人牧猪，终年不着袜履，呼为李铁脚。光绪初，因霸王台迤路阻小河，人多病涉，乃罄其所积，佣赏创建石桥一座。工峻，即入霸台寺为僧。"这种情况非常罕见，并不能改变总的情况。

[69] George Smith, *China* (1847), p.228.

[70] 《佛山忠义乡志》，7/10a-12a；《信宜县志》（1889），卷二之五，2a-b。

[71] 《户部则例续纂》（1796）2/7a 中记述了这一措施："民间农田……如有各自费用工力挑筑池塘渠堰等项，蓄水以备灌田，明有界限，而他人擅自窃放，以灌己田者，按其所灌田禾亩数，照侵占他人田亩例治罪。"

些地区，尤其是北方省份，村民对灌溉事业相当冷淡。18 世纪一位陕西巡抚说：

> 若能就近疏引，筑堰开渠，到处可行水利。无如司事者意计所在，既不与民瘼相关，小民心知其利，又复道谋筑室，不溃于成。即向来本有渠道地方，亦多废而不举。[72]

据说，该省某县，在一名心地善良的知县于 1872 年提议修建水利工程以前，村民享受不到任何水利。[73]

而在其他地区，村民对整修灌溉工程非常积极。在直隶、安徽、江苏、广东和江西等省，各种各样的水利工程很明显都是由有关地方的村民发起并修建的，而且一直保留到最近。[74] 其中一些工程还十分宏伟。广东东莞县的"水南新潄"是 1901 年由村民集资修建的，长 1,100 多丈（大约 4,400 码），可以灌溉 700 多亩农田。每人捐资多少，与其得到灌溉的土地量成正比。[75] 在同省的另一村，包括地主和佃户在内的村民自己对较小的沟渠进行修理。[76] 安徽巢县的村民，"私力"挖池塘，灌溉耕地。[77] 在广西融县，居住在宝江和浪溪江沿岸的农人，用树木、石头筑陂，导引江水灌溉自己的农田；[78] 在贺县，居住在临江沿岸的居民，"塞坝灌田，一邑禾谷多半产此"。[79]

有时，村民成立较为正式的组织，以承担整修和管理水利工程。在 19 世纪晚期的山西翼城县，村民设置了一些"渠长"，由他们负责管理灌溉事

---

[72] 毕沅 1776 年的一篇上奏。引见《皇清奏议》，64/20b-21a。

[73] 《同官县志》（1944）7/3b 中概括了有关地方上的规定："同民向不知水利……迄同治十一年，知县王兆庆劝民开渠，然犹在附城、南关、灰堆坡、王益村等处，而各乡镇未有也。"

[74] 费孝通《江村经济》（1939），第 172 页；Kulp, *Country Life* (1925), pp.206-217。

[75] 《东莞县志》，21/12a-b。

[76] 《清远县志》，5/12a-14b。

[77] 《续修庐州府志》，13/22b。

[78] 《广西通志辑要》（1890），5/32b。

[79] 《广西通志辑要》，9/30b。

务。[80] 在广东花县，村民成立了"陂水会"，由其管理一条可以灌溉 6,000 多亩耕地的陂塘。一部地方志描述道：

> 素有陂水会董辖，每遇大水，随决随修，按照受灌荫之田，收租为修筑工役之需，以所占额米多少占水分多少。近年象山村江浩然、江汝楠提倡大加修筑，力劝陂会份内田主，按照额米多少捐金，由江临庄、江日新、江云藻等经营，董其成，每额米一石捐银一千四百元。……其修筑采用新法，悉以红毛泥构结，费达万金。[81]

在清王朝崩溃之后，这个"陂水会"还继续存在了一段时期。

可以肯定的是，灌溉工程（特别是设立组织负责的灌溉工程）是由地主举办的。一些举办者很可能来自绅士家庭或势力大的家族。上引资料中所提到的人物，虽然其社会地位并没有得到说明，但是很明显来自一个家族。另一些事例也表明，灌溉工程毫无疑问是由绅士领导完成的。在直隶邯郸县，许多水闸都是在 16 世纪和 17 世纪期间某个时期修建的。其中一个水闸叫罗城头闸，可以灌溉 15 个村子村民耕种的 8,000 多亩土地。在"绅耆"李国安的指导整修下，这个水闸可以增加灌溉 20,600 亩的耕地。[82] 在广东花县，有一名商人（1870 年左右被赏给五品官衔），据说在退职以后负责发起修建一组水闸，给他的村子带来了丰富的水利。[83]1805 年的进士邓应熊（他随后在河南省担任知县）在他东莞家乡的村子提议并完成了对一条沟渠的重修。[84] 在一些情况下，即使提议者是地方官员，工程常常也是由乡绅完成的。没有乡绅的合作，官府提议是得不到实行的。因此，安徽合肥知县发现，要想有效地完成修造一系列水库，就很有必要"躬至乡村，与绅士、耆老议"。[85]

---

[80] 《翼城县志》，30/6b。具体情况没有说明。

[81] 《花县志》，2/12b。

[82] 《邯郸县志》，3/5b-10b。

[83] 《花县志》，9/27a。

[84] 《东莞县志》，70/6a。

[85] 《续修庐州府志》，28/17b。

乡绅对水利非常热心的理由是显而易见的。由于大多数（虽然不是所有）乡绅都是地主，他们很清楚保证租种其土地的农人丰收的重要性。实际耕种土地的农民也懂得灌溉的重要性，但由于他们没有威望、财富或知识，自然不得不让乡绅扮演领导角色。

防洪事务的基本情况也是一样，虽然清政府在其中的角色要突出些。在一些地区，尤其在华北，为了防洪，村民将其村落建在适宜地点；1882 年，英国一些官员指出："拥有 400 间房屋和 4,000 名居民的王徐庄子，坐落在一个高出周围地区 5 英尺的土岗上。这显然是为了保护村子免受该地区可能发生的洪水的侵害。"[86]

村民经常采用的防洪方法，是修建圩堤或河堤。如果需要紧急整修，可能就由有关的村社来承担。19 世纪一位西方学者就指出："一旦洪灾就要降临，村长指挥村民轮班工作，用手边可以取得的各种泥土建造防洪堤。"[87] 但是一般说来，地方政府的介入是必不可少的，实际上，许多圩堤都是由村民和地方政府共同修建和维持的。在广东佛山镇乡村地区，虽然圩堤是由村民自己负责整修的，但至于规模较大的防洪工程，则必须在当地政府的帮助下才能完成。[88] 政府会拨款给村子用于修建防洪工程，资金通常由乡绅保管；1886 年广东花县修建的一座圩堤，就是这样。[89]

的确，许多防洪工程得以完成，正是由于官绅合作。1820 年，广东南海县 3 名地位较高的绅士捐资 75,000 两银子，配合该省当局所拨的 80,000 两银子用于整修、加固一道重要防洪堤。[90]1879 年，该县知县签发文件批准一名绅士的建议，规定对每亩土地征收 2 两银子（其中 60% 由地主出，40% 由佃户出），用于修建一道防洪堤，保护两个村子免受洪水袭击。这道堤防后来被洪水毁坏了，知县又批准一名举人的请求，对每亩土地征收 1 两银子（其中 70% 由地主出，30% 由佃户出）进行整修。[91] 在直隶正定县，

---

[86] M. S. Bell, *China* (1884), I, p.123.

[87] Arthur Smith, *Village Life* (1899), p.233.

[88] 《佛山忠义乡志》，4/50a-66a。

[89] 《花县志》，2/14a-b。

[90] 《南海县志》，2/51a。

[91] 《南海县志》，8/2a-b。

县衙门于 1873 年决定在漕马口修建一道堤防。这一工程的修建对一个村子不利，在当地一名生员的领导下，经过适当调整后得以成功完成；在知县"分派委员绅士"的监督下，其他堤防也同时修建完成。[92] 另一种令人感兴趣的官绅合作事例，发生于湖北沔阳州。在那里，防洪堤把大小不同的地方围起来，当地称为"院"〔编者按：今通常写作"垸"〕。按照地方志的记载，由于这种地方一般较低：

> 修堤防障之，大者轮广数十里，小者十余里，谓之院。如是者百余区。……院必有长，以统丁夫，主修葺。[93]

就像许多其他事例，所需资金部分由受到防洪堤保护的土地摊派，部分来自绅士捐献，部分来自政府拨款。但是在沔阳，绅士独自承担起监督和管理堤堰工程的责任。[94]

地方官并不总是采取合作的态度。一些地方官逃避自己的职责，让村民（绅士和平民）自己想办法。在这种情况下，所有工程都没有官府的帮助或监督，由此就出现了"官圩"和"民圩"的区别。根据一部江西地方志的记载：

> 所以备水患者……或径数百丈，或周回一二里……迨经倾圮，相缘请帑。官府患帑之弗克给，乃以载诸旧册者为官修之圩，续增者为民修之圩。民修之圩，准其立案，官不勘估，不给帑培修。……故有官圩、民圩之目。[95]

显然，南昌县这种官圩和民圩之间的区别在其他地区也存在。[96] 不过，

[92] 《正定县志》，5/35a-b 和 40a-b。
[93] 《沔阳州志》，卷三《建置》，11a-12a。
[94] 《沔阳州志》，卷三《建置》，20b-34b。
[95] 《南昌县志》，6/1a-b。
[96] 其事例可以参见《蔚州志》，4/12b-13b；《南宁府志》，2/15b-19b；《佛山忠义乡志》，3/51a-52a。

圩堤工程中所提到的"民",同灌溉工程中的一样,都是指"绅士领导下的村民";即使这种"领导"并未被指明。显然,"民"一词的使用,是从与"官府"或"官"对比的层面而言的;并不是从与特殊地位的人对比的"平民"而言的。

事实很明显,这一点对于资料的正确解释很重要。江西南昌县一条全长4,800丈(大约19,200码)的圩堤,据说是在清王朝统治的最后几年里由"村民自己"修建的。[97] 很难想象财产有限、知识缺乏的普通农人不靠乡绅的领导,能完成这一艰巨工程。事实上,无论防洪工程的难易程度如何,农人在其中常常扮演的是从属的角色。地方志中所记载的许多事例,都显示是由退职官员和有头衔之士子来实现这种计划的。[98]

从事防洪或灌溉事务的乡绅,并不一定都是正直、诚实的,其中一些人利用情势和个人地位为自己谋取私利。这种绅士之行为不一定都被记载下来,但偶尔会有意无意地被暴露出来。1873年被任命的安徽庐州府知府签发的一件布告,就很能说明这一问题。他让大家清楚了解他的目的在于"禁江坝积弊",因此要求"各圩绅董"向知府衙门呈交修建计划,并威胁要严办那些利用修建或整修圩堤机会中饱私囊的乡绅。[99]

并不是所有村庄都能战胜洪灾。古柏察描述了19世纪中叶浙江省一个地方的村民在洪水面前徒劳的挣扎:

1849年,我们在浙江省一个笃信基督教的地区停留了6个月。这一期间,先是倾盆大雨从天而降,接着是一个淹没整个乡村地区的洪灾,这个地区看上去就像一个巨大的海洋,树和村子漂浮在海面上。中国人知道洪灾过后是饥荒,收成将毁于一旦,他们展现出惊人的努力和坚忍,与不幸的命运搏斗。他们首先试着在田地周围筑高圩堤,然后竭

[97] 《南昌县志》,附录《南昌纪事》,13/1b-3b。
[98] 例见《广州府志》,142/31a;《东莞县志》,56/11a和67/7b;《续修庐州府志》,54/6a-b等处;《徐州府志》(1874),卷22下,9b-10a和13b;《邯郸县志》,10/32b。
[99] 《续修庐州府志》,13/46a-47a。〔编者按:这位知府是李炳涛。〕绅士敲诈勒索之行为,并不仅限于庐州府。比如,《南海县志》就在8/6a-b中记载了一个发生于广东的事例:有名六品官在退职以后成为一个负责整修防洪堤岸组织的负责人,他在1908年企图侵吞超过三千两银子。

力排干田地里的水。但是，当他们艰难而辛苦的工作就要成功之时，倾盆大雨再次从天而降，田地再次被淹没在沼泽中。整整 3 个月，我们亲眼目睹他们不停地努力，一刻也未停下来。……然而，洪灾难以控制，村民们实在是无能为力。这些可怜的受难者在耗尽最后一丝力气之后，发现自己已经处于完全绝望的境地，不得不抛弃他们辛勤耕耘过的田地。他们一群群地聚集起来，背上口袋，背井离乡，到处乞讨。……整个村子都变成了废墟，无数个家庭逃荒到邻近省份寻找生存机会。[100]

与农人经济利益有关的另一种类型的活动是守望庄稼。由于庄稼很容易遭贼偷窃和动物毁坏，因而需要保护。在一些乡村地区，村民自发地组织起来，共同守望庄稼。比如，在 19 世纪河南鹿邑县：

> 二麦继登，贫家妇女联翩至野拾取滞穗，狡悍者或蹈隙攘取，往往构衅致讼。秋成时，各伍私相戒约，拾穗有禁，其有私放牛马及盗取麦禾者，则严其罚，名曰阑青会。[101]

合作守望庄稼，保护了每个农人的利益。但是，组织和领导的任务自然地落到了类似村长的乡村头领（他们大概也有土地）的身上。西方一位学者观察到：

> 村民们在长者的领导下参加某些特定的活动。最通常的情况是成立"青苗会"，或称"庄稼保护会"。每个家庭都必须出一定数目的壮劳力，轮流守望快要成熟的庄稼。[102]

根据另一位西方学者在 19 世纪末的研究，所需花费由地主承担：

---

[100]　Huc, *Chinese Empire* (1885), II, pp.323-325.

[101]　《鹿邑县志》，9/3b。

[102]　Burgess, *Guilds* (1928), p.27.

（青苗会）并不是所有地区都有，而只是……在一些地区才能看到。……如果聘请了一些固定的人（守望庄稼），费用由村民分担，事实上就是地税，数额与土地的多少成正比。[103]

在一些地区，偷盗者受到的惩罚非常严厉。19 世纪晚期，一名总督上奏说：云南某地，一个倒霉的人摘了邻居家的几个玉米穗，守望者发出警号，抓住了他。"根据村俗，长者开会讨论如何惩罚"，其母亲被迫画押同意判决之后，这个偷窃者被处死了。[104]

没有守望组织的村子在偷盗抢劫者面前无能为力，只能依靠官府可能提供的有效保护。陕西省就提供了一个有趣的事例。巡抚陈宏谋在 1745 年发布的一道命令中说：

乃闻有一种游棍恶贼，寄宿野庙空窑，乘秋禾方熟未割之时，三五成群，昏夜偷割。竟有每夜偷割至三五亩者。所偷之禾，即左近货卖。亦有一二无田之家窝留此辈，利其得禾转卖分肥者。[105]

这显示了庄稼守望组织多么有用。如果我们还记得并不是所有中国乡村都是组织良好的社区，而其中的小村子根本算不上社区，那么，对于前面所说的"并不是所有地区都成立了类似青苗会的保护庄稼组织"的事实，就不会感到奇怪。

为了防止众多税吏敲诈勒索及其他邪恶习惯，一般乡村采取了自我保护的措施，帮助或要求村民准备好交税，以便尽量减少被敲诈勒索的机会。江西巡抚在 1885 年一篇上奏中就汇报了下列有趣的制度：

查江西从前完纳丁漕，民间向有义图之法，按乡按图，各自设立首士，皆地方公正绅耆公举轮充，且有总催、滚催、户头，各县名目

---

[103]　Arthur Smith, *Village Life* (1899), pp.163-164.

[104]　Robert K. Douglas, *Society in China* (1894), pp.113-114.

[105]　陈宏谋《培远堂偶存稿》，21/21a-b。〔编者按：《禁偷割秋禾谕》。〕

不同，完纳期限不一。严立条规，互相劝勉，届期扫数完清，鲜有
违误。[106]

该巡抚继续说道，由于战争的影响，上述制度遭到破坏。拖欠者越来越多，
粮食税和赋役税越来越少。但是在制度继续得到维持的地方，村民们还能全
额地交税；即使在最坏的情况下，也从未低于规定额的 90%。

关于上述这种自愿性制度的运作方法，同时期另一名官员的记述如下：

> 每期轮一甲充当总催，择本甲勤干之人为之，名曰现年。……有现
> 年之图甲，差役不得上门。[107]

其他省份也上报了几个类似的事例。1860 年代担任江苏巡抚的丁日昌，
在一道指示中说，由于当时催收钱粮的方法对"小民"来说十分艰难，因而
最好采取武阳县"义图办粮"的方法代理收税。丁日昌在另一个文件中又提
到高邮州采用了这个方法。[108] 这种方法同上述江西所采取的相比，至少有
一点是不同的：它是政府行为的结果，而非地方努力的产物。在广东南海
县，一名在 1862 年被清廷恩赐举人头衔、次年又得到国子监司业头衔的长
者，为其图组织内所有甲长修建了一座会馆，作为他们聚会的场所，以及收
纳钱粮的地点。结果，"乡中无催科者至"，[109] 与江西的自愿制度取得了相同
的效果。不过，这只是个人的慷慨行为，而非全体村民集体合作的结果。与
此不同的另一种做法，发生于广东南海儒林乡，由宗族承担起反对税吏敲诈
勒索、保护纳税者的义务。根据一位地方志修纂者 1880 年代的记载，由于
情况令人难以承受，因而该乡的一些宗族准许宗祠管理者催征收缴各户税

[106]　葛士浚《皇朝经世文续编》，32/4b-5a。〔编者按：江西巡抚德馨《确查江西丁漕积弊
并设法整顿疏》，光绪十一年。〕
[107]　葛士浚《皇朝经世文续编》，32/19b，翰林院侍读王邦玺的一篇上奏。〔编者按：《缕陈
丁漕利弊户口耗伤情形疏》，光绪十年。〕
[108]　丁日昌《抚吴公牍》，45/10b。
[109]　《南海县志》，22/3a。

款，从而减少衙门代理人敲诈勒索的机会。[110]

与地方秩序相关的活动

在中国乡村，保甲头领作为清政府的代理人，承担起侦探犯罪活动、防止不良分子藏匿在乡邻的职责，除了他们之外，许多村子都有自己的头领，村民依靠他们维持一定程度上的和平和秩序。在某种程度上，这些乡村头领履行的是地方官的职责，特别是解决乡间争端，防止村民的言行举止脱轨，在社会动荡期间组织所在村社反抗土匪的抢劫。道格拉斯（Robert K. Douglas）在 19 世纪最后几年观察指出，本来应该由地方官承担的"大量的事务"，落到了"他那没有官职的伙伴"——村庄领袖——的肩上。[111] 虽然"大量的"一词含有对乡村领袖角色的高估，但他的看法是相当正确的。

解决地方争端是这些乡村头领的职能之一。没有什么正式的组织为解决地方争端而设，不过通常每个村庄适合担任仲裁工作的人，都是被村民认可的。这些人通常以正直、公正和思维敏捷而著称。他们可能属于有财产、有地位的家庭；或者如同华南许多地方一样，他们是宗族的族长。虽然绅士地位并不是必不可少的条件，但是谁拥有学识，谁就明显拥有优势。[112] 在一些乡村，由村长之类的头领充当仲裁人。[113] 无论仲裁者的个人条件和地位如何，他们的仲裁一般都得到争论双方的尊重。

仲裁的范围，小到解决村民之间的小争吵，大到解决宗族之间的暴力冲突。下面是韩兆琪（1878 年取得贡生身份）成功化解广东番禺县一个村子宗族内部宿怨的一个好例子：

> 古坝韩姓同宗也，分东西两大房。两大房为争潼道门楼……酿成械斗，乡人奔避，族法无从制止。官示亦不能禁遏。正绅三五人以宗谊请回乡调

---

[110] 《九江儒林乡志》，21/30a。其他事例引见第八章。

[111] Douglas, *Society in China* (1894), p.113.

[112] 例见：《东莞县志》，68/5b、15a-16a 和 70/8a、12b、15b；《续修庐州府志》，54/9a 和 57/2b、4a、6a；《莘县志》，7/29a-b。

[113] 《翼城县志》，30/6b。

处，兆琪不避艰险，亲临斗境，和容正论，调护两方，悉降心相从。[114]

　　一般说来，这种情况并不怎么引人注意。许多村民争端和邻里争吵，都是在村子或乡镇茶房里解决的：争端双方、仲裁者和旁观者都聚集在茶房，仲裁者首先听取双方理由，然后作出仲裁。如果没有其他处罚，那么被判决无理的一方要支付所有在场人的茶钱。[115]

　　在乡下，打官司通常要花很多钱财，而且很麻烦，有时候无论对被告或原告来说都是毁灭性的打击，[116]在衙门外解决对双方都最为有利。心地善良的地方官员就常常说最好不要打官司，并将诉讼双方发送回各村，由其乡邻仲裁解决。[117]充满感激的村民就会提供帮助给有效率的仲裁者作为回报；就像下面这位明显有文学天分而没有财力的生员：

　　　　新昌俞君焕模，贫士也，道光己亥科乡试，俞欲往而窘于资，因忆及往年曾为某村息讼事，姑往干谒。至则村人欢迎，争为设馔，赠以二十余金。……赴杭……入试闱……竟得解元。[118]

　　然而，并不是所有仲裁都很有效。一般说来，非常严重的争端不能诉诸仲裁。关涉"人命"的案件，一般由衙门解决，即使并没有发生什么犯罪（谋害或谋杀）也是如此。因此，被牵涉进去的村民就经常受到衙门走卒或

　　[114]　《番禺县续志》（1911），22/21a。

　　[115]　Martin Yang, A Chinese Village (1945), p.196："许多社区争端和邻里纠纷，都是在市镇茶馆里通过喝所谓的'调解茶'解决的。"

　　[116]　例见骆秉章1861年担任川陕总督后所写的《戒讼文》。他生动地描述了打官司带来的灾难性后果，警告所有居民不要打官司。他的文章以两句俗语开头："饿死不可做贼，气死不可告状。""守衙役，平地虎。"参见《花县志》，10/34a-b 所引。

　　[117]　例如，1801年中举、先后担任江西弋阳和赣县知县的杜宏泰，就以如下方式处理所有诉讼案件："讼者挟牒至，常委曲譬喻，令归听乡邻居间。必不得已，则立为剖讯，两造无留难。"参见《巴陵县志》，31/6a。黄六鸿在其《福惠全书》11/16a 中也记述说："每岁值乡农播种之时，有司悬牌，大书'农忙止讼'四字……非有命盗逃人重情，一概不准。此系从来定例。"黄此书作于17世纪。

　　[118]　陈其元《庸闲斋笔记》，9/15b。引见《中和》月刊第1卷第109页。〔编者按：一士《彝斋漫笔》，《中和》月刊第1卷，第9期。〕

乡间恶棍的敲诈勒索。19 世纪，发生在南方一个村子的媳妇自杀案件，就毁灭了一个富裕之家。[119] 此外，只要诉讼案件是"讼棍"以及那些与他们狼狈为奸者的收入来源，仲裁就永远取代不了由衙门进行的审判。[120]

或许，村民所遭受的最大不幸是仲裁并不总是公平、公正。下列对华南一座村子情况的描述就反映了这一点：

> 在凤凰村，仲裁并不总是不偏不倚地进行的。该村发生的许多事例都表明大家族或房能够误导仲裁或让它流产，而村长又被他们左右。如果被害一方所属家族已经没落，或者没有近亲，而他的财力和学识都有限，那么，他就很难向有强大家族支持的冒犯一方完全讨回公道。如果被害方坚持要求讨回公道，村长或许会给予，而有势力之家族成员则会采取各种各样间接手段，无休止地折磨被害方，直至使之屈服。[121]

因此在凤凰村这个近代乡村，面对宗族的支配影响、财富和"学识"，仲裁被证明是无能为力的。可以合理地假定，这种情况对早些时候的一些乡下村庄也是适用的。

乡村社会秩序是通过制定并执行乡规这种实际而积极的方法来维持的。根据近代一位地方志修纂者的记述，该地方志较早的刊本有一部分记述了旨在提高村社利益的措施和禁令；这些措施是由有关地区的绅士和普通百姓起草、经地方官同意了的。[122] 另一位地方志修纂者记载了一个事例，说石湖村（在广东花县，有 1,200 人）有名用钱买了五品官衔的富商，"集乡绅，订立乡规，以树率循"。[123]

---

[119] 丁日昌《抚吴公牍》，20/1a-b。

[120] 《江津县志》卷一上，17a，关于在中国西南一乡村发生案件的叙述。这一事例证明一句客家小调："衙门深似海，弊病大如天。"

[121] Daniel Kulp, *Country Life* (1925), p.323. 斜体是原作者所标〔编者按：译本改为着重号〕。

[122] 《佛山忠义乡志》，17/1b："旧志有乡禁一门，皆关乡中利弊，由士民请官核定。"参见 Daniel Kulp, *Country Life*, pp.320-321。

[123] 《花县志》，9/26a。

乡规的成功推行，取决于推行者的良好素质。据说，太平天国领导人洪秀全还在家乡时，就制定了五项措施，供族人遵循。他规定，凡是冒犯长辈、诱奸女人、不孝父母、赌博游荡或"作恶"的人，都要遭鞭打。他把这些措施写在木牌上，分发各户家长。村民们都很尊重他的戒律，有两名冒犯长辈的年轻人就因害怕洪秀全惩罚而逃走。[124] 在华南另一乡村，有名举人（与洪秀全同时代）禁止所有错误行为，成功地"整饬风俗"。由于他强烈而彻底地禁止赌博，"赌徒不敢逞"。他的威望非常高，因而能够改变这向来根深蒂固的恶习。一部地方志记载说：

> 九江旧俗，女子不乐返夫家，强迎之，则自尽……（冯）汝棠悬为厉禁，有犯者许夫家槁葬之，母家无得过问。由是俗渐革。[125]

的确，一些长者因享有非常高的威望，可以对其邻居发挥直接而有决定性的道德影响。广东花县一座乡村的长者叶松龄（身份不详）据说就是这样：

> 晚年居乡，乡人有私争者，得松龄片言，纠纷立解。里人某甲偶不检，致犯乡规。乡人将集祠议罚。甲乞于众日：宁愿伏罪，毋令松龄闻。[126]

古柏察记载了一个奇怪事例，说有名浪子回头的赌徒与村民一起努力，禁绝了他的村子的赌博恶习：

> 在中国，赌博（在法律上）虽然是被禁止的，但是几乎全国各地都在盛行。在我们传教士驻地附近、离长城不远有一个大村子，就以其专业性赌棍而著称。有一天，村中一个有地位有势力的家长（他本人爱好赌博）决定改变村风，因而举行宴会，邀请主要村民出席。宴会快结束

[124] 简又文《太平军广西首义史》（1945），第113页。

[125]《南海县志》15/1a。还请参见胡适的大作《四十自述》（1933，第4—5页）。胡适说，只要他父亲要回家（安徽绩溪县）的消息传来，周围20里内的赌馆、鸦片烟馆立马关闭，避免遭到这位长者严厉的批评。

[126]《花县志》，9/23a。

时，他站起来对客人发表演说，首先评价了赌博带来的后果，然后建议成立一个戒赌组织，将赌博恶习从村中铲除出去。客人们刚一听到此建议，非常吃惊，但经过激烈争论之后，最终同意了他的建议。接着，与会者起草了一个协议，并在上面签了字。协议规定，签字者不但本人必须戒赌，而且必须阻止他人赌博；如果赌博者当场被抓到，就立即带到衙门面前，根据法律规定进行惩罚。随之向村民宣布戒赌组织成立起来了，警告说已下定决心并准备随时采取行动。

几天后，有三名赌博成性、把规定当成耳旁风的赌棍，手中拿着赌牌，被当场抓住。他们被五花大绑，押到最近城镇的衙门，不但遭到严厉的鞭打，还受到很重的罚款。我们在这个村子里停留了一段时期，可以证明这项措施在改变村民们根深蒂固的恶习方面所产生的效果。的确，在这个村子戒赌组织成功的刺激下，其他许多邻近村子也组织了同样性质的组织。[127]

地方防御

另一种类型的重要活动，由许多村庄展现出来。在社会动荡期间，一些受到土匪或反叛者威胁的乡村，在地方官鼓励之下或自发地组织起来，保护桑梓。至于乡村保卫力量，一般被称为"乡勇"或"团练"。清政府平常对乡村武装怀有戒心，宣布私下携带武器是非法的。但是在社会动荡期间，尤其是在19世纪中晚期，就不得不利用乡村武装力量来对付规模越来越大的暴乱和反叛。它指示地方官督促村民组织乡勇或团练，[128] 经常

---

[127]　Huc, *Chinese Empire* (1855), II, pp.80-81.

[128]　张寿镛《皇朝掌故汇编·内编》，53/18a-27a；《江西通志》，卷首之四，3b；《通州志》(1879)，7/25a-26a；《续修庐州府志》，22/2b、26/27b、27/1a、34/11a-12b、36/1b和卷38各页；《邯郸县志》，10/14b；《花县志》，6/6a-b。两江总督刘坤一认为团练非常有用，因而建议清廷以之作为建立清帝国近代军队的基础。参见张寿镛《皇朝掌故汇编·内编》，53/27a-28b。根据《清史稿·兵志四》，1a-8b的记述，"乡兵始自雍、乾，旋募旋散，初非经制之师。嘉庆间，平川、楚教匪，乡兵之功始著。道光之季，粤西寇起，各省举办团练，有驻守地方者，有随营征剿者。"曾国藩把团练区分为"团"和"练"，主要是把前者同保甲连在一起，把后者同"勇"连在一起。曾国藩《复刘詹崖》："团练一事，各省办法不同。……约而言之，不外两端，有团而兼练者，有团而不练者。团而不练者，不敛银钱，不发口粮，仅仅稽查奸细，捆送土匪，即古来保甲之法。团而兼练者，必立营哨，必发口粮，可防本省，可剿外省，即今日官勇之法。"参见曾国藩的《曾文正

将这种地方力量——尤其是在政府鼓励之下组织起来的武装力量——调离本地到他乡作战（湖南团练就是一个最著名的例子）。另一方面，地方自己积极组织起来的力量，通常用来保护自己的村子，很少离开本土到他乡作战。

地方武装力量的发起通常来自乡绅（在社会动荡期间，他们所受威胁更大），但平民并没有被排除在领导层之外。在地方防御活动中，安徽合肥西乡的一位佣工解先亮或许就是最著名的平民领导人之一。在太平天国军队于1853年进攻皖北之际，皖北各地土匪蜂起。在此背景下，解首先站出来提议组织团练，并负责修建防御墙保护村社。据说，反叛者始终未能攻下他建立起来的防线。[129]浙江海盐县澉浦镇菜农沈掌大，在1861年积极组织地方防御，抵抗太平军的进攻。[130]诸暨包村农人包立身率领乡邻进行了一场虽然失败却很勇敢的保卫家乡的战斗。根据署理浙江巡抚1864年的上奏，包村在1862年（同治元年）被攻陷之后，包括乡绅和平民在内的14,000名村民、难民被屠杀。[131]尽管如此，乡村防卫的大多数领导人还是由乡绅或士子（包括有功名和没功名的）来充当的；他们利用自己的地位和学识，比普通百姓更适合这项任务。

有关乡绅士子领导地方防御活动的事例数不胜数。[132]不过，这个阶层的领导大体上可以分为两种类型或两个层次。高层的领导者，出面组织乡勇

公书札》，13/1b。

[129]　《续修庐州府志》，49/16a。

[130]　《澉志补录》（1935），32a-b和70b。

[131]　引见刍厂《寄轩杂识》，《中和》月刊1942年第三卷第六期第128—132页。李慈铭《越缦堂日记·孟学斋日记》，甲集首集卷，49b，关于这一事例的叙述过于热情。在同书甲集尾，17b，他补充说："（包）立身本村氓，不识字……其起事也……自言与仙人往来……每出战，立身挺身大呼而前，不持兵，贼见之，辄辟易。……越人皆谓有神助，益附之。然竟破灭。越中故家大族多诛灭无遗类。……乡人颇言其有异志，不以朝廷为念云。"以这种观点来看，包立身并不是一个普通农人，而是具有某些"异端邪说"思想的文盲实践者。他借口反对太平天国，组织军事力量，企图实现自己的秘密野心。

[132]　例见张寿镛《皇朝掌故汇编·内编》，53/22b；《巴陵县志》，19/10b-20b；《靖州乡土志》（1908），1/25a、42a-b、43b、47a；《广州府志》，81/30a、82/5b、16b、18b和134/25b-26a；《郁林州志》，18/1b-73b；《徐州府志》，卷二十二，中之下，9a-b；《滁州志》，卷七之五，3b-4a；《续修庐州府志》，48/2b、53/17a-b和54/8a；《蒙城县志书》，6/4b-15a；《卢龙县志》，19/13a-b；《邯郸县志》，10/35a和44a-b；《莘县志》，7/30a和35b-36a；《郓城县志》，10/3a-b和5b；《江津县志》，3/17a-b和18a；《富顺县志》，12/57b。在一些地区，由于非常需要由乡绅来领导，一些团练的负责人并不

或团练，负责筹集资金并掌控运作。这种领导者通常具有特殊地位，拥有相对雄厚的财力。低层的领导者，负责实际指挥。乡绅士子经常作为指挥官，同普通士兵一起战斗，但较小单位的指挥官，绝大多数都由平民担任。[133]可以肯定，在清政府认为需要团练的地方，它自然希望由乡绅出面领导。[134]

不同地区实施情况各不相同，术语也不一样。低级单位的指挥官一般称为"团长"或"练长"或"团练长"。高级单位的指挥官通常称为"团总"或"练总"。[135]防御组织的负责人或领导者一般在某个村子或乡镇设办公地点；这种办公地点有时称为"团练局"。有时，任命一人负总责，称"局长"；有时由一些人共同负责，称"绅董"。团练的经费、供应、训练以及其他重要事务，均由负责人或管理者讨论、决定并执行。[136]在一些地区，团练局还负责解决村民之间的争端；在太平天国起事期间及其以后，广东花县的"花峰局"就是这样。[137]

村庄和乡镇，由于不像县城有城墙和护城河的安全防护，通常在自己四周搭建木栅栏，更多的是修建泥墙或石墙来强化防卫。这些被称为"寨""堡"

一定是有关村社的居民，广西一些"城乡皆设团防（亦即团练）"的地方和一些"绅士人众，可为首领"的地方，即是如此。参见《股匪总录》（1890），1/8b。

[133] 除了上述注 132 中所引地方志之外，还请参见《翼城县志》，29/35a-b；《确山县志》，18/19b-28a；《续修庐州府志》，卷 36—49 各页；《广西昭忠录》（1870），7/16a、26a、31a、34a、35a 和 8/3b-64a。

[134] 例见：《江西通志》，卷首之四，3b，咸丰二年发布的一道上谕；《续修庐州府志》，22/2b、27/6a 和 34/12a-b，说清政府托付李文安和其他人负责团练工作；《确山县志》，24/16a，1860 年（咸丰十年四月十六日）发布的一道上谕，授权江苏、安徽、浙江和河南的绅士（当时这些绅士要么在北京供职，要么住在其本地）帮助训练团练。直到 1898 年，两江总督刘坤一还建议由地方绅士来负责团练工作。参见张寿镛《皇朝掌故汇编·内编》，53/27a-28b。G.B. Fisher, *Three Years' Service in China* (1863), p.57，叙述了咸丰帝和广东按察使的一段对话，提到了镇压广东清远县反叛者的情况：

问："何者作用最大？绿营兵，或乡勇？"
答："一般而言是乡勇。"
问："谁指挥乡勇？"
答："指挥官由本地人充当，首领也如此。……当然官府也派人负责，如县丞、主簿、镇长、典史。"

由此来看，清远县的地方官直接控制了乡村武装力量。

[135] 参考本章注 132 和注 133 所引。

[136] 例见：《佛山忠义乡志》，3/4b、11/28b-29a 和卷十四《人物六》，6/26a-b；《香山县志》〔编者按：应为《香山县志续编》〕，4/2b；《番禺县续志》，5/24b 和 42/9b。

[137] 《花县志》，5/21b。该县的其他局的功能与此相同。参见同书，5/22a。

或"圩"。如果村子地势不易防御，就会选择比较适宜的地点建筑"寨"或"堡"，并将值钱东西移入其中加以保护；村民有时也住进去以确保安全。实际上，在中华帝国各个历史时期，那些受到土匪或反叛者威胁的地方，都有这种堡垒的存在。[138] 笔者仅举 19 世纪发生的几个事例，来说明此点。在江苏铜山县，98 个村子的村民为了保护自己、反抗"粤匪"的威胁，在 1858 年到 1865 年间共修建了 133 个"寨"。[139] 安徽合肥城西乡某村生员，在 1846 年到 1860 年间率领村民成功地抵挡了"捻匪"、太平军的进攻，"筑堡浚濠……依之者近万户。贼来则堵，去则耕。西乡得少安"。[140] 广西郁林州各村村民知道在土匪到来之前逃跑是无益的，在当地地方官竭力说服下，从 1854 年开始修建防御墙，"各于村四周筑立土墙，或砌土坯，饶裕之村，则有用三合土者，皆高可隐身"。[141] 河南省的村民，在本省受到捻军起义威胁期间，经常在他们的"寨"或"圩"里寻求安全。[142] 一名西方人 1860 年代末旅行穿过该省时，看到相当多数的村子都有围墙保护，"墙厚 6 英尺或以上"。[143] 大约与此同时，在山西一些县区也可以看到类似的堡垒；在某县，"有时一眼就能看到多达 20 个的堡垒"。[144] 据说，四川富顺县的村子从 1851 年到 1898 年间所修建的"寨子"不少于 74 个，其中最大的是三多寨。修建这个寨子，共花费 70,000 两左右银子，用了 7 年时间（1853 年到 1859 年）。它周围长为 1,300 丈（大约 5,000 码），里面土地有 4,000 亩（大约 600 公顷）；寨墙高达 3 丈（大约 30 英尺），厚 8 或 9 尺（大约 10 英尺）。[145]

---

[138] 《淮安府志》（1884）3/18b-19a 中记载这么一段资料："故西汉赤眉之乱，第五伦、樊弘诸人为营堑以自卫……明季流寇蔓延，秦豫之人，并小村为大村，筑垒距守，贼退则间出耕作，贼至则荷戈登陴。"（保卫乡村，抗击入侵者。）

[139] 《徐州府志》（1874），16/1a-35b。

[140] 《续修庐州府志》，50/33a-b。

[141] 《郁林州志》，18/20b。

[142] 《南阳县志》，8/29b；《确山县志》，18/18a。

[143] E. C. Oxenham, "Report on a Journey from Peking to Hankow, 1868," 引见 Alexander Williamson, *Journey in North China* (1870), II, 406; Mark S. Bell, *China* (1884), I, p.392.

[144] Alexander Williamson, *Journey in North China*, I, p.325; 作者 1865 年 10 月在山西介休县附近地区旅行时所作的观察。

[145] 《佛山忠义乡志》，8/17b-36a。有关对直隶邯郸县乡绅 1862 年共同努力修建范围较小的"寨"的描述，请参见《邯郸县志》，14/49b。

村庄防卫组织的作用，在一定程度上是不能否认的。它们给村民提供了某种程度的保护，帮助清政府减少地方混乱、压缩"贼"的活动空间。[146]事实上，清政府很快就认识到地方武装的价值。早在1797年，就有人建议清政府组织地方力量对付当时规模较大的白莲教。[147]在太平天国举事期间，清政府更竭力依靠乡勇或团练来镇压：先是依靠特别任命的高官来完成这个任务；后来又依靠与官府合作的乡绅。[148]但是，清王朝当局在准许村民自己武装和组织自己方面，并不是没有疑虑。他们迫于形势而不得不利用乡村力量，同时又以警惕的眼光注视着它们；1863年发布的一道上谕就特别能说明这个状况：

> 鄂省西北边防正当吃紧，官文、严树森当饬各该州县不可废弛团务，又必须选择贤能之地方官督率绅民，认真妥办，俾守望既可以相助，而权亦不至归诸民间。[149]

清政府所面临的又一困难，是团练领导者的动机并不总是符合清王朝的要求。一般说来，乡绅的直接目的是保护自己的家乡和村社，而不是协助清政府剿"贼"；咸丰帝在1860年发布的一道上谕中就反映了这一利益矛盾。在提到他已经下令各省当局鼓励乡绅和村民成立团练组织，以及在受太平天国叛乱影响的地区扩大团练工作的必要性之后，接着说：

　　[146]《淮安府志》（1884），27/84b-85a中提供了一个极好的事例。江苏桃源县知县吴棠1853年一接到上司命令，"招集民勇……乡镇立七十二局，练勇数万，首尾联络……数百里间隐然恃若长城"。

　　[147] 稻叶岩吉《清朝全史》〔但寿译，1924年上海中华书局版〕第三册，第21—22、31—32页。

　　[148] 19世纪50年代早期，清廷设置"团练大臣"一职。1853年，曾国藩担任此职。不过到1860年，清政府认为一些省份的团练大臣的努力情况并不令人满意，潘祖荫和颜宗仪两人1861年的上奏就说明此点。参见张寿镛《皇朝掌故汇编·内编》，53/21a-b。在不再设置团练大臣一职之后，清政府指示地方官主要依靠乡绅来编训团练。参见同书53/24b-25a，1862年（同治元年九月）发布的一道上谕。然而，清政府意识到有必要利用乡绅的合作。参见《江西通志》，卷首志序，3b，咸丰二年十二月发布的一道上谕。

　　[149] 张寿镛《皇朝掌故汇编·内编》，53/27a。

即着在京籍隶江苏、安徽、浙江、河南等省之大小官员，将如何团练、助剿及防守一切事宜，务须统筹全局……不可自顾乡间。[150]

不过，保护自己村庄的安全总是组织团练的主要动机。一部地方志的修纂者对此主要目的作了生动的描述。他在评论清政府 1796 年设法利用地方防御力量镇压王三槐领导的四川白莲教叛乱时，写道：

乡勇守护乡里，易得其力。若以从征，则非所意，无室家妻子田庐坟墓之足系其心也。[151]

在某种程度上，清政府正确地估计了地方防御力量的作用。不用说湖南和安徽的团练是如何的成功，在其他地区，也证明了地方防御力量的兵丁素质比绿营兵丁要好。一位西方目击者在咸丰朝后期写道：

在太平天国起义期间，我们看到政府兵丁毫无用处，起义者遇到的主要障碍来自志愿军。他们在富者高额兵饷的引诱下，当兵入伍，从事与皇帝的敌人的战斗。在天津拯救了北京的是志愿军。……正是这种"乡勇"击败了太平军，造成他们主要的挫败。

在描述广州情况时，这位西方学者说道：

我们间隔一段时间就必须挤过设在街道上的路障。每一个路障旁，都站着一名手持长矛的人，其酬金由街道上的户主支付。迄今为止，他们是我们所看到的最好兵丁。其次是乡勇，他们长得瘦长，手中武器低劣，穿戴简陋。他们虽然大腿以下赤露，但个个精神抖擞。多么不同于那些衣服破烂肮脏、流浪汉般，却让人心痛地称作"兵丁"的人——他

---

[150] 李慈铭引自邸抄，参见其《越缦堂日记补》，庚集中，47b-48a，咸丰十年四月十六日。
[151] 《夔州府志》（1827），2/19b，引龚景瀚的《坚壁清野议》。

们低贱、凶狠、胆小卑鄙，更适合一场屠杀而不是作战。[152]

这名学者对乡勇的战斗素质的观点，从乡勇在帝国的许多其他地区被称许为表现良好的事实得到证实。[153]

然而，并不是所有乡村都成立了防御组织。许多乡村因为太小或太穷而无力负担，尽管它们的确需要成立防御组织，以抵抗经常抢劫富户、向居民许诺过好日子的"土匪"。即使在有必要进行防御的乡村地区，处于极度危险中的村民也并不一定拥有足够的意志力成立防御组织。在一些乡村，乡绅在反叛者或土匪到来之前就逃之夭夭，听任入侵者蹂躏自己的村社。从1853年清廷发布的一道上谕中，我们可以看出江西经常发生这种情形。[154]在危险似乎还很遥远时，除非州县官员或高级官员发出强烈的警告，乡村头领不会采取任何行动。关于此点，恰好可以参看山西翼城县的一个例子：

> 军兴以来，各省督抚莫不饬府州县属设勇丁以资捍御，名曰乡团。同治建元之岁，陕省不靖，邑侯程奉檄商集诸绅，谋设勇丁二百名。诸绅有难色。去后，邑侯折柬催者数四。比至署，出檄展示，且曰：此事万难缓。诸绅不获已……丁卯冬，捻匪自吉州迤逦而东，邑侯赵飞札诸绅，曰：寇深矣，可若何与？诸绅徘徊久之，增勇丁三百名。[155]

像这样的情况强化了政府介入的说辞。无论怎样，在清政府看来都必须对乡村防御组织进行监督或控制。当时的一些学者相信，在曾国藩和左宗棠总指导下的团练组织之所以非常成功，主要原因在于清政府进行了精巧的监督。[156]曾国藩本人认为，团练是否有效，取决于"明干之州县，公正之绅

---

[152] John Scarth, *Twelve Years in China* (1860), pp.155-156 and 221.

[153] 参考注 134 中所引。

[154] 《江西通志》在卷首之四，6b 中所记载的 1853 年发布的一道上谕，其部分内容是："江省民情素称懦弱，即绅士等亦不免纷纷迁徙（避贼）。"

[155] 《翼城县志》，38/25a-b。

[156] 张寿镛《皇朝掌故汇编·内编》，53/22b-23a，引述了湖南巡抚毛鸿宾 1861 年的一篇上奏。参见同书 53/17b，1800 年（嘉庆五年）发布的一道上谕。

者"，他们可以把平常胆怯的村民变成战斗勇敢的兵丁。[157]同一时期的另一名官员认为，地方富裕和处境极度危险是产生强有力的团练组织的两个条件，能干的地方官员则是决定因素。[158]

但是，官府介入并不总是有用。有能力的州县官员设法让地方防御组织取得满意的成果，而愚蠢无能的官员却经常妨碍它们的正常运作。团练工作艰巨，必须有相当多的技巧和耐心才能完成。清政府的愿望常常因地方环境不利而不能实现。由于经常采取一些权宜之计，对清政府或地方村民都产生了一些不愉快的经验。

在一些地区，团练只不过是在旧的保甲制度基础上成立的。[159]在另一些地区，地方武装与正规军一起使用；这种做法通常不利于地方武装。这里可以举一个例子，虽然并不一定典型，但可以说明问题。1800年，一名监察御史观察到有关情况后上奏清廷指出，官兵指挥官虽然认识到官兵战斗力低下，却仍然怀疑乡勇，因而利用乡勇单独承受敌人进攻，而以官兵在后压阵。其结果是：

兵之待乡勇，以奴隶使之。常时则于营盘挖泥除草樵薪水火等事，晚宿则护于兵之外。有贼则兵在后督之，受伤则惟乡勇，有功则归兵。此稍有膂力之乡勇，亦尽逃散，而穷饿之乡勇始屈以就旦夕之须，至于

[157] 曾国藩《曾文正公书札》，4/2a〔编者按：应为4/2b〕，1853年回林秀山信。几年后即1861年，曾国藩指出不能只依靠绅士。他在给另一位朋友的信中写道："乡团实不足御大股之贼，其绅董之为团总者，尤难其选。贤者吃尽辛苦，终不能以制贼。……不贤者则借团以敛费扰民，把持公事。"参见同书16/34a。〔编者按：应为16/38a，《复汪枚村》。〕

[158] 葛士浚《皇朝经世文续编》，65/5b，载龙启瑞《粤西团练略序》："凡团练之精壮者，大抵见贼多处也，不然则民力之富厚者也，不然则得贤有司倡率之者也。三者不可得兼，而就今日已成之事论之，尤以贤有司为急。"

[159] 例见《江津县志》，10/5a-6a；《富顺县志》，8/15b；《兴国州志》，2/10b；《广西通志辑要》，10/7a；刘衡《庸吏庸言》，第102—104页。关于此点，正如上述注128中已经指出的，同曾国藩的看法部分吻合：按照保甲制度原则组织起来的地方防御组织是有用的。他在1853年左右所写的另一封信中指出，既然训练团练极为困难，那么他就只会强调"团"而不关心"练"。他继续说道，"团"实际上就是保甲制度，完全可以利用户口登记入册和检查来完成，使得土匪在任何地方都找不到藏身之处。参见曾国藩的《曾文正公书札》，2/10a-b，《复文任吾书》。他在同书2/35a写给吴甄甫的信中，所叙述的观点几乎完全与此相同。

临贼亦归逃散也。[160]

　　团练与保甲及官军进行适当协调的问题，并不是团练在运作过程中所遇到的唯一困难。官府介入地方防御，有时加重了村民的负担。正如 19 世纪一位学者所指出的那样，清政府利用团练，其目的不只是用来填补毫无战斗力的正规军队，而且把部分军事花费转嫁到村民的身上。[161]

　　然而，愿意为自卫而出钱的村民不愿意为清政府控制的地方军队买单，是可以理解的；或者说，村民们太贫穷了，根本拿不出什么钱。曾国藩就清楚地认识到这一困难，因而一时间拿不定主意是否推行自己的团练编组计划。在给朋友的信中，他这样警告说：

　　　　团练之事，极不易言。乡里编户，民穷财尽。……彼诚朝不谋夕，无钱可捐，而又见夫经手者之不免染指，则益含怨而不肯从事。[162]

　　有时，地方官和乡绅之间也有矛盾。即使在团练特别成功的湖南省，清政府也感到并不总是事事如意。与曾国藩同代的一位官员就指出：

　　　　地方官之贤者……殆不数觐。其不贤者，深居简出，若无所事事，一以委之绅民。绅民乐其易与也，捐资教练，诘奸捕盗，致之于官，曰挞之，官则挞之；曰杀之，官则杀之。……或有傲岸之吏……动相违拗，至于龃龉。……又有贪墨之吏……无办团御贼之心，赎赇而诡秘，

　　[160]　《皇清奏议续编》，3/7a，张鹏展 1800 年的上奏。
　　[161]　葛士浚《皇朝经世文续编》，65/9a，贾履上 1800〔编者按：应为 1860〕年所写的一文〔编者按：《松郡民团经久刍议》，其部分内容如下："增兵难，筹饷尤难。……于是择费之暂者而为招募，又取其费之无者为团练。"曾国藩也看到了将经济负担转嫁到村民身上的几种情况。参见曾国藩的《曾文正公日记》，1859 年（咸丰九年十一月三日和五日）。曾国藩关于湖北一些地区流行的做法和安徽所采取方法的叙述，参见《曾文正公书札》，13/34b，《复左季高书》。
　　[162]　曾国藩《曾文正公书札》，2/10a-b，《复文任吾书》。葛士浚在《皇朝经世文续编》68/9b 中也收录了此段资料。应该指出的是，正如清廷 1800 年所发布的一道上谕所说，乡勇和团练之间一区别在于："各省招募乡勇，多系随时招集，贼至则聚众而防守，即贼去则散归本业。……自不如团练乡勇，常给口粮，随同官兵，分布要隘，较为得力。"〔编者按：见《大清历朝实录·仁宗朝》63/7a-b，嘉庆五年夏四月乙酉。〕

日与不贤之绅民，促膝耳语，按籍以稽部民之肥瘠，曰：某也应纳团费若干，某也应纳练费若干。不纳，则缧绁从事矣。绅民阳请缓其狱，出则曰："官怒矣，倍蓰而罚尔。"入则曰："某也非甚富，愿有私于君，而不著名于籍。"官乐其便也，于是绅民得十之八九，官得十之一二。[163]

很自然，村民们在成立地方防御组织的过程中不断发出了自治的呼声。当时的一位学者，在评价一位 1854 年在家乡发起自卫组织的湖南团练领导人时就指出：

余尝谓乡团御贼之事，独宜听民之所为，而官无多预焉。何则？彼其身家诚知自急。……若将以为法令而驱之使集，则民苟以其名相应，而黠猾之徒妄为侈张以取媚于官而渔猎闾伍之利。[164]

然而，困难的根源，比政府介入更深一层，乃是并非所有村社和乡村头领都有能力承担地方防御的任务。有时，他们明显没有战斗意志。1861 年春，蓝大顺率领起义军攻占四川潼川府。据当地一学者所说，当地团练被证明毫无用处：

乡人窃望身独善，害未亲尝心不愿。练团御贼待贼来，贼未来时团已散。[165]

另一名目睹太平军攻占南京的学者也说："若团练土人，乃土人自为之以保其村，不能御外村之强者，无论贼矣。"[166]

[163] 王怡柯《农村自卫研究》（1932 年）〔编者按：河南村治学院同学会刊〕，第 82—83 页，引《山东军兴纪略》，卷二十二下，毛鸿宾的上奏。〔编者按：引文出自《山东军兴纪略》卷二十二上《团匪一》，该书编者的案语，非是毛鸿宾的上奏。〕

[164] 葛士浚《皇朝经世文续编》，68/12b，吴敏树所作的《黄特轩传》。

[165] 《潼川府志》（1897），17/38a-b，陈谦在 1861 年春，蓝大顺率兵攻打潼川府期间所写的一首诗。本文引用时，对部分作了意译。〔编者按：这是一首描述潼川城被围的纪事诗，篇幅颇长，此处摘引的是《纪团练》的部分。〕

[166] 汪士铎（1802—1889），《汪悔翁乙丙日记》（1936），2/1b。

河南漯河县一名设法成立地方防御组织以打击捻匪的退职官员，描述了团练所遇到的一些困难。他在 1853 年（咸丰癸丑年）的日记中写道：

> 五月十九日：闻贼匪过省城，至朱仙镇……意欲联络邻村为守御计，而人心不一，迄用无成。
>
> 二十二至二十三日：贼遂分遣匪徒于平皋、陈家沟、赵堡镇等村抢掠……予南、保封等村一日数惊。
>
> 二十四日：是日乡民皆逃散，予亦送眷属寄他村戚友。本村贫甚，守御无资，人心又不一。
>
> 二十五日：陈家沟友人代予出名约……邻近各村互相防御。
>
> 二十六日：巳刻，予率乡民下滩，各村参差不齐，所闻某村某村之人至滩，皆不见。……至柳林，贼张两翼而出……而乡民闻枪声，皆奔归。
>
> 二十七日：贼掠南北张羌等村，居民不能御，皆逃散。[167]

这名心地善良的退职官员，虽然在 1853 年遭到大败，但并不气馁。在 1861 年年末，他又设法保护自己的家乡：

> 十月二十日：邀合村商筑寨。商妥量地，按地亩、人口、房间、牲畜派钱，各项先派钱三百文，不足续派。……外村只照地亩、人口派钱，每亩钱一百，每人钱一百文。本村则大户先出钱，小户做工抵所应出之钱。
>
> 十一月初一：置筑寨公局。
>
> 初二日至初六日：闻平皋、赵堡皆将筑寨，恐附寨村少人寡，难守本村……夜与村众议，趁未动工，不如中止为妥。
>
> 初七日：村众又共议决要办理。
>
> （1862 年）三月底：寨墙筑成，惟器械、枪炮、火药等实无力制

---

[167] 李棠阶（1798—1865）《李文清公日记》，卷十三，咸丰癸丑（1853 年）一月〔译者按：应为五月〕十九日。

备。[168]

乡村之间、乡村与城镇之间以及城镇之间的分歧或利益冲突，也经常给地方防御带来困难。前面所说的那位目睹太平军攻占南京的学者说：

> 团练之难，富者不出财，欲均派中户；贫者惜性命，欲借贼而劫富家；中户皆庸人，安于无事，恐结怨于贼，为官所迫，不得已以布旗一面搪塞。官去则卷而藏之。此今日之情形也。[169]

有时，人们从各自利益出发而采取的行动，不但有害于清王朝的统治，而且危及乡村稳定。1854年：

> 有安庆剃发匠丁三如者，素无赖，今领乡勇五百，溃回，径休宁，索赏五百两。休宁令未与，丁率众大哗，遂涂面改装，大掠。[170]

社会地位较好的人，其所作所为——小至谋取不义之财，大至十足的"土匪行为"——也会使乡勇或团练的颜面扫地。据说在太平军攻占南京之前一小段时期里，许多无耻的"士子"成为乡勇局的负责人。来自南京附近地区所有10,000名乡勇，实际上都是由当地的流氓充当的：

> 一面勒掯恐喝土人以取钱，托其名为助饷，暗中各受馈献。……一面执途人、市人及恇弱瘦怯之书生，使为乡勇。其初不愿为，谓其真为乡勇也。继而黠者教之，遂人人乐为，日取青钱三百。既而贼来，则皆溃。……其家皆近在各乡，半日可到，抛其器械，仍为乡民。[171]

---

[168] 李棠阶《李文清公日记》，咸丰辛酉十月二十日和十一月一日。

[169] 汪士铎《汪悔翁乙丙日记》，3/11a。

[170] 汪士铎《汪悔翁乙丙日记》，2/3a。

[171] 汪士铎《汪悔翁乙丙日记》，2/1a-b；还请参见同书1/4a-b。李慈铭《越缦堂日记补》，庚集末57a-b，咸丰十年十二月二十六日中，引邸抄载僧格林沁的上奏："东省士民倚恃乡团，聚众抗粮。"

浙江金华县和兰溪县的乡绅垄断了团练领导权。开始时，团练还承担起防御地方的任务，但最终变成了当地的祸源。在许多乡村，手持武器的兵丁以检查为名进行抢劫，导致这些地区被行人视为"畏途"。[172] 广西一些地方的乡绅认为，虽然清王朝给予他们头衔和品位，作为他们对地方防御所作贡献的奖励，但并不能给他们带来什么物质利益，因而与其"剿匪"，不如"豢寇分肥"。[173] 贵州某县一位富有生员，在 1850 年代领导团练，并被清政府授予知府官位，暗中却与"贼"交通。在他"保护"之下的所有居民和人户，在入侵来临时都得以幸免。不过，条件是向那名生员提供"团练资金"。由于寻求"保护"的人很多，因而他的生意非常兴隆。[174] 江苏某县一富户家长，也组织了一支地方防御力量。他不但接受清政府授予的头衔，而且也接受太平军给予的头衔，从而平稳地保持着中立。[175] 广西上林县一位团练指挥官，帮助太平天国翼王石达开攻占该县城，太平军封他为"侯"。[176] 此类情况最著名的是苗沛霖的事例。苗本来是生员，在捻军起事期间，他组织了一支很有战斗力的地方防御力量，清政府因而授予他高级官衔；但随后投降太平天国，成为最有力量的"匪首"之一。[177]19 世纪一位中国学者对江西 1858 年左右的情况作了概括：

> 借团练以科敛钱谷者，无论已有名为团总，而实通贼者。……有借充团总而大获重资者……甚至自相雄长，生事忿争，又或率其党羽公然为盗。[178]

---

[172] 陈其元《庸闲斋笔记》，9/15a。他所描述的情形，流行于浙江金华县和兰溪县。

[173] 盛康《皇朝经世文续编》，82/44a。

[174] 《铜仁府志》（1890），9/58a-59b。还请参见《南海县志》，20/6a。

[175] 沈守之的《借巢笔记》，引自《人文》杂志，七卷八期，第 28—29 页。

[176] 《股匪总录》，1/8a-11a。〔编者按：这个人是李锦贵，他被石达开封为"纯忠大柱国体天侯"。〕

[177] 李慈铭《越缦堂日记补》，辛集上，4a，咸丰十一年（1861）二月三日，页 14a 中写道："闻苗沛霖叛。沛霖，安徽凤台人，以诸生练乡民拒捻贼，兵力渐盛，胜保招致之，积官至布政使衔川北兵备道。"

[178] 葛士浚《皇朝经世文续编》，68/11b，朱孙诒 1858 年的上奏。

僧格林沁——被"捻匪"杀害的官军指挥官——也对他所到地方的情况作了类似叙述：

> 至各省设团练，修围寨，原以助守望而御寇盗……乃各团各以有寨可据，辄藐视官长，擅理词讼，或聚众抗粮，或挟仇械斗，甚至谋为不轨，踞城戕官，如山东之刘德培、河南之李瞻、安徽之苗沛霖等，先后倡乱。[179]。

容许可能出现的官员偏见，这段话可视作一个相当可靠的例证，表明地方防御组织并不总是为真正需要保护的村民提供保护。事实证明，一些地方防御组织比起"土匪"来说，对乡村产生的危险更大。目睹过白莲教作乱的著名学者，对"教匪"、官军和"乡勇"作了一个鲜明的对比：

> 教匪杀掳焚而不淫，兵则杀掳淫而不焚，乡勇则焚杀掳淫俱备。故除白莲教外，民间称官兵为青莲教，乡勇为红莲教，有三教同源之谑。[180]

以上对乡村防御的讨论可以得出几点结论。日益逼近的危险让村民之间合作与组织的程度，比承平时期的要高很多。然而即使处于特别情况下，乡村也不一定成为组织完善、团结一致的整体。利益的分歧有时使得乡村防御组织起不到什么作用，甚至还为害一方。清政府总是更关心整体扫平"土匪"，而不是保护任何特定村社；而村民更多的是关心自身的安危。一般人户关心的是自己的生命财产，因而欢迎组织团练，承受它带来的不便和开销；而自私的乡绅或地方恶棍，认为可以利用成立地方防御组织的机会谋取个人非法收入，或扩大非法影响。在一些乡村，有关地方防御的活动总体上并没有给村社带来什么好处；如同其他类型的乡村活动一样，其领导权常常掌握在绅士而非普通百姓手中。

---

[179] 张寿镛《皇朝掌故汇编·内编》，53/25a-b，僧格林沁 1863 年的上奏。
[180] 章嵌《中华通史》（1934），第五册第 1391 页，引包世臣写给魏源的信。

当一些绅士领导者利用他们作为团练负责人或指挥官而得到非比寻常的权力时，地方武装的作用既不是抵抗土匪，也不是向官僚腐败开战，而只是另一种压迫形式。有时，士绅与"土匪"间玩弄的游戏以悲剧收场，无辜者和罪有应得者都遭到不幸。一位西方观察者 1874 年报告说，广东长乐县某村化为废墟，所有村民都被官军屠杀，理由是该村一名有影响的人物加入太平军。[181] 这一事件使那种认为中国乡村的性质是"自治"的观点显得十分可笑。

村际活动

如果 19 世纪的中国乡村性质的确不是"自治"的共同体，那么看起来也不是自给自足的生活单位，即使它有一定程度的组织。无论是在社会稳定时期还是在社会动荡时期，许多例子都证明村子太小，根本无法满足其村民的经济需要和其他需要。因此，当它竭尽所能但还不能满足需要时，乡村活动就越出村社界限，同其他村社的活动联系起来。

村与村之间的活动明显可以分为两种类型。在一些情况下，许多村子通过其头领讨论共同关心的问题；至于计划的实施，则由各个村子分别完成：

> 当地政府提出一些想要实行但不是强制性的计划时，有关地区所有村子的官方领袖就被召集到市镇上同地方当局商量，提出意见。他们回到各自村子后，立即同非官方但地位重要的领袖和村民商量，告诉他们当局提出的计划。村民无权提出任何明确的建议。……在下一个赶集日，官方领袖讨论各个村子非官方领袖对这件事提出的意见。……两三个星期后，事情已经经过反复的讨论，地方当局把官方领袖和当地有地位的人物召到市镇上，作最后决定。然后，各村开始制定实施方案。[182]

---

[181] Charles Piton〔编者按：应为 Charles Pitou〕，"Chinese Government," *China Review*, III (1874-1875), pp.63-64.

[182] Martin Yang, *A Chinese Village*, p.193.

在其他情况下，各村在有关共同利益或满足共同需要的事情上合作，经常在一共同组织的总指导下，共同制定计划，合作实施。此处要讨论的正是这种类型的村际活动。下面几个事例，可以说明这种活动的实质。

前面已经提到直隶邯郸兴修了许多灌溉水闸（其中一个水闸为不少于15个村的土地提供灌溉）；[183] 这些水闸显然是村际合作的产物。广东花县有两个比邻的村子，于1898年决定改进灌溉沟渠。双方达成协议，各自派一名生员负责主持和管理这项改进工程。[184] 河南省漯河县一些村子于1848年〔译者按：应为1849年〕合作疏浚河道，减少洪水危害。有名退职官员就居住在其中一个村子，根据其日记记载，村民们这样进行：

> 七月十三日：闻各村议挑河，喜甚。到处水溢，田园淹没，有司漠然不顾，催科严迫……
>
> 十五日：夜，本村公议挑河。
>
> 二十三日：冯、蔺诸村来说冬春大挑诸河事，令先绘图，催地方往北保封查。[185]

在直隶定州，8个比邻的村子成立了一个组织，在1748年修建了30多座桥梁。[186] 在河南临漳县乡间，有一座处于交通要道的桥梁，由经常使用的4个村子负责维修。[187]

庄稼守望有时也是在村际合作的层次上进行的。根据西方一位调查者在19世纪最后几年出版的著作记载：

> ……守望正在成熟的庄稼由某一个村子承担；或者，由比邻而居的许多村子合作进行。具体细节上的统一要开会讨论。会议地点通常选在对各个村庄均方便的某个庙堂里，参加的人是各个村庄的代表。会议上

---

[183] 参见本章注82中所引资料。

[184] 《花县志》，2/12b-13a。

[185] 李棠阶《李文清公日记》，卷十一各页，道光戊申〔译者按：应为己酉〕年七月十三日。

[186] 《定州志》，22/58a-b。

[187] 《临漳县志》，2/17a。

要确定逮住冒犯者后所采取的措施。……

为了提供一个适当的"法庭"来审理诸如此类的案件，有关村庄代表们以公开集会的形式，推选几位来自各个村庄的头面人物组成"司法"机构，负责对偷盗者进行审判和处罚。[188]

这段记载很能说明问题，因为它指明了村际合作的形式和程序。如果对此形式和程序作适当的调整，也可以适用于其他类型的村际合作。

为行人提供免费茶水及片刻休息的亭子，有时也是村际合作的结果。坐落在广东南海县西樵村的马鞍冈茶亭，就是由简村和金瓯两堡（有墙围起来的村子）于 1875 年捐资修建的；坐落在同县石冈乡的白鹤基茶亭，是石冈乡和石井乡于 1892 年合作修建的。[189]

为附近村子提供服务的乡村集市，有些是由有关村子有地位有影响的人物建立的，有些是由到此赶集的村社共同建立的。[190] 一位近代中国学者引用了一个实际例子，说明华北一座集市是由许多村子共同修建的。根据 1865 年〔编者按：杨庆堃原文称同治三年，为 1864 年〕在集市所在村子竖立的一块石碑上面所载，其修建过程如下：

闻之，以其所有易其所无，市之立也久矣。今要庄（即腰庄）、赵家庄、打渔里等庄，村居毗连，处事义气相同，公起义集。集场设立要庄，集期逢五排十，斗较二十篇，称有十六两二十两不等。从物之所宜，量斗分轮流，如有存积公费等项，按年清算，五分摊补。……如有无赖之徒，混行搅乱，不服旧规，败坏集场者，禀官究治。

（碑阴载）打渔庄、李家庄量斗每月上旬公项五分之二。要庄、太平村量斗每月中旬公项五分之二。赵家庄每月下旬公项五分之一。[191]

---

[188]   Arthur Smith, *Village Life* (1899), pp.164-165.

[189]   《南海县志》，6/13b-14a。

[190]   加藤繁《清代村镇的定期市》，载《食货》半月刊，卷 5（1937 年 1 月），第 63—65 页。

[191]   Yang Ch'ing-k'un(杨庆堃), *North China Local Market* (1944), pp.18-19.〔编者按：石碑原文，引自杨庆堃《邹平市集之研究》，燕京大学博士论文，1934 年。〕

村际合作并不只限于经济活动，还延伸到宗教事务及有关地方社会秩序和防御方面。[192] 笔者手中有一些叙述各村共同努力维持社会秩序、组织防御的资料。《中国丛报》描述了 19 世纪中叶广州附近各村合作组织情况：

> ……近年来，由于犯罪活动惊人地增加，特别是由于三合会的危害越来越大，广州附近各村共同成立了一个组织。根据我们所派记者耳闻目睹，该组织工作得很好。广州附近 24 个村子共同在河南岛（Honan）以南的市镇上修建了一所会堂。各村共同任命一名管理者或会长负责管理此场所，村长们就在这里开会讨论。他们和会长一道，就任何人提出来的任何问题，共同协商决定。……在这个大厅里，24 村所有童生，每月一次由会长召集，就他所出题目进行考试。[193]

由 24 村成立的这个组织，其活动范围十分广泛。类似的组织在清帝国其他地方也存在。根据一个地方志修纂者的记载，嘉庆二十四年（1819），有名进士退职回到他在广东番禺县的家乡。在他的建议下，比邻而居的两个村子合作成立了"深水社"，"小事则乡自调处，大事则合社公议"。[194] 另一地方志也记载说，光绪年间（19 世纪晚期），一名以善于处理突发事件出名的人〔编者按：丁仰淑〕，被选为 16 个村的"总董"，"人情不能一致，淑委曲调停，以平意见"。[195] 很明显，这 16 个村成立了某种村际合作的组织。

即使没有成立永久性的村际组织，不同村子的居民之间所发生的争端，也通常由有关各村协商仲裁解决。安徽徽州有 5 个村的做法就是这样的："如果两个村的村民发生争吵，乡镇上的绅士就聚在一起，听取双方争辩，并设法作出令人满意的解决。如果得不到解决，就送到衙门去。"[196] 或许，最重

---

[192] Martin Yang, *A Chinese Village*, pp.179 and 193.

[193] *Chinese Repository*, IV (1836), p.414.

[194] 《广州府志》，131/21a。

[195] 《蒙城县志书》，12/9a。

[196] Hsien Chin Hu(胡先缙), *The Common Descent Group in China and Its Functions* (1948), p.123.

要的事务是地方安全。由于 19 世纪爆发大规模的民变，震撼全中国，各村不得不组织乡勇或团练；而且这种乡勇或团练事实上经常越过村界。1843年，广西左州一位廪生成立了村际性质的团练组织，其规模相当大，并且得到 80 多个村子的支持。[197]1854 年，郁林州几名拥有头衔的士子（包括一名举人、副贡生、增生）和一位九品官员领导各村成立了规模更大的团练组织，其大本营就设在其中一个村子。这支团练分成 10 个单位，为 203 个相互比邻而居的村子提供保护，保护面积大约为 50 里 ×60 里。[198] 在 1858 年太平军兵临苏北之际，铜山县、萧县、沛县、宿迁县和邳州等州县的村子在自己周围修建寨墙，成立防御组织，其中许多防御组织都是在村际合作基础上成立的。[199] 一直到 1900 年，山西翼城县东部 11 个村子共同成立团练组织，成功地保护了有关村社。在其他深受义和团影响的州县承受社会动荡和其他不幸等痛苦之际，翼城县却因其团练"仇杀拳匪"而没有受到暂停科举考试的惩罚。[200]

古柏察这位著名的拉扎尔会（Lazarist）传教士，记述了长城附近几个村子的村民合作成立的一个防御组织的情况。虽然该组织成立的背景比较独特，但是可以用这个例子，来描述乡村防御组织的成立方法，并反映出清政府在此种防御组织的活动符合统治需要时对其所持的态度：

> 这个乡村地区……位于群山、山谷和草原之间。散落其间的一些村子，政府认为无关轻重，不值得官员关注。这片旷野地区由于官府势力达不到，变成许多股匪、恶棍肆虐的地方。无论白昼、黑夜，他们任意横行其间，不受什么惩罚。……村民们多次向最近城镇官员请求援助，但没有一名官员敢于同这些土匪较量。
>
> 官员不敢尝试的事，却由一名普通村民承担并完成了。他说道："既然官员既不敢也不会帮助我们，那么只有靠我们自己了，我们成立一个

[197] 《广西昭忠录》，7/37a-b。
[198] 《郁林州志》，18/21a。有关其他组织的记述，参见同书 18/21b-22b。还请参见《广西昭忠录》，7/37a-b。
[199] 《徐州府志》，16/1a-35b。
[200] 《翼城县志》，20/8a-b。

会吧！"他的建议得到村民们的赞同。中国式"会"的成立要举行宴会。村民们不计花费杀了一头公牛，并向周围邻村下帖子邀请。大家都赞成这个主意，这个乡村自我保卫组织取名为"老牛会"，以纪念成立的宴会。其会章简略而简单。

村民们尽可能更多地在他们阶层中发展会员。他们约定，无论谁遇到土匪（不论大小）来抢劫，相互之间必须立即救援。

……老牛会成立后不久，其所在地区的土匪就不见了，或者说被震慑住了。

……老牛会迅速而"血淋淋"地处决土匪，引起邻近乡镇的谈论。被杀土匪的亲属向衙门哭诉，大声地要求向"刽子手"——他们是这样称呼老牛会的——讨还血债。老牛会忠于自己的誓约，集体回答并驳斥对他们的所有指控。……这项审讯移送到了在北京的刑部。刑部判决同意老牛会的做法，那些因玩忽职守而导致所有这些混乱的地方官遭到流放。虽然如此，清政府认为最好将老牛会置于官府控制之下，并承认其合法地位：对会章进行修改，规定每个成员都必须佩带知县分发的官勇标志，"老牛会"更名为"太平社"。我们在 1844 年离开这个地区到西藏去之时，该会就称为"太平社"。[201]

在结束这部分讨论之前，探讨下面这个有关村际组织的事例，应该是很有趣的。这个村际组织是由一些富庶村子合作成立的。这些村子坐落在赣江西岸，是江西庐陵县的一个乡。

根据地方志的记载，这些村子在 1844 年成立一个"公所"，负责处理共同关心的事务。该公所起草了自己的行动规则，大致以两项计划为中心，即"义庄"和"宾兴"。其经费由每村各户捐资提供。只有那些按照规定数额（每户均为 5,000 文铜钱）出资的人户，才能够享受公所提供的服务。

最初，"义庄"和"宾兴"是分开进行的。1855 年到 1856 年间，义庄存粮完全耗尽，很长一段时间都未补充新粮。一直到 1876 年，才由各家各户根

---

[201]　Huc, *Chinese Empire* (1855), II, pp.81-84.

据能力捐粮补充。义庄管理者，由有关各村从以诚实、正直著称的生员中选出担任。每年岁末，管理者和"首事"一起对义庄存粮进行清点。当年负责义庄的首事，必须待在粮仓里，按月汇报粮仓检查情况。人口记录必须准备好，一旦发生饥荒，就可以"公正公平地"对需要救济之人进行救济。

"宾兴"是24位拥有头衔的士子于1845年发起的。是年，庐陵城里修建了一座祠堂，用于纪念"乡贤"；还在省城里修建了一个旅馆，供参加考试的士子下榻。宾兴办公场所设在其中一个村子，管理者有4名，由大家从贡生以上的士子中选出；每年，这4名管理者要提交整个年度的财政收入和支出清单。还要采取抽签办法，从生员中选出两名留在省城里，负责管理旅馆。凡是来自这些村子的士子都可以得到补贴；而通过考试或者得到官位的人，都可以得到特别的奖励。当地到省城参加考试的士子，交纳2,000文的"登记费"，就可以在这个旅馆下榻。

这些村子的年度祭祀仪式，是在乡贤祠里举行的，由通过省试的士子主持。那些最初捐5,000文铜钱或者随后捐100两银子作为存粮基金的人户，以及成员中有官员或士子的家庭，都可以派代表参加。[202] 这种村际组织或许非常独特，但它反映了乡绅控制村社组织活动可能达到的程度。

村民的合作活动

并不拥有任何特别地位或特权的村民所进行的合作性活动应与上面讨论的区别开来，因为无论是在范围方面或是推动者的社会背景、社会身份方面，它们都是不同的。一般说来，即使并没有成立正式的组织，"乡村活动"都是在村社基础上进行的，对全村所有居民都有影响，即使这种影响的程度不一，方式不一。而且，由于乡村活动一般都是由乡绅创办或主持的，因而是全村适用的，即使大多数村民都未参加。庙宇建筑、沟渠整修、地方防御等等，都是如此。即使就庄稼守望这种仅仅对地主和耕种者

---

[202] 《吉安府志》（1937年印），卷首，10b-22b。1935年，该公所重新改组，义庄和宾兴两项合并在一起管理。

直接有利的乡村活动来说，全村居民都必须遵守由"阗青会"或"青苗会"制定的"规则"，因此都受到了负面的影响。而另一方面，村民的"合作活动"适用范围就没有这么广。一些村民所进行的合作活动，是服务于自己的某种特殊需要。一般说来，这种活动从未扩及全村，甚至也不想把没有这种需要的其他乡邻包括进来。总而言之，这种合作性活动是一些村民私下进行而非全村社从事的；此外，参加者几乎都是财产有限、地位低下的普通百姓，他们迫于环境而不得不倾尽全力或尽其所有以达到某种有限之目的。

有关这种村民合作性活动的资料非常缺乏，农民很少进行这种活动，因而地方志修纂者对此并不重视。不过，我们可以根据中西方学者的研究进行探讨，对他们所观察到的三种类型的合作性活动作简略描述。[203]

第一种类型的合作性活动是"香会"，或称"烧香会"。我们在本书前面的探讨中已经看到，许多中国人都相信宇宙中存在着某种看不见的力量，它能够带来好运，也会降灾。因此，许多中国人即使没有什么钱财，也要设法从事各种各样的迷信活动，毫不吝啬。[204] 乡村庙宇和宗教仪式——常常属于乡绅领导全村社合作努力的产物——虽然也满足了村民们的一些一般需要，但是并未解决他们的全部需要。村民们经常认为在遥远地方飘荡的神灵，由于某种原因，其力量比在乡村神龛里供养的神灵要大；对这些村民来说，到某个或多个"圣地"进香，是一种功德最大的宗教活动。然而，离家到"圣地"进香，不但旅程所需时间较多，而且其花费也不是单个村民有限的财力所能承担的。因此，为了达到进香的目的，一些村民自己就在一起成立"香会"或"山会"。

江西南昌县某些村民成立的香会组织，就是一个极好的事例。为了凑足资金到某个被视为特别神圣的庙宇去烧香，这些村民组织了"朝仙会"。每个成员捐出钱来作为公共资金；当钱足够时，成员们就花许多时间，费许多

---

[203]　一些西方学者对因特殊目的而成立起来的组织特别注意，并进行了研究，其事例可以参见 Burgess, *The Guilds of Peking*, p.16; Paul M. A. Linebarger, *Government in Republican China*, pp.136 and 138。

[204]　《同官县志》在 26/2b 中指出，该县北部地区的居民"穷苦之深，视财如命……至于创修寺庙，报赛神明，则不吝重费"。

精力，制订进香计划。他们八月初一起程，十几人到几十人，一批批向目的地出发。每批都有一人充当"香头"，负责带领队伍；任命另一人为"香尾"，负责押后。每批人都打着一面红旗帜，上面写着"万寿进香"。在一百天里，这些进香客每天都奔波在路上。[205]

"山会"的一个事例，见之于山东。该省某地一些没有足够资金的村民，为了能够到一个"圣地"去烧香，自己成立了一个组织，在当地称为"山会"。该会每个成员按月捐出一点钱来交给负责人保管；该负责人通常把这笔公共资金借贷出去生息。快满三年时，钱凑足了，成员们组织在一起，出发去进香。

在一些乡村，成立"山会"的目的并不在于筹集资金到遥远地方去进香，而是要在本地创办一些宗教活动，其中包括感恩仪式中举行的戏剧表演。在这种情况下，香会为了同"行山会"相区别，一般称为"坐山会"。[206] 有时，旅行者活动的范围非常广泛，引起清王朝当局的警觉，因而制定并颁布了一系列禁止"越境烧香"的措施。[207]

第二种合作性活动，实际上就是经济合作。中国乡村经济环境十分险恶，即使是诚实而勤劳的农民也常常被迫借贷；有时，这种借贷以粮食作担保。[208] 许多事例都表明，有点土地的农民被迫以自己的财产作为抵押。[209] 对于借者来说，利息非常高，他们虽然因借到一点钱而稍解燃眉之急，但是这种借贷犹如饮鸩止渴。[210] 普通百姓要想存钱积累资金，真是十分困难。如果所需超出了日常情况，就不得不靠借贷来解决。事实上，中国各地村民、市民都自然地成立了一种组织，十分艰难的家庭就可以依靠这种组织来解决困难，同时避免高利贷的勒索。当然，倘若他们可以找到足够的朋友或亲戚来帮助渡过难关，就另当别论。这种组织就是"借贷会"；在清帝国各

---

[205]　《南昌县志》，56/11a。

[206]　Arthur Smith, *Village Life* (1899), pp.141ff.

[207]　参见第六章注 230—234。

[208]　《皇清奏议续编》，4/28b，江西巡抚秦承恩 1805 年的上奏。

[209]　《皇清奏议续编》，4/28b。

[210]　举例来说，在 19 世纪最初 25 年里，据说江西一些地区习惯上的粮食借贷利率为 15% 到 20%；随后在湖南，已超过 50%。参见《江西通志》，卷首之三，16b；《巴陵县志》，15/3a。

个地方，其名称和形式各不相同。[211]

19 世纪的一位西方学者对借贷会情况作了如下描述：

> 这个借贷会是临时的，自愿的。……领导成立的是其会长。……至于成立原因，可能是为了购买一块地、一副棺材，或娶一位媳妇，也可能是开店铺、还债或打官司。某人因需要一笔钱，去找朋友帮助，了解谁愿意加入借贷会。他告诉大家，谁愿意加入，各人应分担多少，什么时候交纳。然后，他邀请所有愿意加入借贷会的成员到家中，招待他们吃晚饭；每个成员都捐出一份钱来交给主人。大家商定在一个月，或半年，或某段时期后，除了会长以外，每个成员就下一次借贷进行竞争，谁出价最高，谁就得到借贷。……然后每个成员就向这名出价最高者捐出一笔钱，其数目同之前捐给会长的相当。按照这样的方式，借贷继续滚动，还未得到借贷的成员可以继续竞争。……得到过一次借贷的成员，享受不到利息；最后一次得到借贷的某成员，不付利息（以竞价的形式）给他人。[212]

第三种类型的合作性活动，虽然实际上是经济互助组织的变种，但是由有关当事人为解决丧葬花费问题而组织的。和借贷会类似，丧葬会虽然也有各种各样的名字和形式，但毫无例外是财产有限的村民合作成立的。按1891 年版《巴陵县志》的记载：

> 贫户治丧多有会曰孝义会，其法先约家有老亲者十人，定醵钱若干，

---

[211]　有关"借贷会"的名称，西方学者有种种称呼："互助会"（Mutual aid clubs），见 Daniel Kulp, *Country Life*, p.189；"借贷会"（loan club），见 John Gray, *China,* II, p.84；"贷款会"（money loan association），见 *China Review*, V, p.405；"借贷团"（loan association），见 Adele Fielde, *Pagoda Shadows*, p.133；"借钱会"（money lending club），见 Doolittle, *Social Life*, II, p.149；"互贷会"（Mutual loan society），见 Gorst, *China*, p.117。中国现代学者费孝通在《江村经济》第 267 页中提出了另外一个名字"经济互助会"。这种组织的成立程序，各不相同，称为"做会""打会""请会"等等。

[212]　Adele Fielde, *Pagoda shadows*, pp.113-115。并参见 James D. Ball, *Things Chinese* (1904), pp.633-644。

遇丧则开之，故变起仓卒，亦稍克成礼。[213]

一位西方观察者在 19 世纪最后几年里也写道：

> 至于丧葬会，其成立原因相同，种类多样。……
>
> 有时，丧葬会的每个家庭每月要交 100 文钱的捐款作为公积金。遇上父母（或更老一辈人）去世，交钱的家庭就有权动用公积金的钱，一般可以拿到 6,000 文。如果公积金不足以支付其成员们办丧事的花费，那么丧葬会就会向其成员加收一笔特殊会费以弥补欠缺。……
>
> 另一种形式的互助……如下：对那些看着父母一天天衰老的人来说，他们很清楚，不知哪一天就要为父母办丧事，而凑够办事的钱十分困难。于是一个人会邀请另一些人结伙，称作"请会"。遇到有成员的父亲或母亲去世，每个成员都有责任捐出一定数目的钱。[214]

另一位西方学者对这种组织形式作了更详细的描述：

> ……为了替不可避免之丧事做好准备，那些家中有老人的村民自己组织了一个丧葬会。其目的非常明确，一旦需要，相互之间就可以提供财力和人力帮助。……
>
> 该组织的成员大致为 10 人到 30 人。成立时，成员每人要交纳两元入会费。然后这笔钱尽量以最好的利息借贷出去。……当某成员之父亲或母亲去世……其他每个成员都要捐两元给他……某个成员都要派两人尽力帮助他。
>
> 丧葬会继续存在，直到最后一位成员的父亲或母亲之丧事妥善办理

---

[213] 《巴陵县志》，52/3a-b。

[214] Arthur Smith, *Village Life*, p.189.

完毕为止。[215]

绅士在村社中的角色

　　清帝国各地环境虽然不一，但是无论什么样的乡村生活，绅士（拥有官品或学识头衔的人）看来都是其中最为积极的因素。某种迹象表明，中国南方农村之绅士比北方的更为积极，影响更大。[216] 虽然笔者手中没有足够的资料来证明这一结论，但是可以合理推测，在绅士比较多的乡村，经济环境比较好；名流越多，反过来促进了乡村的繁荣。在小而贫穷的乡村，绅士没有多少活动的空间，即使拥有特殊地位的乡绅真的选择居住在这里。在这种乡村，绅士变得几乎同村子里的普通居民一样，没有什么活力，实质上已经放弃了他们在繁荣乡村中的同伴正在履行的职责。华北某地的士子，在他们所处恶劣的经济环境下挣扎，几乎完全失去了精英集团所拥有的进取心。据一个地方志修纂者说：

　　　　……士习尚质朴，或亲锄耒，初无把持乡里，尝议时政者。然旧俗于子弟博取青衫后，多不使求上进。[217]

---

　　[215]　Kulp, *Country Life*, p.199。至少在一些地区，丧葬会一直延续到最近时期。一位在太平洋关系学会供职的学者 1932 年对山东一些乡村作了调查研究，发现："按照中国的习惯，子孙为哀悼去世的父母要穿粗布衣，戴白布冠。主办丧事的会，因而有多种多样的名称，比如'麻冠会''白会'等等。这种会的最初起源及历史从未得到明确记载，村民客观上的需要促成了它们的出现。比如在劳动力紧缺的农忙时节寻求外力的帮助、面对巨大花费时平衡收支——这些需求最终从丧葬会的建立中得到满足。有大量成年男子双亲健在的村子，几乎都会成立一个诸如'孝敬父母会'（Filial Mourning Headdress Society）的组织。"*Agrarian China*, pp.205-206. 如果认为只有农人才依靠丧葬会的帮助，那就搞错了。财产有限的文人士子有时也寻求这种会的帮助，叶昌炽（1849—1917）就记述了这样的例子。他在其《缘督庐日记钞》中（1910 年上海蟫隐庐刊，2/25b，光绪己卯年十二月二十七日）记载说，1879 年亦即他作为举人生活在江苏常州家乡时，成立了一个"儒门助丧会"，其运作方式如下："集总十人，每总募散十人，非名列胶庠者不与。如遇寒士身故，或祖父母、父母、妻子等丧，无力敛葬者，准助一会，共钱二十二千文（总散一百十人，每人收二百文）。幼殇者助钱五千五百文（每人收五十文）。"

　　[216]　绅士未居住在自己家乡时，或许是通过非绅士的助手来影响家乡，从他们居住的城镇或城市指挥后者。近代山东就是这种情况。据说在该省，"被称之为'大户'的绅士，仍然对所有邻近地区发挥着影响"。参见 Institute of Pacific Relations, *Agrarian China*, p.15。

　　[217]　《定州志》，1/3a〔译者按：应为 19/13a〕。

了解了这一点之后，接下来就开始探讨绅士在乡村中的角色。

一个乡村的发展，极大程度取决于绅士——退职官员和拥有头衔的士子——为有限的组织和活动提供的领导。经过科举训练、拥有特殊社会地位的人，积极推行社区活动，包括修建灌溉和防洪工程、修路、架桥、摆渡、解决地方争端、创办地方防御组织，等等。[218] 毫不夸张地说，绅士是乡村组织的基石。没有绅士，乡村虽然也能生存下去，但是很难有任何组织完善的村社生活，以及像样的组织活动。只要绅士有意维持其所在村社的秩序与繁荣，他们的领导和活动就会广泛地为他们的乡邻带来福祉。在事实上，他们会设法保护地方利益，反对官府种种侵犯——如反对州县官员及其走卒的敲诈勒索或腐败行为。他们的学识和特殊地位经常使他们有能力进行公开反抗，甚至使冤屈得到补偿。[219]

然而，如果从上述情况中就推断绅士作为一个团体，同清政府的关系是敌对的，那是错误的。相反，退职官员和拥有头衔或野心的士子常常维护清王朝的统治。作为士子，他们一般要准备或参加竞争性的科举考试；因此，他们的态度和立场在不同程度上受到钦定儒学的左右。在总体上，他们忠于

---

[218]　除了参考前面注 64—98 所引资料外，还请参见：《花县志》，9/27a；《佛山忠义乡志》，7/12-15a；《九江儒林乡志》，4/69a-74a；《灵山县志》，4/51a-b；《严州府志》，5/13b-25a；《富顺县志》，3/58b 和 60a-70a；《衡州府志》（1875），9/4a-19b；《新宁县志》（1893），17/30a-34b；《巴陵县志》，11/3a-9b；《沔阳州志》，卷三《建置》，74a；《镇南州志略》，3/25b-27a；《莘县志》，卷八《艺文上》，28a-29b 和 30a-b；《天津府志》，2/22b-36b；《蒙城县志》，2/13a；《续修庐州府志》，53/11a、12b 和 41a；《徐州府志》，卷七各页；《容县志》，8/8a-10b。在其他地方志中也可以看到有关事例。

[219]　《广州府志》在 135/26b 中提供了一个发生在 19 世纪的绝妙事例。广东香山县一名担任过知县、退职在家的举人，先后向知县和布政使请求，终于阻止了负责税收的衙门走卒所进行的敲诈勒索。一个地方如果没有一名有影响的绅士，那么在官府压迫面前就无能为力。李慈铭在其《越缦堂日记·荀学斋日记》，乙集下，47b，光绪七年元月二十三日，叙述了湖北武昌府以前的一个守门人充当老河口镇炮队管带时，听任士兵抢劫村民。一名村民带着铜钱经过老河口镇就被士兵抢走。愤怒的居民聚集在管带官署前，要求把钱归还给那位村民。而管带不但不惩罚抢劫士兵，反而向上司谎称民变。老河口镇没有拥有头衔的士子文人，也没有拥有官品的绅士，唯一著名人物是一名生员及其在邻省当小官的父亲。居民们起草请愿书，由那名生员及其父亲领衔，提交给知府。最后的结局是，湖广总督李瀚章下令镇压，居民们惨遭不幸。有关乡绅为自己家乡提供保护的其他事例，可以参见《东莞县志》。该地方志在 67/6b-7a 中记述，有名进士成功地设法废除了官府对烧香的征税；在 68/14b-15a 中记述，另一名进士请求清政府取消不再生产庄稼的田地的土地税。还请参见《徐州府志》卷二十二，中之下，20a-b，在两名士子影响下取消了与河岸整个工程有关的一项非法征收。

皇帝；即使他们没有什么官职、没有什么政治职责。官员暂时或永久退职回家乡之后，无意同清政府作对，也无意向朝廷挑战。虽然知识分子并没有官员那样的地位，但他们是未来的官员；或者用 19 世纪一位西方学者的话来说，"他们是怀着期待的人"。[220]除非一位士子的期待完全落空，他一般就宁可维护现存政权，也不要政治动荡。即使是拥有绅士地位者，其目的仅仅是"保护自己家人及乡邻免受专制权力侵犯"，[221]而达到这一目的的前提条件是授予他们身份的政权得到人民的普遍承认。因此，他们也倾向于维护现存政权。

因此在正常情况下，绅士发挥着稳定乡村社会的作用。清王朝各代皇帝拥有充分理由，利用绅士来统治乡村；事实上，他们在一定程度上通过设法控制绅士，以达到控制乡村的目的。

然而对清王朝统治者来说，不幸的是，正常情况并不总是存在。有时，绅士所起的是破坏而非稳定的作用。拥有特权地位者，常常被自己的短视、自私而蒙蔽了眼睛，他们的所作所为（或许是不知不觉的）不但危害了自己乡邻的利益，而且危害了清王朝统治者的利益。自从早些时候起，乡绅就以剥削和欺压普通村民而臭名远扬。18 世纪的一位历史学家提到明王朝情况时就说，"缙绅居乡者，亦多倚势恃强，视细民为弱肉"。[222]事实证明，这种情况在清代继续存在，康熙帝在 1682 年就发现很有必要派出一些高级官员作为钦差大臣巡察豪强虐民的情况。[223]乾隆帝于 1747 年发布上谕，又有如下言语：

> 从前各处乡绅，恃势武断，凌虐桑梓，欺侮邻民，大为地方之害。及雍正年间，加意整饬，严行禁止，各绅士始知遵守法度。……乃近日旧习复萌，竟有不顾功令，恣意妄行。各省未必无此，而闽省为尤甚。[224]

---

[220]　John Scarth, *Twelve Years in China* (1860), p.196.

[221]　Fei Hsiao-t'ung, *Peasantry and Gentry* (1946), p.9.

[222]　赵翼《廿二史札记》（1877），34/14a-16a。

[223]　《清史稿》，7/1b。

[224]　《大清十朝圣训·高宗朝》，265/8b（乾隆十二年八月甲子）。这道上谕所提到的雍正帝所采取措施，见于 1725 年清廷所发布的一道上谕："在籍之乡绅衿监，倘有不安本分，陵虐良民，不畏官吏，恣行暴悍者，或即行惩治，或具本参奏。"参见《大清十朝圣训·世宗朝》，26/7b。

　　虽然清王朝发布了一系列禁止令，采取了一些惩罚措施，但是一些绅士依然故我地欺压村民。虽然有一些特别恶劣或运气不好的绅士受到"褫革"的惩罚，[225] 但是绝大多数绅士仍然享有优势地位，仍然可以用此地位来剥削并牺牲普通村民的利益，为自己牟利。前面已经看到，绅士作为纳税人，享有清王朝给予的特殊恩惠，常常利用他们的地位来转嫁本来由他们承担的一些义务。[226] 拥有特权地位者，经常采取武力或欺骗手段谋取物质利益；而这又反过来进一步增强了他们的势力，使他们更贪婪。在势力非常强大的绅士面前，即使是势力略逊的士子，也不总是能保护自己；[227] 普通村民就更是常常完全任他们宰割了。

　　前面已经指出了劣绅所采取的一些剥削欺压手段，但还可以补充一些事例，以说明劣绅在乡村中所扮演的角色。在广东一些州县，大户定期派打手，携带武器，武力收割村民在沙田上种植的庄稼；这种方式称为"占沙"。[228] 在山西，襄陵和临汾两地都依靠平水河河水灌溉。大户独断"水利"；普通农人如果不从他们那里购买"水券"，是得不到水的。这种不公平状况一直存在，终于爆发了强烈的反抗，在 1851 年引起清政府的注意。[229] 江苏泰兴县有名武举，听说有名村民储藏了一些银子，就诬告他贩卖私盐，抢走他所有的财产。这个拥有头衔的恶棍，一直到 1897 年才受到惩罚。[230] 有时，乡绅自己制定律条。在江西一些州县，"大户"私自为村镇制定禁约规条：

　　　　贫人有犯，并不鸣官，或裹以竹篓，沉置水中，或开掘土坑，活埋
　　致死，勒逼亲属，写立服状，不许声张。[231]

---

[225]　例见《东莞县志》，100/19b-21b；《恩平县志》，7/15a。

[226]　参见第四章关于绅士和税收制度的讨论。

[227]　例见《清史稿》482/15a，直隶蠡县的生员遭到富有恶棍的欺压。

[228]　《南海县志》，26/9b；《番禺县志》，12/11b-12a。

[229]　《南海县志》，14/6b-7b。

[230]　《佛山忠义乡志》，14/13b。

[231]　《江西通志》，卷首之二，1b。

就像我们在讨论乡村团练时所指出的，有势力者利用地方防御事务上下其手。1860 年代，两广总督概括了两广的流行情况：

> 其不贤之绅，借以渔利婪贿……甚而细民、里长、武生、文童……挟众以号令一邑。……大绅引为爪牙，长吏假之词色。[232]

无耻的绅士会毫不犹豫地采取欺骗敲诈手段，达到牟取非法收入或保护既得利益的目的。关于牟取非法收入的事例，可以见之于广东香山县。根据《香山县志》的记载，农人（包括佃农和自耕农）自己组织起来，保护自己的土地和庄稼，反抗抢劫者。自从 17 世纪最后 25 年以来，他们的自我保护组织一直存在。然而到 19 世纪，顺德有两名退职回家的高级官员，得到清政府的授权，组织团练。他们以此为借口，将香山县各村的自卫组织纳入一个范围广泛的组织，然后向农人索取越来越多的捐款。最后收集的款项达 200,000 两银子，而实际总花费不到 80,000 两。这两名退职官员从来没有提供什么收支清单。[233]

关于采取欺骗敲诈手段以保护既得利益的事例，可以见之于广东东莞县。1889 年，当地地方官和一些绅士为官地租金发生了争执。绅士召开了"全邑会议"，讨论反对地方官的措施。在这些地方领袖中，有一名进士、一名举人和一名捐了个三品官衔的监生。在他们的领导下，会议决定向知府请愿，要求他适当体恤"公产"。明显在他们怂恿下，全县"士民"联名签发了支持他们的告示。知府回答说：

> 该县士民标贴长红云："合县义举，仰给于斯。"……本部堂明知该邑士民所标长红，即系该绅等所贴，不过借此为词，县中如责成经理，则云："众怒所在，不敢经营。"借以为推延地步。[234]

---

[232]　王怡柯《农村自卫研究》，第 83 页。引《山东军兴纪略》，卷二十二上，1863 年到 1865 年担任两江总督的毛鸿宾的上奏。〔编者按：引文是《山东军兴纪略》的编者案语，并非毛鸿宾的上奏。〕

[233]　《香山县志》〔编者按：应为《香山县续志》〕，16/5a-6b。

[234]　《东莞县志》，100/12b-16a。

知府或许并不十分公正，但是正如事态进一步发展所显示的，他的指控未必完全没有根据。[235]

虽然并不是所有绅士都是自私的或欺压村民的，但是"公正绅士"的稳定作用被"劣绅"的所作所为所抵消。欺压乡邻的乡村精英变成了其所在村社的破坏性力量；从长远观点来看，其破坏性并不仅仅是损害了可能存在于他们身上的"团结的社会关系"，[236] 而且还破坏了中国乡村的经济平衡。他们损人利己，很少把自己的精力和财力贡献出来发展自己所在的村子。他们中许多"名流"选择居住在乡镇或城市，特别是在取得相当财富和地位之后。在那里，他们觉得更有安全感，更有威望，活动范围更大。[237] 他们听任自己家乡在恶劣环境下挣扎或衰败。

在这种情况下，绅士不但不再是清政府可以利用的统治乡村的辅助力量，反而在社会动荡时期，更容易引起农民的不满和反抗；即使他们并未公开地或直接地同地方官员发生冲突，但也阻挠了清王朝实现维持对乡村统治秩序的期望。在他们变成实际上的煽动性力量（秘密加入"贼"，[238] 或是积极发动民变 [239]）之时，他们对清王朝统治本身就构成了直接威胁。

[235] 《东莞县志》，100/19b-21b。

[236] Max Weber, *Social and Economic Organization* (1947 年英译版)，p.136.

[237] Fei Hsiao-t'ung, *Peasantry and Gentry*, p.6："在一个工商业尚未发展起来的社会里，在一个土地地力已经达到最大限度的社会里，在一个人口增长压力越来越大的社会里，充满雄心壮志的人，要想获得财富，不能通过普通的经济渠道，而必须通过追求政治势力，不管这是否合法。同样的，他们为了获取财富，必须永久地离开生活过的村子。他们在获得财富后，可能会回到家乡购置田地。但是，如果回到村子居住，人口增长压力就会降临，他们的财富很快就会被耗尽，几代之后，大家庭再次会破碎成许多小家庭。因此，对富者来说，远离乡村是必要的。他们能够维持力量和财富的地方，只能是城镇。"虽然费孝通这一解释过于简单化和笃定，但基本上正确。

[238] 例见《股匪总录》，2/25a-27a；《番禺县续志》，14/13a。

[239] 关于绅士在民变中的地位，笔者将在第十章中讨论。Fei Hsiao t'ung, *Peasantry and Gentry*, p.10："绅士的兴趣并不在于占有政治权力，而在于维持社会秩序，并不在乎君主是谁。如果君主是一位仁慈的统治者，那么，绅士就会为他效劳。但是，如果他暴戾，对农人压迫过度，绅士就会施加压力，反对他。另一方面，如果农人起来反对统治者，危害了社会秩序，那么，绅士就会站在君主一边。"这对一些事实很难构成足够的论述。正如我们所见，费孝通关于农人自己会起来"反抗统治者"的看法纯粹是抽象的，根本得不到已知事实之证明。费孝通如果认识到绅士和农人在共同反对官府压迫中存在着一种秘而不宣的联盟的可能性，他的看法就较为有根据。

总结

证据显示帝国控制从来没有那么彻底和完备，以致让地方组织不可能出现，让地方自主变得不需要，或让乡村居民完全服从。规模和繁荣都达到一定程度的乡村，展示出村社生活的状况；在不同环境下，各种村社活动的目的主要在于保护地方利益。只要这些活动是为村民总体利益服务的，它们就会对乡村生活的稳定发挥作用，因而也就间接地有利于清王朝的统治；这一情况部分地解释了这一事实：为什么一直到相当晚近时期，清政府在维持对广阔乡村的控制上不曾遇到什么严重困难，即使它的各种基层控制机制的运行情况并不完全令人满意。

虽然清政府通常不干涉乡村组织和活动，但是中国乡村并没有享受过真正的自治，或表现出真正的民主社会特征。虽然许多乡村都有组织存在，但并不是所有乡村都成立了组织；即使在有组织存在的乡村，公共活动的范围不仅有限，而且所有村民在平等基础上进行的大众活动，几乎没有。要想找到一个全村性的组织为所有村民利益而齐心协力的事例，真是难上加难。大多数组织仅仅是为特殊目的而成立起来的，只不过是为了解决一时的需要。它们的成员通常只包括一部分村民。虽然普通村民可以参加村中事务，甚至可以充当领导，但常常受到乡绅的控制。绅士在很大程度上决定乡村生活的组织形式和方向。

由于实际环境的限制，清王朝对乡村实施的控制体系并不完整，也不可能完整。在一定程度上，清政府有目的地准许乡村和村民享有一定程度的自由，从而可以利用村民某些态度和组织为其统治服务。然而由于这种统治体系并不完整，不可能保证清王朝的统治能够长期维持下去，它留给危害安全的态度和活动出现的空间，跟那些有利于安全的一样多。这一体系允许社会分层和利益分歧的存在；按照"分而治之"的原则，这可能是可以善加利用的，但它同时阻碍了乡村发展成为坚固的共同体，使之没有能力在险恶的物质环境下解决实际生活的问题。在一般情况下，中国乡村是否安定，并不取决于村民维持安定的主观意愿，而取决于是否存在着破坏性力量。

中国乡村的人口并不是同质的，但我们不需过于强调这一点。从社会上来说，一个乡村的居民通常分为两大群体，即"绅"和"民"；从经济上来说，可以划分为富有的地主和贫穷的佃农，这条线虽然变动，但很清楚。绅士的法律地位虽然并不是建立在财富（土地或其他方面）基础之上，但由于绅士比普通百姓更易获取财富，[240] 因而社会地位和财富密切相关；这就是为什么中国村庄的组织很少是全面的，而村民之间的合作经常很有限的原因之一。虽然马克思主义关于两大乡村群体之间存在着"阶级斗争"的观点比较牵强，但看起来很明显，他们之间也不存在着类似"共同社会关系"之类的东西。[241] 无论在哪个层面，其利益与目的都是不同的，由此而来的"关系冲突"[242] 阻碍乡村发展成为一个自治单位，一个切实地准备好应对不利环境的单位。无论什么样的严重危机，都能置乡村大众于完全绝望的境地。[243] 在紧急事态面前，村民并不是统一思想、统一行动，合力解决，而是各自行动；许多村民迫于形势，不得不改变自己习惯上的立场和行为举止。本来就不稳定的政治和经济平衡，很容易就遭到破坏。在这种情况下，至多称得上不完整的乡村控制体系就遭到了严重破坏，几乎不起什么作用了。

不过，有一些特殊的情况值得一提。在清帝国一些地区，特别是在华南，宗族组织常常把村庄凝聚成一个比其他地区要更紧密的单位。宗族的存在，使得乡村组织的形式稍有不同，给清王朝统治者带来了一系列不同的问题。下一章将要探讨宗族作为乡村组织的角色，以及帝国控制对宗族的作用与反响。

---

[240]　Chang Chung-li, *The Chinese Gentry*, pp.43-51 对其中一些便利作了简略解释。

[241]　Weber, *Social and Economic Organization*, pp.132-33 and 136-137.

[242]　我们将在第九章和第十章更全面探讨此点。

[243]　译者按：此处注文原缺。

第八章　宗族与乡村控制

宗族与乡村

宗族的存在给乡村带来了一种凝聚力，这是其他因素所无法提供的。由于这一原因，对清政府来说，宗族是一个非常有用的乡村控制工具，但如何控制宗族本身，也给清政府提出了一些难题。本章的主要目的就在于讨论宗族组织在清王朝乡村统治体系中的地位。不过，我们首先必须探讨宗族本身的结构和功能。

"族"基本上是一个血缘群体；[1] 但自古代以来，它就在一些地区落地生根。[2] 近时一位学者指出，"'族'是一种社会组织，拥有一个共同祖先，定居于特定地区或相邻地区"。[3]

族最初定居之地区，可能是市或镇，但更多的是，它从乡下的一个点发

---

[1] "族"一词的另一译文是"sib"。有关该词语的讨论，参见 Robert H. Lowie, *Social Organization* (1948), pp.58, 236, and 237。Hu Hsien Chin, *The Common Descent Group in China*(1948)，则喜欢用"一般继嗣群体"（common descent group）一词。

[2] 顾炎武《日知录》，10/22b，引述陈梅对《周礼》中的一段评论。〔编者按：《日知录集释》本见卷八"里甲"条；陈梅，见《亭林余集·常熟陈君墓志》。〕

[3] Hu Hsien Chin, *The Common Descent Group* (1948), p.9。她在第 18 页中又说："'族'是一种社会组织，拥有一个共同祖先，定居于某特定地区或相邻地区。"James D. Ball, *Things Chinese* (1904), pp.172-173 中认为中国的宗族与苏格兰的大致相同。这一观点很难说是正确的。

展成为一座完整的村落。事实上族经常在乡村地区得到充分发展，[4] 乡村的形成常常取决于宗族的发展情况。虽然村社并不总是宗族定居的产物，但是宗族出现所带来的凝聚力，比其他因素可能带来的凝聚程度都要高。根据一位近代西方学者所说，在许多情况下，"除了那些以经济地位为基础的群体外，所有村内群体都直接或间接由宗族关系决定。……邻居主要由同一宗族的家庭所组成"。[5] 在这种情况下，把宗族视为"村落的中坚"，[6] 无可非议。

宗族和乡村之间关系密切的原因很简单。乡村里占大多数的农业人口，不像城市居民那样容易流动。因此，血缘纽带在乡村中比在城市中保存得要更好。[7] 这样，城市中的社会组织和乡村中的社会组织，其形式各不相同，前者以行会组织和"市民"组织为典型，后者以宗族组织为特征。[8]

---

[4] 屈大均《广东新语》（1700），17/5a-6b；亦见于《广州府志》15/8a-b。Olga Lang, *Chinese Family and Society* (1946), p.180 赞同这一观点，认为宗族实质上是一种乡村现象："只有在乡村或小镇才有宗族；在城市里，根本没有宗祠，也没有族长。"不过，Olga Lang 这一看法过于偏颇；一直到 20 世纪，还可以在北京、天津、南京和成都这样的大城市里看到宗祠。参见本页注 7。

[5] Martin Yang, *A Chinese Village* (1945), p.241.

[6] Daniel Kulp, *Country Life* (1925), p.135.

[7] Hu Hsien Chin, *The Common Descent Group* (1948), p.10："宗族是在乡村邻里之间、大村寨和小镇里占重要地位，虽然有时宗族的祖庙会坐落在州县城里，甚至在省城里，而在较大城镇里，由于职业和社会阶层极大不同，宗族已经消失。"城镇居民的流动性相对较高，也不利于宗族的存在。不过，作为社会中心和政治中心的城市，常常被规模相对较大、组织结构较紧密的宗族选来作为其"大宗祠"所在地，即是说，居住在城镇周围地区的各大"房"，同时分享并维持一个公共或中心宗祠。《嘉应州志》在 8/2b 中为这种情况提供了一个极好的说明事例："俗重宗支，凡大小姓莫不有祠。一村之中，聚族而居，必有家庙，亦祠也。州城复有大宗祠，则并一州数县之族而合建者。"

[8] 在印度，我们也可以看到宗族和乡村之间存在着紧密关系。举例来说，B. H. Baden-Powell, *Village Communities in India* (1899), p.23 以如下言语描述了印度的一种"部落"："现存的群体只记得他们是某一祖先的后裔。由于其人数不是很多，因而很难称为'部落'。很有可能，某个人（或两三个兄弟）来到某个荒野地区，并定居下来；接着，家庭繁衍成为'宗族'，保有关于起源的记忆，认为宗族中存在某种纽带关系。……我们发现，一个方圆好几百英里的地区现在分成'村落'群。所有村落或者由拥有一个共同'称号'的农户组成，被认为是一个祖先的后裔；或者由两三户家庭组成，再没有更多的人户。"还请参见该作者的另一著作 *The India Village Community* (1896), chapter 6, sec. 3. Radha-kamal Mukerjee, *Democracies of the East* (1923), p.255，这部书中宗族和乡村之间关系更为密切："在印度，由于异族通婚并沿着父系繁衍的宗族生活在独立的村落，加上其成员住在一个或一个以上的村落，他们便采用了特殊的方式。在中央邦，有个宗族的名字叫'卡拉族'（khera，该词的含义就是村子），绝大多数宗族名字是从村子名字而来的，或者就与村子同名。在'康德人'（Khonds）中，有个宗族的所有成员都居住在某个中心村周围的同一地区。"Mukerjee 教授在第 299 页中描述了他所认为的中国制度："在中国，宗族阻碍了村庄共同体之间的经济联系。宗族共同享有财产，宗祠财产以很低租金分配给较穷的成员。……祖传的宗族

19 世纪的一位西方学者把乡村的形成描述为宗族定居的结果："不知在过去什么时候，一些人户从其他地方迁移而来，修建房屋，成为'当地居民'。……这就是村落。"[9] 这种情况或许在清帝国所有地区、所有时期都存在。位于直隶涿州的三坡（San-po）地区就是一个例子。这一多山的地区位于涿县东北边境上，在总面积为 55 里 ×30 里的地方上，分布着大小不同的 24 个村子；其中最大的村庄，人口不到 130 户。根据地方志的记载：

> 就其村多同姓，姓多同宗观察之，当初不过少数人家，因贫入山，私行开垦，日久渐成村落。[10]

在特殊的社会环境下，会出现大规模的移民和定居。在这种情况下，不但可以了解定居的大致时间，而且可以了解定居的实际程序。四川省原住人口在遭到"流匪"大规模屠杀之后，于 17 世纪再次兴旺起来，就是一个能说明问题的事例。根据地方志的记载：

> 康熙时，招徕他省民以实四川。……始至之日，田无业主，听民自占垦荒。或一族为一村，或数姓联为一堡。……有一族占田至数千亩者。……然所占实不能尽耕也。
>
> 雍正时，四川总督宪德以入川人户繁多，疏请编保甲。……以一夫一妇为一户，户给水田三十亩，或旱地五十亩。兄弟子侄成丁者给水田十五亩，或旱地二十五亩。……得旨允行。于是各州县荒地以次开垦……至乾隆八年清查牌甲，共四千四百七十户，一万五千八百七十八丁。以四十里弹丸之地，阅时十三年，遽得此数。[11]

田地不可分割，私占使用的，就犯了盗窃圣物罪。"作者似乎夸大了"公共财产"的观念，忘记了宗族在 19 世纪的中国并不是一个普遍的现象。很难看出他所认为的"宗族阻碍了村庄共同体之间的经济联系"是什么意思。George L. Gomme, *The Village Community* (1980), pp.39-41, 认为，"部落"之外的乡村组织形式在"社会个体化进程"中是早期的一步。

[9]　Arthur H. Smith, *Village Life* (1899), p.30.

[10]　《涿县志》（1936），8/2b。

[11]　《新繁县乡土志》（1907），5/1a-b。

偶尔也可能在某一特定地区追溯个别宗族的定居史。某些宗族的"族谱"或"宗谱",就叙述了他们移民和发展的历史。一些地方志也可以为我们提供一些资料。从其中一部地方志所收集到的一些事例,可以进一步说明宗族村庄的形成过程。

广东香山斜排村谭氏宗族的"始祖"来自湖南衡州。1754 年,他和父亲来到香山。他的儿子定居斜排村;20 世纪早期,该宗族发展成为三大"房",宗族成员超过两百多人。[12]

广东香山县义门郑氏宗族的始祖,来自浙江,11 世纪担任广州知府。由于父子二人都葬在香山,所以后代子孙就定居香山,成为"香山开族祖"。到第八代时,有兄弟二人,分为两大房,二人为各房初祖,宗族人丁兴旺起来。其中哥哥(万四)的一房称为庞头郑族,其"九世祖"和濠头乡高氏宗族的女子结婚,并移居到那里。他的子孙一度达到千余人,其中虽然有一些在城市里经商,并聚集了相当财富,但大多数仍然留在乡下务农。弟弟(万五)的一房,又发展分成三房:(1)长子郑宗荣,有三个儿子(亦即第十代):郑谷彝、郑谷纯、郑谷纹。谷彝和谷纯一同迁到濠头,成为濠头分房之祖,后裔达 5,000 余人。(2)谷纹同他的父亲居住在钱山,因此成为钱山郑氏分房之祖,其后裔大约为 600 人。(3)郑宗得,郑宗荣唯一的弟弟,在 15 世纪早期担任过凤阳府和严州府知府。他定居鳌溪,成为鳌溪郑氏宗族的祖先,其后裔大约有 400 人。[13]

陕西同官县王原王氏宗族的始祖,是山东督粮道,因犯渎职罪而被流放陕西。他和家人最初居住在同官城西 40 里的西古村,随后移居王家河村。他的一个后裔在 16 世纪得到举人头衔,并移居同官城。在 17 世纪,王氏宗族搬回乡下,定居王原;20 世纪初,该宗族成员大约 50 户,仍然居住在祖宗居住过的村子,即西古村、王家河村和王原村。[14]

上述几个事例表明,移居者会定居某一地,并最终创造出一个族以及一

[12] 《香山县志》〔编者按:应为《香山县志续编》〕,3/45b。
[13] 《香山县志〔续编〕》,3/1b-36a。
[14] 《同官县志》,25/1a-b。

个村落；或者，他会居住在某个乡村或城镇里，繁衍出一个族，而不是一个村庄。这种定居模式区别，部分解释了两种不同类型的宗族乡村，即"单族乡村"和"多族乡村"。在"单族乡村"里，居住着一些同姓家庭；在"多族乡村"里，两个或两个以上的族比邻而居。

在华南省区，"单族乡村"更为普遍。近代一位学者指出：

> 在过去六七个世纪里，迅速发展起来的家族，集中于华中和华南，也就是位于扬子江沿岸和福建、广东两省。在这些地区，许多乡村的居民完全是或主要是单姓家族的，他们之间存在着亲戚关系。……而在华北，绝大多数乡村是由不同姓氏家庭组成的。[15]

一位西方观察者在 19 世纪的广东发现了下列情况："同姓村民大体上居住在同村或附近；从始祖分出来的各房，就像榕树的分支一样，围绕着主干落地生根。"[16]

19 世纪另一位西方学者谈论了福建某个乡村的情况："全村居民都姓林。显然是透过宗族制纽带联结在一起的。这种乡村里宗族制度是一种强大的结合。"[17]

在华北，很少见到单族乡村，那里的乡村常常是"一群家庭所组成，而非一个宗族"，或者说是由"经济独立的一群家庭，而非单一宗族"[18]所组成。不过，中国北方的确也有单一宗族乡村存在，陕西《同官县志》的修纂者就记载说："昔多聚族而居，故村庄多以姓名，如冯家桥、王家匾、董家河、梁家塬、李家沟等。"[19]陕西《城固乡土志》也提供了下列一段资料：

---

[15] Hu Hsien Chin, *Common Descent Group*. p.14.

[16] *Chinese Repository*, IV(1836), p.412. 还请参见姚莹（1785—1852），《中复堂全集·东溟文集》（1867），3/12b。

[17] George Smith, *China* (1847), p.445.

[18] John Burgess, *Quilds* (1928), p.24. Lang, *Chinese Family* (1946), p.178, 反映了这一观点："华中、华北乡村之实际情况证明了宗族的重要性降低了。在这些地区，特别是在较远的华北地区（种植的是小麦和高粱，而非华南的稻米），很少能看到漂亮、维护得很好的宗祠。……华中和华北大多数乡村都不是宗族性村子。"

[19] 《同官县志》，25/1a。

国朝旧少土著，明季寇乱以来，自甘肃、四川、山西、湖北迁居者，一姓之民聚族于一乡，即以姓名其地。[20]

不过，这样的事例相当少。以前由单一宗族构成的一些乡村最终失去了单一制的特点。19 世纪的一位西方学者评论指出："光阴荏苒，有时那些乡村赖以命名的宗族可能发生变化，以致再没有一个人留下来。这时，可能人们对有关变化情况的记忆已经消失，但乡村原来的名称还可以沿用至今。"[21]

我们找不到统计数字来说明两种类型的乡村在清帝国各地的分布情况，但是下列一些数字虽然并不怎么精确，也可以描绘当时的一些情况。江西高安县（既不繁荣，也不贫穷）据载在 19 世纪中叶左右有 1,291 个村子，两种类型的乡村比例分配是：单族乡村 1,121 个，占 87%；多族乡村 170 个，占 13%。[22] 在广东花县，乡村总数为 398 个，不过比例与高安县不同：单族乡村 157 个，占 40%；多族乡村 241 个，占 60%。[23] 虽然单族乡村在华南也不必然占统治地位，不过其数量明显多于北方。现代一位学者发现，在直隶定州这个主要以农业为主的地区，在 62 个乡村中只有一个是单族乡村。[24] 虽然这或许不是决定性证据，但它可以支持一个总体观察结果，即在华北，大多数乡村是由不同姓氏宗族所组成的。

还应该指出的是，就像几个宗族可能居住在一个乡村里一样，一个宗族

---

[20]　《城固乡土志》（乡土志丛编第一辑），17a。

[21]　Arthur Smith, *Village Life* (1899), p.30.

[22]　《高安县志》（1871），2/7a-37b。Hu Hsien Chin, *Common Descent Group*, p.14 中也引用了有关资料。

[23]　《花县志》，2/15a-22a。花县最大的宗族村寨有：毕村，大约 10,000 人的毕氏宗族居住在该村；三华村，居住着大约 9,000 人的徐氏宗族；鸦婆垅，大约 8,000 人的黄氏宗族居住在该村。花县最小的"单族乡村"，人口大约为十多人。

[24]　李景汉《定县社会概况调查》（1933），引见 Hu Hsien Chin, *Common Descent Group*, p.15，胡先缙在其后评论道："在定县……没有一个地方的宗族在乡村行政中扮演重要角色。而在华北农业较为发达之地区，宗族组织显得较强。"

在子孙繁衍、最初家宅容纳不下之时，就会分散居住在几个村子里。[25] 陕西同官县杏林王氏就是一个极好的事例。在元朝末年（1367年），有位益王来到该村避难。他的后裔在明朝和清朝都以务农为主，到清末才有一部分人入学。这个宗族虽然没有什么家谱，但是对于居住在6个不同乡村的80多户族人，他们的宗族关系，历经几个世纪的岁月一直未遭到损害。[26]

两种类型乡村性质的区别，反映在组织上的一些不同上。在单族乡村中，宗族和村社实际上是一致的，乡村头领就是宗族头领。比如，浙江宁波某个单族乡村，"选举"一名"长者"主持村社的行政事务，他同时又是族长，负责宗族事务。[27] 在清帝国其他地方也可以看到类似情况。[28] 而在多族乡村，情况有几分不同，族长虽然对村中事务产生一些值得注意的影响，但不一定就是村长。[29] 一个村社出现一个以上的宗族群体，宗族之间就会发生敌对或公开冲突；我们稍后会看到。此处值得指出的是，居住在一个村子的各个宗族之间，比起属于一个宗族的各个成员之间，并不存在更多的社会平等。正如一个宗族的绅士成员控制该宗族的普通成员一样，一特定村社里的一些宗族也会歧视其他宗族。他们的歧视可能建立在居住优势、人丁众多或自己宗族中一些成员拥有较高社会地位的基础上。即使在宗族组织相对较弱的华北地区，也可以看到这种现象。西方一位学者就指出，在一些乡村，"强调已被接纳的旧族成员的地位，歧视新近移居而来者，视他们为外

[25] 《南昌县志》27/1b 中说："一姓多至百族或数十族，都图所隶，或一都数族，或一族数都或数图。""都"和"图"本来是因税收目的而成立的乡村机构，但在清帝国一些地方，变成了一种地域单位。

[26] 《同官县志》，25/1b。有关一个宗族居住在两个村子的事例，参见 Hu Hsien Chin, *Common Descent Group*, p.107。

[27] L. Donnat, *Paysans en communauté* (1862), p.85："与钱氏宗族（Tching-fou）、谢氏宗族（Si-fou）和其他宗族一样，王氏（Ouang）宗族居住的村子也是单族的，是同一个祖宗的后裔。根据可靠记载，王氏宗族在其始祖创立家庭好几代之后，抛弃以前居住过的地方，来到宁波附近的横溪（Heng-tcheou）创业。根据族谱（亦即记载自始祖去世后好几个世纪宗族情况的宗族史）记载，由于王氏宗族是个大族，村中甲长放弃了手中权力，由各户家长集中在祠堂里，选举族长，以便主持村社公共事务。"

[28] Robert K. Douglas, *Society in China* (1894), p.115："经常出现的情况是，一个家庭就拥有整个村寨，这样，村寨就称为'张家庄'……在这种情况下，宗族中的长者就扮演着乡村领袖的角色。" Marion J. Levy, *The Family Revolution in Modern China* (19449), p.239："有时，邻居由一个族的成员组成；在这种情况下，邻居和宗族组织通常是相连的。"

[29] Burgess, *Guilds* (1928), p.25。

人"。[30]

在讨论宗族组织问题之前，设法对 19 世纪中国各地宗族发展的不同程度作一些解释，是很有用的。[31] 有些学者，如步济时，认为历史环境是一个决定性因素。他指出：

> 在华北地区，由于蒙古人和满人不断入侵，宗族制度的连续性遭到破坏，原来的宗族成员要么被杀害，要么被迫迁移南方。而在华南地区，由于远离这些入侵，因而宗族制度得到保留，各宗族在它们原来居住的乡镇和乡村里拥有更持久的住所。[32]

这一看法很有道理，但作者应该进一步追溯到更早期的中国历史。早在蒙古人进入中原，随后在 13 世纪消灭南宋王朝之前，北宋王朝于 12 世纪前 25 年的崩溃就导致许多汉人宗族不得不渡过长江，移民江南。[33] 而且在更早的公元 320 年代，也有一场大规模移民南方的运动：西晋王朝崩溃后，一些望族移民江南，把许多汉族传统文化和社会风俗也带往那里。

经济情况也是导致移民的一个因素。现代一位学者认为，在华北经济不繁荣地区，宗族并没有什么重要地位；而在华北"农业发达地区"，宗族就拥有较大的影响。[34] 即使在华南，按照一些学者的看法，所有地区的宗族发展情况绝不相同：在广东、福建和江西，宗族势力较大；而在广东某些地方，特别是在"土沃而人繁"的地方，宗族的规模和实力就不是其他地区能够相提并论的了。屈大均在 1700 年的记述，描绘了下列图景：

> 岭南之著姓右族，于广州为盛。广之世，于乡为盛。其土沃而人繁，

---

[30] Burgess, *Guilds* (1928), p.25.

[31] Ball, *Things Chinese* (1906), p.173.

[32] Burgess, *Guilds*, p.24. Li Chi(李济), *Formation of the Chinese People* (1928), pp.232-237, 指出了公元 4 世纪以来移民南方的历史。

[33] 例见《容县志》，4/16b。还请参见《泰和县志》(1878)，6/3b："当五季干戈之扰，四方大姓之避地者辐辏竞至，曾自长沙，张自洛阳，陈、严、王、萧、刘、倪等族皆自金陵而占籍焉。"

[34] Hu Hsien Chin, *Common Descent Group*, p.15.

或一乡一姓，或一乡二三姓。自唐宋以来，蝉连而居，安其土，乐其谣俗，鲜有迁徙他邦者。[35]

乡村的繁荣和强大的宗族组织之间的关系很容易理解。经济发展不达到一定程度，乡村就不能形成，任何规模的宗族也不能维持。如果很贫穷，就不可能有宗祠、祭田等等；而这些，对于一个要充分履行各方面职能的宗族来说，是很有必要的。陕西省一些地区的情况可以说明这种联系。根据地方志的记载，洛川、宜川和比邻地区大多数居民都生活在窑洞里。虽然也有一些小房屋，但都算不得什么财产。任何人都会想到，在这些贫穷地区，宗族组织是不存在的。[36] 按照另一地方志的记载，陕西同官县的情况是："家族喜聚居……近因生活关系，析居者渐多矣。"[37]

有时，地方经济的影响并不起什么决定作用。在陕西城固县，宗族采取减小规模、简化形式等方式存留下来。据说：

土著既少，谱牒无征，一族仅数十户，求如江南、广东之大姓，一族多至数百户，得姓受氏本末可考，则远逊矣。[38]

同样的，陕西另一相对贫穷地区宁羌县，"客籍往来，多无定所。……其有入籍稍久，嗣续延长，宗支蕃衍，称为世家大族者……无由以考其世代源流。是亦谱牒之学久亡，而邑人又不讲宗法"。[39] 不过，即使在这些案例里，经济因素的影响也是比较明显的。

---

[35]　屈大均《广东新语》，17/5a-6a。

[36]　《宜川县乡土志》，12b。

[37]　《同官县志》，26/2a。

[38]　《城固乡土志》，17b。

[39]　《宁羌州乡土志》，23a。了解清帝国不同地区宗族的数量分布情况，以及在那些宗族构成村社生活一般特征的地区，宗族成员和不属于宗族的人口之间比例有多少，将是很有趣的，笔者为无法承担这样的工作而感到惋惜。

成员与领导

宗族的发展很大程度上取决于其绅士成员。一些学者正是从绅士与宗族之间的密切关系得出结论，认为宗族不过就是绅士组织。比如，一位中国学者就这样认为：

> 我认为，无论是"大户"还是宗族，都是绅士的组织。……我确信，宗族在中国并不普遍，最有力量、组织完善的宗族只能见之于绅士。拥有微薄土地者中是不存在宗族组织的，更不用说无土地者了。[40]

一般说来，这种看法是正确的，但宗族是"绅士的组织"这个判断，应该是指宗族在正常情况下是由绅士促进和控制的。很明显，宗族并不是毫无例外地由绅士成员组成的，另一位中国学者就正确地指出："既然共祖群体（宗族）包括了历史上同一祖先繁衍下来的后代，那么它就包括了不同社会阶层的人户：既包括富户和地位突出者，也包括穷人和地位低下者，因为个别人户的财产情况有别。"[41] 正是由于宗族包括不同社会阶层的人户，一些宗族才有可能在合适的环境下达到一定规模。一位中国学者观察到，广东省一些大宗族夸称其成员达到一万人。[42] 如果认为这种宗族的所有成员都是官员或有头衔的士子，那就很可笑了。的确，也有一些个别的事例显示，有的宗族（可能在某个时段或某个时间点）完全由农民构成，一位学者最近引述了一位受访者的话：

> 我们村子在邻近地区是唯一姓楚（Ch'u）的。……虽然同于（Yü）族的村子比邻，但两村之间既没有什么利益关系或行政关系，也没有什么敌对情绪。不过，我们家族人丁日益兴旺，而他们日益凋

---

[40] Fei Hsiao-t'ung, *Peasantry and Gentry* (1946), p.5.

[41] Hu Hsien Chin, *Common Descent Group*, p.10.

[42] 姚莹《中复堂全集·东溟文集》，3/12b.〔编者按：《上座师赵分巡书》。〕

零。——他们的家族成员全部是务农的，而我们的既有务农的，也有读书人。[43]

不过，在这些于族的"农民"中，应该有一些地主。还应该指出的是，于族人丁之所以"日益凋零"，其部分原因在于缺乏绅士领导，因为一个宗族中如果出现"士"与"官"，就不仅能强化该宗族的威望，而且能加强该族力量。浙江嘉兴一些最突出的宗族的成员中，包括了相当大比例的士子，他们在明清两代京试中取得了最高等级的荣誉。[44]

因此，虽然宗族成员常常包括绅士和普通百姓，但宗族是由绅士领导的。在宗族这种由亲属关系构成的集团中，绅士之角色是积极的，而普通百姓是消极的。

在一个宗族内，绅士和普通百姓之间存在着区别，前者控制后者，是不争的事实。在山东蓬莱县宁氏宗族成员中，没有财富或社会地位者，既不能参加一年两次的祭祀和随之而来的节日活动，也无权对祭祀土地的使用发表观点；他们作为宗族成员所享有的唯一权利，是可以在死后葬于宗族墓地。[45] 江西南丰县谭氏宗族，以下列方式强调"士—官"的社会地位：首先，所有士子都被要求参加每年举行的祭祀活动；其次，在祭祀活动中，所有执事都由绅士挑选；第三，分发祭祀活动中用过的肉（胙肉）时，普通人只能得 1 斤（大约 0.597 公斤），但参加活动的每位绅士，根据他通过科举考试的等级，却能得到 2 斤至 8 斤；第四，仪式结束时，所有绅士和长者参加一个大型宴会，而其他成员是被排除在外的；第五，拥有官品或至少通过举人考试的成员，去世后他的牌位可以免费供在宗祠，而所有其他成员的牌位要想进入，就需要缴纳许可费。[46] 在江苏无锡县赵氏宗族，绅士成员和普通百姓之间的区别更为明显，其族谱记载了下列族规：

[43]　Hu Hsien Chin, *Common Descent Group*, p.112.

[44]　潘光旦《明清两代嘉兴的望族》（1947），第 98—99 页。他指出，在明清两代，在京试时通过了最高级别考试的嘉兴士子，属于嘉兴望族的超过 67%。

[45]　Ida Pruitt, *Daughter of Han* (1945), pp.61-62.

[46]　Hu Hsien Chin, *Common Descent Group*, 附录 16，引《谭氏续修族谱》，卷一《祠堂规条》，2b-5a 和 7b；卷十四《祭田记》，1b-2a。

此后捐银入祠，永宜禁止。若夫忠孝节义，行堪风表，发名成业，身列甲科，是克振家声，以光世德，身后自宜入祠享祭。[47]

然而，应该指出的是，虽然宗族成员之间的社会差别导致了社会地位不平等，拥有相当财富的宗族尤其如此，[48]但是，绅士成员常常满足于享有祭祀特权，以及对群体的控制。他们较高的地位和威望，不但使他们自然成为宗族的领袖，而且经常成为其贫困族人的靠山。[49]他们一般要对后者慷慨，要帮助后者。不仅是因为此举可以增强宗族的凝聚力，而且因为慈善在传统上被视为品德高尚的象征，是扩大他们威望的有效方法。

各个宗族的具体情况各不相同，但在正常情况下，每个宗族，都公推一名合适的成员作为领袖，建立起一种管理或处理宗族事务的组织。宗族领袖经常称为"宗长""族正"或"族长"；他可能是祭祀活动的主持者、宗族的"首席执行官"，或兼而有之。[50]有时，宗族也会挑选"执事者"来帮助族长履行其职责，特别是帮助他履行管理宗族公共财产和祠堂的职责。[51]规模较大的宗族，还设置了几名"副族长"，统率所在的"房"，一般称为"房

---

[47] Hu Hsien Chin, *Common Descent Group*，附录 48，引《暨阳章卿赵氏宗谱》，第 22 册，卷十九，《家范录》，6a-b。

[48] Hu Hsien Chin, *Common Descent Group*，p.29："手头现有材料证明，宗族越贫穷，社会差别越小。"Lang, *Chinese Family* (1946)，p.180 中作出类似结论："生活得很好的阶层，更有族的意识。"至于 Leong and Tao, *Village and Town Life* (1915)，p.25 中的说法："由于整个宗族只不过是大家庭，因而规定宗族所有成员对宗祠具有同等的权利和职责。"笔者很难赞同。

[49] 例见江苏南京的方氏宗族和无锡的杨氏宗族。参见 Hu Hsien Chin, *Common Descent Group*, pp.166-167, 引方苞（1668—1749）《望溪先生文集》(1881)，14/3a；《安阳杨氏族谱》，23/47a。

[50] Hu Hsien Chin, *Common Descent Group*, pp.120-128, 引鲁九皋《山木居士文集》(1834)，2/1a-4b；安徽桐城《王氏族谱》(1847)，卷一，34a-35a；江西南丰《谭氏续修族谱》，卷一，1b-2a；湖南《曾氏四修族谱》，卷一《文艺四》，1b-4a。

[51] Leong and Tao, *Village and Town Life* (1915), p.28. 还请参见 Lang, *Chinese Family* (1946), p.175："广东和福建的宗族有两组领导人：（1）宗族长老；（2）宗族执行官。第一组，至少就理论上来说，由宗族长辈中的最年长者组成。当然例外并不罕见。……宗族长者只不过是年高德劭之类人物，真正权力掌握在宗长、族正、首事、董事和'仲裁委员'等执行官的手中。这些人当然来自社会地位突出、富裕之家庭。他们因为生活水平高，能够接受较好的教育，而能承担这样的工作。虽然其中大多数年龄为五十多岁，但年纪大并不是最重要的。"

长"。在这种情况下，涉及各房的宗族事务，就可能由各房长处理，但关于整个宗族事务的管理或决定，要征求所有这些领袖的意见，或者取得他们的合作。[52] 宗族所有成员偶尔会在族长和房长率领下聚集在宗祠里共同协商解决重要问题，此时宗族本身就表现出一种"直接民主"的性质：宗族头领主持讨论，其他人发表意见。[53]

一般说来，年龄、资历、个人才能等因素虽然是挤入宗族领导集团的主要条件，但社会地位和经济地位等因素也常常同样重要。在一些宗族，虽然族长并不一定是族中年龄最大的，但他是从在世的辈分最高者中挑选出来的；[54] 在另一些宗族，假如候选人的年龄达到必要要求时，就根据"才干"进行挑选。[55] 在大多数情况下，绅士成员都享有优先权；拥有足够财产，有时也被视为占有一定地位的条件之一。现代一位学者概括指出了这一情况：

> 在中国乡村，族长对族中各家庭具有一定影响。……他一般是所在家族中的长者，但也可能是最富家庭的家长，因为他很有钱，可以做其他人不能做的事。[56]

归根到底，"才与德"的标准很容易被并到官品和财富里面。其原因非常简单，目不识丁的农民很少有机会展现个人的才华。谁拥有学识头衔、官品或殷实的财富，谁就很容易被认为有才华。此外，个人权力常常伴随着较高的社会地位和经济地位而来，没有什么地位和影响的其他宗族成员就不得不承认绅士宗亲的领导地位。

社会地位在所有宗族中并不一定都起同样重要的作用，一位学者最近指出：

---

[52]　Hu Hsien Chin, *Common Descent Group*, pp.119-120, 引自《曾氏四修族谱》，卷一《文艺四》，1b-4a。

[53]　Hu Hsien Chin, *Common Descent Group*，p.131，引《庐江郡何氏大同宗谱》，13/1b。

[54]　Hu Hsien Chin, *Common Descent Group*，p.127，引安徽桐城《王氏族谱》，1/34b。

[55]　Hu Hsien Chin, *Common Descent Group*，p.119。真正负责实际事务的宗族领袖，常常主要是依靠自己的管理才能而被推选出来的，例见《紫阳朱氏重修宗谱》（1867），卷末上，44b。

[56]　Martin Yang, *A Chinese Village*, p.181。

宗族越贫穷，社会差别就越小。在这种情况下，年龄和辈分就是挑选族长的决定性标准。但是，如果有一定的宗族成员拥有殷实的财富和较高的社会地位，那么财富和社会地位就越来越被强调，在选择族长时就必须考虑这些因素。[57]

这一论述非常正确，因为宗族的物质和钱财毫无例外地来自于地位突出、财富殷实之宗族成员的捐助。因此，一个以亲属关系为纽带形成的宗族是否兴旺发达，取决于它最成功的成员的成就。在这种含义上，甚至可以更确切地说，如果一个宗族的社会差别越小，那么它就越贫穷。但是，由于宗族组织并不能发展到比较大的程度（除非当地相当繁荣），而中华帝国财富分配并不平均，绅士控制宗族也就成了常态，至少在清王朝统治时期是如此。

宗族活动

虽然不同的宗族着重的活动类型不一样，但无论哪种重要的宗族活动，都离不开绅士领导。最常见的如下[58]：（1）编撰、修订族谱；（2）祭祖，修建祠堂，管理祭地和祖坟；（3）周济族人；（4）对年轻人的教育；（5）惩罚犯罪，解决争端；（6）自卫。

编修族谱

大概从公元3世纪始，编撰、修订族谱实质上就成为绅士的一项主要活

---

[57]　Hu Hsien Chin, *Common Descent Group*, p.29.

[58]　一些宗族所从事的活动相当广泛。举例来说，湖南宁远县一些宗族据说在春分后第十五天在族墓举行祭祀仪式。仪式结束后，通常要把稻米和其他粮食分发给常常参加仪式的几百名族人；对结了婚或生了儿子的族人进行补助；尊敬地邀请宗族中所有年满五十岁或以上的老人出席宴会；惩罚犯错的族人，有的鞭打，有的暂时停止分享胙肉的权利；对取得生员头衔或在宗族学堂教书的读书人进行鼓励。参见《永州府志》（1867），卷五上，42a-b。

动。[59] 晚近的族谱或宗谱虽然不只在一个方面同曹魏、晋朝时期的谱牒有区别，但追溯和记录宗族谱系的基本目的都是相同的；同早期的谱牒一样，族谱或宗谱的编撰、修订多半是绅士的工作。

并不是所有宗族都有族谱。拥有族谱的宗族，其成员中常常拥有相当数量取得官位的士人。居住在较为贫穷地区的宗族，常常不编修族谱；宗族现象不如南方显著的北方省区，尤其如此。[60] 举例来说，笔者发现陕西同官有 208 个宗族，但其中只有两个有族谱；其余的，或者从未编撰过，或者以前曾经编撰过但未保存下来。[61] 在该省洛川县，有 168 个宗族，但只有 8 个有族谱，表 8–1 就展示了这 8 个宗族的一些相关情况。[62] 即使在南方，有一些宗族也没有族谱，比如在湖南靖州，在相当多的宗族中，只有 32 个有族谱。[63]

表 8-1：陕西洛川县八大宗族的族谱情况

宗族	宗族成员人数	学子人数	编撰时期	宗祠所在地
李姓	4838	37	1788	阿时村
曹姓	1284	7	1811	韩　村
吴姓	836	3	1825	京兆村
韩姓	1168	15	1867	京兆村
董姓	302	21	1906	桥章村
屈姓	1391	46	？	城　区
樊姓	334	3	？	青牛村
安姓	594	1	1939	黄章村

略微浏览一些族谱的内容，[64] 让我们相信，没有什么财力的宗族是无法做这

[59]　赵翼《廿二史札记》，17/6a-9a。这位著名的历史学家在 18 世纪晚期的著作中，把族谱的起源追溯到三代，不过认为只有在三国时期魏国（公元 3 世纪）推行"九品中正"任官制度（有声望善识别人才为"中正"，州郡皆设置，以区别当地士人为九等，政府据其所定，选择任用）之后，族谱才取得了实际重要的地位。在六朝时期（4 世纪到 6 世纪），当士族和庶族之间界限十分明显时，研究谱牒就成为一门独立而又高贵的"学问"。
[60]　吴汝纶（1840—1903）《桐城吴先生日记》（1928），15/48a。
[61]　《同官县志》，25/9a。
[62]　《洛川县志》，22/7b-8a。
[63]　《靖州乡土志》（1908），2/12a-21b。
[64]　下列族谱是 19 世纪编撰的：《靖江刘氏族谱》，1825 年；《会稽陶氏族谱》，1830 年；《归德方山葛桥南李氏宗谱》，1833〔译者按：应为 1862〕年；《大缘叶氏族谱》，1867 年；《安阳杨氏族谱》，1873 年；《皖桐胡氏宗谱》1880 年；《暨阳章卿赵氏宗谱》，1883 年。引见 Hu Hsien Chin, *Common Descent Group* 各页。

些事的。一些较为精致的族谱，其内容不仅记载了宗族诞生以来的历史（口头的或想象的）、人丁发展情况、各房（如果有的话）迁移和定居情况，叙述并记录了宗族财产、宗祠和祖坟情况，记载了杰出成员的传记，以及以各种方式获取褒扬之男女的名字，还有族人所写的"著述"或"文翰"，"族训"和"荣进"等等。[65] 编修并印刷这样的族谱，没有足够的学识水平和一定的资金是不行的。即使是最简单的族谱，也需要士子的笔和地主的钱合作才能完成；[66] 普通农民拿不出什么，甚至连提供内容来丰富或装饰族谱的版面也办不到。由于修族谱的公开目的是维持宗族纽带关系，因而编修者不能不写非绅士成员的名字，或他们家庭的重要统计数字。不过在此目的背后，推动这个工作的绅士可能存在的一种动机，在于通过宗族威望来抬高自己的威望，他们在族谱中常常把历史上或宗教上的圣贤当作自己的祖先；或者对被认为曾经"光宗耀祖"的"杰出族人"的生平和事功大加吹嘘。至于普通族人，他们最关心的是如何使自己和家人活着，可能对这件事没有什么兴趣。

祭祖

祭祀祖先的活动或许比编撰族谱更具有吸引力，但也免不了受绅士左右或控制。祭祀活动区分为两大类，即宗族作为整体进行的祭祀和各户家庭（不论是否属于某一宗族）独自进行的祭祀。后者是村子中普通家庭常做的事，而前者很明显是一件绅士的事情。

---

[65] 《南海县志》，11/24a-b。

[66] 不同宗族族谱编撰花费各不相同。举例来说，江苏吴县王氏宗族 1771 年修订族谱，共 26 卷，装订成 30 册；编辑、刊印 100 套的总花费为 716 两银子。参见《洞庭王氏家谱》，卷末，第 42 页。吴县另一宗族蒋氏，1803 年花费 312 两重修族谱。参见《娄关蒋氏本支录》（1846），卷末。1900 年，湖南湘乡县曾氏宗族第四次重修族谱，共 1,744 页，花费 5,469 两，印刷 114 套。参见《曾氏族谱》（1900），卷末。假如按照花费多少与族谱规模成正比计算，那么 1911 年江苏吴县那篇幅达到 66 卷、52 册的《吴中叶氏族谱》，肯定要比王氏宗族 1771 年或曾氏宗族 1900 年修撰的族谱花费要来得多；而 1874 年苏州《彭城钱氏宗谱》，因为只有 4 册，而且还是手稿，所以花费相对来说要少。

原因很明显。宗族祭祀牵涉到宗祠、[67]某些祭田,或许还有祖茔。[68]这些又必须假定族中有一些愿意捐献钱财或土地的富有族人。有了捐献,才可能有宗祠、祭田等的出现。"族祠"或"宗祠"以及"祭田"尤其是绅士关注的首要目标。官员(无论是否退职)和士子常常乐意捐钱或地给自己的宗族修建祠堂,购置祭田,他们自然也就有权管理宗祠和祭田。仕途或经商成功者,通常视建立或扩大宗族财产为他们事业辉煌的象征。

关于这样的事例,地方志中记载了许多。广东东莞县生员陈璋虽然在省试中失败了,但经商却非常成功。最终他在聚集相当多的财富之时,满意地说道:"是可以行吾志矣!"随即,他购置田地作为宗族的祭田,并修建新的祖祠。[69]花县商人汤允良,经商致富之后,捐了一个五品官,并在家乡为"族祖"修建了一所祠堂,召集乡绅一起拟订了一套族规,作为族人行动的指南。他所在的村子是有 1, 200 人的单族村庄。[70]南海县某村村民康国器,年轻时候以赤贫起家,1870 年担任广西巡抚。他一退职,就捐钱整修祖坟,修建新宗祠,购置祭田(数量未说明)。[71]广西郁林人苏献可,1789年中举,担任过直隶宣化县的教谕。他负责修建了家乡的宗祠,整修所有

---

[67] Justus Doolittle, *Social Life of the Chinese* (1876), I, p.225 中这样划分宗祠:"宗祠可以分为两种。一种是祭拜同姓、拥有亲属关系的所有家庭的祖先;二是祭拜同姓、具有近亲关系的一房的祖先。"这种划分说明了为什么在许多事例中,一个宗族有许多宗祠。

[68] Edwin D. Harvey, *The Mind of China* (1933), pp.244-246,引自 *Chinese Repository*, I(1832-1833), pp.449ff. 该学者对在宗祠和祖先坟地举行的祭祀活动情况作了如下描述:"有一些规模比较大的宗族(由一位祖先繁衍下来的,生活在同一地区),他们成群结队去祭拜。无论是富者还是穷者,甚至乞丐,都被召唤到一起,到祖坟面前下跪,祭祀。这一活动称为'扫墓''拜山'。在其中一些场合……即使宗族有两三千人,其中一些成员非常富有或在政府担任高官,无论老少、富穷,都必须聚集在'祖宗祠堂'(或称宗祠)里。杀猪宰羊,各种各样的祭品琳琅满目。祭祀队伍从宗祠行进到坟地的过程中,以主要人物的官阶被允许的最壮观的方式来进行。……这就是在祖宗墓地举行大规模祭祀的基本情况。但对许多人来说,祭祀仪式中最好的部分,是在祭祀结束之后举行的宴会。烤全猪、米饭、鸡鸭、鱼、酒等都带回祠堂;然后在祠堂举行宴会,按照年齿尊卑排序,大家都坐下吃喝玩乐。"还请参见 Daniel Kulp, *Country Life*, p.305,及《永州府志》卷五上,42a-b 中的记载。

[69]《东莞县志》,68/9a。

[70]《花县志》,9/26a。

[71]《南海县志》,16/14b。康国器是康有为父亲的堂兄弟。

祖坟。[72]1807 年中举的陆锡璞，担任过湖北几县的知县，用自己的积蓄为宗族修建了宗祠，并帮助所有需要帮助的族人。[73]1869 年去世的安徽庐江监生刘世家，晚年聚集了相当的财产，捐献 2,000 两银子重修毁于太平天国的宗祠。他还捐献 500 余两购置祭田。[74]江苏宿迁县孝义乡富有村民陈陶，修建宗祠，修订族谱，购置了一些祭田。[75] 直隶抚宁人单槐，1752 年中举，为自己宗族修建了一所富丽堂皇的宗祠，购置了 1,000 亩的祭田，在县城为宗族购买了相当多的房屋。[76]

宗祠和祭田与各地的经济状况有关。我们不必期望能在居民比较贫穷、宗族本身都很难存在的地区看到宗族修建许多宗祠或占有许多祭田。相反，在亲属组织比较兴旺的乡村，才可以经常看到宗祠（其中一些的规模还相当大）林立，祭田绵延。江南地区的"宗祠—祭田"现象要比长江以北地区更加普遍。[77] 但是，产生这一区别的直接原因在于社会经济，而非地理差异。在江北某些地方，也可以看到宗祠和祭田；在江南一些地方，也有

---

[72] 《广西通志辑要》，15/13b。

[73] 《广西通志辑要》，4/45a。

[74] 《续修庐州府志》，50/42b。

[75] 《徐州府志》，卷二十二，中之下，22b。

[76] 《抚宁县志》（1877），14/5a。偶尔，没有绅士地位的富者也修建宗祠。《北岭徐氏宗谱》（1884）就在 11/1a 中记载说："我义彰公之兴于北岭也，承观成公之遗业。……公以盐艘往来海上，不及二十年，号称中富。"此事发生在明朝中叶。后来，徐氏宗族的宗祠不少于八所。不过，像这种缺乏绅士成员的富有宗族，并不能持续多久，同书 1/17a 中的记载就暗示了这种问题："族中有致身通显，位望俱隆者，固属其人之遭逢，亦由祖宗之积累，所宜体一本之谊。于宗族之贫困者周之，祠谱之失修者辑之，举凡有益宗族之事，一一量力而行。"为了修建和管理宗祠，有许多方法可以募集资金；其中最常用的是自愿捐助。有时，绅士成员要捐一定数目的款项；至于到底捐多少，根据他们的官品和地位而定。例如，江苏常州的李氏宗族规定了绅士成员捐款的数额：担任布政使或按察使的，捐 400 两；担任知州知县的，200 两；担任州县以下基层官员的，20 两，等等。偶尔，宗族也常常利用通常称为"借贷会"的精巧发明来集资。就以我们刚提到的李氏宗族而言，有位成员同他的两个兄弟在一起，利用这种方式，共同为宗族收集了 2,000 多元。参见《李氏迁常支谱》（1894），附录 1a 和 6a。其他宗族规定，在宗祠里安放过世父母的牌位，在族谱上登录刚出生子女的名字，都要付钱。没有及时登记的子嗣，是不能参加祭祀的；例见《王氏宗谱》（1840），卷五。无锡浦氏宗族则采用了另一种集资方法：该宗族规定，每位不太贫穷的成年男子，必须每月交纳 100 文铜钱，作为重修宗祠的储备资金。参见《前涧浦氏宗谱》（1931），8/6a。这些事例表明，虽然宗族组织一般是由绅士控制的，但绅士并不一定把宗族所有经济负担承担起来。

[77] Burgess, *Guilds*, p.25 中认为"整个华北地区也没有宗祠"。

见不到的。[78]

祭田是宗族组织构成的经济基础。拥有祭田，就可以维持祭祀之外的其他各种活动。在宗族活动范围最广的江南地区，一些宗族拥有的祭田数量十分可观。一位近代学者认为，某一特定地区家族所拥有的祭田会达到当地所有在耕土地的 75%，而最初的比例为 23% 到 40% 之间。[79] 笔者没有对 19 世纪的情况做过估计，但是从各种资料（尽管这些资料不完全，也可能不正确）中所得的几个数字，可以说明一些情况。表 8–2 中所提到的祭田，也可以用来扩大对族人的物质资助；事实上，一些宗族喜欢把他

[78]　虽然我们手中的资料零碎，但下列地方志可以提供确切资料：关于广东的，参见《广州府志》，15/7b；《九江儒林乡志》，3/9b、4/12a-14a；《信宜县志》（1889），卷一之十，1b；《清远县志》，2/14a；《惠州府志》，45/7a；《花县志》，2/28a《佛山忠义乡志》，9/10a-12a；《恩平县志》，4/2b-3a。关于浙江的，参见《处州府志》（1877），24/3b；《剡源乡志》，7/7a-12b。关于江苏的，参见《扬州府志》（1810），60/7b；《通州直隶州志》（1875），6/51a。关于安徽的，参见《滁州志》，卷二上，2b。关于湖南的，参见《巴陵县志》，52/3b；《新宁县志》（1893），19/3b；《永州府志》（1867），卷五上，40b-43b；《道州志》（1878），10/9b。关于湖北的，参见《湖北通志》（1921），21/675-676；《兴国州志》，4/1b；《沔阳州志》，卷九《义行下》，22a。关于四川的，参见《富顺县志》，7/4a；《江津县志》，卷十一之一，22a。关于贵州的，参见《铜仁府志》，2/4a；《平远州续志》（1890），5/15a-22a；《普安直隶厅志》，4/1b-2a；《黎平府志》，卷二下，120b-121b。关于广西的，参见《博白县志·志余备览》，卷上，1a-7a；《容县志》，8/2a-3a；《贺县志》，4/13a。关于云南的，参见《镇南州志略》，2/26b；《镇雄州志》，3/9a-10a；《昆阳州志》（1839），5/10a-b；《南宁县志》（1852），1/18b。Doolittle, Social Life (1876), I, p.226, 指出了福建福州邻近地区的情况："许多中国人都不承认对坐落在福州邻近地区的任何公众的或大众的宗祠感兴趣。他们大体上属于从福建省其他地区或清帝国其他省区移民而来的后裔，他们还不算富有，人数也不多，因而还不能修建宗祠。不过，所有这些人都坚持在自己家中摆设祖宗牌位，进行祭祀。"关于华北地区一般不存在宗祠的这一情况，可以参见下列资料：《邯郸县志》，6/5b；《卢龙县志》，10/3b-4b；《天津府志》，26/1b；《滦州志》，8/23b；《昌平州志》（1886），9/3b；《顺天府志》（1884），18/10a-13a；《延庆州志》，2/65b-66a；《定州志》，19/15b；《西宁县新志》（1873），9/2b；《遵化州志》（1794），11/2b。关于山东的，参见《滕县志》，3/2b；《济南府志》（1839），13/5a。关于山西的，参见《翼城县志》，16/5a 和 7b；《丰镇县志书》，6/4a。关于陕西的，参见《榆林府志》（1841），24/2a-b。关于河南的，参见《南阳县志》，2/40b；《鹿邑县志》，9/4b。

[79]　Chen Han-seng(陈翰笙), Landlord and Peasant (1936), pp.31-32. Lang, Chinese Family (1946), p.174, 指出了广东的情况："属于宗族的土地的比例是不同的。1937 年对广东 24 个宗族进行调查，发现宗族土地所占比例从 10% 到 90% 不等。这两个极端数字并不多见。在大多数情况下，族人耕种的土地有 50% 到 70% 的土地是属于宗族的，其余属于族人私产。这大概只是广东特有的现象，而在福建，宗族没有什么土地。"我们在找到足够材料对这种情况进行较准确研究之前，所有看法——包括陈翰笙和 Lang 的——都只能作为参考。

们的土地叫作义庄。[80]

表 8-2：宗族祭田

地区	宗族	祭田数（亩）	大致日期
江苏无锡[I]	华氏	1590	1835
	周氏	1098	1804
	蔡氏	1000	1810
	钱氏	890	1808
	胡氏	660	1839
	滕氏	658	1877
	顾氏	486	1810
江苏武进[II]	王氏	超过 1000	19 世纪晚期
	盛氏	超过 1000	19 世纪晚期
安徽合肥[III]	李氏	超过 1300*	1870
安徽庐江[IV]	张氏	超过 3300*	19 世纪早期
广东汕头[V]	1400 人的宗族	2300	1800
	2000 人的宗族	1650	1800
	800 人的宗族	785	1800
	400 人的宗族	350	1800
	300 人的宗族	240	1800

I.《无锡金匮县志》（1881），30/10a-15b。

II. 冯桂芬《显志堂集》，4/1b、3b 和 5a。

III.《续修庐州府志》（1885），17/23-24。

IV. 同上，16/9a-b。

V. Adele M. Fielde, in *Journal of the royal Astiatic Society*, North China Branch, N.S., XXIII (1888), p.111.

*粮食产量所用的单位是"石"或"担"。根据李慈铭的《越缦堂日记·息荼庵日记》42a-b 和《桃花圣解庵日记》丙集 82a 中所说，湖南、浙江一两亩土地平均可以收入租额粮食一石。至于在安徽和华中其他省区，没有多大区别。

---

[80] 理论上，"义庄"或"义田"明显与"祭田"不同，各自有不同的用途。祭田是用来维持祭祀费用的，而义田是用来帮助贫困族人的。江苏吴县《王氏家谱》，卷二下，35a 中用如下言语解释了义田的用途："义田立，则贤者不以谋衣食而荒其业，愚者不以迫饥寒而为不肖，鳏寡孤独得所养，婚嫁丧葬有所赖。"不过，在实际上，这种区别并不总是存在，同一种土地既用于祭祀，又用于帮助贫困的族人，例见张心泰的《粤游小志》，下面注 81 所引。李慈铭在其《越缦堂日记·桃花圣解庵日记》甲集，82a，提到 19 世纪 70 年代湖南一名高级军官捐献了 3600 亩土地。Chang Chung-li, *The Gentry in Nineteenth-Century China* (Ph. D. dissertation, University of Washington, 1953), pp.167-169, 根据《吴县志》（1933）31/11 所提供的资料，列表说明吴县、常州和元和等地义田比较多。其中最多的义田是吴县范氏宗族设置的，总数达 5,300 亩；最少的，仅有 1,000 亩，是另一宗族设置的。义田数量，同拥有义田的宗族大小、兴旺程度成正比。浙江会稽《张氏族谱》（1841）就描述了此点："大族多置义庄……尤以山阴涂氏为最盛。其有义田千余亩……吾等宗族人少……义田不足百亩。"如果认为南方所有或大多数宗族都有祭田或义田，是错误的。据说在江苏吴县（该地被认为是义田最初起源的地方，也是地方经济相当繁荣的地区），"富家大族，不下百人，然族谱所载，有义田者仅十余人而已"。参见《汪氏支谱》（1897），卷首，《耕荫义庄记》。

假定在上述地区只有这些宗族拥有祭田，那么它们拥有的祭田总数相对于这位近代学者所说的数字来说是相当少的。但对于单个宗族来说，拥有的祭田数达到一千亩或以上，当然是相当可观的财产；即使只有几百亩祭田，也可以使宗族有能力举行一些基本活动，这在没有祭田的情况下是办不到的。

按照早期学者的观点，祭田的性质是：它作为宗族的永久性财产，其收入用于举行祭祀活动，解决族人的困难。下列所引材料反映的观点就很有代表性：

> 蒸尝田，无论巨姓大族，即私房小户亦多有之。……偶见《新宁县志》载：土俗民重建祠，多置祭田，岁收其入，祭祀之外，其用有三。朔日进子弟于祠，以课文试童子，优者助以卷金，列胶庠者，助以膏火及科岁用度，捷秋榜赴礼闱者，助以路费；年登六十者，祭则颁以肉，岁给以米。有贫困残疾者，论其家口给谷，无力婚嫁丧葬者，亦量给焉，遇大荒，则又计丁发粟。……此风粤省大抵相同。惟视其尝田之多寡以行其意，所以睦姻任恤者，于是乎寓。[81]

其他学者也赞同此种观点。[82] 虽然很有可能，一些人购置祭田的动机是履行对祖宗的孝道、照顾贫困族人，但是，没有什么能够阻止他们把一个潜在的功利主义价值与他们的行动联系起来。一位现代中国学者说道：

> 家族中做官的成员，通常要捐献一块土地给宗族。表面上，这种土地的收入，用来支付维持祖宗坟墓和通常祭祀所需开支。但在实际上，这种公共财产属于那种在政治结构更广泛的村社中用于维持宗族地位的

---

[81]　张心泰《粤游小志》，见王锡祺《小方壶斋舆地丛抄》，4/305a。《嘉应州志》，8/7b 中也有类似记述。

[82]　《广州府志》，15/26b-27a；《花县志》，9/26b；Kulp, *Country Life* (1925), pp.86-87。

公共安全保障。这种财产供给宗族中年轻学子上学，使他们能够进入士
大夫阶层，获取较高官位，从而保障族人的利益。[83]

这是一个非常精彩的解释，虽然作者似乎把问题过于简单化了。无论怎样，
有两件事是非常清楚的：首先，祭田毫无例外地是由拥有绅士地位并拥有一
定财富的宗族成员购置的；其次，宗族公共财产的控制权或管理权通常掌握
在有财产、有特权的族人手中。[84] 正是因为有了祭田，许多宗族才拥有经济
基础；也正是由于有了祭田，才使绅士控制宗族成为自然而然不可避免的
结果。

福利事业

宗族采取各种各样的方法来创办福利事业。最普遍的福利活动，是利用
宗族公共财产或宗族义仓所储藏的粮食，帮助或救援年老和贫困的族人。一
个好的例子，见之于江苏江阴杨氏宗族。该宗族将祭田（1,000 亩多一点）
所得的部分收入用来预购粮食和衣物，每一位年龄够大或非常贫穷的族人，
都有资格领受救济；领到多少视被救济者的年龄而定。守节的寡妇、孤儿和
丧失劳动力者，也在被救济之列；在学堂读书者、店铺或手工作坊学徒、家
庭遇到红白事务者，也可以得到特别补助。[85] 在一些宗族，祭田或义庄购置
者所在的"房"，其成员享有优先被救济权。比如，江苏常熟县的赵氏宗族，
"长房"成员从义庄所得的物质救济比"次房"成员所得的要多。[86] 金匮华
氏宗族在 1876 年拨出 100 亩的田地，作为义庄创立者本支子孙独享的救济
金。[87] 至于宗族粮仓，虽然没有义庄那么普遍，但是在广东香山也可以找到
一些事例。方姓、杨姓和缪姓等宗族 19 世纪中叶各自在其居住的乡村为自

---

[83]　Fei Hsiao-t'ung, *Peasantry and Gentry*, p.5.

[84]　例见《谭氏续修族谱》，1/1b-2a，《祠事条规》。引见 Hu Hsien Chin, *Common Descent Group*, 附录 14, pp.124-125. 其部分内容为："从前，各房轮流管理宗祠。若遇管理者贫穷，则祭祀不行，族人亦不纳费。……后经族人商定，自今以后，以族中富者管理宗祠。……义仓亦由富者管理，经族人选定。……因储于义仓之粮食为备饥荒之用，应由富者掌理。"

[85]　Hu Hsien Chin, *Common Descent Group*, 附录 58。

[86]　Hu Hsien Chin, *Common Descent Group*，pp.143-144.

[87]　王先谦《虚受堂文集》（1900），13/1a-2b。

己的族人设置了义仓。杨氏宗族义仓得到 950 亩的捐田，用于保证义仓存粮不断。[88]

有时，宗族给予成员的帮助是以借贷的形式出现的。广东南海陈氏宗族规定，缺钱的族人可以从祭田收入中借钱。如果借贷者无力偿还，那么就以其土地来还。[89] 江苏无锡杨氏宗族对族人非常大方，在 1850 年代太平天国起事期间，抵押祭田，筹钱借给需要帮助的族人。[90]

一部地方志记载了宗族帮助的一个奇特事例。大概在 19 世纪晚期，广东南海县一村民王徵远组织"义会"，帮助族人交税：

> 族贫耆老，屡以欠粮被拘，徵远乃约同志各捐私产，倡立义会。凡遗粮尽归会完纳，族人免催科之累。[91]

一些宗族以另一种方法帮助成员纳税。据说，南海冯氏宗族做法如下：

> 庄头冯村有钱粮会，每年上下忙在乡祠开收，期以三日。……过此加一惩罚。有抗粮者责其亲属，不少假借。故其乡三百年来无抗粮之民，无积欠之户，不见追呼之役。……闻此法为冯潜斋先生所定宗规云。[92]

这个地区其他宗族也有类似的做法。[93] 在一些情况下，清政府发现以宗族作为税收代理人更加便利。[94]

宗族也会承担起修建灌溉沟渠、水库和桥梁的任务。广东花县铜瓦坑村

---

[88] 《香山县志》〔编者按：应为《香山县志续编》〕，4/3a-b。

[89] 《南海县志》，17/8a-b。

[90] Hu Hsien Chin, *Common Descent Group*, p.67, 引自《安阳杨氏族谱》，第 14 册，23/47a-48a。

[91] 《南海县志》，20/20a。

[92] 《南海县志》，4/24a。

[93] 《九江儒林乡志》，21/30a。

[94] *China Review*, VIII (1880), p.391, 关于"中国土地税"的注释说："税吏把土地税单交给'总户'或其世袭代理人。这种代理人总是能在祠堂或宗祠里找到。"

的黄滕陂，使县城南门外大片农田受益，"此陂系邝姓创建，历来邝姓管业，并无与异乡别姓公共"。[95] 黄家塘，灌溉农田千亩，是由富顺黄姓宗族修建的；该县"农田水利借之水库，而非江河"。[96]

有时，几个宗族共同兴修水利，共同受益。花县大斜陂就是由小布村江氏宗族和瓦沥村的缪氏宗族共同捐钱修建的，灌溉田地 80 多亩；坐落在鸭湖乡的水库，是张氏宗族和罗氏宗族 1866 年合力修建的，灌溉田地 2,000 亩。[97]

修建桥梁的事例相当常见，其中最著名的发生于陕西洛川县。大约在 16 世纪末或 17 世纪初，石家庄一位当地居民首先修建了一座桥梁，他的后裔负责维修；最终，这项工作成为宗族的长年计划。1771 年，此桥用石头重修；1796 年，再次大修。[98] 很明显，这座桥和其他由宗族修建的桥梁，不只方便了有关村民，而且方便了所有行人。

宗族成员的教育

宗族一般重视对年轻一代的教育，使他们有能力参加政府主持的科举考试，以取得功名和官品。这种兴趣表现在各种鼓励读书识字的办法，以及为读书提供的各种设备上面。

对于那些崭露头角、对学业充满激情或信心的士子，宗族经常给予经济帮助。江西吉安县坊廓乡、广东新会县茶坑和湖南湘潭的一些宗族就常常是这样的。[99] 在这些地方，读书人受到奖励；至于奖励的幅度，与他们分别取得的功名成正比：

---

[95]《花县志》，2/11b。

[96]《富顺县志》，3/53b。

[97]《花县志》，10/2b-3a〔译者按：应为 2/12a-13a〕。另一事例见之于江苏昭文县："昭文归氏世为东吴望族。明嘉靖间，归氏始祖春迁居牌牟。地处河岸，四周皆水，春……修沟渠、水闸，荒地成良田，屋舍林立，若街市焉。"参见《京兆归氏世谱》（1913），4/9a-10a，引阮元（1764—1849）文。

[98]《洛川县志》，10/2b-3a。

[99]《吉安县河西坊廓乡志》（1937），卷首；梁启超，《中国文化史》（1936），第 60 页；Hu Hsien Chin, *Common Descent Group*, p.120。

　　……应院试者送费钱壹千六百文，应乡试者送费钱四千文，应会
试者送费钱二十千文。有入泮者公送贺仪四千文，中乡试者公送贺仪
八十千文，中会试者，得公送贺仪壹百贰拾千文。[100]

有时，宗族对那些需要经济帮助的族人给予特殊照顾。比如，在湖南湘乡
曾氏宗族，拥有 30 亩土地以下的家庭是"中户"，拥有 30 亩以上的是"上
户"。"中户"家庭的幼童一进学堂，每人每年可得 1 石粮食，而且可以按时
得到津贴，直到"成才"。而"上户"家庭的幼童只得 4 斗（相当于 1 石的
40%）。[101]

　　许多宗族还为年轻族人，特别是贫困家庭的成员，创办学堂，来提倡
教育。他们设立"族学"，也称为"家塾""祠学"，或简单称为"义学"。
下面几个事例就足以说明这一情况。安徽庐江章氏宗族设置了"家塾"，
"课族子孙"，其维持费来自 3,300 亩义田收入的一部分；而这些田地是一
名曾经担任过湖北提学使的族人 1823 年捐献的。19 世纪早期，合肥郭氏
宗族一名监生捐献 300 亩田地。宗族以之设置一所义学，供族中幼童和年
轻人读书。[102] 江西兴安县篁村李氏宗族以长期拥有一所族学而著名。这所
学堂称为"篁村义塾"，早在元朝至正年间（1341—1367）就设置了；明
朝弘治年间（1488—1505）增置维持义塾的学田数量。它因明末战乱而毁
坏，但在康熙五十三年（1714）得到重建。令人遗憾的是方志的修纂者没
有继续记载它后来的历史。[103] 有时，宗族所属各房分别为自己房内子孙

---

[100]　Hu Hsien Chin, *Common Descent Group*, 引《曾氏四修族谱》, 第一册《文艺四》, 1a-
4a,《吉公祠条规》。湖南善化黄氏宗族对科场考试成功者进行奖励，金额从 500 两（在京试中取得
状元者）到 10 两或更少（取得各种等级的生员）。参见《黄氏支系考》(1897)，第五册。有时，
宗族还对年轻学子进行赞助，使他们能够完成学业。举例来说，在 18 世纪中叶，浙江会稽张氏宗
族有名做过官的族人购置"学田"，以其收入赞助贫困士子（每月支米三斗，每季支银五钱）。参
见《张氏族谱》(1841)，19/1b。江苏丹阳县李孟雄捐钱为宗族购置"祭田"，他以如下言语描述
了族地对学子学业成功的影响："简言之，吾乡祭田之盛，如常过访之横塘秦家……有祭田千余
亩。……藤村江家……有祭田千亩。……江澍胡家，虽自来不甚兴旺，亦复祭田几百亩。……此
三姓科场得售之人，较之本地他姓为多。"参见《李氏宗谱》(1883)，3/56 以下。

[101]　《曾氏四修族谱》, 第一册,《文艺四》, 4a。

[102]　《续修庐州府志》, 34/29b 和 53/10a。

[103]　《兴安县志》(1871)，7/27a。

设置学堂。西方一学者就在广东凤凰村（单族乡村）发现了此类事例："有 4 栋半公共性质的建筑：其中最主要的，是全村的宗祠；……分属全村两大房的祠堂和学堂；……还有一座小庙……坐落在集市中心的南边。"[104] 事实上，广东宗族对教育非常感兴趣，按照当地人所说，"到处家祠作学堂"。[105]

秩序和道德

规模较大和组织较好的宗族费心地维持自己宗族的秩序和道德。他们有时候会依据儒家伦理道德的基本原则制定行为规范，通常称为"宗规"。这些宗规或者在合适场合口头宣讲，[106] 或者写下来张贴在祠堂里的合适地方。[107] 做儿子的必须孝敬父母，做妻子的必须忠于丈夫，做兄弟的必须相互和睦。所有族人都不准懒惰，不准奢侈浪费，不准赌博，不准争吵，不准使用暴力，不准从事其他犯罪行为。[108] 通奸、不孝顺父母，被视为严重犯罪，经常受到驱逐，甚至被处死。[109] 在一些宗族中，严格禁止杀婴和吸食

---

[104]　Kulp, *Country Life*, p.14.

[105]　《九江儒林乡志》，21/18b。文中所引是当地一位打油诗人所作小品诗的最后一句。该诗描述了他家乡极为浓郁的读书风气，全文如下：

"极目人烟遍四方，古榕修竹护村庄。弦歌自信儒林盛，到处家祠作学堂。"

[106]　Hu Hsien Chin, *Common Descent Group*, pp.54-55, 胡先缙引用郑太和 (1277—1367) 在《郑氏规范》（《丛书集成》本）中提供的一个非常确切的训诫事例："朔望，家长率众参谒祠堂毕，出坐堂上，男女分立堂下，击鼓二十四声，令子弟一人唱云：'听，听，听！凡为子者必孝其亲，为妻者必敬其夫，为兄者必爱其弟，为弟者必恭其兄。听，听，听！毋徇私以妨大义，毋怠惰以荒厥事，毋纵奢以干天刑，毋用妇言以间和气，毋为横非以扰门庭，毋眈（耽）麴蘗以乱厥性。……睠兹祖训，实系废兴。'"胡书 186 页提到了另一口头训诫事例。

[107]　Leong and Tao, *Village and Town Life*, p.25.

[108]　Hu Hsien Chin, *Common Descent Group*, pp.133-136, 引《毗陵承氏宗谱》，1/88b-89a；《王氏宗谱》，第二册，1b；《易氏宗谱》，第一册，33b-34b；《谭氏续修族谱》，第一本《祠事条规》，3a-b。

[109]　《南海县志》在 20/19a 中叙述了一个发生于 19 世纪的事例，有个年轻人沉湎于赌博，受到母亲的责备而大怒，殴打自己的母亲。因此，宗族一名绅士下令将他处死。Hu Hsien Chin, *Common Descent Group*, p.123, 描述了一种做法，称为"开祠堂"，亦就是把族人召集在一起处理任性分子。

鸦片。[110] 湖南非常著名的曾氏宗族制定了一系列族规，其中许多反映了《圣谕广训》中的训示；族谱上翻印大约 40 条大清律令，以此向族人表明，在个人言行、家庭关系和经济问题中，哪些是可以做而且合法的。[111]

族规借由奖惩而得到加强。一些宗族把族规解释得十分清楚，执行起来十分严厉。举例来说，族人的优良行为要记载在特别的"族善簿"中；[112] 或者由宗族请求官府赐匾或赐建牌楼。[113] 违反族规者由族长处理。如果罪行十分严重，就会在宗祠里当着所有族人的面审问；其目的并不是听取大家的意见，而是使犯罪者受到公开嘲笑，以阻止其他人犯罪。犯罪者所受到的惩罚，有公开训斥、鞭打、罚款、暂停参加祭祀的权利、驱逐，甚至处死。[114] 这些肉体惩罚和金钱惩罚当然未经清政府批准，因而是非法的，但是很少引起地方官员的注意。

尽管制定了族规，族人之间还是会不断产生争论和口角。因此，如何处理争端也就成为宗规的一项重要任务。很自然，这种任务落到了宗族头领或族长的身上。一些宗族制定一套书面措施，作为族长履行自己职责的指南。江苏镇江王氏宗族 1847 年修订的族谱，就包含了下列措施：

> 族中言语小忿及田产钱债等事，俱赴祠呈禀，处明和解。事有难处，

---

[110] 《东莞县志》在 98/9b 中叙述了一个有趣的事例："广东东莞县陈姓村，族人不满五百，而乡规肃然。阿芙蓉一物，村人视若寇雠，有染之者，族长必严惩，令自革除，屡戒不悛，则屏之出族。"根据 1898 年《知新报》59/9a-10a 中的记载，广东香山县沙苇乡张氏宗族制定了一套族规，禁止族人吸食鸦片烟，所有吸食者都必须在一年内戒掉。如果未能戒掉，就要受到惩罚，即暂停分享胙肉权利（除籍之一种）。Hu Hsien Chin, *Common Descent Group*, p.121, 中引用湖南《曾氏四修族谱》说："合族不准溺女。无论贫富，各家有生女者，一月之内理合报明房长。"杀害婴儿的，要受到罚款和鞭打的惩罚。

[111] 《曾氏四修族谱》，第一册，《文艺三·大清律》，1a-11b 中抄录《大清律》中有关家庭关系、婚姻、坟墓和纳税等方面的 40 条规定。除此之外，该宗谱还叙述了曾氏宗族族规（总共有 22 条，每条都有简短注释），要求族人孝敬父母、尊敬长上、同族人和邻居和睦相处、教育子孙、安分守己、勤俭持家、及早纳税、不做坏事，等等。

[112] Hu Hsien Chin, *Common Descent Group*, p.133, 引《徐氏宗谱》卷一，7a-b。

[113] 《佛山忠义乡志》，10/10b-12a。

[114] 除了上面注 109 和 110 中所提到的资料之外，还请参见《花县志》，9/23a；Kulp, *Country Life*, pp.321-322; William Martin, *Cycle of Cathay* (1896), p.335; 以及 Hu Hsien Chin, *Common Descent Group*, pp.55-63。

方许控官究理。若不先呈族长，径自越告者，罚银五两，入祠公用。[115]

在广东南海县冯氏宗族，所有族人都必须参加每五年举行一次的大型祭祀活动。在此种性质的祭祀活动举行后的第一天，要召开全族大会，解决所有争端，决定族内事务。[116]

自卫

防御暴徒、土匪和其他敌人的自卫任务，有时由宗族承担。据记载，广东恩平县 19 世纪中叶就有这样的事例：

> 咸丰年间，客人作乱……于是联合十里内各姓，组织一团体……名为五福堡。即酿赀，在沙湖墟筑室数椆……遇事召集面商。[117]

下列一段记载，虽然所指发生时期要晚得多，但是可以提示宗族在地方防御中所起的作用：

> 在广东，"族"扩大到包括有关区域内所有同姓之人，集中同姓力量共同反抗侵略，保护自己。1944 年夏，日军攻占台山和三水，威胁开平（译者按：原文误为 L'ai-p'ing）。虽然中国军队已经撤退，但司徒氏和关氏两族自己组织起来保卫家乡。司徒氏宗族的富商和地主认识到日军侵略给人人都带来了巨大威胁，因而把全部家产捐献出来购买武器。由于资金还不够，祭田和其他公共财产也被拍卖。[118]

宗族为了保护自己利益，还以武力对抗官府代理人。下一段记载发生于 19 世纪晚期福建一乡村：

---

[115] Hu Hsien Chin, *Common Descent Group*, p.132.
[116] 《南海县志》，4/24a。
[117] 《恩平县志》，6/18a。
[118] Hu Hsien Chin, *Common Descent Group*, p.67 中所引 *China Daily News* (New York), Feb. 8 and 9, 1945。

在黄东林（Huang Dunglin）祖父还在世时，一名税吏来黄村收税，冤屈了该村的某个家庭。黄东林的祖父性格耿直，他敲响锣鼓，召集族人，准备抵抗税吏及其随从。如果税吏当时不立即道歉，肯定会有流血冲突。自那时起，黄村就得到了一个称号——"蛮子村"。[119]

有关宗族活动的探讨，我们得到一个结论：宗族活动在较大程度上与前面一章中所描述的乡村活动完全相同。这并不稀奇，因为宗族和乡村在本质上是联系在一起的，两者实质上都受到同一因素（即绅士）的控制，都由相同的居民（大多数是农民）组成。没有理由在活动上有什么明显区别。

在乡村（尤其是单族乡村）中存在着宗族，自然要给乡村生活带来一些不同。宗族会增强其所在乡村的团结，使村社比在其他情况下更加紧密、组织更加完善。但是，宗族在实质上并没有改变乡村生活的基本模式。社会和经济地位不同的人之间的区别仍然存在，乡村未能解决的许多问题，宗族也没能解决。

茶坑——19 世纪的一个单族村庄

上面所得到的"宗族—乡村"是一种合成的图景，是从各种各样的资料来源收集来的并列事实所形成的，这些事实很少有空间和时间上的联系。下一段资料就描述了一个真正的宗族乡村，是大学者梁启超在 19 世纪最后几十年的亲身观察。不过，我们没有必要接受他对事实的解释。

吾乡曰茶坑，距崖门十余里之一岛也。岛中一山，依山麓为村落，居民约五千，吾梁氏约三千，居山之东麓，自为一保，余、袁、聂等姓分居环山之三面，为二保，故吾乡总名亦称三保。乡治各决于本保，其有关系三保共同利害者，则由三保联治机关法决之，联治机关曰

[119]　Lin Yueh-hwa, *The Golden Wing*(1947), pp.1-2.

"三保庙"。

本保自治机关则吾梁氏宗祠"叠绳堂"。自治机关之最高权,由叠绳堂子孙年五十一岁以上之耆老会议掌之。未及年而有"功名"者(秀才监生以上)亦得与焉。会议名曰"上祠堂"(联治会议则名曰"上庙"),本保大小事,皆以"上祠堂"决之。

叠绳堂置值理四人至六人,以壮年子弟任之,执行耆老会议所决定之事项。内二人专管会计,其人每年由耆老会议指定,但有连任至十余年者。凡值理虽未及年亦得列席于耆老会议。

保长一人,专以应官,身份甚卑,未及年者则不得列席于耆老会议。

耆老及值理皆名誉职,其特别权利只在祭礼时领双胙及祠堂有宴饮时得入座。保长有俸给,每年每户给米三升,名曰"保长米",由保长亲自沿门征收。

耆老会议例会每年两次,以春秋二祭之前一日行之。春祭会主要事项为指定来年值理,秋祭会主要事项为报告决算及新旧值理交代。故秋祭会时或延长至三四日。此外遇有重要事件发生,即临时开会。大率每年开会总在二十次以上,农忙时较少,冬春之交最多。耆老总数常六七十人,但出席者每不及半数,有时仅数人亦开议。

未满五十岁者只得立而旁听,有大事或挤至数百人,堂前阶下皆满。亦常有发言者,但发言不当,辄被耆老诃斥。

临时会议其议题,以对于纷争之调解或裁判为最多。每有纷争,最初由亲支耆老和判,不服,则诉诸各房分祠,不服则诉诸叠绳堂。叠绳堂为一乡最高法庭,不服则讼于官矣。然不服叠绳堂之判决而兴讼,乡人认为不道德,故行者极希。

子弟犯法,如聚赌斗殴之类,小者上祠堂申斥,大者在神龛前跪领鞭扑,再大者停胙一季或一年,更大者革胙。停胙者逾期即复,革胙者非经下次会议免除其罪不得复胙,故革胙为极重刑罚。耕祠堂之田而拖欠租税者停胙,完纳后立即复胙。犯窃盗罪者,缚其人游行全乡,群儿共噪辱之,名曰"游刑"。凡曾经游刑者最少停胙一年。有奸淫案发生,则取全乡人所豢之豕,悉行刺杀,将豕肉分配于全乡人,而令犯罪之家偿豕价，名曰"倒猪"。凡曾犯倒猪罪者永远革胙。

祠堂主要收入为尝田，各分祠皆有，叠绳堂最富，约七八顷。凡新淤积之沙田皆归叠绳堂，不得私有。尝田由本祠子孙承耕之，而纳租税约十分之四于祠堂，名曰"兑田"。凡兑田皆于年末以竞争投标行之，但现兑此田不欠租者，次年大率继续其兑耕权，不另投标。遇水旱风灾则减租，凡减租之率，由耆老会议定之，其率便为私人田主减租之标准。支出以坟墓之拜扫祠堂之祭祀为最主要。凡祭皆分胙肉，岁杪辞年所分独多，各分祠皆然。故度岁时虽至贫之家皆得丰饱。

有乡团，本保及三保联治机关分任之，置枪购炮，分担其费。团丁由壮年子弟志愿补充，但须得耆老会议之许可。团丁得领双胙。枪由团丁保管（或数人共保管一枪），盗卖者除追究赔偿外，仍科以永远革胙之严罚，枪弹由祠堂值理保管之。

乡前有小运河，常淤塞，率三五年一浚治，每浚治由祠堂供给物料，全乡人自十八岁以上五十一岁以下皆服工役，惟耆老功名得免役，余人不愿到工或不能到工者须纳免役钱，祠堂雇人代之，遇有筑堤堰等工程亦然。凡不到工又不纳免役钱者，受停胙之罚。

乡有蒙馆三四所，大率借用各祠堂为教室，教师总是本乡念过书之人。学费无定额，多者每年三十几块钱，少者几升米。当教师者在祠堂得领双胙。因领双胙及借用祠堂故，其所负之义务，则本族儿童虽无力纳钱米者，亦不得拒其附学。

每年正月放灯，七月打醮，为乡人主要之公共娱乐，其费例由各人乐捐，不足则归叠绳堂包圆。每三年或五年演戏一次，其费大率由三保庙出四之一，叠绳堂出四之一，分祠堂及他种团体出四之一，私人乐捐者亦四之一。

乡中有一颇饶趣味之组织，曰"江南会"，性质极类欧人之信用合作社。会之成立，以二十年或三十年为期，成立后三年或五年开始抽签还本，先还者得利少，后还者得利多。所得利息，除每岁杪分胙及宴会所费外，悉分配于会员。（乡中娱乐费，此种会常多捐。）会中值理，每年轮充，但得连任。值理无俸给，所享者惟双胙权利。三十年前，吾乡盛时，此种会有三四个之多。乡中勤俭子弟得此等会之信用，以赤贫起家而致中产者盖不少。又有一种组织颇类消费合作社或贩卖合作社者……会中所得，除捐助娱乐费外，大率每年终尽数扩充分胙之用。[120]

梁启超（1898 年戊戌变法领导人之一）的这段记事是以第一手材料为基础写就的。他的父亲担任宗族总宗祠值理达 30 多年，同时还是三保庙管理者之一。他的父亲还参加了一个积蓄会，并长时期担任管理者。这个宗族乡村的"自治"（用梁启超自己的话来说）在梁启超青年时期发展到顶峰。梁生于 1873 年，这一顶峰时期是 1880 年代或 1890 年代。

梁启超充满激情地叙述了他所看到的或听到的情况。他急切地指出，除了纳税之外，"此种乡自治几与地方官全无交涉"。值得怀疑的是，茶坑所享有的"自治"或自主权是否像梁启超所认为的那样广泛。他所认为的在清帝国其他地方也很容易看到类似茶坑情况的观点，也值得怀疑。茶坑受惠于特殊的环境，其中之一是它坐落在广东沿海的一座小岛上。但是可以肯定，这种高度结合的宗族村庄，清楚地显示出宗族集团对村社组织和活动的影响程度。

政府对宗族的控制

清政府很容易认识到宗族的重要性。作为一个组织较好的团体，宗族容易对村社生活产生较大的影响；由于是绅士领导的组织，宗族可能是一个非常有用的乡村控制工具。因此，清政府鼓励宗族团结一致，利用它来统治乡村，并对一些不守规矩或有害于其统治秩序的宗族进行严格控制。

康熙帝和雍正帝都对宗族表现出浓厚的兴趣。《圣谕》第二条就要求臣民"笃宗族以昭雍睦"。《圣谕广训》告诫所有臣民"立家庙以荐蒸尝，设家塾以课子弟，置义田以赡贫乏，修族谱以联疏远"。[121] 尊重亲属纽带、对祖

---

[120] 梁启超，《中国文化史》，第 58—60 页。
[121] 《大清会典事例》，397/2b。

宗尽职、接受正统伦理道德基本格言教诲的族人，自然会成为温顺、"合乎礼仪"的臣民；对于在灾难时期依靠宗族帮助和救济的族人，必须尽可能地防止他们"铤而走险"。很明显，清朝皇帝们认识到宗族集团具有稳定性的作用，想把它们变成理想的统治工具。事实上，有些宗族在它们的书面族规中强调官方儒学的基本教义，甚至把《圣谕广训》的全部内容印在族谱中，尽管宗族组织的稳定作为整体并未达到清王朝的期望。[122]

官员们迅速对皇帝的兴趣作出回应。18世纪一位杰出巡抚〔译者按：陈宏谋〕向清廷建议，将地方官员负担的一些责任，尤其是判决小犯罪和仲裁争端之类责任交由族长来承担。他说，这样做就可以有效地减少宗族成员犯法。[123]他非常自信地要把它付之实施。1742年，他于江西巡抚任上签发一道檄文，要求该省各宗族挑选长者担任"族正"，负责解决各宗族的纷争，以及鼓励善举，并向所在州县官员汇报争执和其他暴力行为。[124]他的观点，肯定引起了乾隆的兴趣，因为下列规条在1757年获得批准：

聚族而居，丁口众多者，择族中有品望者一人，立为族正，该族良莠，责令查举。[125]

---

[122] 《施氏宗谱》（1900）就提供了一个好事例。

[123] 贺长龄《皇朝经世文编》，58/76a。Hu Hsien Chin, *Common Descent Group*, p.56, 概括陈宏谋的观点："陈宏谋站在朝廷的角度看此问题，列举了一些最严重的犯罪可由族长和房长处理：（1）不孝不悌；（2）抢劫；（3）械斗。首先由房长设法劝说犯罪者改正；如果未成功，再由族长把全族集中到祠堂里，当众劝诫。只有在犯罪者仍然执迷不悟，才送交官府。……还可以进一步鼓励族长仲裁并解决有关土地、坟地买卖方面的温和性争端，平息家庭纷争，如果同某个其他宗族发生争端，代表宗族出面处理。"看来，陈宏谋重视的是宗族的基本特质，并不打算把宗族变成警察性工具。

[124] 参见注123。胡先缙概括的依据见陈宏谋《培远堂偶存稿》13/40a。参见同书14/31a-32a。《嘉应州志》15/13a-b中记载了一个事例，有名州县官员利用宗族组织帮助维持地方秩序。这名官员在19世纪50年代制定了一套关于团练的措施，其部分内容如下："近来子弟不尊父兄，父兄又未能持正……应请饬各乡约长会同该族商议，择公正可为表率者，以为族长。族大者则举一正一副，使约束子弟。……遇族中有争论事情，当以理教导。若敢恃蛮逞刁，即告知乡长，传到公所责饬。复敢抗违，即送官究治。"

[125] 《大清会典事例》，158/1b。然而，梁章钜（1775—1849）《退庵随笔》，7/21b（明显引自《清朝文献通考》19/5031-5032）回忆说，最初设置"族正"时并不打算普遍使用："查雍正四年，尝有选立族正之例，特因苗疆村堡聚族满百人以上者，保甲或不能遍查，乃选……族长，以稽查匪类。因地制宜，非通行之制也。"按照上面所引《大清会典事例》158/1b中记载，1757年（乾隆二十二年），"族正"制度成为全国性的制度。

这样，宗族就正式地享有了合法地位，并被置于官府直接控制之下。由于族正承担起保甲头领的实际功能，因而宗族在这种程度上变成了保甲制度的补充性组织。[126] 这一点在一法律条文中解释得非常清楚：

地方有堡子村庄，聚族满百人以上，保甲不能编查，选族中有品望者立为族正。若有匪类，令其举报，倘徇情容隐，照保甲一体治罪。[127]

19世纪的一些官员声称，他们有效地利用宗族组织来对付反叛者。举例来说，福建龙溪知县姚莹写道，为了对付该县的盗贼，他把各乡村的族正和族长召集在一起，赋予他们登记所在宗族族人以及处理犯罪者的任务。只有在犯罪者无可救药时，才送交知县依法处理。[128]1830年左右担任江西巡抚的吴光悦发现族正在帮助官府镇压土匪的活动中作用很大：

该省向立族正，原系编查保甲良法，历经照办。近年缉获赣州匪徒，多有访自绅士，及由该户族捆送者。[129]

同一时期著名学者冯桂芬也认为宗族的作用非常大，因而提议以宗族作为清王朝一些重要乡村控制工具——保甲制度、社仓制度和团练制度——运行的基础。[130]

清政府在利用宗族来帮助加强对乡村的控制时，更多的是把宗族集团当作辅助性治安工具，而不是当作具有"雍睦"（借用《圣谕》的词语）原则特点的社会团体。事实上，要求族正汇报自己亲属中违背法律情况的规定，

---

[126] 正如织田万在《清国行政法分论》第一卷第213页中的正确评论所说："《户部则例》曰，'凡聚族而居，丁口众多者，准择族大有品望者一人，立为族正。该族良莠，责令察举。'由此观之，族正也是一种警察机关。……'族正'的职掌，与'保正''甲长'并无不同。"
[127] 《大清律例汇辑便览》，25/100a-b，关于"盗贼窝主"条。
[128] 姚莹《中复堂全集·东溟文集》，4/13a-14a。
[129] 《江西通志》，卷首之三，28a-b。
[130] 冯桂芬《显志堂集》，11/23a-26a。

在某种意义上是同"雍睦"相矛盾的；甚至与主张人性的根基存在于神圣的家庭关系之中的儒家思想相冲突。[131] 此外，正如已经指出的，宗族常常喜欢由自己宗族中的长者来处理犯罪的成员，而不喜欢送交官府。因此，清王朝统治者在把族正实际变成保甲组织代理人时，不但破坏了正统儒家思想的基本观念，而且破坏了宗族的自然本质。

或许，清政府在选择采取此种措施时充分意识到其含义。虽然一些皇帝声言承认"雍睦"原则（可能是加强宗族团结的结果）的帮助，但值得怀疑的是，有哪位皇帝打算鼓励宗族发展成为组织完整、具有影响的地方生活中心？如此看来，族正的设置，不只是在宗族中间产生了一个监视族人的保甲组织代理人，也引进了一个政府支持的领导体系，足以与宗族团体中任何其他领导体系相抗衡。

无论清政府的真实意图是什么，看来可以肯定的是，由于清政府干涉，宗族组织中出现了双重领导的局面。一种是族长或宗子，他们可以被视为"非官方"的宗族头领，他们的地位独立于官府之外；另一种是族正，他同族长或宗子截然不同，是宗族中的"官方"领袖。官方和非官方头人双元制的村庄领导模式，就这样在亲属团体中重复出现。我们既不了解这双重领导之间的真正关系，也不能确定是否在所有情况下族正和族长都是由不同人来担任。如果是不同的人，那么因清政府干涉而设置的族正在族中所得到的尊敬和支持，要比族人自己选出来的族长少。理由之一是，应清政府要求而由族人提名的族正，不能保证就是宗族中最理想或最有能力的人。在法律上，族正的职责是监视自己的亲属；对于那些在自己宗族中"有品望"的人来说，这是一个令人讨厌的职务，他们也因此不愿意担任此职。清廷认识到存在着用人不当的可能性，在 1830 年发布的一道上谕中承认说，"举充不得其人，又恐转滋流弊"。清政府发现很有必要惩罚那些滥用权力的族正。[132] 换句话说，清政府对自己设置起来控制宗族组织的族正并没有信心。由于族正

[131]　比如，《论语》13/18："叶公语孔子曰：'吾党有直躬者，其父攘羊，而子证之。'孔子曰：'吾党之直者异于是：父为子隐，子为父隐。直在其中矣。'"

[132]　《江西通志》卷首之三 28a-b，记载了这道上谕，其部分内容如下："着该抚通饬各属，切实选举公正族长绅士……如有为匪不法，即行捆送究惩。……倘因匪党较多，力难擒送，亦即密禀官司严拿。如有挟私妄诬别情，照例坐罪。"

并没有得到自己宗族族人的尊敬，而那些与政府行动无关的领袖却可以得到尊敬，清政府很难通过在宗族中设置官方头领的做法而达到全面控制宗族的目的。

原因显而易见。宗族利益和清王朝的目的并不一致。双重领导局面虽然会防止宗族利益过分膨胀，但是也不能符合后者的要求。没有充分考虑宗族成员的基本态度和行为，就利用宗族组织作为辅助性的治安工具，不但使宗族难以成为清王朝乡村控制的可靠工具，甚至难以成为乡村中永久的稳定力量。由于清王朝的企图和宗族利益之间的缝隙从未弥补起来，因而对于清政府来说不幸的是：承认宗族组织是一种统治工具，可能在一些情况下鼓励了宗族朝着政府讨厌的方向运行和扩张。

宗族令人讨厌的行为之一，就是"冒认"自己的祖先。这些宗族集团非常渴望提高自己的威望或扩大自己的影响，因而似是而非地声称自己是历史上杰出、著名人物（不管是真实的还是想象的）的嫡系后裔。[133]清政府常常找不到方法来证明它们的声称是真的还是假的，但只要他们不要太离谱，或没有什么危险的牵连，这个谱系就不会受到挑战。但是，当有些宗族夸张地把自己的宗系追溯到古代皇帝，就会引起清政府的怀疑，从而招致祸患。举例来说，江西巡抚1764年发现一些宗族"附会"自己的始祖：有个宗族声称自己的祖先是"盘古"——"开天辟地"的神话人物；另一宗族声称自己的祖先是"地皇"——传说中的第二个帝王；再一个宗族声称自己的祖先是董卓——公元2世纪的窃国大臣；还有一个宗族声称自己的祖先是朱温——公元10世纪唐王朝帝位的篡夺者。[134]最稀奇古怪的一个事例或许就是，一个宗族声称雷震子——通俗小说《封神演义》中一个神话人物——是

<hr>

[133] Hu Hsien Chin, *Common Descent Group*, p.45："……所有宗族……都竭力在中国最早的历史记载中找出一个较为杰出的人物——有时是一个上古时期的神话人物——作为自己的祖先。湖南的曾氏宗族相信，其血统可以追溯到夏朝的一位王子（该王子的父亲公元前2218—前2168年在位），以及孔子的门徒曾参。"

[134] 在这种情况下，清政府震惊的原因很明显。朱温最初是一个土匪头子，随后向唐王朝投降，并因对唐朝统治者"全忠"而身居高位，权势遮天。907年，他取唐而立，成为短命的后梁（907—923）王朝建立者。《新五代史》在卷一中详细记述了朱温的早期历史。

它的"始祖"。[135] 几年后，即 1780 年，山东沂水县知县上报说，有个刘氏宗族的族谱"狂悖"地记述他们最早起源于汉朝皇室。[136] 清廷下令把这些宗族的所有族谱都销毁。

清王朝还着手查禁另一种令人不快的做法：滥用修建宗祠、购置祭田的权利。在 16 世纪之前，控制宗族组织和占有宗祠，是绅士的特权。不过，明世宗采纳一位大学士的建议，明确准许普通百姓"联宗立庙"，结果导致"宗祠遍天下"。[137] 这一发展趋势给封建专制统治造成了威胁。乡村居民一旦认识到组织起来意味着影响或势力，并认识到势力大小与宗族组织大小成比例，就很容易去发展自己的宗族集团（如果有必要，还会采取欺骗手段），并修建"公祠"作为群体的有形象征和运作基础。清代皇帝继续准许宗族修建宗祠、购置祭田，但一旦出现滥用，就毫不犹豫地缩减这些机构。

最显著的滥用，是一些同姓不同宗的人，声称自己同宗而修建"宗祠"。在清政府看来，这一做法不但违背了宗族的基本观念，而且会带来危险后果。早在 1742 年，江西巡抚就采取措施铲除他所称的"宗祠恶习"。他在一份告示中宣布：

> 或原系聚族乡居，而于城中借名建祠，招揽同姓不宗之人，图财倚势，附入祠中。良贱无分，宗谱混乱。[138]

大约 20 年后，江西另一巡抚〔译者按：富德〕发现"联宗立庙"之习惯跟以前一样猖獗。1764 年，他上奏乾隆帝说，合并成"族"的人，虽然同姓但不一定同宗，而且居住不同的村、镇和城。感兴趣者捐献基金，并兴建"宗祠"（在府城或省城），通常拥有一定量的祭田。他们常常挑选一位古代皇帝、国王或高官来作为"始祖"。参加组织的人把自己祖先的牌位安放到"总龛"里；这种牌位数目成百或成千。而安放牌位的唯一条件就是捐一笔

[135]　《皇清奏议》，55/3b，江西巡抚富德 1764 年的上奏。〔编者按：《奏禁江西祠宇流弊疏》《复奏查办江西祠谱疏》，55/1a-5b。〕
[136]　《大清十朝圣训·高宗朝》，264/19b-20b。
[137]　《佛山忠义乡志》，9/8b-9a，引《续文献通考》。
[138]　陈宏谋《培远堂偶存稿》，13/21b。〔编者按：《禁宗祠恶习示》。〕

钱。至于要加入之人与"族"中其他人是否具有同宗关系,则完全不重要。至于"联宗"之动机,该巡抚作如下解释:

> 今查同姓之祠,虽不能追其所归,大概由单姓寒门,欲矜望族,或讼棍奸徒,就中渔利,因而由城及乡,由县及府,处处邀约敛费,创立公祠,随窜附华胄,冒认名裔。而不肖之辈,争相仿效,遂至不一而足。至建祠余赀,或置田产,或贮钱谷,多有借与同姓愚民,倚祠加利,盘剥租息。[139]

这些虚假宗族导致的一个直接而明显的恶果,就是诉讼案件上升。该巡抚写道:

> 惟查各属讼案烦多之故,缘江西民人有合族建祠之习。……其用余银两,置产收租,因而不肖之徒,从中觊觎,每以风影之事,妄启讼端。借称合族公事,开销祠费。……用竣,复按户派出,私财任意侵用。[140]

清政府设法禁止这种虚假"并族"行为。乾隆帝在 1764 年的一道上谕中加以禁止,并解释说:

> 民间敦宗睦族,岁时立祠修祀,果其地在本处乡城,人皆同宗嫡属,非惟例所不禁,抑且俗有可封。若牵引一府一省辽远不可知之人,妄联姓氏,创立公祠,其始不过借以酿赀渔利,其后驯至聚匪藏奸,流弊无所底止,恐不独江西省为然。地方大吏自应体察制防,以惩敝习。[141]

即使在乾隆帝所提到的"敝习"并不流行的省份,大族是自然增长而非

---

[139] 《皇清奏议》,55/3a。
[140] 《皇清奏议》,55/1a。
[141] 《大清十朝圣训·高宗朝》,264/5b;《大清会典事例》,399/3b。

虚假扩张的结果，但宗族组织的真实规模和力量也会引发滥用，直接对和平造成伤害。乾隆帝在 1766 年发布的一道上谕中说道：

> 据王俭奏，粤东随祠尝租，每滋械斗顶凶之弊，请散其田产，以禁习风。……恐有司奉行不善，吏胥等或致借端滋事。……况建祠置产，以供祭祀赡族之资，果能安分敦睦……何尝不善？若倚恃族蕃资厚，欺压乡民，甚至聚众械斗……其渐自不可长。此等习风，闽广两省为尤甚。……嗣后令该督抚严饬地方官，实力查察，如有此等……之事，除将本犯按律严惩外……将祠内所有之田产查明，分给一族之人。……着将此通晓各省督抚，饬属一体留心妥办。[142]

清政府此时已经相信，不管上面所提到的宗族是由真正同宗的族人所构成的，还是由毫无血缘关系的人所组成的，它们的扩张都给清王朝统治造成了威胁。至少在乾隆帝看来，大宗族比小宗族更容易给清王朝带来麻烦。1768 年他回应在大宗族中设置宗族头领的请求时，在一道谕旨中说：

> 内阁御史张光宪奏请设立大姓族长一折，所见甚属乖谬。……民间户族繁盛，其中不逞之徒，每因自恃人众，滋生事端。向来聚众械斗各案，大半起于大姓，乃其明验。……若于各户专立族长名目，无论同姓桀骜子弟未必能受其约束，甚者所立非人，必致借端把持，倚强锄弱，重为乡曲之累。[143]

这样，在 18 世纪结束之前，清王朝统治者就已经意识到宗族组织并不一定是可靠的基层统治工具，而且在不利的环境下经常变成麻烦的来源。他们坚决地控制宗族，迅捷地镇压其不良行为，但没有证据显示清王朝成功地将宗族变得对帝国统治有益无害。"恶习"仍然在蔓延；无论怎样，宗族集团之间的世仇在下一个世纪里并未消失。在 19 世纪中期和晚期，社会发生

---

[142] 《大清会典事例》，399/4a；《大清十朝圣训·高宗朝》，264/6a。

[143] 《大清十朝圣训·高宗朝》，264/10a-b。

大动荡时期，有些宗族的反应就成为另一个骚动的来源。

中国学者认为宗族的本质在实质上是"恶"的，因而以严厉的措辞批评宗族的发展超出了其自然范围；其中一些学者甚至进一步对所有拥有有形组织的宗族进行严厉谴责。举例来说，17 世纪的一位学者就断言"同姓通谱"的动机完全是自私自利的，大家族的潜在动机在于"蠹国害民"。[144]19 世纪的一位学者赞同此观点，而且言辞更激烈。他相信宗族组织漠视对清王朝的应尽职责，漠视对所有族人应尽的亲谊：[145]

> 聚族而居，家之幸，而国之不幸。小则抗粮殴官，大则谋反叛逆，皆恃人众心齐也。[146]

这一批评可能过于严厉，而不被帝制中国所有作者共同认可，但看来还是有一些道理。或许，宗族的本质中有某些东西使它做出这样的行动与反动。宗族是家庭发展的结果，它理论上是以赋予家庭真实性的同一自然关系为基础的，但是，由于宗族组织的发展超出其自然维度之外，因而无论家庭中有什么样的自然情感或属性，都必定会在宗族中消失得干干净净。因此，宗族成员之所以结合在一起，更多的是出于功利主义考虑，而非情感纽带。正如我们对宗族活动的研究表明，宗族组织所表现出来的相当多的行为方式，是出于自私原则。许多事例都表明，宗族组织形成和维持的目的，是为促进和保护少数族人的利益。即使是为全体成员谋利的宗族，也是自私的，因为族人们认为他们一族的利益高于村庄的总体利益。宗族组织是由相当多的人员和家庭组成的一个单位，集中力量，统一行动，产生出来的力量是自然家庭所没有的。如果它在某地的发展比一般情况还好的话，宗族就会变成当地的一股力量，有时甚至是一股支配性的力量。"权力使人腐化"，宗族所享有的权力也不例外。对于一些宗族来说，的确容易成为乡村中的掠夺集

---

[144] 顾炎武《日知录》，23/14a。转引自 Hu Hsien Chin, *Common Descent Group*, p.50。

[145] 汪士铎（1802—1889）《汪悔翁乙丙日记》（1936），3/21a。

[146] 汪士铎《汪悔翁乙丙日记》，3/19b。还请参见 Fei Hsiao-t'ung, *Peasantry and Gentry*, p.4：""在外地主（absentee landowner）需要政治权力以保护自己。为了保护自己的利益，绅士是好战的——他们必须如此。为了在政治上有力、有影响，绅士组织必须大而且强。"

团。可以这么说，这些宗族是一种恶棍集团，行为与残害许多中国村庄的个别恶棍非常像。

当然，并不是所有宗族都是如此。一些事例表明，宗族是乡村社会中的稳定性力量。即使假设亲属组织一般是因自私目的而促成的，其中一些宗族的头领也可能足够精明，可以看出他们宗族的繁荣取决于较大村庄的总安定，因而阻止宗族采取非法的或公开的反社会行为。广东新会县茶坑梁氏宗族表现出来的行为方式，就提醒我们不要彻底否定宗族的作用。还应该指出的是，由于宗族领导大权一般掌握在绅士成员的手中，而绅士在一般情况下承认和维护清王朝的统治，因而至少可以说，虽然宗族会成为乡村中的破坏性力量，但是也会成为社会稳定的因素。有证据表明，一些宗族领袖不仅非常乐意让他的宗族置于清王朝当局控制之下，甚至设法取得清政府批准，寻求合法化。举例来说，安徽桐城县朱氏宗族把自己的“宗规”（族规）送请知县审查，要求他公开宣布朱氏宗族领袖有权移送不守这些规定的族人。[147] 事实是宗族的行为方式会随着不同环境、不同时间而有所不同。在宗族利益和清王朝的利益明显发生冲突之时，宗族集团就会公开地或偷偷地反抗清政府。应该记得，宗族事实上就是乡村的全部或一部分，因而一般拥有乡村的一些基本特征。无论是宗族组织还是乡村组织，其运作并不总是符合帝国安全的原则。

笔者对此问题讨论的结论是：虽然宗族组织可以成为清王朝乡村控制的额外工具，但这个工具并不是安全可靠的，它甚至会给清王朝的统治带来一些其他的难题，而这些问题却没有令人满意的解决之道。

宗族组织的衰落

同 19 世纪中国其他任何社会组织一样，当有利的环境发生变化时，宗族就进入了衰落时期。这个进程在清帝国各地以不同的速度发生，衰落的程度也各不相同。虽然一些宗族因情况例外而未步入衰落，甚至又重新繁荣起

---

[147] 《紫阳朱氏重修宗谱》（1867），“宗规”。文中所提到的安徽桐城县衙门公告是应一些族人的请求而发布的。这些族人包括四名生员、七名监生和一名小官。

来，[148] 但一般说来，在 19 世纪中叶社会大动荡时期到来之后，宗族的繁荣时期就过去了。[149]

家庭财富难以预测的变化，对宗族衰落来说，虽然并不一定是决定性原因，但却是一个显而易见的因素。宗族之兴衰与繁荣，主要取决于占控制地位的家庭的领导是否有力。如果缺乏有力的领导，宗族的凝聚力是维持不了多久的。[150]

宗族崩溃最明显的迹象，是其团结一致的有形象征——宗祠和祭田——瓦解了。祠堂变成废墟或被用于不相干之事；祭田这个宗族组织必不可少的经济基础，也遭到占用或非法处理的厄运。这类事例数不胜数，即使在宗族通常能发挥最大影响力的地区也很容易找到。1830 年发布的一道官府文告，就描述了广东一个地区发生的情况：

> 查佛山乡内惨见各姓列祖祠墓拆掘……盖缘木石旧料，价日倍增，墓经发迹，人多觊觎。不肖子孙，营私忘祖，辄起贪谋，而土豪奸商，乘机渔利。[151]

宗族财产被盗卖的事也同样经常发生在其他地方。早在 18 世纪中叶，

---

[148] Lang, *Chinese Family*, p.173："1936 年，无论谁参观广东或福建，都很容易发现宗族组织仍然在发挥作用。富有村庄……通常受到三种建筑控制，即：宗庙，在这里祭祀宗族祖先；当铺，其收入用于增加宗族财富；碉楼，用于保护富有宗族成员，防止土匪和反叛者入侵。在该两省，五个人中至少有四人属于左右村子的宗族。"在其他经济相对繁荣的地区，情况也是如此。正如本书其他地方所指出的，在经济不怎么发达的地区，宗族就不怎么兴旺了。参见本章注 78 所引的资料。

[149] 一个显而易见的原因是，由于 19 世纪中叶社会日益动荡，许多宗族即使没有完全毁灭，也衰落了。浙江嘉兴曹氏宗族就是例子："呜呼，我宗竟一衰至此耶！溯自……乾隆之际，瘦山（曹焕）、秋渔（曹焜）两公先后卒，门祚渐衰；道光以降，横遭兵革，日益零替。……今所存者……自斑白以至孩提甫逾十人耳。……城中有地名网埭，凤闻里人云，上中下三埭，屋庐栉比，泰半为我曹氏居。今则荒芜弥望无人迹。当时居者虽不能一一实其人，而百数十年来死于贫饿，死于兵革，展转沦落于不可问者，实不知凡几。"参见潘光旦《明清两代嘉兴望族》（1947），第 136 页。

[150] 潘光旦《明清两代嘉兴望族》，第 116—136 页中，列举了他所研究的 91 个宗族继续存在或繁荣的三大原因：（1）这些宗族祖先是来自其他地区的移民，这一事实表明这些祖先及其后裔聪明，适应环境能力强；（2）这些宗族之间广泛通婚，在此情况下，无论族人拥有什么优秀性格，都有可能得到加强；（3）一些宗族的祖先长寿，这是又一适者生存的象征。看来，潘光旦在于强调遗传特征和优生学；他或许过于夸大了这些因素对宗族发展的作用。

[151] 《佛山忠义乡志》，17/29a。

江西〔译者按：应为江苏〕巡抚上奏清廷，汇报了下列情况：

　　近岁粮价增昂，田土日贵，即间有为富不仁之徒，设谋诱买，贿嘱族中一二不肖子孙，将所欲得田产私立卖契，给与半价，即令远飏。买者遂恃强占据，硬收租利。及控告到官，每因得价者不能缉获，审结无期，听盗买者执业。[152]

其他地区也有类似情况的汇报，特别是在 19 世纪。在一些地方，宗族财产在清王朝崩溃之后仍然存在；但即使在这些地方，宗祠和祭田最终也被用各种方式变卖掉了。[153]

---

　　[152] 《皇清奏议》，50/9a。正文中所提到的上奏是 1756 年提出的〔编者按：庄有恭《请定盗卖祀产义田之例以厚风俗疏》〕。我们在这里可以引用两个例子。其一，根据江苏无锡《华氏宗谱》（1894）卷首上，27a 的记载，华氏宗族在 16 世纪初拥有上好良田 500 亩，其收入用于祭祀、祠堂维修和帮助穷困族人。然而这些土地很快就消失了。1563 年，一名绅士成员重新购置 32 亩祭田，但在大约 100 年后又消失了。到清王朝统治初期，再次购置 70 亩祭田，可是又一次失去了。其二，根据江苏溧阳《溧阳南门彭氏宗谱》（1894）2/33a 中的记载，用于祭祀"二世祖"的祭田，虽然有 500 亩，但由于管理不当，很难维持祭祀费用。

　　[153] 例见 Hu Hsien Chin, *Common Descent Group*, Appendix 49, pp.167-168, 所引《京口李氏宗谱》。该处祠堂是 1637 年修建的，其维持费来自祭田，但由于管理不善，"未及百年，后人尽售他姓"。Ch'en Han-seng（陈翰笙），*Agrarian Problem* (1933), pp.12-13 中说："中国的祭田制度同样瓦解了。……广东、广西、贵州和福建等省区的祭田所占百分比相当高，但被少数收租者所控制。这些收租者因此而成为大地主。"Institute of Pacific Relations, *Agrarian China* (1939), pp.22-23 中说："众所周知，祭田既不能出售，也不能分割。许多宗族（特别是苏州、常州、常熟和无锡的著名大族）的地契并不是写在纸上，而是刻在砌于宗庙墙中的石碑上……但近年来，各处祭田被秘密卖掉；这只不过再一次证明了，活着的人的活力，要胜过石碑上文字在想象中具有的约束力……无锡河村（Ho-tsun）的曹氏宗族，其祭田数从 1930 年的 1,000 亩减少到 1933 年的 300 亩；这就是一个例子。另一些事例表明，祭田甚至被分割，因而完全消失。……即使在祭田还未正式分割的宗族，租税收入实质上由很少一部分人控制。"这些学者所描述的祭田衰落趋势，到 20 世纪进一步加快，不过正如我们已经指出的，这种趋势早在 18 世纪就已经很明显了。在个别事例下，意志坚决的族人可能挽救族产免于被直接卖掉；广东南海县张氏宗族就是这样。参见《南海县志》，20/8b。在宗族组织总体上处于崩溃的同时，一些宗族却由于各种各样的原因而长时期保持繁荣；江苏吴县范氏宗族就是一个显著事例。《京兆归氏世谱》（1913）4/11b 中引用吴锡麒（1746—1818）的话："吾尝游吴门，登天平山，拜公祠下，所见良田沃壤，阡陌相接，岁时享祀，子孙昭穆咸在，多至数千百人。"同书 4/9b 中引用阮元（1764—1849）的话："吴中士大夫建义庄者凡数家，惟范氏最著，自有宋至今七八百年，而守之弗替。"《洞庭王氏家谱》（1911）卷二下，35b 中引用王仲鎏的话："文正（范仲淹）置负郭常稔之田千亩赡其族人……余尝询诸范宗，文正义田今已增至八千余亩。"根据该作者所说，同一地区的蔡氏宗族最初的义田很少，但是由于管理有力，捐献不断，因而不到 30 年，义田就达到 1,500 亩。王指的大概是 19 世纪的情况。

有时，祭田不再是整个宗族的财产，但仍然由组成该宗族的某一家庭所控制。例如，据记载，在"广东一些宗族集体拥有的大量土地，常常被这些宗族中几个有势力、损公肥私的家庭占有，他们因而成为引起宗族内部仇恨的因素"。[154]

既然宗祠和祭田受到族规和反对卖产的社会习惯所保护，[155] 我们就不能不断定，上面描述的现象是宗族组织病入膏肓的征兆。前文已经指出，宗族通常是一种受绅士领导和支持的组织。因之，它的财产就是由其领导成员即绅士捐献的，与绅士的财产分不开；其繁荣兴旺的程度，取决于其领袖（即官员和有头衔的士子，他们在一定时期里给宗族带来光彩）的能力、财富、影响和个人兴趣。不过，这种领袖并不总是都有，也不总都可以利用；在宗族中占主导地位的家庭，其兴旺也不总是能保持。[156] 虽然笔者并不赞成著名的"富不过三代"这一有争议的观点，[157] 但也认为，由于中国家庭和社会具

---

[154]　Francis L. K. Hsu（徐烺光），*Ancestor's Shadow* (1948), p.130.

[155]　见注 153 所引 Institute of Pacific Relations, *Agrarian China* 开头的陈述。下列书籍中的记载同样确切：《花县志》，2/28b："祭田之入名曰蒸尝，世世相守。……其私家自卖之田，地契内亦必声明不是尝业，而买主乃受。"Peter Hoang, "A Practical Treatise on Legal Ownership", *Journal of the Royal Asiatic Society*, North China Branch, N. S., XXIII (1888), p.147："…… 宗庙、祖坟还有为慈善目的而捐献并且由宗族共同拥有而且专门用以充实宗族共同基金的土地（祭田）；……还有为慈善目的而捐献并且在地方官府登记入册的土地（义田）。……原始所有权是不能买卖的。无论谁违背，都要受惩罚。"清政府还以另一种方式保护宗族土地。江苏布政使在签发给吴县叶氏宗族的文件（日期不详）中说道："倘有奸徒捏冒诡寄，及不肖子孙私行盗卖，许即执帖首告，按律惩治。"参见《吴中叶氏族谱》（1911），63/90 以下。有时，宗族制定特别措施，以区别宗族公共财产和各个家庭私产，在其间划出一条线来。上面提到的叶氏宗族，族人是不能租义田并以佃农身份耕种的。参见同书 63/91。淮阴吴氏宗族也有类似规定。参见《吴氏宗谱》（1921），第五册《祠规》。不过，在这种情况下作此规定，其主要目的在于避免因强迫拖欠族人交纳租税而带来的麻烦。

[156]　有时，一个宗族的所有成员家庭都沦为平民。李慈铭在其《越缦堂日记补》壬集，33a 中引用施润章（1619—1683）所写的关于山阴张氏宗族的下列叙述："山阴张氏为衣冠甲族……今则子孙寥落，皆编农籍矣。"

[157]　19 世纪的西方一位学者以如下言语概括了这一观点："财富是艰辛积累起来的；同其他国家一样，中国人也认为，无论有多少财产，也保留不过四代。有首通俗诗的意思如下：
'一代辛勤耕耘，舍不得花一分钱；
二代养尊处优，穿着宽大的裘衣、缎子；
三代卖掉土地，典当房屋；
四代衣不遮体，饥饿难熬，无家可归，到处流浪。'"
参见 Adele Fielde, *Corner of Cathay* (1894), p.21。
中国学者也经常发表相同的论点，比如，《慈利县志》（1896）的修纂者在该书 2/5a 中记载

说，在湖南慈利县第三个图中，张氏宗族、王氏宗族和李氏宗族接连而兴，接连而衰；各个宗族的繁荣"不过三代"。近来一些学者也赞成此观点。Martin Yang, *A Chinese Village*, p.132 中说，家族繁荣很少有持续三代或四代的。Hsü, *Ancestor's Shadow*, p.305 中总结说，杰出的家庭，很少有一时跨越两代以上的。他在 *American Sociological Review*, XIV(1949), pp.664-771 上发表的论文，也得出同一结论。Karl A. Wittfogel, "Public Office in the Liao Dynasty and the Chinese Examination System," *Harvard Journal of Asiatic Studies*, X(1947), pp.13-40，指出中国存在着一种趋势，特权家庭的子孙享有特殊的机会。这样的趋势大概有助于维持他们家庭的繁荣。潘光旦《明清两代嘉兴望族》认为，著名宗族的繁荣时期比通常认为的要长。他对孟子所说"君子之泽，五世而斩"（《孟子·离娄下》）提出疑问，并引证说明自己的看法。他在第 94—96 页中叙述了嘉兴 91 个最著名宗族的情况，概括如下：

代数	族数	代数	族数
4	8	12	7
5	15	14	1
6	13	15	2
7	13	16	1
8	8	17	4
9	8	18	1
10	5	21	1
11	4		

换句话说，在 91 个宗族中，繁荣期为 4–7 代的有 49 个，8–12 代的有 32 个，14–21 代的有 10 个，平均为 8.3 代。

　　我们无需在二者之间作出取舍。一些零碎资料表明，19 世纪帝国中持续繁荣或家道不坠的宗族相当少；如果从经济繁荣（主要是土地占有情况）角度来看，尤其如此。认为宗族持续繁荣的观点，本身值得怀疑。比如，E. A. Kracke, "Family vs. Merit in Chinese Civil Examinations Under the Empire," *Harvard Journal of Asiatic Studies*, X, pp.103-123, 就质疑家庭背景的影响是否同 Witffogel 所认为的一样重要。潘光旦的看法也不是结论性的，他本人提到这一事实，在他所研究的嘉兴地区，有六十个不太著名的宗族；在这些宗族的成员中，只有很少人值得一提（亦即地位够重要，值得在地方志中记载下来）。因此，我们自然会认为，这些宗族的繁荣时期不怎么长。根据潘光旦在第 107—110 页中所给的资料来看，在六十个宗族中有四十个持续不过四代；其中二十六个不过三代。这些数字在某种程度上再一次证明了"昌盛"很少有过四代的流行看法。但是，如同宗族之繁荣取决于其中一些家庭的繁荣一样，一个家庭是否兴旺取决于其领导成员是否突出；如果条件都一样，著名家庭成员的人数越多，这些家庭的兴旺程度越高，有关宗族所得到的繁荣时期就越长。19 世纪中国发生的一些因素限制了宗族繁荣的持续时间。财产分割常常有害于家庭兴旺。Fei Hsiao-t'ung, *Peasantry and Gentry* (1946), p.6 中正确指出，"几代之后，大户又一次分离成小户"。还请参见 Fielde 在 *Journal of the Royal Asiatic Society*, North China Branch, N. S., XXIII (1888), p.112 上发表的论文。没有财力，虽然并不一定就阻碍了家庭提高自己的社会地位，但常常成为维持兴旺难以克服的困难；关于此点，可以在下列资料中得到说明：叶昌炽《缘督庐日记钞》，6/4a-b；李慈铭《越缦堂日记·籀诗研雅之室日记》，13a 和 40a；Lin Yüeh-hwa, *The Golden Wing*(1947), pp.2-3。家庭兴旺的变迁情况直接影响到宗族领导权的变化状况。一旦一度兴旺之家庭所承担的领导权丧失，宗族发展注定要倒退，除非该宗族中其他某个家庭承担起有力的领导。众所周知，这种领导权更替时有发生；这一事实就部分说明了为什么一些宗族的繁荣长达几个世纪，上面提到的吴县范氏宗族就是其中一个显著例子。另一个是浙江绍兴新河王氏宗族；该宗族的族谱保持了长达 8 个世纪，每个世纪修订一次。参见《绍兴新河王氏族谱》（年代不详）。不过，这并不意味着长时期存在的宗族在较长时期里都一直是兴旺发达的。它们实际上也经历了繁荣、有的一些特点，中国家庭不可能保证有能力或有雄心的子孙能够持续不断地出现，从而可以继续保持他们的一些前辈所取得的"贵显"。家庭只能享有短暂的兴旺；这一趋势最终反映到宗族组织中来。毕竟宗族只是一个扩大的家庭。

衰落的宗族，或者整体堕落，或者分崩离析。19 世纪湖南省某地盛行的情况，就反映了宗族瓦解的一些后果：

> 永俗散居之户，无宗祠。各宗之家若异姓，不惟远祖不联，他支谱畏讼而多不修。族有长而并无教，暱妻孥疏亲长。[158]

如果宗族所在地区的总体社会经济环境仍然有利于发展，那么家庭财产和族长的变迁，也就不会长期阻碍宗族的发展。当新领导人从某个组成家庭产生之后，经历过繁荣消退期的宗族又会再次中兴，重现昔日光彩。如果社会经济总环境并不总是有利，那么宗族的不幸时期就到来了。作为一个有机体，宗族的生命力强弱和健康程度取决于农业社会是否存在一定程度的和平和繁荣。任何危害乡村和平的严重动乱，都注定要给宗族的发展带来不利影响。特别是在 19 世纪后半期，自然灾害时常光顾，民变不断，武力冲突日益频繁；这些灾害，导致清帝国许多地方的经济大萧条，延迟复兴时期的到来。一些族人或许移民到较有希望的土地上去，而留在家乡的族人可能发现难以找到钱来维持祠堂这个奢侈品。对许多族人来说，他们要解决更迫切的生计问题，没有什么余力来为远房亲戚谋福利，为死去的祖先尽职责。

衰落的周期性变迁历史；这种周期性与个人和家庭财富以及总体社会环境难以预测的变化相呼应。家庭财富虽然并不是唯一决定性因素，但常常是直接而又相当重要的因素。正如上一个世纪〔编者按：指 19 世纪〕的历史所表明，在之前有利于宗族组织发展和存在的历史总环境逐渐消失并为另一种完全不同的环境所取代之时，宗族自己继续存在或复兴的机会就逐渐减少。在这种情况下，如果一个宗族没有一户强有力的家庭来领导，就注定要没落。

[158] 《永州府志》，卷五上，48b。潘光旦《明清两代嘉兴望族》第 133—134 页中认为，浙江嘉兴清溪沈氏宗族在大约四个世纪的时期里，从第一代到第十一代，宗族人丁损失的原因多种多样，其中包括早夭、未婚、无嗣、移民和失踪等。随着时间推移，族人人数虽然增加了，但损失的百分比也增加了。在 18 世纪和 19 世纪期间，亦即到沈氏宗族的第十一世，该宗族族人损失人数超过 53%。

居住在浙江绍兴乡村的李氏宗族，其兴衰情况就可以说明宗族组织是如何受到社会环境的影响，以及在经历过一场灾难性事件之后，宗族组织要想复兴是如何的艰难。李氏宗族的第一个祠堂和第一批祭田（大约200亩），是一位曾担任过邻省知县的进士族人于18世纪初创设的。到18世纪中叶，大部分祭田被其管理者侵占，宗祠也毁于攻占绍兴地区的太平军之手。社会再次恢复平静之后，有一名享有文名却没有功名的族人1868年提议重建宗祠，再兴宗族。但是，他的提议并没有得到回应，他失望地说："族中衣冠零落，鲜知尊祖之义。今为此议，一唱百咻，深可叹也。"[159] 虽然他的努力到1871年有了结果，但是他不得不为此付出代价。祭田被恢复了，并且抵押给一位富有的族人（一名节俭的普通商人，没有什么绅士情结，因而看不出有什么必要去教自己的3个儿子读书），靠此方式筹集资金，重修祠堂。发现宗族没有什么财力来举行祭祀，那名充满热情的士子（刚刚考中举人）捐出自己那一房的28亩土地。[160] 但是到1885年，在祭田艰难地设置起来之后不到15年，一名"不识诗书"的族人又把它盗卖掉了。[161]

这一事例并不一定是典型的。有一些宗族财产永久丧失了；而另一些宗族即使在19世纪晚期还能得到更多的资源与钱财。[162] 无论清帝国各地各个宗族的气运如何，普遍情况是，宗族组织的继续存在和兴旺繁荣，直接取决于内部的强有力领导以及外在的有利条件。[163]

宗族自然还受到其他因素的影响。有时，正是亲属群体的团结，成为削弱或毁灭它自己的麻烦的根源。在广东的一些地方，各宗族族人企图逃税，经常"辱其先祖"。根据一官方报告：

[159]　李慈铭《越缦堂日记·受礼庐日记》下集，76b。有关明代以来的李氏宗族历史，参见他的《越缦堂日记补》，丙集上，48a-49a；辛集下，36b。

[160]　李慈铭《越缦堂日记·息荼庵日记》，28a；《桃花圣解庵日记》，丙集，5b。

[161]　李慈铭《越缦堂日记·荀学斋日记》，庚集下，21a。

[162]　参见表8-2。

[163]　然而一个地区之商业繁荣会给宗族性乡村带来新的社会关系，所产生的影响或许并不利于以亲属关系为纽带构成的宗族社会。Daniel Kulp, *Country Life*, pp.30-31 指出，近代中国华南一乡村就有这种情况发生："这样一来，在集市街道上……有15家店铺老板不是来自在凤凰村占控制地位的宗族。……在租店铺经商的老板……和族人自身之间，产生了一种新的社会关系。这种社会关系的纽带不再是血缘，而是经济利益。"

　　粤东祖祠祭产，其为田必数十顷，其为粮必数十石。当其收租之日，人人皆其子孙，及春完赋之时，人人皆可推诿。即有管理公尝之人，类皆一年一更，又必多方躲避……时有封祠堂、锁神主之事。[164]

　　宗族团结一致还会以另一种方式给自己带来麻烦。在对付外来者时，尤其是在卷入某种冲突或争端之时，宗族通常站在自己族人背后，作为他们的后盾。[165] 因此，个人间的争吵，常常上升成为宗族集团之间的冲突。这些冲突虽然常常是和平解决的，但同样也常常变成宗族之间的世仇；在福建、广东、江西等宗族组织非常强大的省区，尤其如此。[166] 任何关于土地、水利、祠堂和其他方面的争端，都有可能加剧，变成大规模的械斗；根据现代一位学者的研究，这是引发华南地区过去几个世纪里武装冲突频发的原因。[167] 在许多场合下，情况非常严重，从而引起了清廷的注意。举例来说，雍正帝就在 1734 年发布的一道上谕中指出：

　　朕闻闽省漳泉地方，民俗强悍，好勇斗狠。而族大丁繁之家，往往恃其人力众盛，欺压单寒。偶因雀角小故，动辄纠党械斗，酿成大案。及至官司捕治，又复逃匿抗拒，目无国宪。……此中外所共知者。[168]

　　尽管清廷发布禁止令，宗族世仇在整个 19 世纪仍继续存在于福建和其他省份。一位中国学者就描述了福建西南某地的情况：

　　平和地界闽广……民皆依山阻水，家自为堡，人自为兵，聚族分疆，

---

　　[164]　葛士浚《皇朝经世文续编》，21/17a。〔编者按：徐赓陛《复本府条陈积弊禀》。〕

　　[165]　Hu Hsien Chin, *Common Descent Group*, pp.131-132，引《庐江郡何氏大同宗谱》(1921)。

　　[166]　Samuel Mossman, *China* (1867), p.257; Samuel Williams, *Middle Kingdom* (1883), I, p.484。和平共处的情况当然存在，比如，Hu Hsien Chin, *Common Descent Group*, pp.91 and 121，叙述了无锡附近一乡镇范氏宗族同其他几个宗族和平共处的情况。

　　[167]　郎擎霄《近三百年中国南部之民间械斗》，《建国月刊》，1936 年，四卷三期，第 1—10 页；四期，第 1—14 页；五期，第 1—12 页。

　　[168]　《学政全书》，7/8b。

世相仇夺。[169]

该学者还提到了他在福建南部另一地区龙溪看到的情况：

> 古县之郑姓及杂姓五十余社械斗于南，天宝之陈姓及杂姓七十余社
> 械斗于西，田里之王姓及洪岱之施主械斗于东，归德之邹姓与苏、郭等
> 姓械斗于北。……频年以来，仇怨相寻，杀夺不已。[170]

一位西方传教士在 1840 年代的记述，概括了福建一个乡村的宗族械斗：

> 整个村子的居民都姓林。看来是按照宗族制居住在一起的。……在
> 他们的村界内，水井和寺庙是本村村民共同使用的，但反对邻村村民分
> 享，并为此偶尔发生争端。有时，争端达到了一定程度，双方好战分子
> 通常诉诸武力，公然提出械斗。[171]

广东巡抚 1766 年的一道上奏，详细地描述了该省的械斗情况，有助于
了解宗族之间世仇的特点：

> 广东人民，率多聚族而居，每族皆建宗祠，随祠置有祭田，名为尝
> 租。大户之田，多至数千亩；小户亦有数百亩不等。递年租谷按支轮
> 收，除祭祀完粮之外，又复变价生息，日积月累，竟至数百千万。凡系
> 大族之人，资财丰厚，无不倚强凌弱，恃众暴寡。
>
> 如遇势均力敌之户，恐其不能取胜，则聚族于宗祠之内，纠约出
> 斗，先行定议。凡族中斗伤之人，厚给尝租以供药饵。因伤身故，令
> 其木主入祠，分给尝田以养妻孥。如伤毙他姓，有肯顶凶认抵者，亦

---

[169] 姚莹《中复堂全集·东溟外集》，2/10a。〔编者按：《复汪尚书书》。〕

[170] 姚莹《中复堂全集·东溟外集》，4/9b。〔编者按：《招乡民入城告示》。〕还请参见同书 2/11a-b。

[171] George Smith, *China* (1847), p.445.

照因伤之人入祠给田。因而亡命奸徒，视此械斗之风，以为牟利之
具。……追经拿讯，而两造顶凶各有其人。……种种刁恶，皆由于尝
租之为厉。[172]

该巡抚接着建议，如果一宗族拥有的祭田超过 100 亩，就应"散"出
去，希望这样能结束械斗。乾隆帝采纳了他的建议。[173] 根据随后的情况来
看，世仇"恶习"至少在广东省一些地方仍然存在；一位西方人在 1836 年
观察到：

> 在广州和黄埔邻近地区各乡村，世仇普遍存在。为解决这一紧急问
> 题，村民们按照习惯，采取了一项非常奇怪的措施，即专门成立"献身
> 队"，并把他们的名单加以保存。这些献身者自愿站出来承担罪责，拿
> 生命作赌注。一旦有什么指控，在名单上的献身者就必须站出来，承认
> 自己是行凶者，并向官府自首。然后由他们及其亲友雇请讼师、寻找证
> 人，为凶手辩护，或者证明可以减轻惩罚。……万一被判死刑，那么他
> 们所得的补偿……可以维持其家庭生计；还会得到一笔土地或金钱的
> 报酬，其数量有时达到 300 美元。这笔钱是由有关村子村民自愿认捐
> 的。[174]

细节虽然有一些不同（比如，给予"献身者"的报酬，是靠特别捐献而
非祭田收入得来的），但其基本行为方式是相同的。

有时，宗族间世仇是由于一些觊觎族产的无耻族人所鼓动的。一位中国
著名学者指出：

> 盖闽粤之乱，首械斗。大姓之公堂，皆积巨赀，乱民觊公堂之赀，

---

[172] 《皇清奏议》，56/13b-14a。〔编者按：王检《请除尝租痼弊疏》。〕

[173] 《大清会典事例》，158/1b。

[174] *Chinese Repository*, IV(1836), p.413。包世臣（1775—1855）1828 年所写的一封信，也
作了类似的观察〔编者按：《致广东按察使姚中丞书》〕，见氏著《齐民四术》11/3a。

而无以攫之，则与他姓构衅，以成械斗。斗成则官赂山积。官乐乱民之械斗以纳贿，乱民乐官之纳贿以开销公堂。故例，有械斗，案定，即将公堂分散其族，唯留祭资之专条。然定例后，卒未见有遵行者。盖公堂散则械斗息，是官自塞利源也。[175]

如此看来，地方官员对宗族世仇的猖獗应负责任。最无廉耻的地方官据说"以械斗案多为'丰年'，少为'歉年'"。[176]另一方面，胆小如鼠的地方官"惧干处分，容忍不办"。[177]由于他们无力作出恰当处理，自然间接地助长了世仇猖獗。不过，应该强调的是，腐败无能的地方官虽然导致清帝国许多地方的世仇猖獗，但是，应负主要责任的还是宗族领导人，是他们为一点小争吵就组织械斗。他们雇佣贪财的剑客进行战斗，以此减少他们及族人面临的危险；这一事实也部分地说明了他们易于驱使全宗族投入血腥的武斗。两广总督1886年提交清廷的一道上奏，足以支持我们的观点：

每因睚眦小怨，田山细故，辄即不候官断，招雇外匪，约期械斗。主斗之人，大率系其族首、族绅、祠长之不肖者。……号召者或数百人或千余人，附和者或数村或数十村。……有攻击三五年而互斗不已者。[178]

同其他宗族活动一样，世仇的场面也是由绅士控制的，但是他们并不总是在这些冒险的事情上取得领导权。普通族人会扮演宗族恶棍的角色，不过或许他们更常扮演臭名昭彰的乡村恶棍。根据19世纪早期在广东南部任职的某地方官的报告，这些宗族恶棍"不必富户有功名之人。其人本非善类，而为烂匪之所依附，为之爪牙，听其指挥"。[179]

有一些事例表明，普通族人实际上分享了他们领导人的"义愤"，扮演

[175]　包世臣《齐民四术》，8/22a。
[176]　《皇清奏议续编》，2/12b。〔编者按：王苏《请整饬亲民之官疏》，嘉庆五年。〕
[177]　《江西通志》，卷首之三，10a-b。
[178]　《东莞县志》在36/3a-b中收录了这一文件。
[179]　《牧令书辑要》，9/16b-17a。

积极的角色以保护宗族荣誉或利益。在这种情况下，就根本不雇请剑客。1785 年，安徽泾县包氏宗族一名成员就报告了下列事件：

> 包摈达者，吾族之农民也。乾隆乙巳大饥，吾族远祖葬凤凰山，去村十里，坐落曹姓水口亭前。曹姓挖蕨根为食，不可禁，几伤墓。族长榜祠前曰："自六十至十六不病者，某日各持棒集祠前，往凤凰山。不到即削谱。"族人会者千五百。曹姓悉族止三百人，拒水口亭，棒接而吾族败奔。……摈达曰："包为曹败，无颜见乡人。有从我打复仇者否？"应声者三十人。曹姓方饮胜者于祠，摈达留十人断水口亭，而率二十人入其村，斗于曹祠前，当取其安墓禁山服约而回。[180]

不过，这样的事例相当少。从大多数记载的事例和叙述中所得出的结论是：家族间的世仇一般是由有关宗族集团的领导成员鼓动和指挥的。但是，无论他们个人地位如何，他们的行动给其宗族带来的多半是危害而非好处。即使世仇的确没有直接导致宗族毁灭，但在事实上也常常是灾难性的，宗族的元气因之迅速耗尽。西方一位学者提到 19 世纪初福建的情况时就报告说，"当地有蔡氏和王氏宗族。两者经常聚集起来进行械斗，直到许多人被杀，许多房屋被焚毁"。[181] 19 世纪末，广东省一些宗族因世仇而导致的损失，甚至更为严重：

> 有攻击三五年而互斗不已者……若攻入彼村……所烧房屋动以数百间计，所杀人口动以数十名计。……一次械斗，即丧失一二年或数十年之资产。[182]

宗族随着环境变化而兴衰的情况，以及强烈的世仇对它的影响，可以从 19 世纪广东乡下一个令人印象深刻的宗族事例中得到说明：

---

[180] 包世臣《齐民四术》，12/30b。
[181] John F. Davis, *China* (1857), II, p.459.
[182] 《东莞县志》，36/3b。

　　1855 年，本文作者应邀到惠州府归善县。在何凹（Ho-au）村，该作者在许多客家人中发现了一个富有的本地宗族。他询问该宗族的起源时，所得的宗族史大致如下：

　　"我们（金氏宗族）祖先是从江西吉安府和庐陵县移来的。在南宋高宗帝时 12 世纪，因土匪太多，始长深受其害。于是他和他的两个兄弟逃到本省的南雄府珠玑巷。此后不久，其中一个兄弟迁移到虎门附近的沙井，另一个迁到新安县〔Sin-ngan。译者按：今属深圳市〕县的蓭上（Yentsan）；而始长则来到归善（Kwei-shen）县的何凹村。从宋朝到明朝中叶，我们宗族的人丁没有什么增长，也没有什么财产。那时，居住在何凹村的有两大姓，一是姓孔，一是姓梁。但在我们金姓人丁兴旺时，这两大姓都衰落了。

　　"始长和他两兄弟留下来的村子是显金岭（Sien-jin-ling）、蒲芦围（Pu-lu-wei）和汪柯（Hwang-ko），在新安县的村子有九转岭（Kiu-tsiun-ling）、上市（Shang-shi）、下市（Hia-shi）和沙井（Sha-tsin）等等，总共有十五个。

　　"本朝乾隆年间（1735—1796），金三明（Chin-san-ming）和其他祖宗都发家，拥有许多财富。其中一个祖宗修建了蒲芦围。早在 1737 年，蒲芦围的围墙高达 20 英尺，拥有 16 个城垛。……围墙长约半英里，护墙河深 10 到 20 英尺。1843 年，蒲芦围村同客家人发生冲突，几乎导致全族毁灭。……"

　　在何凹村西南大约 3 英里处，有一个何凹村人（即金氏宗族）修建的集市，租给客家人使用。那年（1843）租用的客家人拒绝缴纳租税（即租金），因而……金氏宗族不得不诉诸武力。在为维护同样属于何凹村的另一集市，而同势力甚至更大的宗族发生冲突之时，双方已经打了 6 年。

　　1850 年，90 多所村子联合起来准备灭绝金氏宗族。蒲芦围因有人背叛而陷落，村民们的最后一道防线也消失了。虽然 5,000 多人围攻只有 300 到 500 人防守的何凹村，但是客家人没有勇气攻进村去，没有得到什么战利品就撤走了。

1856年，械斗再次爆发。如果不是本文的作者劝说双方坐下来再次达成和解，那么恐怖的凶杀案就会发生。

恐怖的械斗，持续了多年，使这一肥沃地区深受打击，本来必须维修的灌溉沟渠年久失修。

1855年，一场恐怖的流行病几乎导致所有耕牛都死去。……

村民们的家境很快衰落下去，因而已故的叶纳清（F. Genahr）牧师在死前指出，在50个族人中大约只有2人能读书识字。以前，女人们是在银盆里洗脸，而现在沦落到了赤贫的境地。现在的年轻人在无知中长大，成为流浪汉。有点财产而留下来的人，也无法平安过日子。[183]

即使在并不卷入血腥世仇的地方和时候，宗族也会滥用清王朝给予它们的特权，变成危害乡村安定的因素。在一些各宗族力量并不平衡的地区，弱小者常常成为强大者的俎上肉。一名西方学者所描写的19世纪晚期发生于广东的一个著名事例就是如此：

在汕头北面我经常来往的一个平原上，几年前有一个小村子，居住着一个势单力薄的石姓宗族。该村附近有12个主要是梅姓宗族的村子。他们全部联合起来对付人数远不及他们的石姓宗族。石姓把庄稼种下，并辛勤浇灌，但到成熟后，却被梅姓抢走。石姓财产不断被抢夺，得不到任何补偿，因而，这个宗族处于濒临灭族的境地。[184]

清帝国其他地方也有类似情况发生，根据一位晚近的调查者：

在一些村社，弱小的宗族常常受到势力较大的宗族欺负。……在福建诏安县，田地毗邻大族田地的小族，为了保证庄稼不被抢夺，不得不把自己置于大族的保护之下，向大族"孝敬"十分之一到十三分之一的

[183] *Chinese and Japanese Repository*, III (1865), pp.282-284.
[184] Fielde, *A Corner of Cathay* (1894), p.128.

收成。……近来有一段关于陕西醴泉县情况的描述："三百年来,本族的成年男子从未超过三十人。由于生活在两大宗族之间,又是四代务农,三代教书的贫士,不能不受到大族的欺负和压榨。……年复一年,月复一月,大族都来借钱。只是要求归还本钱,也会遭到欺凌。如果不借,他们就来偷盗。……低头忍辱,打不还手。妻子儿女也不得不受到玷污。没有钱,休想打官司。"[185]

我们可以推论,这种情况与受宗族世仇影响的地区的情况,实质上是类似的,它们都是"倚强"的结果,这是清政府不止一次提到的。世仇发生在冲突双方的力量大致平衡的乡村,任何一方都有充分机会防御另一方攻击;被攻击的宗族明显不能有效地抵抗欺凌者时,其结果必然是受到欺压和屈辱。无论由此而产生的结果是什么,势力强大的宗族专横霸道的行为,终究会危害它们自己所在村社的和平和繁荣。

事实证明,一些势力强大的宗族还以另一种方式危害乡村安宁。按照19世纪西方一位学者的看法,清帝国某些地方的宗族从事抢劫、掠夺这种土匪行为:

> 土豪恶霸时不时地冒出来,增加了宗族的社会灾害,以及有组织的偷盗:他们指挥仆从,抢劫并虐待村民。毫无疑问的,这些仆从多半和土豪恶霸属于同一宗族。……这种宗族式土匪经常装备着火器。[186]

事实上,"宗族式土匪"在一些地区不断威胁着乡村安宁,给清王朝的统治秩序带来麻烦。一位19世纪中叶的两广总督解释说,一些宗族给镇压广东土匪带来了困难:

> 遇有黍夜纠劫者,但以"发财去"三字,随路招呼,鲜不欣然同往。……甚至田舍素封,衣冠巨族,亦皆乐于一试。若惠潮地方,则竟

---

[185]　Hu Hsien Chin, *Common Descent Group*, pp.91-92.

[186]　Williams, *Middle Kingdom* (1883), I, p.486.

有以盗起家，转因党羽太多，不能破案，人不敢指，官不得拿者。并有通族皆盗，通乡皆盗，一拿即恐滋事。……此盗风所以未戢也。[187]

居住在广东南海县山村的区氏宗族，可以说明势力强、影响大的强盗宗族的可能发展。根据 1899 年刊出一篇报道：

广州南海属有西樵山焉……环山上下，凡数十乡，向为盗贼丛聚之区。……而以区村一乡为最，有盗魁区辛者，常招诱其族人及乡邻悍匪，四出掳劫。……去年水师提督何长清……至其乡指名按捕，封其祖祠，押其绅者，反为其族绅某京官贿御史揭参其勇扰民，遂撤差去。于是区辛益纵恣无忌惮，招集至数百人。[188]

一旦一个宗族或多或少集体性地卷入公然反社会和非法的行动，它就不再是曾经宣称的、遵照公认的社会习惯和法律规则为族人利益服务的亲属组织。虽然宗族组织可能继续存在，力量或许还会得到加强，但这个亲属集团，在本质上已经发生了重要的转变。

不过，盗匪式宗族现象并不多见。只有在特殊的社会环境下，宗族才会加入反叛队伍，或自己变成土匪。一般说来，宗族为了保护族人的"身家性命"，更多的是反抗土匪，而不是抢劫自己的乡邻。

宗族组织由于在实质上是乡村集团，因而与乡村组织有许多共同点。在受宗族组织控制的乡村，宗族组织和乡村组织的领导权常常掌握在同一批人手中。在宗族活动和乡村活动之间，具有一定的相似度和相当的重叠性。虽然宗族是一个社会集团，并以此同乡村组织明显区别，但是，由于它和乡村组织牵涉在一起，其命运随着它自己所在村社的命运的变化而变化。

乡村中个人和集团中所存在的社会与经济不平衡，在宗族中也得到反映。实际上，宗族组织加重了这种不平衡。宗族组织由于蒙上了一层血缘关

---

[187] 林则徐（1785—1850），《林文忠公政书》，《两广奏稿》，3/18a。
[188] 《知新报》（1899），106/1a。

系——无论是自然的还是想象的——的面纱，绅士对普通百姓的控制得到了加强，尤其是在规模大、组织完善的宗族中。一般说来，我们不能认为宗族比村庄更像一个民主社区。

宗族常常使乡村居民的凝聚程度更高；单族乡村特别表现出来的凝聚程度，是其他没有宗族存在的乡村或多族乡村所没有的。清王朝统治者意识到了亲属集团的这种内在力量，因而利用它们作为乡村控制的辅助性工具。然而，实际证明这种辅助性工具并不如其他工具可靠。在不同环境下，宗族组织活动的行为方式不同；在不同素质绅士的领导之下，宗族所从事的活动类型也不同。在此时，宗族会作为乡村生活的稳定性力量而发挥作用；但在彼时，它们就会成为清政府头疼的病因之一。宗族严密的组织，经常产生出巨大的能量和影响，可以用来做好事或做坏事。在后一种情况下，宗族组织不但危害了清王朝的统治秩序，而且危害了自己的利益。因此，清政府在希望利用宗族组织作为统治乡村的工具之时，发现有必要对它们进行控制和压制。

第九章　乡村对控制的回应（一）

乡民的一般特点

在前几章中我们把中国乡村描绘成由一群规模大小不等、组织程度不同的村庄凑在一起的图景。但是其中不包括完全没有组织存在，以及居民极端贫困而看不到任何值得一提的公共活动的乡下地区；[1] 也没有顾及帝国境内那些连村庄（乡村农户聚居在一起的紧密团体，形成一个以确定的名称而被认识的单位）都几乎不存在的地方。[2] 第九章和第十章就来补足这幅不完整的图像，描述乡民生活的一般环境，探讨他们在各种情况下表现出来的态度和行为方式，而不论其是否处于有组织的村社之下。

所有对中国历史感兴趣的人，都很了解中国农民的情况，但是，不同的人，观点也就不同。不同的作者在不同的时间提出两种截然不同的观点。

---

[1]　关于此种乡村的描述，参见第一章。

[2]　E. Colborne Baber, *Travels and Researches in Western China* (1832), p.9："一般说来，四川纯农业地区最特别的就是，并没有什么可称为村落的东西。在中国东部省份，地主、佃农和其他劳动者以及店铺老板和工匠，聚集而居。他们的住处相互比邻，为土墙环绕，常常离他们耕种的田地有一点距离——显然是为了相互保护。而在四川，可以这样说，地主及其劳工都生活在自己田地上的农房里，各家各户分散而居，并不是聚集在一处的。……由此产生的图景是：一间间农舍点缀在田野上，相互间距离不是很远。"Ferdinand von Richthofen, *Letters* (2nd ed., 1903), p.181, 描绘了 1872 年成都府郊区乡村："原野上点缀着一间间小农舍，乡民就居住在里面。每间农舍坐落在竹林、观赏性树林和果林中，若隐若现。"晚近的成都郊区，其情况仍然如此。

在一些人看来，中国农民不会对社会造成什么危害，他们热爱和平，在政治上保持中立，满足于简朴但不富足的生活。这一切就是中国农民的全部特点。

此种观点的事例很容易找到。西方一位传教士兼教育家在 19 世纪末的下列陈述就很有代表性：

> 据说，几千年前，尧帝在视察途中听到一位老人击壤唱道："凿井而饮，耕田而食，帝力何有于我哉？"今天的皇帝如果也作同样视察，也会遇到同样的情况。[3]

然而，农民并不因为对政治冷漠就对自己的乡邻冷淡。举例来说，位于华南地区的一个乡村，村民在"过去的好日子"里：

> 乡邻有酒、肉、菜、饼之属，率分遗邻人。有池塘，则自取其大者，余小鱼虾听邻人取之。有宾至，或邀比邻，邻则备肴核数具，谓之"帮盘"。[4]

遇到灾害或苦难时，中国农民仍然充满忍耐精神。他们保持温顺的性格，默默地承受着苦痛。一位现代西方学者就对此说道：

> 农民虽然过着非常艰辛的生活，却忍受着。在他们所处的生存环境——包括物质的和社会的——之间存在着看上去十分稳定的平衡。每个农民虽然希望拥有一块土地，却并不为佃耕而烦恼。虽然他们希望税收少些，却并不为必须要付高额的租金而鸣不平。他们消极保守，默默

---

[3] William martin, *Cycle of Cathay* (1896), p.335。这首《击壤歌》，出现时间大概比尧帝时期要晚得多。"壤"（这里翻译为 Lute），不是乐器，而是用于简单游戏场合的木棍。还请参见 James Legge 对这首小诗的翻译，引见 Arthur E. Moule, *Half a Century in China* (1911), p.292; Herbert A. Giles, *Gems of Chinese Literature* (2nd ed., 1929), p.12。

[4]《灵山县志》，22/311a。

地承受一切。[5]

的确，在一些西方学者的眼中，中国农民的人生态度极端消极：

> 对于一个来自西方、熟悉"给我面包，否则就流血！"的革命呼声的外国人来说，难以理解的是，一群群无家可归、饥饿难忍、处于绝望境地的逃难者，在遭受洪灾或饥荒沉重打击的土地上到处流浪，为什么不在自己遭受毁灭的地区团结起来，向有关州县官员索取一些救济呢？……我们一而再再而三地询问处于饿死边缘的中国人为什么不这样做，所得的回答毫无例外，都是"不敢"！[6]

另一些学者所持观点与此完全不同。他们认为，中国人中，农民们多少是比较好战的。根据一些学者的看法，自从农民出身的陈涉揭竿而起，推翻始皇帝建立的秦王朝以来，中国农民就不断猛烈抗争，推翻骑在他们头上的压迫者。因此，14 世纪一位著名的中国学者就指出说："故斯民至于秦而后兴乱。后世亡人之国者大率皆民也。"[7] 现代的一位中国学者认为中国农民敢作敢为，还出版了一本大部头的著作，专门研究他所认为的中国历史上的"农民战争"。[8] 另一位学者的思路与此类似，他认为太平天国之役是一场"反封建的农民起义"；这场起义事实上标志着 1774 年到 1849 年间一系列规模虽然较小但性质相同的农民起义运动达到了顶峰。[9] 在这样的学者看来，"只有这种农民的阶级斗争、农民的起义和农民的战争，才是历史发展

---

[5]　A. Doak Barnett, "Notes on Local Government in Szechwan" (unpublished paper, 1948), "一个家庭"章。

[6]　Arthur H. Smith, *Chinese Characteristics* (1894), p.160.

[7]　方孝孺（1357—1402）《逊志斋集》，卷三《民政》。陈涉又名陈胜。关于他的传记，参见《史记》卷四十八。

[8]　薛农山《中国农民战争之史的研究》（1935），各页。

[9]　华岗《太平天国革命战争史》（1949），第 29—50 页。吕振羽在《中国政治思想史》第 521—531 页中叙述了王艮（1483—1541）、李贽（1527—1602）、颜元（1635—1704）等人的"农民派政治思想"。仔细检视这些人的思想，吕的观点让人不敢苟同。

的真正动力"。[10]

可以说，上述两种不同的观点都存在着过于简化的毛病，也不足以说明实际情况。因为，两种观点各自关注于乡村社会的一个面向，而未考虑到中国农民的行为在不同历史和地方环境下所发生的重要变化。

想要避免过于简化的毛病，就要记得考虑两种一般情况。首先，我们必须强调显而易见但容易被忽视的事实：清帝国统治下乡村地区的经济结构，并不是在所有时间所有地点都是相同的，而是由互不相同的地方条件和变动不居的地方环境构成的一种巨大拼盘；在这个拼盘里，不同地方居民的行为模式明显不同。乡民并不属于一个同质的群体，而可以划分为两大部分——绅士和平民。根据各人对现存统治秩序的不同态度，每一阶层又大致可以划分为两大子类。在绅士阶层中，其立场或行为一般符合清王朝需要和利益的人，归在"正绅"（正直绅士）类；其举止行为与此不同者，属于"劣绅"（品德行为败坏的绅士）。在平民中，一般服从统治的、容易驯服的，称为"良民"；而反抗朝廷控制或者扰乱帝国安宁的，称为"莠民"，或贴上其他类似的标签。

这里有必要作一点说明。既然对不同的人使用"正""良"和"劣""莠"等标签，是根据他们的行为是加强或危害帝国安全，或者他们的态度是服从或反抗帝国控制来决定，那么帝国时期的作者使用这些标签，就反映了朝廷的观点。因此，它们并不是对臣民符合逻辑的分类，也不一定能够反映这些人的本质，除了他们对帝国控制的态度之外。这里使用这些标签，仅仅是因为它们提供了一个方便的出发点，并让我们避免使用一些累赘性词语，如"有助于清王朝统治的绅士""容易对清王朝统治造成威胁的士子"或"反抗朝廷统治的平民"。

"良民"，包括农民、工匠、小商贩和其他依靠自己的劳动或智慧谋生的人。这种"良民"虽然大部分对清王朝法律一无所知，但无论碰巧遇到什么样的权威，他们一般都畏惧、服从。他们每日所关心的，不过是如何使家人和自己继续生活下去。他们对政治漠不关心，不去考虑是要维护还是破坏现

---

[10] 毛泽东《中国革命与中国共产党》（1949），第 5 页。1954 年纽约出版的英文版《毛泽东选集》第 3 卷，是根据修订版本翻译的，与此处所引略有出入。

存政权。正是因为有这种"良民"，才有前述乡谚的结尾句子"帝力何有于我哉"。也正是由于有他们的存在，才使一些作者认为"中国人的特点是忍耐、俭朴、勤劳、爱好和平、遵守法律、尊敬权威"。[11]

"莠民"，大多数是无业游民，虽然其中一些人也从事那些会让人变得强悍、养成盗匪般态度的职业（诸如盘踞在荒山野岭，或在那里开矿）。通常情况下，在大多数乡村地区，他们是地方人口中的少数。但是，我们不能因此就贬低这一群体的重要性。因为，虽然在社会平静时期，他们不过是采用敲诈、恐吓或威吓的手段勒索"良民"（甚至有时纠缠"正绅"），但是在社会动荡时期，他们就直接转变为实质上的"匪"，成为拦路抢劫的"山大王"，或者成为十足的反叛者。

然而，应该指出的是，并不只有乡村"莠民"要为大规模的叛乱负责。乡村社会发生动荡，常常是这种"莠民"和一些"劣绅"（他们基于各种理由，认为可以向既有政权挑战）联合行动的结果。在接踵而来的社会混乱中，一些"良民"可能因失去了财产和谋生手段而绝望，采取（至少暂时）不同于他们惯常的行为；另一些"良民"在入侵者胁迫下不得不加入反叛队伍。这样，反叛队伍的等级得到提升，局面让政府更难以处理。还有一些人，长时期受到地主、地方官及其走卒的压迫和剥削，在饥饿和死亡的边缘徘徊，因而很容易被煽动起来，投入暴力反抗行动。当然，并非所有最初被视为"良民"的人都加入到反叛队伍中去，他们也并非未经挣扎就屈从于后者。其中一些重视身家性命的人，自己会武装起来抵抗来犯者，有乡绅领导时尤其如此。在动荡时期结束、社会秩序重新恢复之时，离乡背井或被裹挟的乡民，抓住最早的机会最先回到原来的家园，从事先前的职业。"莠民"和"劣绅"则克制他们的行动,保持在和平时期的界限之内。随着"治""乱"的交替出现，"人民的一般气质"有时好像显得"忧郁而懒散"，而在另一个时候变成"火山般的暴烈"。[12]

然而，如果"人民"是指整个乡村人口或全部农民的话，那么上述观察就不精确。因为，要整个乡村地区在所有环境之下都保持温顺，那是从来都

[11]　L. Richard, *Comprehensive Geography of the Chinese Empire* (1908), p.341.

[12]　L. Richard, *Comprehensive Geography of the Chinese Empire* (1908), p.341.

办不到的；但是要所有农民在一个特定的时间点，形成单一的团体来对抗朝廷，或者反抗社会其他群体，也从未发生过。被一些学者视为近代"农民战争"最佳事例的太平天国之役，当然并没有把农民全部包括进去。同太平军作战、帮助拯救清王朝统治的湖南"乡勇"，大多数不就是农民吗？这一大规模的社会动乱，不但否定了中国农民无可救药的温顺性格这个近乎神话的观点，同时也否定了他们是革命的动力的另一个神乎其神的论断。

清帝国乡村地区呈现的不是一个单纯的画面。它是一个广阔的、多样化的、变幻无常的舞台，上面点缀着许多大小不一、组织程度不同的村庄，居住着许多社会、经济、心理背景各不相同的人。虽然他们所处的基本历史和环境背景在整个帝国大致相同，而且在相对长的时期内实质上都未改变，但是，乡村中各个群体对他们各自所处直接环境兴衰的反应是很不相同的。清帝国乡村控制所要解决的问题，主要就是如何有效地控制乡村人口的各个部分，以便获得最大程度的安全，把反叛的可能性降到最低点。换句话说，这一问题就是：如何有效地利用那些对清王朝统治有益的元素，如何镇压那些倾向于反对它的元素，如何保护构成乡村经济的骨干、一般倾向于尊敬权威的元素。各种各样精心设计出来的乡村控制的措施和制度，就是为了解决这一问题。我们更倾向于认为，与认同上述两种关于中国农民的近乎神话的观点相比，清王朝统治者在这里展现出对乡村情况更敏锐的洞察力。

乡村环境

经济条件

中国乡村各地居民所处环境并不相同。为了充分地说明这一总体观察，[13]可以引用19世纪一些亲历者对乡村的描述。

在一位西方作者的笔下，经济条件相当好的华南地区，某些农民的生活是这样的：

---

[13]　参见第一章中关于乡村物质方面的探讨。

中国农民是相当可敬的一个群体。但是，由于各自的田地都很少，他们或许没有我们英国的农民那么富裕。每一户农舍都是一个小社会，一般由三代人构成，即祖父、祖父的孩子和孩子的孩子。一家人生活在一起，和谐、融洽。全家都能在田地上劳动；如果需要更多人力，就雇佣陌生人来帮忙。一家人生活得很好，勤劳，衣着朴素。……由于我在这个地区（即浙江）非常出名，总是待人很好，因而每到一处，都受到热烈欢迎。在中国农民家里，我开始感到就像在自己家一样了。[14]

这是一段对小康农民的生活条件和生活态度大体正确的描绘，不只是浙江地区，经济条件同样较好的其他地区也是一样。不过，这样的生活，只有在环境有利时才有可能。同一位作者说：

我们经过的地区，可能叫作宁波平原。这一地区十分平坦，虽然并没有什么值得注意的显著特色，但是土壤十分肥沃，大米产量相当高，是当地居民的主要粮食。平原上布满了小乡镇、村子和农舍；同我们考察的所有中国肥沃平原一样，这一带人烟稠密。……我们把船飞快地划到江边〔译者按：即甬江〕，上了岸，转过第一道弯，道路就指向佛塔〔译者按：天封塔〕矗立的小山。当我们爬上这座海拔大约 1,000 英尺的小山山顶，周围美丽壮观景色尽收眼底。这种景色在中国肥沃地区或许比在其他任何国家更吸引人。……无论我们的眼睛转到哪个方向，都能看到乡镇、村庄；广阔的原野上，好像每个地方都种上了庄稼。[15]

同一时期的另一名西方人，对类似景色作了更详细的描述：

[14]　Robert Fortune, *Residence Among the Chinese* (1857), pp.98-99.
[15]　Robert Fortune, *Residence Among the Chinese*, pp.171-173.〔编者按："天封塔"原文作"Kong-k'how-ta"，不知所指何塔。细绎原书，得知该塔位于"Fung-hwa"（奉化），应该不是位于宁波府城内的天封塔，可能指的是奉化的江口塔，也就是寿峰塔，从寿峰塔可以俯瞰整个宁波平原。作者的拼音大概依照的是奉化方言。〕

我们又一次置身于乡村地区。到处都是桑树、水稻、烟草、坟岗（高高的芦苇秆上飘扬着"旗子"）、攀援在竹架上的葫芦；所有农民——男人和女人——都在辛勤劳作，一起用力，脚踩水车灌溉田地。这就是这个三角洲（位于浙江嘉兴附近）生产力的秘密。每隔一百码就有一座家庭性脚踏小水车坐落在水沟上，上面绑着小竹筒，翻滚舀水灌溉桑树地或稻田。……今天，我们遇到在从事这项灌溉工作的农民肯定有一万名之多。[16]

这一段记述写于1857年，太平天国叛乱正在帝国的许多地区剧烈蔓延，因此这个地区的繁荣更引人注目。它鲜明地反映了直接环境对农民生活的决定性影响，以及清帝国不同地区的环境不同的程度。

当然，这种景象并不仅仅限于浙江或华南地区。在环境有利的地方，都可以看到。山东全省的土地虽然并不肥沃，但是在一些地方，农民的生活却非常舒适。一位西方旅行者报告了她1907年10月初在青州府附近所看到的景象：

我们把青州府城甩在背后，穿过一片视野开阔地区，每个农民仍然在自己土地上辛勤耕耘。一些土地已经翻耕，另一些土地上绿油油的麦子有几英寸高。……这片翻滚的麦浪，看起来更像春天，而非秋天；许多村庄都藏在各种树木——柳树、白杨和柳杉——树荫之下。柳杉常常环绕在寺庙周围，或与坟岗相接。打谷场上堆满了金色的谷粒，准备贮藏过冬。被光滑草席蒙住眼睛的骡子，拉着石碾，把豆子碾碎。……

整个地区都是一片令人赏心悦目的景象，各户都是全家老小一起劳动。我们看到一个未穿衣服的婴孩躺在阳光下取暖；女人尽管缠着足，仍然像男人一样忙碌。一架架手推车在沉重的负荷下呻吟起来。由于负荷太重，必须要一个人在车前用力拉。……偶尔，我们看到一人骑着小马奔跑而来，随即响起一阵悦耳的铃铛声。……

[16]　George W. Cooke, *China* (1858), pp.111-112.

我们的参观突然终止，因为被告知，如果不在太阳落山前回到青州府，就会因城门关闭而进不了城。……在田地里的一天劳动虽然结束了，但是对许多中国人来说，工作永远不会结束。所有粮食装进粮仓之后，又必须日夜守护。坐落在田地边的小茅房就是用于这个目的。这种小茅房有时建在高高的树干上，这样视野更开阔；或者坐落在比邻打谷场的田地里。[17]

另一位西方旅行者报告了他 1868 年在直隶省所看到的景象：

离开保定府之后，我仍然看到的是绵延不断、广阔无垠的耕地，大规模的村庄相当多，一个接着一个。我就沿着穿越这种耕地和村庄的道路继续前进。我很幸运，碰上了乡间的秋天庙会。我经过了好多个村庄，村民都忙着去赶集。各种各样的粮食非常多，都摆在集市上出售；在许多地方，女人们忙着纺纱，出售棉线；这几乎是整个直隶都在从事的工作。棉花来自直隶南部，当地消费不掉的棉线北上运往北京。长条形的蓝色棉布也很多，还有水果、原棉和各种各样的原始农具。[18]

一位美国旅行者 1901 年末描绘的景色虽然不那么繁荣，但也是一幅和谐的图景：

穿越晋北高原，从长城到太原府，道路两旁的一连串村庄，几乎都具有某些共同特色。居民超过 300 人的村庄很少。这些村庄与世隔绝，或许同世界上任何其他地方相当数目的人类村社一样闭塞。村民虽然没有什么奢侈享受，也没有什么舒适设施，但是，他们仍然感到

---

[17]　Emily G. Kemp, *The Face of China* (1909), pp.21-26.

[18]　E. C. Oxenham, "Report on a Journey from Peking to Hankow, 1868," 引自 Alexander Williamson, *Journey in North China* (1870), II, p.398。还请参见 Williamson 在同书第一卷第 269 页对 1865 年 9 月 17 日直隶定州附近明月店猪市的描写。关于乡市上通常出售的货物，参见本书第一章。

幸福、满足。[19]

在社会环境大体较好、自然环境不太严峻的地方，一般都能看到上述景象。而在环境较差的地方，乡村经济自然比较落后。按照中国标准来看，农民的生活并不一定是不能忍受的。20 世纪初四川一些地方表现出来的景象就是这样：

> 在这个地区，我们经过的村子更多，乡民们显得更忙碌。每隔几天，就有集市在某个村子举行，因而我们不断遇到从集市带着战利品归来的村民。……田地里到处是除草的农民，他们坐在小板凳上，看上去非常闲适。……每个家庭成员似乎都要分担劳苦的工作。……看上去，村民们吃得不错，也努力让自己温饱，但是，他们常常衣服破陋，住房都很灰暗、不温暖。由于农业是四川省最重要的生活来源，如果歉收，粮食产量不足，那么农民受到的苦难不但直接而且严重。[20]

关于 1870 年代和 1880 年代英国军官对天津附近小村庄的悲惨情况的报告，本书前面已经叙述过了。[21] 但是，一位西方旅行者 1879 年 5 月也在天津附近地区旅行时，对这种类型村庄悲惨情况的描述，给人的印象更加具体：

> 迄今为止，我在直隶北部所看到的景象，没有一点令人赏心悦目！无论是哪一个方向，眼睛所看到的地方，都是一片巨大的冲积平原——整个平地上到处都是鹅卵石。到处都是灰色的尘土，所有村庄的房屋都是用泥土修建的。这些房屋风格都完全相同，都非常丑陋；只有一些房屋屋顶有黑色的瓦。当你在可怜的小菜园里偶尔看到一串绿色的葫芦藤或南瓜藤时，眼睛才会感到舒服些。

---

[19]　Francis H. Nichols, *Through Hidden Shensi* (1902), p.56.

[20]　Kemp, *Face of China*, pp.158-159.

[21]　参见第一章注 23 和注 24。

跟白皙而穿戴整齐的南方小孩不一样，这一地区孩子们脸色非常黝黑，一丝不挂，成群结队跑来跑去，或躺在河边温暖潮湿的泥土里晒太阳。……

每到一地，我都注意到农民们那艰辛的手工灌溉方法。只有在辛勤劳动的地方，干旱的泥土才能挣扎地变成绿色。[22]

一位英国领事报告了 1868 年在华中一些地方所看到的景象：

中国长久以来就以精耕细作而著称，但是，耕种者却没有一点过人之处，既看不到他们的住房美观，也看不出他们有什么聪明才智，服饰也不整洁。……除了物质生活以外，任何方面的幸福和享受，对他们来说好像都是不可能的；即使是物质生活也不稳定，很可能只有一场歉收，生活就会被摧毁。[23]

虽然上述描写相当精确地反映了中国乡村显而易见的物质环境，但并不能从中看出影响这种物质环境的决定性因素——经济的、社会的和政治的。对 19 世纪（或任何另一时期）中国乡村情况的任何研究，都必须考虑人口和土地这两者之间所存在的关系及由此而产生的问题。这是一项艰难的研

---

[22] Constance F. Gordon-Cumming, *Wanderings in China* (1886), II, p.134。有关中国乡村物质生活和耕作方法的简述，参见 L. H. Dudley Buxton, *China* (1929), pp.59-63 and 65-134。Medhurst（麦都思）使团医生 Clark Abel, *Journey in the Interior of China* (1818), pp.75-77，对清帝国各地不同环境作了如下叙述："我想，无论是哪个旅行者，都会认为世界上再没有哪个地方比起大沽和天津之间白河两岸地区更为凄凉。到处是沼泽，土地非常贫瘠，居民非常贫穷、悲惨，他们的住房非常简陋、肮脏、破烂不堪；土地上长不出什么东西，没有什么值得注意。……在我们第一天（1816 年 8 月 9 日）的行程中，白河河岸比水面高不了多少。……河岸以外之地区，比水平面更低。……在河岸两边，一块块小米地，点缀着一些豆地，环绕在紧挨着河边的泥土房周围；产量相当少，连养活聚集在两旁看使团走过的居民都不够，很难想象可以维持居民生存。在这些围观的居民中，大多数是男人，衣裳破烂不堪。……我们走过一段路之后，沿途虽然仍然贫穷，但景况越来越好。小米地块越来越大，居民衣着越来越好。当我们来到距离天津几英里处，这种改变更明显。从这时起，我们所看到的玉米地和豆类地绵延不断，住房更加坚固；居民比起我们之前所看到的也要更健康和强壮。"

[23] E. C. Oxenham 的报告，引自 Alexander Williamson, *Journeys in North China* (1870), II, p.423。

究，作者所能做的，不过是指出一些与这项研究有关的一般要点。

关于清帝国人口增长的精确速率或实际程度，研究中国经济史的学者意见并不统一，但是，他们都不怀疑自清王朝建立到 19 世纪中叶，人口是在相当稳定地增长的。[24] 在这同一时期，可耕土地数量也在增长，但是即使考虑到官方文件上的数字只包括法律上登录的土地，与实际情况相比打了些折扣，有生产力的农地数量也没有能与人口同步增长。这种不平衡的增长率，最终导致了人口对土地的压力。[25] 早在 1710 年，这一问题就引起了清王朝的注意。在当年的一道上谕中康熙帝就说道：

> 承平既久，户口日繁，地不加增，产不加益，食用不给，理有必然。[26]

后来在 1723 年、1724 年和 1793 年的上谕中，雍正帝和乾隆帝分别重申了这个毫不夸张的观点。他们都指出了人口压力问题的严重性，提出了缓解压

---

[24] 想得到可靠的数字是不可能的。不同的估算数字见：《清史稿》，1/5b-6a；罗尔纲《太平天国起义时期的人口压力》，载《中国社会经济史研究》第 8 期，第 20—80 页；L. Richard, *Comprehensive Geography* (1908), p.346; Edward H. Parker, *China* (1901), pp.189-192; Archibald R. Colquhoun, *China in Transformation* (1900), p.9; Martin, *A Cycle of Cathay* (1896), p.459; Hosea B. Morse, *Trade and Administration* (1913), pp.206-207; William W. Rockhill, "An Inquiry into the Population of China," *Annual Report of the Smithsonian Institution*, XLVII (1905), pp.669-676; Walter F. Willcox, "A Westerner's Effort to Estimate the Population of China and Its Increase Since 1652," *Journal of the American Statistical Association* (1930). 前文提到，在 1712 年前，清帝国关于人口的报告只是包括丁数。后来的报告虽然包括了人口数和户数，但这种数字是以从来就不值得相信的保甲登记为基础的。现代的学者在研究时应该注意这一点。有关地方人口数字事例，可以参见《续修庐州府志》，14/35a；《富顺县志》，5/2b-3b；《江津县志》，5/1a；《潼川府志》(1897)，卷 3；《南宁府志》(1847)，16/19b-25a；《滕县志》(1846)，4/10b-11b；《洛川县志》，6/6a-7b；《恩平县志》，8/3a-b。

[25] 《清朝文献通考》（第 4860 页、4865 页、4872 页、4888 页和 4890—4891 页）和《清朝续文献通考》（第 7534 页）列出了下列数字：

年	登记入册的土地（亩）	年	登记入册的土地（亩）
1661	549,357,640	1766	741,449,550
1685	607,842,992	1810 年代	791,525,100
1724	683,791,427	1880 年代	918,103,800
1753	708,114,288		

[26] 《户部则例》，110/2a。

力的方法和措施——由政府出面鼓励耕作；咨访减轻民间疾苦；在有荒地的省区进行开荒，由政府补贴从事开荒的农民。[27] 乾隆帝承认说，他读"康熙实录"时，觉悟到这一重大问题。1710 年〔康熙四十九年〕全国人口为 23,312,200 口，到 1792 年〔乾隆五十七年〕增加到 307,467,200 口。乾隆帝说，在大约 80 年里增加"十三倍出奇"。[28] 虽然乾隆帝没有提到在耕的土地数，但是他大概很了解官方的报告：在 1685 年为 607,842,992 亩，1724 年为 683,791,427 亩，1766 年为 741,449,550 亩。[29] 土地增加速度远远落后于人口增长速度。

即使扣除在总人口中占较少部分、居住在城市和城镇里的人口之后，[30] 也可以说乡村人口过剩：即使人口密度并不大，[31] 然而在耕土地总数量也不足以提供普通农民足够的生活来源。一位中国现代历史学家估计，18 世纪中叶，可耕土地数量约为人均 3.86 亩；1812 年为 2.19 亩；1833 年为 1.86 亩。[32] 现代西方一位地理学家也注意到了这一下降的总趋势。[33] 地区差异当然存在，因而在土地拥有量方面，清帝国一些地区的居民的状况可能比其他

---

[27] 《清朝文献通考》，3/4871。文中提到有关省区是山西、河南和山东。

[28] 《清朝续文献通考》，25/7755。原文为"十五倍"，显然有误。

[29] 《大清历朝实录·高宗朝》，405/19b；《大清历朝实录·文宗朝》，50/33b。E. Stuart Kirby, *Introduction to the Economic History of China* (1954), p.177 这样概括当时的趋势："到 18 世纪末，清王朝日趋衰落，危机日益严重。……幸运的是，对研究这一时期的经济史来说，有许多合适的人口统计数字和农业统计资料可以利用。统计资料表明，耕地并没有按比例随着人口增长而增加。"

[30] Paul Monroe, *China* (1928), p.50 指出中国大约有 80%—90% 的居民生活在乡村。C. M. Chang（张春明），*A New Government for Rural China* (1936), p.1："大约 80% 或更多的中国人居住在乡村地区。"

[31] L. Richard, *Comprehensive Geography*. p.8 指出对中国来说，最合适的人口密度为每平方英里 267 人。这一数字对中国早些时候来说，应该往下修正。

[32] 罗尔纲《太平天国起义时期的人口压力》，载《中国社会经济史研究》第 8 期，20—80 页。

[33] George B. Cressey, *China's Geographical Foundation* (1934), p.90 列出了下列数据：

年份	人均土地数（亩）
1490	7.95
1578	11.55
1661	5.24
1766	4.07
1872	2.49

Chang Chung-li, *The Gentry in Nineteenth Century China*, (Ph. D. dissertation, University of Washington, 1953), pp.403 ff, 也可以参考。

地区要好。比如，在江苏泰兴县，18 世纪晚期，登录土地的人均占有量约为 13.31 亩，到 1830 年左右为 11.17 亩；[34] 在直隶蔚州，1875 年左右仅仅为 1.71 亩；在广西博白，为 1.69 亩；在四川富顺，则不足 1.00 亩。[35] 虽然这些估计并不能正确地反映各地的情况，因为它们是在登记入册的土地数（通常只代表一特定地区真正土地数量的一部分）的基础上算出的，但是，由于关于一地区居民人数的汇报常常未能把实际居住在该地所有居民都包括进去，因而漏登的居民数可以在一定程度上抵消这些估计数字中没有登记入册的土地数。无论怎样，都可以认为，居住在清帝国各地相当多的农民手中并不拥有足够的土地（亦即每人 3 亩多）来维持自己的生存。[36] 一个实例可以说明此点。一位地方志修纂者在 1900 年代评论四川绵竹县的情况时写道：

> 每人约占田二亩六分零……仅给衣食，若遇冠婚丧祭、水旱偏灾，则负债失业，流离转徙，此民之所以日即于贫。[37]

---

[34]　《通州志》，4/4b-5b 和 4/17a-19a。

[35]　《蔚州志》，7/1a；《博白县志》，6/21a；《富顺县志》，5/4a-b。

[36]　正如现代研究所表明，中国一些地区不同程度地出现粮食短缺的情况。19 世纪的情况比 20 世纪的可能要好，但是不能因此就草率认为 19 世纪各地的粮食都很充足。下列论著可以参考：C. B. Malone and J. B. Taylor, *A Study of Chinese Rural Economy* (1924); C. C. Chang（张心一）, *China's Food Problem* (1931); Richard H. Tawney, *Land and Labour* (1932), p.103; Wen-hao Wong（翁文灏）, "The Distribution of Population and Land Utilization in China," *China Institute of Pacific Relations*, VI (1933), p.3. 在这些学者中，Tawney 的叙述最惊人："要强调的是，基础事实极为简单。中国人口太多了，现有资源不可能养活。"

[37]　《绵竹县乡土志》(1908)，《历史戊》，9b。西方学者实际上也赞同该观点。George Philips, in *Journal of the Royal Asiatic Society,* North China Branch, N. S., XXIII (1888), p.109, 就叙述了福州乡村一农家情况：

15 亩土地的粮食收入价值：	$160
支出：　地租（粮食收成之一半）	$80
租耕牛费、雇劳力费、种子费等	$18
收入：	$62

即使假定没有什么债务出现，这点收入也是很难维持五口之家的生活的。晚近的农民状况也没有什么好转。Wen-hao Wong, "The Distribution of Population and Land Utilization in China" 引 John Lossing Buck, *Chinese Farm Economy*, p.4, 作出下列结论："华北地区小麦产量与美国的产量大致相同，每英亩 12 蒲式耳。根据上面所计算的人均 3 亩或 1/2 英亩来看，每人年均产量仅为 6 蒲式耳，约为 20 斗（1 斗相当于 10 升）。这点粮食对于一个成年男子生存所需来说，并不够。这种情况不但说明了为什么大部分中国农民即使在正常年月里也很难得到足够粮食的原因，也说明了一个事实，即一旦因雨水过多或过少，或者爆发任何其他导致耕种面积减少或产量降低的灾害，就会发生严重的灾荒。"

因此，有关"远东最突出的问题，是人口对生计的压力"[38]这一观点，是有一些道理的。众所周知，中国在相当长的时期里一直面临着不同程度的粮食短缺（有别于天灾所导致的饥荒）；[39]这一事实证明这一观点的正确性。中国在长时期里粮价上涨的相关现象，也佐证了此点。雍正帝在1723年发布的一道上谕中的话，很能说明问题：

> 近年以来，各处皆有收成，其被水歉收者，不过州县数处耳，而米价遂觉渐贵。闽广之间颇有不敷之虑，望济于邻省。良由地土之所产如旧，而民间之食指愈多，所入不足以供所出，是以米少而价昂。此亦理势之必然者也。[40]

事实上，自雍正以后，土地数量继续下降，引起许多人的注意。一位作者指出，从18世纪最后几十年到1820年期间，粮食价格翻了一番。他认为，产生这一情况的主要因素是饥荒；1707年、1709年、1755年和1785年，其家乡江苏省广大地区发生的自然灾害，把粮食价格推升到正常价格的好几倍。但是，饥荒并不是唯一的因素。因为自1785年以来，不管收成是好还是坏，江苏地区的粮食价格仍然居高不下，与1707年发

---

[38]　Edward A. Ross, "Sociological Observations in Inner Asia," *Papers and Proceedings of the American Sociological Society*, V, p.18.

[39]　Buxton, *China* (1929), p.64："中国虽然实质上是个农业国家，可是很奇怪的是自己不能养活自己。19世纪初很普遍，到今天某种程度上仍然存在的情况是，作物歉收就意味着饥饿。虽然清王朝皇帝设法贮藏粮食以防灾年，并规定每年收入新粮替换旧粮，但是，这些措施在要走上好几月才能到达的乡村推行并不成功；即使得到饥荒的消息，运送救济粮也要花费很多时间。"粮食供应本身也不足；关于此点，参见第五章注179—182。

[40]　《清朝文献通考》，3/4874。米价上涨会引起更广泛的注意，因为米是最重要的单一农产品。Chang Chung-li, *The Gentry in Nineteenth Century China*, p.408, 提到1929年到1933年间主要粮食产量百分比如下：

大米产量	28.3%
小麦产量	16.3%
小米产量	9.4%
其他	46.0%

19世纪的情况与此相比没有什么根本区别。

生灾荒之前的正常价格相比，几乎上涨了 5 倍。[41]另一位作者在汇报浙江情况时强调说，1740 年代每石大约 1,000 文的粮食价格还被认为过高，而在 1790 年，每石 2,000 文的价格就被认为很"廉价"了。在 1794 年夏，每石粮食价格大约为 3,400 文。[42]19 世纪的一位天主教传教士指出，1862 年全中国一般粮食价格为每石 10 两银子。[43]由于江苏 1792 年银钱兑换率为每两 1,300 文，[44]当时的粮食价格按银子计算为每石大约 2 两，因此至少在江苏，粮食价格在 70 年的时间里上涨了 5 倍。虽然清帝国各地的粮食价格及银钱兑换率上涨幅度很不一致，[45]但是粮食价格的总趋势是持续向上的。

与此同时，土地价格也呈现出上涨的总趋势。湖南巡抚 1748 年上奏乾隆帝，指出该省以前的耕地价格为每亩一二两，而此时上涨到七八两；质量较好的耕地，每亩以前为七八两，而此时翻到二十两以上。他指出，结果"近日田之归于富户者，大约十之五六。旧时有田之人，今俱为佃耕之户"。[46]其他作者也认为清帝国许多地方土地价格越来越昂贵，[47]其结果是

---

[41]　钱泳（1759—1844）《履园丛话》，1/14a-b。

[42]　汪辉祖《病榻梦痕录》下，49b。他 1794 年指出："夏间米一斗钱三百三四十文。往时米价至一百五六十文，即有饿莩。今米常贵，而人尚乐生。盖往年专贵在米，今则鱼虾蔬果无一不贵，故小贩村农俱可糊口。"同书，57a。

[43]　Peter Hoang, *De legali dominio practicae notiones* (1882), p.24n, 引自 Harold C. Hinton, "The Grain Tribute System of China" (Ph. D. dissertation, 1950), p.64。

[44]　汪辉祖《病榻梦痕录》下，49b-50a。叶昌炽《缘督庐日记钞》，1/74b，指出 1877 年的兑换率每两银子为铜钱 1,300 文，但浙江的兑换率上涨幅度没有其他省区那么剧烈。

[45]　举例来说，李慈铭《越缦堂日记·桃花圣解庵日记》庚集第二集，54a，1877 年（光绪三年十月九日）中说，在北京，一石（150 斤）粮食，大约要 4.5 两银子。曾国藩在咸丰元年十二月十八日的上奏中指出，兑换率上涨带来的痛苦落到了纳税人的头上。参见《曾文正公奏稿批牍书札》，1/40a。关于华北地区小麦及其他主要粮食的价格，我们现在还找不到资料来说明。

[46]　杨锡绂《陈明米贵之由疏》，载贺长龄《皇朝经世文编》，39/5a-6a。

[47]　钱泳《履园丛话》1/14a 中指出，在 18 世纪，江苏一亩土地价格大约是 10 两银子。在 19 世纪前 25 年中，这一价格上涨了 5 倍。李慈铭《越缦堂日记补》戊集下（咸丰八年十二月三日）中表白，他为了积钱买官，卖掉一些祖地。同书，已集〔编者按：应为己集〕，他以总价 875 两银子卖掉 27.7 亩适合水稻生长的好田——每亩价格为 30 两。这一事例发生于浙江东北部。同时，自康熙和乾隆时期以来，一般商品的价格也在上升。参见 Chang Chung-li, *The Gentry*, pp.11-12。

小农之家肯定发现购买土地日益困难。[48] 由于小农手中拥有的粮食很有限，根本没有剩余能拿到市场上去出售，因而粮价上涨并未给他们带来什么益处。对不得不买粮食养家的人来说，粮价上涨给他们带来的是危害而非好处。中国有句老话"谷贱伤农"，仅仅适用于有多余粮食可以拿到市场出售的农民。

因此，情况非常清楚，小地主和佃农的经济处境即使在正常时期也是很艰难的；当自然灾害发生时，受灾地区人民的生活就极为悲惨。频繁打击清帝国的旱灾、水灾，[49] 导致大批居民死亡，剩下的被迫移民他乡；这样虽然或许缓解了人口压力，但是这些灾害直接和长期的影响，不可避免地危害了经济和大多数乡民的生存环境。

人口压力和粮食短缺给清帝国带来棘手的问题，又因土地所有权集中（在一些地区特别明显）而变得更加严重。虽然中国乡村人口并不是同质的，但在每个地方，大多数农民拥有的土地很少或根本无地，而少数人占有大量土地；有的家庭的家长拥有绅士地位，而其他家庭则没有这样的成员。在法律上或观念上，虽然绅士地位并不依靠或意指土地所有权，但在事实上，社会特权和经济财富通常落到同一些人的头上。绅士常常把肥沃的土地作为理

---

[48]　Chang Chung-li, *The Gentry*, pp.33-35。农家用得到或需要的物品，价格也上涨了。《恩平县志》(1934), 4/13a-b，就列举了广东一个县的这些数字：

	1860-1900 年价格（两）	1930 年价格（两）
水牛（头）	12—13	≥ 100
猪（100 斤）	6—7	≥ 20
大米（未脱壳，100 斤）	≤ 2	3.5—4
盐（100 斤）	≤ 3	5—7
糖（黄糖，100 斤）	≤ 2	6

[49]　陈高傭，《中国历代天灾人祸表》，卷 10《通表》，4b，关于清代灾害情况的表格；Yao Shan-yu（姚善友），"The Chronological and Seasonal Distribution of Floods and Droughts in Chinese History," *Harvard Journal of Asiatic Studies*, VI (1942), pp.273-311; 以及第五章注 179 引用的资料。

想的投资对象，对此表现出浓厚的兴趣。[50] 因而绅士在乡村中出现，常常导致个别家庭或宗族土地所有权的集中，使得贫困之家和没有什么社会地位的家庭获取不动产更加困难。因为，虽然绅士地位本身并不能带来什么经济财富，但是，拥有这种地位（特别是因当上高官或取得功名而得来的）有利于获取财富，并维持已经得到的财富。在前面，我们已经知道绅士地主比普通地主所纳的税要少。[51] 这一因素足以使经济天平朝着有利于绅士地主的方向倾斜。因此，一个特定地区所有居民和可耕土地并非平等地发生关系，一点都不令人吃惊。[52] 虽然绅士并未垄断土地占有，但是可以认为绅士地位和土地占有之间存在密切关系。一方面，拥有社会地位和政治影响，就更容易获

---

[50] 虽然绅士并不一定依靠农业收入为生，但是许多绅士都拥有不同数量的土地。一般说来，绅士认为土地是最好的投资。Chang Chung-li, The Gentry, p.59, note 2, 引用张英关于投资土地好处的文章，p.19 引用苏州叶氏宗族的"家训"："有便好田产可买，则买之，勿计厚值。"反映了绅士对占有土地的典型态度。事实上，这一种态度是众所周知的，因而一些谚语说，"富字田作底，贵字中当头"（"中"在这里的意思为取得科举考试的成功）。参见《吉安县河西坊廓乡志》，3/39b。然而，土地并不总是最吸引人的。在 19 世纪最后几十年，绅士和其他阶层的人对商业投资的兴趣日益浓厚。参见杨及玄《鸦片战役以后中国社会经济转变的动向和特征》，载《东方杂志》第 32 卷第 4 期，第 5—20 页。

[51] 除了第四章注 179—188 中所指出的资料以外，在这里还可以指出李慈铭在《越缦堂日记·息荼庵日记》，42a-b，1869 年（同治八年七月三日）所作的有趣观察。当时，李慈铭花钱捐个户部主事的官，但暂时住在家乡。他写道："作牒致山阴杨令，以征米事也。予无一亩田，而为宿逋及弟侄所牵累。吾越自地丁钱粮外，又亩收白米二升有奇。去年省中忽议概改折钱，定价升钱五十。今市中米价升二十余钱，而吏书勒收，升到八九十钱。昨有役来，催仲弟及僧慧家米，予与之论价，升至六十四钱，而役必不受。我朝定制，二十税一。今受田者既赁耕与佃，计岁所收，以中田中岁则之，亩不过米一石，粜之仅得钱二千五六百，而征晒舂舂，所需器用人力之费，又去其五六百，则亩得钱二千耳。而地漕征其四百，白米征其二百，则朝廷取之于民者四之一有赢矣。……吏贪残而无纪，是岂天子所及知哉？有司与乡之士大夫相容为奸利，督抚不举发，科道不昌言，谓寇祸其可弭乎？"李慈铭没有说明他亲戚最终纳税的税率。大概情况是，由于李慈铭对知县的影响，其亲戚比没有绅士保护的普通纳税人所纳要少。

[52] Institute of Pacific Relations, Agrarian China, pp.1-2, 简明地叙述了总的情况："在清王朝时期，或从清王朝建立一直到 1911 年辛亥革命，中国的土地有九大类型，即：(1) 皇室土地，分布在京师北京附近地区；(2) 皇帝赏赐给满族贵族和兵丁……的旗地，主要分布在直隶……山东和河南；(3) 寺庙土地和属于宗教团体……的土地；(4) 学地，最初由文庙所有，用于维持运转，后来用于赞助公共学堂；(5) 军垦地，或称最初由驻军开垦的土地；(6) 族地……扬子江下游地区、福建、江西南部、湖南和整个广东及广西东部，特别普遍；(7) 部落地……实际上为许多土著部落酋长拥有的土地；(8) 官地，要么属于中央政府，要么属于各省当局或州县衙门，其形式多种多样，如荡地……新垦地和未垦的不毛地；(9) 家庭私地，这是主要的土地占有形式。"《大清会典》在 17/3a 中记载了清政府对土地类型的划分，共有 12 类，其中有部分是重叠的。这里所特别关心的，是私人可以拥有的土地。

取资金购买土地；另一方面，占有大量土地，就可以使自己的子孙接受良好教育，从而能够进入官学或成为士大夫，或者有钱为自己买官买功名。这一绅士地位和土地占有之间的实际关系一直存续到 19 世纪后半期；是时，清帝国一些地方的绅士主要是靠商业资源而非农业渠道获取财富的。

　　无论绅士在土地日益集中的过程中到底扮演何种角色，土地所有权的不公平一直以来就是中华帝国为人熟知的现象。在清代，它在 18 世纪引起了严正的关注。比如，一名高级官员 1743 年上奏清廷，指出对土地占有量进行限制是非常明智的。[53] 湖南巡抚 1748 年关切地指出，该省 50% 或 60% 的土地为富户所占有。[54] 18 世纪的一位作者指出，在 1760 年代，直隶一富户拥有的土地几乎达到一百万亩。[55]

　　清帝国各地土地占有情况不尽相同。一些西方学者 1888 年所作的一系列研究，重新还原了 19 世纪中国相当多不同地方的原貌。表 9–1 所列结果范围虽然并不广，也不一定精确，但可以帮助我们获得一个总印象。[56]

---

[53]　《清朝文献通考》，4/4887。〔编者按：这名高级官员是顾琮。〕关于这一点，我们在随后的相关问题中会再谈到。

[54]　葛士浚《皇朝经世文续编》，36/81a-b。还请参见上面注 46。〔编者按：正文出处和本章注 46 相同，不在葛士浚书中。〕

[55]　昭梿《啸亭杂录》，1/63-64。引见 Teng Ssu-yu（邓嗣禹），"New Light on the History of the Taiping Rebellion," p.42.〔编者按：查邓嗣禹原书，正文出处为《啸亭续录》（1810 年刻本），第一册，63—64 页。按见《啸亭续录》卷二 "本朝富民之多" 条下。原文为 "怀柔郝氏，膏腴万顷"。〕

[56]　George Jamieson and others, "Tenure of Land in China," *Journal of the Royal Asiatic Society*, North China Branch, N. S., XXIII (1888), pp.59-174. Edward T. Williams, *China* (1923), pp.92-93, 概括了他们一些研究成果。现代的研究，结论也类似。比如，John L. Buck, *Chinese Farm Economy* (1930), p.146, Table 1（1921—1925，7 省 17 个县的 2,886 个村庄）：

	所有者（%）	部分所有者（%）	佃户（%）
华北（直隶、河南、山西）	76.5	13.4	10.1
华东（安徽、浙江、福建、江西）	48.2	21.3	30.5

Chen Han-seng（陈翰笙），*Chinese Peasant*，首先探讨了现代中国各地的情况，然后作出结论说："华南和华北的情况普遍不同。很明显，华南土地占有比华北更集中。"（第 14 页）但是他补充说，这种情况并不意味着华北地区农民的处境比华南地区农民要好。"华北地区典型的形象是一位贫穷的农人耕作着自己不够大的土地。这块土地一般为 10 亩或 15 亩左右；而要养活本人及其家庭，需要的土地一般是此数目的两倍。……他们个人的经济条件并不比华南地区佃农的要好。"（第 26 页）还请参见 Chen Han-seng, *Agrarian Problem*, 特别是 pp.2-7. Institute of Pacific Relations, *Agrarian China*, tables on pp.3 and 4 指出类似的结论。

表 9–1：土地租佃情况和占有情况

地　　区	佃户比例（%）	土地占有的最大规模（亩）
贵州省	佃农较少	
山西省平阳府	佃农较少	很少有超过 500 亩的
山东省益都	10	1,000
武城*	30	100,000
莱州	40	100,000
云南省太和谷**	20	
福建省福州	50	仅有一户超过 300 亩
浙江省仁和及绍兴	50–60	？
广东省	75	1,000
江苏省（苏北）	70–80	400,000
湖北省广济	70–90	300

译者按：* 原为文 Wu-ch'ing，山东省有武城县，但译音应作 Wu-ch'eng。
　　　 ** 原文为 T'ai-ho valley，云南省有太和县，清代大理府治。

一些材料表明，在土地普遍肥沃的地区，土地所有权集中比较明显；在比较贫瘠的地区，就不太严重。这个差异可能的一个解释是，土地肥沃意味较高的农业生产；这反过来又有利于一些土地耕种者或所有者积聚财富。同时，高产的土地就成为有钱投资者的投资目标。此外，在 19 世纪后半期，当大城市的贸易和制造业因与西方国家发生密切联系而快速发展起来时（比如广东和江苏），城市中积聚的一部分财富就流入比邻的乡村地区，一些成功的商人或企业者就变成高产土地的所有者。在这些地方，小地主相对较少，佃农为数众多。而在土地相对贫瘠的地方，资本难以积累，而土地也不是理想的投资对象，小土地拥有者的人数就可能超过佃农人数。

从普通村民的角度来看，很难说上述两种状况哪种要好些。在土地相对贫瘠的地区，虽然农民可免于地主可能的压迫，但却要面对恶劣的经济环境；在土地比较肥沃的地区，虽然自然环境较好，但大多数农民不得不依靠地主，过着极不稳定的生活。在两种情况下，耕种土地的农民都不能保证自己可以在相当长的时期内过着体面的生活。[57]

大地主的确可以给地方经济带来某种利益；一些绅士家庭和宗族在自己

---

[57]　Chen Han-seng, *Chinese Peasant*, pp.14-15; Tawney, *Land and Labour*, p.37.

拥有土地或居住的乡村地区，会负责修建或维持灌溉工程、桥梁、摆渡等等，但是，他们从拥有土地所取得的经济资源中，把相当大的部分用于购买更多的土地，或投资于其他可以获利的事业（比如在城镇或城市经商），或捐纳官位、官品。可能只有一小部分财富用于提高他们已经拥有的土地的农业生产。无论怎样，他们都不会关心佃农的福祉。

清帝国各地的租佃安排各不相同。常见的是租金占收成的 50%。河南东部一个县的县志修纂者（1882 年举人）这样概括了当地的情况：

> 农受田代耕者曰佃户，尊授田者曰田主人。主居之以舍，而令自备牛车籽粒者，所获皆均之。主出籽粒者，佃得什之四。主并备牛车乌秣者，佃得什之三。若仅仅为种殖耘锄，则所得不过什二而已。[58]

在陕西的一个县，流行的租佃关系有三种：在称为"租种"的租约中，按照一定数目的租金租种土地，租金在每年秋收后支付。在"合种"中，如果地主提供耕牛和种子，佃农提供劳动，那么收入平均分配；如果地主没有提供耕牛和种子，则佃农所得为收成的 60% 或 70%。在"佣种"中，佃农所得收成更少。但是，由于该县的土地并不肥沃，因而佃农往往难以谋生。"丰收仅足衣食，凶荒即不免于流离。"[59]

在华南地区，广州附近的一个县，所流行的租佃情况如下：

> 近山之田，多半自耕。……余则率归大农，是为田主。佃户就田主赁田而耕，岁晚供所获之半归之。然率以银租田，名曰批耕，其价因肥硗而异。……约计腴田每亩所获，合早晚两造，得谷可八九石，硗田五石有奇。……八口之家，耕腴田者须及十亩，方克赡给，硗田则不足矣。惟田稀佃众，供不逮求，于是租约渐增，所耕益多，所收益少。[60]

---

[58] 《鹿邑县志》（1896），9/3a，引自傅松龄的论述。

[59] 《神木乡土志》，4/1b。

[60] 《番禺县续志》（1911），12/1b-2a。有关其他几个租佃关系，例见：《洛川县志》，8/9a-b; Buck, *Chinese Farm Economy*, p.148; Chen Han-seng, *Agrarian Problem*, p.52 有关租佃制度的补充讨论，参见 Chang Chung-li, *The Gentry*, pp.41 ff.。

并不只有华南地区的佃农才是地主压迫的牺牲者，华北地区也存在类似情况。直隶的县志提供了一个说明的事例：

> 地硗薄……岁小歉即不免流徙。富民则多庄田，计村二百，为佃庄者几三之一。其衣食率仰给于田主，不肖者或重利掊克之，有终岁勤苦而妻子不能饱暖者。[61]

这些情况，说明中华帝国绝大多数农民"迫切需要土地"，[62] 而大批无地农民的存在是太平天国和其他动乱爆发的主要原因。[63] 当然，并不是所有农民的处境都一样。在自然条件特别好、地主不太苛刻的地区，或者在耕种者自己也拥有一些土地的地区，即使必须不断劳动才能谋生，农民的生活也过得去。当清帝国未遭到严重灾害或灾难打击时，这些安于现状的农民所产生的影响，就会抵消处于悲惨境地的农民和欺诈成性的"莠民"所带来的破坏性影响。这样，乡村就会在大体上维持平静状态。

但是，灾害最终降临了。水灾、旱灾不断发生，受灾地区越来越广，持续时间越来越长；这就很容易使停滞不前的乡村经济脆弱的平衡遭到破坏。其他各种因素逐渐而又确切地破坏了乡村经济，使得许多地区乡民的生存环境越来越恶劣。尽管清政府竭力控制和消除灾害，但是乡村经济衰落的趋势日益明显，尤其是在 19 世纪。虽然各地衰落的程度和后果各不相同，但它们共同在整体上削弱了帝国统治体系的政治基础，并导致王朝的崩溃。

清政府与土地问题

就笔者手中拥有的片断材料来看，清王朝统治者虽然清楚地认识到广大无地农民的存在所带来的危险，但是在总体上倾向于支持特权人士，保护地

---

[61] 《西宁县新志》(1873)，9/1b。

[62] Chen Han-seng, *Agrarian Problem*, p.1.

[63] 王瑛《太平天国革命前夕的土地问题》，载《中山文化教育馆季刊》第一卷第一期；薛农山《中国农民战争之史的研究》，第 231—255 页。

主的利益，禁止佃农对地主利益的"侵犯"。因此，他们所采取的政策，和明朝建立者形成一个对比。根据史学家的记载，朱元璋"惩元末豪强侮贫弱，立法多右贫抑富"。[64]

不过，清王朝统治者之所以采取这样的态度，也很容易理解。财富拥有者大体上被清王朝当作维持统治的稳定性力量。此外，许多财富拥有者是在职或退职官员，以及在实际生活中取得一定功名的士子。清政府对他们的财产提供法律保护，间接地加强了他们在社会上的地位，同时赢得了他们对清王朝的忠诚。

清朝皇帝对土地所有权采取的基本观念，在1729年（雍正七年）所发布的一道上谕中得到说明：

> 其为士民而殷实者，或由于祖父之积累，或由于己身之经营，操持俭约，然后能致此饶裕。此乃国家之良民也。其为乡绅而有余者，非由于先世之遗留，即由于己身之俸禄，制节谨度，始能成其家计，此乃国家之良吏也。是以绅衿士庶中家道殷实者，实为国家之所爱养保护。[65]

雍正帝清楚地假定，财产分布不平均是合法的，贫穷是祖宗或个人懒惰所致。这样的假定，使得干涉地产的取得和持有变成不恰当、不合适的。

事实上，清政府一直在主张不干涉政策。1743年（乾隆八年）的一道上谕，以极明确的措辞重新加以肯定，虽然是用实际而非道德的理由来加以

---

[64] 《明史》，77/2b。下列措施部分说明了这一政策：朱元璋在1369年登基当皇帝后不久就下令浙江和应天府（江苏）4,300多家富户迁移到当时明朝的首都南京〔编者按：查原文："命户部籍浙江等九布政司、应天十八府州富民万四千三百余户，以次召见，徙其家以实京师，谓之富户。"朱元璋是把全国富户共14,300家集中到南京，不只是江浙四千多家〕，明成祖又命令3,000家富户迁移到北京及其邻近地区。这些富户不但要在原籍纳税，还必须在新居住地纳税。在其中一些破产并逃走之后，明王朝又下令将原籍其他富户迁移以填补破产、逃走的富户。1492年（弘治五年），虽然不再惩罚"在逃富户"，但是要向逃走的富户成员或其亲属征银三两；到16世纪中叶嘉靖帝在位期间，降为二两。参见《明史》，77/2b-3a。明太祖还设置了另一项措施，就是以每个乡村为单位设置"粮长"，负责征收税粮。粮长由其乡邻选举产生。参见《明史》，78/4b；柳诒徵《中国文化史》，第二章，第265页，引自顾炎武《日知录》。还请参见第四章注106。不过，明太祖采取的措施远不如王莽（公元9—23年在位）来得激烈。参见《汉书》，卷99。

[65] 《大清十朝圣训·世宗朝》，26/19a。

合理化:

> 前漕运总督顾琮奏请举行限田之法,每户以三十顷为限。以为如此则贫富可均,贫民有益。
>
> 朕深知此事名虽正而难行,因谕云:"尔以三十顷为限,则未至三十顷者原可置买,即已至三十顷者分之兄弟子孙,每人名下不过数顷,未尝不可置买,何损于富民?何益于贫民?况一立限田之法,若不查问,仍属有名无实。必须户户查对,人人审问,其为滋扰,不可胜言。……"
>
> 而顾琮犹以为可行,请率领地方官于淮安一府试行之。朕令其再与尹继善熟商。今据尹继善陈奏,难行之处与朕语不约而同。则此事之断不可行,断不能行,实出人人之所同然,又岂可以尝试?特降旨晓谕顾琮,此事着停止,并令各督抚知之。[66]

根据对 19 世纪所作的考察来看,苏北淮安府就是一个土地高度集中的地区。顾琮所提建议的理由,大概在一定程度上很有说服力。乾隆帝自己也承认他"名正"。但是,很快他就坚持认为政府不应干涉土地所有权状况。40 年之后,在 1781 年所发布的一道关于缩减支出的上谕中,乾隆帝又在事实上作了补充解释:

> 夫淳朴难复,古道不行,如三代井田之法,岂非王政之善。……此亦宜于古而不宜于今。……即均田亦称善政,穷儒往往希此以为必应行,而今日亦断属难行。无论夺富以益贫,万万不可,即使裒多益寡,而富人之有余,亦终不能补贫人之不足,势必致贫者未能富,而富者先贫,亦何赖此调剂为耶?[67]

然而,皇帝们对于听任大多数乡村居民处于饥饿和压迫之下的潜在危险,

[66] 《清朝文献通考》,4/4887。
[67] 《大清会典事例》,399/4b。

并非浑然不知。他们采取各种各样的措施（或称权宜办法）来缓解乡村的情况，同时注意不损害到对地主的法律保护。他们试图通过垦荒，帮助无地农民获得土地。[68] 即使到 19 世纪中叶，清政府还在鼓励无地农民垦荒。比如，道光帝在 1831 年（道光十一年）〔编者按：原书误为 1851 年〕发布的一道上谕中命令广东省当局，鼓励在广州、惠州、潮州、肇庆、韶州、嘉应、罗定、南雄和连州等地垦荒。他首先指出，清政府自乾隆以来就在许多场合命令其他地区从事这项工作；然后说，他期望这个办法真的可以奏效，因而告诫地方官切勿漠不关心和贪污腐败，以免"贫民被累实多，转不得沾实惠"。[69]

有时，清政府帮助无地农民重新取得他们的土地，作为地方饥荒之后重新安置的一种补助措施。1814 年发生的一个事例就能说明这一情况。这一年的一道上谕提到：

> 小民以耕作为业，借资养赡。直隶大名等府属三十余州县，前因连年荒歉，民间地亩，多用贱价出售，较丰年所值，减至十倍。本处富户及外来商贾，多利其价贱，广而收买。本年雨水调匀，而失业之民，已无可耕之地，流离迁徙，情殊可悯。
>
> 亟宜官为调剂，以遂民生。着照该督那彦成所请，明定章程……所卖地亩，准令照原价赎取，定以三年为期。
>
> ……此外，山东、河南两省上年被扰歉收各州县，并着各该抚饬属查明，一体办理。[70]

虽然没有什么材料可以说明上述措施的推行效果如何，但是，从清王朝所处的历史环境来看，十之八九是很有限的。清政府另一措施——准许饥荒严重地区延期缴纳或豁免土地税，[71] 对佃农自然也没有什么好处。这正如 18

---

[68]　参见第五章注 1。

[69]　《大清十朝圣训·宣宗朝》，78/10a-b。

[70]　《大清历朝实录·仁宗朝》，296/24a-b。另一项措施是政府对债主向典押庄稼的农民索取的利率进行控制，这是否可以给贫民带来利益值得怀疑。参见《江西通志》，卷首之三，16b-17a；《巴陵县志》，15/3a。

[71]　杨景仁《筹济编》，卷首，2a-30b。

世纪一位中国官员所指出：

> 农民为最苦，无田可耕则力佃人田，无资充佃则力佣自活。……此
> 等民人自以为上不如有田之户得蒙恩免地丁钱粮之惠，次不如服贾之家
> 得被恩免关津米豆之税。[72]

清王朝这些慷慨的政策给所有地主带来的好处也是不一样的。小地主承
担的税负经常比拥有绅士地位的大地主来得重。当清政府豁免纳税时，小地
主常常得不到消息，因而不得不照常纳税，而大地主却总能够受益。[73]对此，
清政府很少设法纠正这种情况，听任不公平的税负继续存在下去，让小地主
承受困苦。在他们真正可以享受豁免纳税政策的好处前，或许早已破产了。
19世纪晚期一位地方志修纂者就写道：

> 豪强之兼并割据厚利丰殖，宴然无税可纳者，所在多有。粮田虽逢
> 稔岁，供庸调尚苦不支，勿问饱妻孥也。遂有赔累彻骨，弃陇亩以逃匿
> 者。[74]

在清帝国一些地方，不公平的税负事实上正是土地所有权不平均的原因
所在。根据一份中文材料：

> 兼并者，非豪民之钳贫民而强夺之也。赋重而无等，役烦而无艺，
> 于是均一赋也，豪民输之而轻，弱民输之而重；均一役也，豪民应之而
> 易，弱民应之也难。[75]

值得指出的是，清政府在不危害地主特权的情况下试图减轻佃农的痛

---

[72]《皇清奏议》，42/4b〔编者按：应为42/4a〕，1745年（乾隆十年）礼科监察御史刘方蔼
的上奏〔编者按：刘方蔼《清修补城垣勿用民力疏》〕。

[73] 参见第四章关于绅士及税收制度部分；Chang Chung-li, *The Gentry*, pp.25-28。

[74]《沔阳州志》（1894），卷四《食货》，37a。

[75]《贵筑黄氏家乘》，20b。引自 Chang Chung-li, *The Gentry*, p.26。

苦。在 1679 年（康熙十八年）发布的一道上谕的基础上，清政府推行下列措施：

> 凡不法绅衿，私置板棍，擅责佃户；及将佃户妇女占为婢妾者，黜革治罪。[76]

这一措施虽然可以威慑残酷的地主公然做出暴行，但是并不能免除佃农的沉重负担，无论地主向佃农索取多少租金，佃农也得全额缴付。

事实上，清政府本身常常在强调缴纳田租的义务。举例来说，广东巡抚 1732 年下令所有佃农必须全额纳租。[77] 另一些事例也表明，清政府随时准备帮助地主向佃农收租。据说，19 世纪晚期直隶一些地方就盛行下列情况：

> 殷实之家有地数十顷或数百顷，则招佃分种，佃户借为养命之源。倘给租不足其数，辄禀送讯追；或地易主而佃不退地，亦禀送讯究。[78]

在 19 世纪后半期动荡的社会背景之下，清政府更加注意保护地主的利益。由于种种原因，许多佃农拒绝缴纳田租，有时甚至暴力抗租或威胁使用暴力。清政府认为有必要再次出面强调缴纳田租的义务。1854 年（咸丰四年），清廷发布一道上谕，其部分内容如下：

> 业田之家，佃户抗不交租……该地方官自应痛加惩办。……至于佃欠业租，既经该业户控告，亦应照例惩办，以儆刁风。[79]

这样，清政府将佃农纳租义务提到了同纳税义务相同的法律层次了。

大地主利用清廷这道命令，强迫佃农竭力履行纳租义务的情况，从一位

---

[76]　《钦定六部处分则例》，15/29。《清实录》和《东华录》中没有收录。

[77]　《清远县志》，卷首，15a-16a。

[78]　《天津府志》，26/5a-b。同书 26/6a 中记载了这条有趣的信息："绅士田产率皆佃户分种，岁取其半。佃户见田主，略如主仆礼仪。"

[79]　《大清历朝实录·文宗朝》，140/1b-2a。

著名学者关于江苏某地减免税收的叙述中得到间接说明:

> 尝闻苏州园田,皆在世族……农夫占田寡,而为佣耕。其收租税,
> 亩钱三千以上,有阙乏,即束缚诣吏,榜笞与逋赋等。[80]

因此,无论是在言语上还是在行动上,清政府在强调地主全额收租问题上是最为有力、最为明确的。不过,清朝皇帝意识到,地主如果压迫极端贫穷的佃农缴纳田租,或完全漠视佃农的一般痛苦,也是非常危险的,因此偶尔也对其"良民"和"良吏"作一些劝告。比如,雍正帝就在 1729 年签发的上谕中对"各富户等"作出劝告。他首先解释了土地占有的正确性,然后接着说:

> 夫保家之道,奢侈糜费,固非所以善守,而悭吝刻薄,亦非所以
> 自全。……盖凡穷乏之人,既游闲破耗,自困其生,又不知己过,转
> 怀忌于温饱之家。……一遇歉荒,贫民肆行抢夺,先众人而受其害者,
> 皆为富不仁之家也。逮富家被害之后,官法究拟,必将抢夺之穷民置
> 之重典。是富户以敛财而倾其家,贫民以贪利而丧其命。朕为此劝导
> 各富户等,平时当以体恤贫民为念,凡邻里佃户中之贫乏者,或遇年
> 谷歉收,或值青黄不接,皆宜平情通融,切勿坐视其困苦而不为之援
> 手。[81]

乾隆帝也作过同样的劝告。他在 1738 年发布的一道上谕中强调说,富者考虑一下贫者的需要是明智的,警告富者不要为了牟取暴利而集聚谷物或其他粮食。清政府认为这道上谕的内容非常重要,因而随后把它纳入乡约讲习内容之中。[82]

---

[80] 章炳麟《检论》,(1924),7/17a-b。
[81] 《大清十朝圣训·世宗朝》,26/19a-20b;《大清历朝实录·世宗朝》,79/5b-7a;王先谦《东华录》,14/20b-21b。
[82] 《学政全书》,9/6a-b。

值得指出的是，清王朝统治者这些劝诫性的话语，只是要说服而不是命令。清政府从来就认为土地占有是合法的；它给予地主的实际劝告，不但不是损害地主的财产权利，反而是为了保护他们的安全和利益。

清王朝统治者这种基本态度在下列情况下更加明显：即使在困难时期，他们也拒绝强迫地主减少一些租金，而只是尝试说服地主把从政府那得到的恩惠分一点给佃农。雍正帝 1735 年发布的一道上谕就很能说明问题。他宣布说：

> 朕临御以来，加惠元元，将雍正十二年以前各省民欠钱粮，悉行宽免。……惟是输纳钱粮，多由业户，则蠲免之典，大概业户邀恩者居多，彼无业穷民，终岁勤动，按产输粮，未被国家之恩。尚非公溥之义。若欲照所蠲之数，履亩除租，绳以官法，则势有不能，徒滋纷扰。然业户受朕惠者，当十捐其五，以分惠佃户亦未为不可。近闻江南已有向义乐输之业户，情愿蠲免佃户之租者，闾阎兴仁让之风，朕实嘉悦。其令所在有司，善为劝谕各业户，酌量宽减彼佃户之租，不必限定分数，使耕作贫民，有余粮以赡妻子。若有素封业户，能善体此意，加惠佃户者，则酌量奖赏之。其不愿者听之，亦不得勉强从事。……若彼习顽佃户，借此观望迁延，则仍治以抗租之罪。朕视天下业户佃户，皆吾赤子，恩欲其均也。[83]

并不只是雍正帝有这个想法。他的父亲康熙帝和儿子乾隆帝，也遵循这一思想。康熙帝在一道未注明日期的上谕中这样建议山东省的地主：

> 东省小民，俱依有身家者为之耕种，丰年所得者少，凶年则己身并无田产，有力者流于四方，无力者即转于沟壑。……东省大臣庶僚及有

---

[83] 杨景仁《筹济编》，卷首，13a-14a。19 世纪晚期，直隶清苑县王家庄一村塾教师就在日常生活中把雍正帝强调的"积善"原则体现出来了："光绪十五年（1889），楷随兄树楠受业于王家庄。其时环王家庄各村，皆有地多至数十顷之户，贫人无地者多，先生急劝地户出粮赈穷，听者固有之，然未能遍及。私窃叹而无如何。至二十六年，拳难起，而地户一扫空矣。"齐树楷《惜阴学案》，载《中和》月刊，1941 年第 2 卷（第 10 期），第 19 页。

身家者，若能轻减田租，亦各赡养其佃户，不但深有益于穷民，即汝等田地，日后亦不致荒芜。[84]

乾隆帝在 1748 年发布的一道上谕中，首先引述上面康熙帝发布的上谕，然后强调说：

今朕省方问俗，亲见……岁偶不登，间阎即无所恃……实缘有身家者不能赡养佃户，以致滋生无策。……转徙既多，则佃种乏人，鞠为茂草，富者不能独耕也。何如有无相资，使农民不肯轻去其乡？……总之，贫固资富之食，富亦资贫之力，不计其食而但资其力，贫民复何所图继？自今该督抚董率群有司实力稽查劝谕，务使晓然于贫富相维之道。[85]

乾隆帝还在他 1790 年八十寿诞发布一道上谕，重复雍正帝 1735 年所发上谕的内容：地主应该把自己从清政府那里所得好处分出一点给自己的佃农；减少租金，应该在地主完全自愿的基础上进行。[86]

然而，不应因此就认为乾隆帝准备修改保护地主收租权利的政策。情况远远不是这样。1749 年（即发给山东巡抚上谕的第二年），他发布一道上谕，坚决拒绝有关地主应该同其佃农平均分配当年粮食收入、不得追讨历年欠租的建议：

---

[84] 《大清十朝圣训·高宗朝》，263/10a，乾隆帝引（《山东通志》收录的）康熙谕旨。在康熙四十三年元月辛酉的上谕中，康熙说出对"小民"的关心："朕数巡幸，咨访民生利弊，知之甚详。小民力作艰难，每岁耕三十亩者，西成时，除完租外，约余二十石。其终岁衣食丁徭所恃惟此。……今乃苛索无艺，将终年之力作而竭取之，彼小民何以为生耶？……至于蠲免钱粮，原为加恩小民，然田亩多归缙绅豪富之家，小民所有几何？从前屡颁蠲诏，无田穷民未必均沾惠泽。约计小民有恒业者，十之三四耳，余皆赁地出租，所余之粮，仅能度日。……比年巡行七省，惟秦晋两地民稍充裕，畿南四府及河南一路，殊觉生计艰难。山左初次巡幸，民甚饶裕，继而少减，今则大异往昔矣。皆由在外大小官员，不能实心体恤民隐，为民除弊，而复设立名色，多方征取，以此民力不支，日就贫困。"参见王先谦《东华录·康熙》，73/4a-b 中所引。我们从这道上谕中清楚看出，康熙帝对大地主未采取任何遏止措施。

[85] 《大清十朝圣训·高宗朝》，263/10a-11a。

[86] 杨景仁《筹济编》，卷首，14a-b。

佃民终岁勤动，固宜体恤。……但有田之户，经营产业，纳粮供赋，亦图自赡身家，岂能迫以禁令，俾其推以予人？况佃民多属贫无聊赖……丰收之岁，尚不免凌其田主，抗负租息。今若明降谕旨，令地方大吏出示饬遵，在田主既不能强以必从，而顽佃更得借端抗欠。[87]

至此，情况已经非常清楚，清政府对地主和佃农的基本政策是：在法律上全面保护地主占有土地和收租的权利，同时防止无地农民的境况悲惨得难以承受。没有材料可以表明，这一政策在 18 世纪和 19 世纪作过任何明显的修改。的确，19 世纪的清王朝统治者看来更多地关注农民的悲惨境地，比如，嘉庆帝 1814 年下令各省官员帮助小地主重新获得土地；又如，道光帝1822 年指出，土地抵押限一年赎回是错误的，并对大臣下令准许庶民"听其自便"（照例三年为限），[88] 但是一般来说，清王朝政策的基本思想仍然在于保护土地所有权。

清王朝统治者有充分理由推行此种政策。缴纳赋税的是地主，而此种赋税在相当长的时期里，是清王朝财政收入的主要部分。保护地主占有土地和收租的权利，也就是间接保护这笔收入的主要来源。但是，由于地主所缴赋税来自佃农所缴田租，因而清政府必须给予佃农足够保护，使他们能够继续生产，按时完纳；这对清王朝是有利的。清王朝在救济受到饥荒打击的地区时，特别照顾农民，规定只有农民才可以得到地方粮仓的救济；至于其他居民，虽然也极端悲惨，但是并不能进入领取救济品的名单之内。[89] 这一事实表明，清政府考虑"小民"需求，其动机并不完全是人道主义的，而是出于政治维度的考量。地主容易成为清帝国的稳定因素。清王朝统治者毫不怀疑地接受了孟子的观点，认为有"恒产"的人会有"恒心"。[90] 因此，给予地

---

[87]　《大清十朝圣训·高宗朝》，263/15a-b。

[88]　《江西通志》，卷首之三，16b-17a。

[89]　王仁堪《王苏州遗书》，7/31a。王仁堪在担任江苏镇江知府时，在 1892 年大旱之后，为丹阳县知县及其下属制定了一套救济灾民的措施。其中一条措施规定："尔等须知，朝廷放赈，系为农民被旱受害，并非普济穷人。"这与清王朝对地方粮仓所显示的政策完全符合。

[90]　《孟子·滕文公上》。Legge 将此句翻译为 "If they have a certain livelihood, they will have a fixed heart"。无论把原文中"产"一词当作"生计"（Livelihood）还是当作"财产"（Property），都必须记得，孟子及其同时代的其他孔子信徒都认为农业是基本谋生手段，认为土地是生存必不

主保护，就是一种对自己政权安全的投资。此外，相当多的地主是绅士；用雍正帝的话来说，这些绅士就是"良吏"。清政府更有理由保护绅士作为地主的权利和利益。

然而，这种政策在长期看来有一些缺陷。清政府准许土地占有日益集中，几乎不加以控制；同时又听任无地农户数目日益增加。这样，小农的生活处于崩溃的边缘，清政府也就在无意中降低了自己政权的稳定因素，同时使得越来越多的乡民的处境变得难以忍受。清政府偶尔采取的缓解小农、佃农痛苦的措施，因与大地主的自私利益直接冲突，没有取得什么实质效果。除了少数例外，地主和佃农之间关系非常紧张。无论什么地方，只要经济、社会环境恶化到临界点，或者当乡村经济因灾害而受到严重打击时，既未得到清政府什么利益保护，也未得到清政府信任的小农、佃农，就会因绝望而走上暴力反抗地主，或许也反抗地方官的道路。这样，清王朝的乡村控制体系就会暂时或在相当长的一段时期里崩溃。

长时期的酝酿最终爆发出来。帝制中国的乡村居民可以忍受相当多的痛苦，直到其中一些人采取极端的措施。在本章余下的篇幅中，我们要描述各地村民所处困境的突出方面，以及他们在这种境遇中的基本行为方式。这就可以呈现出著名的"坚忍的中国人"一词的真相和内涵。

乡村之衰败

研究中国近代史的多数学者都认为，特别是自 19 世纪以来，中国乡村经济衰败的总趋势是显而易见的。[91] 原因首先是不断发生的灾害，使清帝国广大地区都受到打击；其次，19 世纪中叶爆发了前所未有的社会大动荡；还有，自乾隆晚年以来，地方官吏的腐败越来越严重。当然，虽然并不是所有地区都走上了衰败的道路，但是可以肯定，随着时间推移，乡村繁荣成为非常罕见的现象；在经济受到严重打击的地区，即使是先前处境比佃农要好

可少的条件。

[91] 例见傅筑夫《中国经济衰落之历史的原因》，载《东方杂志》卷 31，14 期，第 221—228 页；孔雪雄发表在《中山文化教育馆季刊》第二卷第 1143—1158 页上的文章〔编者按：《农村破产之事实分析》〕。

的许多居民，也不能长久地维持他们的好生活。在破坏最严重的地区，村社严重萧条，变成"鬼镇"或"荒村"。

20 世纪早期观察到的直隶南部某个乡村的情况，有力地说明了乡村衰败的某些突出特点：

> 这个村没有大地主的原因之一，是以土地为主的家产被不断分割。现在，该村拥有 100 亩以上土地的仅仅有 18 户，拥有 50 到 100 亩土地的有 40 户，但是，拥有的土地少于 20 亩的达到 323 户之多。……
>
> 总的趋势是，各户的日子越来越不好过，即使是相当富裕的家庭，前景也不乐观。……
>
> 在本世纪头 10 年里（即光绪帝在位的最后几年），有好几个年份发生严重的歉收和饥荒，村中大多数年轻人在同来村催征交税官军的冲突中被杀。……1911 年民国建立之后，又是另一个战争的年份，接踵而来的是瘟疫、饥荒。许多少地或无地的人户只得移民逃荒。……
>
> 该村经济状况恶化的情况，清楚反映在教育的衰败。在 20 世纪 20 年代早期，该村有两所男校，学生将近 200 人；还有一所女校，学生有 40 多名。但是目前（1935 年左右），一所男校……已经关闭；……一半学龄男童和 3/4 的学龄女童连小学也未上过。[92]

在对这几段叙述作必要修正之后，这则报告可以作为 19 世纪中国许多乡村经济沉沦的绝佳范例。这种情况实际上在清帝国任何地方都可以看到，当然在社会条件尤为不幸的北方地区更为常见。

我们可以引用 19 世纪一些作者的观察，以说明这一乡村衰败的总趋势。一位地方志修纂者描述直隶定州的情况如下：

> 人无远虑，家无素储，农作外别无生理，一遇荒歉，辄仰屋袖

---

[92] Institute of Pacific Relations, *Agrarian China*, pp.168-170 所考察的村庄名叫"件只村"（chien-che-chueng），位于河北（即清代的直隶）南部广宗县。

手。……至于族无祠宇，圹乏志铭，谱系罕传。[93]

对华北许多地区的农业生产来说，灌溉是最必不可少的条件，甚至比起修祖坟和宗祠更令人关注。但是，因为乡村的长久衰落，也常常任其毁坏。《鹿邑县志》（河南，1896）就向我们提供了一个事例：

> 农苦而不勤，播种既毕，旱涝皆听之于天。境内旧有沟渠百数十道，皆导积潦归于干川者，近多堙塞，或犁为田。每值盛夏雨集下注，半为泽国，自拯无术，有束手嗟叹而已。高壤易旱，掘地尺许可以得泉，然语以灌溉之利，亦率惮于图始，无肯为者。[94]

在土壤贫瘠的华中和华南一些地区，也可以发现类似鹿邑县那样令人悲观的现象。安徽蒙城县志以三句话概括了居民的贫穷："其土地薄卤，田无灌溉之源，家无累世之富。"[95] 同样的，灵山县志（广东，1914）以如下言语概括了灵山县在 19 世纪晚期和 20 世纪早期的经济状况：

---

[93] 《定州志》，19/12b-13b。

[94] 《鹿邑县志》，9/3a。其他资料可以参见：《卢龙县志》，10/1b，"卢龙为地瘠民贫之地"；同书 10/2a 中记载说："人口十六万余，多自食其力，且十九业农，地狭人稠，终岁劳苦。"《邯郸县志》，2/8b："近年以来，雨量缺乏，或且酿成旱灾。……虽城东有数十村地滨滏水，每岁拦河闭闸，尚可灌溉一次，即乏河泽，犹株赖以播种，不至寸粒俱无。统一县计之，则不及十之一二。约要以言，谓邯邑为土瘠民贫也可。"《洛川县志》，11/16a，引《延安府志》旧志，描述延安府所属九个州县说："千里顽山，四周重阻，商贾难以至其地，行旅难以出其乡。以此经营之路即绝，有力难以雇请而得财，有粟难以货卖而得银。"同书在 3a 中，是黎锦熙所写的序言："全县人口尚不满六万，视南方大邑之城厢或一乡镇且不如。山原无林，川沟无水。"

[95] 《蒙城县志书》，1/9b。贫穷的村民要想从他们那悲惨的经济处境翻身，通常非常困难；他们这种悲惨的景况，一直持续到最近时期。举例来说，S. C. Lee, "Heart of China's Problem," *Journal of Farm Economics*, XXX (1948), p.268, 引用 C. Arnold Anderson 和 Mary Joan Bowman 合著的 *The Chinese Peasant*, p.233，反映了下列情况：

省区	从佣农上升为佃农（%）	平均年龄	从佣农上升为部分所有者（%）	平均年龄	从佣农上升为完全所有者（%）	平均年龄
河南	6.5	32.8	0.2	40.9	0.9	46.7
湖北	6.1	32.2	1.3	42.4	0.3	42.4
安徽	9.3	29.8	1.9	40.4	0.8	50.0
江西	4.7	28.8	1.0	39.5	0.7	46.0
平均数	7.0	30.9	1.6	40.9	0.6	48.1

灵地向多旷土，又不讲盖藏，贫者春夏称贷，岁终则尽粜其谷以偿之。富者每俟青黄不接时始发粜而享其值，若大旱，则皇皇如也。[96]

即使在同一省区，各乡村的经济状况都是各不相同的。在 1850 年代清帝国大部分地区受到太平天国叛乱严重打击期间，广州附近一个"世外桃源"，享受着不可思议的安定繁荣，对外面的社会动荡一无所知。一英国军官对此记述说：

> 2 月 20 日，我们几个朋友结队到郊外野餐，看到了一些乡村景象和村民情况。……其中一些景象令人赏心悦目。在中国这块地区，给人留下深刻印象、令人愉快的景色，是各个村庄在"精耕细作"——如果可以这样说的话——的平原上的位置，周围环绕的树篱是郁郁葱葱、长满羽毛式叶子的竹林，体态优雅。……
>
> 所有村民看上去繁忙而满足。在一个村子，当我们走过去时，许多人敲打铜锣，我们不知其用意所在。随后一个人走出来，邀请我们喝茶。于是，我们认为他们没别的意思，只是向我们表示和平。[97]

根据一份中文资料的记载，江苏省许多地区在 18 世纪和 19 世纪同样也有不同程度的繁荣景象。[98] 根据另一些资料，浙江、山东和四川一些地区在

---

[96] 《灵山县志》，21/297b。在广东省这个比较繁荣省区的一些地区，也存在类似情况。Daniel Kulp, *Country Life*, I, pp.104-105 对其中一个乡村的情况作了如下概括：

经济状况	家庭数	百分比
好（"小康"）	24	18
中等（没有结余）	41	31
坏	68	51

Kulp 补充说："经济状况坏的家庭，过着上顿不接下顿的生活，任凭自然和宗族意志的支配。……半数以上的家庭被迫为生存进行坚持不懈的斗争，其成功主要凭借于宗族观念和宗族组织。"

[97] Lt. Col. George B. Fisher, *Three Years' Service* (1863), pp.25-27.

[98] 冯桂芬《显志堂集》，9/3a-b，收录代李鸿章写的奏折："嗣是承平百余年，海内殷富，为旷古所军有。江苏尤东南大都会，万商百货，骈阗充溢，甲于寰区。当是时，虽担负之夫，蔬果之佣，亦得以转移执事，分其余润。无论自种佃种，皆以余力业田，不关仰给之需，遂无不完之税。故乾隆中年以后，办全漕者数十年，无他，民富故也。……至道光癸未大水……商利减而农利从之，于是民渐自富而之贫。……追癸巳大水而后，始无岁不荒，无县不缓。"

19世纪中叶和20世纪早期也呈现出令人鼓舞的繁荣景象。[99]

同一地区的情况,在不同时期变化极大。一般说来,1850年代和1860年代,在受太平天国和捻军影响的省区,其情况最糟糕。在社会秩序恢复之后,环境较好的地区,可以看到不同程度的经济恢复;但是在其他地区,要么是经济恢复非常缓慢,要么是开始走上了衰败的道路。一位非常著名的西方作者1870年指出了一些北方省份的情况:

> 在河南和山西,已经发生好几年的大干旱。在今年(即1870年),除了一些地方非常少的庄稼得到灌溉可以望收以外,其他地方几乎颗粒无收。因此,居民越来越贫穷,一些地方的贫穷程度达到相当惊人的地步。各种食物的价格都不寻常的高。……市场萧条,是贫穷的自然结果;除了粮食以外,其他货物输入也一年一年地减少。今年情况毫无疑问比前几年还要坏。虽然一季小麦好收成就可以改变这个贫穷惨境,但是,只有连续几年好收成才可以使这些地方恢复到正常年景。[100]

该作者在另一封信中写道:

> 旅行者每走一步都可以观察到居民目前贫穷、无生气的状态同以前繁荣景象的巨大反差。较大城镇,甚至乡村、庙宇、富丽堂皇的公共建筑遗迹以及中国历史,都可以证明中国北方省区以前是非常繁荣的。[101]

该作者接着阐述了他所认为的导致这些省区经济衰败的诸多原因。他说,其中一个原因是人口过多,特别是在河南省:

> 人口过多的后果是,必须尽可能保有更多的耕地,种植居民所需要的粮食作物和棉麻,可供出口的东西非常有限。……耕种田地,只需有

---

[99]　参见本章注14–17中所指出的情况。

[100]　Von Richthofen, *Letters* (1903), p.54.

[101]　Von Richthofen, *Letters*, p.54.

限的劳动力就可以了；因此，许多人都无工可做，居民普遍变得懒散、冷漠。[102]

该作者认为，北方经济衰败的另一原因在于居民普遍吸食鸦片，山西和河南两省尤其如此。他说，在山西好几个地方，成年男子中至少 90% 都染上了吸食鸦片的恶习，其中大多数属于劳动阶层，无论是乡村还是城镇都是这样。与外国贸易的竞争，摧毁了很多内地乡村和城镇生产的产品的市场；这是乡村经济衰败步伐加快的另一原因。最后，该作者推断民变带来的破坏也让经济发展雪上加霜。他认为，即使北方省区所受民变的影响并不多于（或许少于）其他地区，但其经济的恢复也不如其他地区那么容易。

无论华北地区和清帝国其他地区乡村衰败的原因到底是什么，也无论 19 世纪各地经济到底存在怎样的差异，最重要的是，农民大众在总体上受到当时环境恶化带来的不利影响，他们比中国其他社会阶层遭受到更多的痛苦。19 世纪后半期一些地区发生的社会变化，以各种形式为城市或乡镇带来好处，却极大地危害了乡村经济。

当然，很难弄清楚乡村经济承受危害的程度，不过我们能看到乡村衰败的一些迹象，并试着分析其原因。其中一个迹象是：移民他乡或放弃农业生产所造成的人力脱节。

许多地方的村民发现乡村经济不再能满足他们的生计时，就离开家乡到其他地方寻找机会；有时，移居的地方遥远，因而再也没有回来。在一些情况下，这种移民运动确实有助于乡村经济的发展。"地瘠民穷"的广东恩平县，就是一个极佳事例。由于即使辛勤劳作，也不能靠农业为生，居民暂时或永久地移居他乡谋生。地方志修纂者指出：

> 至务农者，手胼足胝……幸遇丰年，衣食尚能有赖，否则妻儿不免饥寒。无论岁之丰歉，每于收获事竣，即间关数百里往南海九江等处，估工担泥，借博劳资。至岁杪乃言旋。……计自春徂冬，无一日

[102]　Von Richthofen, *Letters*, p.56.

偷闲。[103]

在1880年代，移民海外的规模开始越来越大。恩平县放弃务农而"远出"经商的海外赤子，寄钱回家乡，进一步缓解了恩平居民所受的痛苦。随着近代交通手段的引入，以及近代商业或工业城市在清帝国一些地方出现，从乡村移出的人数越来越多。这一发展潮流在阳江（广东另一个县）得到清楚反映。那里的居民早些时候都不愿意离开家乡；现在却非常乐意到遥远而广阔的地方寻找更富足的生活。[104]

然而应该指出的是，虽然移民在一些情况下有利于有关地区的经济发展，但是清帝国乡村整体状况并没有得到实质提高。机会只存在于有路可通往充满希望之地的少数地区；而且，在设法移民的人群中，并非全部都发财致富了。[105] 无论怎样，移民对乡村带来的最后作用不论是什么，都是乡村"经济萎缩"的证据。

移民后果至少在一个方面不是有益的。假定所有移民都是乡村经济中最具有活力、最有创业精神的人，他们的永久离去，会导致居民中出现一种"反向淘汰"（negative selecting）。[106] 乡村就会失去一些有用并充满希望、当环境有利时会对乡村社会发展作出贡献的成员。而"留在家乡的村民，并没有什么生活激情和能力"，他们也会安于现状，即使机会出现在面前，也不会去为改善自己的生存条件而奋斗。[107]

农业人力的脱节经常以改变职业的方式出现，改变发生在本地或他乡。

---

[103]　《恩平县志》，4/12b。南海和九江两地都是经济繁荣地区。

[104]　例见《阳江志》（1925），7/4a；《巴陵县志》，52/6b；Kulp, *Country Life*, p.53。

[105]　Kulp, *Country Life*, I. pp.104-105："不到1/10的移民成功地迁回。"更坏的是，出门闯天下未成功者在其家乡也属不适应环境的人（如果他们的确设法回去的话）。无论怎样，这些人中很少会愿意或能够像辛勤的农民那样劳动。

[106]　Ellsworth Huntington, *Character of Races*, pp.192-193："（灾荒之后）逃荒人群分为两类。一类由设法回到家乡的人组成。……原因之一是他们在家乡拥有土地；原因之二是性格使然，他们受传统影响，喜欢过旧有的生活，即使悲惨也愿意。……另一类逃荒者，则属于充满精力和开创精神的人。……乡村地区最优秀的人才就这样流失了。"Huntington 的总结性结论虽然不可信，但其观察接近事实。

[107]　Kulp, *Country Life*, pp.53-54；吴文辉《灾荒与乡村移民》，载《中山文化教育馆季刊》第六卷，第49页。

在环境恶化、农耕注定没有收成的时候，乡民常常被迫放弃务农这项"世业"。根据地方志的记载，湖南巴陵县 19 世纪晚期发生的情况就是这样：

> 邑境多山，农民世业，难以自给，多营生于湖北，故监利、沔阳、江陵、潜江四邑土工、农工、染工等巴陵人不下数万。春往冬归。……若四邑被水，皆归而家食。[108]

直隶邯郸的情况与此类似：

> 地瘠人众，仅赖土产，不能维持生活。贫者借肩挑贸易以养家口。县西与河南武安接壤，该县煤矿极多，普通人家多借运煤为生活之补助，亦以人力推煤为营业者。[109]

乡村"经济萧条"（sagging economy）的另一迹象，并在一定程度上加速萧条的因素，是各种原因造成的农村失业。许多地方的"游民"人数在 19 世纪看来相当多。一名中国官员在 1851 年的上奏中指出：

> 臣壮时闻父老所传，谓：往昔一乡一集，游惰无业者，不过数人。今则数百家之聚，游惰辄至数十。
>
> 此语已逾二十年，今当更甚。[110]

在一些情况下，失业而形成的局面，因地方上发生灾害导致人口减少而更加恶化。另一名中国官员在 1884 年上奏说：

> 近因迭遭兵燹水旱瘟疫各大劫，人民损伤无算，更兼生计艰难，丁

---

[108]　《巴陵县志》，52/6b。

[109]　《邯郸县志》，6/3b。还请参见《同官县志》，10/12b-17b；Lin Yüeh-hwa, *Golden Wing*, pp.3-10，黄东林的故事。

[110]　王植《遵旨缕陈八事疏》，引见吴汝纶《桐城吴先生日记》（1928），6/37a。

壮及岁往往不能婚娶，产生女婴，率多溺毙。是以间阎生齿远不逮从前之繁庶。约计一村之中，向有百人业耕者，今只得五六十人，而此五六十人中，吸食鸦片，惰于农事者又约有二三十人。[111]

这名官员所指出的现象十分普遍，在一些地区一直持续到 20 世纪。[112]正如一位西方学者所相信的那样，对农村中所有年龄段可以从事生产的人口进行考察，会发现实际上有一半人的生存依靠另一半人的劳动。[113]

描述帝制中国的乡村环境，我们很难忽视自然灾害的影响。它对造成村民经济困境的作用，明显多于任何其他单一因素。

前文已经指出，清政府积极应对水旱灾害造成的紧急状况。[114]但它所采行的各种防治水灾和救济饥荒的措施，效果非常有限；更经常的是，由于地方官及其走卒的无能和腐败，这些措施不仅毫无用处，反而对人民有害。[115]下面一段叙述描绘了浙江某地 1849 年发生的水灾景象。村民在 3 个月里徒劳无益地搏斗，竭力想把自己的庄稼从洪魔手中夺回来，最终只得放弃自己

[111] 王邦玺《缕陈丁漕利弊户口耗伤情形疏》，载葛士浚《皇朝经世文续编》，32/20a。

[112] 例见《靖州乡土志》（1908），2/21b 列举了湖南靖州 20 世纪初的数据：成年男子总数为 44,126 口。其中，士子有 2,576 人，农民为 2,550 人，商人为 1,528 人，小计 33,873 人。〔编者按：人数有误。《靖州乡土志》原文：士，二千五百七十六；农，二万七千二百一十九；工，一千五百二十八；商，二千五百五十。〕其余占总数 23% 的 10,253 人可能大多数无业。《绵竹县乡土志·历史辛》（1908），15a 中列举了四川绵竹县 20 世纪初的数据：男性人口为 218,580 口。其中，士 8,900 人，学童 2,000 人，农 173,900 人，工 14,500 人，商 11,250 人，吸烟者 4,690 人，游民 3,310 人。《洛川县志》在 6/10b 中列举了陕西省洛川县在 20 世纪初的数据：拥有职业（种田等）的为 1,032 人（占 3.5%），无业者 30,122 人（占 96.5%）。Kulp, *Country Life*, p.90, 提到了广东省凤凰村在 1920 年代的数据：总人口为 650 人；其中，有职业者为 167 人，移民 55 人，无业者 428 人（占该村总人口的 65%）。Fei hsiao-t'ung, *Peasant Life in China*, p.139, 提到了江苏开弦弓村在 1930 年代的数据：家庭总数为 360 户；其中，274 户从事农业，59 户从事"专门职业"，14 户从事渔业，13 户无业。

[113] Kulp, *Country Life*, p.38, 作出的结论比较模糊："如果农民一生从事农业生产的年龄为 20 岁到 44 岁，那么很清楚，只有 29%（1/4 强）的人口创造了维生所必要的收入。然而，在这 29% 的人中，包括一些因健康原因而丧失劳力的人；其他 45 岁到 64 岁年龄段的人，应该还有一些具有生产力的像是从事家庭手工业的妇女，或是在外经商的男子。考察所有年龄层的人的生产能力，可以说实际上有一半人口的生存依靠另一半人口的劳动。"Kulp 所说"20 岁到 44 岁"的含义虽然并不清楚，但他那许多人口并不从事生产性工作的观点，大体上很有道理。

[114] 杨景仁《筹济编》16/17b-24a，概括了清政府 1682 年到 1802 年间所采取的措施。

[115] 杨景仁《筹济编》，16/21a-b 和 23b。还请参见第五章。

的家园：

> 一切苦斗徒劳无益之后，村民们开始成群结队，背着口袋，流浪他
> 乡，到处乞讨少得可怜的食物。他们看上去肮脏丑陋，衣不蔽体；头发
> 直立、粗糙，脸部缩在一起，嘴唇呈现青灰色。这些不久前还是爱好和
> 平、勤劳的农民，明显受绝望的驱迫而很容易做出各种暴行。……所有
> 的乡村一个个被放弃，无数户家庭流落邻省寻求生存。[116]

这幅大灾造成的图景的确可怕，但还不是最糟糕的。在华北一些地区，
持续干旱或规模巨大的水灾带给村民难以估量的痛苦，带给他们的村庄几乎
无法恢复的破坏。下引几段叙述，描述了山东、河南、山西、陕西和直隶北
部在 1875 年到 1878 年灾害的连续打击下出现的令人吃惊的悲惨局面；这一
幅景象，或许才是中国乡村任何地方可能发生的最糟糕的景象：

> 从天津向内陆延伸的广大平原地带在 1875 年以前看来以土地肥
> 沃而著称。但是，在 1875 年和此前几年，连续发生了几次规模巨大
> 的洪灾，完全改变了乡村的模样，所有认真修建起来的灌溉工程全
> 部被扫荡得踪迹全无，所有植物全部被摧毁。大运河河岸处处坍塌，
> 最好的玉米地都变成内陆湖泊。当无情的云在这几年里把它们储藏
> 的雨水存货一口气倒完之后，接下来的好几年，天空一直是黄铜色
> 的（用《圣经》的话，意指天空无情地蓝），含有雨水的云层消失得
> 干干净净。
>
> 大平原因此变得焦黑、坚硬，耕种变得毫无希望。农民徒劳地把珍
> 贵的种子种到地里。……在几个月里，农民靠野草种子、棉籽粕、草根
> 和树皮为生。……当然，在此之前，牛、羊、驴、家禽，早就被吃光

---

[116]　E.-R. Huc, *Chinese Empire*, II, pp.324-325。Huc 还在第 323 页中作出这样的总评价："在
艰难年月里，度日如年。中国的某些地区，每一年都有大量的人口死于饥荒，每天仅能糊口的人，
多到数不清。"晚近也可以看到类似情况；其事例可以参见 Institute of Pacific Relations, *Agrarian
China*, pp.248-249, 对山东郓城县乡村的描述。

了⋯⋯

　　天津是一个大港，从年景较好省区运来的粮食到此下船，然后运往灾区，许多悲惨而又饥饿的灾民聚集在这里。⋯⋯一度生活得较好的男人、女人和孩童，在饥荒的 4 年里卖光一切⋯⋯靠码头或粮仓扫拢的垃圾里几颗夹杂着灰尘的谷粒为生。其他人则把粗糙的谷粒外壳与观音土混在一起吃。[117]

一场严重灾荒所带来的最坏的直接后果，可以从 1901 年陕西一些地方的报告看出：

　　为了更好地了解陕西全省遭受灾荒打击的情形，我在西安北边大约 30 英里的三原镇一个废弃的教堂住了 5 天。陪伴我的是曾经协助敦崇礼 (Duncan) 先生进行救济的一个传教士。我们从三原出发，穿过西安平原。从一些迹象看出，这一带以前人烟稠密。在没有树木的白色荒漠上，每 1/4 英里就矗立一座泥土的村子；荒漠朝北、东、西延伸，像无边无际的海洋。广大的平原一片死寂⋯⋯在一些村子里有一群群饥饿的男人、儿童，他们是消失的村庄仅有的幸存者。平原因居民死去而陷入沉寂。[118]

　　还有其他事例，全村或全镇的居民全部消失。一名中国官员 1902 年春发现，位于山西曲沃和闻喜两县附近的一个乡镇和一些村子，在 1897—1898 年一场规模巨大的灾荒之后完全无人居住。该官员经过这些地方时，看到的仍然是一片废墟。[119]

　　这些严重灾害发生期间，整个清帝国死去的人数相当惊人。我们虽然没有可靠的统计数字，但是据估计，在 1878 年 5 月，前面提到的华北五省有 500 万人死去。[120] 在 1901 年 7 月之前的 3 年里，陕西有 200 多万人死去。仅

---

[117]　Constance Gordon-Cumming, *Wanderings in China* (1886), II, pp.137-142.

[118]　Francis H. Nichols, *Through Hidden Shensi* (1902), p.242.

[119]　叶昌炽《缘督庐日记钞》，10/13a。

[120]　Gordon-Cumming, *Wanderings in China*, p.142.

仅在三原一县，人口就从 50,000 减少到不足 20,000 人。[121] 其他估计数字更为惊人，[122] 但不太可信。

即使发生了最严重的灾害，居住在乡村地区的绅士和富户大概都能幸存下来，并不会像没有什么地位的村民那样死去。不过并不能肯定，他们没有迁到更有希望的地方去。早在灾害袭击他们的家乡之前，他们就从乡间迁往城镇和城市；在那里，他们容易找到舒适程度较高、较安全的生活，或者能够让他们发挥影响力的更大空间。[123] 在灾害期间，这些乡村名流更容易抛弃

---

[121]　Nichols, *Through Hidden Shensi*, p.228.

[122]　吴文辉在《中山文化教育馆季刊》第四卷第 45 页上发表的论文〔编者按：《灾荒与乡村移民》〕估计说，在 1846 年袭击陕西、山东和江西的洪旱灾害中，有 220,000 多人死去；在 1849 年袭击直隶、浙江、甘肃、江苏的类似灾害中，有 13,750,000 人死去；在 1876 年到 1878 年间，江苏、山东、直隶、陕西、河南、安徽和湖北等地大约有 9,500,000 人死于各种灾害。还请参见《清史稿·灾异志》，1/37-41。下列地方志的记载，也可以说明此点：

据《靖州乡土志》（1908）2/10a-b 的记载（只包括汉人，苗人不在此列）：

年代	户数	人口数
1742	23,955	119,328
1757	32,455	153,341
1836	28,378	128,567
1868	16,382	74,152
1908	20,822	79,906

据《同官县志》（1944）8/1b 中的记载：

时间	户数	时间	户数
1644	26,685	1851-1861	33,080
1721	31,512	1862-1874	32,850
1800	32,460	1875-1908	20,860[*]
1821-1850	32,161	1909-1911	32,680

*1877 年发生饥荒，1900 年发生干旱。

《翼城县志》（1929）在 9/11b-12a 中记载说，陕西翼城县受到严重干旱的打击，其后果是：人口从 139,985 人锐减到 45,248 人，户数从 25,957 户锐减到 11,131 户。抛荒土地有 23,087 亩。

[123]　Chang Chung-li, *Chinese Gentry*, pp.51-52。Morton H. Fried 对现代安徽滁县所作的下列考察，全面地反映了清王朝 19 世纪的总体情况："在过去五十年或更多的时间里，滁县乡绅不断移居县城。这一潮流缓慢，而持续。随着清王朝对社会的控制减弱，远离城墙保护的乡绅发现自己的生活环境越来越不安全。……由于乡间出现了土匪，偶尔会有民变，生活在乡村中的绅士……就成为这些土匪或民变的牺牲品。在这种情况下，绅士急于移居县城，不但寻求城墙的实体保护，而且通过宗族纽带关系和'干亲'（私人之间的协议或'好意'）关系寻求官员的社会保护。"参见 *Fabric of Chinese Society*, p.224。不过，绅士并不一定都到有城墙的城镇寻求保护。19 世纪流行的一句名言警告说："小乱隐于市，大乱隐于乡。"其道理十分清楚。在大规模反叛或民变期间，城镇如果遇到强烈围攻而抵抗失败，灾难就容易降临。这样，较高程度的安全存在于乡间堡垒。因此，认为乡绅移居城镇的唯一动机在于寻求生命保护的观点，并不完全正确。我们不应忘记一个事实：城镇是社会和政治影响的中心，活跃的乡绅自然向往。

自己的祖传家园，不再回去。他们移民他乡，使因大批乡民死去所造成的情形更加恶化，在一些情况下，甚至导致许多乡村的毁灭。

反叛和民变，本来是悲惨环境的部分产品，[124] 反过来加剧了乡村环境进一步恶化。清政府为镇压民变而采取的军事行动，对生命和财产所带来的毁灭性比"贼"的活动来得更大；这常常为事实所证明。"乱后"，深受影响的村民发现自己的处境比以前更坏，这一点也不令人奇怪。在许多地方，很少有村民能逃过战争洗劫而幸存下来。例如，据说安徽蒙城县无数居民死于1850年代的军事行动，或者逃离自己的家园到其他地方避难。[125] 安徽和浙江一些地方受到的破坏非常严重，曾经繁荣富庶的乡村在许多年后，无论是其规模还是经济发展，都还未得到复苏。例如，一位西方考察者就把他所看到的情况报告如下：

> 就风景来说，分水〔译者按：富春江支流，在浙江省〕河谷是我在中国所看到的最好地方之一。……然而，该地生存现状却极悲凉凄惨。……尽管河谷土地非常肥沃，却到处显得荒凉。从远处看，一间间白色房屋坐落在小树林中；可是走近时，却发现它们已经变成废墟。种种迹象都表明，这一带地方以前非常富庶，可现在变成了荒地。各处的房屋都是简单搭建起来的，作为可怜、凄惨的居民的栖身之所；他们的贫穷与他们生活的土地的肥沃形成鲜明的对比。我先前提到的城镇——桐庐、昌化、於潜、宁国，都变成了巨大的废墟，每处还能居住的房屋不过十来间。这是13年前太平天国之役带来的。……
>
> 很难想象世界上还有哪个地方的生命和财产被毁坏到这样的程度；这些地方只不过是命运相同的广大乡村地区中很少的一部分。[126]

---

[124]　正如 Lin-le（林利，即 A. F. Lindley），*Ti-ping Tien-kwoh* (1866), I, p.101, 指出："在 1838—1841 年期间，清帝国许多地区处于极端悲惨和贫乏的状态；由于灾荒非常严重，致使成千上万的居民死去，无数居民被迫走上造反的道路。"

[125]　《蒙城县志书》，4/2b。

[126]　Von Richthofen, *Letters*, p.75.

战争对中国北方乡村社会的破坏作用，即使不会更严重，也是同样具有毁灭性的。另一位西方学者叙述了他所得知的陕北延安府及其附近地区在1850 到 1875 年期间的悲惨情况；延安府所受灾难首先是战争，接踵而来的是饥荒：

> 告诉我情况的人回忆起他年轻时延安府的情况时，语气充满激情。他感慨道："当铺有八间之多！"在中国，"当铺林立"是描述城镇繁荣最好的词语。……
>
> 进一步讲，延安府在繁荣时期，人烟稠密；甚至连西山山上的每个窑洞，都住满了人户。……
>
> 然而，和平繁荣被打断了。同治六年三月（1866 年 4 月），一支回民大军进攻陕北，把沿途所有城镇都摧毁了。……幸运的是，延安府当时还能够抵抗反叛者。……
>
> 如果总人口并未减少，整个乡间不被抢劫，延安府城不因其他地区居民大量拥入而拥挤，当地资源未被巨大消耗掉，那么，延安府还会繁荣下去。……
>
> 在同治六年十月（1866 年 10 月），一支太平军……到达延安府。……它的到来，彻底完成了 7 个月前回民军队开始的人口减少过程。每一个角落都被抢劫……幸存下来的居民逃走了。……
>
> 来年 4 月（1867 年），回民军队又来了，进行周期性的抢劫。……
>
> 接着到来的是饥荒。我那位年长的朋友说道："这事不能怪老天爷。"天气一直都很好；因此，如果没有战争，延安府当然还能维持繁荣。……1866 年收获前，一支叛军来了，接着是另一支。……其结果是，1867 年粮食供应比平常少，而需求量比平常要大。……
>
> 1867 年 4 月，回民军队第二次进攻延安府，完全干扰了当年的耕种和收获。……
>
> ……粮食价格是平常的 10 倍，90% 的人因此挨饿。……
>
> 不过，少数幸存下来的居民在 1869 年获得丰收；这种景象一直持续到 1876 年。是年，延安府遇到了一场真正的饥荒的毁灭性打击，亦

即横行数省，导致 800 万人死去的"丁戊奇荒"。

延安府城再未从战争和灾荒的毁灭中复苏过来，其周围乡间被毁灭的程度更严重。由于人烟稀少，整个原野变成野兽的乐园。虽然平原地带重新种上了庄稼，较广阔的山谷地带也逐渐夺了回来，但是较狭窄的溪谷仍然是豹子、野猪、狼等野兽的天下。……因此，整个延安府至今仍然是全中国最贫穷的地区之一。[127]

虽然许多地区所遇到的情况不如延安府那样严重，但是清帝国一些地方的乡村社会被毁灭，注定要对其他地方产生不利影响。我们没有足够的资料指出被毁灭的精确程度，但一些作者指出，清帝国在社会动荡时期的人口减少，无疑就是社会衰败的象征。[128] 我们完全可以说：中华帝国长时期的相对繁荣因人口过剩而很快结束；人口过多是经济的诅咒，而战争和饥荒使人口减少，从而缓解了这个恼人的经济问题，但同时给生活在乡村的亿万百姓带来了数不清的灾难。

西方对乡村环境的冲击

如果不指出西方商业和工业的注入所产生的影响，是难以描绘出 19 世纪的中国乡村环境的。很明显，西方对中国乡村产生的冲击力，不如对城市和乡镇（尤其是那些坐落在海岸附近和内陆主要交通线上的城市、乡镇）的那样迅速和直接。同样显而易见的是，无论乡村地区感觉到的影响是什么，本质上应该是经济的，而非知识的；而且这种影响的强度，在清帝国各个地方是不同的。

西方影响中国乡村社会的一个面向，是对土地所有权和价格的影响。最近有学者称在受商业和工业影响较小的省区，租佃关系的存在或多或少受到了限制；而在"城市资本"流入农业生产的省区，土地所有权的集中经常变

---

[127] Ernest F. Borst-Smith, *Mandarin and Missionary* (1917), pp.52-57.

[128] 《清史稿·食货志》，1/5b-6a。据估计，1849 年的人口几乎达到 4.13 亿，而到 1875 年锐减到 3.34 亿以下。

得特别引人注目。举例来说，在近代上海的郊区，95% 的农民属于佃农阶层；在广州三角洲，为 85%；而在山西、陕西、河北（直隶）、山东和河南，2/3 的农民拥有自己的耕地。[129]

西方的这种影响并不限于 20 世纪的沿海地区。1870 年 2 月，一位西方学者就报告湖南东部的情况说：

> 一般说来，湘东居民的衣着比起我在任何其他省区所看到的要好。……相当多的金钱流入乡间，换取茶叶、茶油、大麻和煤等。……这是我看到的第一个"富人"拥有相当多上好宅邸的地区。他们经商致富之后，就不再经商，把资本投入不动产，然后租给农民耕种。……湘潭长时期以来就是西方产品的巨大集散地。这里的西方商品主要从广州运来，流向四川、贵州、湖北、河南、山西、陕西，甚至云南和甘肃。[130]

在这样的情况下，土地就成为理想的投资方向，不可避免地导致土地价格上涨。在一些地区，土地变得非常昂贵并不是因为它可以有农租的收入，而是由于其位置很适合于商业之用。广东三水县乡村地区的情形就是如此。有资料记载说：

> 粤东三水一县，为西北二江之冲，顷英人在梧州通商，轮舶往来，必经此路，故三水冈根乡之地，英人设立领事署，我中国亦设立税关征税焉。港省诸巨商，闻此消息，争往购地……昔之每亩价值数十金者，今增至二三百金。[131]

这样发展的结果在内陆一些地方不可能出现，也不一定就有利于乡村经济的发展。购买土地而不用于农业生产的人，其兴趣既不在于提高农业生

---

[129] Tawney, *Land and Labour*, p.37.
[130] Von Richthofen, *Letters*, pp.13 and 16.
[131] 《知新报》，光绪二十三年（1897），20/11a。

产，也不在于改善农民生活，而主要在于从出租土地或土地增值中获取更大的利益。[132] 这种趋势早在 19 世纪之前就存在，在西方商业和工业引入后的刺激下进一步发展起来。

西方势力对乡村经济的影响，还有另一个层面。1842 年到 1906 年，清帝国各个地方向外国开放的城市和市场达到 40 多个；[133] 西式工厂的修建（大多数设在拥有较大港口城市的省区），[134] 使洋货的进口从涓涓细流变成前所未有的洪流，首先淹没了城市，最终冲击了乡村。这种情况，对许多消费者来说意味着奢侈和享受；对城镇和城市来说，意味着工商业的发展；对相当多数在其他情况下仍然失业的乡民来说，意味着被雇佣。所有这一切，都给一些地方带来了繁荣，或扭转了严峻的经济形势。丝绸、茶叶、生姜等的出口，毫无疑问使生产这些土产的乡村受益。不过，一个不可忽视的事实是乡村手工业在 19 世纪下半期的衰败。此前，手工业产品常常给乡民带来额外收入；这在一定程度上减轻了乡民因农业收入不足而受到的痛苦。中国本地产品一时还能抵挡"洋货"的猛烈进攻，[135] 不过乡民很快意识到了这个威胁。西方一位学者记载了 1831 年英国一些商务代理向〔东印度公司〕董事会的

[132] Chen Han-seng, *Chinese Peasant*, p.6："自上个世纪中叶以来，沿海港口、铁路沿线和沿江各地，商业、工业的持续发展越来越明显。金钱经济，或者说以钱币作为交换工具，日益深入到清帝国遥远的内陆地区。所有这一切，同灌溉工程长久以来被忽视、农业生产下降的情况形成鲜明对比。"

[133] L. Richard, *Comprehensive Geography*, p.327, 列出了这些港口和商业中心。

[134] John S. Burgess, *Guilds of Peking* (1928), p.43. Stanley Spector, "Li Hung-chang and the Huai-chun" (Ph. D. dissertation, University of Washington, 1953), chapter 10, 概括了这一发展的开端。Morse, *International Relations*, I, p.366, Table F, 列举了中国 1843—1860 年间茶叶、丝绸出口数据。1830 年到 1833 年间，茶叶出口平均每年为 51,311,000 磅，1860 年上升为 121,388,100 磅；丝绸出口，1830 年到 1833 年间平均每年为 5,434 包（广州和上海），1858 年上升到 85,970 包（上海）。

[135] 或许，棉布是最好的范例。1844 年英国在广州的一名商务代理把当地所产棉布的样品连同价格说明送回英国。他的通讯员告诉他，他们在曼彻斯特生产不出同一价格、同一质量的商品。他的报告值得在这里部分引述如下："中国人的习惯是节俭和守旧，以至他们穿的衣服正是他们祖先以前所穿过的。……一个靠劳动为生的中国人，一件新衣至少要能穿上三年，并且在这个期间还要能经得住干极其沉重的粗活时的磨损，不然他们是不会买的。""当收获完毕后，农家所有的人力，不分老少，都一齐去梳棉、纺纱和织布……产品的品质是不同的……都是家中生产出来的。生产者除了原料以外，实际上不用花任何钱。"参见 Karl Marx, "Trade with China," 文中引用 *Correspondence Relative to the Earl of Elgins Special Mission to China and Japan* 蓝皮书。该文载于 *New York Daily Tribune*, 1859 年 12 月 3 日，后来收入 *Marx on China*, pp.89-99。

报告，其中反映了乡民对进口洋纱首次入侵所作的反应：

> 在离广州最近的两个地区以及另一个离广州大约 20 英里的县，乡民们爆发了一场非常严重的反对洋纱进口的骚乱。这些乡民大声地抱怨说，洋纱进口，夺走了他们妻儿的饭碗，因为他们是靠纺织为生的。[136]

但是，抵抗最终是无用的。无论是家庭消费还是地方生产，甚至是在最遥远的地区，"洋货"都被广泛使用。比如，一位西方旅行者在 1870 年代发现，云南西部普通市场上也摆放着进口商品。[137]

这个发展情况已经众所周知，用不着再赘述。外国商品涌入对中国乡村经济所带来的灾难性后果，也同样广为人知。[138] 19 世纪末，一位西方传教士对这种情况作了令人印象深刻的概括：

> 从给航运公司董事的报告中，我们看到的是与中国进行棉产品贸易的发展，以及从广州到天津和牛庄沿海商业贸易线上的美好前景，但是，没有一个人看到这种贸易扩张对生活在许多棉产地的亿万中国人带来的影响。迄今为止，这些中国人靠纺织维持贫困的生活。他们每纺宽 15 英寸的一匹布，要艰苦地工作两天，卖到市场上，只够买一点少得可怜的家庭生活必需品以及继续纺织所需要的棉花。……但是现在，外来棉产品的"美好前景"，已经夺走了本土棉布的市场。……在一些乡村，每户家庭都有一两台织布机……而现在，这种织布机已经弃置不用了。……
>
> 大批没有织布机的中国人能靠纺织棉纱勉强支撑——这是中国人面

[136] Peter Auber, *China* (1834), p.64.

[137] E. Colborne Baber, *Travels and Researches in Western China* (1882), p.159.

[138] 比如，Institute of Pacific Relations, *Agrarian China*, p.225："中国乡村社会在同世界市场产生联系之后，在过去百年来不可避免的趋势是，中国方面的手工产品为生存而对抗国外经济侵略的绝望挣扎。……换句话说，棉布、煤油、棉纱、钉子和缝纫针等商品的进口数量一直增加；这些商品取代了以前的手工产品，直接造成了中国手工业的全面没落。"还请参见李紫翔的《中国手工业之没落过程》，载《中山文化教育馆季刊》第四卷第三期。该文叙述了 20 世纪最初几十年中国手工业衰落情况。

对在门口徘徊的狼，保护自己的一项最重要的辅助手段。但是近来，孟买、日本，甚至上海当地，工厂日渐活跃。比家庭生产的更平整、更耐用，甚至更便宜的棉纺织品，被大量生产出来，淹没了中国的棉作区，导致纺车不再转动，而作为年幼的、年老的、虚弱的和无助的人们收入来源的涓涓细流也最终枯竭了。[139]

织布机和纺车工匠是受到最残酷打击的群体，但绝对不是唯一的受害者。一位当代学者认为，在家庭手工业被极大地破坏以前，中国乡村问题并不太严重。[140]这一观点并非没有说服力。

吸食鸦片（鸦片也是国外输入的商品之一）日益普遍，其后果比国外消费品的入侵甚至更为严重。当然，早在鸦片从印度输入中国之前，中国的确已经有了鸦片，中国土产鸦片大量用于制造鸦片药，对经济和社会都产生了严重威胁。但是，外国商人必须承担部分实质责任。[141]无论怎样说，鸦片烟输入量持续增加，同时"因吸食鸦片而产生的邪恶逐年上升"。[142]进口鸦片的价值一度达到进口商品总值的一半。[143]鸦片贸易的扩张和持续，除了导致本来可以用于获利的部分财富被浪费外，还让人吸毒成瘾，最终毁灭整个家庭。

[139]　Arthur Smith, *China in Convulsion* (1901), I, pp.90-91.

[140]　Fei Hsiao-t'ung, *China's Gentry* (1953), pp.113-114.

[141]　Roswell H. Graves, *Forty Years in China* (1895), pp.77-78："虽然在外国人把鸦片从印度输入之前，中国人就知道鸦片，但是吸食鸦片的习惯还不普遍。毫无疑问，在印度广种鸦片烟，并鼓励中国人吸食，东印度公司必须承担这个责任。中国最初竭力抵抗，但是由于在1842年所谓'鸦片战争'中战败，被迫默许鸦片贸易；接着在1856年同英国、法国进行的第二次鸦片战争中战败之后，只得签订条约，承认鸦片贸易合法化。此后，吸食鸦片在沿海各省惊人地扩散开来。本地鸦片种植也快速增加，以供应日益增加的毒药需求。"James D. Ball, *Things Chinese* (1906), pp.488-490，提醒注意19世纪最后几十年鸦片进口减少的事实。参见清帝国海关总税务司统计科（Statistical Department of the Inspectorate General of the Imperial Customs）出版的小册子，主要有："Opium," Special Series No. 4, Shanghai, 1881; "Native Opium," Special Series No. 9, 1888; and "Opium: Historical Note, or the Poppy in China," Special Series No. 13, 1889.

[142]　Morse, *Trade and Administration* (1913), p.337。他举出一些数字，显示鸦片贸易的扩张情况。还请参见他的另一著作 *International Relations*, I, pp.209-210, Tables D and E。不过，马士指出自己的数字是有争议的。

[143]　Burgess, *Guilds of Peking* (1928), p.38。正文中所提到的时间是指1880年；当时进口总值大约80,000,000两。

鸦片吸食成性已成为全国性的现象，虽然其程度在清帝国各地有些不同。1890年左右，西方一位医生就报告了华北一些地方的情况：

> 山西省……一些村子里，男女老少都在吸食鸦片。……走进这类村子，一看到破烂的房屋和庙宇，立马就知道整个村子是由烟鬼组成的。
>
> 在山东省，几乎每个村庄都有鸦片烟馆，所有庙会和市场都在出售鸦片烟。[144]

大约10年之后，西方一位旅行者也写道：

> 穿越晋北高原，从长城到太原府，道路两旁的一连串村庄，几乎都拥有某种共同的特色。居民超过300人的村庄很少。这些村庄与世隔绝……村民虽然没有什么奢侈享受，也没有什么舒适设施，但是，他们仍然感到幸福、满足。……
>
> 我已经说过，在穿越晋北高原的行程中，一天之内至少可以发现一个这样的村庄，无论用什么标准衡量，都很难认为是幸福或幸运的。即使在远处，也可以非常清楚地看出处境悲惨的村庄同其他村庄的明显区别。位于村口的泥墙已经破碎不堪。……房屋屋顶破败不堪，到处都是洞。走近一看，窗子上的纸窗格已经不见了，门也只有一个轴勉强支撑着。街上没人卖菜，仅有的一两间店铺也关着门。房屋的阴影里，几个男女躺着或蹲着——看上去都麻木不仁。他们的脸像皮革一样皱巴巴的，眼睛无神，迟钝，他们的衣服是一团破布。……即使是女人手中抱着的婴孩，也是皮肤干燥、脸色憔悴——所有这一切的罪魁祸首，就是鸦片烟。[145]

在一些地方，几乎所有居民都沉湎于烟雾缭绕之中。陕西一个府的情况就是这样。一传教士叙述说：

---

[144]　Robert Coltman, *The Chinese* (1891), p.125.

[145]　Nichols, *Through Hidden Shensi* (1902), pp.56-57.

在许多地方，居民吸食鸦片的恶习比通常认为的要严重得多；延安府就是其中之一。毫不夸张地说，延安府 90% 的居民都在不同程度上成为鸦片烟的牺牲品。……不但在沿着通往省城的主要道路上，而且深入每个府，每个州县，每个乡镇，每个乡村；按照延安府的情况来说，实际上深入到每户家庭之中。[146]

染上鸦片烟瘾，最终给烟鬼带来的是"败家丧身"。它对乡村经济的破坏作用就很容易想象了。

进口鸦片烟和消费品，还对中国经济产生另一恶果，在乡村以及城镇都造成很大反响。按照西方一些学者的看法，19 世纪早期的银价上涨，其部分原因就是鸦片进口。[147] 前文已经指出，小农和佃农的钱币收入通常是铜钱，而纳税要用银两。因此，银价上涨，意味着小农、佃农的苦痛加重。[148]

因此，西方工商业对 19 世纪中国乡村各方面造成的影响，至少在一段时期里是危害而非好处。"自从与西方强大的工业接触以来，中国乡村最显著的事实就是处于不停的衰败之中"，[149] 这一观点是有些道理的。不可否认，即使没有外来势力的冲击，清帝国所处历史环境中内在的和固有的因素也会促使中国乡村经济走上崩溃之路，但是，这些外力无疑加速了这个过程。

总而言之，中国乡村社会的恶化，部分原因是内力的作用，另一部分原因是西方工商业的破坏作用。到 19 世纪中叶，这种恶化达到临界点，清帝

---

[146] Borst-Smith, *Mandarin and Missionary* (1917), pp.72-73.

[147] Morse, *International Relations*, I, p.210。同时，银元的流通越来越广泛，最终取代了银两而作为交换中介。参见汪辉祖《病榻梦痕录》，卷下，69a-b。他在 1796 年，描述了洋钱或番银从广东和福建流入浙江的情况，并明显很遗憾地指出"物所罕见，辄以洋名"，"其价皆视直省土产较昂"。还请参见李慈铭《越缦堂日记·孟学斋日记》，乙集上，3a。1865 年秋，当时他在浙江绍兴。"日记"说，他的一个朋友（生员）从北京汇给妻子 14 两银子。钱到绍兴后，他妻子到手了 20 银元 8 分，该数目与 14 两银子相当。李慈铭还补充说："尽人皆知之'英洋钱'，十年前还未见。……咸丰末年，仅于沪、粤等处流通，然今江、浙皆用此洋钱。"

[148] 骆秉章（1793—1867）《骆文忠公奏稿》，8/13-14。还请参见全汉昇《美洲白银与十八世纪中国物价革命的关系》，载《中研院历史语言研究所集刊》，第 28 本下册，第 517—550 页。

[149] Franklin L. Ho（何廉），*Rural Reconstruction in China*, p.1.

国各地许多乡民已经因赤贫和苦痛而绝望，情况已到了崩溃边缘。许多村民痛苦无助，默默地死去；其中一些村民加入"匪"，或者聚集在寻求摧毁现存政权的反对派领导者的麾下。

第十章　乡村对控制的回应（二）

"良民"

前章开头曾提到，中国乡村居民在不同时期和不同环境下表现出来的行为方式是不同的。笔者还指出，清政府根据乡民在特定时期里表现出来的态度和反应，把他们主要划分为两大类。接受或支持现存统治体系的，叫"良民"；其行为和态度对清王朝统治产生威胁的，叫"莠民""恶棍"或"匪"。我们已经探讨了 19 世纪中国乡村的突出特点和重要变化；现在，为了进一步检视清王朝乡村控制体系的推行效果，我们要探讨这些类型的乡民是如何对那个环境作出回应的。

塑造"良民"，需要各种各样的条件；帝国体系下所特有的社会和政治环境看来最为关键。专制政府总是想要减少被统治者所具有的活力。即使在专制政权真的如父亲般慈爱（如果曾经是这样）的地方，[1] 统治者对臣民所产生的长远作用也不过是："把人有别于禽兽的天赋麻痹和贬低。"[2] 在专制政权蜕变为恶政时（它常常如此），芸芸众生连竭力想像动物那样生存的努

---

[1]　Tscheng Ki-t'ong（陈季同）, "China: a Sketch of Its Social Organization and State Economy," *Asiatic Quarterly Review*, X (1890), 259, 就代表这种乐观的父系专制主义观点。他认为："整个帝国可以被视为一个大家庭，由统治者照顾人民的福祉。"

[2]　Peter Auber, *China* (1834), p.51.

力也被摧毁了。[3] 以"忍耐"和"温顺"性格著称的广大中国乡村居民，为这个真理提供了特别清楚的说明。

中国农民的畏葸，部分是帝国精心设计的政策的结果。正如前面已经讨论过的，整个复杂的乡村控制体系，是统治者设计出来的，目的在于把害怕权威的观念深深地注入臣民的脑海中，培养臣民安于现状的意愿，防止臣民养成自力救济的能力，把臣民驯化成在政治上无害于帝国统治、在思想认识上迟钝的绵羊。虽然这种政治体系在实际上并未取得其理论上应有的所有成效，但是，其长远作用，借由历史环境中各种因素的加强，有助于固化一般村民的特点，从而让他们成为驯服、胆怯、无法自立的人。专制政权让乡民相互监视，尽管很少有人会举报其邻居的不法行为；大多数乡民也因此不关心自己家庭之外的事情。在专制政府统治面前，他们没有什么反抗能力；在地方恶棍压迫面前，他们没有保护自己的能力。对许多乡民来说，最好的自我保护就是不要过问公共问题，避免同政府发生联系。虽然通过通俗教化，有些人吸收了官方儒学中强调忠于朝廷、孝敬父母的伦理道德观念，但是，大多数村民仍然是目不识丁。封建专制政权让广大百姓长期处于迷信之中，使他们普遍确信，既然上天是这样安排的，人想做什么改变都是没有用的。物质和社会生活的普遍不理想，部分是由无能的政府造成的，但他们却把它归咎于人类能力所不可及的命运。尽管他们对自己的状况非常失望，但还是听天由命了：

> 一生都是命安排，求甚么！
> 今日不知明日事，愁甚么！
> ………………

---

[3] Thomas T. Meadows, *Rebellions* (1856), pp.28-29, 引用 John S. Mills〔编者按：应为 John S. Mill〕, *Political Economy*, 指出："只有当不安全达到极为严重的程度，致使人类无法以自己的一般能力适当自卫时，不安全才会起瘫痪作用。主要正是由于这一原因，对于国家的繁荣来说，政府的压迫要比自由制度下几乎任何程度的没有法律的混乱状态有害得多，因为政府的权力一般说来是任何个人所无力反抗的。一些国家尽管处于四分五裂的近乎无政府的状态，却仍能积累一定数量的财富并取得一定程度的进步，但如果人民无限地遭受政府官吏的专横压榨，这样的国家则不可能继续保有工业和财富。在这样的政府统治下，要不了几代人的功夫，工业和财富就会消失殆尽。"〔编者按：译文参考穆勒《政治经济学原理》下册，胡企林、朱泱译，第五编，第八章。〕

> 他家富贵生前定，妒甚么！
>
> 岂可人无得运时，急甚么！
>
> 人世难逢开口笑，苦甚么！
>
> 补破遮寒暖即休，摆甚么！
>
> ……　……
>
> 自家勤俭胜求人，奢甚么！ [4]

在清帝国境内，许多村民的人生态度就是这样安于现状；特别是在社会环境普遍还算稳定的时期。在社会动荡的时候，一些村民或许会因绝望而暂时相信上天对事情已经有了另外的安排，因而加入那些可以带来另一种秩序的阵营。即使在这种时候，相当多的村民仍然未改变自己习惯的人生态度，仍然是清王朝统治者眼中的"良民"。

这种心态并不单是由清代的统治政策造成的，清代的行政体系本身的特点也是原因之一。权力集中的原则，阻止了一般行政效率的发展，特别是一个有效率的地方行政体系。首先，任何地方官员都无法拥有足够的自主权力以恰当地履行所规定的职责。特别是州县官员，必须在朝廷法律、上司官员加在他们身上的有无数限制的狭窄范围内行事。地方文官，不能在自己居住省区内任职，在同一职位上也不能连续任职太多年。清王朝之所以采取这些以及其他类似的措施，目的就在于防止地方权力或影响中心的形成。在一定范围内，这些措施为权力集中的形成起了很大作用，但在同时，它们阻碍了有效的地方行政的发展，而且实际上鼓励地方官员把他们的个人利益置于其治理下居民的利益之上。这一情况众所周知，不用赘述。[5]

---

[4]　Mrs. E. T. Williams, "Popular Religious Literature," *Journal of the Royal Asiatic Society*, North China Branch, N. S., XXX (1899-1900), pp.25-26.

[5]　E.-R. Huc, *Chinese Empire* (1855), I, p.364："所有州县官员和其他政府官员，由于在一个职位上只能待几年，因而像像外行一样度过他们的任期，根本不关心他们治理下的百姓死活，同百姓也没有什么紧密的联系。无论他们到什么地方任职，他们所关心的是如何尽可能地榨取更多的财富；不断重复此做法，一直到退职回乡；之后，就靠任职期间榨取来的财富度过余生。"William A.P. Martin, *Cycle of Cathay* (1896), p.334："担任州县官员的，都是来自外乡的陌生人。清王朝法律规定，任何人不得在离自己出生地 200 英里以内担任官职，也不得在任行政区域内有任何婚姻关系。在这种当官完全靠君主决定的制度下，情况不可能会更好。他们没有地方性的归属感，没

清王朝加诸州县官员身上不明确且庞杂的责任，又进一步破坏了地方行政的品质。很明显，这是对行使某种程度权力的官员进行有效限制政策的一部分。赋予地方官员重叠的职责，让他们彼此互相监视，并为任何错误负连带责任；清王朝统治者借此期望能防止地方官员获取过大的权力，或者与朝廷作对。然而，地方官员学会了尽可能逃避责任、避免承担风险的为官之道。结果是，许多对地方居民有利而该做的事情，都被他们抛诸脑后。甚至连司法行政方面惩恶扬善这种起码的职责，都因为州县官员一味地逃避而被忽略了。[6]

19 世纪相当普遍的官吏腐败，导致地方行政更加令人失望。腐败的一些根基存在于帝国体制本身。众所周知，官员所得薪俸很少。[7] "让人吃不饱的薪俸"实质上迫使官员必须"榨取"人民。[8] 州县官员的开销很大。除了个人和家庭日常花费之外，他还要支付"幕友"（私人秘书，俗称"师爷"）、"长随"（长时期跟随的随从）、"家人"（帮助官员执行衙门日常事务的仆人）等私人聘请人员的报酬。[9] 为了使公务处理更容易些，得到理想的职位，或者延长留职时间，他必须定期向上司衙门的幕僚、衙役和其他人员送"礼"。他必须自己筹措旅费到任所上任；而该任所可能相当远。如果恰

有家，只有出生地和坟墓。在巡回任职制度下，他们不能在一个职位上待太长时间，以免取得会给清王朝统治带来危险的影响力。……然而，由外乡人做百姓的父母官，是很不利于百姓的，由于任期短，他们总是毫不犹豫地把握时机（进行掠夺）。"

　　[6] Thomas Meadows, *Desultory Notes* (1847), pp.155-157, 叙述了 19 世纪中叶广东一位知县的任职情况。有名商人遭到强盗抢劫，向衙门求救，但是知县拒绝采取什么行动。作者这样解释州县官员的行为："因为不论官员的职责是要防止犯罪，或是在犯案后逮捕罪犯，在这两种情况下，职责意味着：如果未能解决问题，就必须对有关官员进行惩罚。因此，官员为了防止自己的不负责问题大白于天下而不受惩罚，任职伊始就不断玩弄手段，说没有什么犯罪。这样，犯罪案例虽然较少听到，但是仍然存在。由此而来的结果是，罪犯逍遥法外，未受任何惩罚。"

　　[7] 这是一个行之既久的做法；事实上，有时官员根本得不到正常的薪俸。参见赵翼的《陔余丛考》，6/29a-b。Meadows, *Desultory Notes*, p.100, 列有清朝官员的薪俸表。地方志中也经常记载了一些有关地方官员和衙门走卒的报酬情况。

　　[8] 美国驻中国大使 Charles Denby, *China and Her People* (1906), II, p.6："中国给予其雇佣官员——从最高级别到最低级别——的薪水少得可怜。所有官员的全部补助，都要想办法向百姓榨取，只要不是直接抢劫。"

　　[9] 参见 Ch'ü T'ung-tsu（瞿同祖）即将出版的著作 *Local Administration*, Servants and Secretaries（长随与幕友）一章，载 *Harvard University Chinese Economic and Political Studies*。〔编者按：瞿书正式书名为 *Local Government in China under the Ch'ing*, Harvard University Press，1962. 参见其中两章，分别是 V. Personal Servants, 以及 VI., Private Secretaries。〕

好是首次任职，他必须自己购置官服。许多州县官员在任职之初，财务上十分窘迫。情况所迫，他们不得不靠借贷以获取必要的资金；而那些高利贷者非常乐意借给他们钱。在这些债权者中，有的是他们在省城或府城里的上司的随从。为了保证自己的借贷得到归还，有些债权人会充当他们的仆从跟着去上任，从而为自己谋得好处，可以收取贿赂、敲诈钱财，或收下他们名义上的主人所设法给予他们的任何东西。[10]

捐纳[11] 可能比低薪俸更容易导致官吏腐败。这种做法清初就有，但到咸丰年间才变得十分普遍，因为频繁的军事行动把国库耗尽，正项钱粮已经满足不了紧急需要。在清帝国许多地方，捐纳带来的祸患十分明显；甚至在1850年代社会大动荡之前，就引起了清政府的关注。[12]

地方吏治败坏常伴随着另一种不幸的发展，即衙门的佐杂群体——书吏、衙差、随从——肆无忌惮的敲诈勒索。这些走卒根本不晓礼义，因而比起最腐败的地方官来说更为无耻，还要残酷。他们的暴行连篇累牍，无须赘笔。[13]最重要的是，一般州县官员并没有经过职务培训，他在任职地区完全是陌生人，再加上任期短，他无法了解当地的需求和需要解决的问题。他对清王朝律令运作的细节并不了解，对辖区的行政和司法事务也很少拥有相关知识。他很可能不会说当地方言，甚至完全听不懂。结果，他必然只能依靠上述吏

---

[10]　丁日昌《抚吴公牍》，24/4b。根据西方一观察者的看法，一些"山西票号"也属高利贷者。参见 *China Review*, VIII (1880), pp.64-65。

[11]　这种做法古已有之。清王朝首次运用可能是在1677年（康熙十六年），为平定三藩之乱（1673—1682）而募集军费。19世纪后半期，捐纳泛滥开来，1903年正式停止。参见王先谦《东华录》相关年份。John Scarth, *Twelve Years in China* (1860) 各处，描述了曾国藩1854年早期实行的"买官"的方法。

[12]　《皇清奏议续编》，2/13a，收录了王苏的一道上奏〔编者按：《请整饬亲民之官疏》〕，其部分内容如下："川楚例捐纳人员简发各省者，知县一项为多。此项捐纳之人未必皆身家股实，大抵官亲幕友之属；并有一种家无儋石之人，各处借贷，报捐知县，其人类皆伶俐佻巧，貌似有才，按其居心，实与商贾无异。一经得缺，便当以数万赤子付之，岂能有益？"还请参见 John F. Davis, *China* (1852), II, p.200："在人们最终得知官职用一笔钱就可以得到之时，开始时并没有多少人去买。随着有官当就有条件发财之后，官职就成为一种投资对象。"

[13]　简要的描述，参见 Meadows, *Desultory Notes*, No.9, pp.101-116, and No.10, pp.117-123；黄六鸿《福惠全书》，17/3b；冯桂芬的言论，载葛士浚《皇朝经世文续编》，22/5a；《广州府志》，129/17a。

胥执行日常公务，以及与当地居民打交道。[14] 这样就落入自己下属的掌握，他会觉得同下属勾结合谋会比较明智或有利可图，而不是坚持诚实、正直，阻止下属的企图。偶尔，也有几个特别有能力或有经验的州县官员能够控制他们的吏胥，但这种官员少得可怜，对整体情况完全不能产生任何改变。

地方行政体系腐败所产生的一个重要后果，就是村民并不把衙门当作可以寻求正义或庇护的地方，而是视为应该尽可能避开的灾难之源。他们认识到，宁可不申冤，也不要冒险到衙门打官司。这正如一句著名的谚语所说："饿死莫做贼，屈死莫告状。"[15] 最终，"不只是政府，就连政府的概念本身"，[16] 也变得不受欢迎。事实上，官员在一些村民眼中同强盗或土匪一样令人害怕。一名中国官员 1904 年夏在去安徽路上所作的下列观察，就可以说明这一点：

> 命在村店卸装。土屋两椽，一炕一桌之外，别无长物。求薪炭油烛，皆不可得。据从者云：村农恐官不给价，虽有旨蓄，亦深讳不敢出。甚矣，民之畏官，去畏盗几何？始作俑者，可诛也。[17]

很少有这样的官员受到处罚。因此，面对长期的恶政和普遍的贪腐，清帝国统治时期的村民大体上变得胆怯、缺乏自信，不能捍卫自己的利益，无力对抗地方官吏的敲诈勒索或地方恶棍的压迫，也就不足为奇了。[18]

---

[14] 例见 Huc, *Chinese Empire*, I, pp.366-377, 和 Justus Doolittle, *Social Life* (1865), I, pp.322-325。

[15] 另一谚语虽然稍微不同，但也表达了同样的意思："衙门六扇开，有理无钱莫进来。"〔编者按："六扇"原作"四扇"，误，六扇门代指官府、衙门。〕

[16] Richard R. Tawney, *Land and Labour* (1932), pp.172-173："在中国，不只是政府，就连'政府'这一概念本身，也是不受欢迎的。之所以会出现这种情况，原因有很多。在过去 10 年中，除了税收和战争外，它几乎没有什么别的含义。"把"战争"两个字去掉，这条写于 1930 年代的句子，可以用来描述 19 世纪的情况。

[17] 叶昌炽《缘督庐日记钞》，11/62b-63a。

[18] Huc, *Chinese Empire*, I, p.97 描述了村民对政治的冷漠。1851 年，道光帝驾崩之后不久，Huc 从北京出发旅行。他试图在旅馆茶桌上了解乡民对皇位继承问题的看法："一些人说道：'听我说，朋友！为什么要因这些徒劳无益的猜想而烦恼操心呢？官员不得不关心国事，并因此得到报酬，那么，就让他们挣他们的钱，但不要用与我们无关之事来打扰我们。对我们来说，最好莫问国事，否则没有好结果。'另一些人叫道：'如果我们免费去关心政治的事，我们就是大傻瓜。'他们随即告诉我们说，我们的茶已经凉了，烟斗也熄灭了。"对于 19 世纪不善表达的中国人来说，Huc 所记录的对话或许过于雄辩了一点，但其所表达的情感毫无疑问是真实的。

这种麻木不仁的性格，就是清王朝愚民政策及伴随着其统治体系而来的环境所造成的。此外，我们不能忽视其他因素的影响。中国乡村普遍贫穷，可能是最重要的原因。为了自己和家庭能够生存下来，村民不得不终生辛勤劳动；这样他们就失去受教育的机会，而教育即使在专制统治下，也能够为村民提供较远大的生活前景和较好的生活环境。清政府和乡绅在乡间创办的各式学堂，都是为特殊目的服务的，而非普及教育的机构。在任何特定的村社，受惠的都是极少的孩童。[19] 家长是文盲，不认真看待学校教育。[20] 许多证据都证实了 19 世纪流行的一句话："富不教，穷不学。"[21]

造成农民对教育明显没有兴趣的原因，是环境原因而非个人选择。《鹿邑县志》（1896）非常有力地说明了这种情况：

> 户口日繁，力田者仅鬻饘自给，虽有聪颖子弟，亦多不免失学。村塾之师，聚童稚数十人于老屋中……每至登麦刈禾时，辄罢业散去。九月复集，则十仅三四矣。往往修脯不给，复布露而罢。如是者数岁，父兄病其无成，俾改习耕作，或杂操工贾之业。[22]

约略同时，西方一位作者在位于黄河北岸的山东省济阳县安家庙村观察到类似的情况：

> 我发现，在这个村子，有一百间土房子，一个小旅馆和一所私塾。到私塾读书的只有十个男童，其余男童任其在无知中长大。……有人对我说，如果这些孩子入私塾读书，他们的父母就不得不给老师报酬，而

[19]　John Lossing Buck, *Chinese Farm Economy* (1932), p.407，根据 1920 年代在中国非常分散地区的考察，农家子弟入学率不超过 30%。可以想象，19 世纪的比率更低。

[20]　Fei Hsiao-t'ung, *Peasant Life* (1946), p.39.

[21]　Arthur H. Smith, *Village Life* (1899), p.74.

[22]　《鹿邑县志》，9/2b。

他们是无力拿出钱物的。[23]

当然，应该指出的是，在经济繁荣发达的乡村，受教育的情况要好；在宗族组织强大的地方，宗族学堂为他们的子弟提供了入学的机会。在这样的乡村，可以说"学识一直是主要社会价值，因而成为乡村的理想，成为乡村齐心合力一致努力的目标"。[24] 但是在绝大多数乡村，村民们在严峻的经济生存环境下竭力维持生计，因而不得不放弃上学。文盲在中国所占百分比相当高，证明了这个事实。不识字不一定就愚蠢，但肯定使人不善表达情感，再加上贫穷，强化了清帝国的广大乡民普遍麻木和漠不关心的性格。

这样，各种因素——长时期的专制统治、普遍的恶政、总体的贫穷和不识字等等——聚集塑造成的母体孕育出来了一种熟悉的生物：坚忍的、冷淡的、温顺的帝国"良民"。[25] 统治者虽然并不是刻意地利用所有这些因素来造成这个状况，但是他们借由加强可以左右乡村大众观念的各种力量，使乡民像日常一样反应和行动，清王朝皇帝像以前历朝统治者一样，在相当大的程度上必须对中国农民消极驯服性格的形成和演变负责。

靠着选择留在他们自己村庄的绅士的帮忙，"良民"的处境稍微好过一点，不那么难以忍受，这样，清王朝统治者在相当长的时期内维持了一个相对平静的乡村社会。偶然发生在某些地区的动乱根本不会动摇清王朝的统治。因为在一般情况下，"热爱和平"的乡村大众人数远远超过"铤而走险"的

[23] Robert Coltman, *The Chinese* (1891), p.77. Arthur Smith, *Chinese Characteristics* (1894), pp.152-153 以如下语言解释了贫穷对农民心态的影响："像中华帝国这种人口密集的地方，生活水平总是降到了最低点，是不折不扣的'活命'。为了生存，必须要有谋生手段。每一个中国人都必须尽其所能，为自己取得生存手段。这样，中国人就被说成是'把贫穷变成了一种学问'（reduce poverty to a science）。极度贫穷和为生存而努力斗争……就会发展他们的勤劳。同样的条件也会发展他们的节俭……坚韧、忍耐的精神也能培养起来。"放弃教育，正好是大多数乡民实践自己"贫穷科学"（science of poverty）的一种方法。

[24] Daniel H. Kulp, *Country Life* (1925), p.216.

[25] 这一结论只能适用于 18 个行省的"本部"中国人。一些少数民族的情况是例外的，甚至连客家人也远远不是臣服或驯服的。举例来说，谢廷玉（Hsieh T''ing-yu）就评论客家人的性格是"不屈不挠"。参见 *Chinese Social and Political Science Review*（《中国社会及政治学报》），1929 年卷十三，第 219 页。罗香林也同样地认为"客家人最充满革命精神"。参见《客家研究导论》（1933 年），第 490 页。〔编者按：《客家研究导论》1933 年版仅 292 页，疑误。〕

人数；因为虽然有一个乡民愿意成为"土匪"，但有更多的乡民"饿死莫做贼"，或只是继续绝望地过着无助的生活，忍受着悲惨的命运。[26] 在这种情况下，不能想象乡民会团结起来向现存政权挑战，或采取暴力手段以改变自己的处境。尽管基层统治体系存在许多缺点，但清王朝的统治仍然维持了相当长的一段时期，其部分原因即在于此。

"莠民"

前一节已概括地解释了"良民"的行为方式及其对清王朝统治的影响。现在，我们要探讨"莠民"的态度和反应。他们的暴力行为，反驳了"中国人有无限的忍耐承受能力"这个未经批判的观点。[27] 根据可用资料，我们可以把这种暴力行为分为四类：争斗、暴动、盗匪活动和造反。

我们的研究，将证明下列结论，即：（1）农民大众在习惯上是温顺的，但是其中一些由于环境的压迫而会突然采取暴力行为，以此来说，他们在此时是"良民"，在彼时则是"莠民"；（2）无论在什么时候，乡村中都有少部分人压迫他们的乡邻或给清政府带来麻烦，他们在一定情况下就会引诱或胁迫一些"良民"参加群体暴力；（3）在正常情况下，许多乡绅的利益和清王朝的利益是一致的，但是在特殊情况下，其中一些乡绅会煽动普通百姓起来造反，或率领他们违反法律并向现存权威挑战；（4）虽然农民是反叛的主力，但是，只有在选择加入反叛的乡绅成员或"知识分子"的引导或支持下，农民起事才可以长久地发展起来；（5）清王朝基层统治体系毛病很多，腐败丛生，使得农民处境进一步恶化，导致乡村动荡，因此，清王朝要为"莠民"的出现以及乡村统治体系的进一步削弱负部分责任。

---

[26] 《南海县志》在 22/4b 中记载了一个关于传统道德对村民影响的事例："刘福成，南海县石龙乡人，家贫，入塾仅年余，即为人佣保，以诚实见重。及长，为致书邮，所入悉以奉母。……弟妹五人，皆抚育成立。……咸丰甲寅，红巾乱，道路梗塞，歇业家居，困甚，贼诱之曰：观汝膂力绝人，又通技击术，随我去，富贵可期也，何自苦为？福成以母老弟幼谢之。"

[27] Arthur Smith, *Chinese Characteristics* (1894), p.160.

争斗

这里所用"争斗"（feud）一词，是用来描述不同村社之间或不同乡民集团之间所发生的不同程度的公开暴力冲突。[28]在更严重的冲突中，大规模地使用了武器。一些小规模的战争，会演变成长期的斗争，断断续续延续数月或数年之久。这在官方文件中称为"械斗"（手持武器的冲突），在一些南方省区特别普遍，福建、江西、广东和广西几省最为恶名昭彰。[29]

（一）争斗的原因

争斗发生的原因多种多样。在一些情况下，导致血腥械斗的不过是一些微不足道的小事。举例来说，争夺女人，触发了 19 世纪 50 年代安徽歙县两个村寨的武装冲突。[30]不过，大多数争斗是由个人之间或集团之间的物质利益冲突而引发的。例如，不同集团之间为争夺举办"迎神赛会"而发生的矛盾，就常常引发冲突；事例之一发生在 18 世纪中叶的江西。地方恶棍以庆祝新年为名义向每户人家（无论穷富）强取钱财，实际上是为了举行宗教游行和庆典。谁不交钱，谁就会遭到最粗暴的对待。由恶霸组织起来的各个集团彼此相互较量，看谁能呈现最古怪的装扮，能召集到最吵嚷的暴民。在一个集团被指责侵入另一个集团的"领土"时，[31]就容易引发剧烈的暴力冲突。

[28]　Webster's *International Dictionary*, 2nd ed.："feud：（1）敌对、敌意；过去的用法。（2）争端或争吵；相互之间剧烈的恶感和敌意，尤其是指家庭、宗族之间、派系之间难以化解的冤仇，其特点是为了报复之前所受的屈辱，轮流施加暴力并造成流血事件。"本章所用"争斗"一词，不但是指狭义上的"敌对、敌意"，而且也指广义上的"争端或争吵"。

[29]　有关对械斗情况总的概括，可以参见郎擎霄《近三百年来中国南部之民间械斗》，载《建国月刊》1936 年第三卷第三期第 1—10 页、第四期第 1—14 页和第五期第 1—12 页。

[30]　汪士铎《汪梅翁乙丙日记》，2/8a-b。Meadows, *Rebellions* (1856), pp.139-140："那时，在广西贵县，有名非常富有的客家人纳一名与本地人有婚约的女孩为妾。该本地人根据婚约强烈反对；而这位客家人断然拒绝放弃，并答应支付一大笔钱给女孩父母，以解决此事。在县衙门，每天都有无数人提出申述，指控客家人，官员们不能解决他们的所有争斗。……由此导致的结果，本地人和客家人之间很快就发展成为械斗，越来越多的村子逐渐卷入进去。农历八月二十八日（1850 年 10 月 3 日），械斗开始。在最初几天里，客家人占有优势。……然而，本地人越来越勇敢，经验越来越丰富……他们打败了客家人，烧毁了客家人的房屋，致使客家人没有栖身之地。客家人在这种情况下，只得流亡于拜上帝会（其中许多也属客家人）中。"

[31]　陈宏谋《培远堂偶存稿》，15/4a-5a，1742 年签发的一道禁止集资作为宗教活动经费的布告。

清帝国其他地区，在较晚的时期也可以看到类似的"恶习"。[32]

最重要或许也是最频繁的原因，是有关享用水利或防洪的争端。地方志中记载了许多这样的事例，最后以恣意的杀戮和毁灭收尾。清政府明显认识到水利对于农民生计的重要性，以及因为使用水利而发生争端的可能性，因而设法保护水利，反对抢夺。无论是谁，如果未经批准就从私人修建的水库、水塘或水道引水灌溉自己的土地，就会遭到惩罚。[33] 但是，一些贫穷的农民常常因为急需用水，而无力修建属于自己的"水利"工程，故未经同意盗用邻居的水利灌溉田地。此外，即使在灌溉设施并不属私人所有的地区，例如来自自然河流和湖泊的水，也可能因水少而满足不了所有人的需要；干旱季节尤其如此。在受到洪水威胁的地方，问题不是尽可能快地将不需要的水排走，就是修建堤岸以防止洪水淹没田地和农庄。居住在高地的居民，常常采用第一种方法，而居住在低洼地带的居民就采用第二种方法。如果他们各自的村寨坐落在高低不同的地带，村庄的利益就可能发生冲突。坐落在山坡上的村寨排放洪水，肯定就会淹没坐落在山脚附近村子的田地；而后者在特殊情况下修建堤岸，被视为对前者的利益造成了威胁。这些情况很容易引发剧烈的冲突和争斗。直隶清苑县一些村庄的情况，可以视为遭遇类似情况村庄的典型。根据记载：

乡有唐河不能堤，各村皆避水害，趋水利，往往为大械斗。[34]

再举出几个具体的事例，会让我们对这个情况有更完整的印象。据记载，广东博罗县一些乡村的农民在 1850 年代左右为争夺灌溉用水而发生械斗，双方死伤都很惨重。[35] 该省另一地区番禺县，为"水利"而发生的斗争断断续续进行了 20 年。[36] 江苏宝应和高邮两县居民据报在 1862 年发生严重

[32]　《南海县志》20/8a 提供了这么一则材料："我乡洪圣庙三载一巡……值事苛派于丁粮，由是而典质而鬻女，所在多有。勒抽不遂，则值事拥众入而毁其家。"
[33]　《皇清奏议续编》，4/5b-6a，周廷森 1803 年提交的一道奏折〔编者按：《清刑名条例书》〕。
[34]　齐树楷《惜阴学案》，载《中和》月刊，1941 年第 2 卷，第 12 页。
[35]　《江西通志》，142/36b，文晟传略。
[36]　《番禺县续志》，14/10b。争斗于 1845 年左右终止。

干旱期间，为争夺水源而发生械斗。[37] 在湖南道州，每年农历五月和六月庄稼急需用水之时，一旦没有降雨，农民就会因争夺水利而爆发小规模的战争，有时会导致一些参加者死亡。[38]

为防治洪水问题而争斗的事例，也很容易找到。山东阳谷和莘县的事例就很典型。据地方志记载，阳谷县坐落在一条河流〔译者按：即走陕河上游的一条支流〕的上游地区，希望挖开大坝，放走洪水；而莘县因坐落在下游，则希望保全堤防，防洪抗灾。两县居民之间的争斗，持续了几个世纪。到1880年一名拥有非凡能力的知县到莘县上任后，这个问题才得以圆满解决。[39]1870年代，在湖北沔阳州的几个地方，一些被洪水淹没的村子为了排水，挖开保护其他村子的防洪土坝，由此导致流血冲突。[40]类似的械斗，据报在浙江海宁和海盐两县[41]以及广东南海县也有发生。而南海县的情况在1885年左右变得非常严重，知府不得不采取强制的行动。[42]

在宗族势力比较强大的南方省份，敌对宗族之间的争斗非常普遍。就像一般村子间和村民间的争斗一样，宗族之间的争斗也是由各种各样的原因引发的。有的微不足道，有的很严重。宗族间争斗和村子间争斗的真正区别，主要在于参加者的社会关系。对于后者，械斗者聚集起来只不过是为了一个共同目的；而前者还附带有亲属纽带关系（不管是真正的还是想象的）。

宗族之间冲突的事例已经举过一些了，再举两个就够了。根据一名监察御史1884年关于江西信丰县情况的记载，该县小园村王氏宗族以好斗而出名。哪怕是最微不足道的事，也会纠集上千人，手持武器，在街上毫不犹豫地大打出手。[43]西方一观察者则对1817年在福建乡间发生的一场械斗，作了如下生动描述：

---

[37] 《续修庐州府志》，34/34b。

[38] 《道州志》，3/16b。

[39] 《莘县志·艺文上》，8/30b-31a。〔编者按：张枢《光绪六年鲁家堤口挑河筑岸记》，文中记载，堤防的修成是府县通力合作的结果，非知县一人之功。〕

[40] 《沔阳州志》，卷三《建置》，30a。

[41] 《嘉兴府志》，43/36b。

[42] 《南海县志》，8/3b-4a。

[43] 《江西通志》，卷首之三，10a-b。

其中一个宗族姓蔡，另一个姓王。各自聚集起来，大打出手，直至许多人被杀死，许多房屋毁于大火。虽然衙门捕役抓住最凶猛的暴徒，但是被打败的宗族又一次攻击另一个宗族。最后，官府不得不动用军队来恢复秩序。[44]

另一种争斗，是居民之间因来自不同地区或属于不同族群而发生的冲突。在清帝国许多地方，经常维持着"土著"（世代住在本地的居民）和"客户"（外地迁来的住户）或"客籍"（寄居本地的外地人户）之间的区别。在广东、广西和江西一些地方，"本地人"和"客家"（外来者家庭）或"客人"（外来者）之间的界限特别明显。这些晚近迁移而来的客家人，常常面临着本地人的歧视，很容易卷入无休止的争端之中。一位地方志修纂者（其态度明显偏向于"本地人"）对近代以来从湖北、湖南迁到江西南昌乡下的"客户"，作了如下记载：

> 惟外来之客民良莠不齐，流离无教育，转徙无定居，以强陵弱，以众暴寡，有妨治安。[45]

无论外来移民和本地居民是"良"是"莠"，这两个群体之间容易产生恶感和摩擦是可以理解的。在物质利益冲突和恶感混合在一起之时，公开爆发冲突就不可避免。偶尔，他们之间的矛盾局限于法律之内，如同四川绵竹县"客户"和"土著"之间的矛盾一样。[46]但更多的时候，双方之间的矛盾会演变成暴力冲突，如同江西、江苏和山东一些地方所发生的事例一样。其中最残酷、最激烈的争斗冲突，发生于1850年代及1860年代。来自山东的"客民"成立一种称为"湖团"的组织，与苏北一些地区的当地人之间，为争夺微山湖地区的土地而爆发了激烈的械斗。根据一份官方报告记载：

---

[44] John F. Davis, *China During the War and Since the Peace* (1852), I, p.459.

[45] 《建昌县乡土志》（1907），1/13a-14a。

[46] 《绵竹县乡土志》，"历史辛"，7a。

> 湖团者，山东曹属之客民，垦种苏齐交界之湖地，聚族日众，立而为团也。……鱼台之团二……铜沛之间有八……均以首事者之姓为名。
>
> 咸丰五年，黄河决于兰仪……于是郓城、嘉祥、巨野等县之难民由山东迁徙来徐。……其时铜沛之巨浸，已为新涸之淤地，相率寄居于此，垦荒为田，结棚为屋，持械器以自卫，立团长以自雄。……铜沛之土民，当丰工初决时，流亡在外，迨后数载还乡，睹此一片淤地，变为山东客民之产，固已心怀不平……日寻斗争，遂有不能两立之势。[47]

这份报告进一步提到，1859 年一个"湖团"攻击铜山县一家本地人户。这一事件点燃了一连串两败俱伤的械斗，并在 1864 年的大屠杀中达到顶点。住在刘庄寨（一所有围墙保护的村堡）的许多当地人在这场屠杀中丧命。

华南省份客家人和本地人之间的冲突，通常都很激烈。在 19 世纪 50 年代和 60 年代，广东恩平、鹤山和开平等地的客家人和本地人之间不断发生冲突，激烈程度前所未有，结果导致一些客家人成为"游匪"或加入"红匪"。[48] 有时，双方之间的世仇同宗族争斗纠缠在一起；一份西方材料就记载了 19 世纪中叶广东一些乡村的情况：

> 在何凹村西南大约三英里处，有一个何凹村人（亦即金氏宗族）修建的集市。那年（1843 年），租用的客家人拒绝缴纳租税（租金），因而……金氏宗族不得不诉诸武力。在为维持同样属于何凹村的另一集市所有权而同势力甚至更大的宗族发生冲突之前，双方已经打了六年。
>
> 1850 年，90 多所村子联合起来准备灭绝（居住在何凹村的）金氏宗族。蒲芦围因有人背叛而陷落，村民们失去了最后的防线。虽然5000 多人围攻只有 300 到 500 人防守的何凹村，但是客家人没有勇气攻进村去，没得到什么战利品就撤走了。由于战得筋疲力尽，双方同意恢复和平。其中一个集市还给金氏宗族，另一个集市可以租借，但要缴

---

[47] 葛士浚《皇朝经世文续编》，33/10a，曾国藩 1866 年的上奏〔编者按：《筹办湖团书》〕。还请参见《徐州府志》，卷二十一下，42b。

[48] 《阳江志》，20/94a；《恩平县志》，14/23a。

纳更多的租金。

1856 年，械斗再次爆发。如果不是本文的作者劝说双方坐下来再次达成和解，那么恐怖的凶杀案就会发生。

恐怖的械斗，持续了多年，使这一带肥沃地区深受打击，本来必须维修的灌溉沟渠也因被忽视而年久失修。[49]

不同族群之间也常常发生冲突，广西贵县就有一个事例。居住在该县的侗族称为"土人"，从广东潮州和惠州迁移而来的居民称为"来人"。碰巧的是，后者中的一名富人看上了前者中的一位动人女子，并强迫其嫁给他。由此引发的冲突，导致"来人"完全被打败。由于所有土地都被凶猛的"土人"抢夺，溃散的"来人"无地方居住，最终加入了"金田贼"——太平军。[50] 在该县还发生了另一个类似事例，牵涉到的是回民。[51] 此外，陕西华州两个村庄的"本地人"和回民之间，据说为争夺一些竹子而爆发了剧烈的冲突，由此引发了 1862 年的回民作乱。[52]

（二）绅士在争斗中的角色

从上面的探讨中，我们清楚地看出，无论冲突双方的地位或事件起因是什么，对于乡村居民来说，进行械斗，几乎总是为了自己的切身利益。这种争斗，实际上并没有直接的政治意义。然而，如果认为参加冲突的仅仅是农民，那就大错特错了。许多证据都表明，有些剧烈的冲突——尤其是范围较大、持续时间较长的——常常是由相关地区的绅士点燃、组织或导演的。在一些情况下，可以明确地说，绅士积极参加了冲突。而普通农民因为没有组织，习惯上对此并不关心，如果没有受到什么鼓励和煽动，很少同其乡邻一

---

[49] *Chinese and Japanese Repository*, III (1865), pp.283-284。即使客家人没有卷入，但是只要有宗族组织的出现，也会常常使情形变得复杂。比如，居住在广西永福县黄冕村的廖氏宗族就同当地人不和。在族长的率领下，该宗族成员不断侵扰自己的邻居。他们还加入"艇贼"（来自广东的海盗），把对当地人的怨恨完全发泄出来。参见《平桂纪略》，2/14b。

[50] 《平桂纪略》，1/2a。

[51] 简又文《太平军广西首义史》，第 178 页。

[52] Marshall Broomhall, *Islam in China* (1910), pp.152-154.

致行动。饥饿、日益逼近的威胁和长期积压的怨恨，让他们为爆发暴力行动
作好了准备，但他们自己并没有导火线，这个易爆物必须等待他人引爆后才
能爆炸。此外，在许多情况下，无论是迫在眉睫的灾难，或只是"颜面"问
题，维持与乡村名流的关系都比维护与普通农民的关系更为紧要。当绅士认
为有必要或情形许可时，他们会毫不犹豫地煽动械斗，即使他们宁愿站在幕
后。当农民相信争斗是为了自己切身利益时，他们就会积极支持械斗，即使
械斗并不是他们自己发起的。在争夺水利或受到洪水威胁时，佃农明显愿意
站在自己的地主或其他土地所有者一边。还应该指出的是，由于一些乡民非
常贫穷、处境艰难，任何人都很容易以并不高的价钱收买或雇佣他们，为他
去战斗，为他送死。在这种情况下，这些"雇佣军"在争端问题中并无个
人利益，可能甚至不了解为何而战。例如上面曾提到 1885 年广东南海县因
防洪堤岸而引发争斗的事例。根据地方志的记载，冲突双方，一方是受大栅
围圩堤保护的居民，另一方是由绅士李锡培率领的桑园围居民，而惹出麻烦
的桑园围圩堤就是李锡培负责修建的。大栅围居民一方先是请求当地官府停
止修建桑园围，但是未等官府判决，就直接采取行动。为了报复，桑园围一
方烧毁对方一些房屋，毁坏对方船只。[53]1871 年，湖北沔阳州发生的冲突，
也明显起源于绅士的领导。根据地方志的记载：

> 大兴院绅首纠众强掘沙河之贺家湾土埂，互相斗杀，焚拆房屋，经
> 控上宪……久之未结。[54]

在 1860 年代广东恩平县客家人和本地居民之间的冲突中，据说"客绅"扮
演了积极的角色。[55]

正如已经指出的，在宗族卷入的地区，士绅的角色就变得更加明显。
1886 年，一名省级高官就报告了广东省的情况：

---

[53] 《南海县志》，8/4a（前注 42 中所引）。
[54] 《沔阳州志》，卷三《建置》，30a（前注 40 中所引）。
[55] 《恩平县志》，14/14a（前注 48 中所引）。

　　每因睚眦小怨，田山细故，辄即不候官断，招雇外匪，约期械斗。主斗之人，大率系其族首、族绅、祠长之不肖者。……有攻击三五年而互斗不已者。……若攻入彼村，即恣意焚杀搜抢，所烧房屋，动以数百间计；所杀人口，动以数十名计。……经一次械斗，即丧失一二年或数十年之资产。……此等恶习，惟广州府之番禺、东莞、增城、新宁、新会为最，他郡县亦多有之。[56]

　　在争斗中雇佣"匪"来充当打手的情况，似乎早在19世纪之前就已经出现了。广东巡抚1766年的奏折中，就有清楚的描述：

　　凡系大族之人，资财丰厚，无不倚强凌弱，恃众暴寡，如遇势均力敌之户，恐其不能取胜，则聚族于宗祠之内，纠约出斗。先行定议，凡族中斗伤之人，厚给尝租以供药饵，因伤身故，令其木主入祠，分给尝田以养妻孥。如伤毙他姓，有肯顶凶认抵者，亦照因伤之人入祠给田。因而亡命奸徒视此械斗之风以为牟利之具，遇有雀角，各攘臂争先，连毙多命，迨经拿讯，而两造顶凶，各有其人，承审之员，据供问拟正法，正犯又至漏网。[57]

　　随着时间的推移，这种做法似乎变成了宗族性争斗的一般特征；至少在广东一些地方是这样的。根据西方一观察者在1850年代的记述：

　　在广州和黄埔邻近地区各乡村，世仇普遍存在。有一种由习惯流传下来的奇怪规定来应付这种紧急状况。他们专门成立了一个"献身队"，并把他们的名单加以保存。这些献身者自愿站出来承担罪责，拿生命来打赌。当有控诉发生时，名单上的第一位献身者就必须站出来，承认自己是行凶者，并向官府自首。然后由他们及其亲友雇请讼师、寻找证人，来证明那是正当杀人，或者是可以减轻惩罚的。……万一遭到处决，那

---

[56]　《东莞县志》，36/3a-b。
[57]　《皇清奏议》，56/13b-14a。〔编者按：王检《清除尝租锢弊疏》。〕

么他们所得的补偿……可以维持其家庭生计；还有一笔钱或土地的报酬，有时达到 300 美元。而这笔钱是由有关村子村民"自愿"认捐的。[58]

另一位西方作者也指出，19世纪的福建与广东一样也流行着同样的做法：在宗族冲突中使用"佣兵"，衙门开庭审判时收买"罪犯"承担罪名，每名"罪犯"的报酬至少为 300 美元。冲突煽动者不但设法转移犯罪责任，而且设法把收买"佣兵"的财务负担也转嫁到村民身上。[59]

结论呼之欲出：冲突并不是全部发生在普通农民之间的；其中一些争斗，特别是宗族卷入的争斗，明显印上了绅士积极操纵的痕迹。在冲突中，农民自己经常同绅士合作，由绅士充当计划者或领导人。这样，冲突的模式在某种程度上重复了和平时期的乡村活动模式。

（三）不同人群之间的冲突

虽然上面指出了农民在宗族性争斗中常常同绅士合作，但并不表明农民在绅士引起他们愤怒时不起来反抗（虽然我们甚至不能确定，愤怒的农民是否受到对大家愤怒的目标心怀恶感的绅士或富者的怂恿）。发生于19世纪中叶山西临汾和襄陵两地的事例，就很能说明问题。两地都依靠平水河〔译者按：即汾河〕河水灌溉田地。一些"豪右"独占河水，规定所有其他人户都必须从他们那里购得"买水票"。这使贫困的农民生活雪上加霜，他们最终聚集起来反抗，爆发了一系列斗争，导致许多人员伤亡。形势变得非常严重，最终在 1851 年引起了清政府的注意。[60]

大约与此同时，广西金田村发生了一场奇特的冲突，显然推动了太平天国的爆发。根据史学家的叙述，韦志正——他不久将成为太平天国起事的重要领导者之一——曾经在衙门当差。他辞掉衙役的工作后，改名为韦昌辉，随后给自己的父亲花钱捐了个低级官衔以为"家门增光"。在他哥哥生日那

---

[58] *Chinese Repository*, IV (1836), p.413.

[59] Samuel W. Williams, *Middle Kingdom* (1883), I, pp.484-485.

[60] 《南海县志》，14/6b-7b，朱次琦传。正文中所讨论的冲突，在朱次琦 1859 年署理襄陵（山西）知县后得以解决。

天，韦昌辉在门前悬挂写着他父亲官衔的"登仕郎"匾，炫耀乡里。邻村"劣绅"勾结衙差，冲进韦昌辉的住所，大声叫道：由于韦昌辉是皂吏出身，其父亲依法是不能享有任何功名的。暴徒夺下"登仕郎"匾，索取钱财。韦昌辉同他们进行申辩、谈判，但毫无用处。他接着请求冯云山（拜上帝教领袖）的帮助。冯云山也不能解决争端，还遭到暴徒的侮辱。拜上帝教教众的怒火终于被点燃了。他们冲到"劣绅"的住所，抢夺他的粮食和财产，以报复他的不友善的行为。[61]

发生在普通农民和经济状况较好或社会地位较高的人之间最重要的冲突，是佃农和地主之间的争斗，帝国境内许多地方均有上报。多费些笔墨探讨这个问题，或许很有用。首先，我们必须消除关于佃农一定就是共同一致地反抗他们的地主这一错误观念。许多事例都表明，在一般情况下，佃农对其地主的态度相当温顺，甚至可以说，佃农对其地主的亲切是发自内心的。佃农的心理态度同一般农民大体上没有什么区别。中国著名学者费孝通对现代江苏一座农村进行了研究，指出该村一些佃农所具有的特点。无论是在清帝国时期还是在现代，这些特点都可以被视为对中国农民大众情感的精确描述。费孝通询问这些佃农在非常贫穷的情况下为什么还要继续交租，他们回答说："我们是好人。我们从不拒绝交租。我们就是穷，也不会去偷东西。我们怎么会拒绝交租呢？……地是地主的，我们种他的地，我们只有田面。没有田底，就不会有田面。"[62]此外，从19世纪中国一作者的下列记载中我们可以清楚地看出，佃农很有可能对其地主的态度相当友好。该作者在1868年（同治七年，当时他居住在其浙江家乡）的日记中写道：

> 昨从会龙堰农人徐国安赊得禾稿七百三十一斤，今日其兄弟载至寓，犒以钱不受。国安之祖父以佃致富逾中人，仍出为人役，力田益勤。二十年前曾赁予家田，今卖之已久，而尚敬忌如是，野人朴愿，犹

---

[61]　简又文《太平军广西首义史》，第171页。

[62]　Fei Hsiao-t'ung, *Peasant Life*, p.189.〔编者按：译文参考戴可景译《江村经济》，商务印书馆2002年版，第166页。〕

有古风。而予先世待佃人之厚，亦可见矣。[63]

但是，并不是所有地主都像这位中国作者的祖先那样"厚"；如果地主非常苛刻、残酷，那么，其佃农对之自然不会"敬忌"。苏州一些大地主因其佃农未能交租而立即押送衙门鞭打；[64] 在这种情况下，毫无疑问佃农会非常害怕和仇恨自己的地主。

事实上，佃农抗租的现象十分普遍；在地主的势力和影响非常有限的地区，尤其如此。[65] 举例来说，在湖南省巴陵县一些非常偏僻、不容易到达的乡间地区，佃农就常常拒绝交租。如果他们的地主向衙门控告，他们就会让自己的女人去索取补贴；表面上是让他们可以"出庄"（把地还给地主）。如果衙差出现，他们就会指控地主犯罪。有时，他们毁坏庄稼、田地和房屋，或者蛮横地砍倒树木，只为了让地主难堪。[66] 由于这种情况非常严重，导致一些地区的土地价格大幅度下降，人们都不愿意购置田地。[67] 在江苏省，由于1853年抗租非常普遍，（据说）影响了地主交税的能力。[68]

在这样的冲突中，佃农享有人数多的优势；而地主——特别是拥有绅士地位的地主——有时会得到清政府的保护。如果地方官员因某种原因而未对

---

[63]　李慈铭《越缦堂日记·受礼庐日记》，下集，37b〔编者按：同治七年六月十四日〕。Morton H. Fried, *Fabric of Chinese Society* (1953), p.194 描述了较近时期的佃农和地主之间的关系："在安徽滁县，有一种习俗：地主到乡间看望其作为邻居的佃农，佃农邀请他喝茶、喝酒或吃饭。地主希望以此方法扩大其影响圈子。许多农民在受到当地税吏或军队代理人的压迫时，也会来到滁县县城，请求其所属地主或其所认识有影响的人为他们说情。"

[64]　章太炎《检论》，7/17a-b。

[65]　Fried, *Fabric of Chinese Society* (1953), p.196, 描述了较近时期存在的此种情况："在（安徽）滁县，虽然地主和佃农之间并不存在着实际上的热战（shooting war），但是在远离县城警察势力范围的偏远地区，经常发生佃农反抗地主、抗租不交之类的事件。"

[66]　《巴陵县志》，52/5a-b。

[67]　George Jamieson *et al.*, "Tenure of Land in China," *Journal of the Royal Asiatic Society*, North China Branch, N. S., XXIII (1888), 107ff. 不交田租，也有可能是极端贫穷的缘故，而非业佃关系冲突的结果。其事例可以参见王邦玺1884年的上奏，载葛士浚所编《皇朝经世文续编》，32/20a。

[68]　1854年（咸丰四年闰七月）咸丰帝谕内阁："上年冬，业田之家，佃户抗不交租，地方官概不追比，以致业户完粮，无从设措。……乡民纠众抗粮，法所难宥，该地方官自应痛加惩办。……至于佃欠业租，既经该业户控告，亦应照例惩办，以儆刁风。"《大清历朝实录·文宗朝》，140/1b-2a。

佃农采取行动，那么地主与他们的反对者就会处在不平衡的斗争中而损失惨重。关于这种情况的事例，可以在江苏巡抚 1846 年（道光二十六年）的报告中见到：

> 昭文县佃户应还业户麦租，向由业户议定价值，画一折收，由来已久。……现在麦价甚贱，各业户收取租价，不肯减让。
>
> ……写贴揭帖，约会众佃，挟制各业户，减价收租。如不依允，即纠众打毁。
>
> 获首从各犯……地方均极安谧，……知县毓成于土棍激众滋事不能迅速扑捕，实属庸懦无能，着即革职，以为任事玩愒者戒。[69]

　　然而，清政府的干涉并不一定就意味着争斗很快地得到解决。在冲突已经演变得非常严重的地区，尤其是在冲突制造者利用佃农和地主之间紧张关系给清政府制造麻烦的地区，官府为了地主利益出面干涉，很容易使冲突演变成乡民反对当地官府的暴动。浙江省余姚县 1858 年所发生的情况，就完全是这样。[70] 当时的一位作者（同省人）对此情况作了如下解释：

> 闻余姚佃匪屡杀兵勇，事不得解。
>
> 余姚滨海，民犷，而巨家征租，素困其民。至去年，乡民相约赴县报灾，请减租额。知县崔家荫听之。遂纠社立局，更置斗斛，以待征租者。大姓邵氏、洪氏、谢氏不从，遂相争斗。
>
> 会新令来，邵氏等胁令募勇捕诸佃人，且增租额，立碑设局，急令输饷。乡民大愁。匪人宣希文、黄春生等遂煽佃人，围烧富人家，夜犯县城，劫所捕人。[71]

---

[69]　李星沅《李文恭公奏议》，11/19a-b 和 12/47a-58a。在另一道上奏中（见同书 12/59a），该巡抚指出，自道光二十二年（1842 年）以来，"土棍"徐二蛮不断煽动佃农反抗地主。

[70]　王先谦《东华录》，1859 年（咸丰九年二月），55/5a。

[71]　李慈铭《越缦堂日记补》，已集〔编者按：应为己集〕，6a，1859 年（咸丰九年元月二十六日）。前文中提到的江苏昭文 1846 所发生的争斗，在当地官府介入干涉之后，同样达到了暴乱的程度。参见李星沅《李文恭公奏议》，11/19a-b。

根据该作者的记载，经过一番血流成河的屠杀，这场暴动最终被镇压下去。

应该指出的是，虽然佃农有能力对地主采取暴力反抗，但他们的行动常常规模不大且毫无章法，除非得到一般不从事农业生产的"奸民"的领导和支持。1858年浙江余姚事例中，暴动就是由"匪人"煽动起来的。前面提到的1846年江苏昭文暴动事例，据说就是由"土棍"煽动起来的。在这些"土棍"中，一个是"还俗"的和尚，一个是靠在征收漕粮中上下其手的无地游民，其余的是身份未说明的暴徒。根据同一位官员的记载，地主未能满足佃农的要求，其中一个暴徒张荣荣同包括王四麻子和金三桂在内的其他暴徒一起讨论如何报复，他们决定敲响铜锣，把所有佃农召集起来。到了约定的时间，

> 张荣荣鸣锣领头……见……陶香香、黄奎、徐关潮……在田工作，即令王四麻子等向其喊，称如不跟随同往，一并拆屋殴打。陶香香等畏惧，随行，共二十八人，走至归市等处。张荣荣喝令王四麻子等先后将归令瑜……等家房屋墙垣什物打毁……
>
> 二十二日，张荣荣因各业户仍无减租信息，复又鸣锣领头……见有赵小富……在田工作，又令王四麻子等上前纠邀……共二十九人，走至东周市等处……将瞿銮……等家房屋什物一并打毁。[72]

要估计佃农对其业主的敌意达到什么程度，是很困难的，因为见于报道的佃农和地主之间的冲突，其中有些可能是由非农民的阶层煽动起来的。不过，可以清楚地指出两点：其一，在社会总形势如同19世纪中叶一样日益严峻时，受压迫的佃农就很容易起来反抗地主，甚至向官府的权威挑战；其二，在土地占有比较集中，或大多数农民没有土地的地区，佃农和地主之间的冲突就比较多，斗争也更激烈。

---

[72] 李星沅《李文恭公奏议》，12/47a-58a。其他时期也存在类似的争斗，明代就发生了一件令人印象深刻的事例。有关邓茂七的故事，参见赵翼《廿二史札记》，36/14b；也可参看丁瑄的传记，载《明史》，卷165。

在清帝国一些地区，业佃冲突和其他形式的地方斗争交织在一起。南方一些省区客家人和本地人之间的冲突、佃农和地主之间的冲突就是这样纽结在一起，经常酿成剧烈的争斗。举例来说，（广西）永淳的客民和本地佃农在 1851（咸丰二年）"相仇杀"。一个佃农李可经同其他的"佃贼"一起提议停止向他们的客家人地主交租。连村结会，啸聚千人。[73] 同时，在广东恩平县也发生类似的情况，只是那里的土客群体跟土地的关系，正好颠倒过来。在该县，许多村子的"所有佃耕土著之田，抗不纳租"，一系列的打斗在 1852 年爆发。在一些冲突中，客家佃农杀死他们的土著地主，放火烧毁他们的房屋。冲突不断扩大，其中一些佃农同红巾军联合起来。直到 1866 年，才恢复和平。[74]

在地方政府自己就是土地所有者时，业佃之间的冲突就会呈现出暴动的特色。湖南乾州厅 1847 年就发生这样的事例。该厅衙门把公共土地出租给包括一些苗民在内的村民耕种。由于某些未说明的原因，"痞苗"聚集起来，拒绝交租。这些造反的苗族佃农与邻近的凤凰厅和永绥厅的苗民结成联盟，肆行焚掠。直到次年湖南巡抚派兵镇压，社会秩序才得以恢复。[75]

川北农民和陕西商人之间的一场奇怪冲突值得一提。根据地方志的记载，居住在川北平武县一个山村的村民，绝大多数以务农为生，非常贫穷。他们通常在缺粮的春季借钱，在秋收后的秋季连本带利还债。但是在灾荒年月，他们就无力还债。而他们的债主陕西商人常常到衙门控告他们。先前的知县非常了解这些拖欠者的困难，同情他们，因而常常对被告宽大处理。然而到 1842 年新知县上任后，情况大变。商人让大家知道，由于该官员来自他们自己的省份，他们打算利用这层关系报复债务人。"奸民"惊慌了，为了保护自己而聚集了大量群众，发誓要把所有陕西商人赶出去。斗争已经处于叛变的边缘。直到第三任知县逮捕肇事头目并把他们处死，社会秩序才得以恢复。[76]

[73]　《平桂纪略》，1/14b。

[74]　《恩平县志》，14/8a。

[75]　《清史列传·陆费瑔传》，43/35a-b。

[76]　《续修庐州府志》，34/31b-32a。

上述冲突事例表明，产生冲突的原因多种多样，被卷入的参加者来自不同群体。虽然这些地方斗争的多寡和规模随着社会总环境的变化而变化（即是说，在大范围爆发经济灾害或者在社会总动荡的背景下，地方上就会频繁爆发严重的冲突），地方官员的素质如何，也常常起决定性作用。不止一个事例表明，无能或腐败的地方官要为地方冲突的产生负责。嘉庆帝在1814年发布的一道上谕中，就因江西省冲突频繁而谴责地方官员：

> 江西吉安、赣州、南安三府地方多有强悍不法之徒，偶因细故，即聚众械斗。……地方官惧干处分，容忍不办，每以告病乞归。[77]

根据其他报告，其他省区的地方官，依照清廷的标准，比江西省更应该受到谴责。一位巡抚对福建和广东冲突频繁爆发的原因作了如下解释：

> 粤东风俗之坏，莫过于械斗。此风起于福建之漳泉，传流至于潮州，渐染及惠、嘉、广、肇、韶、南，而以潮州为尤甚。祸流数十百年，而未有止。其初由地方官惟知鱼肉乡民不理民事，民间词讼，延至数年不结，甚或数年不得一见官面。愚民无所告诉，不得已激而成斗。斗后仍索贿，并不与民分曲直，于是黎民咸怨，而抗官拒捕之事作矣。……
>
> 查民间好斗之故，弊有十二，其性犷悍而好胜，其俗重财而轻生，口角细故，即忘身命。……（或者）数十金之价。……顽民习演鸟枪，以待雇倩，专以杀人为生涯。……祠堂积蓄饶多，有易斗之资。……大乡欺小乡而斗，小乡不服，联合多乡以图报复而亦斗。而且族豪借以自肥而乐于斗，族棍借以分润而乐于斗，讼师从中播弄而乐于斗，劣衿从中怂恿而乐于斗，胥役从中关说而乐于斗，有此十二弊驱之使斗。……
>
> 今则祠堂之积蓄已空，田园抛荒，民间无银买凶，案多不结，带兵

---

[77] 《江西通志》，卷首之三，10a-b。

往索，民多习见不畏。故官斯土者，昔以械斗为奇货，今乃以械斗为苦事。[78]

这无疑显示，地方行政官员的无能和腐败，是造成广泛而持续争斗的原因。[79] 另一方面，也有决定性的证据显示，能干的州县官员所采取的司法行动，可以解决严重的冲突（即使是那些涉及重要利益的冲突），防止它们发展成为流血性的械斗。18 世纪末四川绵竹县就提供了一个绝佳的事例。当时很多村民都为争夺灌溉用水而卷入了长期的争端之中，但他们都乐意接受知县在 1798 年提出的和解方案。来自三个沟渠的用水，按比例分配给所有需要用水的村民。分配给每个农民的水量，根据他耕种土地的多少而定；而土地的数量反过来又决定了每个农民应分担的沟渠维修费。这一安排合理公平，因而此后在一百多年里没有再为争水而发生冲突。[80]

暴动

（一）暴动的一般意义

这里所用的"暴动"一词，是指乡民反抗地方官员所采取的暴力行为。[81] 从事实来看，暴动与争斗不同，前者是指某一特定地区的乡民由于仇恨一个或多个地方官员而发生的反抗行为；而后者是指乡民自己之间的敌对行为。正如前面指出的，在一些事例中，争斗会发展成暴动；因此，这两种类型的暴力行为之间的区别并不总是很明显。不过，根据暴力行为指向的主要目标，还是很容易把它们区别开来。

"暴动"与"造反"不同。"造反"是指公开发动的武装反抗现存政权

---

[78]　参见曾任山东巡抚的程含章所写《论息斗书》，《牧令书辑要》，9/13a-14a。

[79]　翁同龢《翁文恭公日记》，壬午年（1882），21/12b-13a，补充了一个支持这个结论的事例。他引述后来在义和团之乱中扮演重要角色的满族官员刚毅的说法，广东某些地方（惠、潮等处）因为官员"积案不问"以致械斗频发。

[80]　《绵竹乡土志》，"历史乙"，7b-8b。原文说"于今一百五十余年来"，显然有误，因为该乡土志刊于 1908 年。问题得到解决的时间，最早可能是 1795 年。150 年后就已经是 1945 年了。

[81]　Webster's *International Dictionary* 对"暴动"（Riot）一词的解释，含义有：（2）"骚乱的行为、骚乱、骚动、混乱"；（6）"不轨分子造成猛烈的骚乱事例"。为了方便起见，本书中所用"暴动"一词，是指上文解释的特别类型的"猛烈的骚乱"。

的行为，目的在于推翻现存政权。[82]而暴动者并不像叛乱者那样反抗政府，无论是中央政府还是地方政府；相反，他们一般都会含蓄地或明确地承认皇帝和官员的权威，他们之所以采取暴力行为，没有别的目的，而只是想发泄、解决心中某种怨恨，或者说侮辱、打击使他们产生怨恨的对象。

19 世纪的一些学者非常了解暴动的本质。一位研究中国问题的美国学者指出：

> 虽然中国人民无数次地起来反抗他们的地方统治者，但是，这不过是针对政府权威的滥用而进行的反抗，从未反抗过制度本身。他们以最大众、最无礼的态度……来对待一位州县官，甚至到了扯着他的辫子打他耳光的地步；这并不是因为他执行了他的合法权威，而是因为他逾越了应有的界限。[83]

这一论述非常正确，其他作者的观察也证实了这一点。比如，一名目睹广州 1846 年 1 月暴动的英国军官指出，在广州府衙门暂时被暴乱群众占领时，知府及其助手居住和办公的地方被烧毁，但很有意思的是，大堂和钱库等建筑丝毫未损；原因显然是，存放在钱库的钱财是属于皇帝的，大堂是清王朝审判的场所。[84]1896 年左右，一美国作者对一场"典型暴动"的描述，更能说明问题：

> 我曾经目睹一队队乡民向这座城市各衙门前进。……当一支规模达到两万人的强大队伍穿过街道时，店铺纷纷关闭，一片寂静。每支

---

[82] 这里所理解的"造反"（Rebellion）一词，实质上同 Webster 的解释一样，即是指："公开否认自己原本服从的政府的权威，以发动战争或帮助他人发动战争，反抗政府官员和法律；组织人民叛乱，以推翻其合法统治者或政府。"本书没有采用 *Encyclopedia of the Social Sciences* 中的解释："造反，是一种反叛行为，其目的多少有助于推行地方自治或独立，但不是要推翻中央政府。"此处还应该注意的事实是，暴动的发生并不限于乡村。本章所引的一些事例，就发生于城镇或城市。为方便起见，这些也被纳入讨论之中；至于事例发生的地点，只要能够确定，笔者都会注明。

[83] Chester Holcombe, *Real Chinaman* (1895), p.33.

[84] Meadows, *Desultory Notes* (1847), p.102n.

队伍的前面都举着飘扬的旗帜，旗帜上写着各该队集合地点庙宇的名字。我询问道："为什么要抗议呢？"队伍简单回答说："我们要求减税。"由于先前的请愿屡屡落空，现在被迫孤注一掷，他们把一切都押在最后的请愿上，如果没有得到批准，就采取报复行动。但是，官员们已经逃跑了，并未坐下来倾听申述。于是暴动者把压迫者的家具——丝垫、薄纱窗帘、雕刻精细的椅子和其他昂贵的奢侈品——堆成小山，放火全部烧毁，如同毁坏耶利哥城〔译者按：西亚死海以北的古城〕那样彻底。我看到有个人企图带着某种值钱的东西逃走，但被抓了回来。虽然他手中的赃物被投入大火，但是我相信他逃脱了亚干（Achan）的命运。

这座城市每个衙门发生的情况都类似。奇怪的是，居民们的生活并未被骚扰，除了生意被中断一天以外。这场冲突仅仅是针对官员的，暴动者的纪律严明，他们仍然效忠于清廷。我走进知县衙门看看情形如何，发现一队暴动者在保护县衙某一房间，他们的伙伴忙着从其余房间往外搬物件。我问他们为何在此守卫时，他们的回答很简单："这是银库，任何人不得拿皇上的钱财。"他们对征税并不怨恨，怨恨的是地方官员过度苛征。一个月后，巡抚派了一支1500人的军队前来镇压。但是，军队遭到伏击，50名士兵失去生命，近百人受伤。……

由于武力未能把暴动镇压下去，巡抚设法劝说。免去引起暴动的官员之职务，并答应，如果暴动领袖自首，就终止苛捐杂税。周和张……为了他们的目标放下武器，结束了战争的苦难。不过，他们还是被处死了。[85]

这种暴动和那种反抗清政府的造反之间的区别显而易见。对乡民来说，他们自然会怨恨腐败的地方官，而非专制的中央政府；因为，后者离一般村民的生活很远，它所推行的任何苛征暴政给乡民所造成的伤害，都不如腐败的地方官敲诈勒索带来的那样直接。我们还应该指出的是，自汉朝以

---

[85] William Martin, *A Cycle of Cathay* (1896), pp.91-92.

来，"崇拜皇帝"的观念就深深地印在百姓的脑海中，因而，虽然没有多少
人积极效忠朝廷，但许多人都对"天子"仍然抱着某种含糊的尊敬；即使
天子是满族人。此外，一大堆有关百姓日常生活的法律和措施，如果从字
面来看而不管执行的话，按照历史标准，都不能说是暴政或压迫。地方官
所犯下的暴行，百姓通常能够正确地解读为对皇帝命令的错误运用，而不
是朝廷本身制定的措施。在清帝国许多地方都能听到一句老话"天高皇帝
远"；这句话提示了我们该如何去理解普通百姓对待他们的统治者和行政
官员的态度。[86]

如果普通百姓没有什么理由要怨恨皇帝，他们就常常有足够的理由来怨
恨许多地方官的行为。地方官及其走卒直接而频繁地与居民打交道，他们
的所有行为，无论是慈爱的还是不友善的，都会产生直接的影响。责任很
容易归属，因为他们并没有令人敬畏的品德。如果他们的行为给百姓造成
了过多的痛苦，就会容易成为公愤和怨恨的对象。根据西方一位学者的观
察，确实如此：

> 皇帝那（公开宣称的）仁慈从上到下，通过九级官员，最后到达与
> 百姓直接接触的末品官时，可能已经变成了使人烦恼的暴政了。因此，
> 百姓将如何保护自己不受专横官员伤害，这一问题应该是不能不加以考
> 虑的。……由于没有法庭，普通民众就自己起来执行法律。……在小型
> 地方冲突中，他们有时把对苛征的怒火发泄在被派去执行苛征的官员身
> 上——抓住官轿，把他从里面揪出来，剥下他那象征高贵的官靴，并把
> 他抛进最近的污沟中。[87]

---

[86]　Francis H. Nichols, *Through Hidden Shensi* (1902), p.141："对于内地居民来说，代表政府、
法律和权威的，不是远在北京的皇帝，而是当地省区的官员。"

[87]　Archibald R. Colquhoun, *China in Transformation* (1900), pp.287-289。根据 David
Mitrany, *Marx Against the Peasant* (1951), p.118，战后中欧农民所表现出来的态度基本相同："农民
虽然被煽动起来了，但是，他们作为一个阶层能够做些什么呢？政治革命并不是自然地降临到他
们身上。农民造反之时，反对的是滥用特权；他们虽然反抗直接折磨他们的压迫者、地主和地方
官员，但同时期望国王和议会能够满足他们的愿望。"

因此，在中国，针对州县官员及其施政的暴乱司空见惯，[88] 毫不奇怪。而针对中央政府的反叛要在间隔相当长的一段时间后才能爆发。

当然，并非所有官员都是坏官，百姓对他们的态度也不必然是敌对的。对素质不同的州县官，乡民的反应自然也不同。他们对州县官员的表现作出评判，并且常常很直率地表达他们的评价。在这里，我们可以引用几个事例，说明乡民在适宜的情况下是非常善于表达的；这种方式或许过于坦率，让一些州县官员消受不了。

乡民尊崇他们所认为的"好官"的方式各不相同。其中一种方式是作诗歌颂"好官"的功德；这种诗词大概是由一些乡绅创作的。[89] 另一种方式是，在"好官"任期届满后，或者在其要到其他地方担任其他官职之时，恳求他继续留任。[90] 极其渴望自己喜爱的"好官"留任的乡民，会向上一级政府机构提出请求；但这种请求得到满足的相当少。[91] 在"好官"要离开任地时，公开表达感激的居民会举行场面十分盛大的仪式，赠送靴子或丝伞。[92] 在一些州县，可以看到居民为怀念前任父母官而修建的"生祠"；这

---

[88]　Charles Denby, *China and Her People* (1906), II, p.7.

[89]　举例来说，《花县志》在 7/6a-b 中记载了这样一个故事：江苏人狄尚纲 1800 年到 1805 年担任花县知县。他任期届满之时，居民要求他继续留任。居民们还作了一首诗颂扬他的功绩：

"好官好官不要钱，花城来一狄青天。狄青天，去后令人思缠绵。"

人们在颂扬他们所认为的具有才能、正直和廉洁的州县官员时，常用"青天"一词。

[90]　《花县志》，9/7b，记载了另一个事例：19 世纪早期广东人宋廷桢担任四川内江知县，任满准备离任之时，居民们拦路恳求他留任。

[91]　举例来说，《南海县志》，14/8a 记载了一个事例，广东人朱次琦在 19 世纪中叶担任山西襄陵知县时，以正直和慈爱而著称。在他准备离任之际，居民们要求清政府准许他继续留任，但未被批准。州县官员在正常任期任满之后，几乎没有被准许继续留任的。然而，在地方居民的请求下，其他官员可以继续留任；这类事例可以见之于《番禺县续志》，21/17b-18a：1873 年受命担任河南分守河务兵备道的一名官员，因为维修沟渠十分成功，其任期满后，在当地居民的请求下，巡抚准许他继续任职。

[92]　Holcombe, *Real Chinaman*, pp.230-233，描述了"伞和靴子仪式"。Huc, *Chinese Empire*, II, pp.73-74，描述了一名离任军得到"靴子仪式"的荣耀。Doolittle, *Social Life* (1865), II, p.328，描述了"万民伞"的情况。"靴子仪式"来自一个著名传说；该传说记载于《汉书》卷 112 上〔译者按：应为《后汉书》卷 82〕。拥有神术的杰出官员王乔每月初一和十五从所任地进宫拜见皇上。由于从未看到王乔坐车或骑马，人们非常奇怪而特别注意他。每当王乔要到达时，人们就看见从他任所方向飞来一对野鸭。占星术师用猎网抓住野鸭。野鸭奇迹般地变成了一双靴子；而这双靴子正是四年前皇上赏赐给王乔的靴子！后来在文学上出现了一种公认的用法，用"双凫"或"凫舃"来赞美州县官员。这样说来，得到"靴子仪式"荣耀的普通官员，就被比喻为王乔。

些父母官以自己的良好行为"赢得民心"。[93]

那些据说能让州县官得到乡民喜爱的良好行为，主要是旨在提高乡民利益的行为，比如建立学堂、修建城防工程和灌溉工程、在饥荒期间关注穷人需要、拒绝收受贿赂，等等。[94] 当这些真正忠于朝廷、一心为民的好官，在成千上万腐败或漠不关心的官员中，只占相当少一部分时，这样的行为才特别值得称赞。根据《花县志》记载，1686 年到 1911 年担任广东花县知县的 97 名官员，据说只有 18 名知县在任上的行为赢得了百姓的赞赏。[95]1661 年到 1908 年期间担任四川江津知县的 131 名官员中，只有 50 人被认为是"好官"。[96] 清帝国其他地方的情况，一般说来也是令人相当失望的。

如果我们考虑到，对被认为有德的官员的感激场面，经常是乡绅运作出来的，并不一定代表一般民众自发或真正的情感，那么整个画面就更为暗淡。一位地方志修纂者说：

> 明季人物连篇累牍，大率已仕则临行攀辕，诸生则工文失解，如出一辙。按之，俱无实迹，其失在芜。[97]

虽然清代的作者可能比明季学者更为可靠，但是，我们也不能确信是否每一位都能免于这个缺点。至少应该记住，由于"好官"的功德事迹毫无例外是由绅士成员所写的，而在许多情况下，他们同绅士的关系很友好、密切，因此很有可能，绅士的记载并不一定忠实地反映了普通镇民或乡民的情

[93] 举例来说，《佛山忠义乡志》，12/11a 提到 1855 年一所供奉一位名叫谢效庄的人的"生祠"（这种祠堂是修建来纪念仍然活在世上的人）。《番禺县续志》，20/10 提供了这么一份资料：1863 年任浙江湖州府知府的杨荣绪，被称为好官。"病卒……士民悲泣，湖滨农民入城哭奠，船户舆夫皆哭。……光绪二年奉旨入祀名宦祠。"

[94] 下列一些事例非常适切，《淮安府志》27/82a 中记载说，19 世纪早期，盐城知县修建一所学堂，修理城墙；同书 27/84a 中记载说，19 世纪前半叶期间任职的阜宁知县，设法避免给居民增加额外负担，禁止衙门走卒向居民榨取钱财；《广州府志》129/12a 中记载说，山西定襄知县冒着丢掉乌纱帽的危险，赈济饥饿的灾民；《确山县志》7/19a 中记载说，确山知县（安徽人）1856 年完成了城防工程修建，正好用于抵挡"土匪"的进攻。

[95] 《花县志》，卷九，各页。

[96] 《江津县志》，6/3b。

[97] 《滁州志》（1897），熊祖诒为 1672 年旧志所写序言。

感及期望。

事实上，偶尔暴露出来的丑闻显示，并不是所有"好官"都是实打实的好。虽然这些丑闻可能是心有不满的绅士揭露的，但所谓"好官"的善行，同样有可能是喜欢他的绅士的作品，根本和普通百姓的情感无关。17世纪晚期，山东某县就发生了一个有趣的事例。1676年担任滕县知县的常绅，得到了双重荣耀，一是居民为他树立石碑，怀念他的"仁政"；二是居民为他修建了好几处"生祠"，用来表达对他的崇敬心情。然而，整个事件不过是一场骗局，不但错误地陈述了他的施政特质，而且捏造了百姓的感情；据地方志记载：

> （常绅）初莅滕，标二牌于鼓楼门，曰："惩凶恶，除豪霸，不徇私，不要钱。"其后苞苴公行，盗贼得所依。[98]

这并不是独一无二的事例。在清帝国其他地方，其他时期，也可以见到类似的欺诈行为；就像下面这份1800年的文件所证明的：

> 更有一种州县探听上司欲行参劾，贿买耆老多人，于上司前具呈，反言闻欲题升，乞请借寇。虽公正廉明之督抚，亦为所愚。……又有一种州县自知民情不甚爱戴，于无事时密令衙役人等刊刻传单，遍行粘贴。单中开说本官清廉，办公竭蹶，欲自告病，我等务必赴上司请留。复令官亲幕友揭取此单，到处传播。[99]

这种官员自我制造的"名望"，同普通百姓的情感毫无关系，同绅士的

---

[98] 《滕县志》（1846），6/36a-b。同书14/11b中记载了这首用当地方言所写的愤怒打油诗："尖尖头，细细尾，嘴儿藏在盖儿里，连头带尾没寸长，吃尽滕阳多少米？"

显然，这位当地的打油诗人从汉字"仓"（Herbert A. Giles, *Chinese-English Dictionary*, No. 440）的结构得到启发，把令人讨厌的官吏比喻成硕鼠。《滕县志》12/14b中记载了一首佚名文人所写关于"生祠"的短诗。结尾的几句是："何故焚香祀猛虎？生祠几处在城中！"

[99] 《皇清奏议续编》，2/12b。〔编者按：王苏《请整饬亲民之官疏》。〕

态度也毫无关系。还应该指出的是，即使真的由普通镇民或乡民进行评判时，官员被认为是良好的行为通常也并没有多好。根据 19 世纪一位西方作者的观察，"好官"和坏官之间的区别，只不过是腐败的程度不同：

> 百姓深知官员不可能靠其薪俸过日子，因而原谅、默许我所称为的"非法费"的征收。亦就是凡是有事找衙门解决的人必须交纳一笔能够承受的固定费用。于是很自然，官员们就把这样的制度当成必要之恶，任意敲诈勒索，强迫百姓行贿。因此，腐败与不公充斥着整个帝国。我相信，事实上所有官员都在其薪俸之外勒索钱财；中国人所谓的"好官"和"坏官"之间的主要区别，就在于前者强迫百姓为正义而付钱，后者则把不公正卖给出钱最多的人。[100]

对普通百姓来说非常不幸的是，"好官"（无论他们的行为"好"到什么程度）非常少，坏官的人数很容易超过他们。一些坏官把情况弄得令人难以承受，即使是非常温顺的百姓也会被鼓动加入激烈的示威来反抗他们的恶行；特别是在心怀不满的绅士成员或乡里的"悍民"出面组织、领导暴动时。19 世纪，一位中国作者就明确指出：

> 夫民即不知礼义，讵不顾身家；即不畏君上，讵不畏法律。自官吏与以万不能堪，其弱者忍之，以就沟壑……桀黠之徒，则哗然起，不惜弃身家，犯法律，以救须臾之死。洎乎事平，终不能歼其类，于是乎民益得窥官之伎俩，而始不甚畏官。……此悍之所自来也。[101]

尽管清王朝法令规定，任何官员如果因为无礼，或残暴的举止，而导致绅士或普通百姓的暴动，就会受到惩罚，[102] 但是，甚至从清王朝建立初期开

---

[100]　Meadows, *Desultory Notes*, p.168。斜体字为原作者所标〔编者按：本书改为着重号〕。

[101]　冯桂芬《显志堂集》，2/35b。

[102]　《钦定六部处分则例》，15-19b，记载这么一项措施："州县官贪婪苛虐，平时漫无抚恤，或于民事审办不公，或凌辱斯文，生童身受其害以致激变，衿民罢市罢考，纠众殴官者，革职提问。"

始，全国各地就频频爆发民变，州县官员成为普通民众发泄不满的对象。有时，百姓对可恨的官员的示威是以殴辱的形式出现的；1690 年代，一位知县描述说：

> 近闻有不肖官员离任起行，地方含恨，竟闭门不容放行，且更喧拥市衢，褫夫人之衣而殴及舆从者。[103]

在其他时候，民众暴动的目的，并不限于伤害令人憎恨的官员。乾隆帝在 1741 年发布的一道上谕中就指出：

> 本年四月间，福州府属之屏南县典史下乡征粮，乡民竟将典史殴打捆缚。又兴化府属之仙游县告病知县邵成平赴省领咨，有县民李姓因讼事未结，嗔其即行离任，竟于中途截住，肆行辱殴。[104]

在一年后的另一道上谕中，乾隆帝说道："近竟有漳浦民人持刀刺死知县之事。"[105]1870 年，浙江某县发生的事例更为血腥，除了知县本人被杀死之外，还祸及其妻子、女儿。[106]虽然这种情况的暴动大概比较少见，但显示了被煽动起来的民众，其行为可能有多暴力。

应该指出的是，暴动者在暴动中并不总是占上风。州县官员利用手中的军事力量，有能力对暴动者进行残酷的镇压。事实上，清政府非常关注此种情况，1878 年（光绪四年）发布的一道上谕就说道：

> 近来各省往往因诛求百姓，不遂所欲，辄诬指为抗拒，率请派营弹压。武弁志在邀功，妄加剿洗……流弊滋多。[107]

---

[103] 黄六鸿《福惠全书》，32/30a-b。
[104] 《大清十朝圣训·高宗朝》，261/24b-25a。
[105] 《大清十朝圣训·高宗朝》，262/2b。
[106] 李慈铭《越缦堂日记·桃花圣解庵日记》甲集，77a（同治九年三月一日）提到发生于浙江嵊县的事例。
[107] 李慈铭《越缦堂日记·桃花圣解庵日记》壬集第二集，49a，光绪四年八月一日，引自

光绪帝进一步禁止各省督抚派兵"扰累"。尽管清政府发布这样的禁令，但不止一个事例证明，军事力量仍然是得到直属上司支持的地方官手中有效的武器。

（二）暴动的种类和原因：反敲诈勒索的暴动

在探讨暴动的一般性质之后，现在开始探讨暴动发生的原因，以对暴动作进一步分析。我们会看到，导致暴动的原因多种多样。1747 年（乾隆十二年）的一道上谕清楚地指出：

> 据各省奏报，奸民聚众之案，如江南宿迁、山东兰山，皆因求赈；浙江临海，则因求雨；福建上杭，则因抗租；山西安邑、万泉，则因丁粮豁免等事，遂至聚集多人，抗官塞署，放火罢市，肆为不法。[108]

这道上谕虽然十分清楚地指出了已知的暴动原因，但忽略了很重要的一点。正如前面已经指出的，州县官在司法上的裁决不公正（不管是宣称的还是真实的），似乎是地方暴动的普遍原因。[109]

导致暴动的最频繁以及最重要的原因，是与征税有关的官员敲诈勒索。我们有必要讨论一下这些反抗勒索的暴动。这种类型的暴动，虽然在清王朝建立前就有发生，[110] 但是在鸦片战争之后更为普遍。因为在此时，天朝大国的威望第一次受到了严重打击；许多地方都组建了地方军队，这增强了此前

一道圣谕。

[108]　《大清十朝圣训·高宗朝》，263/1b。

[109]　一位礼部侍郎在 1745 年的一篇上奏中描述了此种情形："地方官审理词讼，自应秉公听断……乃乡里棍徒怀挟私忿，纠众罢市，甚至凌辱长官，无所顾忌。"参见《皇清奏议》，41/7a。〔编者按：秦蕙田《请申严名分疏》。〕

[110]　举例来说，明朝万历年间，常常因为在征收"矿税"时进行勒索而导致民变。1599 年（万历二十七年），山东临清居民烧毁税使（马堂）署，杀其参随 34 人；湖北武昌和汉阳民变，击伤税使〔编者按：1601 年〕。1606 年，云南民变，杀死税监（杨荣），焚其尸。参见赵翼《陔余丛考》，20/17a-b。明朝时期发生的反敲诈勒索的民变，最终导致造反。众所周知的李自成就利用口号"迎闯王，不纳粮"诱使人民跟着他造反。参见《明史》，309/6b。

手无寸铁的农民向当局挑战的勇气。[111]

反敲诈勒索的暴动，同其他类型的暴动一样，其矛头指向地方官员而非清政府本身，但在某种情况下，它们可能会占有极大的比重。一般说来，这些暴动都遵循着类似的模式，包括如下几个步骤：（1）相关人员请求停止地方代理人非法强加的过度税负；（2）上级官员未能减轻他们的痛苦，请愿者逐渐绝望；（3）接连发动不同程度的暴动；（4）以军事行动镇压，或者采取某种妥协办法进行分化，暴动领导者受到惩罚；或者，在特殊情况下，暴动转化为大规模民变的一部分。[112]

不过，如果地方居民没有浪费时日向上级官员请愿，而直接诉诸暴力，那么暴动形式就要简单些。

前面描述过的"典型暴动"，就是一个关于暴动的绝佳事例。我们还可以再列举几个事例，说明实际爆发的暴动——从形式最简单的到最复杂的——的不同环境。所有这些事例，都发生于 1840 年代到该世纪末期间，[113] 我们按照时间顺序概括如下。

第一个事例发生于 1842 年浙江秀水县。该暴动因被知县迅速镇压下去而流产。根据地方志的记载：

> 西乡无赖子虞阿男者，聚众抗租，号召邻圩庤水于田，钉栅于浜，拦截催租进路。……（余）士璨……购线计擒，不旬日缚而戮诸市。[114]

1843 年早期发生于湖南耒阳县的暴动，是反对地方官最激烈的运动之一。关于此次暴动的起源，有关记载并不一致。根据一位作者（他同这次暴动并无个人利害关系，因此他的记述可能是公正的）的记述，暴动是这样发

---

[111]　傅衣凌《太平天国时代的全国抗粮潮》，载《财政知识》，1943 年卷 3，第 31—39 页；S. Y. Teng, *New Light on the History of the Taiping Rebelion*, pp.41-42.

[112]　Martin, *A Cycle of Cathay*, p.336:"法定的征收并不高，如果贪婪的官吏敢于过度地额外加征，人民就可以请求政府将其免职；或者，在极端的情况下，团结起来武装抵抗。大范围的抵抗，会变成造反，而造反最终会导致革命。"

[113]　参见本章注 111。包世臣在其《齐民四术》卷七下，25a-31b 中，记载了 19 世纪早期的一个事例。

[114]　《嘉兴府志》（1878），42/96b。

生的：当地一名居民采取合法行动，指控知县"浮收"。但是，知县的行为不但未被纠正，指控者反而被判"坐不实"，受到鞭打、坐牢的惩罚。他的乡邻发动暴动，把他解救出来。两个比邻地区的所有村子村民都拒绝交纳任何税。暴动者在两名生员的领导下武装起来并攻击县城。骚乱持续了几个月都没有平息。人们认为，"此事罪在官不在民"。[115]

在动荡的 1850 年代，清帝国一些地方的暴动特别频繁。举例来说，有名监察御史概括江苏省的情形时说道：

> 州县浮收激变，多以抗粮滋事为词。……州县收漕，竟有应交一石，浮收至两石之多，并有运米不收，勒折交银，以至民怨沸腾，激成事变，遂有聚众戕官之案。[116]

同时代的另一名官员，指出江苏松江府的暴动特别频繁：

> 青浦首倡聚众拒捕殴官，南汇仓寓为民所火，官仅以身免，华亭钱漕家丁下乡，乡民积薪绕船四周，逼令县差举火……将绳之以法乎？是速之反也；将置之不问乎？是教之抗也。[117]

一名西方记者提供的华亭县暴动的细节，也能说明问题。他说，措置失宜的知县召集 200 名志愿者，让他们带着枪去逼迫居民缴税。这引发了暴动：

> 不愿意被知县过度榨取的百姓，敲打锣鼓，发动暴动，一会儿就聚集起几千人的队伍。当暴动的民众放火烧毁两艘官船并打死 4 名乡勇之后，知县光着脚狼狈地逃回县城。[118]

---

[115]　冯桂芬《显志堂集》，4/36a-b。《清史列传》在 43/34a-35b 中记述的一个说法稍有不同，暗指责任在地方居民。

[116]　《清朝续文献通考》，2/7517〔译者按：应为 7514—7515〕。

[117]　冯桂芬《显志堂集》，5/33a。

[118]　*North China Herald*, CLI (1855), p.182.

反敲诈勒索的暴动并不限于南方省区。1854 年和 1855 年，河南省一些地方发生的暴动，特别值得注意。由于银价日益上涨，而官员不停地敲诈勒索，该省大部分地方的居民被逼上绝路。[119] 新乡县和河内县村民自己很快地组织起"联庄社"，抵抗税吏，这样就同两县衙门爆发了公开的冲突。[120]

即使在清帝国首都临近地区，也有暴动发生。1861 年，一名大学士上奏清廷指出，在华北省区及北京附近地区，有组织地抵抗税吏的暴动日益频繁。原因在于担任州县官员的大多数是"不肖官吏"，居民对他们的腐败行为和高压手段极为憎恨。[121]

笔者要列举的最后一个事例，发生于 1890 年代，太平天国运动已经被平定很久了。暴动发生在离北京不到 100 英里的县城，起因是铜钱和银子的官定兑换率非常不公平。该县土地税（依法固定在一两银子的特定小数部分）通常以铜钱缴纳，官定兑换率为 2,000 文铜钱兑换 1 两银子。可是，不知什么时候，一名腐败知县把此兑换率任意改为 4,000 文铜钱才能兑换 1 两银子；这就意味着他本人及其一些走卒可以榨取 100% 的净利。事情就这样持续了很多年，接着暴风雨就来临了：

> 新上任的知县把兑换率上涨到 1 比 5,000，乡人默默地付了。知县误解了治下居民的脾性，因而在几个月后，又把兑换率提高到 6,000 文。这时，乡人发出怨言，但还是照交不误。而知县还不满足，又提高到 7,000 文。此时，乡人谈论有组织地进行反抗，但还没有采取实际行动。在自己任期过半之前，知县又进一步提高兑换率，规定 8,000 文才能兑

---

[119] 李棠阶《李文清公日记》，第十三册，1854 年（咸丰四年三月十六日）。根据李棠阶的记载，当时的官定兑换率为 4,000 多文铜钱兑换 1 两银子。而以前为 2,700 文铜钱兑换 1 两银子。

[120] 李棠阶《李文清公日记》，第十四册，1854 年（咸丰四年八月七日、二十六日和二十七日）；1855 年（咸丰五年五月十三日和二十五日，六月二十三日，七月六日、二十日到二十五、二十九日，八月二日到四日）。大约与此同时，遥远的贵州省也报告了类似的暴动。《铜仁府志》（1890），9/40b 中记载说："按赋粮之供，惟属下坡头乡民输将踊跃，是年届征收，民咸赴仓完纳，司仓者故难之，不为遽收，欲其折价，冀可中饱浮费也。民恶之，哄然而起，毁门直入，势甚汹汹，几酿不测。……惟征粮一节，旧皆赴仓纳谷，积久遂开折价之例，初斗粮折价四五百文，继增至千缗有奇，甚有逾二千缗者，民颇苦之。"

[121] 《清朝续文献通考》，2/7517。

换 1 两银子；这就超过了法律规定的 4 倍。

　　知县的不法行为终于引发了危机。乡人们举行集会，决定通过都察院向皇帝提交请愿书。……请愿书根据集会的决定准备好了，由三名有影响力的文人带到首都，并提交给都察院。……

　　（请愿书）丝毫未看就被退回，三人还被重打 50 大板，罚交一小笔藐视公堂费。三人凄凉地、垂头丧气地返回。知县为了庆祝自己的胜利，非常草率地把兑换率又进一步提高到 1 比 9,000 文，但事情的发展证明他太心急了……

　　乡人们立即集会，更仔细地起草了请愿书……由另一代表团再一次带到首都。这次，乡人们成功了。那名胆大妄为的知县被罢黜，而且将来永不叙用。[122]

　　这是一个相当特殊的案例。其结局比其他事例要好，或许是因为该县离清帝国首都非常近，因而高级官员认为最明智的处理方法是对愤怒的民众进行劝说，而不是采取通常的武装镇压手段；或者是由于即将成为暴动者的民众得到了绅士的有效领导，这一点可以从对事态发展或多或少的掌握技巧上看出来。

（三）因饥饿而暴动

　　另一种同样重要的暴动类型，可以称为"饥饿暴动"，它是由清政府无力解决饥荒造成的局势而引发的。当赈济迟迟未到，或者赈济工作处理不当，饥饿的灾民就会开始扰乱，特别是有"莠民"煽动时。因为在要饿死还是"铤而走险"之间，是不难做出决定的。18 世纪的一位官员正确地指出：

---

　　[122]　Holcombe, *Real Chinaman* (1895), pp.234-236. Emile Bard, *Chinese Life* (1905), p.109, 叙述了浙江鸦片烟农发动的一场反勒索的暴动："萧山县鸦片烟农同意每年向清政府交纳 800 美元的厘金税，政府答应不干涉他们种植鸦片。1888 年，萧山县来了名税官，规定每担鸦片烟征税 24 美元。起初，由于烟农的反抗而未能征收；但最后在 1889 年春，烟农屈服了，前去交纳。而税官又鲁莽地额外加征 5 美元，作为征收花费。烟农反对，并捣毁税官办公场所，驱逐税官；税官狼狈地跑进县衙门寻求保护。有名官员试图平息烟农的愤怒，但也不得不逃命。烟农随后就解散了。值得注意的是，后来清政府答应取消那笔令人讨厌的征税，而代之以每年 2000 美元的捐税；烟农答应了。税吏被撤职，官员被降一级，发动暴动的领导人受到惩罚。"

"近来被灾之地，竟有因地方官发赈稍迟，而不法之徒因而抢夺村市，喧闹公堂者。"[123] 很自然，饥饿暴动在发生大规模灾害时，与其他类型的暴动一样，很容易成为一种"社会流行病"，在社会全面动荡期间所占比重令人生畏。但是，饥饿暴动至少在一个方面与反敲诈勒索暴动不同，即：后者的矛头一般指向地方官；前者不但指向地方官，可能还指向富户。

饥饿暴动者的动机有时非常简单。饥饿的暴民经常去抢夺临近地区的富户家庭，只是为了找吃的。他们只是要满足眼前的需要，而非向有特权地位的人物或官府发泄不满。19 世纪初，广东一个地区在荒年发生的饥饿暴动，就是一个适切的例子：

> 其始出资推食，或由于富者之好行其德，后则相习成风，倡为分饥荒名目，米贵即聚集贫民，沿门托钵，不遂其欲，辄肆攫取。……甚则有家仅中资，而并罹惨祸者。[124]

19 世纪末，江苏一些地方在一个荒年也发生了类似的暴动。中国一位著名官员在己亥年（1899 年）三月六日所写的日记中就说道：

> 有流民男女百余喧阗索食……闻前三年村众鸣锣，竟被殴死一人，尚敛米三斗而去。[125]

不过，这种性质的饥饿暴动有时因为介入一些报复特定家庭的动机而变得复杂。另一名官员叶昌炽在辛亥年（1911 年）所写的日记中，就记载了这么一个事例：

> 张中履……言常昭两邑抢米，城乡富室无得免者。衢巷粒米狼戾，

---

[123]　礼部右侍郎秦蕙田 1745 年提交的上奏〔编者按：《请申严名分疏》〕。见《皇清奏议》，41/7a。

[124]　《阳江志》（1925），7/3a，引 1822 年旧志。

[125]　翁同龢《翁文恭公日记》，"己亥"，38/13b。当时，翁同龢被罢黜职务之后，住在江苏常熟老家。还请参见 38/68b，十一月二十二日条。

盖藏一空。邵伯英前辈以筦义仓，尤为怨府，房屋器皿，捣毁无遗。……其实仓政但尸其名，平时掊克以自肥者，其戚俞某，已以寒措大一跃而为多田翁。[126]

然而，饥饿暴动的目标也常常指向地方官。清廷在 1832 年（道光十二年）所发布的一道上谕中，就概括了一些地区所存在的情况：

江西省上年被水歉收，今岁青黄不接，粮价稍昂，南安、赣州两府地瘠民贫，风气尤悍，叠经该抚等酌议平价，设法劝粜，并就近借谷接济。乃地方棍徒，乘此岁荒，挟制官长，竟敢集众拥入府堂，肆行喧闹。[127]

1801 年发生于直隶定州的饥饿暴动，矛头同时指向富户和地方官，却有一个意外的幸运结局：

嘉庆六年大水，州境饥，城南七堡村民张洛公、宋蛮子等九人，以李铎家富囤积，率众饥民乞借。不允，遂肆劫掠。铎赴州治控告，州牧张饬役数十辈往，弗能戢，遂议发兵剿捕。饥民亦聚至千八百人，谋所以为敌。

（刘）玢闻之，私议饥民聚众劫粮抗官，由于万不得已，如动兵，是速之变也。不如遣能言者，责以大义，散其众而薄惩其罪，则九人者不致生变，千八百人得全活，而州境乃无事矣。

州牧闻之，使玢往。遂只身赴七堡村，张洛公等长跪请命。玢既散其众，偕张、宋入城。州牧亦廉得其情，概从宽宥。[128]

---

[126] 叶昌炽《缘督庐日记钞》，14/33a，1911 年（光绪辛亥年七月九日）〔编者按：应为宣统辛亥年七月二十九日〕。

[127] 《江西通志》，卷首之三，31a。情况一直都很糟糕。在来年即 1833 年，江西省许多地方都上报了多起胆大妄为的强抢谷米事件。参见同书 14/32a-b。

[128] 《定州志》（1850），11/34a。

不过，饥饿暴动一般没有这样幸运的结局。由于暴动者的组织常常很松散，他们绝大多数是缺乏强有力领导的饥饿灾民，这样的暴动很容易被武力镇压下去。例如，1857 年直隶邯郸的情况，就显示了无组织的暴动者是如何的无助：

> 比年灾歉，兹复旱蝗遮天蔽日，禾稼一空，饥民攘夺，邑令……捕诛数人，稍为敛迹。[129]

饥饿暴动也并不总是能毫无困难地镇压下去。如果"土匪"利用乡村中饥饿的民众来找政府的麻烦，局势就会变得十分严峻。1830 年代一些省区就发生了这样的情况。一份官方文件记载说：

> 直隶、河南、山东各省教匪辗转传习……一遇荒歉之时，恃众强横，白昼伙抢，名曰均粮。南中则湖南之永郴，江西之南赣，与两广接壤处所，会匪充斥。……该处良民及商旅经由者，亦多出钱挂名入会，借免抢劫之害。[130]

因此，大量饥民所引起的动乱，显然是政府潜在的威胁。事态常常向爆炸性方向发展；当被想要挑战政府权威的人加以利用时，暴动就很容易转化为旨在推翻清王朝的叛乱。无论怎样说，饥饿的灾民很容易变成抢劫的暴徒。19 世纪中叶广东一位叛党领袖提出的"申述"很能说明问题，一位西方作者曾加以记录：

> 我们这些老百姓本来出生在丰衣足食的时代，曾经也是非常效忠的子民；我们的家庭在村子里受人尊敬，我们的行为也很端正，并尊重他

---

[129]　《邯郸县志》，1//11b。

[130]　《大清十朝圣训·宣宗朝》，78/16b，1833 年引用一篇上奏的上谕。广东灵山县 1848 年爆发的民变，打出的口号是"劫富救贫"；1851 年爆发的另一场民变，也强迫富户把钱粮分发给贫民。这两场民变的意义、性质都相同。参见《灵山县志》，8/103a。

人财产。但是，由于老天天天下雨，农夫们颗粒无收，我们也无钱来办事，因此三教九流不得不加入土匪。我们本来到广西找个地方避难，但遇到处境同我们一样的乡邻时，不管愿意不愿意，要想不饿死，就得加入土匪。[131]

（四）绅士在暴动中的角色

上面提到的事例显示绅士有时也卷入暴动。在一些事例中，他们是普通民众发泄仇恨的对象；在其他事例中，他们则扮演了煽动者或组织者的角色。

在两种情况下，绅士和非绅士的富户会成为地方暴动的对象：其一，他们作为粮食囤积者，会在一些饥饿暴动中受到饥民的攻击。其二，作为土地拥有者和享有纳税特权者，他们会跟地方官一样，很容易受到愤怒的反勒索者的粗暴对待；特别是那些与地方官狼狈为奸的人。

本书前面章节已经对第二种情况作了解释，[132] 不过，1846 年一份官方文件中的记载，在这里值得引用：

> 江苏向来完漕，绅富谓之大户，庶民谓之小户。以大户之短交，取偿于小户。……以致畸轻畸重，众怨沸腾，纷纷滋事。[133]

一位 19 世纪的作者也有同样的观察。他指出，"毁仓毁衙署、拒捕伤官"的暴动在江苏"无岁不闻，无城不有"，都是出于同样的原因。[134] 江苏以外其他省区也有类似的情形。19 世纪期间，浙江、江西、湖南 [135] 和湖北 [136] 等省一些地区也爆发了一系列特别严重的此类暴动。在所有这些暴动

---

[131] *Chinese Repository*, XX (1851), p.53.

[132] 参见第四章关于绅士和税收制度部分。

[133] 《大清历朝实录·宣宗朝》，435/9a-10a；《大清会典事例》，207/4b；《清朝续文献通考》，2/7513-7514。

[134] 冯桂芬《显志堂集》，2/27b。

[135] 魏源（1794—1856）《古微堂外集》，4/35b。正文中所讨论的地区是浙江省的归安和仁和、江苏省的丹阳和震泽、江西省的新喻和湖南省的浏阳。

[136] 魏源《古微堂外集》，4/34a-35b。还请参见黄钧宰的《金壶七墨·金壶浪墨》，4/6b-7a。正文中所提到的暴动地区是指崇阳。

中，乡绅常常因其可憎的行为而成为群众施暴的对象。

绅士作为暴动的煽动者或组织者的角色相当重要，因而必须作进一步的探讨。正如我们马上就会看到的那样，在几乎所有记载在案、规模相当大的暴动中，绅士的角色都很突出。当然，当大多数居民极为愤怒时，普通民众自己也是有能力发动暴动的。1842年发生于浙江秀水县由虞阿男领导的反敲诈勒索暴动就是这样。虞阿男属于那种"无赖子"，他的名字就清楚地表明他地位非常低下。[137] 然而，这种没有得到绅士支持或指导的暴动，组织可能非常糟糕，很容易被镇压下去。绅士之所以在暴动中拥有重要地位，不仅是由于他们拥有较高的社会地位，而且是由于他们识字，这让他们在暴动中拥有相当有用的知识或技巧。由于这一原因，在科举考试中还未取得任何功名并因此不属于绅士阶层的读书人，也常常在许多暴动中扮演着关键性的角色。为了方便起见，笔者在探讨中把这些读书人称为"文人"，以便同拥有功名的士子相区别；而士子在这里被视为绅士的一部分。

作为村民寻求的领导人物，绅士和略逊一筹的文人，经常承担起维护地方利益，或者在这些利益受到威胁时加以保护的职责。而且，他们是拥有特殊社会地位和经济地位的人物（作为地主和享有特权的纳税人），有他们自己的特殊利益。他们时刻打算扩大其特殊利益，并在必要时加以保护。因此，如果地方官的行为有损于地方或私人利益，或者这样做可以赢得名声时，其中一些绅士和文人就会毫不犹豫地诉诸暴力。事例多不胜数，但是下列这个事例特别有趣。一名新被任命、以"横暴"而臭名远扬的知县，还未上任，就被一场威胁性的暴动逐走。根据西方一位传教士的记载，这件事发生于1840年代的湖北某县：

> 一名官员被任命为知县，但该县居民反对他到任。因为他在刚刚离任的地区，就以专横、暴行而臭名远扬；当地居民深受其不公和敲诈勒索之苦。
>
> 因此，他被任命为知县的消息传到房县后，群情激愤，居民张贴言

---

[137] 《嘉兴府志》，42/96b。有关此人姓名的汉字写法，参见 Herbert A. Giles, *Chinese-English Dictionary*, Nos, 13608 (*yü*), 1 (*A*), and 8139 (*Nan*)。

辞辛辣的告示。接着，一些当地头面人物作为代表，前往该省省会，向总督提交谦恭的请求书，请求总督怜悯房县百姓的贫穷，不要派一只老虎去把他们吃掉，而要派一名真正的父母官来关心他们。但是，请求书未被接受，总督命令新知县次日就去上任。

代表回到家乡，向乡邻宣布了这一悲伤的消息。全城居民惊恐万分，但并不坐在那里悲伤。头面人物聚集起来，召开大会，邀请最有影响力的居民到场。会上决定，不能让新知县到任，应该有礼地拒绝他。……

新知县一到县衙……就被告知，城中主要人物求见。……代表们匍伏在新知县面前；接着，其中一个代表上前一步，以异常礼貌的语气、极端优雅的姿态对他说，他们是代表全城居民而来的，要求他哪里来就回哪里去，因为全城居民不愿意他到任。……

面对群情激愤的居民，新知县……先是企图安抚，然后威吓，但一切徒劳无益。……代表们平静地告诉他，他们到这里来并不是同他讨论问题，而是告诉他事情已经决定，居民们已经决心拒绝他到任。代表们明确指出，轿子已经在门外等候，旅费也已经准备好，此外还有一个盛大的护送队确保他安全地回到省城。……

新知县仍然企图反对。但是，一大群人已经聚集在衙门周围，发出的叫喊声远远不是欢喜或令人安心的。他了解再抗拒是不明智的，因此决定让步，表示愿意顺从他们的要求。……队伍立刻出发，仍然由城中主要人物陪伴。

一到达目的地，代表们就径直前往总督衙门。……总督虽然脸上露出不悦，拿起名册（里面有房县所有重要人物签名的请愿书），仔细地看了看，然后告诉代表说，他们的请求合情合理，应该得到尊重。[138]

"头面人物"和"城中主要人物"十之八九是乡绅和文人。不但"言辞辛辣的告示"是他们写的，给总督的请求书也是他们写的。（事实上，向总

[138] Huc, *Chinese Empire* (1855), II, pp.76-78. Huc 对每一个细节的描述虽然并不一定精确，但对事件的描述大体还是可信的。

督面交请求书的"代表"，可能是那种在帝制时期有权进衙门的人物。）或许，正是在他们有力的领导之下，那名不受欢迎的知县才能被阻止到房县上任。

　　不过，这种事例相当少。更多的是，儒生或文人因未能通过科举考试而认为自己受到不公正的对待，进而煽动反对州县官的暴力示威。我们在前面章节中已经提到 1730 年代发生于直隶昌黎和福建福安的暴动。[139]1860 年代，浙江省一些地方不断发生暴动，令当局特别烦恼。[140]但是，由于文人人数不多，力量不强，无法让他们的示威变成真正的暴力，因而他们带给官员的不过是侮辱而不是伤害。但是，当充满仇恨的士子利用普遍的怨恨取得大众的帮助，由此形成的暴动就可能十分惊人。例如，1845 年，浙江奉化县一些渴望成为生员的儒生暴动，最初是指控知县在主持前一次的县试中"明目张胆地公然偏袒"，但随后凑巧发现他还"向人民征收苛捐杂税"。这些儒生立即利用这一点作为对知县开战的理由。"在县试第一天，儒生聚集起来反对县当局，接着在民众的帮助下，赶跑了知县。"[141]

　　作为地主和纳税人，绅士在其个人利益受到严重威胁或伤害时，会采取暴力手段。许多事例显示，拥有各种功名的士子或拥有官品的士大夫在地方暴动中扮演着积极的角色。1843 年，湖南浏阳县两个乡村地区爆发的反敲诈勒索暴动，其领导人都是生员。[142]1846 年，广东灵山县的居民暴力反抗"苛征"，聚集"暴徒"，捣毁税吏官署，主要领导者也是一名生员。[143]19 世纪中叶，西方观察者对浙江的一次暴动所作记述，尤其能说明问题：

　　　　这次暴动的发生，起源于一些政府官吏在税收中的敲诈勒索。对他们来说，不幸的是，文人——最有影响和最有力量的阶层——也参加进

　　[139]《学政全书》，7/16a；第六章注 346 中所引。

　　[140] 李慈铭《越缦堂日记·祥琴室日记》，49b，同治八年元月十日。李慈铭在对浙江嵊县和淳安县的混乱作了记载之后评价说："吾郡（绍兴府）近日士无师长，以嚣暴相高。每遇县府试，狎侮有司，毁垣坏门，丑诋毒詈，甚至焚其衣冠，搜其妻孥。"

　　[141] George Smith, *China* (1847), pp.251-252.

　　[142] 冯桂芬《显志堂集》，4/36a-b。

　　[143]《灵山县志》，8/103b。这名士子随后被捕并被用刑。暴动以他缴纳罚金而结束。

去。一个三人代表团前往府城宁波，向知府申述冤情。知府根本不听他们的，反而质疑说辞的真实性，要他们从"四书"中引经据典加以证明。不过他们拒绝了，说他们是来申述冤情的，而不是背诵经典。知府更加恼怒；他手下人愚蠢地建议以藐视衙门罪，对鲁莽的申述者进行"掌嘴"的惩罚，不幸的是这个建议被采纳了。三个代表非常难堪，气愤地返回奉化；民众更加气愤，决心报复。……

随后，暴动民众和官军（据说，官军有 600 人；另一些人说有 1000 人）之间爆发了一场战斗，官军被打败。……这时（1847 年 10 月 12 日），法国使臣乘坐"女神号"汽船从舟山到来。早上 8 点，署宁波知府拜访英国领事，说他非常期望见到法国使臣。……他的情绪非常低落，强调说来自奉化的消息非常糟糕，3 名官员被杀，官军被打败；还说道台已经成为叛军的阶下囚，叛军可能很快就向宁波进发。[144]

暴动者得知一支 10,000 人或 12,000 人的军队已抵达宁波，而几名地方官已经受到惩罚后，整个暴动最终平息下去。

绅士参与暴动的事例，并不限于上述少数几个省份。例如，河南省一些地区 1854 年和 1855 年组织的反勒索暴动的"联庄社"，其中一个领导人就是生员。[145] 他虽然是唯一可以确定身份的，但是其他许多领导人也可能拥有类似的身份。1858 年，山东一些地方上报的反敲诈勒索暴动，也是由廪生和武生领导的。[146]1884 年到 1885 年，贵州某县爆发的一场暴动，是由一名举人及其伙伴领导的。这场暴动最终发展成为民变，民变队伍包围了铜仁府城，杀死知府。[147] 事实上，广西省一系列反敲诈勒索暴动中的绅士领导非常普遍，因而 19 世纪的一位中国作者毫不犹豫地写道，那些"有一阶半

---

[144] Davis, *China During the War and Since the Peace* (1852), II, pp.189-196.

[145] 李棠阶《李文清公日记》，第十四册，1855 年（咸丰乙卯年八月五日）。还请参见本章前注 120，1854 年（咸丰甲寅年八月七日）。

[146]《山东军兴纪略·团匪二》卷二十二之中，3b 和 6a 分别记载说，在乐安县，一名廪生和武生 1858 年聚集了几千人的暴徒，进攻知县衙门；在齐河县，一名廪生领导居民抗粮。

[147]《铜仁府志》，9/40b-41b。

级者，即怙势与官抗，官不敢言催科事"。[148]

从上述探讨中，我们清楚地看出，比起其他类型的暴动，绅士在反敲诈勒索暴动中扮演着或许更为积极的角色。其原因非常简单：他们作为纳税人，当地方官及其走卒对土地拥有者需索过度、超出警戒线时，他们的利益就受到直接威胁。拥有功名的士子或拥有官品的士大夫虽然并不是唯一的纳税人，但是，由于他们拥有学识，了解官场情况，因而他们自然地成为组织反对腐败官吏的合理领导者。其他土地拥有者很容易被说服参加；对于暴动煽动者来说，他们轻易就能引诱或强迫其佃农跟他们一起向违法的官吏衙门进军。

就像华南的一些争斗那样，绅士领导者很有可能雇佣一些人，在暴动被镇压之后，作为他们的替死鬼，接受惩罚。无庸置疑，在这种卑劣的手段下，绅士更加肆无忌惮地煽动愤怒的乡民反对地方官，为他们火中取栗。一位西方作者在1840年代早期所作的观察，很能说明这一点：

在位于广东东部的潮州府，某人犯下重罪而需找一个人顶替自己被处死，其代价大约为50两银子。……这样，潮州府经常发生官吏被杀死、暴动频繁爆发的事件；因为，当一些富有阶层的人物对某个官吏的行为不满时，就会毫不犹豫煽动贫困阶层制造混乱，而不用担心个人会受到惩罚。1843年秋，潮州府某县知县被杀，广东按察使因此带着一支大军，从广州出发前往逮捕并惩罚犯罪分子。可是，他一到混乱的现场就发现自己不可能完成任务，因为遭到了一大群手持武器的民众抵抗；其结局同中国其他地方经常发生的类似情况一样，以私下妥协收场。

煽动杀死知县的绅士因害怕受到惩罚，花钱找到20名替死鬼，并对被杀知县之子行贿（据说是1万两银子），好让这些人承认自己是煽动者、主犯和从犯等等。另一方面，在刑部制定的律条严格规定下，广东按察使必须对罪犯进行惩罚，否则自己会受到惩罚。但是，他认识

[148] 李慈铭《越缦堂日记·息荼庵日记》，卷五，53b，1869年（同治八年七月二十七日）。有关"劣生"煽动或组织暴动的更多事例，参见本书第六章注350—354所引资料。

到，如果要想把真正的罪犯绳之以法，他们就会竭尽全力进行抵抗；这反过来会击败他所率军队，自己也会因此而被杀死。基于这些考虑，他接受了贿款，判处 20 名无辜替死鬼死刑。[149]

我们手中没有资料证明这样的卑劣手段十分普遍，但即使是局部地区出现这种手段，也有利于进一步了解地方暴动中绅士和普通百姓之间的关系。

盗匪

清政府对"匪"字的使用非常宽泛。在官方用语中，"匪"可以指任何违反法律和统治的犯罪分子，从普通的强盗到十足的叛乱者。我们讨论中所用的"盗匪"一词，是指个人或集团利用身体暴力对其乡邻进行抢夺的掠夺性行为。在这种场合中，"盗匪"明显有别于"民变"或"叛乱"。叛乱的目标在于推翻现存政权，而盗匪虽然破坏了法律，但并不想推翻政权本身。有时，盗匪虽然公开违反了现存政权之旨意，但这只不过是作为自我保护的一项措施，或在进行掠夺时的一个必要步骤。因此，在实际情况下，它和叛乱之间的界限并不总是很清楚，但大致区别还是很明显的。

盗匪产生的根源在于贫穷。[150] 不过，如果认为饥饿的村民自己必定会成为盗匪也是不正确的。村民的惰性根深蒂固，只是饥饿并不能使他们卷入或从事掠夺性活动。正如前文已经指出的，贫困的农民经常选择的是流浪、乞讨或死亡，而非"铤而走险"。在一些本来很温顺的村民变成土匪之前，必须存在着两种因素：其一是乡村中存在着"奸民"，其二是特定地区出现了严重的社会动荡。

第一种情况在许多乡村几乎一直都存在。"奸民"在盗匪活动中的角色是众所周知的。19 世纪早期的一位作者就观察指出：

[149]　Meadows, *Desultory Notes* (1847), pp.172-174.

[150]　George W. Cooke, *China* (1858), p.190, 记述了一个普遍被接受的观点："中国是一个人口众多的国家，特别容易发生水灾、粮食歉收；政府软弱，没有救济穷人的法律。在这样的国度里，必然总是充满了饥饿的灾民。……中国每一个角落，都充满了'危险的阶层'。"

暴民之兴，多流为盗贼，而实由于饥馁。始也潜事穿窬，继或强籴强借，终遂肆行抢夺。此必市井桀黠之徒，乡间奸猾之辈，阴相构煽，愚民困苦无聊，为所诳诱，恣意攫取。上户遭其荼毒，持械相抵，偶有杀伤，挺然思逞，聚众剽掠，千百成群。[151]

这一观察的正确性，部分见于以下目睹广东灵山县情况发展的记述。在该县，饥饿的民众先是走向暴动、从事盗匪活动，最后参加民变：

灵邑于山谷中，山菁林密，伏莽滋多，每遇饥馑，有司抚绥无术，暴动时闻。……道光四年甲申四月，匪徒陈自通因旱饥煽饥民作乱。……

十九年己亥，洪秀全党何勇入境招徒党入天地会，出西江劫饷船。……

二十六年丙午冬十二月，市民苦府税厂苛征，聚众毁厂。……

二十八年戊申四月，张家祥（肇庆人）……率党据县境……声言劫富救贫，所至勒索富户助饷。……

咸丰元年辛亥，颜大、陈自考……周廷明伙党数千人，占据陆屋、旧州、宋太等处，勒索富户。……

同治十一年壬申，刘贤率党袭城毁署，抢掠街市。是年米昂贵。[152]

从上引资料中清楚地看出，这一悲惨地区出现的各种各样的动荡，是有经验的混乱制造者的杰作，又因一支饥饿大军的存在而加剧。虽然在该事例中，要想清楚地指出暴动止于什么地方，盗匪行为从什么地方开始，或盗匪行为在什么地方发展成叛乱，是有一些困难的，但是，混乱制造者在整个发展过程中的决定性作用还是很容易看出来的。

[151] 杨景仁《筹济编》，19/10b。
[152] 《灵山县志》，8/103a-110b。

（一）"奸民"

因此，简略地调查一下混乱制造者的举止行为对我们了解盗匪现象很有必要。就像在其他地方已经指出的，清政府把居民划分为"良民"和"莠民"或"奸民"两大类。这一阶层区分虽然并不一定就反映了各人的本质，但它的确表明了在中华帝国巨大的人口中，一部分人性格温顺、反对社会动荡，另一部分人不守规矩、喜欢掠夺。后一部分人的存在，不但使当局者寝食难安，而且给其所在乡邻的安全构成了威胁。

各种各样的"奸民"，几乎在清帝国任何地方都可以看到。几种最熟知的应该在这里略作描述，包括"光棍"（地痞、流氓或乞丐）、秘密社会成员和"散兵游勇"。在这几种"奸民"中，光棍几乎存在于所有集市和乡村。19 世纪，西方一位传教士称光棍为"乡村恶霸"，他的生动描述，可以显示这种"奸民"的一般行为：

> 中国恶霸简单来说就是这样一种形象，他们大都脾气暴躁且情绪激动，他们从不肯吃亏，在任何情况下都奉行一报还一报的原则。……有时，一个精明的村民会采用这样一种策略：他们穿着像无赖一样敞胸露怀，言谈粗声大气，或者观点缺乏一致性。……
>
> 如果他坚持贯彻这样的行为方式，那就不可避免地给人留下这种印象：他是一个危险人物，跟他打交道要小心。……
>
> 最可怕的一种地痞是，他们虽然不会让别人孤立，但总是插手别人的事务，以图自己捞取好处。他们之中最危险的是那种不费吹灰之力就置人于死地的人。……
>
> 恶霸一般是穷人，他没有什么好损失的。这是十分有用但不一定是便利的条件。在中国，贫穷经常是处境最为悲惨、最困乏的同义词；……成千上万的穷人不知下顿饭从何而来。这些人如果在欧洲，会被称为"危险阶层"。而在中国，贫困至极，他们很少作为一个整体向社会发难。但作为个体，这类人如果具备特殊能力的话，就有可能称为"村霸王"，从而依他们的意愿左右局面。
>
> 这样的人物，用中国形象化的语言来描述，就是"赤脚"，暗指他

们穷困的处境；俗话说，"赤脚的不怕穿鞋的"，因为前者在情况紧急时毫不犹豫往泥中逃跑，而后者却不敢紧随其后。换句话说，"赤脚"公开地或暗中威胁要报复那些无力自保的有产者，使他们处于恐惧之中。

> 报复的形式依情况而定，最常见的方法之一是纵火。……
> 恶霸对敌人表示不满的第二种方式是毁坏庄稼。[153]

恶霸为了提高自己令人畏惧的影响和势力，经常把他们的同伙组织成一种无形的掠夺性队伍，一旦有需要，就可以很快地采取行动。中国乡村不时发生冲突和暴乱，有时就是由这些帮派引起的。因此可以说，他们成为"中国社会安定的大敌"。引用同一位西方传教士的说法：

> 我们设想一下，某人与对手发生激烈的争吵，长期不和，终于使他们在一个大集市上发生斗殴，这样的事情一年四季都会发生。其中一个与一名恶霸熟识，这个恶霸又有一帮同伙可随时出手相助。这个人看见熟识的恶霸过来，赶忙诉苦，请求帮忙。这个恶霸通知同伙，说有个朋友需要帮忙，约请他们出动。这一帮人来到集市上。……凭借这一帮不法之徒的强大势力，那个恶霸暴打对手并轻松取胜。……这并不是说，这个危险阶层中聚集起来的莽汉们就形成了某种固定的组织。其实，他们只是在被保证这种斗殴极富刺激，或者事后有宴席犒赏的情况下才聚到一起的。[154]

---

[153]　Arthur Smith, *Village Life* (1899), pp.212-217.

[154]　Arthur Smith, *Village Life*, pp.220-221. 作者还有意义地补充指出，"乡村恶棍"可能是普通百姓或"秀才"（即生员）。然而，有资料表明，乡村中的"文痞"人数比乡镇或城镇的要少，其原因或许在于乡村对他们来说没有多大的吸引力。至少在19世纪后半期，这样的人物更容易寄生于城市，其中包括清帝国的首都。从下列两个事例中可以得到说明：李慈铭《越缦堂日记补》辛集下，1862年（同治元年元月十三日），59b-60b记载说，一名出身于山西富户的年轻人（张其翰）成为北京一帮恶棍的头目。他花钱买了个小官当，并把他的暴力习惯带进同僚中（其中包括某巡抚之子和一个年轻的满族官员），直至被一位尽职的巡城给事中抓住，严刑拷问死于狱中。翁同龢《翁文恭公日记》丁亥年（1887年8月14日到9月14日），26/77a-85b记载说，一些恶棍不知为何原因殴打他的车夫。由于其中一个头目是"黄带子"，因而翁同龢为自己仆人申冤的努力付之东流；翁同龢时任户部尚书。

不过，还要补充的是，恶霸和"光棍"的行为并不仅仅限于打斗和吃喝玩乐。在不同时期，他们所从事的流氓活动，从敲诈到盗窃，种类十分广泛。[155] 在一些地区，由于环境特殊，会制造出特别的混乱形势。例如贵州省的"土棍"行为方式如下：

> 呼朋聚党，数十成群，平时于地方善良之家，每每借端讹索，手持刀棍，辱骂纠殴，甚或捆缚吊拷，欲饱方息。及遇赶场日期，则持断戳片包等物，撞人掷地，即借词诬赖，其人不服，与之争辩，则其伙党辄从而聚殴，将其银物抢掠一空，莫敢谁何。此等恶棍，如镇宁州属之曾周马场、张官堡、双堡场，安顺府属之旧州场、鲊笼场等处最多，至岁暮时尤甚。此外各处场市亦皆不免。[156]

在华南一些地方，恶霸的行为方式不同。根据一位西方学者引述的报告，这些来自"危险阶层"的恶霸——

> 为了榨取赎金而进行绑架活动；他们假装成治安官员，以保护粮地为名打造快船，每船载着 10 到 20 人，沿江上下穿梭，要么以暴力手段打劫客船，要么强行抢夺蜑民的妻子、女儿。大小乡村之村民，视之如虎，丝毫不抵抗。农夫必须要向这些强盗支付钱财，否则庄稼一成熟，就会遭到抢劫，留下光秃秃的一片白地。[157]

---

[155]　1820 年进士、四川昭化知县谢玉珩把这样的流氓行为分为至少六类：（1）采取暴力手段，敲诈那些刚刚卖掉不动产的人〔编者按：原文为"民间每有先年卖过田地之人……自往买业之家痞赖"，是卖田者向买田者敲诈，作者偶误〕；（2）敲诈那些刚刚从债务人手中得到债款的债主；（3）未经许可就从私人土地上砍倒竹子或树木；（4）伪造远年借约假账，向懦弱之家诈索吵闹；（5）偷盗；（6）抢劫。参见《牧令书辑要》，9/9b-12a。〔编者按：谢玉珩《严拿匪徒痞棍为害并使病叟泼妇蛋扰示》。〕

[156]　贺长龄《耐庵公牍存稿》，3/14a。贺长龄当时是贵州巡抚。

[157]　Cooke, China (1858), p.191。不同地区对"恶棍"和恶霸的称谓各不相同。比如，在广东一些地区，称那些"游惰之民，作横乡里"者为"烂崽"，字面上的含义为"堕落的小子"。参见《广州府志》，108/20b。至于其他称谓，将在随后讨论中提到。

这些恶霸的"胆量"大到一定程度后，就成为清王朝真正头疼的问题。用一位西方传教士的话来说，就是：

> 有一种人，专门以违反法律、违抗州县官员的命令和从事各种各样的犯罪活动为乐，并以此炫耀。无论是打伤别人，还是自己受了伤，都很镇静；杀死他人时，非常冷酷无情；根本不担心自己死活——这就是光棍的极端信念。[158]

不难看出，这种"光棍"很容易变成无法无天的抢劫者。这一演化趋势很容易从18世纪和19世纪一些作者提供的事例中得到证实。陕西巡抚陈宏谋在1745年签发的一件官府告示中，就对"卦子"（光棍在北方的一种称呼）的行为作了如下描述：

> 闻得鄠县、盩厔一带地方，有卦子一起……日则强行乞食，夜则宿于麦场，放火烧毁，乘机攫抢。……
> 又据咸宁县禀报，北乡化王村堡外有卦子一起，男妇共二十六名口，系山西口音，随带马二匹，骡驴十七头。……查此等外来流民……所到村庄，恃众行强，多索滋扰，甚至乘机攫抢，亦所必至。[159]

在同天的另一份文件中，要求人们注意陕西当地"光棍"的活动：

> 陕西地方，多有好勇斗狠之徒，或逞凶恃强，凌轹一方……或诱人为匪……或纠众肆抢行窃……不畏官长王法，不受父兄约束。善良惧其报复，不敢告发。……愚民视此辈为法不能加，有利无害，地方无赖

---

[158] Huc, *Chinese Empire*, II, p.251. Huc进一步说道，其中一些"光棍"成立一些团体，另一些则独自行动。

[159] 陈宏谋《培远堂偶存稿》，21/8a-b。

子……反从而效尤，为害更甚。[160]

在一些地方，"奸民"可能就是"乞丐"。他们虽然以"乞讨"为生，但是很容易通过暴力手段榨取钱财，或者成为十足的土匪强盗。18 世纪的一份文件，就记载了这样的情况：

> 江西各属城市乡村，俱有一种恶乞，名为拣子行，以乞丐为生，大非疲癃残疾，实皆年力精壮，强横无赖之徒。三五成群，到处蜂拥，登门入室，索讨钱米。少不遂意，喧闹不止。茶坊酒肆，肆行无忌。……城市犹少，村庄尤甚。[161]

这种"乞丐"制造混乱的行为，并不限于骚扰居民并榨取钱财。几年后发布的另一份文件就描述了这种"乞丐"的抢劫行为：

> 近来所获强盗，及满贯之案，多系强壮之乞丐所为……野庙桥洞，随处栖身。保甲不能约束，兵役亦难盘诘，竟成法外之人，所以叠有不法之事。[162]

18 世纪晚期，湖南省一些地方记载了另一种稍有不同的"奸民"：

> 此辈借称邻邑因上年歉收，窜入宁境，不下六七百人，扰累各乡，甚有孤僻村民，迁避去者。……凶之尤者曰老猴，广西人，绰号飞天蜈蚣，妻号飞天夜叉，年仅五十，有拳勇，寄居县境岩穴中十六七年，党翼六七十人，分路强乞，轮日供膳老猴夫妇。……或忤其党，则挺身行凶，莫敢谁何。[163]

---

[160] 陈宏谋《培远堂偶存稿》，21/9a-10b。

[161] 陈宏谋《培远堂偶存稿》，15/33a-b。

[162] 陈宏谋《培远堂偶存稿》，43/11a。这种乞丐的行为并不限于骚扰地方居民。〔编者按：此后注文与文中引文完全相同，疑误，今略。〕

[163] 汪辉祖《病榻梦痕录》下，4b-5a。

在 19 世纪，清帝国一些地方同样存在着类似的"乞丐"。1836 年（道光十六年），清廷发布的一道上谕就说道：

> 江西广信府属之上饶、广丰等县，福建建宁府属之崇安、浦城、松溪等县，浙江处州府属之龙泉、庆元等县，三省毗连之区，封禁山内，近有一种丐匪盘踞，号称花子会，俱系各处无赖之徒，成群结党，扰害居民。……其会有大会首、副会首、散头目等名……会欲纠众讹诈，则以竹筷缠扎鸡毛，上系铜钱一枚，分头传示，会中人一见立即赶往。[164]

很明显，清帝国各地存在着秘密社会，其中一些秘密社会在未打算举行公开造反时可能从事着盗匪活动。18 世纪存在于四川省的一种秘密社会，后来仍然存在，只不过是形式稍有改变。一位当代学者对这种秘密社会的特点作了如下描述：

> 查啯噜种类最夥，大约始乎赌博，卒乎窃劫，中间酗酒打降，勒索酒食，奸拐幼童，甚而杀人放火，或同伙自杀，皆谓红钱，自称亦曰红钱弟兄。以上各类皆不为盗，下此掏摸掐包剪绺，已刺面则红钱不入，别为黑钱。
> 又云，啯噜一种半系革捕，此县犯案投充彼县，类与各捕声息相通，因缘为奸。哥老即啯噜之传讹也。[165]

19 世纪晚期一件官文中所包含的下列叙述，指出这一时期其他地区一些秘密社会掠夺活动的一般模式：

[164]　《江西通志》，卷首之三，4b-5a。
[165]　渠弥《养和室随笔》，载《中和》月刊，第 1 卷，第 121 页。〔编者按：查引文出自《中和》月刊，1940 年，第 1 卷第 4 期，《养和室随笔》"哥老"条。〕文中引用 1733 年进士、四川南充知县邱襄周的话。"啯噜"一词的意思并不清楚。根据作者所引来看，该词最初形式可能是"哥老"。

自来如四川、湖南、贵州、两广等省，会匪最盛。其始皆不法游民，烧香结会，及会成势众，因是以横行乡里，鱼肉良民。小民无可如何，遂入会以求自保。其会则有哥老、安亲、添弟、三点等名，其地则遍于各州县。或数十数百人自为一会，而其声气则无所不通。[166]

我们不应该忽视这一事实：在特殊的情况下，清政府一些军队会从事盗匪活动，或者变成土匪。众所周知，入伍当兵的人，大多数是其家乡的不安定分子。即使他们并不是真正的地痞流氓，但也很容易成为没有固定职业或谋生技能的人。这证明了"好铁不打钉，好男不当兵"是有道理的。清王朝军队臭名昭彰的是，在被认为要同土匪作战时，却忙于准备从事抢劫活动。关于此类事例数不胜数，这里仅举 1861 年发生在浙江的一个事例，就足以说明官军是如何利用动乱局势从事盗匪活动的：

官兵之累，百倍粤贼。去岁春间，贼目下令，安昌、斗门依旧为市，民间遂各修屋立肆，百货麇集。二镇之盛，转胜往时。自冬间法人……带兵进攻，宁绍间子尽窜军籍。卷焚卉衣，肆为淫掠。今春之初，亡命尤聚，而乡民之戆直者，复助之杀贼。贼怒，遂尽焚松林、下方桥、后堡、陶堰、道墟、东关、安昌、斗门诸村。……官兵宛转逐之，而行劫如

---

[166] 《知新报》，82/1a，引自广东巡抚 1899 年的一道奏折。有关秘密社会从事盗匪活动的情况，我们可以从"洪门"起草的关于控制其成员从事盗匪活动并防止争端发生的特定会规中获知。例如"五誓"（伦敦大英不列颠博物馆，远东档 8207D）、"二十誓"（远东档 8207E）和"行船遇劫口白"（萧一山《近代秘密社会史料》3/1b、3/5b 和 4/38a-b）。这里，不能以任何制度化的方式来处理秘密社会问题。有关秘密社会对 19 世纪中国乡村的影响达到什么程度，可以列一些参考书目。萧一山的《近代秘密社会史料》包含了许多有用的主要资料。此外，还可以参考下列著名研究成果：J. S. M. Ward and W. G. Stirling, *The Hung Society*, 3 vols. (1925-1926); Gustaaf Schlegel, *Thian-ti-hwui, The Hung League* (1866); chapters in K. S. Latourette, *The Chinese* (1941); and James D. Ball, *Things Chinese* (4th ed., 1906). Henri Cordier, *Bibliotheca Sinica*, III, 1894-1900, 补充了一些书目。

故。[167]

即使在军事活动结束或因其他各种原因而被解散之后，这些人还会给乡村带来混乱。用官方话语来说，他们变成了"散兵游勇"。他们给清王朝带来了严重的问题；就像对太平天国军事镇压行动结束之后的情况一样。下列一段描述，就是这种土匪常见的运作模式：

> 自谅山一役，遣散各军，器械不能尽缴，往往致成游勇，恃有利器，抢劫客商。……有啸聚至数万者，此等游勇，只是抢劫行旅，不扰害居民，以故民与匪相习，遇官兵搜捕，该匪等辄散匿民居。……兵退复出，所以广西几至通省皆匪。[168]

另一种与此稍有不同的运作模式，见于 1853 年的一份官方文件，描述太平天国早期的情形："逃兵逃勇奔窜而返，无资可归，无营可投，沿途逗留，随处抢掠。"[169]

上述事例旨在证明这样一种观点：虽然盗匪行为产生的根源在于社会总贫困，但是，如果一个特定地区并不存在什么"奸民"，或者地方上并没有发生什么严重的混乱，而使得农民大众仍然有可能维持他们习惯上的生活方式，那么，盗匪活动是不会猖獗起来的。[170]普通村民通常是遵纪守法的，

---

[167]　李慈铭《越缦堂日记补》，壬集 84b，1862 年（同治元年二月二十四日）〔编者按：应为 1863 年同治二年〕。《潼川府志》（1897），17/39a 中收录了当地一首纪事诗，对土匪和官军的行为都作了描述：

"四野岑寂声悄悄，贪顽有叟贫且老。幸灾乐祸肆欢欣，皆言此会贼来好。怜我衰弱恤我贫，使我肥甘日夜饱。尔时人家已无主，弃置财物埒粪土。〔公然篡夺人不知，取之外府犹内府。豕羊满楼谷满车，锦衣文绣斗鲜华。人生快意谁过此，从此贫困不须嗟。〕兵乘贼退执群凶，孰知尔辈与贼通。无贵无贱席卷去，眼底悬花付一空。"〔编者按：此为陈谦《纪土匪》诗，括号部分为作者所未引。〕

[168]　《知新报》，82/2b，引自江西巡抚的一道奏折。

[169]　曾国藩《曾文正公奏稿》，2/3b。

[170]　曾国藩《曾文正公奏稿》，2/3b。

在情况需要时，他们为了保护自己和家庭，会避免和土匪对抗，[171]或者同邻居一道合力抵抗。[172]然而，在特殊的环境下，一些通常守法的村民也会被引诱（暂时或在相当长的时期里）从事盗匪活动。

（二）职业性土匪和偶发性土匪

前面的探讨表明，土匪（这种称谓是恰当的）可以分为两类，分别称为职业性土匪和偶发性土匪。他们之间的区别在于：（1）偶发性土匪常常是那些因这样或那样原因而被迫加入土匪集团的乡民，而职业性土匪属于乡村社会中从事职业化掠夺、难以驾驭的分子；（2）一旦被迫加入土匪行列的压力消失，偶发性土匪常常会回到合法的职业中去，而职业性土匪总是经常性或许永久地从事抢劫、偷盗活动。

有关职业性土匪的事例很容易找到。其中一个特别有趣的事例发生于19世纪的广东。在该省，土匪"职业化"的程度非常高，俨然成了高度组织化的营利机构，有好几个不同的运作层次。根据当时一位官员的记载：

> 广属盗贼之害，其源半出于赌徒私枭。然有祖孙父子家世其业者，亦有一村之人出外行劫……于宗祠之前明卖赃物，得财而合姓俵分者。又有土豪巨猾富逾万亿，而盈千累百，发作本钱，分给散贼，自作米饭主者。又有伪置旗箭，散给各村插认，名曰保护村庄，实则一乡之中，讲定规礼，密戒伏党勿犯，因而敛财者。此等大盗，其平时亦与土族酬酢往来。[173]

---

[171] 参见本章注168。

[172] Morton Fried, *Fabric of Chinese Society*, p.229, 叙述了一个在晚近发生的事例，可以说明农民的这种反应："他们（1940年代末安徽滁县的土匪）在一段时期靠抢劫远离社会中心的人户、打劫富裕的农民或顽固的乡绅为生。他们成功进行了好几个月。然后突然就被抓住了。原因很简单。……这些'游击队'最初抢劫的对象，或多或少只是限于富户。……可是后来不知为什么，他们不加分别地随意抢劫，普通农民和佃农也成为他们的牺牲品，房屋也常常遭到烧毁。……农民记下土匪的活动地点，并通知了当地政府。"

[173] 葛士浚《皇朝经世文续编》，21/15b-16a。还请参见林则徐《两江奏稿》〔编者按：应为《两广奏稿》〕3/18a中收录的一件描述广东惠州和潮州宗族的文件。

"窝主"在职业性土匪中的角色和地位，不应该被忽视。根据 18 世纪一位官员的记载：

> 盗非窝无以存留，贼非钱无以踪探。……然缉拿窝家尤难于缉拿引线，盖窝家者非不法营兵衙役，即系地棍势豪，保正甲长被其笼络，贪其贿赂，不肯举报；牌邻族正人等畏其凶恶，惧其报复，又不敢首告，至于捕役素与地棍势豪人等通同一气，利其馈送，亦明知故纵。[174]

从下列 1897 年发生于湖南长沙的事例，可以看出"窝主"具有的决定性作用：

> 长桥柳祥麟者，庇盗而居其货，家楼房如质库，莫敢何问。侯〔赖承裕〕因事诱至，杖毙狱中。……恶党大集，声言焚市。侯闻立驰往，众不意官至之速，负隅而噪。壮勇直前，擒十三人，余骇窜。由是长浏之交，盗踪顿绝。[175]

在中华帝国漫长的历史长河中，职业性土匪一直都存在。他们也常常不断地给政府带来麻烦，不过他们的存在对帝国所造成的实际威胁，不如周期性出现的大量偶发性土匪所造成的那么大。原因不难找到，掠夺性的群体，在中华帝国庞大的人口规模中所占比例很小。即使在最动荡的年月里，帝国也完全没有受到职业性土匪什么威胁。而迄今为止一直爱好和平、遵规守法的农民，一旦因他人强迫或环境逼迫而从事抢劫和攻击活动，"铤而走险"时，现存政权就不得不面临着大多数人口都卷入的严重动荡的可能性。

---

[174]　田文镜《州县事宜》，17b-18a。
[175]　王先谦《虚受堂文集》，7/7b。

这种可能性在19世纪中叶以前就可以清楚地看出。实际上，18世纪的一些思想家就已经察觉出来了。举例来说，御史梁上国就认为，不愿意成为土匪（即偶发性土匪）的人数远远超过了乐意成为土匪（即职业性土匪）的人数。他在1799年的一道上奏中说道：

> 窃料贼匪之众，激于忿怨官吏者十之二，困于衣食冻馁者十之三，出于掳逼驱胁者十之四，其甘心为匪者度不过十之一耳。[176]

的确，可以推想得到，在清帝国的社会环境随着自然灾害频繁和行政效能僵化而变坏之时，乡民转变成偶发性土匪的人数越来越多，使得清王朝不可能以任何有效的方法进行处理。19世纪50年代，广西的情形就是这样。根据这一时期一份官方文件的记载：

> 广西之贼，倏聚倏散，旋抚旋叛。股匪之多，实难数计。良民变而为贼，武弁亦有叛而为贼者。大抵饱则为民，饥则为贼；散则为民，聚则为贼；败则为民，胜则为贼。[177]

（三）绅士和地方官员在盗匪活动中的角色

绅士一般同地方"恶棍"的活动没什么联系，而且似乎在事实上反对后者一些令人讨厌的做法。有关这种反对立场的一个事例，见于一名官员在19世纪初的记述：

> 近年以来，每有棍徒借端敛钱，大抵为演剧赛会等事，从中渔利起见。偶有绅衿呈官请禁，或有督抚访闻饬禁，并与绅衿无涉者，棍徒等辄敢聚众拥至绅衿家中，小则打伤什物，大则拆毁房屋，甚有白昼于城

---

[176] 《皇清奏议续编》，2/3a，梁上国提交的一道奏折〔编者按：《条陈平贼事宜疏》〕。梁上国使用的"贼"字是属于宽泛意义的，就像本节在开始讨论时就指出的那种用法。

[177] 骆秉章《骆文忠公奏稿·湘中稿》，8/29b。

市之中连折十数家者。[178]

　　绅士和土匪——无论是职业性土匪还是偶发性土匪——之间的关系，通常并不怎么密切。他们很容易把强盗当作自己的敌人，并集合他们所能掌握的力量来抵抗他们，保卫自己的家庭和村庄。但是，在特殊的环境下，乡绅也会以各种各样的方式成为土匪的伙伴或朋友。前面已经指出了广东一些绅士家庭同"巨匪"维持着密切的关系。[179] 还有其他一些事例，比如发生于山东的例子，也表明乡绅扮演着非常重要的"窝主"角色。根据生活在 18 世纪最后 25 年和 19 世纪前半期之间的一名官员的记载：

　　〔山〕东省素多盗贼……揆厥由来，实缘东省多窝资之区。……至窝家内有武举冯旂、朱澧江，武生石大恩，并曾任职官之子董五皮，书役周岳峰等。该犯等或系绅衿官商，或系在官人役，胆敢窝贼分赃，包庇得利，情节尤为可恶。[180]

　　可以想象，这并非独立的事件。前文证明过华南一些宗族在盗匪活动中的形象十分突出，[181] 而绅士和宗族组织之间联系十分紧密，我们就有理由认为，一些乡绅是会同土匪狼狈为奸的。

　　至于地方官员同土匪的关系，很明显完全不同。他们很难变成"窝主"，也难以同强盗和掠夺者维持"密切关系"。但是，他们也以一种十分重要的方式为盗匪活动的产生做出了"贡献"，那就是他们的行政腐败。我们根本没有必要再重述这一事实：由于官员腐败，或多或少直接使乡民处于悲惨的境地，他们充满仇恨，并卷入到冲突、暴动或盗匪活动中去。且不说其他，仅仅是官员玩忽职守，就常常加速盗匪活动的猖獗，形成一个难以控制的困难局面。下面一封曾国藩 1853 年写给湖南省各州县官员的信，就说

---

　　[178]　《皇清奏议续编》，2/12a。
　　[179]　葛士浚《皇朝经世文续编》，21/16a。
　　[180]　贺长龄《耐庵奏议存稿》，1/15a-b。
　　[181]　参见第八章注释 190—192。

明了这一点：

> 方今之务，莫急于剿办土匪。……或啸聚山谷，纠结党羽。地方官明知之而不敢严办者，其故何哉？盖搜其巢穴，有拒捕之患；畏其伙党，有报复之忧；上宪勘转，有文书之烦；解犯往来，有需索之费。以此数者，踌躇于心，是以隐忍不办，幸其伏而未动，姑相安于无事而已。岂知一旦窃发，辄酿成巨案，劫狱戕官，即此伏而未动之土匪也。[182]

更高级的官员也不能免于责难。几年前，曾国藩还在京师时，他写道：

> 今春以来，粤盗益复猖獗，西尽泗镇，东极平梧，二千里中，几无一尺净土。推寻本原，何尝不以有司虐用其民，鱼肉日久，激而不复反顾。盖大吏之泄泄于上，而一切废置不问者，非一朝一夕之故矣。[183]

造反

"造反"在这里的定义为：以改朝换代为目的，公开武装反抗现政府。按照一些学者所使用的"革命"一词来说，它是一种类型的"革命"，但是我们最好还是把它与"革命"区别开来："革命"是指反抗现存政权的运动，其目的不仅在于推翻现有统治者，还在于改变政府组织形式及建立的组织原

---

[182] 曾国藩《曾文正公书札》，2/1a-b。〔编者按：《与各州县书》。〕在这段和下段引文中，曾国藩也是以习惯上的宽泛用法来使用"匪"（即土匪）一词的。我们从 von Richthofen's *Letters*, p.133 引出一段（1872 年 5 月所写的一封信），有助于了解地方官员的愚蠢和不负责任的行为："我上次来访时没有进去的（山西）平阳府（城）完全被毁灭了。我听到的情况是这样的：几年前，一支从河南来的叛乱者完全出乎意料地进了城，但只是稍作抢劫后就离开了。在他们还未离开很远时，地方官为了在给皇帝的汇报中增加一些他们是通过抵抗才得以把平阳城从叛乱者手中拯救出来的证据，命令从城墙上朝着叛乱者的背后开几枪。叛乱者认为这是对他们的大不敬，调过头来，摧毁全城，杀死许多居民。自那以后，官军就驻扎在废墟中。"

[183] 曾国藩《曾文正公书札》，1/27a-b，1850 年到 1851 年之际写给胡莲舫的一封信。

则。[184]

众所周知，在中国文化史上有一个很悠久的传统，西方一些学者称之为"造反的权利"，[185] 亦就是推翻暴君、代之以"仁德"君主的"权利"。大多

---

[184]　这些定义是从政治学的角度作出的，同 Webster's *International Dictionary* 所下的定义实际上相同。造反的定义在前面注释 82 中已经引述了。至于"革命（Revolution）"的含义，该词典是这样解释的："指组织机构，或政府或制度的根本改变；由被统治者推翻或摧毁现政府或统治者，并取而代之。"*Encyclopedia of the Social Sciences* 的定义与此不同："革命：政治秩序中的主要变化，它并不仅仅是政府人事的改变，或具体政策的重新调整，而必须进行或者伴随着不同社会集团和阶级之间关系的剧烈变化；⋯⋯社会秩序的重塑。⋯⋯革命的这一特征，使它同⋯⋯军事政变、造反和起义区别开来。"还请参见 Aristotle, *Politics* (Jowett's trans.), I, p.1301b 对"革命"的解释："政体的变革沿着两个不同的途径演进：有时骚动就指向现行政体，图谋变更政权的性质。例如从民主政体转为寡头⋯⋯另一种不在于推翻现行政体，不搞乱政府形式⋯⋯他们只想将行政权力争取到自己的手中。"很明显，从公元前 246 年秦朝建立到 1644 年清朝建立，所有王朝更迭，用亚里士多德的话来说是属于"并未改变政府形式"的"革命"。一些重大的民变的意义，比起那些仅仅想"将行政权力争取到自己手中"的领袖的愿望要大得多。太平天国之役就是这样的著名事例；不过，它在一个方面并未脱离原来的历史模式，即其领导人仍然企图建立另一个王朝，而非一种完全新型的政府组织。Meadows, *Rebellions* (1856), p.25, 所作的评论引人入胜："革命是指政府形式及其建立原则的变化，它并不一定包含统治者的改变。造反是指起来反抗统治者，目标远不是一定要改变政府的组织原则和形式，其爆发的原因常常出于保持它们完美无缺的愿望。革命运动是针对原则；造反在于针对个人。⋯⋯如果清楚地记住这一区别，那么用一句话就可以清楚地说明中国四千多年的历史：在所有文明达到一定程度的世界各国中，中国人是最无革命精神而最具造反精神的民族。〔编者按：原书为斜体，译义改为着重号。〕一般说来，中国历史上只有一次政治大革命，即大约两千年前中央集权取代封建制度的革命。"通过对"造反"作这样的解释，并将之同"革命"区别开来，我们从而可以把中国历史上所有反政府的民变归结在"造反"的标题下，而不必一一去确认其中哪些在性质上属于"革命"的棘手问题；那不是我们现在要关心的问题。

[185]　Meadows, *Rebellions*, p.24："中国人没有立法的权利。⋯⋯他们无权投票选举自己的统治者，也无权限制或终止拨款。因此，他们只有造反的权利。"〔编者按：原书为斜体，译文改为着重号。〕魏特夫对"造反权利"一词的适当性提出怀疑："'造反权利'这一词语是不适当的，因为它混淆了法律问题和道德问题。政府对朝廷权力兴衰的论述，是为了警告不要造反，而非作为造反的指南；它们当然不会被编入'宪法性'规章或法律里。只有在现存法律被破坏的情况下，'造反的权利'才可以被行使。而主张这项权利的人冒着全部毁灭的危险。"参见 "Oriental Despotism," *Sociologus*, III (1953), p.100. 魏特夫教授的说法非常中肯。不过，无论是在中国还是在其他地方，由于从未有过合法的造反权利，因而一些中国作者很有可能提出某种类似于道德性的造反权利。事实上，孟子特别强调的"天命"和代天行道的"天吏"（minister of Heaven）概念，甚至也包含着准宗教性的造反权利。"朝廷权力兴衰的官方论述"构成"对造反行为提出警告"，因为这样的论述即使不是正式地也是含蓄地承认了"民"有起来反抗暴君的原则。另一方面，造反者利用这一原则作为他们的行动"指南"，甘愿冒着自己完全毁灭的危险去行使"造反权利"。这样，造反权利虽然在法律上是一头可怖的怪兽，但在帝制中国思想史和政治史上享有合法地位。它使我们想起"天赋人权"的概念；该概念在法律上同样是一头怪兽，但在欧洲历史上享有相同的地位。在中国，法家否认类似"造反权利"之类东西的存在，不管是道德的还是法律的。不过，其他学派并不同意他们的观点。

数思想家都曾以各种方式加以阐述。比如,《书经》中就有这样的警句:"抚我则后,虐我则雠。"[186] 孟子不只是在一种场合着重阐述同样的意思,认为消灭人民之"敌",即使采用诛戮的方式,也总是合理的。[187] 西汉早期的思想家贾谊认为:"故夫民者,至贱而不可简也,至愚而不可欺也。故自古至于今,与民为仇者,有迟有速,而民必胜之。"[188] 明初思想家方孝孺从历史经验中得出这一结论:"故斯民至于秦而后兴乱。后世亡人之国者大率皆民也。"[189] 的确,在长达 21 个半世纪的中国帝制史上,"造反的权利"成为政府所有革命理论的一个共同特征。不同学者从不同角度对之进行了强调,但没有谁想加以否认。

赞成或反对这个人民拥有"造反的权利"的理论,并不是此处的重点。不过,我们不能否认,这一理论是以具体的历史事例为注脚而为人所公认的。在许多决定性事件中,"民"实际上以某种形式扮演着推翻王朝工具的角色。我们很容易想起农民陈涉,在面临"失期当斩"之际发动叛变,最终推翻秦朝;朱元璋,一名生活处于绝境的普通百姓,同其他叛乱领导人一道推翻了元朝的压迫,建立起自己的新王朝。在陈涉和朱元璋两人之间的历史长河中,还发生了许多较小的造反或叛变,支持着这一理论:当"民"这个巨大的政治海洋如果爆发了规模过大的风暴,王朝这艘船,就不可避免地要在风暴中颠覆、沉没。[190]

然而,这一理论有一个缺点:它在把"民"广泛地比喻为造反力量的同时,没有说明造反是在什么情况下爆发的,也没有指出这样一个事实:造反——不管是成功的还是流产的——是不同动机汇聚在一起的人、不同社会阶层合力的结果。没有指出这个关键事实,可能是这个很著名却错误的假设产生的部分原因。这个假设认为,作为在人口中所占比例最大的农民,自己

[186] 《尚书·周书·泰誓下》;James Legge, *Chinese Classics*, III, part3, p.296。

[187] 《孟子·梁惠王下》,第三章、第十一章;《公孙丑下》,第八章;《尽心下》,第十四章。还请参见 Legge, *ibid.*, II, pp.157 and 170-171, 223, 480, and 483。

[188] 贾谊(前 200—前 168),《新书·大政上》。

[189] 方孝孺(1357—1402)《逊志斋集》,卷三《民政》。

[190] Walter H. Mallory, *China: Land of Famine*, p.65:"在作者看来,理解中国君主制度最好采用中国人自己的方法:人民是海,皇帝是舟。水能载舟,也能覆舟。如果人民发怒,舟就会面临覆顶之灾。"

会起来行使"造反的权利"。这个假设难以解释一般说来漠不关心政治、消极的农民怎么一下子就变成了积极的、汹涌澎湃的造反力量。在这里，笔者打算探讨导致中华帝国发生造反或爆发民变的主要环境因素，探讨不同社会阶层在这些动乱中扮演什么角色，起什么作用，以使我们更好地了解造反的本质。

（一）造反的原因

导致大规模动乱的因素，不但复杂而且多变。[191] 产生冲突和盗匪的环境，同样也会导致造反，爆发民变。普遍的穷困、经济的不公、腐败的行政——所有这些因素，在中华帝国历史上无数次民变中的作用十分突出。在特定时期，这些因素是导致造反或只是引起暴动，在很大程度上取决于形势严重到什么程度。比如，就行政腐败这一因素来说，清政府制定了一系列政策、措施，由地方官员把它们直接运用在普通百姓的生活中。因而，恶劣的中央统治和恶劣的地方统治相比，后者对任何特定地区的居民能产生更直接、更强烈的恶劣影响。地方官员，特别是州县官员，总是首当其冲承受民众愤怒的冲击；前文已经指出，他们是地方暴动的首要目标。不过，如果腐败统治继续存在下去，而帝国统治者仍然听任事情的悲惨局面继续发展下去，当情况变得难以承受而没有任何缓解的希望时，朝廷本身最终就会成为仇恨的目标，不同程度的叛乱最终就会爆发。

在中华帝国的历史长河中，反抗腐败的统治，总是成为反叛者证明自己行为合理、赢得大众支持的主要旗号之一。陈涉和他的伙伴在讨论叛变计划时，就把全帝国的人民长期为秦王暴政所苦的事实，作为他们揭竿而起的强有力的理由。[192] 反抗暴政成为叛乱的主要原因，其最显著的事例之一是1120 年到1122 年间方腊领导的大规模叛乱。叛乱期间，方腊建立起同北宋王朝相对立的政府，在他被消灭之前占领了将近60 个州县。宋徽宗因钟情于"花石"而派大臣到各省疯狂搜刮。随之而来的敲诈勒索达到了极限，使

---

[191]　比如，罗尔纲在《太平天国史纲》第 1—20 页中详细叙述了导致太平天国运动爆发的主要原因有土地日益集中、人口压力、对外贸易处于逆差、不断发生的自然灾害等。

[192]　《史记》，48/1b。

百姓难以承受。叛乱者的恐怖行为，反映了他们叛乱的实质。历史学家写道："凡得官吏，必断斮支体，探其肺肠，或熬以膏油，丛镝乱射，备尽楚毒，以偿怨心。"[193] 方腊建立起自己政府的这一事实，清楚地说明了他的目的不止在于消灭可恨的腐败官吏。

清代的造反至少在这方面符合一般的历史模式。它们发生于 18 世纪最后几十年和 19 世纪中叶之间，处于整个清王朝统治体系自乾隆晚期以来加速腐败的时期，一点也不奇怪。有关这些造反和叛乱的官方记述和私家记述，都因显而易见的原因，并未提及造反者对于清王朝的怨恨。然而他们的沉默难以掩盖这一历史事实：造反者的目标不止是消灭腐败官员，而是要推翻清王朝本身。太平天国的许多文件，都不断提到一个主题，即清朝官吏应该被消灭，因为他们施行残暴统治，压迫汉人。的确，在太平天国早期的一份文件中，提到其领导人的头衔是"天下大元帅"（或"大元帅"），并指出起兵的目的仅仅是铲除"各府州县之贼官狼吏"，而未打算推翻清王朝本身。[194] 但随后在洪秀全称"天王"之后发布的文件中，就以最强烈的词语谴责清朝廷。[195] 虽然太平天国领袖不断强调反对"种族"对立，但腐败的统治也没有被忽略。

18 世纪晚期和 19 世纪中国作者的一些记述，显示了地方官吏群体是如何腐败的，说明了反对这种官吏为什么成为造反的原因。或许，最真诚直率的，是其中一个作者关于 18 世纪 90 年代"邪教"造反猖獗的记述。该作者指出，这一期间爆发的造反叛乱不可能被镇压下去，因为州县官员腐败程度"百倍于十年二十年以前"。[196] 另一个作者在谈到太平天国之役早期广东局

[193] 《宋史》，468/6b。

[194] 罗邕、沈祖基编《太平天国诗文钞》，28b-29a。不过，这一文件可能出自他人之手，而非洪秀全所写。

[195] 罗邕、沈祖基编《太平天国诗文钞》，32b-34a；向达等编《太平天国》，《中国近代史资料丛刊》第二种，第二册，第 691—692 页。

[196] 洪亮吉（1746—1809）于 1798 年写给成亲王的一封信。参见稻叶岩吉《清朝全史》（中译本）第三册，第 29 页中所引。〔编者按：引文出自《征邪教疏》，收入《卷施阁文甲集》卷十，1a-3b，光绪三年授经堂重刊本。给成亲王的信题为《乞假将归留别成亲王极言时政启》，与引文不同。〕这一期间的叛乱活动包括：1774 年山东王伦叛乱；1793 年湖北、四川和陕西刘之协和王三槐叛乱；1813 年河南、直隶李文成、林清叛乱。刘之协和王三槐属于白莲教，李文成、林清属于白莲教的分支天理教。

势时，也指出造反的基本原因同样是官吏腐败：

> 今日之乱源何在？令长之贪酷者是已。
>
> 试以粤西言之。粤西之未乱也，官吏宦于其省者……观其俗朴民顽，视同鸟兽蛮夷之不足惜。然既仕于其地，无可脱逃……以取盈为急务，彼此则效，无非欲肥囊橐而长子孙。其辣手忍心诚有不堪言者。
>
> 然州县而上，有知府道员，道之上有三司，三司之上有两院，彼其人皆有察吏安民之责，岂于属员之贤否，漫无分别哉？
>
> 无奈不学俱欲之物，浸灌滋润，入于骨髓者已深，互相徇庇，上下交征，末员恃大吏为孤城，大吏借属员为外府。
>
> 小民疾首痛心，已非朝夕。一旦有风尘之警，奸民起乘之。游民愚民贫民之无所得食，因胁迫而乐从之，而大乱之局成矣。[197]

这种谴责并不只是绅士毫无事实基础的伤感主义，可以从一个事例中看出。四川省白莲教之乱领导人之一的王三槐，1798 年被抓住押送到京城。在审判他的大堂上回答所提问题时，他宣称说是官逼民反。[198]

当然，除了统治腐败外，还有其他原因。社会日益贫穷、贫富不均（政府对此至少要负部分责任，或负间接责任），同样为造反叛乱提供了土壤。一旦发生严重的灾害，而政府又未立即而有效地进行处理，那么随之而来的必然是不同程度的社会动荡；这几乎是不言而喻的。明代李自成和张献忠两位著名"流寇"，就是紧随着 1628 年陕西严重干旱后起兵的。李、张二人都称了王，前者还正式推翻了明朝。[199] 在清代，同样可以看到经济灾害和政治动荡之间的关系。最著名的太平天国之役，即是在连续几年的灾荒后爆发的。[200]

显著的经济不公和造反叛乱之间的关系同样很明显。对特权阶层的仇恨，虽然导致的可能只是针对这些阶层的暴动，但是，一旦情绪变得非常强

---

[197] 《广州府志》（1878），129/24b。

[198] 《潼川府志》（1897），17/34a。

[199] 《明史》，卷309，各页。

[200] 罗尔纲《太平天国史纲》，第17—20页。

烈，就可能引发一场叛乱，目标——无论是公开宣称的还是含蓄表明的——就会指向摧毁整个政治结构，亦即摧毁这种贫富严重不均现象产生的政治基础。在像中国这样的农业国家，失去土地而绝望的农民，在造反运动中的地位最为突出。[201]990 年到 994 年领导四川农民叛乱的王小波，就用这样的语言"煽动"说："吾疾贫富不均，今为汝辈均之。"跟随他的人数迅速发展，最终达到几万人。王小波的活动之所以这样迅速发展起来，按照历史学家的记载，其原因在于当时四川"土狭民稠，耕种不足给，由是兼并者益籴贱贩贵以规利"。[202]19 世纪早期分别领导直隶和河南流产动乱的林清和李文成，以下列方式推展其运动：

> 入教者，俱输以钱，曰"种福钱"，又曰"根基钱"。事成偿得十倍："凡输百钱者，得地一顷。"愚民惑之，远近踵之。[203]

他们差一点就提出了太平天国的"共产"主张。而"共产"正是太平天国迅速成功发展的部分原因，其大致内容见之于《天朝田亩制度》。[204]它规定，所有人都公平地分享"天父"赏赐给人类的恩惠；这一点毫无疑问对成千上万一无所有、处于饥饿境地的农民来说，具有强大的吸引力。[205]

以上就是可能引发暴动或民变的常见因素。除此之外，还有一些只是在造反中起作用的特殊因素。在这些特殊因素中，最显而易见的一种是"种族仇恨"；汉人怀着这种仇恨，在 13 世纪和 14 世纪反抗蒙古统治者，随后又

---

[201] Paul M. A. Linebarger, *Government in Republican China*, p.116, 对此一问题持论激烈："缺乏财力导致土地的丧失，农民土地所有者沦为佃农。如果经济剥削、政治压迫过度了，接踵而至的是社会动乱。农民叛乱不但推翻了政府，而且摧毁了经济。中国大多数王朝就是因为土地问题而崩溃的。"

[202] 《宋史》，267/7a。

[203] 薛农山《中国农民战争之史的研究》，第三章，第 284 页，引兰簃外史《靖逆记》。

[204] 萧一山《太平天国丛书》第一辑，收录了这一文件。

[205] 安徽一些棚民的经历简单地说明了这种情形。根据《滁州志》卷一之二，13a 中的记载，这些棚民的领导人"遥奉伪天王令，聚党数千，袭来安县城"。棚民存在于浙江、江西、安徽和广东等省。他们属于那种从其他地区迁移而来、处境悲惨的小民，为当地居民所歧视。参见盛康《皇朝经世文续编》，33/5a，引戴槃所写的一篇文章〔编者按：戴槃《定严属垦荒章程并招棚民开垦记》，出自葛士浚《皇朝经世文续编》，原文偶误〕；《江西通志》，卷首之一，24b。

反抗满人统治者。最为著名的例子，是明王朝的建立者朱元璋。他在宣传单中利用反抗蒙古统治的思想，号召仍然在元政府统治下的北方各省居民。[206] 太平天国领导人提出的反满思想，甚至更广为人知。借用西方一位作者的一句话来说，就是"鞑子政府永远不能灭绝的强大而又有生命力的火花"，现在又强烈地爆发了。[207]

　　个人野心，特别是经过绝望的强化，也会引发一场叛乱。我们虽然不应该过分强调个人因素在任何历史发展中的重要作用，但是可以说，充满雄心壮志、处于绝望境地的历史人物经常会推动正在发酵的历史进程。在中国历史上，此类事例数不胜数。其中最为人们所熟悉的是：发动了推翻秦王朝叛乱的陈涉，建立了西汉王朝的刘邦，以及气质迥异的太平天国领袖洪秀全。陈涉还在为人佣耕时，就表达了在外人看来难以置信的抱负，虽然他很贫穷，地位低下，但是脑海中充满了理想；这就是他采取不寻常行动的主要原因，在可能面临的死刑的刺激下，他毫不犹豫发动了叛变。[208] 刘邦在秦朝首都担任小吏时，就表达了他的远大抱负，宣布大丈夫就应该像秦始皇那样生活："大丈夫当如是哉！"他同陈涉一样，在面对可能的惩罚时决定向旧王朝挑战。[209] 众所周知,洪秀全最初的愿望不过是想通过科举考试。可是连续的科场失败，让他充满怨恨，决定用暴力改变他所处的令人烦恼的时代。[210] 这个事例充分说明了个人的挫折可能引发一场叛变。

---

　　[206]　王世贞（1526—1590）《弇山堂别集》，卷 85《诏令杂考》，第 1 页，引写给山东、河南、直隶、陕西和山西等省居民的一篇告示〔编者按：朱元璋《谕中原檄》〕。

　　[207]　Huc, *Chinese Empire*, I, xiii. 有关太平天国反满思想概要，参见简又文《太平天国杂记》，第一辑，第 64 页。《灵山县志》，8/110b 中指出："前清自道、咸以后，盗贼蜂起，皆奉太平天国'反清复明'为词。"

　　[208]　《史记·陈涉世家》。

　　[209]　《史记》，8/2b-4b。刘邦当时担任泗水亭长。一条注释说："十里一亭，十亭一乡。亭长，主亭之吏。……（此职）盖今里长也。民有讼诤，吏留平辨。"〔编者按：此条注解出自张守节《史记正义》，故"今"指唐代。〕

　　[210]　Theodore Hamberg, *Visions of Hung-Siu-Tshuen*, 燕京大学图书馆 1935 年重印。Meadows, *The Chinese and Their Rebellions* (1856), 大概过高地估计了太平天国领袖的道德力量和宗教纯洁性。P. M. Yap, "The Mental Illness of Hung Hsiu-chuan, Leader of the Taiping Rebellion," *Far Eastern Quarterly*, XIII (1954), pp.287-304, 探讨了洪秀全的领导心理。

（二）普通百姓在造反中的角色

如果没有制定计划、提出主张的绅士，和提供体力的普通百姓的合作，任何造反都不可能发动起来。帝制中国最大规模的叛变太平天国之役，就是一个很好的事例。就像 19 世纪一位著名的西方学者所说的："战争实质上就是力量的竞争，太平军中肯定有中国最强壮的人力源源不断地加入。而战争中同样需要的有教养的知识分子的那个部分，他们也不缺乏。"[211] 或者用晚近一位研究中国历史的学者更精确的语句来说，太平天国之役就是：

> ……一场农民运动。它是由科场考试失败的知识分子、天生具有军事才能和组织才能的文盲领导的。他们利用当时悲惨的经济形势，以及满族统治者日益衰败的统治力量，占领了扬子江流域的主要城市，并一度威胁到北京。[212]

这一点，从在清代动乱中扮演重要角色的秘密社会的组成，也可以看得出来。这些组织通常从绅士和知识分子中吸收成员，而且从普通百姓中吸收力量。下列一段歌谣，描述了 19 世纪中叶兄弟会举行"香会"（吸收新成员的仪式）的情况，有助于我们了解有关情况：

> 兄弟姻缘在香火，既烧岂复分尔我。官耶士耶普见收，卒隶兵弁无不可。[213]

我们可以再举一个例子，来说明绅士和普通百姓的合作对造反来说是必不可少的。在明朝崩溃之后，中国出现了一场"反清复明"的造反运动。它的目标非常明确，思想主张解释得很清楚。在旧王朝崩溃后存活下来的一些官员和知识分子不屈不挠地参加、支持了这一场运动。然而，他们的努力没

---

[211] Meadows, *Rebellions* (1856), p.457.

[212] Eugene P. Boardman, "Christian Influence upon the Ideology of the Taiping Rebellion", *Far Eastern Quarterly*, X (1951), p.115.

[213] 《潼川府志》，17/42b。

有取得什么效果，因为情况表明，广大的普通民众完全不关心他们进行的事业。1728 年，一名极为热心地支持"反清复明"的湖南文人，试图劝说高级军官岳钟琪起来反抗满族统治者。他的企图令人激动，但造反并未出现。这名文人明显认识到他的事业缺乏民众的支持，只能采取孤注一掷的行动，试图劝说"清世宗最重要的亲信"倒戈。[214] 不过，一些秘密社会组织始终延续着反满思想。[215] 这种事业，最初只是得到前朝官员和知识分子的支持，最终得到了普通百姓一定程度上的支持，而且很可能在太平天国发动阶段产生了一些影响。[216]

因此，普通百姓在造反中的重要作用不能被低估。从最广泛的含义上来说，普通百姓包括所有没有绅士地位的居民。基于这个理解，他们还可以进一步划分：首先可以区分为识字的和不识字的。前者包括所有雄心勃勃但还未参加任何级别的科举考试的学子、科场失意者（所有这类知识分子在法律上都还不是绅士），以及所有其他因职业关系而具有一定读写能力的人（如医生、商人和道士）。[217] 虽然这类文人所享有的威望和影响不如绅士，但是他们由于拥有读写能力，就拥有了乡村广大目不识丁的大众所得不到的优势和条件，他们可能比较有主见，在地方上享有与其他普通百姓明显不同的地位。在某种程度上，他们对自己所遭受的错误对待或伤害更为敏感，表达自己的情感更加清楚有力，更为积极地想办法改变令人不满意的环境。在一定程度上，他们比其他普通百姓或许更聪明，见闻更广，因此，当绅士不能出头领导其他普通百姓时，他们就会去做。他们不像绅士一样，比较不受规范的束缚，不认为效忠于现存政权有何必要，他们更容易在发动地方暴动或全面反叛时扮演积极的角色。

---

[214]　Arthur W. Hummel (ed.), *Eminent Chinese*, II, p.958, 概括了这一事件〔编者注：见"岳钟琪"（Yeh Chung-ch'i）条，房兆楹撰〕。

[215]　Huc, *Chinese Empire*, I, xiii-xiv. 还请参见萧一山《近代秘密社会史料》各页。

[216]　《灵山县志》，8/110b。

[217]　这些识字的领袖在"邪教"叛乱中角色鲜明。比如，根据《宋史》468/6b 中的记载，叛乱领导人方腊"托左道以惑众"。还请参见《夔州府志》在 21/5a-18a 中关于刘之协的记载；尹嘉宾《征剿纪略》4/23b-24a 中关于 1884 年被处死的白莲教领袖高钦的记载。

在目不识丁的普通百姓中，可能有一些具有不寻常的远大抱负、才能、精明或积极进取的人，比如首先起来领导叛乱推翻秦王朝的陈涉。这种人的社会地位虽然同普通农民相比，看不出有什么不同，但是，他们对所在社会或乡邻常常具有决定性的影响，因而即使在普通情况下，他们在地方舞台上也扮演着重要的角色。正是这种人，在不寻常的环境中站到历史的聚光灯下，以轰轰烈烈的行动震撼世界。他们虽然也是平民，但是一种特别的平民，由于没有更好的字眼，就称他们为"特出的平民"。

还有一种普通百姓，与没有什么影响、安分守己的乡民不同的地方，不是因为有特别的能力，而是由于习惯性的桀骜不驯、目无法纪和好吃懒做，而这种人在正常时期，就是地方上的恶棍、游手好闲者、职业性乞丐；政府常常称这些人是"奸民"或"莠民"。一旦有机会，他们就会首先起来引发动乱，并向政府挑战。[218]

---

[218] 前文已经指出，由于中国广大乡村存在着"游匪"，经常给造反增加了无穷的力量。西方传教士 William C. Milne, *Life in China* (1859), p.431, 以如下言语解释了太平天国迅速发展的情况："那些侵扰乡民和城郊居民的散漫、懒惰流浪汉，在这场叛变中找到了适当的机会，因而成群结队地加入（太平天国运动）。"秘密社会自然也为造反行动做出了贡献。Cooke, *China* (1858), pp.433-445, 在附录中引用了翰林院编修、曾任福建布政使的曾望颜对"造反之根源"所作的一些评论。〔编者按：文章题名为 "Tsang Wang-Yen On The Origin Of The Rebellion"，文中说，这份材料是他的朋友威妥玛从广东一位皇商的店里费力取得的。〕这些评论虽然过于简单化，但仍然很能说明问题："为什么广东全省各地一直都有土匪存在，而且现在比以前什么时候都要严重？其原因非常简单，亦就是多年来一直未对非法的秘密社会成员采取任何行动，真正的犯罪分子总是逍遥法外，事实真相完全被隐藏或掩盖了。……在道光元年（1821 年）之前，三合会作为一个匪派就已经存在。……在道光十一年（1831 年），御史冯赞勋（Fung Tsahhiun）上奏报告他已经得知在 5 省均发现三合会印章、旗帜和图册。……道光二十三年（1843 年）八月，一千左右的三合会和睡龙会成员在广东顺德容奇村发生武装冲突。……道光二十四年（1844 年）元月，冲突再次爆发，两会成员、几个村子的居民，人数共达几千，在桂洲村进行了第二次战斗。……知县……恢复了秩序，急忙跑到省城，向督抚等大臣汇报。他们指示他不要任由事情到处传扬。……毫无疑问，由于这些官员渎职，才致使冲突双方根本不在乎法律。……这样，危害像莠草一般很快传遍了全省，并从广东传到广西，到现在又已经传到了江南和湖南。道光二十四年（1844 年）秋，其他省区三合会、睡龙会某些会员来到香山的江口（Kiang-kau）、龙塔（Lung-ta）……等村，引诱村民入会。……官方的兵丁和衙差都入会了；虽然并不知什么好坏的穷人，是因为想得到一点钱（每人得 10 文铜钱）而被引诱入会的，但也有一些拥有土地的农民和受人尊敬的商人，因为要保护自己不受侵害而不得不入会。……衙门不敢提到'会'字，其结果是，不但全省大小县份各种党派林立，会员不计其数，就是紧靠省城的白云山也经常举行会员入会仪式。在这一期间，不仅是商人——无论他们走陆路还是走水路——被杀，被抢劫，而且连有城墙保卫的城镇和乡村，也成为帮会任意出入之场所，当铺和其他店铺、私人住宅，也被洗劫一空，其主人被绑架敲诈。……受害者向官府申诉时，官府并不是立即采取措施，直接追捕犯罪分子，而是让受害者描述他们被

上述三类普通百姓——识字的平民、"特出的平民"和官方所说的"奸民"，无论在清帝国什么地方，所占比例都较少。在中国乡村人口中，最多的是质朴的农民。农民，连同小摊贩、工匠和其他生活在乡村或乡镇的群众，是真正的平民，也就是中国所俗称的"老百姓"。正是他们艰难困苦地从事自己的生计，拒绝改变自己习惯上的生活方式，为中国人赢得了忍耐、驯良的名誉。

很明显，在一场造反中，这种"老百姓"扮演的角色不同于其他几种"平民"。拥有特殊才能或思想主张的平民，有时会发动或领导造反；而"老百姓"提供的只不过是力量源泉。换句话说，前者积极地决定与参加造反的绅士阶层合作，而后者只不过是提供绅士阶层不能提供的人力资源。因此农民在造反中的基本角色的确是充当普通士兵，冲锋陷阵，让造反领袖有可能把他们的目标或计划付诸行动。

对这种普通农民的行为及其参加造反叛乱的原因作进一步探讨，是非常有用的。既有材料表明，村民参加造反，有的是迫于环境，有的是受到造反运动中各种因素的引诱或施压。同其他阶层的人一样，乡民的行为态度随着环境变化而变化。一旦环境变化使人难以承受，农民的心理也会发生猛烈的变化。当死亡逼近时，温顺的农民陷入绝望，就愿意采取令人震惊的行动。一位西方学者，主要从经济角度提供了一个有趣的观察：

> 在过于强大的自然力量面前，中国人已经学会了忍耐。他知道不是所有的事靠他的力量和勤奋就能解决。他感觉，自己是无助地靠着天时

抢劫的每一个细节。……即使知道这些无法无天的犯罪分子在某个地方，兵丁和差役也从不去抓捕，而是要该地士绅去把他们打发走。在手中既无兵丁又无差役的士绅无力完成任务，而真正的犯罪者又消失在远方后，州县官员又突然负起责来，把（绅士宗族的）神主牌带到衙门监禁用铁链绑上……道光二十七年和二十八年（1847年和1848年），成千上万的非法帮会会员带着棚帐、武器，占领任何他们想占领的地方……横行于翁源、乳源、英德和清远等地。……今年春（1854年？），他们开始危害儋州（chan-chau）。……五月，东莞城被占，但随即收复。……七月，肇庆府各州县城和顺德、佛山、增城、从化、花县及英德等地全部被占。……现在，来自其他省区的歹徒不过一百或几百人，但来自广东本省的帮会会员头戴红巾、手持红旗……成帮结队，其力量可以占据各地。如果不是几十年前帮会就发展会员，怎么可能发生一个地方的叛乱可以得到那么多地方回应的情况。"

的轮转过活。……他们的这种忍耐力……导源于中国的经济状况，并最终成为了一种本能。在有些情况下，静静地等待是唯一的出路，这时忍耐就是一种积极的力量。

但是，这种态度只有有限的正确性。……如果群众不采取积极的自救措施，而是屈服于越来越糟的状况，忍饥挨饿，最终这种态度本身会成为一种严重的生活问题。[219]

在环境已经极为恶化的情况下，农民自己还不一定愿意采取行动，他们还不想改变习惯上的消极态度。只有在来自绅士阶层或特出平民的领袖出面领导时，其中一些农民才会起来参加暴动或造反。如果社会大环境进一步恶化，社会更加动荡不安，大多数农民才会参加造反队伍，大规模的民变才会爆发。[220] 或者，如同19世纪有时发生的情况一样，如果造反领袖来自于一个邪教，那么就会出现以迷信权力反对政治权力的情况，此前羞怯的农民大众就会展现出不可思议的高度进取心和无畏精神。

在上述情况下，农民参加造反可以说或多或少是自愿的。迫于令人无法忍受的环境，他们不得不改变习惯上爱好和平的性格；他们参加造反，是因为受到"煽动者"许诺过好生活的引诱，而不是受到胁迫。然而在其他情况下，他们并不是心甘情愿参加造反的。可以理解，领导者非常渴望扩大自己

---

[219] Richard Wilhelm, *Chinese Economic Psychology*, pp.22-23. Fei Hsiao-t'ung, *Peasantry and Gentry*, pp.10-11："十分自然，农民的共同趋势并不是沿着社会阶梯向上爬升，而是日益下降到社会最底层。一旦灾难降临，小地主被迫卖掉自己的土地后，就变成佃农。他还会进一步从佃农下降为无地的佣农。最终，他会悲惨地死去，或者从村子中消失。这种流浪者是绝望的，他们除了悲惨的生命外，一无所有。他们离开曾经生活过的村子后，变成土匪或强盗，或者参加军队，或者作为大绅士的奴仆寄人篱下。……他们属于生活绝望的阶层，因而在本质上是革命的。统治阶级强大时，他们深受压榨和剥削。……但是，如果统治阶级日益腐朽，统治日益衰落，他们就是志在夺权的叛乱集团。中国历史上几个事例都表明，新王朝就是由这些绝望的流浪者开创的。"从我们讨论的角度来看，这段文字的结论很难说是正确的。认为中华帝国历史上的农民"本质上是革命的"，是过于乐观的；由处于绝望境地的农民发动"志在夺权的叛乱"，从而建立好几个新王朝，在史实上是站不住的。汪士铎在其《汪悔翁乙丙日记》2/18b中相信："四民之中，最易作乱者农。"这个观点可以这样理解，由于是人口中数量最多和最强壮的部分，同时处在比其他阶层较差的经济环境中，中国农民最可能做出粗暴的行为。但从汪氏粗略的观察而推论出农民因此"本质上是革命的"，则是错误的。

[220] 其事例可以参见 Davis, *China* (1852), II, 196；尹嘉宾《征剿纪略》(1900)，2/5b；《股匪总录》，2/17a-b。

的力量。一旦劝说和许诺无效，就毫不犹豫地强制或威吓农民参加。1789年，当白莲教蔓延数省之时，一位中国作者就记载了这样一个事例：

> 邪教入一村，则烧一村；入一镇，则烧一镇；仅以胁良民为贼。……邪教滋扰数省，首尾三年，烧村镇愈多，无身家衣食之民，附之者愈众。邪教之征，又不会惜此等，每行必驱之前，或抑之在后，以抵官兵。故诸臣入告，杀数千人数百人者，即此无业游民，非真邪教，非真贼也。[221]

造反领导人清楚地知道他们的一些追随者并不忠诚，因而并不相信他们，并采取种种措施防止他们背叛。白莲教会在教众脸上刺上白莲花图案或"白莲教"三字。[222] 太平天国领袖也因为同样原因而规定参加者不准剪发，因此而得到了"长毛"的称号。

三合会胁迫农民参加的方法，也很有代表性。根据一份官方资料：

> 江西省南赣会匪首犯凶横狡黠，遇有恒产之人，能知法度，不肯附和入会者，非劫夺牛马，即蹂躏田禾，甚至抢掠子女，勒银取赎。小民被其凌逼，不入会则祸不旋踵，无以保其身家；入会不过敛给银钱，犹可免其荼毒。[223]

根据曾国藩的看法，太平天国领袖采取的方法特别有效。他在1853年一封发给"湖南各州县公正绅耆"的信中写道：

> 逆匪所到之处，掳我良民，日则看守，不许外出；夜则围宿，不许偷逃。约之为兄弟，诱之以拜上。从之则生，背之则死。掳入贼中，不过两

---

[221] 洪亮吉（1746—1809）1798 年写给成王的一封信。参见稻叶岩吉《清朝全史》（中译本）第三册，第 28—29 页中所引。〔编者按：参见本章注 196 按。〕

[222] 《江西通志》，卷首之三，9a。

[223] 《江西通志》，3/25a-b。

月，头发稍深，则驱之临阵。每战，以我民之被掳者列于前行，而彼以牌刀手压其后，反顾亦杀，退奔亦杀。……不得已，闭目冒进，冲锋力战。[224]

不过，造反领袖并不总是采取上述那种苛刻的方法来赢得乡民的支持或帮助，而是以口号和宣传品来引起大众的兴趣。此外，他们对待村民的态度比官军要好得多，目的当然是为了引诱村民背叛政府。1853 年，一名官员在河南省一些地方看到的情况就是这样：

贼兵打粮，直至济源、孟县境内，小民无可倚仗，初以米果等给贼，贼以厚价诱之，愚民贪利，源源不绝。……

今官兵所过之地，往往掠人车马财物，扎营左右村庄皆被骚扰。[225]

一位西方作者对 1853 年南京周围局势的观察，特别能说明问题：

太平天国控制了城市中所有居民——无论是富户还是商贩——的个人服务，毫不犹豫地控制了他们的所有财产，并压榨搬运夫——船工。但是，虽然他们果断地占领清政府谷仓据为己有，可能也没有放过他们占领的城镇的大粮商的粮仓，可以肯定他们是从农民手中购买粮食的，并坚持付给一个好的价格。由此而产生的影响是，一旦乡民发现有机会带着粮食和蔬菜溜进金陵城而不被发觉时，就会毫不犹豫这样做。这个村的居民告诉我说，围困金陵的官军给他们带来的危害比太平军大得多。[226]

非常清楚，无论是受到引诱还是强迫，当农民参加造反运动之后就处于

---

[224] 曾国藩《曾文正公书札》，2/3a。〔编者按：《与湖南各州县公正绅耆书》。〕

[225] 李棠阶《李文清公日记》，第十三册，咸丰三年（1853 年）六月二十日和七月一日。〔编者按：见"二十至廿四等日"条及"七月二十九日"条。〕

[226] Meadows, Rebellions, p.291。斜体字为原作者所标〔编者按：译本改为着重号〕。

从属的地位，根据领导人的命令行事；而这种领导人几乎都不是普通农民。这些被动的追随者，给造反提供人力资源，但是，他们十之八九并不了解造反的主要目标，也不了解他们的领袖接下来的计划。[227] 因此，任何爆发在 19 世纪中国的造反，只有在有限的意义上，才能被视为完全的"农民运动"。

进一步详细探讨绅士和识字者在造反中所扮演的角色，可以强化这个结论。首先，真正意义上齐心协力推翻现存政权的造反概念，毫无疑问是绅士和识字阶层提出来的。正是他们发展和传播这样一个历史悠久的理论：统治者只有在施行"仁政"的情况下，才能合法地保有自己的权威；一旦施行暴政，"民"就有权起来造反。[228] 也正是他们在机会适当的环境中，把这一理论以通俗的形式向大众宣传，付诸行动，发动大众起来造反。

绅士、识字者和普通百姓在造反中的一般关系，刘基说得很清楚。他在残暴的元朝统治最后几年写下了许多寓言，其中一篇说道：

> 楚有养狙以为生者，楚人谓之狙公。旦日必部分众狙于庭，使老狙率以之山中，求草木之实，赋十一以自奉。或不给，则加鞭棰焉。群狙皆畏苦之，弗敢违也。
>
> 一日，有小狙谓众狙曰：山之果，公所树与？曰：否也，天生也。

[227] 19 世纪中国的情况与同一时期日本的情况进行对比，可能是很有益的。参见 Hugh Borton, "Peasant Uprisings in Japan," *Transactions of the Asiatic Society of Japan*, 2nd series, XVI, pp.1-219. Asakawa（朝河贯一），"Notes on Village Government In Japan," *Journal of the American Oriental Society*, XXX, pp.259-300, and XXXI, pp.151-216. Borton 关于日本叛乱论述的结论，有助于我们了解同一时期中国农民在叛乱中所起的作用："大多数农民叛乱是互相孤立的，很少想要推翻政治制度本身，主要目标在于纠正当时封建专制社会中天生的一些微小的不公正。当然，整个农民运动有助于推翻封建专制结构，但是说普通农民清楚地认识到，或渴望参加社会革命运动，则是太夸张了。"（第 20 页）朝河贯一对日本农民大众造反能力的评价，同样说明了问题："正如封建主对上层阶级的政策是以牺牲他们的真正力量及他们对他的忠诚来制衡他们一样，他对农民的控制，压制了他们的进取心，限制了他们的财富，恶化了他们的生存环境。如果他们没有在一般社会造反中奋起，是由于他们不但完全被剥夺了反抗的机会，而且被剥夺了反抗力量。在 19 世纪中叶全国性危机终于来临之时，封建上层阶级不但不努力保护日益衰落的德川家康家族的权力，反而鼓动人们去消灭它，农民也一样显得异常冷漠。倒幕运动是由失意武士发动起来并完成的，乡民萎靡、意志消沉，没有为自己的解放事业而奋起。"（XXX, p.290）中国和日本之间历史环境的区别非常明显。虽然不能过分地强调这两个国家的农民在社会政治中所扮演的角色类似，但是，日本农民的行为告诫我们不要过于乐观地认为中国农民具有"革命"的能力。

[228] Meadows, *Rebellions*, p.19.

> 曰：非公不得而取与？曰：否也，皆得而取也。曰：然则吾何假于彼而为之役乎？
>
> 言未既，众狙皆悟，其夕相与伺狙公之寝，破栅毁柙，取其积，相携而入于林中，不复归。
>
> 狙公卒馁而死。

按照作者的意思，这篇比喻的道德教育价值不过就是：

> 世有以术使民而无道揆者，其如狙公乎？惟其昏而未觉也。一旦有开之，其术穷矣。[229]

"开导"普通百姓起来造反的那些人，明显正是绅士或识字文人——那些有能力对现存政权和实行政治奴役的合理性提出质问的人。

同样明显的是，一些失意的文人——科场或官场的抱负未得到满足的知识分子——比起处境相对要好的绅士来说，更容易在发动造反中扮演关键性的角色。在某种意义上，这种文人比起无数个没有地位、在饥饿中挣扎的农民来说，对现存政权更有威胁性。他们通晓历史和文献典籍，因而不但拥有造反的思想，而且在一些情况下具有某种组织或指挥造反的知识和能力——一种普通农民所没有的素质。因主考官的"不公正"而产生的仇恨，很容易转变为对现存政权的仇恨，特别是在他们认为自己处境极端不幸时。在社会处于一般安定时期，他们是"刁生"；在社会动荡时期，就成为造反的煽动者。

"科场失意大军"的处境当然不值得羡慕；这种人的行为动向对社会安定造成的危害也是不难理解的。一位西方作者正确地观察指出：

> 其中一些文人仍然在科场中不断挣扎。……但是，大多数已经沦于地位低下、谋生艰难的行列中，如家庭教师或私塾教师、公证人或书

---

[229] 刘基（1311—1375）《诚意伯文集·郁离子·瞽聩篇》。

吏、抄写员或写手、占卜者或医生、算卦者或说书人、清客或乞丐。总之，不满的情绪非常多。[230]

在拥有 1850 年代清帝国情况第一手资料的少数西方观察者中，有一位描述了这种失意文人的行为动向：

> 所有这些在省试中失败的文人，仍然属于那种没有得到官品的平民。他们和那些甚至从未取得生员身份的成千上万的"候选人"，拥有的实际知识能力和行政官员群体一样丰富。其中有许多不顾后果，胆量更大……发挥着职业性煽动者的作用。他们为了个人利益，威吓和牵制地方衙门。[231]

然而，失意文人不会停留在牵制地方当局的层次。如果机会来了，其中一些文人就会出头领导造反。此种情况的事例随处可见，19 世纪发生的几个著名事例就是这样。捻军领导人之一的苗沛霖是生员；山东一支叛乱队伍领导人刘德培是秀才；河南叛军领袖李瞻，是未能进入官场的举人。[232]在太平天国最重要的领导人中，洪秀全连续科场失败，连生员资格也未得到；韦昌辉，所得功名不过是监生；杨秀清、洪仁玕和石达开也是没有得到什么功名的文人。[233]

文人的效劳在叛乱中起的作用相当大，也的确很有必要，这几乎用不着解释。下列关于秘密社会（19 世纪许多动乱都与它有关）的评论，就反映了这一点：

> 毫无疑问，这些秘密社会组织的领导成员总是来自未能进入官场的文人。事实上，如果没有文人的参与和合作，秘密社会就不能拟订宣传

---

[230]　Frank Brinkley, *China* (1902), II, p.219.

[231]　Meadows, *Rebellions*, pp.27-28。斜体字为原作者所标〔编者按：译本改为着重号〕。

[232]　李慈铭《越缦堂日记·孟学斋日记》，甲集，首集下，64b，癸亥年（1863 年）十一月二十四日。

[233]　简又文《太平军广西首义史》，各页。

文件、建构组织体系、创立仪式和准备声明。[234]

文人的服务对造反甚至更为重要。如果没有文人的参加和合作，真正意义上的造反就不可能发生；所有暴力事件终归是毫无意义的流血。就农民阶层来说，虽然他们为中国历史上所有造反提供了人力资源，但他们自己没有能力组织有效的反叛行动。这一事实，在19世纪非常清楚。一位西方学者描述了他那个时代的中国农民：

> 中国农民由于没有天赋或太穷而不可能拥有受教育的机会；这种农民，如果得到一定比例拥有才能、受过教育的知识分子的领导，那么他们的人数和因绝望而造反的精神，的确相当可畏。但是，如果任其自然，他们就只能发动骚动、暴动，其性质如同法国的扎克雷叛变、英国理查二世在位期间少数民族平民叛变和15世纪末、16世纪前25年期间德国南部和匈牙利爆发的叛变一样。在爆发之初会造成一些破坏；接着就会遭到一些应有的惩罚，最终会被完全镇压下去，他们自己也损失惨重。[235]

还应该补充的是，中国历朝的建立者，绝大多数并非来自目不识丁的农民阶层。只有两人例外，据说刘邦和朱元璋是从平民中冒出头的。但是，他们两

---

[234] Frank Brinkley, *China*, XII, p.228.

[235] Meadows, *Desultory Notes*, p.191. 有关造反因不正确领导而失败的事例很多。Hosea Morse, *International Relations*, I, pp.440-441, 引自 *The Chinese Repository*, 1832年5—11月，1833年3—5月的记载，说明这种情况："我们主要的兴趣在于最扰乱的各省的叛乱活动，广西全省各地，尤其是在粤、桂、湘三省交界处的山区。在这里，1832年2月5日，赵金龙身穿绣有'金龙王'三字的黄袍团补服，发动了一场叛乱。起初，叛军攻占了四座有城墙的城市和许多村子，湖南提台〔提督〕战死。6月，据报一支人数达30,000人的叛军打败了由湖广总督〔编者按：即卢坤，原文为Caton viceroy〕统率的官军，官军损失2000人；同月，位于广州南面香山的武装叛军，发动了许多劫掠行动。7月，湖广总督又一次战败，只得从广州增派援军，这样官军人数达到15,000人。10月，据报叛军被扫平，但是到11月，又前所未有地活跃起来。1833年3月，叛乱被真正地镇压下去。据说，政府花了一大笔钱收买了叛军的领袖，同时凌迟〔砍头之前，先一片片割下身体非致命的部分〕处死了'金龙王'的5名亲属。"〔编者按：《大清历朝实录·宣宗朝》卷二百五、二百六、二百十五、二百二十三诸卷亦载猺人之叛，叛乱领袖名为"赵金陇"，另外可以参阅魏源《圣武记》卷七《道光湘粤平猺记》，与外文所记，互有出入。〕

人都大力利用绅士和文人的帮助，为他们的行动提供有效的形式、指出正确的方向，巩固所得成果。狙公寓言故事的作者，事实上就是朱元璋所利用的最有能力的文人之一。[236]

在刘邦和朱元璋杰出成功的一个极端，和许多悲惨失败的无名农民造反者的另一个极端之间，存在许多取得不同程度成功（或失败）的反叛行动，其中包括洪秀全领导的大规模的反叛。所有这些都证明了一点：一场造反得到文人的帮助越多，它能取得的成就也就越大。即使是没有什么影响的造反集团，也都会从他们认为重要的文人和绅士那里得到好处。一些和捻军有联系的地方"土匪"就是这样：

> 贼之初起，数十辈愚妄人耳，胁从既多，遂出枭杰。又有缙绅科目之无耻者，间厕其间，指使引导。其用兵则令严而法简，行速而多诈。[237]

在这里，我们还可以引用几个类似的事例。陈涉是平民出身的领袖，他利用有能力的文人如张耳和陈余的帮助。张耳担任过魏国某县知县，陈余"好儒术"。陈涉后来不听取两人的建议，命运就迅速恶化。[238]黄巢，在9世纪领导了一场规模巨大的叛乱，并大大地缩短了唐王朝的寿命。据说他特别渴望得到文人的同情和帮助。根据历史学家的记载，"（黄）巢入闽，俘民给称儒者，皆释"。[239]另一位历史学家写道：

> 僖宗以幼主临朝，号令出于臣下，以至……时多朋党……贤豪忌愤，退之草泽……或巢驰檄四方，章奏论列，皆指目朝政之弊，盖士之不逞者之辞也。[240]

---

[236] 赵翼《廿二史札记》，36/23a 和 25a。

[237] 《淮安府志》，29/69b。

[238] 《史记》，89/1a-2b。余英时在《新亚学报》第一卷第二期第 209—280 页上发表《东汉政权之建立与士族大姓之关系》，详细论述说，没有"士族大姓"的参加或指导，王权就不能长时期地维持，聚集在逐鹿者周围的"饥民集团"，只不过是帮助推翻旧王朝。参见笔者对余氏的评论，见 *Journal of Asian Studies*, XVI (1957), pp.611-612。

[239] 《新唐书》，卷二二五下，2b。

[240] 《旧唐书》，卷二百下，4b-5b。

另一个代表性的事例发生于 16 世纪早期。山东两支造反队伍为取得优势相互竞争了一些时日，直到其中一支拥立生员赵燧坐上第二把交椅。在赵燧的领导下，这支队伍迅速发展壮大。根据一位学者的叙述，赵燧"移檄府县，官吏师儒毋走避，迎者安堵。由是横行中原，势出刘六等上"。[241]

明朝末年最重要的两支造反队伍的领袖李自成和张献忠，提供了更有意思的例子。作为生活在最贫穷环境中的贫民与官府追捕的罪犯，李自成最初认为绅士和文人不会支持他的造反。他 1643 年进军陕西后，"悉索诸荐绅，搒掠征其金，死者瘞一穴"。但是，他很快就认识到自己的错误，因而决定依靠绅士和文人提供的帮助和建议。比如，他发掘了失意举人牛金星，并最终任用他担任自己的"大学士"。他还任用另一名举人李岩，李自成采行的一些最精明的措施都是李岩的点子，包括这句有效的歌谣："开了城门迎闯王，闯王来了不纳粮！"[242]

张献忠起先是势力强大的土匪头子。他在 1645 年控制四川西部后，准备建立自己的王朝。他任命许多绅士在其"朝廷"里面担任最高职位，其中包括至少两名举人和一些拥有低级功名的人。[243] 不过,他对待士大夫通常像对待普通人那样苛刻。据说，他在成都以举行考试为名，企图把所有到场参加考试的文人全部杀死。只要他的狗碰巧嗅了嗅哪位朝臣，照例都会被处死。[244] 他未能有效利用绅士和文人阶层,或许正是他迅速失败以及他的成就比不上李自成的部分原因。

可以大胆地说，太平天国之役之所以取得非凡的成就（虽然是暂时的），

---

[241] 赵翼《廿二史札记》，36/17a。

[242] 《明史》，309/6b。还请参见同书 309/2a-b 和 10a；赵翼《廿二史札记》，20/26a。根据赵翼所说："牛金星乃举人不第者，每肆毒于进士官，而戒军中勿害举人。"

[243] James B. Parsons, "The Culmination of a Chinese Peasant Rebellion: Chang Hsien-chung in Szechwan, 1644-1646," *Journal of Asian Studies*, XVI (1957), p.391.

[244] 《明史》，309/17b-18a。Parsons, "Culmination of a Chinese Peasant Rebellion," *Journal of Asian Studies*, XVI, p.399, 就张献忠和绅士的关系评价说："张没有针对绅士做出详细的计划而有效执行的诉求。他选任的主要军师（汪兆麟）是一个反对传统绅士观念的人物。这样，张献忠在极端愤怒之中，采取极端恐怖的措施对待所有的反对者。"

部分原因是得到了参与其中的绅士和文人的帮助。[245] 我们还可以合理地说，太平天国的成就之所以如此短暂，是因为它掌握的文人领导的位阶不够高，不足以与敌对阵营中在任的领导相匹敌。

（三）造反对农民的影响

我们现在提出一个有用的问题：普通农民从他们所参加的或忍受的造反中，是否得到了物质的或其他方面的好处？造反对农民的态度和行为带来了什么看得见的变化？

关于太平天国之前的造反，笔者手中拥有的详细资料较少。从我们对这个大规模的动乱所了解的部分看来，普通乡民从中所取得的物质利益是很少的。相反，战争导致的破坏，土匪或太平军或官军所犯下的抢劫和纵火罪行，带给大众的只能是沮丧痛苦。一位西方旅行者 1866 年在河南所看到的情况，就反映了深受战争蹂躏地区的苦难情况：

> 在一些地方，一群群反叛者把所有东西洗劫一空。有钱也买不到一只鸡或一个鸡蛋，米当然更不用想了。唯一能够找到的食物，是粗糙的小米。没有围墙的乡村已经化为灰烬。活下来的村民非常悲惨。他们居住在草席棚里，把自己一点可怜的东西捆绑在手推车上，一旦感觉抢劫者就要来到，马上就跑。在其中一个村子里，我所找到最舒服的过夜处，就是一座靠牛力工作的磨坊。[246]

---

[245] *The Chinese Repository*, XIX (1850), p.568, 记载了广东韶州叛乱队伍发布的文告，不可能出自农民之手。文告说道：现在的朝廷只是异族满人的朝廷。他们虽然人数少，但是利用武力统治了中国，征收税赋。从而明白昭示，任何人只要武力强大都可以从中国夺走财富。……满人夺走了我们中国本部十八省的财富，任命官吏压迫我们。而我们中国人，为什么就必须向他们纳贡称臣呢？然而，如果认为所有明显同情"匪"的绅士和知识分子都一定会积极参加"匪"的事业，那也是错误的。其中一些绅士和知识分子参加，只不过是为了保证自己生命财产的安全。他们随着环境的发展变化，在此时会支持造反，在彼时就会支持官军镇压。曾国藩就观察到了这种行为。他在写给骆中丞（秉章）的一封信中说道："常宁会匪不下四五千人，此次杀戮仅二百余人，其余聚则为匪，散则为民。如洋泉、杉木等处绅庶，见贼胜则戈矛以助贼势，见官兵胜则箪壶以犒王师。"参见《曾文正公书札》，4/12a。这种绅士明显不会对叛军提供什么有用的领导。

[246] Martin, *A Cycle of Cathay* (1896), p.269.

一名中国官员可能把江苏一些地区的情况，描述得比实际情况更糟糕。但他透露了造反者的一些行事风格：

> 臣某等亲历新复各州县，向时著名市镇，全成焦土，孔道左右，蹂躏尤甚。又各贼不能相统，此贼所踞，难免彼贼劫掠。故贼境即不与官兵交界，亦皆连阡累陌，一片荆榛。虽穷乡僻壤，亦复人烟寥落。[247]

一名能干、没有理由夸大的西方观察家，在 1870 年代初写道：他所到过的浙江一些地方，在太平天国之役过去 13 年后，好几座原来很繁荣的城市仍然是"庞大的废墟"；肥沃的河谷周围变得"一片荒凉"。[248] 几十年后，另一名熟知中国问题的西方学者指出，整个湖北、安徽、江西和江苏西部地区，在 1853 年到 1859 年期间惨遭兵燹；大约有 200 万人丧生。[249]

不论太平天国领导者早期表现出多么关心农民的切身利益，他们定都南京后建立的政权，对治下农民的利益就不再是那么关心了。根据一位西方目击者所说，1861 年南京周围的情形如下：

> 太平天国政权对其控制下的地区实行暴戾统治。由于得不到人民的好感，他们就必须强迫人民提供服务。人民除了必须为他们提供无偿的劳动外，还必须进一步承受太平军兵营士兵不断的蹂躏、抢劫。……太平天国领导者经常将自己最坏的追随者斩首示众，或将抢劫和纵火犯戴上枷锁。但是，这种严刑峻法并不能制止人数众多、无组织原则的太平军将士所犯的各种各样的暴行；他们追随太平天国起义旗号，就是为了使自己不去认真地劳动。
>
> 那么太平天国领袖又如何？他们是不是犯了流行的无政府毛病？……这一问题必须部分地从结果来回答。如果他们成功地建立了一个独立王国，并且恢复了其统治下地区的社会秩序，那么，他们的造反

---

[247]　冯桂芬《显志堂集》9/5a。

[248]　Von Richthofen, *Letters*, p.75.

[249]　Morse, *International Relations*, I, p.453.

就是一种革命。就目前情况来看，他们的前景非常暗淡。……但是，为了建立一个公平的政府制度，他们做了些什么努力吗？答案是肯定的：他们之中有许多人的确希望建立一个公平的政府体系，并且表现出了强烈的愿望，但他们没有权力和技巧。[250]

由此看来，太平天国领导者的行为方式大致符合中华帝国的历史传统。正如 19 世纪一位中国作者所指出：

> 历来开国之初，兵皆强健……行师抢掠，因粮于人，不筹饷也。以威挟制胁从，遂众不忧寡也。盗贼逋逃，视为渊薮。……焚掠抢劫，迫胁良民，幸而成功，史臣讳之，为之粉饰。[251]

造反者并不能总是从乡民那里得到支援。事实上，乡民常常害怕他们，就像害怕土匪和官军一样；一些著名的事例表明，乡民常常抵抗他们。1861 年宁波附近农民一听到太平军部队到达宁波时表现出来的态度和行为反应，相当具有代表性：

> 二季稻成熟了……金黄色的稻谷覆盖了整个平原，延伸到浅低的山谷，并盘旋绕上丘陵台地。……但是，我们每到一地，都注意到再没有什么比噬骨的不安和对压抑的焦虑更令人感到哀怜的。我们每到一村，村民们都急切地问道："他们的确要来吗？""有什么值得害怕吗？""我们用得着逃跑吗？""我们应该逃向哪里以躲避'长毛'呢？"

---

[250] Joseph Edkins; "Narrative of a Visit to Nanking," 引见 Mrs. Jane R. Edkins, *Chinese Scenes*, pp.304-305。简又文《太平天国乡治考》，载《东方文化》（1954）卷一，第 249—312 页。一方面认为在太平天国起义区域，实际情况"当然比清朝的要好"；但另一方面又作出结论认为，"太平天国的十年灾难，最终没有为百姓带来什么改善"（参见上引书的英文提要，同书第 311—312 页），其部分原因在于太平天国许多机构非常腐败，或者用另一种话来说，就是不具备当官的条件。Meadows, *Rebellions*, chapters 12-17, 根据有关 1854 年以前情况的资料，描绘了一幅太平天国统治的盛世图景。

[251] 汪士铎《汪梅翁乙丙日记》，1/7b。

稍后太平军攻占宁波及其附近地区后，当地百姓以下列方式对他们的新统治者作出反应：

> 宁波人民……在他们新统治者沉重的压迫下呻吟、挣扎。于是，他们在风景如画的大兰山——"大雾山"，高三四千英尺——高地上，征集并训练卫乡士兵——白巾军。……但是，太平军成功地摧毁、消灭了这些白巾军的联合抵抗，并对美丽的西部山地进行残酷的报复和屠杀。没有人能够完整描述，因为没有几个人幸免。[252]

这并不是唯一的例子。在其他地区，乡民只不过是听天由命，既不积极支持他们的新统治者，也不反抗。一个西方传教士和一群居住在离南京并不远的乡村居民的下段对话，就反映了这种情况：

> "你们在'长毛'管辖下快乐不快乐？"
>
> "一点也谈不上。我们悲惨得很，必须按月缴纳粮食或钱财。"
>
> "这片地区每一百人中有多少人丧失生命？"
>
> "十五到二十人被杀死，三四十人被掠走当'长毛'。"
>
> "新兵被带到哪里？"
>
> "有一点远。带到苏州、嘉兴或其他一些地区。"
>
> "你们的妻子、女儿也被抢走了吗？"
>
> "是的。上了年龄的，长得难看的，他们不要；而年轻的，漂亮的，再也回不来。"
>
> "你们有冤屈，能不能向最近的'长毛'官员请求补偿？"
>
> "当然不能。虽然他们对我们说可以申冤，但谁敢啊！"[253]

这一段对话发生于 1861 年"天京"郊区。它反映了一个有趣事实：在太平天国政权统治下生活了 10 年之后，许多村民仍然胆怯、冷漠；就像是在清

---

[252]　Arthur E. Moule, *Half a Century in China* (1911), pp.34 and 55.

[253]　Edkins, *Chinese Scenes*, pp.255-256.

王朝压迫下无助的受害者。

　　一些学者从某些方面认为太平天国之役是"一场自发的、根植于千百万农民思想的革命"。[254] 从我们的探讨来看，这一观点并不符合已知的事实。太平天国运动不但未能得到农民大众总体上的支援，甚至未能改变其统治地区的许多农民特有的态度和行为。因此，曾国藩及其伙伴就有充分空间来同太平天国领导人竞争，竭力争取农民大众加入自己的阵营。[255] 事实表明，无论是站在太平天国或是敌对一方，农民提供的都不过是人力资源；换句话说，他们在造反和军事镇压中，仍然扮演着传统的农民角色。

西方的冲击

一般影响

　　在 19 世纪中后期，清帝国面临着日益严重的内部危机；大约与此同时，西方宗教、技术、商业和其他方面的欧洲文明日益涌入，又给清王朝的统治增加了混乱因素，加剧了清帝国的内部危机，直接或间接促成了争斗、暴动和造反的爆发。

　　我们可以从一个西方宗教卷入的地方争斗的奇特事例开始。"皈依天主教和新教的信徒之间的宗族械斗"，据说"在浙江非常普遍，在广东并非不常见，在其他省区也不是没有听说过"。发生于 1906 年 10 月的浙江海门的一次争斗，特别具有代表性。关于此次事件双方各执一词。新教徒说，械斗爆发于 10 月 9 日，是时 800 名到 2,000 名天主教教徒攻打新教小社区。"罗马天主教大军"由许多队伍组成，每队由一人率领，各有不同的标志。"总

[254]　朱其华《中国近代社会史解剖》，引见 Teng Ssu-yü, *New Light*, p.35。

[255]　比如，曾国藩承诺凡是离开太平军兵营的人，其所有的"罪"——无论是过去的还是当时的——都可以一笔勾销。载《清朝续文献通考》，199/9482。Robert Lee, "The Pao-chia System," *Papers on China*, III, p.209，论述"保甲制度"时说："由于农民领导的本质或缺陷，使得每一次农民叛乱在成功的同时即是背叛的开始。在土地问题极端严重时崛起并取得权力的领袖们，不可避免地按照被推翻王朝原有的政府组织原则和结构，重建帝国。农民领导这种显而易见的缺陷，原因大概来自于具有支配地位的士大夫。由于他们独断了受教育的机会和权力，因而农民大众不得不依靠他们在知识、社会和政治上的指导。"这一论述虽然建立在无可争辩的事实基础之上，但是陈述得并不十分令人满意。

司令"是当地一名罗马天主教牧师。他的手下有 11 名队长，其中有几人是"著名的强盗头子"，至少有两人是"刚从监牢里释放出来的"。在确认遭到抢劫和攻击之后，新教教徒被当地官员送到台州府城请求保护。天主教教徒说，引发械斗的是新教教徒，因为他们首先计划抢劫一名天主教教徒的家，并采取武力手段把一名被知县逮捕的罪犯从监牢中解救出来（这名罪犯大概是知县听取上面那名天主教教徒的建议而被捕的）。此外，天主教传教士有一块土地，围绕着新教教堂。当前者计划在这块土地上修建一垛围墙把一栋房屋（大概属于新教教徒）围起来时，新教教徒进行抵制，由此引发了冲突，"强盗和武装的新教教徒"用火枪攻打天主教教徒。[256]

不管冲突的真正原因到底是什么，这一事例以一种简单的方法说明了两个外来宗教之间的敌对行为，如何成为地方冲突爆发的一种新原因。

西方宗教还以另一种更为重要的方式让 19 世纪的中国感受到它的影响。中国各地居民皈依新教或天主教的人数日益增加，许多地方修建的教堂越来越多，西方传教士越来越多地出现在许多地方，注定要增加摩擦的机会。洪秀全及其早期的支持者皈依西方宗教，事实上就是促成太平天国这场中国历史上最大规模民变爆发的原因之一。[257] 无论从哪一派神学的观点来看，太平天国的基督教观念远远不是正统的。但是，他们公开宣称的信仰带给他们巨大的思想力量；这种力量在他们的行动中，尤其在早期阶段，得到了充分的展现。可以肯定，如果不是因为接触布道文献而产生"信仰"，洪秀全是不会成为"天王"的；虽然他可以用其他完全不同的思想发动叛乱。

排外暴动

我们难以忽视在 1900 年义和团之乱达到顶点前的无数次排外暴动。这些暴动，吸引了当时许多西方作者的注意，他们从不同角度作了多种解释。一般来说，产生矛盾、摩擦的重要因素主要有：因文化差异而产生的误解；中国人的优越感；西方人奇怪的、有时肆无忌惮的行为方式，在"中国人脑

---

[256]　Morse, *Trade and Administration* (1913), Appendix D, pp.432-441.

[257]　Boardman, *Christian Influence Upon the Ideology of the Taiping Rebellion* (1952), and Vincent Y. C. Shih（施友忠）, "The Ideology of the Tai-p'ing T'ien-kuco"（手稿）.

海中留下了许多苦难的印象"；"西方商业入侵"；鸦片烟吸食日益普遍，等等。[258] 显然，绅士阶层和普通百姓对这些因素的反应是不一样的。文化反感是绅士排外思想形成的一个更具决定性的因素；而切身的经济利益冲突更可能激起普通百姓的敌意。此外，笔者随后就要指出，如同其他类型的地方"混乱"一样，绅士阶层在排外运动中起着发动者或领导者的作用。

大多数排外运动通常都与绅士有关，几乎不用多加解释。西方思想和宗教涌入中国，威胁到绅士阶层赖以生存的传统价值观念。"外夷"宗教思想的蔓延和宣传，首先对自认为是孔圣人门徒的绅士来说是不可思议的、难以忍受的事。随之而来的结果，正如一位现代西方学者所指出：

> 对中国人来说，一旦情况变得非常清楚，东西方之间正在产生的冲突，不仅仅是物质利益的，实际上还有文化类型的，统治阶级就开始认识到这些西方新思想、新观念会极大地有害于中国传统文化思想——文化统治阶层的财产，绅士和儒者就不可避免地要反对外国人。[259]

传教士自然成为中国排外情绪的目标。中国作者——其中一些有不错的学识名望——"捏造"并散布传教士丑恶荒诞的故事。[260] 他们劝说或胁迫各地居民不要出租房屋或卖地给传教士用作传教。[261] 当较为温和的排外行动阻挡不了"外魔"的入侵时，他们就会采取较为激烈的方法。正如 19 世纪西方一位作者正确观察指出，许多绅士"被指控（显然有充分根据）煽动居民起来反对外人，引发许多群众暴动，特别是以传教士为攻击目标的"；[262] 而普通百姓对传教士一般没有敌意。[263]

鸦片烟的吸食日益广泛造成不幸的后果，对此要负责任的虽然不只是外

---

[258] Arthur Smith, *China in Convulsion* (1901), chapters 1 to 8.

[259] George Danton, *Cultural Contacts of the United States and China*, p.4.

[260] 夏燮《中西纪事》，卷二《猾夏之渐》，引自魏源《海国图志·天主教》。Edward H. Parker 摘译《中西纪事》，书名为 *China's Intercourse with Europe* (1890)。

[261] Danton, *Cultural Contacts*, p.5.

[262] Holcombe, *Real Chinaman* (1895), pp.229-230.

[263] Alexander Williamson, *Journeys in North China* (1870), I, viii-ix.

国人，但却成为绅士"煽动"反外的主要原因之一。无论外国人对鸦片烟流传要承担哪一部分的责任，事实是，"上层社会"中许多人都无条件地把"麻烦的真正原因"归结为"外国人贪得无厌"，因此以极其仇恨的眼光对待他们。在这一点上，"无知群众"很容易被鼓动而上演反教动乱或类似的暴动。[264]

与此同时，依靠劳动或手艺艰难谋生的普通百姓，意识到外国商品和技术的输入有害于自己的经济利益。因此，他们很容易产生排外情绪，并经常公开付诸行动。举例来说，1830 年左右，西方棉纱的输入，就引发华南一些地方的排外活动。东印度公司一位官员对此汇报说：

> 在广州近郊两个地区和另一个离广州大约 20 英里的地区，当地居民发动了规模较大的反对棉纱输入的暴动。他们大声地抱怨说，棉纱输入夺走了他们妻子和孩子的生计，因为他们都是靠纺织为生的。[265]

轮船航运是普通百姓和外国人之间产生矛盾、摩擦的又一原因。轮船航运结束了帆船航运的历史，结果从事内河运输的大多数农民的饭碗被夺走，就像扬子江和整个大运河沿岸的情形一样。[266]

如果排外运动是因经济利益冲突而爆发的，那么传教士就不再是被攻击的主要目标。举例来说，西方一位学者就对华中、华西地区情况作了下述有趣的考察：

> 1891 年，爆发了四次暴动。这些暴动都发生于扬子江沿岸，地点全部是贸易口岸。……远离扬子江的几百名传教士，几乎没有受到

---

[264] Arthur Smith, *China in Convulsion*, I, pp.92-93.

[265] Auber, *China* (1834), p.64。有关西方势力对中国乡村社会的影响，参见本书第九章的有关探讨。

[266] Arthur Smith, *China in Convulsion*, I, pp.94-95："轮船航运在中国由来已久，可以认为它事实上已经变成中国社会、商贸和经济生活中不可分割的组成部分。但是，只要轮船的发展导致中国帆船退出历史舞台，如同扬子江上以及从东南到天津整个大运河上的情形一样，就会形成一种对抗。这种对抗并不会由于一般找不到发泄的出口，而更不真实。"

侵扰、伤害。情绪激动的群众参加这些暴动的原因多种多样，不过可以肯定，最根本的原因在于当地帆船的工作被外国轮船夺走。在发生过两次暴动的扬子江上游，由于当地人对轮船航运溯江而上的反对非常强烈，英国公使不得不放弃这项权利。虽然当局没有采取什么特别措施把传教士撤离重庆，不过官员竭尽全力阻止"牯岭号"（Kuling）汽船开到重庆〔担心它会引发进一步的暴动〕。[267]

但是，如果因此就认为普通百姓怀有普遍而又前后一贯的排外情绪，也是错误的。许多西方人的经历都表明并不是这样。从有关 19 世纪早期到义和团之乱期间的报告中，可以得出这样的结论：普通村民对外国客人的基本态度是友好的，直到（或除非）环境使他们改变基本态度。举例来说，英国阿默斯特（Lord Amherst）使团里的一名官员，就描述了他 1816 年 8 月在天津附近一所村子的经历：

当村民们确信我没有恶意之后，他们的态度就变成我见过最单纯、最亲切的了。因为，他们最初对我的态度，表现出来的就像有时会体验到的，在接近一头性情未知的动物时的那种感觉。这种感情尤其在孩子的身上得到充分体现。这些孩子看到我忙于收集植物标本（我是使团的博物学家）时，立即帮助我收集。然后，他们小心地、一步步地靠近我，拿着要给我的东西停在一步之遥的地方；当我接下它们的瞬间，他们立即就跑开了。然而，一旦我收下它们中的任何部分，所有的拘谨都消失了，我身旁现在堆满了一束束（他们帮我采集）的花。[268]

一位英国军官指出，即使在战争期间，也丝毫看不出宁波居民有反外

<hr>

[267]　Martin, *A Cycle of Cathay*, p.446.
[268]　Clarke Abel, *Journey* (1818), pp.88-89。在另一处（p.233），Abel 强调指出："上层阶层"看起来容易说谎，商人"自己证明自己一般爱欺骗"，等等。不过，他认为农民属于另一种人，他说："我同农民打交道的经验充分告诉我，农民纯朴，性格温和。"

情绪：

> 在 1842 年进行的战争中，英国军队从容地占领了宁波城。该城居民虽然仍然害怕与官员妥协，甚至不敢在我们的暂时统治之下开店营业，从事各自职业，但是，他们对我们展示出完全友善的态度。[269]

15 年后，伦敦《泰晤士报》记者证实了这一印象：

> 我们走过了 400 英里、以前很少到过的地区，经过了四座第一流的中国城市（其中有两座是欧洲旅行家所不知道的）、许多第二流的城市（在其他国家会被列为第一流）和无数个乡镇乡村。在整个行程中，没有听到中国人对我们说过一句不礼貌的话，也没有看到一次侮辱我们的手势。我们经过了几百座大小桥梁，没有发现淘气的孩童从桥上丢石头阻止我们前进。没有人阻止我们，没有人抢劫我们。

该记者根据自己在清帝国这个区域的经历作出结论："正如同广州的情况一样，除非由当局煽动……外国人出现在他们的城市里，中国人是不会起来反对的。"[270]

事实上，甚至在 1857 年到 1858 年动荡时期的广州，也有迹象表明并不是所有普通百姓都反抗包括英国人在内的外国人。1858 年 1 月，一名皇家陆军工兵中校记述了一段有趣的经历：

> 我用一个我认为不错的试验，来判断普通居民对我们的感觉。当然，他们看到我们这些稀有动物第一次出现在他们城市的一角时，女人和孩童都恐惧地逃走了。但是，他们一旦稍微了解我们，就不怎么惊慌了。我们中的一些人说："那些狡诈之徒之所以不敢杀我们，仅仅是由于害怕我们；他们现在向我们摇尾乞怜，是由于我们强大，可他

---

[269]　John Ouchterlony, *Chinese War* (1844), pp.209-210.

[270]　Cooke, *China* (1858), p.128.

们在心里仇恨我们。"现在，我相信这种心理只有那些终身浸在不容忍异说、偏执排外的染缸里的官员才有，而普通百姓则无。我的试验是以小孩为对象的：这种小孩因为年龄太小，不能隐藏自己的真实态度，或因没有自我克制的能力而暴露出完全不信任我们的心理；但是，年龄又不能因为太小，而听不懂其父母的谈话。我试验的结果是：我骑马沿着街道跑过时，小孩子很高兴让我从他们父母怀抱里抱过来，和我一起享受骑马的乐趣，好像我是他们父母最好的朋友。此时，在这些普通百姓心中，我们还被认为是残酷的、难以对付的、凶猛无敌的洋蛮子吗？或者，甚至被认为是一群入侵者，为了征服他们的国家或强迫他们进行贸易，摧毁了他们大半个城市，杀害了他们的同胞，把许多无辜居民驱逐出家园变成社会上无家可归的流浪者；事实上是近年来降临在普通百姓身上的灾难和悲伤的主要原因吗？这种入侵者的形象，或许就是他们期望给予我们的，但是如果小孩的父母真是这样描述我们，将会使小孩不信任我们的。^[271]

这段叙述自然可能过分强调了普通百姓对外国人的友好。在华的西方旅行者有时会遇到怀有敌意的村民或市民；他们的敌意至少来自两个方面。在一些情况下，外国人在一些地方旅行，恰巧会遇到一些积极活跃的"粗鲁之人"，就会产生不愉快的冲突；冯·李希霍芬（Von Richthofen）男爵 1870 年在湖北、湖南旅行所遇到的情况就是这样。虽然他说在"中国没有遇到比居住在汉水两岸的居民更礼貌、性情更好的"，但是他发现，在湖南省，"主要由于粗鲁阶层的存在"，而且为数众多，居民非常不友好。^[272] 在另一些情况下，内陆地区的居民，以前很少同外国人接触，因此比起同外国人有过更多接触地区的居民来说，通常更没有反外情绪。李希霍芬男爵从湖北樊城到河南怀庆府，整个旅程为 1,000 里（在当时，外国人很少到过这片地区）。他感动地说："世界上再没有哪个地方的人比河南省的居民更好了。"他仅仅

[271]　Fisher, *Three Years Service* (1863), pp.13-14.
[272]　Von Richthofen, *Letters*, pp.1 and 23.

在位于黄河河岸的一两个地方听到过有人叫他"洋鬼子"。[273] 然而，他在浙江和安徽一些地方旅行时，经历就不那么令人愉快了。他在一封信中写道：

> 一路上，我所遇到的居民（无论多少），都很礼貌，心地善良。但是，我一到达安徽的贸易中心（扬子江上航船沿江而上可以到这里），情况就不一样了。沿江所有贸易口岸的居民，态度非常不友好；我一到这里，立刻就感觉到了。[274]

在香港供职的一名英国文官所观察到的事实，可以进一步证明经常同外国人接触的普通百姓，其反外情绪比其他地区的要强烈。该文官提到了1842 年 12 月 7 日到 1902 年 8 月 15 日之间所发生的 35 次暴动（其中不包括义和团），结果不是丧失生命，就是丧失财产，或者两者都丧失。他评论指出，这些暴动几乎毫无例外发生于经常同外国人产生接触的地方。事实上，在这些暴动爆发的 23 个地区，有 15 个是条约港，1 个是英国殖民地。[275]

根据另一位西方观察者的看法，即使是义和团，也不是山东省居民强烈的排外情绪具体化的结果：

> 直到 1897 年秋，山东省因其善待外国人和本地基督教教徒而赢得了极好的名声。……但是到是年 11 月 1 日，在一场冲突中两名德国传教士被残忍地杀死，德国立即以此为借口，实施它谋划多年的阴谋，占领中国一块领土。11 月 14 日，海军上将迪德里希斯（Diedrichs）派兵在

---

[273]　Von Richthofen, *Letters*, p.26.

[274]　Von Richthofen, *Letters*, p.61.

[275]　James D. Ball, *Things Chinese* (1906), pp.611-612。鲍尔列举的地区如下：广东的广州和香港，浙江的宁波和温州，江苏的上海、丹阳、苏州、镇江和通州，安徽的芜湖、安庆和湖州，福建的福州，江西的九江，湖北的宜昌、沙市和汉口，直隶的天津，山东的兖州，四川的重庆、云阳和顺庆府，等等。下列城市为条约港：广州（1842 年）、宁波（1842 年）、福州（1842 年）、上海（1843 年）、天津（1860 年）、九江（1861 年）、汉口（1861 年）、苏州（1869 年）、芜湖（1877 年）、温州（1877 年）、宜昌（1877 年）、重庆（1891 年）、沙市（1896 年）、安庆（1904 年）。

胶州登陆。……次年 3 月 6 日，中德双方在北京签订一个条约，规定胶州湾及其伸入内陆附近的山地租借给德国，租期 99 年；山东巡抚及另外六名高级官员免职；赔偿白银 3,000 两；修建 3 座"赎罪的"礼拜堂。除此之外，德国还取得了在山东修建两条铁路的权利，并享有在沿线 30 里地区内开矿的权利。这些条款非常苛刻，但是最为痛苦的是土地被他国占领。这一高压行为使得中国人对外国人特别是对德国人的态度产生了不祥的变化。对德国人来说，如果人数很少，要想到中国内地旅行，是很不安全的；随后有三名不明智的德国人就遭到袭击，虽然他们侥幸逃脱了。德国政府认为这是又一场无缘无故冒犯德国的犯罪；为了惩罚犯罪者，德国胶州租借地司令立即派遣部队到达现场，烧毁两座村庄。这一报复严厉而不加分别，犯罪者自然受到了惩罚，但也使无辜者受害。因此，中国人反外怒火被点燃，许多外国人预见了严重的后果。[276]

　　虽然德国人加速了危机的爆发，但是他们不是唯一应该为仇外怒火日益扩大负责的人。19 世纪末，一名西方作者观察指出："第一批欧洲人进入中国，给中国人带来的印象并不比强盗、杀人犯好多少；自那时以后，中国人一直抱着这种不愉快的印象，并没有什么改变。""一方面，西方传教士祈祷和平，另一方面，西方列强诉诸武力，因此，如果中国人怀疑前者，害怕后者，一点也不奇怪。"[277]

---

[276]　George B. Smyth, "Causes of Anti-foreign Feeling in China," in *Crisis in China* (1900), pp.3-32.

[277]　George B. Smyth, "Causes of Anti-foreign Feeling in China," in *Crisis in China* (1900), pp.15 and 28。其他西方学者的观点也与此相同。例如，*Niles Register* (Philadephia, February 23, 1822) 的编辑以如下的语言评论清帝国发布的一道禁止基督教传播的圣旨："如果中国皇帝的行动符合欧洲国家已知的行为，承认基督教，那么他的确有权反对有害于其帝国的东西传入中国。"参见 Danton, *Cultural Contacts*, p.11, note 16. Wilhelm, *Soul of China*, pp.226-228, 在 1920 年代这样观察指出："这很明显，如果一个眼界狭窄的人来到像中国这样的一个大国，就对几千年的文化传统进行挑战，指责它的丑恶，即使他胸怀世界上最美好的动机，仍不会得到上层开明人士的支持。结果,他们首先引入教会的人便是无家可归者。……此外教会……干涉其皈依者的司法审判。……（传教士）在身后洋枪洋炮的支持下，以外国人的身份，迫使当地法官违法乱纪，做出偏向教会的裁决。……这些方法既没有给中国人，也没有给教会带来和平……最后积重难返，中国人忍无可忍，只能造反。他们焚毁教堂，经常不断地杀死传教士。后来，外国力量只得出面干涉，派遣炮舰执行处罚，例如占领青岛（当时作者住在那里）就是一例——所有的事又重新开始。当然人们

绅士在排外运动中的角色

由于各种因素的综合作用，事态的演进迅速向 1900 年悲剧性的顶点逼近。就有关的中国人来说，绅士和普通百姓都卷入了这一场大灾难。然而，就像在其他类型动乱中一样，他们扮演了不同的角色：绅士负责发动和指导，而普通百姓提供人力资源。1841 年 5 月发生于广州北郊，被一些学者视为"19 世纪反外运动的起点"的三元里事件，是这个事实的最好说明。[278]

根据当时中国和西方双方观察者的看法，[279] 骚乱的直接起因是当地居民对英军在广州附近一些村子所犯暴行的仇恨。一位中国学者指出，当这些英军要到佛山途经三元里时，当地人民就吵闹着要把他们赶走，因为他们肆行抢劫掠夺、强奸妇女的暴行已经传开了。突然，锣鼓声响，103 乡的村民，男女数千人聚集起来，包围了他们。[280]

暴动者并没有赢得对英军的胜利，[281] 但是，强烈地反抗"英夷"的运动持续发展起来。对英军在广州附近村庄所犯暴行的仇恨，迅速与反对英人进入广州城的斗争结合起来。当时的一些中国作者毫不犹豫地赞扬了暴动村民保卫广州城的爱国行为。一名中国官员写道：

> 此次广州省城幸保无虞者，实借乡民之力。乡民熟睹官兵之不可恃，激于义愤，竭力抵御，一呼四起，遂令英夷胆落魂飞。[282]

不仅对传教士恨之入骨，而且整个宗教体系都普遍遭到声讨、谴责。圣保罗也被袭击，被关起来，被石头砸，没有任何力量为他报仇。"

[278] 铃木中正《清末攘外运动の起源》（英文摘要），《史学杂志》，1953 年第 62 编，第 1 期〔编者按：应为第 10 期〕。

[279] 铃木中正《清末攘外运动の起源》，第 5 页，引骆秉章的奏折，收录在《文献丛编》。美国传教士 J. L. Shuck 指出侵略者实际上犯下了种种暴行。参见 *Chinese Repository*, X, pp.340-348.

[280] 夏燮《中西纪事》，6/9a。该作者还在同书 6/14b 中补充指出："彼百姓安知大义，不过因其轮奸一老妇人起衅。"

[281] 有关该事件的简述，参见 Morse, *International Relations*, I, p.284 ff., and *The Chinese Repository*, X, 340-348 and 536-550.

[282] 江苏巡抚梁章钜在道光二十一年（1841 年）七月丙寅日的上奏。参见《筹办夷务始末·道光》，卷三十一。

我们在这里并不想探讨事件发生的真正原因，也不想追溯实际发展过程。但是，有一点是可以肯定的。村民是因对英国人暴行的仇恨而被鼓动采取强烈反应的，煽动和指挥动乱的正是地方绅士。

　　按照一名英国官员的说法，"排外暴动十有八九，直接是由衙门煽动和鼓动的。可能并不是由官员本身，但无论如何是得到了他们的鼓励，或者是地方上文人的鼓励"。[283] 就三元里的案例来说，非常清楚，从一开始就是由绅士成员指导的。广东一名教育官员（他十之八九插手此事）记述说：英军在各村所犯暴行的消息传到举人何玉成耳中后，他立即召集广州（包括南海、番禺和增城）附近各村领袖集会，指示他们派遣"丁壮"，"出护"三元里。在村民和"夷兵"两天小规模的战斗之后，三名地方官员（南海和番禺两县知县和广州府知府）在两广总督祁𡎴（刚刚接替琦善之职）的命令下进行调解。这三名官员"步向三元里绅民揖劝，代夷乞免。越数时许，绅士潜避，民以官故，不复谁何"。[284]

　　这段叙述非常清楚，真实性毋庸置疑。因为，它至少可以得到现场目击者即"马德拉斯工程师"（the Madras Engineers）号炮舰海军上尉的全面证实：

　　　　在停战协定生效的次日，广州附近各村村民携带着武器和旗帜，开始聚集起来，人数多到令人害怕。……我们相信，这些民众是被一些有地位的爱国绅士的"煽动"性的演讲、揭贴而发动起来的；令人害怕的是，英国先头部队的散兵游勇一些过度抢劫行为，进一步激怒了他们。……

---

　　[283]　Ball, *Things Chinese*, p.610. Cf. Holcombe, *Real Chinaman* (1895), pp.228-230："可以推断，这些人（文人）在任何团体中都是有影响的。……他们自己认为属于统治阶级，因而对那些任官之人所持的批评通常是温和的，但是，他们影响、控制和左右了公共舆论。他们是民众之间、民众和地方官员之间所有争执问题中无可取代的仲裁人。……他们固执且狂热。他们被指控煽动居民起来反对外国人，鼓励许多暴力行为，尤其是以传教士为攻击目标的；这些指控显然有充分根据。"

　　[284]　梁廷枏（1796—1861），《夷氛纪闻》（1937），第49—50页。

一整天（1841年5月30日），他们人数一直都在增加；大约到了下午三点左右，大约10,000到12,000人出现在山头上，并且准备向前移动了。这时，广州知府来到现场……提出派一名有品级的官员前去解散群众。……他们最初拒绝服从那位官员的解散命令，但是在官员同群众领袖进行一番短暂的讨论之后，他们就开始解散……在半个小时里，几乎全部消失了。[285]

1842年秋，绅士领导居民反对外国人居住地区扩张到工厂之外的事例，可以从一份告示的内容看出来。这份告示借由重提先前对英国人的所有控诉，以此激起普通百姓的反感："其主忽男忽女，其人若禽若兽，凶残之性，甚于虎狼。"并控诉他们在1841年5月签了协定之后背信弃义，仍然怀有敌意。警告人民，如果听任英国人住在中国的土地上"甚而逼近榻前"，其他各国就会起而效尤。[286]没有受过教育的平民或普通农民，当然写不出这样的告示。

许多资料表明，华南地区的一些书院和社学是1840年代排外宣传的中心。[287]这当然一点也不奇怪。此外，由于一些书院和社学在地方防御活动中起着领导的作用，因此，控制书院和社学的绅士自然容易动员各村参加团练的人员进行排外运动。我们前面才提到的发动广州附近各村"丁壮"参加三元里反英抗争的举人何玉成，就是一名建立社学并把团练组织同社学结合在一起的绅士。类似的组织在此邻近地区涌现，参加的总人数据说在数万以上。这些接受编组和训练的乡勇，"无事相安农业，有警农即为兵"。[288]因此，可以认为，"环山立麓"的10,000人到12,000人，其中一些就是服从其领导人的命令而来的乡勇。有趣的是，在1841年反英抗争之前，这些由绅士控制

---

[285] Ouchterlony, *Chinese War*, pp.151-159.

[286] Morse, *International Relations*, I, pp.370-371. Ssu-yü Teng and John K. Fairbank, *China's Response*, p.36, Document 4, "Cantonese Denunciation of the China, 1841," 就是一个反英宣传的极佳事例。Julia Corner, *China* (1853), p.266, 认为反外暴动是由"秘密社会及其鼓动家"煽动起来的。秘密社会成员虽然参加了这些反外暴动，但是，必须承认关键性的角色是由地方绅士充当的。

[287] 铃木中正《清末攘外运动的起源》，《史学杂志》1953年62编，第1—28页。

[288] 梁廷枏《夷氛纪闻》，第50—51页和第100页。

的组织得到了官方的认可；位于广州郊区的乡勇一度接受驻扎在广州官军的副将指挥。[289] 显然，包括总督在内的地方官员，希望利用这些乡勇让英国人认识到对他们轻率地强加无理要求是错误的。但是，当其中一些绅士率领乡勇真正攻打英军时，地方官员发现否认自己同乡勇有任何联系是明智的。

　　直到 1849 年，当英国人再次重提进入广州城的要求时，负责省城附近地区一些书院的绅士主动组织在省城里的绅士，建立反抗入侵者的武装队伍，据称"旬日间得十万人有奇"。[290] 后来在 1856 年，根据当时一位中国作者的记述，英国人强行进入广州城时，"昔年创夷人于三元里"的城北 96 村村民，在三名退职在家的官员领导下重组团练。[291] 由于时间和环境都发生了变化，他们的努力完全失败了。但是，这种情况又一次证明了广东省和其他地方的排外运动，是由绅士发动和领导的。[292]

　　不过，我们不能假定任何特定地区的所有绅士对待外国人的态度和方法都是相同的。由于这样或那样的原因，其中一些绅士认为传教士的工作对中国有益，因而毫不犹豫地对传教士持友好态度。例如，一位著名的美国传教士 1836 年报告说，医疗传教士协会的工作吸引了许多政府官员，"甚至连位于广州西面的南海县知县，也送来请帖"，要求给他一名亲属的孩子治疗。三年后，该传教士又报告说，广东省署理按察使也请他们治疗。"1840 年，一名姓于的广东布政使，也要求给他治病，但是由于他长时期同林则徐不和，因而既不敢来医院，也不敢来商行（The Hong Merchants）。"[293] 事实上，即使在反英抗争强烈的 19 世纪 40 年代早期，广州绅士之间的态度也不是一

----

[289]　梁廷枏《夷氛纪闻》，第 51 页和第 100 页。

[290]　梁廷枏《夷氛纪闻》，第 107—108 页。

[291]　夏燮《中西纪事》，13/6a-7b。该作者在同书 13/13b 中转引《西人月报》继续说道："广州城内外居民，恰与英人无大仇怨……惟城外九十六村之人大不相合。"在 13/17a 中补充说："九十六村者，即三元里之一百三乡也。"

[292]　《筹办夷务始末》，66/40 中收录了道光二十三年（1843 年）的一道上奏，称耆英否认地方绅士参加了反外暴动，应由"烂崽"（一些地方上称"光棍"为"烂崽"）负责。同书 75/34 中收录了道光二十六年的一份文件，称耆英否认社学也卷入到反外暴动中去。不过，这些否认原因很容易理解，但很难被当作是对事实的陈述。

[293]　在广州从事医疗工作的美国传教士 Peter Parker 汇报了广州发生的情况，分别载于 *Chinese Repository*, V (1836); VIII (1839); and X (1841). Danton, *Cultural Contacts*, pp.44-47. 引用了这些报告。

致的。根据西方一学者的观察，一些绅士 1842 年 12 月 2 日开会讨论反英运动时，其中一名绅士朗读一则声明，"要出席者保持冷静，提醒他们（强烈要求抗英的绅士），反对派的唯一目标就是煽动起一场骚乱"。结果，"会议在混乱中终止"。[294] 显而易见，反对派要求得到足够的支持来进行反英斗争，并成功地激起了骚乱。

如果认为官员和绅士之间在排外运动上总是采取合作的态度，也是错误的。要对地方和平和秩序承担责任的官员，不可能支持绅士发动或坚持排外运动。正如在 19 世纪 40 年代广州周围发生的一系列反英斗争中的情况所表明的那样，官员有时因不支持此项斗争而激怒了绅士。一名御史上奏指出："粤民与英夷为仇雠，即与地方官为仇雠。"[295] 广州知府因对"英夷"采取安抚态度而成为反英爱国绅士谴责的对象；[296] 其他为绅士指责的官员，也成为普通民众嘲弄的目标。因此，有一句著名的谚语这样说道："百姓怕官，官怕洋人。"不过，此话可以反过来说："官怕洋人，洋人怕百姓。"[297] 在一些情况下，排外运动展现出来的是反抗官府的暴动的面貌。[298]

其他地区随后的排外暴动，显示出大致相同的情况。1868 年 8 月 22 日，一名传教士企图在江苏扬州修建教堂时，一场排外运动就爆发了：

> 扬州是大运河上一座拥有 36 万居民的城市。传教士在问过大约 30 家不同的房子后，终于设法租到一家。但是，来自镇江充满仇恨的宣传，激励了扬州的文人，他们竭力阻止传教士进驻这个地方。他们最初是散发诽谤性质的传单点燃普通民众的反外情绪；在这行动无效之后，就采取大规模的宣传，直到整个城市都警觉到……
>
> 8 月 22 日，一群暴徒情绪激昂地攻打这座教堂。教堂不断派人到官府求救，在明显得不到帮助之后，戴德生先生（Mr. Taylor，具体负责的传教士）及其同伴冒着生命危险亲自到衙门去。他们在衙门里足

[294]　Morse, *International Relations*, II, p.371，转引自 1842 年 12 月的 *Chinese Repository*。

[295]　《筹办夷务始末·道光》，75/13。

[296]　夏燮《中西纪事》，卷六，各页。

[297]　夏燮《粤氛纪事》，1/1a-b。

[298]　夏燮《中西纪事》，13/1a-2b。

足等了三刻钟；在此期间，他们不断听到远处暴徒的叫喊声，财物被摧毁声，而无法确保留在屋子里的女人的生命安全。最后，知府终于出来了，他询问的问题非常无礼，是想当然的一些中国孩童被绑架的事情。……在经过两个小时痛苦的焦虑之后，他们终于可以回去了，教堂已完全成为废墟，留下来的传教士仅以身免，躲了起来。[299]

一位西方著名的传教士在 1890 年代晚期的记载，概括了 1870 年后的一般情况：

民众的情绪很容易被谣言煽动起来。当他们被激怒到沸点时，官员们总是袖手旁观，听任局势发展。自那时（即 1870 年 6 月，天津一所天主教教堂被摧毁）以来，总共发生了 20 多次的排外暴动（并不完全是针对教会的），其声势之浩大，在大洋彼岸都可以看到。到今年〔译者按：即 1895 年〕达到了顶点：四川爆发成都教案，许多传教士被驱逐出成都；福建福州附近爆发古田〔译者按：原文 ku-ch'eng〕教案，一些传教士被杀。其中大多数符合一个相同的程式：开始以小册子和揭贴作为煽动的工具，接着是官员装聋作哑（他们总是在求助时姗姗来迟），最终是询问要砍掉多少头、赔偿多少钱才能满足各国的要求。……

暴徒的煽动者，通常是官员或知识阶层。他们指控外国人犯下了令人发指的罪行，以此强化普通民众对外国思想观念涌入的仇恨。在这些指控中，最具煽动性的（虽然不是最使人讨厌的）是绑架孩童，用他们的眼睛、血和肉来制药。[300]

排外宣传的效果如何，可以从另一名传教士的记述中看出：

在《天津条约》（1860 年）签订之后的十年，对西方列强势力的散

---

[299]　Arthur Smith, *China in Convulsion*, I, pp.65-66.

[300]　Martin, *A Cycle of Cathay*, pp.445-448。同样参见 Arthur Smith, *China in Convulsion*, I, pp.77-82。

畏心理取代了以前广州人对所有外国人的轻蔑心理。但是在 1871 年 7
月，整个广州地区到处传布着一些揭贴，指控外国人散布一种声称对
疾病有神奇疗效的药粉，不过是慢性毒药。在这些煽动性传单出现的
次日，整个广州城到处都是情绪激昂、愤怒的民众；其凶猛程度是外
国人从未看到过的。四分之三的居民相信这一谣言，全城都陷入了恐
慌。……

　　友善的总督处死了一些带头的人而结束了这场骚乱，但是它迅速传
到了厦门，甚至福州，几乎终结了传教的工作。[301]

众所周知，这些反外抗争和其他暴动，包括 1900 年的大动乱在内，在实质
上并没有影响到传教活动。相反，它们进一步使清王朝的颜面丢尽，进一步
降低了清王朝在中国人民心中的威望。排外暴动，就像其他类型的地方动乱
一样，削弱了清王朝对中国乡村的控制。

　　我们难以否认这些剧烈的排外抗争的重要性，它们事实上构成了遍及全
帝国的排外运动的真实形态：由许多文人鼓动起来，得到一些官员的鼓励或
容忍，和深受外国人压迫（真实或想象）的普通百姓的支持。[302] 不过，一
些学者认为 19 世纪爆发的反外运动特别是义和团运动，是"一场维护中华

---

　　[301] Arthur Smith, *China in Convulsion*, I, pp.71-72。有时，反外宣传适得其反，比如叶昌炽
在其《缘督庐日记钞》中（庚戌年三月初一）概括了 1910 年的一个事例："晨起，闻香山村民昨
夜四鼓聚众毁喻培翁家……仅以身免。……市人哄传洋人在海上造桥，打桩不下，以生人甲子厌
胜，贿培翁沿街挨户写姓名册，村中有暴死者，众怒难犯，构此奇祸。……既而悟为造户口统计
册，喻为乡董，池鱼所由殃及。"

　　[302] Harold E. Gorst, *China* (1899), p.246, 观察指出："1898 年夏发生于广西的暴动，就其他
方面来说没有什么重要意义可言，但是就一个方面来说，非常令人感兴趣，它提供了西方强国近
年来的行为对中国人民产生影响的例证。暴动领导人张某发布的宣言只是诉诸反外情绪，其序言
如下：'老天在上，我张某人是"洪江会"（The Hung Sun Tong）头领和军队大元帅，发誓要把洋
蛮子驱逐出中国，改变中国耻辱的地位。欧洲蛮人国家势力强大，现在对我们虎视眈眈，企图玩
弄狡诈、隐秘的阴谋手段。中国没有哪一块地方，它们不想吞下去；哪怕是一文钱，它们也要夺
走。10 多年前，洋人传教士来到我们的土地上，蛊惑我们同胞藐视神灵，在我们整片土地上散布
毒药。……天地人神共愤，对付这些入侵者。……'"（引自 *The London Times*, September 30, 1898。）

民族独立的战争"，[303] 如果这句话是要暗示中国人民作为一个整体而齐心协力参加排外运动的话，则是不正确的。这样解释这段历史发展，未能给予绅士的角色应有的强调，因此也不符合事实。

同西方列强的战争

英国、法国和其他国家在 19 世纪发动的对中国的战争，带来的灾难性影响是显而易见的。这些战争除了给中国带来了沉重的经济枷锁之外，还在两大重要方面对人民（首先是沿海地区的人民，接着是内陆地区的人民）产生了不利影响。一方面，清王朝在对外战争中连续不断遭到失败，以及接连而来的丢尽颜面不可避免地损伤其迄今为止一直享有的威望；另一方面，为了抵抗西方列强的入侵，华南一些地区的地方自卫组织，为"奸民"公开向

---

[303] Friedrich Engels, "Persia-China," 此文最早发表在 *New York Daily Tribune*, June 5, 1857, 后来收录在 *Marx on China*, pp.48 and 50, 该文以如下语言评价了华南日益发展的反外运动："我们最好认为中国人这次战争的性质是一场反对外来侵略的战争，一场捍卫中华民族的全民战争。……现在，中国人的情绪与 1840—1842 年战争时的已显然不同。当时人民静观其变，让皇帝的军队去与侵略者作战，而在遭受失败以后，抱着东方宿命论的态度服从了敌人的暴力。现在至少在南方各省（直到现在军事行动只限于这些省份之内），民众积极而且是狂热地参加反对外国人的斗争。"Engels 这一观点，很难被认为是正确的。正如上面所表明的，1841 年三元里"人民"的行动远不是"静观"；正如下面两位当时身处其中的作者所观察指出，1840 年到 1857 年间看不出"人民大众"的行为有什么变化。"马德拉斯工程师"号炮舰海军上尉 John Ouchterlony, 在《鸦片战争》第 420—421 页中汇报了他 1842 年在南京附近所看到的情况："因而，不幸的郊区到处都被纵情劫掠。没有哪艘军舰的印度士兵或欧洲人是带着规定上岸的，因为他们在生机勃勃、平和安静的角落横冲直撞，乃至把一度非常繁华的整条街道洗劫一空后，才回到运输舰上。中国人和欧洲人、印度人、非洲人以及马来人，相互之间追逐推挤，看起来情绪高昂。当收集了一堆'战利品'之后，他们总是用劝说的方法，强迫一帮中国人搬运到目的地；而这种劝说并不总是温和的。我还奇怪地看到，中国下层社会是以多么坚忍和恭谨的态度来忍受所有的盛气凌人和粗俗对待。……打劫富户的消息也迅速传开，这些可怜人的数字每时每刻都在增加。"*The Times* 特约记者 George W. Cooke, *China*, p.339 叙述了 1857 年 1 月英法联军占领广州城并将两广总督叶名琛掳为阶下囚之后广州的情形："金库里面装满了银子……还有一间房屋，装满了最为昂贵的软毛官服，衬里是用一种黑色、罕见的皮毛做的；另一间房屋装满了铜钱。……上面来的指示是把银块带走，不碰其他东西。……但是怎样才能运走这些沉重的银块呢？大家聚集在金库前商量，其中一名军官想出了一个非常好的主意——'凡是愿意把银块搬到英国兵营的苦力，每人可以得到一元钱'。人群刚散去寻找竹棍，转眼间就有一千名志愿者争着要为我大英帝国搬运自己城市的财物。"难以想象，这样的苦力在 1840 年或 1857 年会从事"一场反对外来侵略的战争"。同许多学者一样，恩格斯也未能充分注意绅士和文人在反外运动中的地位和作用。Stanley P. Smith (China Inland Mission), *China from Within* (1901), pp.142-143 正确地指出，义和团是中华帝国仇外心理最后一次也是最强烈的表现，导致其爆发的直接因素包括慈禧太后"狂妄、无知和迷信"的心理。

清王朝权威挑战增加了胆量。对西方列强入侵造成的总影响最简明扼要的概括，见于一位著名英国官员的记述：

> 无论现在（即 19 世纪中叶）折磨中国的内在问题给它带来的最后结果如何，这些问题显然都是这个国家骄傲自大的政府，在与大不列颠的战争中蒙受到耻辱与失败的后果。……
>
> 这一变化在清帝国许多地方都感觉到了。人民开始拒绝缴纳政府先前的苛捐杂税，各地的反抗风起云涌，成群结队的盗匪——经常是混乱制造的根源——现在开始公开蔑视清政府的权威。……
>
> 在同英国发生战争之前，清帝国利用长时期建立的统治，不准普通百姓拥有火器。……但是在战争期间，武器控制松懈了，落到各种各样人物手中。其中许多人物在战争结束之后，继续占有武器，并很快就准备利用这些武器来与清王朝为难。[304]

这名英国官员认为华南地区所盛行的掠夺、土匪、秘密社会和暴动的原因，在于清王朝在对外战争中的失败。他接着进一步把太平天国爆发的部分原因追溯到鸦片战争：

> 毫无疑问，清国各地现在爆发的反抗，正是同我们的战争所带来的结果。一名官员在其报告中直接强调指出："两广（即广东和广西）的强盗和犯罪团体人数非常多。他们毫无困难地啸聚山林，制造混乱；这些强盗、罪犯之所以出现，是由于在与英夷的战争中发现官军的无能。以前，他们畏惧官军如虎；现在，视官军如羊。在同英夷的问题解决之后，无数非正规的军队被遣散。他们中大多数都变成了盗匪，很少有人

---

[304] Davis, *China*, II, pp.182-183. 该作者还在同书第 196 页中就 1847 年发生于浙江奉化的暴动评价道："这不过是我们的战争〔译者按：即鸦片战争〕以来，各个地方普遍存在的麻烦的一个小小的样本。最严重的反抗发生于大部分华南省区；反抗首先发生于广州，然后像瘟疫一样传布开来。社会普遍抱怨的问题是土匪日益增加；募集用来抵抗这些土匪的民团，让人民可以为赋税问题跟政府讨价还价。"

回到以前的工作。"[305]

显然，把太平天国爆发的原因归结于清王朝在鸦片战争中的失败，这过于简单化了。除了鸦片战争及其结果所带来的环境之外，太平天国之乱还有更多的根源。不过，我们不可否认军事失败直接而有力地造成了清政府统治的衰弱，同时降低了官僚阶层的士气，鼓舞了不服从的臣民起来向当局挑战。下列一段西方传教士提供的对话，虽然并不是逐字逐句记录的，但是可以反映清王朝统治衰落期间中国社会流行的心理情况：

一天，一名清朝军官向我们叙述著名的"关帝"（战神）那无比威勇的故事时，我们不禁想询问"关帝"是否在清帝国同英国的最后一次战争中现身。……这名军官说道："我们不要再提那次战争，关帝当然没有现身；这是一个凶兆。"他降低声音补充说："他们说上天要抛弃这个朝廷了，它不久就会被推翻。"

1846年的中国普遍流传着清王朝就要被推翻，另一个王朝不久就要代之而起的说法；我们在旅行途中，好几次都听到了。毫不奇怪，这种流传多年的模糊预兆，有力地推动了1851年太平天国的爆发，并从那时起完成了如此巨大的进展。[306]

这种失败主义的情绪在官吏阶层的传布或许并不广。但是在1859年到1860年间，清王朝同时面临着内外危机——一方面要镇压内部的叛变，另一方面要面对西方列强的入侵。在这种极端艰难的背景下，要维护清政权的统治，即使是当时最有能力的政治家也难以制定出适宜的解决方案。曾国藩就在给胡林翼的一封信中，带着明显的困惑讨论他所面临的选择，究竟是继续留下来同太平军作战呢，还是率军北上保护京师，对抗英法侵略者？[307]

---

[305] Davis, *China*, II, p.412.

[306] Huc, *Chinese Empire*, I, pp.291-292.

[307] 曾国藩《曾文正公书札》，13/10b。后来，曾国藩在给左宗棠的一封信中（13/17a）说道，无论发生什么后果，他都要北上挽救朝廷。然而，他在给李鸿章的一封信中（13/21b）却说道，朝廷指示他不要北上。

说也奇怪，当时一名宗教信仰同上述所引西方官员和传教士截然不同的西方学者也发现，鸦片战争给中国所造成的后果和太平天国叛乱之间存在着直接的关联：

> 中国那连绵不断的叛乱已延续了十年之久，现在已经汇合成一场惊心动魄的革命，不管引起这些叛乱的社会原因是什么，也不管这些原因是通过宗教的、王朝的还是民族的形式表现出来，推动了这次大爆发的毫无疑问是英国用大炮强迫中国输入名叫鸦片的麻醉剂。清王朝的声威在不列颠的枪炮下扫地以尽，天朝帝国万世长存的迷信受到了致命的打击。[308]

我们希望从上述的探讨中证明这一结论的正确性：西方人和西方文化的涌入，使19世纪的中国社会更加动荡，并最终导致清王朝崩溃。虽然在导致清王朝崩溃这一问题上，外来压力和内部腐败各占多少比重，实在难以弄清楚，但可以说，前者强化了后者，并加速了整个毁灭过程。[309]通过对中国输入宗教、教育和政府等新观念，传播制造和军事方面的新技术，以及用外交或优势的武力说服中国，使其传统体制已不足以应付局势，西方列强无意中帮助中国终结了原本好像永无止境的王朝循环。

---

[308]　Marx, "Revolution in China and Europe," *New York Daily Tribune*, June 14, 1853, 收入 *Marx on China*, pp.1-2。

[309]　Mallory, *China: Land of Famine*, p.66.

第十一章　总结与余论

乡村控制的合理性和效果

　　清王朝的基层统治体系，是帝国统治者面对环境挑战的一种产物，而且是由帝国体系自身的本质决定的。清朝政府同它以前的各王朝一样，也是一个专制统治政权。在这个政权之下，广大人民被划分为几个政治、社会和经济地位不同的群体；统治者和被统治者的利益背道而驰，在一定程度上是不相容的。[1]因此，帝国统治者必须对辽阔的疆土维持一个尽可能稳固的控制，以此确保政治稳定，从而使其政权垂之永久。清王朝统治者由于不信任自己臣民的忠诚，为了确保臣民的柔顺、屈从，设计出各种各样的统治措施，来减轻臣民受到有害于帝国安全的思想和行动的影响。清王朝是外来族群征服者的事实，使得这个需求更为明显和迫切。

　　帝国控制通过从社会上层中吸收新成员的官僚集团来运作，在战略要地设置实际的或威慑性的军事力量予以强化。然而，清帝国的幅员广阔，人口众多，而通信和交通工具落后。在此情况下，清王朝的行政力量和军事力量实际上不可能到达全国各地每一个大小村落。因此，为了把控制延伸到乡村

---

　　[1]　韩非（前280—前233）是第一个清楚地指出统治者和被统治者之间利益是天生对立的作者。不过，他把自己的注意力集中在统治者和官员之间的关系上，而不是统治者和被统治者之间的关系上。比如，《韩非子·八经第四十八》中有这么一段话："知臣主之异利者王，以为同者劫。"同书《扬权第八》中有这么一句话："黄帝有言曰：'上下一日百战。'"英译本见 W. K. Liao（廖文魁）I, p.59。

层面，清王朝就需要一种可以称为基层行政体系的制度。吸收了以前各王朝的经验，利用历史上的地方组织，清王朝早期统治者建立起一套由各种各样的子体系所组成、各自具有特定功能的乡村统治体系。这样，乡村社会每一个重要方面在理论上都被置于清政府的监督和指导之下。

由于这些子体系是初次设置的，虽然它们各自的功能明显不同，但运作的原则类似。清政府广泛利用地方人士来帮助其进行统治，却又密切监视他们；经常利用乡村社会中既有的组织或团体作为辅助性的统治工具，但又毫不犹豫地限制或完全禁止它们的活动。清王朝希望利用这种措施，造就出可以用之于控制乡村的地方绅士和文人；事实上也经常这样利用他们。充分认识到稳定的经济、政治环境是成功统治中国不可或缺的条件，帝国统治者致力于保护不同社会阶层的利益，以免遭到不当的侵犯。这样，任何特定乡村地区的居民就倾向于继续接受现存政权，认为这是增进或保护自己利益的最可靠的方法；与此同时，"不法分子"就会发现很难继续扩大他们的活动。为了阻止地方自主权的发展，清王朝采取了各种各样的措施，把乡村控制的不同功能分配给许多个别的或部分重叠的组织。这样，任何一种组织都不可能垄断地方的影响力，并进而发展成为帝国体系外围的权力中心。

尽管这套体系设计得非常巧妙，但是它并没有充分地或完全地达到它所设想的目的。它没有为帝国统治者保证绝对的安全。证据表明，清王朝基层统治体系在两大条件下取得了一定的成功：有一个相当可靠、能力强的官僚集团，来指导和监督它的运作；有一个大体上稳定的乡村环境，让普通民众可以维持一种虽然并不富足但较安定的生活。在这两大条件存在时，正如清初的三四个皇帝在位期间的情形一样，乡村控制工具就运作得相当好。事例表明，即使保甲体系——在一些方面，它是清王朝统治乡村的基石——并不能常常取得正面的效果，但是乡村存在此种体系，至少有一种威慑作用，从而有助于减少动荡发生的机会。即使在清王朝鼎盛时期，洪灾、旱灾和其他自然灾害也不时发生，但由于当时社会安定，地方行政官员相对尽责，因而并没有导致严重的经济灾害。此外，或许是清初诸帝的运气好，天灾的发生并不频繁，情况也不严重。虽然大多数乡民贫穷，其中一些还处于饥饿状态，但是在这种相对有利的环境下，无论是什么时候，全国各地因贫穷或饥饿而逼上绝路的乡民并不多。在这些相同的环境下，乡村控制体系为清帝国的稳定做出了一定的贡献。

不过，有利的环境并不会一直持续下去。到 18 世纪末，清王朝开始走下坡路了。乾隆朝后期以来，帝国行政加速腐败。[2] 与此同时，正如一位西方学者指出："自道光帝即位（1821 年）的 14 年以来，没有一个太平年，这省或那省总是不断发生水灾、旱灾、饥荒、暴动和叛乱。"[3] 由于官僚集团普遍无能、道德败坏，清政府再不能像以前那样敏捷或果断地处理危机；即使是维持自己在乡民眼中的威严，也有困难。乡村社会以前那不稳定的平静，不断被陷入绝境的乡民打破——他们陷入绝境，则是长时期的饥饿、社会动荡和官吏腐败积累起来的结果——特别是被那些认为向清王朝权威挑战的时机已经到来、没有必要再臣服清王朝统治的"奸民"所打破。由于环境发生了变化，清王朝那由各种各样的辅助性组织构成的乡村控制体系大部分无效了。很多时候，这一体系事实上变成乡村社会中另一种混乱因素，因而比无效还更糟糕。

清王朝整个基层统治体系迅速地崩溃。在不满和绝望（即使这些只是一般农民模糊的感觉）之中，无论是应该负责运作各种乡村控制体系的地方代理人，还是负责指导、监督这个体系运作的地方官员，都没有条件来履行自己的职责。保甲、里甲和乡约（整个体系的主要机制），其士气都大不如前。

---

　　[2]　Hosea B. Morse, *International Relations*, I, pp.439-440。然而，马士不正确地把咸丰帝继承下来的"腐败、统治混乱、人民普遍不满和社会动荡不安"等等一系列遗产完全归结于他父亲的过错，并错误地认为乾隆政权是"强有力的政府"。除了本书在其他场合下所提到的有关统治腐败情况的事例之外，下列在首都任职的著名官员李慈铭 1859 年所作的观察，在这里也可以引用。《越缦堂日记补》，已集〔编者按：应为己集〕，78a-b（咸丰九年十月二十五日）中记载说："自去年冬愤弃诸生业，输粟为吏，继甚悔之。至京复见天子忧劳，顾ং 大不责大臣以速治，大臣皆雍容善言太平，内外百执事惟逢迎献纳之不暇，朝官若卿贰以下，纷然以酒食歌舞相招致，不事事。吾观天下大势，已积重不可返，盗贼且日棘，故日夜思返，以蔬布养母终其身。"同书 90a-91a（咸丰九年十一月二十二日）中记载说："国家设关置务，征什一之利，上供县官，凡外僚自监司以上，入都者皆有定额。人习其制。至今年郑王为监督，乃刻意诛求，有勒至万金者。……五月间，予与叔子、啸篁等至京，敝车褴被，萧然无一物，而关吏横索羁质等必五十金方得过……倾箧得二十金赠之，许其赢至寓舍相付，哀吁始诺。抵寓，乃遍借得如数，举付之，而吏故持银色低，叫咶诟詈，仆辈皆怒。"

　　[3]　Morse, *International Relations*, I, p.214, note 2, 引自 *The Chinese Repository*, March, 1834。

在 19 世纪的前几十年，这些子体系接连崩溃，清王朝的任何努力都无法使之振兴。而 19 世纪后半期冲突、暴动、盗匪活动频繁发生，雄辩地证明了清王朝确立的整个乡村统治体系已经变成一副空架子了。

专制统治的局限

在不忽视其他历史因素的重要性的情况下，我们可以大胆地说，行政腐败是造成清王朝乡村控制体系崩溃的决定性因素之一。一个问题随之产生：清王朝统治者有能力防止这种腐败吗？

即使不是不可能，也是困难重重。看来，帝国体系天生存在的一些缺陷，不可避免地导致了行政的腐败。由于清王朝历代皇帝不相信自己的臣民，而且作为一个异族的统治者，以为理所当然可以得到后者的效忠显然是不明智的，因此只得依靠严密的监控手段。在相当大的程度上，清朝皇帝不得不依靠汉族绅士、官吏来推行统治、监视臣民，或帮助施政。但又认为这些人的忠诚也值得怀疑，因而一直小心翼翼地严密掌控他们的臣仆。因此，每当要做出取舍时，统治者总是将国家安全置于行政效率之上。这样，政府官员完全没有足够的权力作出主动的、独立性的判断，或令人满意地履行规定的职责和任务。相反，所有官员都被置于严密的控制、限制和监视之下；如果越出各自主管事务范围，就被认为是玩忽职守或越权而受到惩罚。最终就形成一种情况，普通官员认为最谨慎的为官之道是尽可能地少承担责任，多注意自己的行事在形式上符合明文规定，少做些有利于清王朝的统治或者嘉惠人民的事。

这样的帝国政策，虽然完全符合专制统治的本质，但是难以形成一个充满效率的政府。清朝皇帝十分成功地让官僚集团变得在政治上无害，因此，除了在清王朝建立初期和崩溃年代以外，没有听说过有哪位官员怀有反叛朝廷的意图。不过，他们同时也让官僚阶层失去活力，没有哪位官员努力使自己成为能干、正直的行政官员，大多数官僚听任政府规定的重要任务束之高阁。[4] 这一基本行政缺陷的危害性，因为帝国的一些不合宜的做法而加剧。首先，官员的薪俸和薪级原本就低得可笑，又没有随着生活开支的提高而调整，因此他们不可避免地、越来越需要从事敲诈勒索、收受贿赂的腐败活动。其次，大规模的卖官鬻爵——19世纪后半期尤其普遍，是清王朝统治腐败的又一导因。再次，任命政府高级官员时由于对汉族难以完全遮掩的歧视，使得无法严格根据功绩原则来补充新鲜血液，发展出一个既忠诚又负责的汉族官僚阶层。这样，从来就不十分充满效率的清政府，很快就进一步露出颓败的迹象。尽管有一个对全社会进行全方位监督和控制的统治体系，但清帝国在事实上极大地处于偶发因素支配之下。清政府及其臣民，在严重的社会危机或自然灾害面前，都十分无力。清朝皇帝们借由一套还算精巧的控制体系，竭力维持一个不确定的政治稳定，他们所付出的高昂代价，就是不完整的、没有效率的施政体系。

　　关于清王朝基层统治体系所遇到的困难，我们可以从另一角度来观察。在中国帝制体系中（其形式是中央高度集权），统治者对万事万物拥有无限的权力，并决心行使这种权力。但是，他们的决定并不能改变这一事实：权力中心的存在，意味着会出现一个周边地区；而从中心发出的力量，在到达周边地区时威力会降低。在像中华帝国这样庞大的国家中，中央的力量应用到全帝国范围所造成的衰减，必然是相当可观的。朝廷响亮的命令（官员们通常只负责传达），循着行政结构传到州县一级，已经变成微弱的回声。清政府事实上不可能对全国 1,500 个知州知县进行有效的监督控制，却期望依

---

[4]　龚自珍（1792—1841）《定庵文集·乙丙之际箸议九》；此文写于 1815 年至 1816 年，非常能说明问题，描述了当时官僚阶层和知识界一片消沉的景象。魏源（1794—1856），《古微堂外集》，14/13b-14a〔译者按：4/5b〕中的一篇写于 1840 年的文章，以下列言语描述了中央集权的后果："以内政归六部，外政归十七省总督巡抚，而天子亲览万几，一切取裁于上。百执事拱手受成，上无权臣方镇之擅命，下无刺史守令之专制，虽魁琐中材，皆得容身养拙于其间。渐摩既久，以推诿为明哲，以因袭为老成，以奉行虚文故事为得体。……自仁庙末年，屡以因循泄沓，申戒中外，而优游成习，卒莫之反也。"不止一位学者指出了专制政权以牺牲行政效率为代价强调自己的统治安全。比如，Linebarger, Djang Chu（章楚）, and Burks, *Far Eastern Governments and Politics* (1954), p.55："（清）政府的运作体系被分开，是为了保证中央政府和地方政府之间以及各个政府机构之间的牵制和平衡，而不是为了得到一个运作敏捷、有效的行政体系。新皇帝的主要利益在于如何维持自己的权力地位，而不是如何建设一个充满效能的政府。……在北京的清帝国中央政府很少制定推行建设性的政策。"

靠他们"爱民如子"之心推行各种各样乡村控制的措施。保甲体系、里甲体系、乡约讲习体系以及其他体系，大都已被废弃不用或声名狼藉；政府听任村民和村庄自生自灭，灾害时期只是象征性地为后者提供帮助或救济。这样，尽管清王朝皇帝竭力想对每一个角落进行有效的统治，但广大乡村地区还是存在着一部分行政真空。这一真空是统治体系不完整造成的，却给人一种乡村"自主"的错觉，一些学者以无稽的热情加以谈论，并把这种不完全的专制统治所造成的虚幻现象当作真正的民主。[5]

关于清王朝帝制体系另一严重的缺陷，必须加以强调：统治者与被统治者（社会各阶层）之间的利益是矛盾的，这使得前者要想取得后者的忠诚极为困难。

在这里，明确界定绅士和文人（或称未来的绅士）在帝国体系中的精确地位，对我们的探讨是非常重要的。由于个人才能和社会地位，他们对居住在乡村或乡镇中的广大民众具有很大影响。清王朝统治者正是从这一精英群体中挑选帮助他们统治的臣仆。然而，他们在家乡的领导地位和在统治体系中为清王朝服务，并未使自己成为统治阶级的一部分，也没有使自己的利益同统治者的一致。无论在事实上还是在理论上，士大夫同普通百姓一样，仍然是天子的臣民，仍然是清王朝统治的对象。那些以政府官员身份扮演着中介角色、把清王朝权威施加到普通百姓身上的士大夫，同时又属于"民"的一部分，而民是要受到皇帝们的统治的（表面上是为了他们的福祉）。

因此，我们很容易看出，士大夫的利益并不一定与清王朝皇帝的相同。清王朝的中心目标是把自己的政权"传之万世"。因此，为了让帝国环境有利于他们的继续统治，他们设法使被统治者——既包括士绅又包括普通百姓——大体上对自己的处境感到满意，至少不会严重不满。这样，清王朝统治者内心里的真正期望是政权长存，然而他们公开宣称的，正如一句历史悠

---

[5] 魏特夫则倾向于把这一现象称为"乞丐"民主。参见 *Oriental Despotism*, p.108 ff.

久的儒家格言所说，是"利民"。[6] 在正常情况下，绅士和文人阶层都十分乐意接受这一切；他们有不止一个理由，给予清王朝道义上的或实际上的支持。一方面，装点皇朝意识形态的钦定儒学与他们受教养的知识传统是一致的；另一方面，如果清王朝继续存在，他们就继续享有（或确保有机会继续享有）租税豁免和其他特权地位。加入官僚阶层的绅士，其利益与现存政权最为休戚相关；因此，他们支持现存政权的愿望比其他人更为强烈。不过，他们的利益同现存政权的利益仍然存在着矛盾，当把他们之间利益关系结合在一起的社会环境发生了剧烈的改变，两者就会分开。在王朝循环走到终点之时，至少可以说承认新王朝统治的士大夫人数，与继续效忠已经崩溃的旧王朝的人数一样多。

还应该指出的是，无论在什么时候，加入官僚阶层为统治者效劳的绅士，只有一小部分；而且他们也不一定终身为官。退职的官僚、候补的官员和拥有功名的士子，其人数大大超过了实际为官的人数。这些非官僚的绅士成员，同普通的文人一样，更关心的是自己的个人利益和家庭利益，而不是帮助统治者维持其统治。因此，他们的利益更多的是同普通村民或市民一致的。因为除了是绅士之外，他们也是家长、纳税人，或许还是地主，其利益有时也面临着朝廷政策或地方政府腐败带来的危害或威胁。他们虽然因为拥有社会地位而可以更好地保护自己的利益，但是，正是这种保护的需要，透露了他们在社会中的实际地位：他们虽然是拥有特权的臣民，但不是统治阶级中的成员。对下列意义重大的事实，我们难以忽视：相当多的绅士成员所获得的地位，明确地说是确保能更好地保护自己的家庭和财产不受侵犯，不是为了满足他们为统治者效劳的愿望。

儒家的仁政理论，是帝国意识形态和绅士政治哲学主要的组成部分，而清王朝统治者和士大夫对它的理解各不相同。对前者来说，仁政思想

[6]　中国的皇帝们一般都公开宣称遵照儒家学说，主张统治者是为人民的需要而产生的，但其中许多帝王同时有意识地或无意识地赞同法家关于国家的思想观念，认为统治者的利益才是政府关心的主要问题。这种两面理论最早是汉宣帝（前73年—前49年在位）阐述的。他教诲其皇位继承人说，"汉室制度"是建立在"霸"（掌权的诸侯王）和"王"（真正的王）之道混合的基础之上的；并说如果只是依靠"道德教化"进行统治，就会犯错误。后来的皇帝虽然没有这样明确表白，但同汉宣帝一样依靠法家原则和政治理论进行统治。

理论实际上就是"家父长制"专制统治建立的理由或理论基础；对后者来说，它是可以用来保护自己的物质利益、反对腐败和暴政的思想武器。清王朝皇帝给予新儒学的程朱学派很高的荣耀，因为该学派在政治上和伦理上强调忠孝职责观念；而包括程朱学派追随者在内的士大夫，也没有忘记重申孟子"民为贵"的主张，以及相对的，在必要的时候推翻暴君的权利。

在正常的社会环境下，绅士阶层打着为"民"的旗号，利用孟子思想谋取个人私利，而不挑战清王朝的权威。他们把自己的利益同后者的利益等同起来，并扮演"民"的代言人角色。在请求减税时，一再用来描绘农民受苦悲惨画面的诚挚字句，很能说明这一点。请求是代表相关地区的"民"提出的，但是，因此而得到的利益，绝大部分落入绅士地主之手——如果可以说佃农和小土地所有者也的确得到一点的话。帝国统治者主要关心的问题并不是"利民"，每当他们在税收和其他方面对"民"的利益作让步时，总是听任普通臣民只得到一点点好处。这样，绅士阶层就拥有另一理由来支持现存政权，不断重复"皇恩浩荡"的陈词滥调，即使他们实际上并不是真这样想。一个服从的绅士阶层，同大体上柔顺的乡民共同生活在一起，帝国也获得了一定程度上的政治稳定；这时，除了零星的一些地方混乱之外，没有什么惊人的事件发生，清王朝的统治秩序得以维持。

然而，这种稳定在两种情况下很容易被打破或受到严重损害。一是发生严重的灾害，不管是自然的还是人为的，大多数居民会因此而难以生活下去；二是清政府不能或发现不可能满足特殊阶层人物的雄心和欲望。不满或极度失望的绅士或文人，就选择不再支持清王朝。换句话说，在统治者和这种所谓"民"阶层之间的利益矛盾表面化后，一直至少在表面上效忠现存政权的绅士、文人，就认为再为它效忠或效劳已经没有什么好处。在这种情况下，绅士、文人中愤恨不平的成员，就会以另一种观点来阐述上面提到的孟子格言。他们此时为了谋取或保护个人利益所采取的方法，不再是大讲为民服务的仁政原则，而是宣扬行使"造反权利"的原则。他们就像刘基所讲的寓言里面的小猴子一样，[7]发动村民或市民起来反抗"暴政"，或者为已经举起造反大旗的"土匪"领袖出谋划策。

所以，绅士和文人对现存政权的态度明显是随着环境的变化而变化的，就像农民对清王朝统治的反应在承平时代和动荡时期也不相同。因此，清王朝统治的有效性，主要取决于统治者及所有被统治者之间利益分歧的全面汇流，而不是统治工具和控制技巧。如果双方利益能大体调和，即使统治工具天生存在着缺陷，其实际运作未能达到理论上的效果，被统治的各个阶层也会接受现存统治秩序。然而，当绅士和普通百姓都认为自己的根本利益同现存政权的存续根本不能共存时，无论设计得多么精巧的统治体系，都不能使清帝国永久地存在下去。

正如前文所述，清王朝皇帝明显意识到了这个事实，因而采取措施设法调和。但对他们来说不幸的是，在一个专制政体下（特别是在一个异族统治的政体下），统治者和被统治者之间利益的差异实在太大而很难完全调和；他们在最有利的社会环境下竭尽全力，也只能让分歧的利益暂时、部分地汇流。而这种不完全的和谐，很快就为他们维护自己王朝利益的极端酷烈行为的反作用所破坏。他们始终强调的是统治秩序本身，而忽略了提高臣民福利的建设性努力。帝国最终在行政上和经济上都败坏了，并被不断发生的危机所削弱。因此，清王朝虽然对全国推行高度的中央集权控制，以求维持长久的统治，但是，由于专制政权天生的局限，以及19世纪中叶到20世纪初中国社会的逆境，它注定只能存在不到三个世纪，也只能对庞大帝国实行一个并不完整、并不稳定的控制。

清廷在某种意义上可以说是自取灭亡。尽管它成功地将臣民变得非常消极和柔顺，也最终完全损害了他们积极进取的能力，使他们渐渐不能够应付严峻的生存环境，清帝国的物质基础也因此被削弱了。即使在正常年月，大部分农民也过着上顿不接下顿的生活，其中一些还处于赤贫的境地。由于缺乏资金，而习惯于依靠传统耕作方式和难以预测的运气，农业生产技术的改进实际上是不可能的。富有的地主虽然拥有足够的财富提供这笔资金，但是

---

[7]　参见第十章注229。

他们的兴趣不过是竭力收取更多的租金，交纳更少的税额。他们更可能的是把钱花在购置更多的土地以出租上，而不是用来改善耕作环境以提高粮食产量或改善佃农的生活。土地耕种者（和相当多的小土地所有者）耗尽一切精力，也只能过着艰难的生活，没有余力来从事其他事情。能够在地方灾害中免于破产或挨饿，就算是幸运了。他们变得顺从于所在的物质环境和社会环境。他们习惯上沉默寡言，听任乡绅或地方恶棍垄断村社事务；尤其是那些超出自己狭小的家庭生活或土地情况的事务。所有农民都太容易屈服于流氓无赖的掠夺、官府和衙门走卒的敲诈勒索，有时屈服于乡绅的剥削。这种情况的背后潜伏着危机。在清帝国绝大多数地区的经济环境急剧恶化时，许多乡民甚至连起码的生存都难以维持，他们要么"转死沟壑"，要么"铤而走险"。他们必须在两者之间作出实质性的选择；而作出这种选择通常并不难。他们软弱，无法自发组织起来，因而无论是谁出来领导，他们都容易（像在社会不怎么动荡时期那样）接受；并且主要根据这种领导类型而展示出不同的行为类型。其中一些乡民集结在暴动或造反发动者的周围；另一些被"引诱"加入土匪或叛乱队伍。颇具讽刺意味的是，帝国控制的结果是让农民大体上温顺、消极，但也正是这个结果最终削弱了清王朝的统治，把一些"愚民"转变成叛乱——包括 19 世纪特有的几次大规模动乱——的工具。

农民的角色

不过，在剧烈的政治变迁期间或之后，中国农民大众并未能从王朝覆灭的灰烬中崛起。无论在社会安定时期还是在动荡时期，他们都是受苦最多最深重的穷苦百姓。虽然他们是叛乱的主要力量，但是他们无论是在经济上还是心理上都从叛乱中所得甚少。他们虽然参加了运动，但从未取得领导权。从自由接纳或拒绝他们的角度来看，他们甚至不能选择自己的领袖。无论他们的运动是成功还是失败，许多造反大军的士兵成了无名死尸；即使他们的运动成功地推翻了现存政权，那些从战斗和苦痛中幸存下来的农民，仍然成为新王朝统治下的"小民"。

一个不容忽略的重要事实是：与地方暴动和其他形式的行动一致的暴力

反抗一样，中国历史上推翻王朝的运动，是人心向背和历史环境因素综合作用的结果。这些运动从来就不是由中国社会中任何一个社会阶层或团体独力完成的工作。无论社会各阶层的乡民特别是农民在造反中到底扮演着什么样的角色，都可以肯定普通村民并不是这些重大造反中唯一的成员。前文已经指出，民变——尤其是达到一定规模而值得报告和记载的——通常并不是由普通农民领导的，如果他们全然是平民的话。同样可以大胆地说，在许多公开宣称是为了农民的直接利益而叛乱的著名事例中，这些利益从来没有真正成为这些运动的唯一或中心目标。相反的，多少有些重要性的民变通常超越了农民的诉求，不过农民的利益仍然成为目标的一部分，或者是由于领袖真诚地认为不能忽视农民的利益，或者是由于认为支持农民的主张就可以取得农民大众的支持，即使他们真正所关心的是比农民的直接需要更广泛的其他问题。

农民人数众多又强壮有力，仅仅靠他们就可以为任何造反的最初成功提供必不可少的力量源泉。因此，造反或革命的领袖拥有充分理由吸引农民阶层积极参加。要列举恰当确切的事例以说明此点，我们不用追溯久远的中国历史。在明末的李自成——一名受到环境的鼓舞而想当皇帝的普通土匪领袖，就许诺豁免一切赋税，追随他的人因此越来越多。[8] 在 1850 年代早期，洪秀全和太平天国（它的含义非常广泛，很难被视为单纯的农民运动）其他领袖设计出一种制度，规定耕者每人可以得到一定数量的土地，以维持他自己和家庭的生活。[9] 更近一点，毛泽东把土地再分配纳入共产主义革命计划的第一

---

[8]　《明史》，309/6b。

[9]　《天朝田亩制度》，见萧一山《太平天国丛书》，第一辑，第一册。人们经常说 1911 年的革命是"资产阶级运动"。革命的发动者和领导者来自"资产阶级"而非"无产阶级"，从这一点来看，这种说法的确没错。然而，中产阶级领导不是孙中山革命的唯一特征。其成功之所以未能保持，主要原因并不在于未得到农民支持，而在于孙中山的追随者没有充分重视农民大众的需要和期望。孙中山"耕者有其田"的主义限于纸上，共产主义者才有机会利用"土地再分配"调动极端需要土地的农民大众的革命积极性。

阶段。[10] 重要的是,虽然这些叛乱和革命借助于解决农民的需要来发动他们参加,但并不因此而变成农民运动（农民是积极的或唯一要对之负责的）。如果没有那些虽然祖籍在农村但双手或许从未摸过锄头或犁的人,以及那些在他们的城市经验中得到最初"革命"动机的人（比如洪秀全在广州,毛泽东在北京）的领导或指挥,这些叛乱和革命能否具体化,都是值得怀疑的。

还应指出的一点是:长时期为帝国体系塑造的中国农民,其思想态度和行为方式根深蒂固,在中国帝制历史整个变迁过程中没有什么改变。参加各次政治叛变的农民,和置身事外的农民,他们的外观和行为基本上是相同的。一个简单的欲望——活下去的意志——左右他们的行动与反动;耕种土地维持生存以及自己和家庭的艰难生活占据了他们的注意力和精力。王朝的兴起没有在他们的脑海中注入一点政治热情,王朝毁灭也没有把他们变成决心改变社会和政治的革命者。但是,这并不是要否定农民大众作为一个群体在帝制历史上所起的重要作用。相反,我们的研究表明,农民人数众多,力量强大,再加上他们习惯上容易接受经济及社会地位与他们自己并不相同的阶层的领导,使中国农民大众成为历史上每一次反抗地方官员或反抗现存政权的叛乱不可缺少的组成

---

[10] 中国共产党并没有保持一个始终如一的"土地政策",而是顺应当下的情况而不断改变。在 1920 年代晚期到抗日战争爆发之前,土地重新分配是共产主义运动的显著特征;这见于毛泽东 1927 年 2 月的《湖南农民运动考察报告》、1928 年 9 月在莫斯科召开的中国共产党第六次全国代表大会通过的一个决议案,以及 1931 年 11 月中华苏维埃政府在《中华苏维埃共和国土地法》中所指出的。参见 Brandt, Schwartz, and Fairbank, *A Documentry History of Chinese Communism*, documents 7, 12, and 18, 特别是 pp.80-89, 130-133, and 224-226。这一土地政策在抗日战争期间暂时终止执行,代之而起的是"减租减息"政策;该政策"一方面帮助农民少受封建剥削,另一方面又不完全消灭封建剥削"。参见同书 documents 20 and 25, 特别是 pp.244 and 278-281。抗日战争结束后不久,抗战前的土地政策恢复执行。在 1947 年 9 月 13 日全国土地会议通过的、10 月 10 日中共中央批准推行的《中国土地法大纲》的基础上,中国人民解放军总司令朱德和副总司令彭德怀为纪念 1911 年辛亥革命 36 周年联名发表宣言,指出推行"耕者"应该"有其田"的政策是人民解放军八大基本政策之一。参见共产党文献的汇编《目前形势和我们的任务》,第 8 页、11—16 页。毛泽东在 1947 年 12 月中共中央召开的一次会议上所作的一篇报告中,概括了土地政策演变情况及原因:"在抗日战争时期,为着同国民党建立抗日统一战线和团结当时尚能反对日本帝国主义的人们起见,我党主动地把抗日以前的没收地主土地分配给农民的政策,改变为减租减息的政策,这是完全必需的。日本投降以后,农民迫切地要求土地,我们就及时地作出决定,改变土地政策,由减租减息改为没收地主阶级的土地分配给农民。我党中央一九四六年五月四日发出的指示,就是表现这种改变。一九四七年九月,我党召集了全国土地会议,制定了《中国土地法大纲》,并立即在各地普遍实行。"参见同书第 23—24 页。如果把中国共产党在抗日战争爆发之前的土地政策同太平天国领袖制定的进行对比,是很有趣的。参见本书第四章注释 245 中引张德坚《贼情汇纂》中的一段。

部分。除此之外，没有必要为了说明帝制时期的农民在一系列运动中所起的作用而进一步给予更高评价。一些地区习用的"农民革命"一词，虽然对于宣传来说很有用或必不可少，但是难以经受客观的历史分析。

即使是共产主义革命，也不是单纯的农民运动，这已经成为客观的学者深思熟虑后的见解。一位当代学者指出："所有研究中国共产主义的学者看来都同意中国共产主义革命并不是由农民和工厂工人，而是由学生、教授和一般知识分子所组织和领导的。"[11] 另一名学者认为："丝毫不用怀疑，现在中国的共产主义领袖的革命策略是致力于解决千百万中国农民的迫切需要。不过，如果从这一事实就骤下结论，认为他们体现了中国人民的期望，并会自发地继续表达中国人民的要求和期望，那就是在构建一个神话，预先肯定了他们未来的所有行动。"[12] 事实的确支持这样的结论，除了它外来的意识形态之外，中国共产主义运动继承了中国历史上政治变革进程中的一些显著特征。就像刚刚指出的，革命并不是由农民领导，而是由"政治立场统一的领袖们依据列宁主义的路线组织起来，而其上层来自中国社会各阶层的一个精英团体"。[13] 领袖之中有些教育水平特别高，他们有的曾在日本、德国、法

---

　　[11]　Herrlee G. Creel, *Chinese Thought*, p.3.

　　[12]　Benjamin I. Schwartz, *Chinese Communism*, p.258.

　　[13]　Benjamin I. Schwartz, *Chinese Communism*, p.198. Hugh Seton-Watson, *The Pattern of Communist Revolution*, pp.136-137. 甚至更加强调知识分子在革命中的重要地位："亚洲最重要的共产主义运动发生在中国。尽管中国的工人阶级事实上相当弱小，它还是照常发展。中国的共产主义运动比亚洲其他任何地区要更加成功，有两个原因。其一，中国的知识分子在社会上享有非常特别的威望——特别是在知识分子在政治运动中占有支配地位的亚洲；这种威望来自于绅士（或士大夫）统治的中国古老传统。其二，旧的政府机器崩溃了，中国在清亡后处于无政府状态之中。其他与中国共产主义显然有关的因素——农民贫穷、民族主义思想和对政治变革的渴望——虽然在亚洲其他国家也存在，但是由于未能和这两大原因结合在一起，故而未能产生像中国那样的结果。中国共产党的创始人是北京大学的两名教授，文科学长〔文学院院长〕陈独秀和历史学家李大钊。"作者在第 154 页中继续说道："成功的共产党是权力机器、政治精英集团，它们从所有社会阶层吸收成员，但又独立于社会各阶层之外。虽然共产党既从农民阶级中又从工人阶级中发展党员，但从某种角度来说，从农民阶级中发展党员更容易，因为农民自己不像工人那样容易产生与共产主义教义相矛盾的思想观念。"我们不应该过分强调中国和其他亚洲各国之间所存在的区别。英国派驻东南亚的高级专员 Malcolm MacDonald 在回答"公众舆论（public opinion）是如何形成的"这一问题时，说道："所谓公众舆论，通常是指生活在城市、大型城镇和其他中心的公众的意见，这些地方拥有报纸、广播、政治活动等。亚洲的公众舆论，指的是生活在上述中心里，拥有政治觉悟的市民的意见。务农的农业人口，没有同样的条件来形成一种意见。他们经常疏离冷漠。共产主义者因而有机会掌握他们。"参见 *U.S. News and World Report*，1954 年 12 月 3 日，第 79 页。

国、美国和苏俄留过学。[14] 他们在现代中国的一般地位，在某些方面的确可以同帝制时期的"绅士"相提并论。他们明确宣布要实现自己的远大理想，或许也表达了普通人民说不清楚的希望。最重要的是，他们自身完全有能力把普通人民松散的力气组织成强大的力量。在他们的思想中，马克思主义取代了正统儒学；"无产阶级革命"取代了"造反的权利"，成为摧毁现政权的理由。但是，同过去参加造反的绅士和文人一样，他们并不是农民或工人，而是来自知识阶层。一位知识渊博的学者说道：

> （共产党）是由知识阶层创建的，中国革命是由共产党领导的。没有知识阶层，农民暴动和起义——虽然由于现代中国悲惨的境地而无论如何都要爆发——也只会像历史上许多绝望的农民"铤而走险"一样，弱化为盗匪。知识阶层把农民充分发动起来了，把它作为开创共产主义中国的生力军。[15]

因此，中国共产主义运动取得了"根据所有马克思主义的信条，都不看好它能取得的"胜利，也就不足为奇了。[16] 中国农民长期形成的特点——对政治漠不关心，对自己的经济状况不满意，容易追随承诺让情况变好的人，拥有突然爆发出来的暴力能力——使他们特别适合成为共产主义革命或任何与他们的迫切要求明显有关的其他类型叛乱的工具。中国共产党创建者之一的陈

---

[14] Robert C. North, "The Chinese Communist Elite," *Annals of the American Academy of Political and Social Science, Report on China*, pp.67-68.

[15] Guy Wint, *Spotlight on Asia*, p.114. 参见 George E. Taylor, "The Intellectual Climate of Asia," *Yale Review*, XLII, p.187. 他说："只有从利用农民夺取政权这一含义上来说，中国的共产主义运动才可以称为农民运动。"Seton-Watson, *The Pattern of Communist Revolution*, pp.152-153："毛泽东及其忠实的同志朱德，既是干练的游击战争领袖，也是精明的农民群众组织者。……中国共产党人之所以在农民问题上取得了成功，较大地归功于他们制定的土地政策。……中国共产党人对农民利益的重视，不但见之于 1930 年代初期以来发布的文件中，而且得到了当时参观苏区的西方记者评论的证实。正是由于这一事实，许多西方评论家才认为中国的共产主义者是'农业社会主义者'，而不是'真正的共产主义者'。这是一个巨大的错误。中国共产主义运动虽然是依靠农民的运动，但不是农民运动。中国共产党人生活在农民群众之中，依靠他们实现自己的政治目标，依靠他们生活。"

[16] David Mitrany, *Marx Against the Peasant*, p.205.

独秀曾经评论说:"农民居处散漫,势力不易集中,文化低,生活欲望简单,易于趋向保守。"这些话正如当代学者所指出的是"马克思列宁主义的陈腔滥调"。[17] 不过,陈独秀对中国农民的精神状况的分析是正确的,他的错误仅仅在于他接下来的结论,他认为即使在适宜的环境下农民也不可能成为共产主义革命的生力军。然而在他说了这些话后不到 30 年,农民已经成为革命绝对的主力。他之所以犯此错误,其原因或许在于他并不了解农民大众在中国社会中的历史地位,也不了解历史上叛乱的实质。更准确地说,他未能认识到走出帝国体系的中国农民,并没有因 1911 年辛亥革命而改变自己的基本特点,事实上仍然是共产主义革命的宝贵资产。正是由于一部分这样的农民投入他们的麾下,共产主义领袖们在 1949 年才相当轻松地取得了胜利。

然而,并不是所有的农民在那场胜利即将到来之前,都有意识地、作为一个阶级倒向共产主义革命。直到人民政府成立前夕,许多农民仍然徘徊在革命的大门外。事实上,在像四川西部这些环境特殊的地区,在 1949 年冬刚刚"解放"后的一段时期里,农民对新政权还显示了相当的抗拒;因为在长达几个月的时期里,镇压土匪仍然是新政权的主要任务。[18] 此外,不要忘记,南京国民政府军队的普通士兵同红军士兵一样,大多数也来自乡村。双方进行多次血腥的战斗,相互厮杀,特别是在 1930 年代和 1940 年代,这种情形同 1850 年代和 1860 年代的社会情形一样;当时,大多数中国农民分成两个阵营,一方为保卫清王朝的统治而战,另一方则要推翻它。

当然这两种情况的结果完全不同。其中一次,防御一方是胜利者;另一次,他们被击败。不过重要的是,两种情况都不是整体农民和非农民阶级之间的武装冲突;争斗事实上发生在两个组成成分庞杂的群体之间,双方都尽力把更多的农民聚集在自己的旗下参加战斗。洪秀全及其同伴领导的农民战争之所以失败,部分原因在于他们的领导力远远不能同曾国藩及其同伴相匹敌。毛泽东及其战友领导农民以共产主义为目标征服了中国,部分原因在于

---

[17]　Schwartz, *Chinese Communism*, p.65; 该书此处还引用了陈独秀的评论。

[18]　G. William Skinner, "Aftermath of Communist Liberation in Chengtu Plain," *Pacific Affairs*, XXIV, p.67,引 1950 年 8 月 6 日广州的《南方日报》。下列一段是西南军政委员会主席刘伯承 1950 年 7 月下旬在重庆召开的第一次全体会议上所作的讲话:"近半年来,虽然我们成功地完成了镇压土匪的任务,但是,土匪背后的封建势力根深蒂固,我们还不能低估问题的严重性。"

国民党统治下的政府缺陷太多，不知不觉地铸成许多大错，以致无法抵挡人民解放军发动的进攻。另一个也应指出的事实是，清政府的实力在同英国和其他西方列强的战争中受到相当大的削弱，但南京政府在抗日战争中所遭受的毁灭性后果更为严重。这场旷日持久的战争，比起中国在 19 世纪打的任何一场国际战争，持续时间更长，规模更大；它削弱了国民政府抵抗共产党进攻的能力。

这些事实告诫我们不要用简单的观点来看问题。我们不能简单地指出农民大众的参与，或者强调 19 世纪中叶到 20 世纪期间农民的素质发生了某些变化，就以为可以对这些事件的不同结果作出解释。要想得到一个充分或正确的解释，我们必须仔细检视各种历史因素。

或许应该补充的是，正是因为中国的共产主义革命并不是一场由农民积极指挥以求达成自己的目标的运动，其领袖也不一定会为了农民切身的利益而奋斗。普通的中国农民心中只有一个愿望：拥有足够的财产以养活自己和家人；为此，他们渴望拥有一块土地以及土地上生产的东西。中共的土地分配计划之所以吸引了农民大众，是因为该计划许诺一个更好的生活——一个实现那个愿望的更好机会。根据一位亲历者的报告，正是由于这一原因，甚至连最初反抗新政权的四川西部农民，也对"逐渐消灭大地主势力"[19]感到满意。不过，中共领导人的远大抱负，远远不止于解决个别农民的迫切要求；毛泽东和刘少奇所说的话，就清楚地表明这一点。刘少奇 1950 年 6 月 14 日在《关于土地改革问题的报告》草案提交审查时评论说：

---

[19]　G. William Skinner, "Aftermath of Communist Liberation in Chengtu Plain," *Pacific Affairs*, XXIV, pp.68-69, 就 1950 年 10 月四川西部的情形评论说："现在的农民比起刚刚解放时来说，对中国共产党人感到满意。……逐渐消灭大地主势力，是农民所能认识到的正确政策。……共产党人进军四川时虽然并没有得到农民阶层的普遍支持，但是他们的改革政策如同在华北一样最终取得了农民的支持。"很明显，Skinner 并没有把集体化对农民可能产生的影响考虑进去；他在论述四川西部情况时，该地还没有开展集体化运动。有关土地分配政策执行到 1951 年春的情况概括，参见 Chao Kuo-chün（赵国军），"Current Agrarian Reform Policies in Communist China," *Annals of the American Academy of Political and Social Science*, p.277 (1951), pp.113-123. 有关中国共产党人对乡村社会统治情况的简略叙述，参见 G. William Skinner, "Peasant Organization in Rural China," *Annals*, CCLXXII, pp.89-100。

> 土地改革的这一基本理由和基本目的，是区别于那些认为土地改革仅仅是救济穷人的观点的。……土地改革的结果，是有利于穷苦的劳动农民……但土地改革的基本目的，不是单纯地为了救济穷苦农民，而是为了要使农村生产力从地主阶级封建土地所有制的束缚之下获得解放，以便发展农业生产，为新中国的工业化开辟道路。[20]

毛泽东在抗日战争结束前夕，于 1945 年 4 月 14 日〔译者按：应为 24 日〕所作《论联合政府》的报告中表明他的观点：

> "耕者有其田"，是把土地从封建剥削者手里转移到农民手里，把封建地主的私有财产变为农民的私有财产，使农民从封建的土地关系中获得解放，从而造成将农业国转变为工业国的可能性。因此，"耕者有其田"的主张，是一种资产阶级民主主义性质的主张，并不是无产阶级社会主义性质的主张，是一切革命民主派的主张，并不单是我们共产党人的主张。[21]

毛泽东事实上清楚地阐明了共产党集体所有制计划的思想理论基础。集体所有制否定了农民个人占有土地的梦想，该计划后来很快就在中国许多地方坚决地加以推行。[22]

中共非常强调农民大众在革命中的重要地位，其原因并不在于他们准备为改善农民的生活而奋斗，而是在于他们坚信，农民在他们的革命目标进程中的某个阶段是必不可少的。在并不存在工业无产阶级的国家里，"工农联盟"仅仅是指导共产主义革命的唯一可行手段。列宁在 1919 年发展出"两个阶级联盟"的概念（更准确地讲，是想象）；许多年后，毛泽东灵巧地把

[20]　Peter S. H. Tang（唐盛镐），*Communist China Today*, p.267.

[21]　Mao Tse-tung（毛泽东），*Selected Works* (London: Lawrence & Wishart, 1956), IV, p.291.

[22]　有关最方便的概括，参见 Tang, *Communist China Today*, pp.264-291, 还请参见 Richard L. Walker, *China Under Communism*, pp.134-153。

它运用在中国。[23] 就像毛所看到的，农民显然是共产党能够借以完成许多重要工作的有效工具。他在 1945 年初说道："农民是中国军队的来源"，"是中国工业市场的主体，只有他们能够供给最丰富的粮食和原料"，"是中国工人的前身"，更主要的，"是现阶段中国民主政治的主要力量"。但是随着革命的成功，农民短暂的重要地位就会被改变，因为到时如果中国需要使自己从农业国变成工业国，"就要有一个变农村人口为城市人口的长过程"。[24] 因此，中国的农民，一如我们所了解的以及他期望自己能够做到的，在共产主义中国面临着一个暗淡的前景。

　　近来的发展清楚地显示出，中国农民在中国共产党领导下的遭遇如何。违背农民愿望的合作化和集体农场在 1953 年到 1955 年陆续设立起来。[25] 农民有时以卖掉或宰杀耕畜的方式消极地抵制。农业收成远未达到共产党规定的指标。1955 年下半年，集体化步伐加快，进一步导致农民的不满，偶尔会出现一些抵制活动。不过，这样的抵制因为缺乏组织和有效的领导，结果并不比帝国统治下流产的叛乱好多少。一位当代学者观察指出："在强大的国家政权统治下，无论农民的不满甚至消极抵抗达到什么程度，都是无用的。"[26]

　　就像我们看到的，在帝国统治之下，反抗现存政权的叛乱在下列情况下取得了不同程度的成功：（1）运动得到了绅士和文人的有力领导，他们为运动

---

[23]　Tang, *Communist China Today*, pp.11-12. Douglas S. Paauw 在对 David Mitrany's *Marx Against the Peasant* (*Far Eastern Quarterly*, XII, pp.49-50) 所作的评论中，用如下语言描述了这种"联盟"："在农村革命开展的第一阶段，共产党人必须取得农民阶级的支持，以摧毁农村中封建政治势力和经济势力。……这样，农民阶级不知不觉地变成了共产主义革命行程中的不自然的合作者；他们要想免除地主阶级的政治控制和经济剥削，只能把自己束缚在新的统治之下。在现代共产主义农村革命开展的第二阶段，共产主义者同农民的联盟瓦解了；农民自身变成了革命的对象。"

[24]　毛泽东 1945 年 4 月 24 日所作的《论联合政府》的报告，见 *Selected Works*, IV, pp.291 and 294-295。

[25]　参见前页注 22。

[26]　Tang, *Communist China Today*, p.291. 从农民阶层中发展共产党员，或许会使人们发现共产党很难称为"共产党"。S. B. Thomas, *Government and Administration in Communist China* (revised ed., 1955), p.73, 引用 1951 年 6 月 29 日《人民日报》所载薄一波（富有经验的领导人之一，曾任人民政府财政部长）的一段话："在农民出身的党员和干部中间进行系统的马克思列宁主义的教育，使他们相信社会主义和共产主义的原则，是一件困难事情。……农民经济是个体的分散的……而农民出身的党员和干部也大体反映了农民群众这种特征。"

带来组织和技术；（2）有足够数量的平民相信只有推翻现存政权的统治才可以保有他们最重要的利益；（3）现存政权的统治机器败坏到无力处理严重局势的地步。

中共似乎采取了一些措施，防止上面三种情况的出现。首先，他们对知识分子（相当于帝制时期的士大夫）的控制，比清王朝时期要彻底、严密得多。通过采取这样的控制措施，中共最终成功地把知识分子的生活弄得像"小孩子游戏"（a child's game）一样——许诺学生、教师和政府官员国事"公开"，并解答一切"隐藏在他们内心里的秘密"[27]——消除了最重要的或许也是唯一的革命领导来源。其次，他们彻底限制财产所有权，降低家庭的影响，以压制或剥夺私人利益。[28]宗族领袖和土地所有者的利益，那些经常促使绅士成员及平民起来抵抗或挑战政府权威的因素，就这样被清除了。中共党人的最终目标是建立一个"无阶级"的社会，一个除了统治阶级的利益之外没有其他利益的社会。再次，中共党人充满活力与效率的行政——这些通常是描述帝制中国历史上新政权的特质——给许多观察家留下了深刻的印象。共产党政权似乎消除了历史上各政权拥有的行政弊端。通过各种各样的群众组织和地方机构，[29]中共对乡村和城市的控制，比清政府更有效。

---

[27]　Fyodor Dostoevsky（陀思妥耶夫斯基），*The Brothers Karamazov*（《卡拉马佐夫兄弟》），Garnett trans., Modern Library ed, pp.299-308, 宗教大法官说："在他们还有自由的时候，任何的科学也不会给予他们面包，结果是他们一定会把他们的自由送到我们的脚下，对我们说：'你们尽管奴役我们吧，只要给我们食物吃。'他们终于自己会明白，自由和充分饱餐地上的面包是二者不可兼得的。……唉，这事业到现在为止还只是刚开始，但毕竟已经开始了。完成它还需要等很长的时间，大地还要受许多苦，但是我们一定会达到目的，成为恺撒，到那时我们就会去考虑全世界人类的幸福。……是的，我们要强迫他们工作，但是在劳动之余的空闲时间，我们要把他们的生活安排得就象小孩子游戏一样，既有小孩的歌曲、合唱，又有天真烂漫的舞蹈。……我们将对他们说，一切的罪只要经过我们的允许，都可以赎清。……他们不会有一点秘密瞒着我们。我们可以允许或禁止他们同妻子和情妇同房，生孩子或不生孩子，——全看他们听话不听话，——而他们会高高兴兴地服从我们。压在他们良心上的一切最苦恼的秘密，一切一切，他们都将交给我们，由我们加以解决。"〔编者按：译文参考耿济之译《卡拉马佐夫兄弟》，人民文学出版社1981年版。〕有关中国共产党思想控制的方法和制度，参见 Tang, *Communist China Today*, chapter 9, and Walker, *China Under Communism*, chapter 8。

[28]　例见 Tang, *Communist China Today*, chapter 6, and Walker, *China Under Communism*, chapter 5。

[29]　参见 A. Doak Barnett, "Mass Organization in Communist China," *Annals of the American Academy of Political and Social Science, Report on China*, pp.76-88; Skinner, "Peasant Organization in Rural China," *Annals*, pp.89-100; Tang, *Communist China Today*, chapter 5; and Walker, *China Under Communism*, chapter 2。

　　共产党人作为统治者，他们显然懂得专制统治的技术。他们所采取的统治方式，比清王朝统治者所用的明显有了改进，但是基本目的和控制的根本原则实质上是相同的：通过对思想、经济和政治等领域进行全面控制，使自己的统治永久维持下去。甚至在为自己政治权力合法性辩护这方面，帝国和共产党政权之间也存在着某些相似之处，前者公开声称"利民"，后者则宣称一切都是为了"人民"。

　　中共是否在维持自己统治方面取得了完全而永久的成功呢？就目前情况来看，还不能这样说。的确可以想象到，共产党政权在迥异的环境下，以不同的方式重复了清王朝统治者的失败经验。直到最近，一些知识分子仍然不屈服于思想控制，特别见于他们对毛泽东发动第四次"整风运动"的反对。[30]据报，一些地方爆发了知识分子和农民都参与的动乱，多少与帝制时期的形态相同。[31]很明显，中共所遇到的思想控制困难，是清王朝统治者所没有遇到过的。清王朝统治者虽然是异族征服者，但是因利用已有的儒学传统推行思想控制而得到了绅士和文人这一精英阶层最大多数的支持；毕竟绅士和文人正是在儒学传统中培养起来的，他们也毫无保留地接受了这一传统。共产党人虽然是本土征服者，但他们用外来的、完全新式的、在许多方面同传统思维和生活方式不同的思想观念，来取代传统儒学。[32]这样，他们就失去了清王朝统治者享有的优势。与此同时，统治者

---

　　[30]　有关其扼要记载见 *Time*, May 27, 1957, pp.33-34。

　　[31]　1957 年 9 月 17 日的香港《联合报》就刊载了此种性质的一次"起义"："红色中国的新闻官员承认说，华南的广东省在 5 月里爆发了一场剧烈的反共产党统治的暴动。据新华社广州电，有五名共产党官员和其他身份没有说明的人，在 7 月 12 日爆发的冲突中被杀死。……新华社 8 月 27 日今天才到达香港，没有说明有多少人参加了暴动，但说政府粮站、税局和其他办公大楼遭到攻击。共产党的报道证明了台北'中华民国中央通讯社'8 月 6 日的报道，说学生、农民和民兵于 7 月 12 日发动了反抗红色中国的'起义'。"

　　[32]　南斯拉夫共产主义联盟前副书记 Milovan Djilas 指出了共产主义革命和"从前革命"之间所存在的重要区别："在从前所有的革命中，武力和暴力主要是作为后果、作为新的但早已得势的经济和社会力量与关系的工具而出现。……当代共产主义革命完全是另一种不同的革命。它们的发生并不是因为新的或社会主义的关系在经济中早已存在，或者因为资本主义'过度发展'。恰恰相反，共产主义的发生正是因为资本主义不够发达，或者因为这个社会没有能力使自己工业化。"参见 *The New Class*, p.19。〔编者按：译文参考陈逸译《新阶级》，世界知识出版社 1963 年版。〕中国的共产主义革命也是这样；此外，该性质的革命同"先前革命"（导致新王朝建立的起事）不同的是，它所利用的思想武器是中国社会中并不存在的。

和被统治者之间的裂缝并没有愈合。同其他共产党政权一样，中国的共产党政权是"一种政府和人民之间潜在的内战"。[33] 这当然毫不新鲜，韩非子早就指出，在一个专制政体中，"上下一日百战"。[34] 中国共产党人并没有采取任何措施来终止这种"战"。消除私有财产所有制，并没有化解统治者和人民之间的利益矛盾。摧毁所有经济阶层的尝试，不但没有消除社会各阶层的悬殊地位，反而创造了新的政治阶层。[35] 北京的《人民日报》提醒注意"干群之间新矛盾"的存在；并解释说，这种新矛盾是党员一些错误行为导致"干群关系对立"的结果。[36] 如果真如一位前共产主义者强调所指出的，"显著的人类特征为（共产主义）运动提供了权力创造和权力诱惑的温床；独一无二的等级精神和伦理原则与价值观完全缺乏，成为维持共产主义运动的条件"，[37] 中国的共产党政权无论目前坚强到什么程度，也不能永久地免于行政败坏（所有专制政权都拥有的痼疾）——这句话应该是可以成立的。

黄村居民早在 1930 年就认为共产主义者不可能改变人们的生活。[38] 当时的一位学者相信："中国历史和社会组织的动力对中国社会产生的影响，终将比共产主义者能够利用的所有宣传、所有教条和所有活力所产生的都要大。"[39] 这一评论也许是正确的。但是，现在就预料共产党的统治对中国产生的实际影响，为时尚早，很大一部分取决于隐藏在"竹幕"之后和之

---

[33]　Djilas 的评论，参见 *The New Class*, p.87。

[34]　参见本章注 1。

[35]　Djilas, *The New Class*, pp.42-43："在对共产主义制度进行批评性的分析时，一般认为它们的本质区别在于它们是一种特殊阶层的官僚体系，对人民实行统治。虽然这一般说来是正确的，但是，如果进一步详细分析，就会发现，构成统治官僚——或者用我所下术语来说就是新阶层——核心的只是那种特殊阶层的官僚，他们并不是行政官员。这实际上就是政党或政治集团。其他官员只不过是新阶层统治下的工具。"就中国的情况来说，Djilas 所称"统治官僚"或"新阶层"，大致相当于帝制时期的"统治阶级"；他所称的"行政官员"，类似于过去历史上的士大夫。

[36]　*Time*, May 27, 1957, p.33 所引。

[37]　Djilas, *The New Class*, pp.152 and 155-156 描述了共产主义的道德堕落。很明显，著名格言"权力腐败"在这里也非常适用。

[38]　Lin Yüeh-hwa, *The Golden Wing*, p.199.

[39]　Frank A. Kierman, Jr., *The Chinese Communists in the Light of Chinese History*, pp.40-43.

外的环境，以及共产党政权的未来运作轨迹。[40] 现在想这个问题是没有用的，本书的任务也不是要去做任何预测，但是，我们希望对 19 世纪中国乡村社会的研究，可以为解释中国社会最近的发展状况提供一个出发点。*

---

[40]　值得指出的是，即使是 Solomon Adler〔编者按：所罗门·艾德勒（1909—1994），美国财政部经济学家，二战时在中国担任财政代表，1950 年代以后一直居住在中国直到去世。〕也毫不掩饰自己对中国共产党人的同情，并对他们的政权进行了非常乐观的描述。他在最近出版的著作中，以假想的语气，用下列言辞作出了结论："无论最终所得报酬是什么，中国从一个前工业社会变成一个工业社会，任务是非常艰巨的，必须付出严重的代价。就目前情况来说，或许由于中国的起点水平非常低并依靠苏联的支持，它所受到的苦痛虽然越来越厉害，但相对来说显得温和。如果不发生战争，如果农业社会主义化继续得到顺利开展，如果人口增长率没有危害工业化的步伐，那么很清楚，中国在走一条独具匠心的道路。"*The Chinese Economy*, pp.237-238。

　*　这段手稿写于毛泽东发动"人民公社"运动之前，我对中国农民命运的推测，看来得到了一些证实。——萧公权

附录一：里甲结构的变式

　　要描述清帝国各地里甲体系令人头昏的所有变式，是不可能的。不过，如果对其中一些较重要或有意义的变式进行勾画，则非常有益；因为，这样的描述不但能让我们对实际存在的里甲体系有一个清楚的概念，同时也能对帝国行政特点本身做一些说明。

　　我在附表 1–1 中对不同形式的里甲组织（包括主要的变式和常规形式）进行了分类和描绘。为了便于对比，将变式的层级置于相应的常规层级下方。而对于那些精确的对应关系难以确定的事例，则将其变式放在看起来比较合理的地方。

　　我们的讨论就从里甲的常规形式开始。《朝邑县乡土志》和《城固县乡土志》（均属陕西省）详细记载了两县的税收组织。前者提到在朝邑县，"大约……十甲为里。光绪十六年（1890 年）……共编三十三里"。[1] 后者强调："里有十甲……花户多少不等。"[2] 这些情况同官方所规定的常规形式非常接近。根据《贺县志》（广西，1890）的记载，该县有 18 个里，每里分为 10 甲。[3] 江苏兴化县的情况几乎与此相同。[4] 不过遗憾的是，这些地方志都没告诉我们一甲等于多少户。我们有充分理由相信，即使在遵照官方规定的组织框架进行编组的地区，各甲的户数也不是一致的。

---

[1] 《朝邑县乡土志》（年代不详），36b。

[2] 《城固县乡土志》（年代不详），18b。

[3] 《贺县志》（1934），2/16b，引 1890 年旧志。

[4] 《兴化县志》（1852），2/6b-8b。

附表 1-1：里甲层级及其变式

			组织形式							地区
普通组织形式					里				甲	直隶、陕西、湖北、江苏、广西、四川
演变情况		增式			里			村	甲	贵州、云南
				乡	里			村	甲	山东、湖南
					里	图			甲	福建
		减式		乡	里					陕西、湖北、湖南、浙江
				乡	里					直隶、河南、湖北、四川、浙江
	代式	四（五）级模式		都	保	图			甲	广东
				乡	都	图			甲	江苏
				乡	铺	图			甲	福建
				渠	都	图			甲	江苏
			乡	都	里			院		湖北
			乡	都	里	图				浙江
			乡	都	里			村		江苏、浙江
					里	都	图	村		福建
				乡	里	都	图	保		福建
		三级模式		乡	都				甲	广东、湖北、江苏、安徽
				乡	里			村		陕西
				乡	都			村		江西
				乡	都	图				江西、江苏、福建、浙江
				都		图		村		广西、广东、浙江
				路	里			铺		福建
				都		图			甲	福建
					保	图			甲	广东
					都	渠			甲	湖南
						图	冬	村		广西
		两级（或一级）模式		乡	里					浙江
				乡	都					浙江、广西、湖北
				路					甲	云南
					乡			铺		湖北
				都	里					江苏
				渠		图				江苏
					?	图				江苏
					里	里				陕西
				乡				庄		浙江
					里			村		广西
				都				村		广东
								村	里	湖北
								村	甲*	四川
					里					广西、湖南、河南

* 甲组织下还有小村。

《兴国州志》（湖北，1889）印证了这个推断。据修纂者所说，该州 2 个坊和 38 个里依法分为 10 甲。但是，各甲户数，不但在这些基层组织里互有不同，而且远远超过官方所定的数额，每甲平均有 383 户。[5]

在其他事例中，各里的甲数也不一致。比如在直隶涿州，40 个里中，每里有 10 甲的只有 13 个。[6] 四川绵竹县的安排与官方的定制不同，每里 5 甲而不是 10 甲，故而整个乡村 4 个里共 20 甲。[7]

在我们所考察的变式中，一些地区偏离常规组织形式，是在"里—甲—户"模式之外增加一两个层级，另一些是减少一个或多个层级，还有一些用其他名称替代官方规定的名称。对这些变式，笔者分别称为：增式、减式和代式。

增式

在一些事例中，乡和村，就像"保—甲"一样，显然为了方便而并入税收体系；比如在云南、贵州和山东，村常常插入甲和户之间，这样甲所包括的户数，比官方规定的要多。《仁怀厅志》（贵州，1895）记载，该厅地区总共有 3 个里，其中 1 个辖 5 甲，另外 2 个各辖 4 甲；每甲下辖数目不等的村落。[8]《镇雄州志》（云南，1887）列出了该州的 10 个里，并载明每里有多少甲、村、户。除了 1 个里外，其他各里各有 5 甲；下辖村子则从十数个到 30 个不等，甚至更多。[9] 同省的另一州 19 世纪的情况与此类似，10 个里所辖的甲数和村数稍微多些。[10] 山东莘县的情况与上述事例不同，里之上设有乡，而每甲的村数平均不到 4 个。[11] 把乡与村引入里甲组织中，或许是为了方便。由于这一理由，17 世纪云南昆阳州的一位地方官就把村整合到里甲

[5]《兴国州志》（1889），2/6b 和 5/2a-7a。
[6]《涿县志》（1936），四之四，16b-17a，关于历史上里甲组织的评论。
[7]《绵竹县乡土志》（1908），"历史丙"，15b。
[8]《仁怀厅志》（1895），1/20a-21a。
[9]《镇雄州志》（1887），1/41a-51b。
[10]《寻甸州志》（1828），1/6b-7a。
[11]《莘县志》（1887），1/14a-27b。

体系中来了。据说，"里甲归村，民便输纳"。[12]

在其他事例中，乡和村以外的其他层级也引入里甲体系之中。根据《泉州府志》（福建，1870）的记载，安溪县为了方便征税而划分为 18 个里（分属 3 组），每里 6 图，每图 10 甲。[13]"图"并不是官方规定的层级。还需要指出的是，这种不合常规的做法不仅是增加一个新的层级这么简单。由于每图辖 10 甲，所以"图"实际上取代了官方所规定的"里"。另外，安溪县 18 个里各划分为 6 图，这种"里"（辖 60 甲）比官方规定的"里"（辖 10 甲）要大得多。最后，由于该县 18 个里组成 6 个"组"〔编者按：应为 3 个组〕，因而在各个里之上实际上还有一个更高的层级，一个或多或少和其他地区的"乡"类似的层级；在那些地区，乡被纳入里甲体系中。

"图"作为税收组织单位，其起源如何呢？下面是《泉州府志》的修纂者对惠安县的情况介绍：

> 宋初分三乡，领十六里。庆历间改为十八里。……元贞元年间更为……四乡，仍十八里，统三十二图，图各十甲。国朝顺治年间……图甲稍减原额。康熙十九年乃复旧。[14]

由此看来，"图"显然是元朝遗留下来的。由于某种原因，当地居民保留了它，而政府也未加以干涉。

减式

笔者手中有更多关于减式的事例。根据《华州乡土志》《岐山县乡土志》和《宜川县乡土志》等的记载，这些州县（均属陕西）的税收体系都没有甲

---

[12]《昆阳州志》（1839），6/12a-b。
[13]《泉州府志》（1870），5/15b-16a。
[14]《泉州府志》（1870），5/13a-b。吴荣光（1773—1843），《吾学录》初编，2/1a-b，以为"图"的含义有多种，各不相同。他引用《大清会典》："直省各府州县编赋役册，以一百一十户为里……每里编为一册，册首总为一图。"

这个层级。华州共有 41 个里，平均分配在乡村地区的 4 个乡之中。[15] 岐山县也有 4 乡 29 里，但每乡的里数分配不均匀。里并没有划分为甲，而是各"统"一些村，29 个里共"统"610 个村。每里的村数，少则 6 个，多的达 46 个。[16] 宜川县与华州和岐山不同的是，它的甲并没有完全消失。《宜川县乡土志》记载说，该县旧分 4 乡 24 个里；康熙年间，并为 4 里；到修志时，复分为 17 里，其中 4 个"地狭户少，不分甲"。[17] 这表明，其余 13 个里保留了甲。

类似的情况普遍出现在其他地区，特别是湖北、湖南和浙江。在湖北省，许多州县都没有甲组织；在其中一些地区，只保留了乡和里（比如武昌县、蕲州、黄梅县、随州、襄阳县、归州、保康县和建始县）；[18] 在另外一些州县（比如汉阳县和恩施县），[19] 村作为税收单位。在湖南省的道州和靖州，也可以看到里甲体系被简化的情况。在道州，共有 8 个乡，每乡划分为若干里。[20] 在靖州，有 1 个坊和 7 个乡，共 19 里；每坊或乡的里数不一。[21] "坊"在官方术语中本来是城区划分单位，相当于乡村中的"里"；但在靖州，则被当做"里"的上一层级，其地位相当于"乡"。同样的简化版也见于 19 世纪的浙江仁和县。[22]

如果省略"甲"，同时将"里"并入"乡"；或反过来将"乡"合并到"里"中，里甲就进一步简化为一级组织。关于前者情况的事例，见之于四川一些地区。附表 1–2 根据《泸州直隶州志》（1882）制成，可以清楚地显示这种变异[23]：

---

[15] 《华州乡土志》（年代不详），59b-61b。

[16] 《岐山县乡土志》（年代不详），3/3b-4a。

[17] 《宜川县乡土志》（年代不详），7b-8b。

[18] 《湖北通志》（1921），33/1020，引《武昌县志》；33/1029，引《蕲州志》；33/1030，引嘉庆年间刊本《黄梅县志》；33/1033、34/1039 和 34/1047，引《舆地志》；34/1054，引光绪年间修纂但未刊印的《归州志》；34/1058，引《建始县志》。

[19] 《湖北通志》（1921），33/1023-1024，引《汉阳县志》；34/1056，引《恩施县志》。

[20] 《道州志》（1878），3/23a-b。

[21] 《靖州乡土志》（1908），2/22a-b。

[22] 《衡州府志》（1895），5/22b-23a。

[23] 《泸州直隶州志》（1882），1/2a。

附表 1-2：四川的里甲编组

地区	里数（明代）	里数（清初）	里并入乡后的乡数
泸州	67	3	10
江安县	20	4	10
合江县	7	3	4

江苏一些州县的情况同泸州等地的完全相同。1810 年版《扬州府志》提供了下列资料[24]：

	乡数		乡数
江都县	25	海陵县	8
广陵县	6	高邮县	19
宝应县	6	永贞县	10

乡并入里的事例，直隶、河南、浙江和湖北都有。《蔚州志》（直隶，1877）就强调说，该地区的人户被编入 15 个里中；各里名称到该志修纂时尚有案可查。[25]《睢州志》（河南，1892）记载说，该地税收是以里为单位征收的；原本 40 个里，不知何时增加到 72 个。[26]《杭州府志》（浙江，1898）透露，杭州府所属某些县（如於潜县）以"里"作为唯一的税收单位。该地方志继续解释说：

> 元只二十四里……明成化〔1465—1487〕后，尽革裁诸里名，但以每一乡编为一里，得里十一。……国朝因之。[27]

湖北省一些地区，乡也被里取代。《湖北通志》（1921）指出，巴东县将本地人户编为 8 个里，并说：

> 案嘉庆〔18 世纪初〕志……光绪《湖北舆地记》均不言乡。案宋

---

[24] 《扬州府志》（1810），16/1a，引《太平寰宇记》。〔编者按：广陵县乡数应为 26。〕

[25] 《蔚州志》（1877），3/25a。该州总共有 49,839 户。

[26] 《睢州志》（1892），3/2a-3a。

[27] 《杭州府志》（1895），5/31a。

时原有乡名，不知何时没去。[28]

《归州志》（1900）提供了一条关于乡失踪的线索。该地方志记载说，归州最初在宋朝时期划分为 10 乡，随后划分为 17 乡；到明朝时，为里所取代。[29] 以此可以推断，在"里"作为唯一税收单位的其他地区，也经历过同样的过程。

不过，这种变式并不普遍。在一些地区，这种变化只进行了一半，因而出现了"乡""里"并存的局面；湖北长阳县的情况就是如此。该县在清朝时期有 3 乡，户口被编为 3 个里；"即以乡名为里名"。[30]

还有几个奇特的事例表明整个税收组织体系被简化到甲的层级。根据《延安府志》（1802），[31] 陕西省一些县区演变情况为：

	最初的单位	现在的单位
安塞县	16 里	8 甲
保安县	8 里	6 甲
安定县	9 里	9 甲

代式

接下来是"代式"。在这个问题上，我们遇到的形式五花八门。略过一些看起来没有多大影响的小差别，我们可以找出一些规则来。替代最常出现在官方架构中"里"这个层级，常被"都"或"图"所取代。偶尔，"乡"为"渠"所取代。在其他一些地方，通常也没有甲，而是各种各样法律规定之外的组织单位，如"村""保""铺"和"院"，虽然我们并不能断定它们实际上取代了"甲"。我们的确应该承认，由于我们所看到的地方志经常没

---

[28]　《湖北通志》，34/1055，引嘉庆《巴东县志》〔编者按：应为"嘉庆《湖北通志》"，参见志首凡例〕。《湖北通志》34/1056"宣恩县"条下"嘉庆志、府志、县志、光绪《湖北舆地记》均无乡名，盖县未设乡"。

[29]　《归州志》（1900），8/1a-3b。

[30]　《湖北通志》，34/1055。

[31]　《延安府志》（1802），28/3b-15a。

有指出它们的精确地位，因此，即使官方单位中有一两个被放弃，我们也难以确定它们是某个法定单位的替代物，抑或是整个体系中的增加物。

四级模式

许多事例显示，地方对官方架构的偏离，不但表现为常规单位被各种单位取代，还表现为一些额外单位的增加。以下四级模式就值得注意：

（一）广东南海县的"都—堡—图—甲"模式。根据《佛山忠义乡志》（1923）的记载，[32] 其情况如下：

> 吾邑……以都统堡，其堡多少不等；以堡统图，堡有大小，故图之多少亦不等；以图统甲，每图分为十甲……以甲统户，户多少不等。

不过应该指出的是，这种说法同《南海县志》（1910）所述该县通行的三级模式并不一致。因此，这种四级模式可能只存在于南海县一些特殊地区。

（二）另一种四级组织模式，出现在江苏无锡县。《泰伯梅里乡志》（1908）记载，泰伯乡（无锡县的一个乡）为了方便税收而被划分为 3 个都：第 55 都，统 10 图；第 56 都，统 10 图；第 57 都，统 9 图。每图所辖甲数各不相同。[33] 如果把乡作为其中一个层级，就可以得出"乡—都—图—甲"的组织模式。广东东莞县的情况也与此类似。[34]

（三）福建惠安县是另一个例子。《泉州府志》（1870）记载：

> 宋初分三乡，领十六里。……元贞元间更为……四乡，仍十八里，统三十二图，图各十甲。……乾隆二年，因里长侵粮，革去里班名色，改为六十七铺。[35]

---

[32]《佛山忠义乡志》（1924），4/2a-3a。

[33]《泰伯梅里乡志》（1897），1/4a-6b。

[34]《东莞县志》（1911），卷三，各页。

[35]《泉州府志》（1870），5/13a-b。〔译者按："领十六里"误为"六里"，"乾隆二年"误为"十三年"，今据府志径改。〕

这段资料提到了不太常见的"铺"的起源；"铺"也出现在清帝国的其他地区。

（四）无锡县还有一种四级制的变式，即"区—都—图—甲"模式。1881年左右，该县的税收组织体系为"区摄都，都摄图，图摄甲"。[36] 记载此种模式的志书解释说，明朝时期实行这种模式，"目前袭之"。不过由于该志没有详细说明各层级相关的单位数，因此无法确定"区"和"都"是否就是用来替代"乡"和"里"的。

（五）下面的四级变式出现在湖北。根据《沔阳州志》（1894）的记载，该州乡村组织的部分情况如下[37]：

宝城乡（五乡之一）4图17里：

第一图：	获福里，19院
	兴仁里，13院
	剅一里，11院
	剅二里，20院
	剅三里，6院
第二图：	石板里，8院
	……

这个地区实行的四级模式是"乡—图—里—院"。它有两个新奇之处：其一，它将"图"置于"里"之上；其二，它所设置的"院"组织在其他地区是很难见到的。根据州志编纂的说法，"院"的起源如下：

> 故民田必因地高下修堤防障之，大者轮广数十里，小者十余里，谓之曰院。如是者百余区。[38]

因此，在那些村庄并入税收体系的地区，"院"取代了"村"的地位。

---

[36]《无锡金匮县志》（1881），11/3a。

[37]《沔阳州志》（1894），卷四，《食货》，15a-34a。

[38]《沔阳州志》，卷三《建置》，"堤防"，11a。

（六）浙江一些地区实行"乡—都—图—里"模式，其中又以建德县的例子最为典型。下列资料取自于《严州府志》（1883）[39]：

	都	里	图
买犊乡	2	3	16
新亭乡	3	5	8
白鸠乡	3	5	5
孝行乡	2	7	2
建德乡	4	5	6
慈顺乡	3	7	5
龙山乡	2	3	4
仁行乡	2	3	4
芝川乡	2	2	3

在白鸠乡，图数与里数相同；在芝川乡，里数与都数相同。府志的修纂者无疑表明这些单位处于不同层级上。

（七）《通州直隶州志》（江苏，1875）所记载的资料，反映了泰兴县的税收组织情况如下，是"乡—都—里—村"模式[40]：

	都	里	村
太平乡	9	35	不详
顺德乡	6	43	不详
保全乡	3	14	不详
依仁乡	3	14	不详

据该志，每个里辖若干村，因此"里"和"都"一定都是规模超过官方所规定的里的大单位。类似的"乡—都—里—村"编组盛行于通州直隶州其他地区[41]、扬州府一些地区[42]，可能还有浙江杭州府昌化县[43]。

浙江省一些地区提供了这种四级制的变式。奉化县所属剡源乡有类似的编组，不同之处在于"里"为"图"所取代；而"图"是南方常见的层级。

---

[39] 《严州府志》（1883），4/1a-3a。

[40] 《通州直隶州志》（1875），1/33b-34b。

[41] 参见《通州直隶州志》在 1/32a 和 1/34b-35a 中关于通州直隶州和如皋县的组织设置情况记载。

[42] 《扬州府志》（1810），16/21a。

[43] 《杭州府志》，5/33a-b。

根据《剡源乡志》（1901）[44]，情况如下：

乡	都	图	村
剡源乡	第 47 都	一图	25
	第 48 都	一图	13
		二图	29
	第 49 都	一图	11
		二图	16
		三图	5
	第 50 都	一图	45
	第 51 都	一图	23
		二图	11
	第 52 都	一图	10

该地方志中还配有一些略图，说明剡源乡都和图的设置情况（遗憾的是，没有显示村的配置情况）。此处引用其中一幅图，可以让我们对这个情况有些概念（图见次页）。这些单位的形状不规则，可能是由于地形因素，或者是因逃税而"不公正地操作"造成的——一种把税率较高的土地，划分到低税的单位中去的欺诈手法。我们将会对这种手法作更详细的解释。

（八）最后一个四级组织模式事例是"乡—里—都—图"，有趣的是，它是连续几个朝代加入新的层级而创造出来的。根据《福州府志》（1756）的记载，福建古田县的税收组织在宋代为 4 乡 13 里；元代将"里"再分为 48 个都；明代又增加 59 个图。[45] 每个"图"都包括一些村，不过这些村是自然出现的，而不是为了征税而设置的行政单位。

（九）此处我们可以指出一个五级税收组织的罕见事例。根据《厦门志》（1838）[46] 的记载，同安县乡间在宋朝早期被划分为 4 乡 27 里；元代重新安排为 44 个都；明朝减少到 37 个都，共辖 53 个图。1775 年，里组织经过一次洗牌；随后不知在哪个时候，设置了 45 个保，置于"图"之下。该志修纂者的记述并不完全清楚。他所记述的体系大概包含 5 个层级：乡、里、都、图和保。

---

[44] 《剡源乡志》（1916），1/2b-4b。

[45] 《福州府志》（1756），8/9b-12a。

[46] 《厦门志》（1839），2/20a-22a。

"都"与"图"编组

浙江奉化县刬源乡（一格边长相当于五里）

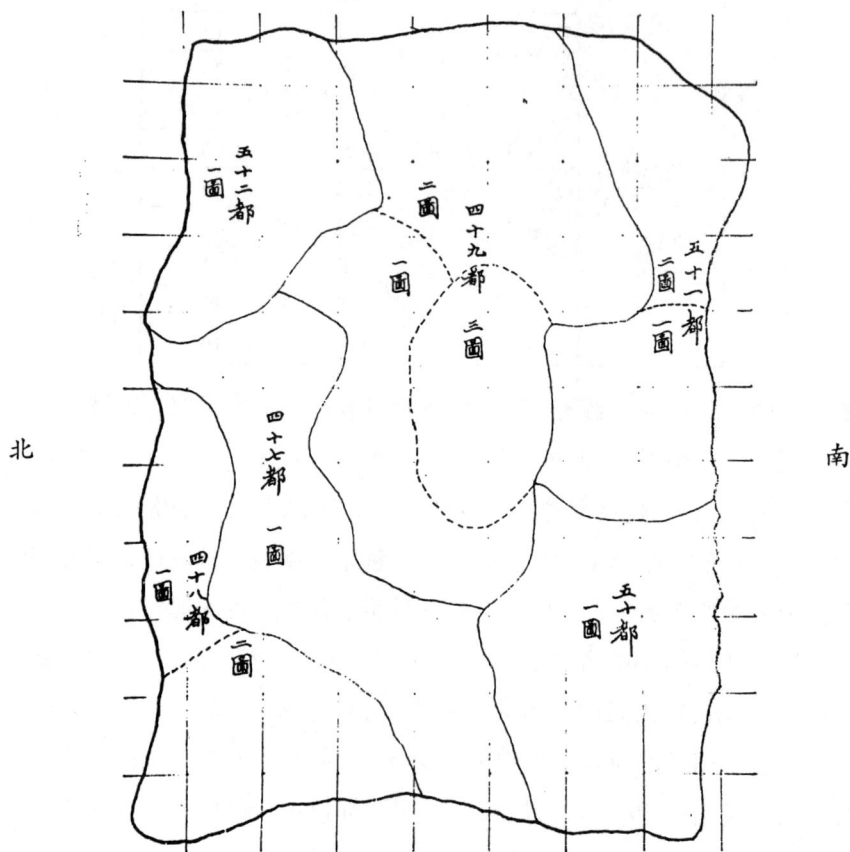

三级模式

（一）首先要指出的就是"乡—图—甲"模式；其中图取代了里。广东南海县提供了一些最好的例子。下表是南海县最富庶的儒林乡 1880 年左右的情况，每甲的户数极不相同[47]：

---

[47] 《九江儒林乡志》，5/10a-19a。

附表 1-3：儒林乡每图的户数

	第三十四图	第三十五图	第三十八图	第七十九图	第八十图
一甲	31	36	43	18	39
二甲	23	14	40	32	81
三甲	12	12	48	20	21
四甲	30	39	34	36	15
五甲	20	33	86	14	22
六甲	19	18	28	133	17
七甲	16	10	65	9	79
八甲	32	18	54	16	30
九甲	26	73	77	21	29
十甲	9	16	37	45	31

该地方志的修纂者没有说明"图"的性质，不过，由于 5 个图恰好都下辖 10 个甲，因此可以推断"甲"一定是当地用来取代官方所规定的"里"的组织单位。这一推断得到《湖北通志》（1921）的证实。嘉庆《广济县志》的修纂者写道：

> 旧额三十里，后废灵东四图。康熙五年知县黄玉铉设太西三图足旧额。三十五年增安乐七图。由是广济七乡有三十七图，三百七十甲。案图即里也[48]。

如果《扬州府志》（1810）提供的资料可靠的话，《湖北通志》所提到的"旧"里，可能就是明代里甲体系的组成部分。根据《扬州府志》的记载（引万历《宝应县志》），江苏宝应县的税收体系在明朝和清朝间发生的变化如下表所示[49]：

	明朝的单位（里）	清朝的单位（图）
三阿乡	4	4
曹村乡	2	2

[48] 《湖北通志》，33/1030。
[49] 《扬州府志》，16/22b-23a。

续表

永宁乡	2	2
军下乡	2	4
王野乡	4	4
孝义乡	4	4
侯村乡	2	2
白马乡	3	4

图在这里明确取代了里。不过在其他地方，图最初似乎是插入里和甲之间的新增单位，但后来就取代了里。举例来说，根据《淮安府志》（1884）[50] 的记载，江苏桃源县的情况如附表 1–4：

附表 1–4：桃源县的里数和图数

乡	原编里、图数		现图数
	里数	图数	
陆城乡	15	32	12
崇河乡	12	36	12
恩福乡	8	33	9
吴城乡	6	30	8
顺德乡	7	25	7

有时，里和图共存在地方的名称中。根据《续修庐州府志》（1885）[51] 的记载，安徽蒙城县的税收组织体系如下：

在城乡，分 2 图：在一里，下辖 10 甲；在二里，下辖 10 甲。

惠安乡，分 2 图：惠一里，下辖 10 甲；惠二里，下辖 10 甲。

（二）不过，里的名称存在于一些图和甲都不存在的地区（后者甲被村所取代了）。在山西翼城县和陕西同官县，乡分为数里，每里又划分为数村，形成一个"乡—里—村"的模式。[52]

---

[50] 《淮安府志》（1884），20/1b。

[51] 《续修庐州府志》（1885），13/46a-b。还请参见《重修蒙城县志书》（1915），2/7a-b。

[52] 《翼城县志》（1929），4/4a-b；《同官县志》（1944），2/4a-b。应该指出的是，翼城县划分为 4 乡，每乡都划分为 5 个里；同官县划分为 4 乡，每乡划分为 6 个里。《同官县志》的修纂者指出，这就是乾隆年间，亦就是 18 世纪期间存在的制度。

（三）都取代了里，形成的"乡—都—村"模式，是（二）模式在南方的一种变形，见于福建闽清县和江西泰和县。在闽清县，1660年由知县设置的组织层级如下[53]：

　　旌良乡：三都，村七；四都，村十；五都，村十一；七都，村九；八都，村十四；九都，村九……

在泰和县，据县志记载，"坊乡里巷立名自宋淳熙始，初坊改为厢，乡分为都，都后为图，图即里之谓也。"[54]在19世纪70年代，该县的税收组织情况部分如下：

　　仁善乡：一都，村三；二都，村四；三都，村六……

（四）"乡—都—图"模式，存在于江苏省一些地区。根据《泰伯梅里乡志》（1897）[55]的记载，无锡县的情况如下：

乡	都	图
泰伯乡	第三十三都	7
	第三十四都	8
	第三十五都	8
	第三十六都	4
梅里乡	第五十五都	10
	第五十六都	10
	第五十七都	9

江西南昌县的情况与此类似。据说，该县5乡之名最初出现在1850年编纂的登记册上时，共辖68都和589图，不平均分配于各乡之下。[56]与前一个事例一样，该文献也没有提到"都"的性质。

---

[53]《福州府志》，8/13a-14b。

[54]《泰和县志》（1878），2/14a-18a。

[55]《泰伯梅里乡志》，1/2b-9b。

[56]《南昌县志》（1904年修，1919年印），3/3a-5b。

不过,《福州府志》(1756)对"都"的情况作了一些说明。据修纂者说,福建长乐县乡村地区部分设置情况如下[57]:

乡	都	图
南乡	二都＝崇圣里	4
	三都＝信德里	2
	四都＝嵩平里	3
	五都＝泉元里	2

明显地,"都"与"里"同时用于这个地区,这或许就像上面提到的南昌县或无锡县泰伯乡中的情况一样,意味着"都"在一些地方取代了"里"。

(五)"乡—图—村"模式,见于广西省一些地区。根据《南宁府志》(1909)[58],宣化县乡村地区划分为数个乡,每乡划分为 1 到 8 个图,每图又分为数目不同的村。广东和浙江两省也有这种情况,"都"看起来就完全等同于"乡"。根据《香山县志》(1873)[59]的记载,这个地区的部分编组列表如下:

乡	图	村
仁厚乡＝良字都	6	37
德庆乡＝龙眼都	6	58
永乐乡＝德能都	6	44
长乐乡＝四字都	2	18
永宁乡＝大字都	2	30

(六)一种奇特的变形见于福建省。在罗源县乡村地区,采行的是"路—里—铺"模式,而不是人们较为熟悉的"乡""都"和"图"的结构[60]:

	里	每里下辖的铺数
西路	6	1—4
东路	5	1—5
北路	3	1—4

---

[57] 《福州府志》,8/15a〔编者按:应为 8/15b〕。

[58] 《南宁府志》(1909)〔编者按:正文原作 1908〕,卷十各页。

[59] 《香山县志》(1873),5/1a-12b。还请参见《杭州府志》,5/33a。Donnat 所观察到的组织设置看来是下列组织模式的变形:"鄞县地区的这五个村庄,集中在一起,属于'里—镇—图—里—都'中'图'的一部分,亦就是按照它们自己第三种方式设置起来的乡村组织。"参见 *Paysans en communauté* (1862), p.85。

[60] 《福州府志》,8/18b-20b。

至于"路"和"铺"两词的含义及起源，修纂者并没有说明。

（七）另一种关于乡一级组织的变形情况，见之于福建晋江县。根据《泉州府志》（1870）的记载，[61]该县乡间地区在宋朝划分为5乡23里。元时重新加以编组，"变乡与里为四十三个都"；加上城厢的3个坊，总统135图。"图"与官方所规定的"里"一样，各辖10甲。明清延用不变。这种"都—图—甲"模式也见于同省的同安县和南安县。[62]

（八）广东南海县和花县的三级组织模式，与上述的不同。由于"都"为"堡"所取代，因而出现了如下的"堡—图—甲"模式[63]：

	堡	每堡所属图数	每图所属甲数
南海县	34	不定	10
花　县	3	不定	不定

这表面上与福建晋江县的"都—图—甲"组织模式相似。但是据《南海县志》（1910）的修纂者的说法，"或文言之曰里，俗称之为堡歟"。[64]该修纂者指出，在清初，"堡"的人数平均不到1,000人，因此，它是一个比较小的组织单位。另一方面，晋江县的"都"则是一种"乡"和"里"都融入其中的组织单位；这个论点得到了《佛山忠义乡志》（1923）修纂者的支持。在讨论广东佛山县的组织体系时，该修纂者认为"堡"一词起源于明代，并认为"里长"就是当时堡的管理人员。[65]

（九）在湖南省一些地方，"里"称为"区"。《慈利县志》（1896）在描述该县的里甲制度时，这样写道：

> 明代析附郭及城中为坊厢，而画四境以二十五都。……初时县都衰阔，一都析二、三里，或五、六里，里又编十甲。……故今百姓纳粮，第以都相举，亦或标区名。[66]

---

[61] 《泉州府志》，5/1b-9a。

[62] 《泉州府志》，5/9a-b 和 5/18a-21a。

[63] 《南海县志》（1910），7/5b-41a；《花县志》（1924），10/7a。

[64] 《南海县志》，26/3a。

[65] 《佛山忠义乡志》，卷十四《人物六》，32a。

[66] 《慈利县志》（1896），卷一《地理》，2b。

（十）广西永淳县的组织模式比较独特，可以提出来作为三级模式名单的结尾。根据《南宁府志》（1908）的记载，该府乡间地区因征税而划分为若干"图"，各图划分为若干"冬"，冬之下为"村"。修纂者虽然没有解释"冬"这一陌生字眼的含义，[67] 但另一部地方志[68]说：

> 县初编户，皆谓之冬，催粮者日冬头。……康熙二十年知县姚弼始……改冬为甲。

两级模式

当两个或更多的税收层级相互合并，或其中一些组织从体系中消失，两级形式就出现了。除了一个例外，下面将要讨论的所有事例都只有两级。当然，户不算在内，因为"户"是一种单位，而不是里甲中的层级。

（一）浙江省提供的事例，很有启发性。根据《杭州府志》（1898）的记载，钱塘县税收组织的主要特征如下[69]：

> 城内有十一坊，坊辖数里；附郭七隅，隅辖数里；乡村九乡，编组如下：

乡	都	每都下辖的里数
履泰乡		7
上调露乡		10
下调露乡		7
灵芝乡	第三都	8
	第四都	4
	第五都	5
孝女南乡		5
孝女北乡		4

---

[67] 《南宁府志》，卷十各页。
[68] 《容县志》（1897），28/5a。
[69] 《杭州府志》，5/21a-b。

	第七都	8
崇化乡	上第八都	6
	下第八都	9
钦贤上乡		7
……		

这就是一个两种不同模式（"乡—里"和"乡—都—里"）并存于一个地区的事例，或许透露出简化的变迁过程。修纂者在一注解中补充说："钱塘旧凡一百六十里；每图田地多寡不均。"因此，该县的里甲体系显然是从"乡—都—里—图"的四级模式简化到"乡—都—里"的三级模式，而且正向着"乡—里"的两级模式转变。

（二）另一种两级模式，是由于"都"和"里"两个层级相互重叠出现的。附表 1–5 就反映了嘉庆年间（1796—1820）广西藤县的组织情况。[70]有趣的是，表中 5 乡（孝义乡、仁封乡、感义乡、义昌乡和太平乡）各下辖一些"都"（修纂者列出了各都的名字）和特定数量的"里"（没有列出里名），各乡的都数和里数都一样；至于宁风乡，则下辖 7 个指名的都和 7 个指名的里，两者的数量也是一样。因此，我们有充分理由假定，在藤县地区，"都"和"里"是同义的，都用来指相同的税收组织；该县的组织设置实际上是两级的："乡—都 = 里"。《湖北通志》（1921）暗示了"里"可能在组织演变的过程中为"都"所取代。修纂者引用《光绪（湖北）舆地记》指出，湖北松滋县两个乡原来总共有 21 个里，但"今分二十一都"；其中 9 个都为高乡所辖，其余 12 个都为低乡所辖。类似的情况见于该省的枝江县。[71]

---

[70]《藤县志》（1908），3/67a-87a。

[71]《湖北通志》，34/1053，引《光绪（湖北）舆地志》。

附表 1-5：广西藤县的乡村组织情况

乡	都	乡属都数	里	乡属里数
孝义乡	一都 二都 三都 四都一 四都二	5		5
仁封乡	七都 八都 九都 十都 十五都	5		5
感义乡	二十八都 三十都 三十一都 三十二都 三十四都 三十六都 三十八都 三十九都	8		8
义昌乡	十八都 二十一都 上二十二都 下二十二都 二十五都	5		5
太平乡	四十一都 四十二都 四十三都	3		3
宁风乡	四十六都 四十七都 四十八都 四十九都 五十二都 五十六都 五十八都	7	罗龙里 大任里 东皇里 三江里 随化里 杨峒里 大黎里	7

（三）云南、广西和安徽一些地方存在另一种两级制的变式。《鹤庆州志》（1894）就描述了云南鹤庆州的税收组织情况，可部分汇整如下 [72]：

---

[72] 《鹤庆州志》（1894），17/2a-7b。

乡	图	村
甸南乡	长一图	47*
	长二图	21
	长三图	18
	求一图	13
甸北乡	逢一图	14
	逢二图	16
	逢三图	11
	求二图	10

* 编者按：长一图的村数应为 46。

不过在遥远的山村地区（当地称为"山外"），其设置情况与上述的不同：

	甲之名称、数量		村
松桂南路	西邑	6	17
	南庄	6	9
	松桂	6	10
松桂北路	三庄	6	16
	东山	6	15
	波罗	6	20
	中江	6	12
	北衙	4	11
	姜营	8	27
	朵美	12	34
	观音山	?	39

有两点需要考虑到。其一，如上表清楚所示，由于"村"也名列其中，我们不能完全断定它并不是税收组织体系中的一个层级。但是，这些村并没有像其他事例中的"村"一样，明指是由其上层单位所"辖"的，因此它们很有可能不能被当作税收组织体系中的一个层级。其二，"甲"前面各种各样的名字（如西邑、南庄等等）究竟是指"甲"的上级组织呢，还是指没有上级组织的临近各甲？这一点并不清楚。

无论如何，可以肯定的是，类似鹤庆州"乡—图"模式也见于广西南宁府[73]和安徽庐州府[74]的一些地方。

---

[73] 《南宁府志》，卷十各页。

[74] 《续修庐州府志》，13/46b。

（四）一种接近"乡—图"模式的变形见于湖北省安远县〔编者按：应为远安县〕。《湖北通志》（1921）引用19世纪晚期的一本地理著作说，该县以前划分为3个里，但后来划分为3个乡。其所辖的"铺"分为三组[75]：

东乡	毛泥铺
西乡	鹿洋铺 石管铺 郝枧铺
南乡	歇马铺 后砦铺 木瓜铺 清溪铺 ……

根据《湖北通志》修纂者所说，这是"里"被"乡"取代的少数事例之一。

（五）有一种两级模式事例比较独特，"乡"和"都"在同一地区共同存在，而"里"又成了"图"的同义词，从而构成了一种有双线命名的两级组织模式。《扬州府志》（1810）这样描述了江苏仪征县的组织设置情况[76]：

在城都（县城）	一图，曰在一里 二图，曰在二里
新城都	新城里
怀义乡	一图，曰三一里 二图，曰三二里
东广陵乡，四都	四都里
归仁乡，五都	一图，曰五一里 二图，曰五二里 三图，曰五三里
甘露乡，六都	一图，曰六一里 二图，曰六二里
西广陵乡，太平乡，七都	一图，曰七一里 二图，曰七二里 三图，曰七三里

很明显，大多数"里"相当罕见地依其所属的"都"的数字来命名。"五一里"表示第5都的第1里。"四都里"表示该里属于四都；而该都只

---

[75] 《湖北通志》，34/1049-1050。

[76] 《扬州府志》，16/11b。

辖 1 个里。根据这个事实，我们可以推断"怀义乡"可能就是"三都"，在城都和新城都分别是该县的"一都"和"二都"。我们所要指出的第二点是，在《扬州府志》中，"太平乡"之名紧跟在"西广陵乡"之名之后，即"西广陵乡，太平乡，七都"。出现这样不一致的情况，可能的解释是，两乡之一（或两乡）的人口减少，以致户数不足以单独构成一个主要纳税组织。因此合并为 1 个都，即"七都"。

扬州府另外两个县的情况同仪征县的稍微不同。根据同一地方志[77]的记载，江都在明代划分为 28 个主要的税收组织，其中 8 个乡和 1 个都共辖 118 个里。雍正十一年（1733 年），这些税收组织重组为 6 个都，命名为"一都""二都"等等；除了"一都"辖 12 个图以外，其他各都各辖 11 个图。同样的，根据同一地方志[78]的记载，东台县在乾隆三十三年（1768 年）初设时，分为 8 个都，各都辖数量不等的图（最少 5 图，最多 10 图）。

这两个事例指向一个有趣的结论：清政府在设置税收组织时，并没有一贯地遵循官定规则。东台县的个案尤其有趣，因为它晚到 1768 年才设置。很有可能，由于"都—图"称谓在地方上已经根深蒂固，因而设置税收体系的地方官认为将它移除是不明智的。

（六）无锡县的"区—都—图—甲"四级模式的简化版，出现在同一省的甘泉县。据《扬州府志》[79]，这种形式确定于雍正十一年（1733 年）：

> 一区，领图十一；二区，领图十一；三区，领图十；四区，领图十；五区，领图十。

（七）江苏省还有一种两级的变式。根据《淮安府志》（1884）[80]，山阳县〔编者按：应为阜宁县〕划分为 4 个主要税收组织，其名字为仁字、义字、礼字和信字〔编者按：应为"智字"〕，各"辖"10 个图，命名为"一

---

[77] 《扬州府志》，16/1a-3a。

[78] 《扬州府志》，16/27b。

[79] 《扬州府志》，16/8b-9a。

[80] 《淮安府志》，17/1b-2a。

图""二图"等等。不过,我们无法断定该县主要单位是"都""里",还是"区"。

(八)未注明刊印时间的《甘泉县乡土志》,记载了一种最为奇特的两级组织模式。据该地方志的记载,位于陕西西部边界上的甘泉县划分为两个大里[81]:

东作里	再分为 23 个里*
西成里	再分为 14 个里

* 译者按:应为 9 个里。

应该指出的是,在本志中,用来指称高一级和低一级的组织单位的"里"字,它们的写法是完全相同的。

(九)"乡—庄"组织模式,存在于浙江新城县。《杭州府志》(1898)[82]记载,该县划分为 15 个乡,每乡相当于 1 个里,各辖数量不等的庄(最少5 庄,最多 11 庄,共 123 个庄)。

(十)一个相关的变式见于广西容县。11 个里辖 489 个庄。《容县志》(1897)的修纂者解释说:"有明分邑境为十六图,寻改为十一里。"[83]

(十一)在广东清远县,乡村地区设"乡",相当于"都"一级,由此而出现以下编组[84]:

	村
太平乡,名南塘都	25
善化乡	39
清平乡,名清湖都	67
……	

(十二)在一些孤立的事例中,"村"成了"里"的上级单位;例如湖北荆门直隶州。根据《湖北通志》[85],荆门原有 8 个乡分为 59 个里。后来不知

---

[81] 《甘泉县乡土志》(年代不详),7a-8a。

[82] 《杭州府志》,5/32a-b。

[83] 《容县志》,1/12b-18a。

[84] 《清远县志》(1880),2/14b-20a。

[85] 《湖北通志》,34/1047,引自嘉庆刊本《荆门直隶州志》〔编者按:应为嘉庆《湖北通志》〕。

什么时候发生了一些变化，当地的税收体系变成这样：

	里
望乡村	4
平泰村	5
羔观村	7
马仙村	7
长堤村	3
⋯⋯	

（十三）在四川新繁县，"村"也是上级组织单位，但样式不同。《新繁县乡土志》（1907）记载说，该县"区为四村"，村又划分为数甲，情况如下[86]：

		每甲所辖的小村
水村	一甲	10
	二甲	10
	三甲	7
韩村	一甲	4
	二甲	5
	三甲	4
⋯⋯		

其余两村也各有 3 个甲，每甲领数量不等的小村。遗憾的是，修纂者没有解释构成"甲"的"小村"有多少，以及"甲"之上的"大村"有多大。这个独一无二的事例看起来实际上是三级模式的变种；把它列在这里，仅仅是因为它酷似前面的案例，以"村"作为上级税收单位。

（十四）广西贺县提供了一个试图将名称标准化的罕见事例。根据《贺县志》（1934）的记载，该县在 19 世纪中叶之前共有 18 个里，各里均辖 10 个甲。不过，其中一些里，称为"乡"或"都"，由此而出现了下列相当混乱的情况[87]：

---

[86] 《新繁县乡土志》（1907），6/3b-7a。

[87] 《贺县志》（1934），2/16b-17a，引 1890 年旧志。

上六里	在城里 江东里 文林里 姜七都 姜八都 城乡里
中六里	中里 上里 迎恩里 桂岭乡 平安里 平吉里
下六里	招贤里 十八都 二十都 二十一都 （另两个单位的名字已佚）

1865 年（同治十四年）〔译者按：应为同治四年〕，知县柳增秀"更定里甲粮户"，将上列所有组织单位统一称为"里"。然而，这名地方官虽然将名称统一了，但在实际编组上却作了变动。他没有按照贺县前面的模式，让每里辖 10 甲，而是将全县税户编为 18 个里，每里辖数量不等的税户，因而实际上取消了甲。由于他保留了原来的里的集合（上六里等），却没有将它们设置为新的里之上的真正机构，因此，他所推行的新组织体系实际上是个一级模式。

类似的一级模式也存在于湖南宜章县。根据《湖南通志》（1885）[88]，该县有 7 个里和 6 个都。它们（和广西贺县的一样）大抵是同一个层级的单位。

实际上相同的一级组织模式也存在于鹿邑县（河南）。这个事例特别能说明问题，因为该县里的层级据说在明代称为"图"或"乡"而不加以区别，但"里"的名称在清朝康熙年间被确立。《鹿邑县志》（1896）[89] 的修纂者对此作了如下相当清楚的说明：

明洪武分县田户为十四图……成化三年增图六、乡十有四。……通

---

[88] 《湖南通志》（1885），49/1314。

[89] 《鹿邑县志》（1896），3/2a-b。

前为三十四里。……国朝康熙间增厂十、里四，……遂为四十八里。

结论与说明

直接结论如下：

（一）在 19 世纪期间甚至在此之前，官定的里甲组织模式实际上仅仅在相对较少的一些地区得到贯彻和遵循。

（二）北方省区看起来较为一致地遵循了清政府所规定的名称；而南方省区则五花八门，其中最重要的是"都"和"图"。

（三）南方地区经常引入新的层级，或置于官定的层级之上，或插入其间，从而较远地偏离了官定的组织模式；而北方地区虽然没有严格遵循官定的两级模式，但也很少有超过三级的税收编组。

（四）在许多地区，甲（由 10 户构成）组织走向消亡，而被其他、常常是较大的组织所取代。

看来在 19 世纪和之前确定存在着两种税收体系。大致说来，北方类型是以"里"作为中心，而南方类型则以"都"和"图"为基本单位。当然，应该指出的是，北方没有"都—图"体系的影子，而南方则出现有"里—甲"体系。

了解"里"的层级在华南和华中如何为其他层级所取代，应该是有意义的。以下可以让我们了解一个梗概：

里为图所取代的省区	广东、江西、江苏、湖北、安徽和广西
里为都所取代的省区	江苏、浙江、福建、湖北和广西
里为区所取代的省区	湖南
里为堡所取代的省区	广东
里为铺所取代的省区	福建
里为乡所取代的省区	湖北

我们还没有在北方各省发现"里"为其他层级所取代的事例。相反，华北一些地区却发生过反向演变的迹象，即"里"取代了以前以其他名称命名

的层级。我们前面提到的河南鹿邑县事例，就是这样。

问题自然就来了。为什么北方省区的里甲组织体系较为符合清政府规定的组织模式，而南方则出现极大的偏离呢？为什么"都—图"的名词常出现在南方，而在北方一般看不到？我们能做的不过是推论。

众所周知，清代的里甲制度，无论是组织单位还是术语，都直接承袭自明代的官方架构，并没有作什么实质改变。同样清楚的是，"都—图"组合大概起源于宋元，[90] 明代在一些地区继续沿用。因此，税收体系中缺乏一致性，在明代就已经存在，并不是清政府特有的缺陷。事实上，由于非官方规定的术语在明代十分流行，一些地方志的修纂者甚至错误地认为它们是正规的明制。[91]

因此，"都—图"组合，是一个经过明代而传到清代的历史遗存。清政府也像前朝一样，无力用官定的架构加以取代。

历史遗留现象虽然可以解释一些术语的偏离，但是解释不了税收体系中结构性的变异。被我们称为"增式"和"减式"的变异形式之所以出现的理由，大概应主要归因于地方环境因素和实际需求。

首先，将"乡"和"村"纳入税收组织体系（两者并未得到官方的认可），可能是为了实际的方便。清政府 1648 年推行的税收制度——规定各"里长"将其所辖"里"的税册送到各当地衙门。把邻近各里集合起来，税册集中在一起，当然方便许多。指派一两个人作为代表，就可以把税册送到

---

[90] 著名历史学家赵翼（1724—1814）在其《陔余丛考》27/22a-b 中解释说，南宋期间，有位知县（袁燮）下令每保画一幅地图，"田畴、山水、道路悉载之"。这样，"图"之名（其含义为图画或地图）就被运用开来。"合保（之图）为都（之图），合都为乡，合乡为县"。赵翼补充说："征发、争讼、追胥，披图可立决。"《建昌县乡土志》（1907）2/9b-11a 中记载说："有明编赋役黄册，则以一百一十户为一里。……图者，土地之图。一里必有一图，然后有以知里中地域广轮之数。建昌（于清代）……以一里为一图，图实缺如，直可谓有里无图。"《大清律例汇辑便览》8/47b-48b 中说，修纂赋役册时，每里修入一册，册首冠以地图。还请参见注释 14 有关吴荣光对"图"引用的叙述。"图"一词最早可能出现在南宋时期，其含义为"地图"，以之表明里的位置和土地数量。但在清朝时期，广东、江西、江苏、安徽、湖北和广西各省区逐渐忘掉该词最初的含义，并常常以之来表明里组织本身。

[91] 比如，《无锡金匮县志》在 4/9a 中记载说："明制……区摄都，都摄图，图摄甲。"《佛山忠义乡志》，卷十四《人物六》，32a 中也同样地记载说："明制以堡统图，以图统甲。"

地方衙门（在一些地区，衙门离偏远乡村非常远）；[92] 让所有里长不必每一次都长途跋涉。"乡"（或相当的单位）就是适合此种目的——集合一组"里"以便处理税册——的现成单位。因此，早在康熙年间，"乡长"就作为半官方的人员来"管摄钱谷"。[93] 另一方面，拥有各种头面人物的"村"，[94] 也是收税相当有用的单位。此外，一些乡村由于很小，住户非常少（有的少至 6 户），[95] 这种"小村"顺理成章地变成了税收体系中的最低层级。

地方人口增加或减少，也是里甲组织引进非常规项目的原因之一。很明显，任何特定地区人户的实际增加或减少，都会打乱该地原有的组织规模。这就会导致"增式"或"减式"的产生，并造成"甲"的消失或者为其他较大的单位所取代的结果。[96] 人口变化影响里甲组织的一个最好事例，见之于陕西延安府的安塞县。根据《延安府志》（1802）的记载[97]：

> （安塞）县原编二十里，明初地瘠民贫，省为十六里，每里十甲，每甲以十一户附之。崇正〔编者按：即崇祯（1628—1644），避清雍正帝讳〕中，人民户失大半，知县王某奉檄编审，里断甲绝，申请归并，仅列为金庄一里。国朝乾隆中，人民比前稍繁，知县倪嘉谦编……五里，旋即废弛。今应差者，虽有八甲，实则六甲，不及大县中一村落也。

我们没有实际的例子，来说明人口增加对里甲组织的影响，但可以大胆地说，在那些人口大幅增加的事例中，影响应该是相当明显的。

甲的人户分布不平均，高一级的里或图的人户也跟着不平均。出现这种

---

[92] 在许多情况下，州县区域十分广阔。比如，山西丰镇厅从东到西大约 270 里，从北到南大约 250 里（面积超过 7,000 平方英里）；直隶蔚州，从东到西为 120 里，从北到南为 235 里（面积超过 3,000 平方英里）；广西博白县，从东到西 175 里，从北到南 250 里（面积超过 4,000 平方英里）；陕西同官县，大约为 6,875 平方里。参见《丰镇县志书》，1881 年修，1916 年刊，1/13a；《蔚州志》（1877），卷首，18b；《博白县志》（1832），6/21a；《同官县志》，1/1a。

[93] 黄六鸿《福惠全书》，21/4b。

[94] 本书第六章中探讨了各种各样的乡村头面人物。

[95] 例见 Bell, *China* (1884), I, p.123, 对东北情况的描述。

[96] 《宜川县乡土志》，8b 记载说："地狭户少，不分甲。"

[97] 《延安府志》，47/2a-b。还请参见《佛山忠义乡志》，4/2a-b；《蒙城县志书》，2/7a。

情况的原因有两点。一方面，由于政府未能定期对人口进行统计和对税收组织进行调整，[98]地方人口的增加或减少肯定要导致人口分布越来越不平均。另一方面，帝制中国广泛存在的逃税现象，严重破坏了十进制的里甲。地税税额是建立在土地的等级和位置基础上的，一块土地的登记由一乡移向税额较低的另一乡，或从这个里移向税额较低的另一里，这意味着纳税人可以实际上省下钱来。这样的转移当然是非法的，但是只要贿赂地方保管税册的人员就可以做到；这种非法行为最终导致官方规定的组织单位减少，在极端的情况下"仅存乡图之名"。[99]比如，江西建昌县就经常出现下列现象：

> 旧日之散图，有田地此乡而册在彼乡者。……德、受、钧三乡二十一里内，约三里属小南乡；小南乡、宁丰二乡二十里内，约三里属大南乡。[100]

一些特定地区的特殊环境有时也会对里甲体系产生影响。湖北沔阳州就提供了一个有趣的事例。在该州，"院"是"里"的下级组织。由于该州在每年固定的月份里容易受到洪水威胁，居民因此修建堤岸将自己的田地和家宅围起来，防止洪灾。这样围起来的地区，在当地就称为"院"，而这种"院"最终变成了税收的一个单位。[101]

还剩下一个问题：为什么南方省区比北方更多出现一些不同的术语呢？更准确地说，为什么"都""图"之类的名称出现在许多南方州县，而没有出现在北方？我们没有明确答案。一个推断是，北方省区由于比南方省区较为靠近中央政府的所在地，或许处于更严密的控制之下，从而较严格地遵循了它的规定。另一个推断是，南方省区存在的不同术语名称和组织变异，在明代就已经存在；它们并不是肇因于清朝而形成的新现象。

---

[98] 我们可以回想起清政府 1648 年颁布的一项规定，各地应每三年统计并上报一次当地的户口。这一规定在 1656 年作了修改，即将三年一次改为五年一次。随后颁布的一道上谕不明确地宣布暂停执行该规定，因为它已经变成"具文"。参见《大清会典事例》，157/1a。

[99] 《蒙城县志书》，2/7b。

[100] 《建昌县乡土志》（1907），2/9a。

[101] 《沔阳州志》，卷三《建制》，11a。

我们还可以推测，使用"都—图"这套宋元遗留下来的名称，背后可能隐藏着政治动机。资料表明，它从清初就被使用，可能和清政府正式采行里甲体系在同一时期。它盛行于明朝效忠者进行最后抵抗的东南各省，尤其是浙江和福建。很有可能，倔强的南方人有意利用这一非法、过时的名称，来显示他们的不服从，就像他们拒绝薙发一样。"都—图"的使用就这样持续并流传开来；而清政府并不认为事情严重到必须采取行动的地步。

无论这些五花八门的变异存在的原因是什么，有一个结论是可以确定的：清王朝统治者未能在中国乡村建立起一套统一的税收体系。在这一方面，就像在其他许多领域中一样，官定模式和实际环境之间的巨大的差别指明了一个事实：不管它的意愿如何，清政府都无力战胜地方条件截然不同的庞大帝国上固有的多样化力量。

附录二：清朝以前的粮仓体系

为了清楚地阐明清朝粮仓体系的完整意义并顺便澄清一些混乱，有必要回顾一下这个概念的历史发展及其具体形式。[1] 储备粮食应付紧急状态——粮食供应充足时购进粮食，紧俏时出售粮食，以维持粮价平稳——的思想在古代就有了。最早清楚地阐述这一思想的著作，是《周礼》[2] 和《管子》[3]。第一批以"常平仓"命名的粮仓，是在汉代（公元前 54 年）；[4] 随后的大多数王朝，即晋[5]、隋朝[6]、唐朝[7]、宋朝[8] 和明朝[9]，也相继设置相同名字的粮仓。汉代的粮仓常常被当作后代常平仓的原型，不过它们是用来应付因农业一时丰收而导致的粮价总暴跌，因此，具有讽刺意义的是，对从事农业生产的人来说意味着在经济上处于不利境地。换句话说，汉代的粮仓并不是用来作为

---

[1] 上海商务印书馆 1935 年出版的《通典》，在 12/67-72 中对粮仓制度作出的历史概括，覆盖的历史时期从远古到公元 6 世纪。《文献通考》（21/203-213）和《续文献通考》（27/3033-3042），对 17 世纪以前的粮仓制度进行了叙述。Lu Lien-tching, *Les greniers publics* 的序言中，也对粮仓制度作了总的概括。

[2] 《周礼·地官下·遗人》，4/86。

[3] 《管子·国蓄第七十三·轻重六》。英译见 Lewis Maverick, *Economic Dialogues in Ancient China, Selections from the Kuan-tzu* (1954), pp.118-120。把管子这一经济思想付之实践的是李悝，他帮助魏文侯（前 446—前 397）使魏国变得"富强"。参见《康济录》，1/7b。

[4] 《汉书》，卷二十四上，14a-b。并参见《康济录》，2/36a；以及俞森《常平仓考》8/36a。

[5] 《晋书》，卷二十六《食货志》，5b。常平仓是公元 268 年即泰始四年设置的。

[6] 《隋书》，24/8a。公元 585 年（开皇五年），黎阳仓设置于卫州，常平仓设置于陕州，广通仓设置于华州。

[7] 《新唐书》，51/2b。

[8] 《宋史》，176/7b-17a；还请参见《元史》，96/12a。元朝时期的常平仓设置于 1269 年（至元六年）。

[9] 《明史》，79/6a-7b。还请参见《康济录》，2/40b，引自《大明会典》。

歉收或灾害的保障，因此，它们的性质与后来的常平仓不同。

第一次方向的转变发生在公元583年；是时，隋朝建立者决定在刚刚统一的帝国适宜之地设置一系列粮仓，以为"水旱之备"。这些粮仓有不同的名字；设在陕州（在今天陕西）的粮仓才称为"常平仓"。应该指出的是，这种政府粮仓只是设置在全国比较重要的地点，总数不超过12座，因此，大多数地方是没有粮仓的。

唐朝统治者沿用了这个体系，只做了很小的改动。到了宋朝，常平仓体系于992年（太宗淳化三年）首先向首都地区的居民进行救济，在京城设置一些粮仓。接着在1020年（真宗天禧四年），扩展到全国各路。明朝建立者则进一步推广地方粮仓体系，向下延伸到最低行政层级的州和县。与此同时，除了用政府基金购买粮食以外，还正式引入鼓励居民捐献粮食的做法。[10]

在常平仓体系的发展史上，有三大显著的里程碑：（1）汉朝统治者给粮仓取了独特的名字；（2）隋朝统治者最终确定了粮仓的功能；（3）明朝统治者在全国范围内推广起来，使之成为一项统一的、全面的灾荒控制体系，为清朝建立者的采行作好了准备。

"义仓"和"社仓"的初次登场比常平仓晚得多。为了更充分地减轻自然灾害，隋朝政府在585年（开皇五年）决定，鼓励全国各地居民在他们各自的"社"设置义仓。在丰收时节捐献稻谷或小麦，用此种方法得到的粮食，储存在每个"社"的粮仓，由社长负责在灾荒时节发给社里的受灾家庭。[11] 这种地方粮仓虽然实际上位于社，并由各社负责维持，但它们却被称为"义仓"。因此，尽管政府对这两种由地方管理的粮仓作了区别，但义仓和社仓在后来的历史中经常被混用。

唐太宗恢复设置了义仓，但他采取一种获取存粮的新方法：不再要求地方居民自愿捐献粮食，而是对所有土地所有者（缴纳最低土地税者和特定的

---

[10] 俞森《常平仓考》，9/21a-27a。1368年明太祖即位之初，设置了4个粮仓。1440年（正统五年），明政府开始推行鼓励地方居民捐献粮食的措施。

[11]《隋书》，24/8a。还请参见《康济录》，2/17a；俞森，《常平仓考》，9/1a-21a；《文献通考》，21/204。Lu Lien-tching, *Les greniers publics*, p.151指出，隋朝义仓起源于隋文帝开皇三年，稍有不确。

少数民族不包括在内）征收附加税。这样获取的存粮，或者借给农人作为种子，或者散发给赤贫的人。[12] 宋代义仓于 963 年（太祖乾德元年）开始设立，由地方官管理；存粮与唐代一样，也是来自对土地征收的附加税。[13] 因此，唐代和宋代的义仓，与隋代有两大主要的不同：（1）它们的存粮来自于强制性的附加税，而不是自愿的捐献；（2）它们是由地方官而非乡村代理人管理的。就这些方面来说，它们与常平仓差别不大。它们与后者的主要区别在于，所存粮食并不是用来稳定粮价的。

就在 11 世纪最后 10 年，王安石变法前不久，宋朝打算恢复隋朝的粮仓制度，但未能成功。[14] 大约 75 年后，一名好心的地方官，发动了第一场由政府来设置地方粮仓的运动。[15] 不过后代遵循的社仓模式则是由宋代著名理学家朱熹所建立的。1168 年在福建某地进行的试验，使他确信自己的想法非常好，于是在 1181 年上奏宋孝宗，并成功说服了政府在"各地皆置粮仓"。[16] 这一制度的主要特征在于自愿捐献、地方管理、政府监督；这也就是清代社仓最重要的特征。

元朝统治者恢复了唐代以征收附加税获取存粮的办法，[17] 也恢复地方粮仓名称为"义仓"；虽然这些义仓同隋代的一样，也位于"社"——一个由 50 户构成的乡村单位。[18]"社仓"之名在明代又一次流行起来。不过各省巡抚巡按在 1529（嘉靖八年）奉命设立"社仓"时，他们被指示要把每 25 户或 30 户编为一社，挑选"家殷实而有行义者"为社长。各个社长在其他两名经过挑选的合格人士帮助下管理粮仓。纳税人必须根据他们各自缴纳土地

---

[12]《新唐书》，51/2b；《康济录》，2/17b；俞森《常平仓考》，1/3b；《文献通考》，21/204。根据《旧唐书》2/8b 的记载，唐太宗是公元 628 年（贞观二年）推行这项粮仓制度的。

[13]《宋史》，176/8a；《康济录》，2/18a；俞森《常平仓考》，1/5a-b。看来，俞森所引用的陈龙正关于"隋社仓、唐宋义仓，一事而异名者也"的观点，是值得怀疑的。

[14]《康济录》，2/18b-19a。有关 11 世纪以后的义仓制度，参见《宋史》，176/14b-17a 和 178/13a。

[15]《康济录》，2/19b；俞森《常平仓考》，卷十上，1a。

[16]《宋史》，178/13b-14a。

[17]《元史》，96/12a。元朝粮仓制度是 1269 年（至元六年）开始推行的。元朝时期的"社"，是一种乡村组织，由 50 户构成。参见同书 93/3a。

[18] 俞森《社仓考》，载《荒政丛书》，卷十上。他在 21b 中引元朝作者张大光的话说："古有义仓，又有社仓。义仓立于州县，社仓立于乡都。……国朝……立义仓于乡都。"

税的等级，交纳不同数量的粮食作为存粮。[19]

至于对"社仓"和"义仓"作出区别，利用它们分别服务于乡村社会和城镇，废除依靠征税获取存粮的做法，并将这些粮仓置于地方管理和官员监督之下，这些就要由清政府来完成了。附表 2–1 显示了这些粮仓由隋朝到清朝所经历的主要变化：

附表 2–1：从隋朝到清朝粮仓经历的主要变化

朝代	粮仓设置时间	名称	所在地	存粮来源	管理和监督
隋朝	585 年	义仓	社	捐献	社长
唐朝	627 年	义仓	?	附加税	?
北宋	963 年	义仓	州县	附加税	地方官
南宋	1181 年	社仓	乡村	捐献	地方管理，官员监督
元朝	1269 年	义仓	社	附加税	地方管理，官员监督
明朝	1529 年	社仓	社	附加税	地方管理，官员监督
清朝	1654 年 （1679 年）	义仓 社仓	城镇、集市	捐献	地方管理，官员监督

---

[19] 《明史》在 79/7b 中指出，江西巡抚 15 世纪 90 年代建议设置常平仓和社仓；明政府 1529 年（嘉靖八年）下令各省巡抚设置社仓。

附录三:"耆老"

对于经常被使用(及误用)的"耆老"(village elders)一词作一些解释,是很有必要的。"elders"一词很显然是从"老人"或"耆老"翻译过来的,用来指称明代和清初特殊类型的乡村领袖。根据明朝历史,明太祖向户部下达了一道命令(时间不详),大意是:

> 编民百户为里。婚姻死丧、疾病患难,里中富者助财,贫者助力。春秋耕获,通力合作。以教民睦。里设老人,选年高为众所服者,导民善,平乡里争讼。[1]

因此,明代的"老人"是政府设置的乡村领袖。他们的主要职责在于维持良好的社会秩序与道德。清朝建立者继承明代的做法。清律中保留了在乡下地区挑选长者的条文,但称呼从"老人"变为"耆老"。律文如下:

---

[1] 《明史》,77/1b。根据《续文献通考》,16/2914,这道命令是洪武二十八年发布的。顾炎武在其《日知录》8/10b 中,引用《太祖实录》说,这道命令是前一年(1394 年)发布的。〔编者按:引文前半见《明史》卷三,事在洪武二十八年二月己丑。"里设老人"以下,见卷七十七。参考台版。〕应该指出的是,明太祖设置"老人"的最初目的是把保护自己利益的机会,给予那些没有特权的乡民。据《明史》在 77/2b 记载说,"惩元末豪强侮贫弱,立法多右贫抑富。"然而还不到 40 年,"老人"制度明显表露出一些混乱的迹象。顾炎武则在《日知录》8/11b 解释此种情形说:"洪熙元年,巡按四川监察御史何文渊言:太祖高皇帝令天下州县设立老人……比年所用,多非其人,或出自隶仆,规避差科,县官不究年德如何,辄令充应,使得赁借官府……肆虐闾阎。"《续文献通考》,16/2914 的叙述几乎完全相同。

其合设耆老，须于本乡年高有德、众所推服人内选充，不许罢闲吏卒及有过之人充应，违者杖六十革退。……耆老责在化民善俗，即古乡三老之遗意。[2]

以此来看，清朝时期的"耆老"同明朝时期的"老人"并没有什么实质的区别。不过在相当早的时候，"耆老"原本的职能在一定程度上被遗忘了，这些年长的乡村领袖似乎被当作保甲头人。1646年，有一篇给朝廷的奏疏，就反映了这一情形：

耆老不过宣谕王化，无地方之责……若以〔保甲的〕连坐之法加之，似于情法未协。[3]

没有证据显示上述情形曾经改变过。相反，所谓的"耆老"不再是乡村的道德模范，而变成了乡村领袖、警察或税吏。很有可能，清朝建立者最初设想的那种"耆老"从来不曾得到系统或广泛的任命，但是名称却保留下来了，并被不加区别地用来任命许多乡村头人。无论早期的情形如何，毫无疑问的是，在19世纪期间和紧接着的一段时期，被称作"耆老"的乡村领袖，履行的职责与乡村楷模完全不同。卫三畏在19世纪晚期写道："处于司法等级底层的是耆老。……他们决定村庄特性，并被期望管理公共事务，解决居民之间的争端，处理与他村之间的事务，代表村庄回答县官的问题。"[4] 换句话说，这种长者在卫三畏看来属于那种乡村首席执行官——全面负责公共事务的领袖。比卫三畏稍晚，明恩溥表达了实质上相同的观点：

[2]《大清律例汇辑便览》，8/1a-b；《清朝文献通考》，21/5045。根据《清朝文献通考》21/5043中的记载，"耆老"一项，例有顶戴。该法律中提到的"乡三老"是一种汉朝制度。汉高祖"民年五十以上，有修行、能帅众为善，置以为三老，乡一人"。这种"三老"负责教化人民，而另一种乡村代理人"啬夫"则负责地方诉讼和收税；还有一种，即"游徼"，属于行政司法长官的性质，其职责是侦查和镇压土匪。参见《文献通考》，12/124。

[3]《清朝文献通考》，21/5044。

[4] Samuel W. Williams, The *Middle Kingdom* (1883), I, p.500.

这些乡村头面人物有时被称作乡长、乡老或首事等等。有关这些人的说法是，他们被同乡居民选出来，然后被县官任命担任现在的职务。[5]

然而，其他学者则认为"耆老"就是"保甲代理人"。理雅各几乎认定他们实质上就是"甲长"。他在 1870 年代写道："十个家庭组成一个'十户'（tithing），中文称为一'甲'。任命一名'长者'或主管人。"[6] 这一观点在 1890 年代得到罗伯特·道格拉斯爵士的呼应，他观察认为："各村的'地保'或头人负责维护其乡邻的安全和利益。他通常得到村中长者的帮助。"[7]

有关"乡村长者"履行收税和其他职能的事例，见之于一部地方志的记载：

> 初，〔直隶〕涿县政令不行于三坡〔村〕……〔在当地〕有所谓老人制者……编为三里，每里分十甲，各设老人一人……任期三年，为无给职。……期满时另行推选家道殷实、品行端正、素孚众望……接充之，非必其年老也。职权甚大，催缴田赋，排难解纷，综理坡内一切事务。[8]

修纂者并没有说明三坡村盛行这个有趣制度的具体时间，但是他指出直到 1929 年仍还在运作。这个地区的"老人"在 20 世纪来临之前，可能就已经存在了。

"elders"一词有时被用来指称非正式设置的乡村领袖。比如步济时、明恩溥、杨懋春等就是这样用；他们的观点已见于第七章。如果该词被用来指称"耆老"外的任何清代正式设置的乡村领袖，严格说来都是用词不当。不过，该词可以合理地用来表明一位被非正式地当作乡村领袖的长者，只要不是被用作那个人的特定头衔。

---

[5]　Arthur H. Smith, *Village Life* (1899), p.227.

[6]　*China Review*, VI (1877-1878), p.369.

[7]　Robert K. Douglas, *Society in China* (1894), pp.111-112.

[8]　《涿县志》（1936），3/3a-b〔译者按：应为18/3a-b〕。

清朝皇帝世系表

年号	在位时间	皇帝
天命	1616—1627	太祖（努尔哈赤，1559—1626）
天聪	1627—1636	（皇太极）
崇德	1636—1644	（皇太极）
顺治	1644—1661	世祖（福临，1638—1661）
康熙	1662—1722	圣祖（玄烨，1654—1722）
雍正	1723—1735	世宗（胤禛，1678—1735）
乾隆	1736—1795	高宗（弘历，1711—1795）
嘉庆	1796—1820	仁宗（颙琰，1760—1820）
道光	1821—1850	宣宗（旻宁，1782—1850）
咸丰	1851—1861	文宗（奕詝，1831—1861）
同治	1862—1874	穆宗（载淳，1856—1875）
光绪	1875—1908	德宗（载湉，1871—1903）
宣统	1909—1912	（溥仪）

参考书目

〔编者按：原书参考书目仅分中西文两部分，依字母顺序排列。由于引文过多，特将中日西文分别标举，以清眉目；中文文献按史料类别重排为四部，正史政书之部大致按时代顺序，其他几部按拼音排序，以便读者检索。原书参考文献偶有脱漏和不确的，译本一一作了订正，并不出校，特此说明。〕

一、中日文部分

（一）正史政书之部

《史记》，上海：中华书局聚珍本，130 卷。

《汉书》，上海：中华书局聚珍本，100 卷。

《隋书》，上海：中华书局聚珍本，85 卷。

《旧唐书》，上海：中华书局聚珍本，200 卷。

《新唐书》，上海：中华书局聚珍本，225 卷。

《宋史》，上海：中华书局聚珍本，490 卷。

《元史》，上海：中华书局聚珍本，210 卷。

《明史》，上海：中华书局聚珍本，332 卷。

《清史稿》，金梁刻本（关外本），1928，529 卷。

《大清历朝实录》，日本：东京大藏出版株式会社，约 1937 年，4664 卷。

《大清十朝圣训》（北京，出版年不详），太祖 4 卷；太宗 6 卷；世祖 6 卷；圣祖 60 卷；世宗 36 卷；高宗 300 卷；仁宗 110 卷；宣宗 130 卷；文宗 110 卷；穆宗 160 卷。

《清史列传》，上海：中华书局，1928，80 卷，有卷首。

《周礼郑氏注》（丛书集成本），上海：商务印书馆，1936。

《通典》，上海：商务印书馆，影乾隆丁卯重刊本，1937，200卷。

《文献通考》，上海：商务印书馆，影乾隆戊辰重刊本，1936，348卷。

《续文献通考》，上海：商务印书馆，1936，250卷。

《清朝通典》，上海：商务印书馆，1935，100卷。

《清朝通志》，上海：商务印书馆，1935，126卷。

《清朝文献通考》，上海：商务印书馆，1936，300卷。

《清朝续文献通考》，上海：商务印书馆，1936，400卷。

《大清会典》，上海：商务印书馆，光绪三十四年（1908），100卷。

《大清会典事例》，上海：商务印书馆，光绪三十四年（1908），1220卷，卷首8卷。

《大清律例汇辑便览》，光绪三年（1877）刊，40卷。

《户部则例》，乾隆五十六年（1791）续纂，126卷。

《户部则例续纂》，嘉庆元年（1796），31卷。

《户部漕运全书》，光绪元年（1875）刊，96卷，有卷首。

《鄂省丁漕指掌》，湖北藩署刊，光绪元年（1875），10卷。

《学政全书》，嘉庆十五年（1810）刊，60卷。

《钦定六部处分则例》，金东书行刊，光绪三年（1877）刊，52卷。

《钦定科场条例》，光绪十一年（1885）刊，60卷。

《钦定康济录》，1739年修，同治八年（1869）楚北崇文书局重刊本，4卷。

《钦定平定陕甘新疆回匪方略》，七省方略本（1896），320卷，有卷首。

《山东军兴纪略》，光绪十一年（1885），22卷。

《皇清奏议》，民国二十五年（1936）刊，68卷。附《续皇清奏议》4卷。

《筹办夷务始末》，北平：故宫博物院，1930。

《戊戌变法》，中国史学会主编，翦伯赞等编，四册，上海人民出版社，1957。

《内阁大库现存清代汉文黄册目录》，北平：故宫博物院，1936。

（二）方志谱牒之部

《巴陵县志》，光绪十七年（1891）刊，63卷，附录16卷。

《保定府志》，光绪七年（1881）修，79卷。

《博白县志》，道光十二年（1832）刊，16卷，志余备览2卷。

《昌平州志》，光绪五年（1879）修，十二年（1886）刊，18卷。

《长宁县志》，光绪二十五年（1899）续修，二十七年（1901）刊，16卷，有卷首1卷。

《朝邑县乡土志》，《乡土志丛编》第一辑，北平，1937，不分卷。

《城固县乡土志》，《乡土志丛编》第一辑，北平，1937。

《滁州志》，光绪二十三年（1897）修，宣统元年（1909）刊，10卷，卷首及卷末各1卷。

《处州府志》，光绪三年（1877）刊，30卷，卷首及卷末各1卷。

《慈利县志》，光绪二十二年（1896）刊，10卷。

《道州志》，光绪四年（1878），12卷，卷首1卷。

《定远厅志》，光绪五年（1879），26 卷，有卷首 1 卷。

《定州志》，道光三十年（1850）刊，22 卷。

《东莞县志》，宣统三年（1911）修，民国十年（1921）刊，102 卷，有卷首 1 卷。

《洞庭王氏家谱》（吴县），宣统三年（1911）。

《陡亹朱氏宗谱》（浙江山阴），光绪二十年（1894）。

《恩平县志》，民国二十三年（1934）刊，25 卷，有卷首 1 卷。

《番禺县续志》，宣统三年（1911）刊，44 卷。

《丰镇县志书》，光绪七年（1881）修，民国五年（1916）刊，8 卷，卷首卷末各 1 卷。

《佛山忠义乡志》，1923 年修，1924 年刊，19 卷，有卷首 1 卷。

《福建通志》，道光十五年（1835）修，同治十年（1871）刊，278 卷，卷首 7 卷。

《福州府志》，乾隆十九年（1754）修，二十一年（1756）刊，76 卷，卷首 1 卷。

《抚宁县志》，光绪三年（1877）刊，16 卷。

《抚州府志》，光绪二年（1876）刊，86 卷，卷首 1 卷。

《富顺县志》，1911 年修，1931 年刊，17 卷，卷首 1 卷。

《甘泉县乡土志》，《乡土志丛编》第一辑，北平，1937，不分卷。

《澂水新志》，道光三十年（1850），12 卷。

《澂志补录》，1935 年刊，全 1 卷。

《高安县志》，同治十年（1871）刊，28 卷，卷首 1 卷。

《广西通志辑要》，光绪十六年（1890）增辑本，17 卷，卷首 1 卷，五附录 28 卷（《平桂纪略》4 卷，《股匪总录》3 卷，《堂匪总录》12 卷，《广西道里表》1 卷，《广西昭忠录》8 卷）。

《广州府志》，光绪四年（1878）修，五年（1879）刊，163 卷。

《归州志》，光绪二十六年（1900）刊，17 卷。

《邯郸县志》，1931 年修，1933 年刊，17 卷，有卷首卷末各 1 卷。

《杭州府志》，光绪二十一年（1895）修，民国十五年（1926）印。

《贺县志》，民国二十三年（1934）刊，10 卷。

《鹤庆州志》，光绪二十年（1894）刊，32 卷，卷首 1 卷。

《衡州府志》，乾隆二十八年（1763）修，光绪元年（1875）补刊，33 卷。

《湖北通志》，1911 年修，1921 年刊，172 卷。

《湖南通志》，光绪十一年（1885）刊，民国二十三年（1934）影印本，228 卷，卷首 8 卷，卷末 19 卷。

《花县志》，民国十三年（1924），13 卷。

《华氏宗谱》（无锡），光绪二十年（1894）。

《华州乡土志》，《乡土志丛编》第一辑，不分卷。

《淮安府志》，光绪十年（1884）刊，40 卷。

《黄氏支系考》（善化），光绪二十三年（1897）。

《惠州府志》，光绪七年（1881）刊，45 卷，卷首 1 卷。

《浑源州续志》，光绪六年（1880）刊，10卷。

《畿辅通志》，同治十年（1871）修，光绪十年（1884）刊，300卷，卷首1卷。

《吉安府志》，光绪二年（1876）刊，53卷，有卷首1卷。

《吉安县河西坊廓乡志》，1937，8卷，有卷首1卷。

《济南府志》，道光十九年（1839）刊，72卷，卷首3卷。

《嘉兴府志》，光绪四年（1878），88卷，卷首3卷。

《嘉应州志》，光绪二十四年（1898）刊，民国二十二年（1933）补版，32卷。

《建昌县乡土志》，光绪三十三年（1907），12卷，有卷首1卷。

《江津县志》，1928，16卷，有卷首1卷。

《江宁府志》，嘉庆十六年（1811）修，光绪六年（1880）重刊。

《江西通志》，光绪六年（1880），180卷。

《京兆归氏世谱》（昭文），1913。

《靖边县志》，光绪二十五年（1899），4卷。

《靖州乡土志》，光绪三十四年（1908），4卷，卷首1卷。

《九江儒林乡志》，光绪九年（1883），21卷。

《夔州府志》，道光七年（1827）修，光绪十七年（1891）刊，36卷，卷首1卷。

《昆阳州志》，道光十九年（1839）刊，16卷。

《黎平府志》，光绪十八年（1892）刊，8卷，卷首1卷。

《李氏迁常支谱》（常州），光绪二十年（1894）。

《李氏宗谱》（丹阳），光绪九年（1883）。

《溧阳南门彭氏宗谱》（溧阳），光绪二十年（1894）。

《临漳县志》，光绪三十年（1904）刊，18卷，卷首1卷。

《灵山县志》，民国三年（1914）年刊，22卷。

《刘氏家乘》（广州），光绪十七年（1891），32卷。

《浏阳县志》，同治十二年（1873）刊，24卷。

《娄关蒋氏支谱》（吴县），道光二十六年（1846）。

《卢龙县志》，民国二十年（1931）刊，24卷，卷首1卷。

《庐江郡何氏大同宗谱》，民国十年（1921），26卷。

《泸州直隶州志》，光绪八年（1882）刊，12卷。

《鹿邑县志》，光绪二十二年（1896）刊，16卷。

《滦州志》，光绪二十二年（1896）修，二十四年（1898）刊，18卷，卷首1卷。

《罗定志》，民国二十四年（1935）刊，10卷。

《洛川县志》，1944年，26卷。

《湄潭县志》，光绪二十五年（1899）刊，8卷，卷首1卷。

《蒙城县志书》，民国四年（1915）刊，12卷。

《绵竹县乡土志》，光绪三十四年（1908）刊，不分卷。

《沔阳州志》，光绪二十年（1894），12卷，有卷首1卷。

《南昌县志》，光绪三十年（1904）修，民国八年（1919）刊，60 卷。

《南海县志》，宣统二年（1910），26 卷，有卷首 1 卷。

《南宁府志》，道光二十七年（1847）修，宣统元年（1909）续纂重刊，56 卷。

《南宁县志》，咸丰二年（1852），10 卷，有卷首 1 卷。

《南阳县志》，光绪三十年（1904），12 卷，有卷首 1 卷。

《宁羌州乡土志》，《乡土志丛编》第一辑，1 卷。

《彭城钱氏宗谱》（苏州），同治十三年（1874）抄本。

《彭氏宗谱》（苏州），光绪七年（1881）。

《平远州续志》，光绪十六年（1890），8 卷，有卷首 1 卷。

《普安直隶厅志》，光绪十五年（1889）刊，22 卷。

《岐山县乡土志》，《乡土志丛编》第一辑，3 卷。

《前涧浦氏宗谱》（无锡），民国二十年（1931）。

《清远县志》，光绪六年（1880），16 卷，卷首 1 卷。

《泉州府志》，同治九年（1870）修，民国十九年（1930）补刊，76 卷，有补编 1 卷。

《确山县志》，民国十四年（1925）修，二十年（1931）印，24 卷。

《仁怀厅志》，光绪二十一年（1895）刊，8 卷。

《容县志》，光绪二十三年（1897）刊，28 卷。

《山东通志》，光绪十六年至宣统三年（1911）修，民国四年（1915）刊，200 卷，有卷
    首 1 卷。

《山阴白洋朱氏宗谱》（绍兴），光绪二十一年（1895），32 卷，卷首 1 卷。

《剡源乡志》，光绪二十七年（1901）修，民国五年（1916）刊，24 卷。

《上元江宁两县志》，同治十三年（1874），29 卷，有卷首 1 卷。

《绍兴新河王氏族谱》，民国十六年（1927），10 卷。

《神木乡土志》，《乡土志丛编》第一辑，4 卷。

《顺天府志》，光绪十年（1884）刊，130 卷。

《睢州志》，光绪十八年（1892），12 卷，卷首 1 卷。

《泰伯梅里志》，光绪二十三年（1897）刊，8 卷。

《泰和县志》，光绪四年（1878）刊，30 卷，有卷首。

《滕县志》，道光十二年（1832）修，道光二十六年（1846）刊，14 卷，卷首 1 卷。

《藤县志》，同治七年（1868）修，光绪三十四年（1908）重刊，22 卷。

《天津府志》，光绪十七年修，二十四年（1898）刊，54 卷，有卷首卷末各 1 卷。

《通州直隶州志》，光绪元年（1875）刊，16 卷，卷首及卷末各 1 卷。

《通州志》，光绪五年（1879）刊，17 卷，卷首及卷末各 1 卷。

《同官县志》，1944，30 卷，卷首卷末各 1 卷。

《铜仁府志》，光绪十六年（1890）刊，20 卷。

《潼川府志》，光绪二十三年（1897）刊，30 卷。

《万全县志》，道光十四年（1834）修，民国十九年（1930）重刊，10 卷，卷首 1 卷。

《汪氏宗谱》（宜兴），道光二十年（1840）。

《王氏族谱》（桐城），道光二十七年（1847），4卷，卷首1卷。

《蔚州志》，光绪三年（1877），20卷，卷首1卷。

《温陵陈氏分支海盐宗谱》，宣统元年（1909）。

《涡阳县志》，民国十三年（1924），16卷，卷首1卷。

《无锡金匮县志》，光绪七年（1881）刊，40卷，卷首2卷、附编6卷。

《吴江县乡土志》，1917年修，全1卷。

《吴趋汪氏支谱》（吴县），光绪二十三年（1897），12卷，卷首1卷。

《吴县志》，1933年刊，80卷。

《吴中叶氏族谱》（吴县），宣统三年（1911），66卷，卷末1卷。

《西宁县新志》，同治十二年（1873），10卷，有卷首1卷。

《厦门志》，道光十九年（1839）刊，16卷。

《香山县志》，1873年修，1879年刊，16卷。

《香山县志续编》，1911年修，1923年刊，16卷。

《湘乡县志》，同治十三年（1874），23卷，卷首及卷末各1卷。

《祥符县志》，光绪二十四年（1898）刊，24卷，卷首1卷。

《莘县志》，光绪十三年（1887）刊，10卷。

《新繁县乡土志》，光绪二十三年（1897）刊，10卷。

《新宁县志》，光绪十九年（1893）刊，26卷。

《信宜县志》，光绪十五年（1889）修，十七年（1891）刊，8卷，有《拾余》1卷。

《兴安县志》，同治十年（1871），16卷，卷首1卷。

《兴国州志》，光绪十五年（1889），36卷。

《兴化县志》，咸丰二年（1852）刊，10卷。

《徐州府志》，同治十三年（1874）刊，25卷。

《续修庐州府志》，光绪十一年（1885）刊，100卷，卷首卷末各1卷。

《续修扬州府志》，同治十三年（1874）刊，24卷。

《续纂江宁府志》，光绪六年（1880）刊，15卷。

《寻甸州志》，道光八年（1828）刊，30卷。

《延安府志》，嘉庆七年（1802）修，光绪十年（1884）重修，80卷。

《延庆州志》，光绪六年（1880）刊，12卷，有卷首及卷末各1卷。

《严州府志》，光绪九年（1883）刊，38卷，卷首1卷。

《盐源县志》，光绪十七年（1891）刊，2卷，卷首1卷。

《扬州府志》，嘉庆十五年（1810）刊，72卷，卷首1卷。

《阳江志》，民国十四年（1925）刊，39卷。

《宜川县乡土志》，《乡土志丛编》第一辑，北平，1937，不分卷。

《翼城县志》，民国十八年（1929）刊，38卷。

《永宁州续志》，光绪二十年（1894）刊，12卷。

《永州府志》，同治六年（1867）刊，18 卷。

《榆林府志》，道光二十一年（1841）刊，50 卷，卷首 1 卷。

《郁林州志》，光绪二十年（1894）刊，20 卷，卷首 1 卷。

《郓城县志》，光绪十九年（1893）刊，16 卷，卷首 1 卷。

《曾氏四修族谱》（湘乡），光绪二十六年（1900），12 卷，卷首 4 卷。

《张氏族谱》（会稽），道光二十一年（1841）。

《昭平县志》，民国十七年（1928）修，二十一年（1932）刊，8 卷。

《镇南州志略》，光绪十八年（1892）刊，10 卷，卷首 1 卷。

《镇雄州志》，光绪十三年（1887）刊，6 卷。

《正定县志》，光绪元年（1875）刊，46 卷，有卷首及卷末各 1 卷。

《重修登荣张氏族谱》（会稽），道光二十一年（1841）。

《涿县志》，1932 年修，1936 年刊，18 卷。

《紫阳朱氏重修族谱》（桐城），同治六年（1867）。

《遵化州志》，乾隆五十九年（1794）刊，20 卷。

（三）文集杂纂之部

柏景伟，《灃西草堂集》，南京思过斋（1923）本，8 卷附录 1 卷。

包世臣，《齐民四术》，《安吴四种》本，光绪十四年（1888）重校印，15 卷。

卞宝第，《卞制军奏议》，光绪二十年（1894），12 卷。

陈宏谋，《从政遗规》，培远堂刊，乾隆七年（1742），2 卷。

陈宏谋，《培远堂偶存稿》，湖北藩署刊，光绪二十二年（1896），48 卷。

陈宏谋，《在官法戒录》，培远堂刊，乾隆八年（1743），4 卷。

陈康祺，《郎潜纪闻》（序于 1880 年），上海：文明书局，清代笔记丛刊本，14 卷。

陈其元，《庸闲斋笔记》（前 8 卷序于 1872 年，后 4 卷序于 1875 年），上海：文明书局，
    清代笔记丛刊本，12 卷。

戴肇辰，《学仕录》，同治六年（1867），16 卷。

但湘良，《湖南苗防屯政考》，光绪九年（1883），15 卷，补编 1 卷，补编序于光绪十六
    年（1890）。

丁日昌，《抚吴公牍》，光绪三年（1877），50 卷。

丁日昌，《牧令书辑要》，同治七年（1868），江苏书局，10 卷。

方孝孺，《逊志斋集》，上海：商务印书馆，影天顺六年（1462）本，24 卷，附录 1 卷。

冯桂芬，《显志堂集》（一名《显志堂稿》），校邠庐刊，光绪二年（1876），12 卷。

葛士浚，《皇朝经世文续编》，光绪十四年（1888），120 卷。

龚自珍，《定庵文集》，上海：大达图书供应社，1935，2 卷。

顾炎武，《日知录》，遂初堂刊本，康熙三十四年（1695），32 卷。

韩　非，《韩非子》，上海鸿文书局影宋本，1893，20 卷。

贺长龄，《皇朝经世文编》，上海：点石斋，光绪十三年（1887），120 卷。

贺长龄，《耐庵公牍存稿》，光绪八年（1882），4卷。

贺长龄，《耐庵文存》，咸丰十一年（1861），6卷。

贺长龄，《耐庵奏议存稿》，光绪八年（1882），12卷。

胡林翼，《胡文忠公遗集》，同治七年（1868）醉六堂重刊，10卷，卷首1卷。

华学澜，《辛丑日记》，上海：商务印书馆，1936。

黄钧宰，《金壶七墨》，上海：文明书局，清代笔记丛刊本，19卷。

黄六鸿，《福惠全书》，康熙三十八年（1699），光绪十九年（1893）重刊，32卷。

贾　谊，《新书》，上海鸿文书局据抱经堂本印，1893，10卷。

李　渔，《资治新书》，凡三集（康熙二年至六年），初集14卷，卷首1卷（1663）；二集20卷；三集20卷（1667）。

李慈铭，《越缦堂日记》，上海：商务印书馆，1920，51册。包括：《孟学斋日记》《籀诗研雅室日记》《受礼庐日记》《祥琴室日记》《息茶庵日记》《桃花圣解庵日记》《荀学斋日记》。

李慈铭，《越缦堂日记补》，上海：商务印书馆，1936，13册。

李鸿章，《李文忠公全集》，光绪三十四年（1908）金陵刊，165卷，卷首1卷。

李桓，《宝韦斋类稿》，光绪六年（1880），武林墨宝斋刊，82卷。

李棠阶，《李文清公日记》，北京，1915，16卷。

李星沅，《李文恭公奏议》，同治四年（1865），芋香山馆刊，22卷。

梁启超，《中国文化史》，饮冰室合集本，上海：中华书局，1936。

梁廷柟，《夷氛纪闻》，上海：商务印书馆，1937，5卷。

梁章钜，《归田琐记》，道光二十五年（1845）北园刊，8卷。

梁章钜，《浪迹丛谈》，道光二十七年（1847）亦园刊，11卷。

梁章钜，《退庵随笔》，二思堂丛书本，光绪元年（1875），22卷。

林则徐，《林文忠公政书》，林氏刊本，1876，37卷。

刘　基，《诚意伯文集》，四部丛刊影明隆庆（1572）本，20卷。

刘廷献，《广阳杂记》，上海：文明书局，清代笔记丛刊本，5卷。

龙启瑞，《经德堂全集》，光绪四年（1878），其中《文集》6卷、《别集》2卷。

骆秉章，《骆文忠公奏议》，光绪四年（1878），27卷，附录1卷。

彭元瑞，《孚惠全书》，乾隆六十年（1795）据彭氏进呈本印，64卷。

钱　泳，《履园丛话》（1870），上海：文明书局，清代笔记丛刊本，1870年据同治九年补刻本印，24卷。

屈大均，《广东新语》，康熙三十九年（1700），28卷。

沈守之，《借巢笔记》，上海：人文月刊社，1936，7卷。

沈日霖，《粤西琐记》。收入王锡祺编，《小方壶斋舆地丛钞》，上海著易堂印，1877—1897，第七帙。

盛　康，《皇朝经世文续编》，光绪二十三年（1897），120卷。

汤　震，《危言》，光绪二十四年（1898），4卷。

陶　澍，《陶文毅公全集》，淮北刊本，道光二十年（1840），64 卷，卷首卷末各 1 卷。

陶宗仪，《说郛》，上海：商务印书馆，1927 重印，100 卷。

汪辉祖，《汪龙庄先生遗书》，光绪八年（1882）至十二年（1886），山东书局刊。包括：
　　《病榻梦痕录》（约 1796）2 卷、《梦痕余录》（约 1807）1 卷、《学治臆说》（约 1793）
　　2 卷、《学治续说》（约 1794）1 卷、《学治说赘》（约 1800）1 卷、《佐治药言》（约
　　1786）1 卷及《续佐治药言》（约 1786）1 卷。

汪士铎，《汪悔翁乙丙日记》，北京，1936，3 卷。

王　韬，《弢园文录外编》，光绪九年（1883）香海，10 卷。

王定安，《求阙斋弟子记》，光绪二年（1876），32 卷。

王庆云，《熙朝纪政》（一名《石渠余纪》），光绪二十四年（1898）重校刊本，6 卷。

王仁堪，《王苏州遗书》，1933，12 卷，卷首 1 卷。

王世贞，《弇山堂别集》，广雅书局刊本，100 卷。

王守仁，《王文成公全书》，浙江书局刊本，38 卷。

王先谦，《东华录》，光绪二十五年（1899）上海石印本，629 卷。

王先谦，《虚受堂文集》，光绪二十六年（1900）校刊，15 卷。

魏　源，《古微堂内集》，淮南书局，光绪四年（1878），3 卷。

魏　源，《古微堂外集》，淮南书局，光绪四年（1878），7 卷。

魏　源，《圣武记》，道光二十二年（1842），14 卷。

翁同龢，《翁文恭公日记》，上海：商务印书馆，1925，40 卷。

吴荣光，《吾学录·初编》，江苏书局重刊本，1870，24 卷。

吴汝纶，《桐城吴先生日记》，莲池书社，1928，16 卷。

夏　燮（别署江上蹇叟），《中西纪事》，同治十年（1871），24 卷。

夏　燮（别署谢山居士），《粤氛纪事》，同治八年（1869），13 卷。

徐　栋，《牧令书》，道光二十八年（1848），23 卷。

徐　珂，《清稗类钞》，上海：商务印书馆，1917，48 册。

许乃普，《宦海指南》（五种），咸丰九年（1859）。收录田文镜，《州县事例》1 卷；刘
　　衡，《庸吏庸言》2 卷、《州县须知》4 卷；汪辉祖，《佐治药言》1 卷、《学治臆说》1
　　卷；佚名，《折狱便览》1 卷。

薛福成，《庸庵笔记》，清代笔记丛刊本，6 卷。

杨景仁，《筹济编》，道光三年（1823）编，光绪九年（1883）武昌书局重刊，32 卷。

姚　莹，《中复堂全集》，同治六年（1867），98 卷。

叶昌炽，《缘督庐日记钞》，民国九年（1920）上海蟫隐庐，16 卷。

叶德辉，《觉迷要录》，光绪三十一年（1905），4 卷。

尹嘉宾，《征剿纪略》，光绪二十六年（1900），4 卷。

于宝轩，《皇朝蓄艾文编》，上海官书局，光绪二十九年（1903），80 卷，目录 1 卷。

于荫霖，《于中丞遗书》，民国十二年（1923），20 卷。

俞　森，《荒政丛书》，附《常平仓考》《义仓考》《社仓考》，康熙二十九年（1690）编，

宣统三年 (1911) 文盛书局石印本，10 卷。

俞　樾，《荟蕞编》，光绪六年（1880）刻本，20 卷。

曾国藩，《曾文正公批牍》6 卷、《曾文正公书札》33 卷、《曾文正公奏稿》32 卷，《曾文正公全集》本，光绪二年（1876）传忠书局。

张德坚，《贼情汇纂》，南京：江苏省立图书馆，1932，12 卷。

张寿镛，《皇朝掌故汇编》，光绪二十八年（1902），内编 60 卷，外编 40 卷。

章　嶔，《中华通史》，上海：商务印书馆，七版，1934，5 卷。

章炳麟，《检论》，章氏丛书本，上海：古书流通处，1924，9 卷。

赵　翼，《陔余丛考》，瓯北全集本，光绪三年（1877）重刊本，43 卷。

赵　翼，《廿二史札记》，瓯北全集本，光绪三年（1877）重刊本，36 卷。

朱寿朋，《东华续录》，上海图书集成公司，宣统元年（1909），220 卷。

《知新报》，光绪二十三年（1897）正月二十日澳门创刊。

邹　弢，《三借庐笔谈》（1885），上海：文明书局，清代笔记丛刊本，12 卷。

左宗棠，《左文襄公全集》，光绪十六年（1890），134 卷。

（四）论文论著之部

蔡申之，《清代州县故事》，《中和》月刊，2 卷 9 期（1941），页 49—67；10 期，页 72—95；11 期，页 89—101；12 期，页 100—108。

陈高傭，《中国历代天灾人祸表》，上海国立暨南大学丛书，序于 1939 年，10 卷。

陈之迈，《中国政府》，上海：商务印书馆，1944—1945，3 册。

刍　厂，《寄轩杂志》，北平：《中和》月刊，3 卷 6 期（1942），页 128—132。

稻叶岩吉（稻叶君山），《清朝全史》，但焘译校，上海：中华书局，1924 年第 9 版，4 册。

傅衣凌，《太平天国时代的全国抗粮潮》，载《财政知识》，第 3 卷（1943），页 31—39。

傅筑夫，《中国经济衰落之历史的原因》，载《东方杂志》，31 卷 14 期，页 221—228。

胡　适，《四十自述》，上海：亚东图书馆，1933。

华　岗，《太平天国革命战争史》，上海：海燕书店，1949。

加藤繁，《清代村镇的定期市》，王兴瑞译，载《食货》半月刊，第 5 卷（1937 年 1 月），页 44—65。

贾士毅，《民国财政史》，上海：商务印书馆，第 3 版，1928，2 册。

简又文，《太平军广西首义史》，上海：商务印书馆，1945。

简又文，《太平天国乡治考》，《东方文化》（香港），1 卷 2 期（1954 年 7 月），页 249—312。

简又文，《太平天国杂记》一辑，上海：商务印书馆，1936。

解放社编，《目前形势和我们的任务》，香港：新民主出版社，1949。

瞿兑之，《汪辉祖传述》，上海：商务印书馆，1935。

郎擎霄，《近三百年中国南部之械斗》，载《建国月刊》（1936），3 卷 3 期，页 1—10；

4 期，页 1—14；5 期，页 1—12。

李紫翔，《中国手工业之没落过程》，载《中山文化教育馆季刊》，4 卷 3 期，页 1013—1030。

刘世仁，《中国田赋问题》，上海：商务印书馆，1936。

铃木中正，《清末攘外运动の起源》，《史学杂志》第 62 编，1953 年第 10 期，页 184—197。

柳诒徵，《中国文化史》，南京：钟山书局，1932，2 册。

罗尔纲，《太平天国起义时期的人口压力》，《中国社会经济史研究》，第 8 期，页 20—80。

罗尔纲，《太平天国史纲》，上海：商务印书馆，1936。

罗尔纲，《太平天国史考证》，上海：独立出版社，1948。

罗香林，《客家研究导论》，兴宁：希山书藏，1933。

罗邕、沈祖基编，《太平天国诗文钞》，上海：商务印书馆，第 3 版，1935，2 册。

毛泽东，《中国革命与中国共产党》，香港：新民主出版社，1949 年。

潘光旦，《明清两代嘉兴望族》，上海：商务印书馆，民国三十六年（1947）。

山根幸夫，《明代里长の职责に关する一考察》，《东方学》第 3 辑，1952 年 1 月，页 79—87。

王怡柯，《农村自卫研究》，汲县《河南村治学院同学会刊》，1932，页 32。

王毓铨，《清末田赋与农民》，《食货半月刊》，3 卷 5 期（1936），页 237—248。

闻钧天，《中国保甲制度》，上海：商务印书馆，1935。

吴文辉，《灾荒下中国农村人口与经济动态》，《中山文化教育馆季刊》，4 卷 1 期，页 43—59。

吴文辉，《灾荒与乡村移民》，《中山文化教育馆季刊》，第 5 卷，页 49。

夏鼐，《太平天国前后长江各省之田赋问题》，《清华学报》5 卷 2 期，页 409—474。

向达等编，《太平天国》，《中国近代史资料丛刊》第二种，上海：神州国光社，1952，8 册。

萧一山，《近代秘密社会史料》，北平，1935，6 卷。

萧一山，《清代史》，上海：商务印书馆，1945，1947 年第 3 版。

萧一山，《清代通史》，上海：商务印书馆，1928；1935 年再版，2 册。

萧一山，《太平天国丛书》第一辑，南京：国立编译馆，出版年不详。

薛农山，《中国农民战争之史的研究》，上海：神州国光社，1935，2 册。

杨及玄，《鸦片战役以后中国社会经济转变的动向和特征》，《东方杂志》，32 卷 4 期，页 5—20。

余英时，《东汉政权之建立与士族大姓之关系》，《新亚学报》（香港），1 卷 2 期，页 209—280。

织田万，《清国行政法分论》（中文版），东京：东洋印刷株式会社，1915—1918，5 卷。

朱偰，《中国财政问题》第一编，南京：国立编译馆，1933。

松本善海，《明代における里制の创立》，《东方学报》第 12 册，1941 年第 1 期，页 109—122。

二、西文部分

Abel, Clark（阿裨尔）. *Narrative of a Journey in the Interior of China, and of a Voyage to and from That Country, 1816 and 1817* (London: Longman, Hurst, Rees, Orme, and Brown, 1818).

Adler, Solomon. *The Chinese Economy* (New York: Monthly Review Press, 1957).

Adams, George Burton. *Constitutional History of England* (1921).

Altekar, Anant Sadashiv. *A History of Village Communities in Western India* (University of Bombay EconomicSeries, No. 5) (Bombay: Oxford University Press, 1927).

Anderson, Charles Arnold, and Mary Joan Bowman. *The Chinese Peasant: His Physical Adaptation and Social Organization* (Mimeographed. 1951).

Andrews, Charles McLean. "The Theory of the Village Community," *American Historical Association Papers* (New York and London), V (1891), Parts I and II, pp.45-61.

Asakawa, Kanichi（朝河贯一）. "Notes on Village Government in Japan after 1600," *Journal of the American Oriental Society* (Boston), XXX (1910), pp.259-300, and XXXI (1911), pp.151-216.

Auber, Peter. *China: An Outline of Its Government, Laws, and Policy, and of the British and Foreign Embassies to, and Intercourse with, That Empire* (London: Parbury, Allen and Co., 1834).

Baber, Edward Colborne（贝德禄）. "Travels and Researches in Western China," *Royal Geographical Society, Supplementary Papers* (London), Vol. 1 (1882), Part I.

Baber, Edward Colborne. "China in Some of Its Physical and Social Aspects" (*Proceedings of the Royal Geographical Society*, N.S., V., pp.441-458) London, 1883.

Baden-Powell, Baden Henry. *The Indian Village Community, Examined with Reference to the Phisical, Ethnographical and Historical Conditions of the Provinces, Chiefly on the Basis of the Revenue-Settlement Records and District Manuels* (London, New York, and Bombay: Longmans, Green and Co., 1896).

Baden-Powell, Baden Henry. *The Origin and Growth of Village Communities in India* (London and New York, 1899).

Ball, James Dyer. *Things Chinese; or, Notes Connected with China* (4th ed. New York: C. Scribner's Sons, 1904; 5th ed. Revised by E. Chalmers Wemer, London: John Murray, 1926).

Bard, Émile. *Chinese Life in Town and Country*. Adapted and translated from *Les Chinois chez eux* by Hannah Twitchell (New York and London: G.P.Putman's Sons, 1905).

Barnett, A. Doak（鲍大可）. *Local Government in Szechwan* (New York: Institute of Current

World Affairs, 1948).

Barnett, A. Doak. "Mass Organization in Communist China," *Annals of the American Academy of Political and Social Science, Report on China*, pp.76-78.

Bell, Major Mark S. *China, Being a Military Report on the Northeastern Portions of the Provinces of Chili and Shantung; Nanking and Its Approaches; Canton and Its Approaches; etc., Together with an Account of the Chinese Civil, Naval, and Military Administration.* 2 vols. (Simla, 1884).

Boardman, Eugene Powers. "Christian Influence upon the Ideology of the Taiping Rebellion," *Far Eastern Quarterly* (Lancaster), X (1951), pp.115-124.

Boardman, Eugene Powers. *Christian Influence Upon the Ideology of the Taiping Rebellion, 1851-1864* (Madison: University of Wisconsin Press, 1852).

Bodde, Derk. "Henry A. Wallace and the Ever-Normal Granary," *Far Eastern Quarterly* (Lancaster), V (1946), pp.411-426.

Borst-Smith, Ernest Frank. *Mandarin and Missionary in Cathay: the Story of Twelve Years' Strenuous Missionary Work during Stirring Times, Mainly Spent in Yenanfu* (London: Seeley, Service & Co., Ltd., 1917).

Borton, Hugh. "Peasant Uprising in Japan of the tokugawa Priod," *Transactions of the Asiatic Society of Japan*, Series 2, XVI, pp.1-219 (Tokyo, 1938).

Brandt Conrad, Benjamin Schwartz (史华慈), and John King Fairbank (费正清). *A Documentary History of Chinese Communism* (Cambridge, Mass.: Harvard University Press, 1952).

Brenan, Byron (璧利南). "The Office of District Magistrate," *Journal of the Royal Asiatic Society of Great Britain and Ireland*, North China Branch (Shanghai), N.S., XXXII (1897-1898), pp.36-65.

Brinkley, Captain Frank. *China, Its History, Arts and Literature* (Boston and Tokyo: J. B. Millet Co., 1902).

Broomhall, Marshall (海思波). *Islam in China:A Neglected Problem* (1910).

Browne, George Waldo. *China: the Country and Its People* (Boston: D. Estes & Co., 1901).

Brunnert, H.S. and V.V. Hagelstrom, *Present Day Political Organization of China* (Shanghai: Kelly and Walsh, Ltd., 1912).

Buck, John Lossing (卜凯). *Chinese Farm Economy: A Study of 2866 Farms in 17 Localities and 7 Provinces in China* (Chicago: University of Chicago Press, 1930).

Bucklin, Harold S. (白克令). *et al. A Social Survey of Sung-ka-hong, China,* by Students of the 1923-1924 Social Survey Class at Shanghai College (Shanghai, 1924).

Burgess, John Stewart (步济时). *The Guilds of Peking* (New York: Columbia University Press, 1928).

Buxton, Leonard Halford Dudley. *China, the Land and the People: a Human Geography,* with a Chapter on the Climate by W.G. Kendrew (Oxford: Clarendon Press, 1929).

Cammann, Schuyler. "The Development of the Mandarin Square," *Harvard Journal of Asiatic Studies*, VIII (1944), p.121.

Chang, C.C. (张心一) *China's Food Problem* (Publications and Data Papers of Fourth Conference of the Institute of Pacific Relations, Vol. III, No. 10.) (Shanghai: China Institute of Pacific Relations, 1931).

Chang, Ch'un-ming (张春明). *A New Government for Rural China: the Political Aspect of Rural Reconstruction* (Shanghai, 1936).

Chang, Chung-li (张仲礼). "The Gentry in Nineteenth Century China: Their Economic Position as Evidenced by Their Share of the National Product" (Ph.D. dissertation, University of Washington, 1953).

Chang, Chung-li. *The Chinese Gentry: Studies on Their Role in Nineteenth-Century Chinese Society* (Seattle: University of Washington Press, 1955).

Chao, Kuo-chün (赵国军), "Current Agrarian Reform Policies in Communist China," *Annals of the American Academy of Political and Social Science* (Philadelphia), CCLXXVII (1951).

Ch'en Han-seng (陈翰笙), *The Present Agrarian Problem in China* (Shanghai: China Institute of Pacific Relations, 1933).

Ch'en Han-seng. *Landlord and Peasant in China: a Study of the Agrarian Crisis in South China* (New York: International Publishers, 1936).

Ch'en Han-seng. *The Chinese Peasant* (Oxford Pamphlets on Indian Affairs, No. 33.) (London New York and Bombay: Oxford University Press, 1945).

Ch'en Shao-kwan (陈邵宽). *The System of Taxation in China in the Tsing Dynasty, 1644-1911 (*New York: Columbia University Press, 1914).

Chi Ch'ao-ting (冀朝鼎), *Key Economic Areas in Chinese History.*

Ch'ien Tuan-sheng (钱端升). *The Government and Politics of China* (Cambridge, Mass.: Harvard University Press, 1950).

China Statistical Department. *China: Imperial Maritime Customs.* II. Published by order of the Inspector General of Customs. "Opium," Special Ser. No. 4 (Shanghai, 1881); "Native Opium, 1887," with an appendix, "Native Opium, 1863," Special Set. No. 9 (Shanghai, 1888); "Opium: Historical Note; or the Poppt in China," Special Series No. 13 (Shanghai, 1889).

Chu Co-ching (竺可桢). "Climatic Pulsations during Historic Times in China," *Geographic Review* (New York), XVI (1920), pp.274-282.

Chuan Han-sheng (全汉昇). "The Relationship Between the Silver of America and the Revolution Commodity Prices in China in the Eighteenth Century," *Bulletin of the Institute of History and Philology* (Academia Sinca), XXVIII, part 2, pp.517-550.

Colquhoun, Archibald Ross (柯乐洪). *China in Transformation.* Rev. ed. (New York and London: Harper & Bros., 1900).

Coltman, Robert（满乐道）. *The Chinese. Their Present and Future: Medical, Political and Social* (Philadelphia and London: F. A. Davis, 1891).

Cooke, George Wingrove（柯克）. *China: Being "The Times" Special Correspondence from China in the Years 1857-1858* (London, 1858).

Cordier, Henri（高第）. *Bibliotheca Sinica*, III (1894-1900).

Corner, Julia. *China, Pictorial, Descriptive and Historical* (Published anonymously. London, 1853).

Coulanges, *La cité antique* (Paris, 1864).

Creel, Herrlee Glessner（顾利雅）. *The Birth of China: a Study of the Formative Period of Chinese Civilization* (New York, Reynal & Hitchcock, 1937).

Creel, Herrlee Glessner. *Chinese Thought from Confucius to Mao Tse-tung* (Chicago: University of Chicago Press, 1953).

Cressey, George Babcock（葛德石）. *China's Geographical Foundations: A Survey of the Land and Its People* (New York and London: McGraw-Hill Book Co., lnc., 1934).

Danton, George H. *The Cultural Contracts of the United States and China: The Earliest Sino-American Culture Contacts, 1784-1844* (New York: Columbia University Press, 1931).

Davis, Sir John Francis（戴维斯）. *Sketches of China, Partly during an Inland Journey of Four Months, between Peking, Nanking and Canton; with Notices and Observations Relative to the Present War.* 2 vols. (London, 1841).

Davis, Sir John Francis. *China During the War and Since the Peace.* 2 vols. (London, 1852).

Davis, Sir John Francis. *The Chinese: A General Description of the Empire of China and Its Inhabitants.* 2 vols. (London, 1852).

Davis, Sir John Francis. *China: A General Description of That Empire and Its Inhabitants, with the History of Foreign Intercourse Down to the Events Which Produced the Dissolution of 1857.* 2 vols. (London, 1857).

Denby, Charles（田贝）. *China and Her People; Being the Observations, Reminiscences, and Conclusions of an American Diplomat* (Boston: L. C. Page & Co., 1906).

Djilas, Milovan. *The New Class: An Analysis of the Communist System* (New York; Thames and Hudson, 1957).

Donnat, Leon. *Paysans en communauté du Ning-po-fou (Province de Tché-kian)* (Paris, 1962).

Doolittle, Justus（卢公明）. *Social Life of the Chinese, with Some Account of Their Religious, Governmental Educational and Business Customs and Opinions. With Special but not Exclusive Reference to Fuhchau.* 2 vols. (New York, 1865).

Dostoevsky, Fyodor. *The Brothers Karamazov.* Translated by Constance Gamett (New York: Modem Library, 1950).

Douglas, Sir Robert Kennaway. *Society in China* (London, 1894).

Edkins, Joseph（艾约瑟）. *The Revenue and Taxation of the Chinese Empire* (Shanghai: Presbyterian Mission Press, 1903).

Engels, Friedrich. "Persia-China," *New York Daily Tribune*, June 5, 1857.

Exner, A.H. "The Sources of Revenue and the Credit of China," *China Review*, XVII (1888).

Fei, Hsiao-t'ung (费孝通). *Peasant Life in China: A Field Study of Country Life in the Yangtze Valley* (London: G. Routledge and Sons, 1939).

Fei, Hsiao-t'ung. *Peasantry and Gentry: An Interpretation of Chinese Social Structure and Its Changes* (New York: Institute of Pacific Relations, 1946).

Fei, Hsiao-t'ung. *China's Gentry: Essays in Rural-Urban Relation.* Revised and edited by Margaret Park Redfield (Chicago: University of Chicago Press, 1953).

Fielde, Adele Marion. *Pagoda Shadows: Studies from Life in China.* 3th ed. (Boston, 1884).

Fielde, Adele Marion. *A Corner of Cathay: Studies from Life among the Chinese* (New York, 1894).

Fisher, George Battye. *Personal Narrative of Three Years' Service in China* (London, 1863).

Fortune, Robert (福钧). *A Residence among the Chinese: Inland, on the Coast, and at Sea. Being a Narrative of Scenes and Adventures during a Third Visit to China, from 1853 to 1856* (London, 1857).

Fried, Morton H. *Fabric of Chinese Society: A Study of the Social Life of a Chinese County Seat* (New York: Frederick Praeger, 1953).

Geil, William Edgar. *A Yankee on the Yangtze. Being a Narrative of a Journy from Shanhai through the Central Kingdom to Burma* (New York: A. C. Armstrong and Son, 1904).

Giles, Herbert Allen (翟理思). *Gems of Chinese Literature.* 2nd ed. (London: Kelly & Walsh, Ltd., 1929).

Gomme, George L. *The Village Community* (1890).

Gordon-Cumming, Constance Frederica. *Wanderings in China.* 2 vols. (Edinburgh and London, 1886).

Gorst, Harold E. *China* (New York, 1899).

Graves, Roswell Hobart (纪好弼). *Forty Years in China, or China in Transition* (Baltimore 1895).

Gray, Sir John Henry. *China: A History of the Laws, Manners and Customs of the People.* 2 vols. (London, 1878).

Groot, Jan Jakob Maria de. *The Religious Systems of China: Its Ancient Forms, Evolution, History, and Present Aspect: Manner, Customs and Social Institutions Connected Therewith.* 6 vols. (Leyden: E. J. Brill, 1892-1910).

Groot, Jan Jakob Maria de. *Sectarianism and Religious Persecution in China: a Page in the History of Religions.* 2 vols. (Amsterdam: Müller, 1903-1904).

Groot, Jan Jakob Maria de. *Religion in China: Universism, a Key to the Study of Taoism and Confucianism* (New York and London: G. P.Putman's Sons, 1912).

Gundry, Richard Simpson（盖德润）. *China, Present and Past: Foreign Intercourse, Progress and Resources, the Missionary Question, etc* (London, 1895).

Hamberg, Theodore（韩山明）. *The Visions of Hung-Siu-tshuen, and Origin of the Kwang-si Insurrection* (Hong Kong, 1854. Reprinted Peiping, 1935).

Han, Fei Tzu. *The complete Works of Han Fei Tzu; a Classic of Chinese Legalism.* Translated from the Chinese with introduction, notes, glosary, and index by Wien Kwei Liao. Vol.1 (London: A. Probsthain, 1939).

Harvey, Edwin D. *The Mind of China* (New Heaven: Yale University Press; London: Oxford University Press, 1933).

Hinton, Haroad C. "The Grain Tribute System of China" (Ph.D. dissertation, 1950).

Hinton, Haroad C. "The Grain Tribute System of the Ch'ing Dynasty," *Far Eastern Quarterly* (Lancaster), XI (1952), pp.339-354.

Hinton, Haroad C. *The Grain Tribute System of China: 1845-1911: An Aspect of the Decline of the Ch'ing Dynasty* (Chinese Political and Economic Studies.) (Cambridge, Mass.: Harvard University Press, 1956).

Ho, Franklin Lien（何廉）. *Rural Economic Reconstruction in China* (Publications and Data Papers of the 6th Conference of the Institute of Pacific Relations, Vol. I, No. 2.) (Tientsin, 1956).

Hoang, Peter. "A Practical Treatise on Legal Ownership," *Journal of the Royal Asiatic Society of Great Britain and Ireland*, North China Branch (Shanghai), N.S., XXIII (1888), pp.118-174. *De Legali dominio practicae notiones* (1882).

Holcombe, Chester（何天爵）. *The Real Chinaman* (New York, 1895).

Home, Charles F., ed. *The Sacred Books and Early Literature of the East, with Historical Surveys of the Chief Writings of Each Nation.* Medieval China, Vol. XII (New York and London: Parke, Austin, and Lipscomb, Inc., 1917).

Hosie, Sir Alexander（谢立山）. "Droughts in China, A.D. 620-1643," *Journal of the Royal Asiatic Society of Great Britain and Ireland*, North China Branch (Shanghai), N.S., XII (1878), pp.1-89.

Hosie, Sir Alexander. *Three Years in Western China. A Narrative of Three Journeys in Ssu-ch'uan, Kuei-chow and Yün-nan* (London, 1890).

Hsieh, Pao-ch'ao（谢宝超）. *The Government of China, 1644-1911* (John Hopkins University Studies in Historical and Political Science, N.S. No. 3.) (Baltimore: John Hopkins Press, 1925).

Hsieh, T'ing-yü（谢廷玉）. "The Origin and Migrations of the Hakkas," *Chinese Social and Political Science Review* (Peiping), XIII (1929), pp.202-227.

Hsü, Francis L.K.（许烺光）. *Under the Ancestors' Shadow: Chinese Culture and Personality* (New York: Columbia University Press, 1948). "Social Mobility in China," *American Sociological Review* (Minosha), XIV (1949), pp.664-771.

Hu, Chang-tu (胡长图). "Yellow River Administration in the Ch'ing Dynasty" (Unpublished Ph. D. dissertation, University of Washington, 1954).

Hu, Hsien Chin (胡先缙). *The Common Descent Group in China and Its Functions* (Viking Fund Publications in Anthropology, No. 1 0.) (New York, 1948).

Huang, Han-liang (黄汉梁). *The Land Tax in China* (New York: Columbia University Press, 1918).

Huc, Evariste-Régis (古柏察). *The Chinese Empire entitled "Recollections of a Journey through Tartary and Thibet."* 2nd ed. 2 vols. (London, 1955).

Hummel, Arthur W. (恒慕义), ed. *Eminent Chinese of the Ch'ing Period (1644-1912).* 2 vols..

Huntington, Ellsworth. *The Character of Races as Influenced by Physical Environment, Natural Selection and Historical Development* (New York and London: C. Scribner's Sons, 1924).

Institute of Pacific Relations, *Agrarian China: Selected Source Materials from Chinese Authors* (London: G. Allen & Unwin, Ltd., 1939).

Jamieson, George (贾米森), et al. "Tenure of Land in China and the Condition of the Rural Population," *Journal of the Royal Asiatic Society of Great Britain and Ireland*, North China Branch (Shanghai), N.S., XXIII (1888), pp.59-174.

Jamieson, George. "Translations from the Lü-li, or General Code of Laws," *The China Review*, VIII (1879-1880), pp.1-18. 193-205, and 259-276; IX (1880-1881), pp.129-136 and 343-350; and X (1881-1882), pp.77-99.

Jamieson, George. *Land Taxation in the Province of Hunan.*

Kemp, Emily Georgiana. *The Face of China: Travels in East, North, Central and Western China* (London, Chatto & Windus, 1909).

Kierman, Frank A. *The Chinese Communists in the Light of Chinese History* (Communist Bloc Program, China Project B54-1) (Cambridge, Mass.: Massachusetts Institute of Technology Center for International Studies, 1954).

Kirby, E. Stuart. *Introduction to the Economic History of China* (London: Allen & Unwin, 1954).

Kracke, E.A. (柯睿格). "Family Versus Merit in Chinese Civil Service Examinations under the Empire," *Harvard Journal of Asiatic Studies*, X (September 1947), pp.103-123.

Kulp, Daniel Harrison II (葛学溥). *Country Life in South China: The Sociology of Familism.* Vol. I. "Phenix Village, Kwangtung China" (New York: Bureau of Publications, Teachers College, Columbia University, 1925).

Lang, Olga. *Chinese Family and Society* (New Haven: Yale University Press, 1946).

Latourette, K.S. *The Chinese: Their History and Culture* (1941).

Lee, Mabel Ping-hua (李炳华). *The Economic History of China, with Special Reference to Agriculture* (New York: Columbia University Press, 1921).

Lee, Robert. "The *Pao-Chia* System," (*Papers on China*, III, pp.193-224.) (Mimeographed for private distribution by the East Asia Program, Committee on Regional Studies, Harvard University, Cambridge, 1949).

Lee, S.C. "Heart of China's Problem," *Journal of Farm Economics*, XXX (1948).

Legge, James (理雅各). "Imperial Confucianism," *The China Review*, VI (1878), 147ff., 223ff., 299ff., and 363ff.

Legge, James. *Chinese Classics*. 2nd ed., 5 vols. (Oxford: Clarendon Press, 1893-1895).

Leong (Liang), Y.K. (梁宇皋) and L.K. Tao (陶履恭), *Village and Town Life in China* (London: G. Allen & Unwin, Ltd.; New York: Macmillan Co., 1915).

Levy, Marion J. *The Family Revolution in Modern China* (Cambridge, Mass.: Harvard University Press, 1949).

Lewinski, Jan S. *The Origin of Property and the Formation of the Village Community* (London: Constable & Co., 1913).

Li Chi (李济), *The Formation of the Chinese People; An Anthropological Inquiry* (Cambridge, Mass.: Harvard University Press, 1928).

Li Ching-han (李清汉), *A Survey of the Social Conditions of Ting Hsien*.

Lin Yüeh-Hwa (林耀华), *The Golden Wing: A Sociological Study of Chinese Familism* (London: Institute of Pacific Relations, 1948).

Lin-le (Lindley, A.F. 林利). *Ti-Ping Tien-kwohk* (1866), I, p.101.

Linebarger, Paul Myron Anthony. *Government in Republican China* (New York and London: McGraw-Hill Book Co., 1938).

Linebarger, Djang Chu, and Ardath W. Burks. *Far Eastern Governments and Politics: China and Japan* (New York: Van Nostrand, 1954).

Little, Alicia Helen. *in the Land of the Blue Gown* (London and Leipzig: T. F. Unwin, 1902).

Little, Archibald John (立德). *Through the Yang-tse Gorges, or Trade and Travel in Western China* (London, 1898).

Lowie, Robert H. *Social Organization* (New York: Rinehart, 1948).

Lu, Lien-tching (卢连清), *Les greniers publics de prévoyance sous la dynastie des Ts'ing* (Paris: Jouve & Cie., 1948).

MacDonald, Malcolm. *U.S. News and World Report*, December 3, 1954, p.79.

Maine, Henry Sumner. *Village-Communities in the East and West* (London, 1871).

Maine, Henry Sumner. *Village Communities*. 3rd ed. (London, 1876).

Maitland, Frederic W. *Domesday Book and Beyond* (Cambridge, Eng., 1897).

Mallory, Walter Hampton. *China: Land of Famine* (New York: American Geographical Society, 1926).

Malone, C.B. (麻伦), and J.B. Taylor (戴乐仁). *A Study of Chinese Rural Economy* (China International Relief Commission Publications, Ser. B, No. 10.) (Peiping, 1924).

Mao, Tse-tung（毛泽东）, *Selected Works* (London: Lawrence & Wishart, 1956).

Martin, William Alexander Parsons（丁韪良）. *A Cycle of Cathay; or, China, South and North, With Personal Reminiscences* (Edinburgh, 1896. 3rd ed., New York and Chicago: F. H. Revell and Co., 1900).

Marx, Karl. *Marx on China, 1853-1860: Articles from the New York Daily Tribune* (London: Lawrence & Wishart, 1951).

Maurer, George Ludwig von. *Einleitung zur Geschichte der Mark-, Hof-, Dorf-, und Stadtverfassung* (Vienna: Auflage, 1896,2nd ed).

Maverick, Lewis. *Economic Dialogues in Ancient China. Selections from the Kuan-tzu* (Carbondale: University of Illinois Press, 1954).

Mayers, William Frederick（梅辉立）. *The Chinese Government: A Manuel of Chinese Titles, Categorically Arranged and Explained, with an Appendix*, 3rd ed. (Shanghai, 1897).

Meadows, Thomas Taylor（密迪乐）. *Desultory Notes on the Government and People of China and on the Chinese Language, Illustrated with a Sketch of the Province of Kwang-Tung* (London, 1847).

Meadows, Thomas Taylor. *The Chinese and Their Rebellions, viewed in Connection with Their National Philosophy, Ethics, Legislation and Administration; to which is Added an Essay on Civilization and Its Present State in the East and West* (London and Bombay, 1856).

Michael, Franz H.（梅谷）"Revolution and Renaissance in Nineteenth-Century China: The Age of Tseng Kuo-fan," *Pacific Historical Review*, XVI, pp.144-151.

Mill, John S. *Political Economy*.

Milne, William C.（美魏茶）*Life in China* (London, 1857).

Mitrany, David. *Marx Against the Peasant: a Study in Social Dogmatism* (Chapel Hill: University of North Carolina Press, 1951).

Monroe, Paul（孟禄）. *China: A Nation in Evolution* (New York: Chautauqua Press, 1928).

Morse, Hosea B.（马士）*The International Relations of the Chinese Empire*. 3 vols. (London and New York: Longmans, Green, and Co., 1910-1918).

Morse, Hosea B. *The Trade and Administration of China*. Rev.ed. (London and New York: Longmans, Green, and Co., 1913).

Mossman, Samuel（马诗门）. *China: a Brief Account of the Country, Its Inhabitants and Their Institutions* (London, 1867).

Moule, Arthur Evans（慕雅德）. *Four Hundred Millions: Chapters on China and the Chinese* (London, 1871).

Moule, Arthur Evans. *Half a Century in: Recollections and Observations* (London, New York and Toronto: Hodder and Stoughton, 1911).

Mukerjee, Radhakamal. *Democracies of the East: a Study in Comparative Politics* (London:

P.S. King and Son, Ltd., 1923).

Murdock, George Peter. *Social Structure* (New York: Macmillan, 1949).

Nevius, John Livingstone (倪维思). *China and Chinese: A General Description of the Country and Its Inhabitants; Its Civilization and Form of Government; Its Religions and Social Institutions; Its Intercourse with Other Nations, and Its Present Condition and Prospects* (New York, 1869).

Nichols, Francis H. *Through Hidden Shensi* (New York: C. Scribner's Sons, 1902).

North, Robert C. "The Chinese Communist Elite," *Annals of the American Academy of Political and Social Science* (Philadelphia), CCLXXVII (1951), pp.67-75.

O.P.C. "Land Tax in China and How Collected," *China Review*, VIII (1881), p.291.

Ouchterlony, John. *The Chinese War: An Account of All the Operations of the British Forces from the Commencement to the Treaty of Nanking* (London, 1844).

Oxenham, E.C. "A Report to Sir R. Alcock, on a Journey from Peking to Hankow, through Central Chihli, Honan, and the Han River, November 2 to December 14, 1868," reprinted in Alexander Williamson, *Journey in North China* (London, 1870), II, pp.393-428.

Parker, Edward H. (庄延龄) "The Educational Curriculum of the Chinese," *The China Review* (Hong Kong), IX (1881), 63ff., 85ff., 173ff., 259ff., and 325ff.

Parker, Edward H. *China's Intercourse with Europe*, adapted and translated from Hsia Hsieh, *Chung-hsi chi-shih* (Shanghai, 1890). 〔译自夏燮《中西纪事》〕

Parker, Edward H. *China: Her History, Diplomacy and Commerce, from the Earliest Times to the Present Day* (London, 1901).

Parsons, James B. "The Culmination of a Chinese Peasant Rebellion: Chang Hsien-chung in Szechwan, 1644-1646," *Journal of the Asian Studies*, XVI (1957), pp.387-399.

Peake, Harold J. E. "Village Community," *Encyclopedia of the Social Science* (New York: Macmillan, 1901), XV, pp.253-258

Playfair, George MacDonald Home (白挨底). *The Cites and Towns of China. A Geographical Dictionary*. 2nd ed. (Shanghai: Kelly & Walsh, Ltd., 1910).

Pruitt, Ida. (蒲爱德) *Daughter of Han: The Autobiography of a Chinese Working Woman, by Ida Pruitt, from the story Told her by Nin Lao T'ai-T'ai* (New Haven: Yale University Press; London: Oxford University Press, 1945).

Richard, L. (夏之时) *Comprehensive Geography of the Chinese Empire and Dependencies*. Translated, revised and enlarged from *Geographie de l'empire de Chine*, by M. Kennelly (甘沛澍) (Shanghai: T'usewei Press, 1908).

Richthofen, Ferdinand Paul Wilhelm von (冯·李希霍芬). *Baron Richthofen's Letters, 1870-1872*. 2nd ed. (Shanghai: North China Herald, 1903).

Rockhill, William Woodville (柔克义). "An Inquiry into the Population of China," *Smithsonian Institution Annual Report for 1904*, XLVII, pp.659-676. (Washington, D.C., 1905).

Ross, Edward Alsworth. "Sociological Observations in Inner Asia," *Papers and Proceedings of the American Sociological Society*, Fifth Annual Meeting, V, pp.17-29. (Chicago, 1910).

Ross, Edward Alsworth. *Le saint édit*, Translated by A. Théophile Piry (帛黎) (London, 1879).

Scarth, John. *Twelve Years in China: the People, the Rebels and the Mandarins, by a British Resident* (Resident Edinburgh: T. Constable, 1860).

Schlegel, Gustaaf (施古德). *Thian-ti-hwui, The Hung League,or Heaven-Earth-League: A Secret Society with the Chinese in China and India.* (1866).

Seebohm, Frederic. *The English Village Community.* 4th edition (London & New York, 1890.),

Seton-Watson, Hugh. *The Pattern of Communist Revolution: A Historical Analysis* (London: Methuen, 1953).

Shih, Vincent Y.C. (施友忠), "The Ideology of the Taiping T'ien-kuo," *Sinologica* (Basel), III (1951), pp.1-15.

Sims, Newell Leroy, ed. *The Rural Communirt, Ancient and Modern* (New York: C. Scribner's Sons, 1920).

Skinner, G. William (施坚雅). "Aftermath of Communist Liberation in Chengtu Plain," *Pacific Affairs* (Honolulu), XXIV (1952), pp.61-76.

Skinner, G. William. "Peasant Organization in Rural China," *Annals of the American Academy of Political and Social Science* (Philadelphia), CCLXXII (1951), pp.89-100.

Smith, Arthur Henderson (明恩溥). *China in Convulsion.* 2 vols. (New York, Chicago, Edinburgh, and London: Fleming H. Revell Co., 1901).

Smith, Arthur Henderson. *Chinese Characteristics.* 2nd ed. (New York: Fleming H. Revell Co., 1894).

Smith, Arthur Henderson. *Village Life in China: a Study in Sociology* (New York, Chicago, and Toronto: Fleming H. Revell Co., 1899).

Smith, George (施美夫). *A Narrative of an Exploratory Visit to Each of the Consular Cities of China, and to the Islands of Hong Kong and Chusan, in Behalf of the Church Mission Society in Years 1844, 1845, 1846* (London, 1847).

Smith, Stanley P. (司米德) *China from Within, or the Story of the Chinese Crisis* (London: Marshall Bros., 1901).

Smyth, George B. *et al. The Crisis in China* (New York and London: Harper, 1900).

Spector, Stanley "Li Hung-chang and the Huai-chun" (Ph.D. dissertation, University of Washington, 1953).

Stanton, W. "The Triad Society or Heaven and Earth Association," *The China Review* (Hong Kong), XXII (1895), pp.441-443.

Staunton, George Thomas (斯当东). *Miscellaneous Notices Relating to China, and Our Commercial Intercourse with that Country, Including a Few Translations from the Chinese*

Language (London, 1822).

Sun, E-tu Zen (孙任以都), and John De Francis. *Chinese Social History. Translations of Selected Studies* (Washington, D.C.: American Council of Learned Societies, 1956).

Tang, Peter Sheng-hao (唐盛镐). *Communist China Today: Domestic and Foreign Policies* (New York: Frederick Praeger, 1957).

Tawney, Richard Henry. *Land and Labour in China* (New York: Harcourt, Brace & Co., 1932).

Taylor, George E. "The Intellectual Climate of Asia," *Yale Review*, XLII (1952), pp.184-197.

Teng, Ssu-yü (邓嗣禹). *New Light on the History of the Taiping Rebelion* (Cambridge, Mass.: Harvard University Press, 1950).

Teng, and John King Fairbank. *China's Response to the West. A Documentary Survey, 1839-1923* (Cambridge, Mass.: Harvard University Press, 1954).

Thomas, S.B. *Government and Administration in Communist China* (New York: Institute of Pacific Relations, 1955).

Tscheng, Ki-t'ong (陈季同), "China: A Sketch of Its Social Organization and State Economy," *Asiatic Quarterly Review* (London), X (1890), pp.258-272.

Walker, Richard L. *China under Communism: The First Five Years* (New Haven: Yale University Press, 1955).

Wang, kan-yü (王赣愚). "The *Hsien* (County) Government in China" (Unpublished Ph. D. dissertation, Harvard University, 1947).

Ward, John Sebastian Marlow, and W. G. Sterling. *The Hung Society, or the Society of Heaven and Earth.* 3 vols. (London: Baskerville Press, 1925-1926).

Weber, Max. *The Theory of Social and Economic Organization.* Translated and edited, with an introduction, by A.M. Henderson and Talcott Parsons, from Part I of *Wirtschsft und Gesellschafi* (New York: Oxford University Press, 1947).

Werner, Edward Theodore Chalmers. *China of the Chinese* (London and New York: Sir I. Pitman & Sons, Ltd., 1919).

Werner, Edward Theodore Chalmers. *Descriptive Sociology, or Groups of Sociological Facts Classified and Arranged by Herbert Spencer: Chinese* (London: Williams and Northgate, 1910).

Wilbur, Martin (韦慕庭). "Village Government in China" (Unpublished Master's thesis, Columbia University, 1933).

Wilhelm, Hellmut (卫德明). "The Po-hsüeh hung-ju Examinations of 1679," *Journal of the American Oriental Society* (Boston), LXXI (1951), pp.60-76.

Wilhelm, Richard (卫礼贤). *Chinese Economic Psychology.* Translated by Bruno Lasker from *Chinesische Wirtschaftspscychologie* (New York: Institute of Pacific Relations, 1947).

Wilhelm, Richard. *The Soul of China.* Text translated by John Holroyd Reece; poem translated by Arthur Waley (New York: Harcourt, Brace & Co., 1928).

Willcox, Walter F. "A Westerner's Effort to Estimate the Population of China and Its Increase Since 1652," *Journal of the American Statistical Association* (Concord), XXV (1930), pp.255-268.

Williams, Edward Thomas (卫理). *China, Yesterday and Today* (New York: Thomas Y. Crowell, 1923).

Williams, Mrs. E.T. "Some Popular Religious Literature of the Chinese," *Journal of the Royal Asiastic society of Great Britain and Ireland*, North China Branch (Shanghai), N.S., XXXIII (1899-1900), pp.11-29.

Williams, Samuel Wells (卫三畏). *The Middle Kingdom: A Survey of the Geography, Government, Literature, Social Life, Arts and History of the Chinese Empire and Its Inhabitants.* Rev. ed. 2vols. (London, 1883).

Williamson, Alexander (韦廉臣). *Journeys in North China, Manchuria and Eastern Mongolia; with Some Accounts of Corea.* 2 vols. (London, 1870).

Wint, Guy. *Spotlight on Asia* (Hammondsworth, Eng., and Baltimore: Penguin Books, 1955).

Wittfogel, Karl August (魏复古). "Public Office in the Liao Dynasty and the Chinese Examination System," *Harvard Journal of Asiatic Studies*, X (1947), pp.13-40.

Wittfogel, Karl August. "Oriental Despotism," *Sociologus* (Berlin), III (1953), pp.96-108.

Wittfogel, Karl August. "Chinese Society: An Historical Survey," *The Journal of Asian Studies*, XVI (1957), pp.343-364.

Wittfogel, Karl August. *Oriental Despotism: A Comparative Study of Total Power* (New Heaven: Yale University Press, 1957).

Wittfogel, and Chia-sheng Feng (冯家昇). *History of Chinese Society: Liao (907-1125)* (Philadelphia: American Philosophical Society; New York: Macmillan, 1949).

Wong, Wen-hao (翁文灏). "The Distribution of Population and Land Utilization in China," *China Institute of Pacific Relations*, VI (1933), p.3.

Yang, Ch'ing-k'un (杨庆堃). *A North China Local Market Economy: A Summary of a Study of Periodic Markets in Chowping Hsien, Shantung* (New York: Institute of Pacific Relations, 1944).

Yang, Martin C. (杨懋春). *A Chinese Village: Taitou, Shantung Province* (1945).

Yao, Shan-yu (姚善友). "The Chronological and Seasonal Distribution of Floods and Droughts in Chinese History," *Harvard Journal of Asiatic Study*, VI (1942), pp.273-311.

Yap, P.M. "The Mental Illness of Hung Hsiu-chuan, Leader of the Taiping Rebellion," *Far Eastern Quarterly*, XIII (1954), pp.287-304.

Yen, Kia-lok (严季洛). "The Basis of Democracy in China," *International Journal of Social, Political and Legal Philosophy* (Philadelphia), XXVIII (1917-1918), pp.197-218.

Young, Cato (杨开道) et al. *Ching-ho: A Sociological Analysis* (Yenching University, Department of Sociology and Social Work, Social Research Series No. 1, Peiping, 1930).

索 引

S

译者的话

展现在读者面前的，是著名历史学家、政治学家萧公权的学术名著——《中国乡村——19世纪的帝国控制》，由我们两人通力合作翻译完成。

萧公权，生于1897年，逝世于1981年，江西泰和人。1920年毕业于清华大学，后到美国留学，专攻政治哲学，1926年获得哲学博士学位。回国后，曾在南开大学、东北大学、燕京大学和清华大学等校任教，讲授政治哲学。1947年任南京政治大学教授，1948年当选为国民政府中研院院士。后又赴美，长期在美国任教。萧公权一生著述甚丰，《中国乡村》是他的学术代表作，奠定了他在学术界不可动摇的地位。

萧公权从乡村地区的行政划分、乡村政治统治体系及其运行效果这三个方面，探讨了19世纪清王朝关于乡村政治统治体系的确立情况和运行情况。该书的一大特点是，作者不是在对规章法规进行大拼盘，而是从历史发展长河中探讨这个政治统治体系是如何设置起来的，其理论价值和实际运作情况如何，有什么启迪作用。作者所引历史资料、文献和学术著作、论文，浩如烟海，数不胜数。对这些史料，正如作者在书中表明的一样，进行了认真的取舍研究，不盲目相信任何观点和主张。在作者严谨的治学态度下，从浩如烟海的文献资料提炼出来的《中国乡村》，不但具有极高的学术价值，而且具有极高的理论价值和实践意义；不但是研究中国近代政治史，尤其是研究中国乡村的学者必须参考的历史巨著，而且是为政者制定和推行基层政策理应参考的重要文献。如果诺贝尔奖中有历史学这一项，那么萧公权获得历史学奖是没有争议的。

作者雄厚的功底、渊博的知识和对文献资料的大量引用，给我们的翻译带来了巨大的困难。虽然张皓是专攻中国近现代政治史的，张升是专攻历史文献、目前正从事元明清宫廷藏书研究的，但在翻译时也常常感到非常棘手。有时，为某个人名、地名，查找大量资料，却一无所获。出于严谨的考量，对于没有找到的人名和地名或其他专用名词，我们都将英文置于括号内；对于作者一些瑕不掩瑜的小错误，我们一一作出说明和纠正；书中提到的一些文献，限于条件难以查核的，我们也作了说明。总之，我们力图按照"信、达、雅"的翻译原则，将这部学术巨著展现在读者面前。由于我们的功底远远不够，出现错误在所难免，还望读者原谅。

台北联经出版事业有限公司沙淑芬女士、北京大学历史系欧阳哲生先生、九州出版社周春女士等，为本书的翻译出版倾注了心血，在此我们深深表达诚挚的谢意。北京师范大学图书馆、北京大学图书馆、清华大学图书馆、中国国家图书馆的有关工作人员，为我们查找文献资料提供了方便，我们也要表达万分的谢意。波尔州立大学的李柳博士为联系本书的版权付出了努力，北京大学历史系刘一皋先生和我们的一些朋友为本书的出版提供了很多帮助，在此一并致谢。

张皓、张升

2013 年 11 月于北京师范大学历史学院